COURS DE PSYCHOLOGIE

Extrait de notre catalogue

V. Aebischer et D. Oberlé, Le groupe en psychologie sociale
M. Andolfi *et al.*, La forteresse familiale
A. Blanchet *et al.*, l'entretien dans les sciences sociales
A. Blanchet *et al.*, Les techniques d'enquêtes en sciences sociales
A. Blum, Mathématiques et statistiques appliquées aux sciences sociales
G. Besançon *et al.*, Manuel de psychopathologie
C. Bonnet, R. Ghiglione, J.-F. Richard, Traité de psychologie cognitive (3 tomes)
H. Boyer, Éléments de sociolinguistique
P. Champagne *et al.*, Initiation à la pratique sociologique
G. Durand, Les structures anthropologiques de l'imaginaire
G. Durand, Figures mythiques et visages de l'œuvre
J.-C. Filloux et J. Maisonneuve, Anthologie des sciences de l'homme :
- Des précurseurs aux fondateurs (tome 1)
- L'essor des sciences humaines (tome 2)

G.-N. Fischer, Les concepts fondamentaux de la psychologie sociale
G.-N. Fischer, Les domaines de la psychologie sociale :
- Le champ du social (tome 1)
- Les processus du social (tome 2)

G.-N. Fischer, La dynamique du social
R. Ghiglione *et al.*, Cours de psychologie (4 tomes)
R. Ghiglione et A. Blanchet, Analyse de contenu et contenus d'analyses
J. Joly et D. Boujard, Manuel de biologie pour psychologues
D. Kerridge et A. Lieury, English for psychologists
A. Lévy, Psychologie sociale (2 tomes)
A. Lieury, Manuel de psychologie générale
A. Lieury, Exercices et QCM de psychologie générale
R. Linton, Le fondement culturel de la personnalité
E. Matthei et T. Roeper, Introduction à la psycholinguistique
T. Parsons, Le système des sociétés modernes
R. Quivy et L. Van Campenhoudt, Manuel de recherches en sciences sociales
C. Revault d'Allonnes, La démarche clinique en sciences humaines
J.-P. Rossi *et al.*, La méthode expérimentale en psychologie
J.-P. Rossi *et al.*, La recherche en psychologie
H. Rouanet *et al.*, Statistique en sciences humaines :
- Procédures naturelles (tome 1)
- Analyse inductive des données (tome 2)
- Données multidimensionnelles (tome 3)

V. Shentoub *et al.*, Manuel d'utilisation du T.A.T.

CHAPITRE 3 : Mesure et modélisation

CHAPITRE 4 : Inférence statistique

Cours 9

METHODES

Chapitre 1

ÉLÉMENTS DE LINGUISTIQUE

COLETTE NOYAU
TERESA ACUNA
JACQUES FRANÇOIS
MARIA MARTA GARCIA NEGRONI
JORGE GIACOBBE

SOMMAIRE

INTRODUCTION

Ce cours est une introduction à la linguistique, discipline qui s'est dotée de méthodes spécifiques pour aborder le langage en tant que faculté spécifique parmi les facultés de l'espèce humaine et en tant que système spécifique parmi les systèmes de communication. La linguistique vise à décrire l'organisation du *langage* en général, dans ce qu'il a de commun à tous les locuteurs de toutes les langues particulières. Elle vise aussi à fournir les méthodes permettant de décrire chacune des *langues* de l'humanité dans leur spécificité, ce qui contribue aussi, d'une autre façon, à répondre à la question de ce qui est général au langage humain et de ce qui est particulier à des langues ou des parlers existants. Enfin, elle s'emploie, dans certaines de ces orientations récentes, à décrire les aspects du langage et des langues qui ne peuvent être saisis correctement qu'en incluant dans le modèle les activités langagières et la situation.

La linguistique n'est que l'une des façons possibles de s'occuper du langage. La psychologie s'intéresse au langage, mais ne peut éviter, pour mener à bien ses propres démarches d'exploration des phénomènes langagiers sous l'angle psychologique et selon ses propres objectifs, de s'appuyer sur les apports de la linguistique : d'abord sur les modèles proposés par la linguistique pour rendre compte du fonctionnement du langage humain dans ce qu'il a de particulier parmi les activités mentales et sociales ; ensuite sur les descriptions par la linguistique de phénomènes particuliers aux langues faisant l'objet d'études et d'expériences psychologiques.

Ce cours vise à donner une première approche de la discipline. Il ne s'agit pas tant de proposer à l'étudiant des faits que de l'aider à comprendre les modes de raisonnement et de travail qui sous-tendent les traitements linguistiques de phénomènes langagiers qu'il ira solliciter en fonction de ses questionnements de psychologue. On a donc mis l'accent sur la présentation des démarches, des concepts et des procédures opératoires. Et on a proposé des pistes pour que chacun trouve les sources lui permettant d'approfondir les aspects présentés en fonction de ses goûts et de ses questionnements personnels.

Organisation du cours

Il a bien entendu fallu faire des choix, un cours de base ne peut contenir toutes les notions pertinentes élaborées par la linguistique, ni décrire de façon suffisante tous les aspects du langage. Voici donc le parti que nous avons pris.

Présenter tout d'abord les grandes idées qui constituent la linguistique en discipline autonome et qui la dotent d'un objet spécifique, d'où découlent des choix de méthode pour traiter de cet objet. C'est ce que font les paragraphes 1 et 2, à visée théorique et épistémologique.

Puis approfondir un grand domaine sur lequel on présente les modèles les plus importants, en les illustrant d'exemples concrets qui en font comprendre l'organisation : la sémantique, le domaine qui rend compte du sens, et dont les développements actuels sont particulièrement pertinents pour la psychologie cognitive (§ 3). On propose ensuite une revue des approches linguistiques du texte (§ 4), et enfin une synthèse des principales orientations de travail centrées sur l'activité des locuteurs et sur les liens entre activité de parole et situation (§ 5). Ces dernières orientations visent à théoriser un élargissement du territoire initialement fixé comme objet d'investigation à la linguistique, à partir du constat de carence des modèles antérieurs pour rendre compte de certains aspects de la langue même, si l'on s'interdit de sortir de son cercle.

Organisation d'un chapitre

Chaque chapitre offre un exposé structuré, qui peut être lu de façon suivie, et se termine par des indications de lecture pour approfondir certaines des notions présentées. Enfin, quelques exercices d'application ou questions sont proposés pour orienter le travail personnel et permettre à l'étudiant de vérifier s'il est à même de mettre en œuvre les contenus présentés.

Conseils pour le travail personnel

Il est recommandé de travailler chaque chapitre en deux temps : faire d'abord une première lecture d'ensemble, au cours de laquelle on peut repérer les passages ou sections nécessitant un travail plus patient d'assimilation sur lesquels on reviendra ensuite. Les références fournies sont pour la plupart des ouvrages ou périodiques de langue française récents ou facilement disponibles en bibliothèque. La linguistique s'est donné une terminologie spécifique qui ne fait pas l'objet d'un consensus total. Mais nous avons veillé à ne pas entrer dans des jargons d'école. Il sera certainement utile au lecteur, au-delà des définitions des termes qui accompagnent leur première apparition dans les chapitres, d'aller consulter un dictionnaire de linguistique. Nous en proposons deux, dont les usages sont complémentaires :

– Dubois J. et coll. (1973) : *Dictionnaire de linguistique*, Larousse, le plus complet du point de vue terminologique ;
– Ducrot O. & Todorov T. (1972) : *Dictionnaire encyclopédique des sciences du langage*, Paris, Seuil (repris en collection de poche 'Points-Seuil'), le plus argumenté, expose les conceptualisations de la linguistique en relation avec le champ plus large des sciences du langage. Il peut aussi se lire comme un manuel, les articles étant de brefs chapitres.

1. LA LINGUISTIQUE, UNE APPROCHE DU LANGAGE

1.1. Langage et linguistique

Selon la définition la plus courante, la *linguistique* est une science qui s'occupe du *langage*, de l'étude scientifique de certains aspects du langage humain. Notre premier point est donc d'approcher le «langage».

On s'accorde à appeler «langage» – et ceci coïncide avec un des usages courants du terme en français – la capacité (ou la faculté) spécifiquement humaine de communiquer au moyen d'un système de signes. Le langage suppose ainsi : d'une part, la société humaine, avec ses réseaux d'interactions complexes ; d'autre part, la capacité des hommes à communiquer entre eux au moyen des signes, qui s'exerce à travers une série d'actes matériels (phonatoires, gestuels) et grâce aux structures anatomo-physiologiques et psychologiques qui caractérisent notre espèce.

Cette capacité a une histoire dans l'évolution de l'espèce *homo* : on peut s'interroger sur le moment où ses membres sont devenus capables de créer des signes et de s'en servir. On peut imaginer que la question soulève des problèmes extrêmement complexes, et d'approche difficile. Où trouver les traces de l'apparition et des premiers développements de la communication orale ? Les recherches ont pris deux directions. La première se fonde sur les connaissances dont nous disposons (grâce aux études anatomiques faites sur des restes fossiles) sur l'évolution du système nerveux et des organes phonatoires. On essaie de déterminer ainsi à quel moment de leur évolution les premiers hominidés sont devenus capables d'articuler la parole humaine. La deuxième direction, qui tient compte des découvertes de l'anthropologie culturelle et de l'archéologie, cherche à reconstituer les origines du langage par rapport à l'évolution des sociétés humaines et des activités intelligentes.[1]

Psychologues, sociologues, anthropologues, archéologues, biologistes, anatomistes, physiciens ont pu ainsi se pencher sur l'ensemble des phénomènes qui constituent le langage pour essayer de comprendre cette activité humaine. Quelle est la place du linguiste parmi eux ? Cette question équivaut à s'interroger sur l'objet de la linguistique.

1. *Cf.* à ce sujet, François F., *Linguistique*, Paris, PUF, chapitre 1 (où on trouve un exposé résumé de cette problématique) ; *cf.* aussi, Leroi-Gourhan A., *Le geste et la parole*, Albin-Michel, 2 vol., 1964 et 1965.

1.2. L'objet de la linguistique : un problème épistémologique

La linguistique, comme toute discipline dont le propos est d'étudier un aspect de la réalité empirique, doit délimiter conceptuellement son domaine. On pourrait ainsi supposer qu'une introduction doive commencer par une définition de ce domaine, de l'objectif de la linguistique. Or cette définition présente quelques difficultés d'ordre théorique, difficultés qui relèvent plutôt de prises de position philosophiques. Plus précisément, de cette branche de la philosophie qu'on appelle épistémologie : l'étude de la connaissance, en particulier celle des théories scientifiques.

Nous allons donc commencer par quelques brèves considérations d'ordre épistémologique, dont l'objectif sera de sensibiliser le lecteur à une problématique qui déborde le sujet de ces pages. Nous verrons, d'ailleurs, dans les pages qui suivent, qu'elle se trouve en tête des réflexions par lesquelles Ferdinand de Saussure a inauguré la linguistique moderne. Elles ont aussi été un cheminement obligé pour tous les grands linguistes.

Retenons pour commencer que nous ne pouvons pas dire que le langage soit l'objet de notre discipline. En tant qu'aspect de la réalité matérielle (comme n'importe quel autre), le langage ne peut pas être un objet d'étude. La réalité est trop riche et changeante, dans l'ensemble foisonnant des formes concrètes sous lesquelles elle se présente aux observations empiriques possibles, pour qu'elle puisse s'intégrer directement à un corpus théorique. Elle déborde largement tout ce qui peut être conceptualisé par une discipline. Un objet concret échappe nécessairement à toute description exhaustive. Le «fait» scientifique n'est peut être que le résultat d'un choix, d'une définition des aspects dont la théorie tiendra compte, et sur lesquels porteront ses analyses. La science se trouve ainsi contrainte de travailler sur des «objets abstraits», qu'on appelle habituellement «modèles», qui constituent une sorte de représentation de la réalité : «[...] un objet abstrait est un modèle d'un objet concret lorsque la définition du premier est prise pour représentation du second.»[1]

Donc, les sciences médiatisent la réalité en définissant leur objet d'étude au moyen de modèles. Ce sont ces modèles qui permettront de définir l'objet d'une discipline particulière, comme la linguistique. C'est pour cette raison (le raisonnement est de Saussure) que le langage, aspect du monde réel, ne peut pas être l'objet de la linguistique : il reste nécessairement en dehors d'une discipline particulière. Il pourra être modélisé de façons diverses par les différentes disciplines – la linguistique entre autres – qui essayeront de le comprendre en tant qu'une des manifestations de la nature humaine. Nous verrons aussi, dans un rapide survol de quelques théories linguistiques qui ont marqué notre disci-

1. Régnier A., *Les infortunes de la raison*, Paris, Seuil, 1966.

pline au cours du XXe siècle, qu'il n'y a pas qu'un modèle linguistique du langage. En fait, divers modèles linguistiques ont été proposés, à partir de points de vue théoriques différents, pour aborder le langage.

Bien que la préoccupation théorique pour le langage soit fort ancienne[1], on peut placer les origines de la linguistique, telle que nous la concevons aujourd'hui, au début de ce siècle, notamment avec les analyses présentées dans son cours de l'Université de Genève par F. de Saussure. Nous y reviendrons au § 2.

1.3. Linguistique et sémiologie : les disciplines des systèmes de communication

On peut situer la linguistique parmi les disciplines qui abordent le langage humain, tout en sachant que chacune d'entre elles n'approche le phénomène que d'une façon partielle. Parallèlement, on pourrait essayer de situer l'activité langagière, dans son sens le plus spécifique (la communication par le moyen de signes appartenant aux langues naturelles), à côté des autres activités humaines et animales qui supposent la communication par des moyens différents.

Cette dernière perspective situe les langues humaines comme une des manifestations de la capacité de communiquer (donc, d'organiser des rapports sociaux) des êtres vivants. Si nous adoptons cette perspective, quelles sont les disciplines, autres que la linguistique, auxquelles nous devrons faire appel ? Si pour donner une première caractérisation du langage nous avons introduit, certes d'une façon non critique (et nous essaierons de préciser ce concept par la suite), le concept de «signe», quels autres concepts devrons-nous introduire pour caractériser ce phénomène plus général qui nous permettrait d'avoir une vue plus étendue de la communication des êtres vivants ?

En fait, on peut reconnaître deux acceptions du mot signe.

1. Dans son sens le plus général, «signe» désigne un élément *A* qui sert à représenter un autre élément, *B* (de nature différente du premier). *A* peut ainsi servir, dans certains contextes, de substitut à *B*. Cette définition très générale permet de reconnaître trois cas particuliers. Dans un premier clivage, on peut différencier deux situations : le signe apparaît dans un contexte où il n'y a pas intention de communication, ou bien, il est produit avec l'intention de communiquer.

a. Dans le premier cas, signe est l'équivalent d'*indice* : «Fait immédiatement perceptible qui nous fait connaître quelque chose à propos d'un autre fait qui ne l'est pas.»[2]

1. Pour un panorama des conceptions linguistiques tout au long de l'histoire de l'humanité, *cf.* Kristeva, J., (1981) *Le langage, cet inconnu. Une initiation à la linguistique*, Paris, Seuil ; deuxième partie : Le langage et l'histoire.

2. Prieto L. (1968), «Sémiologie», dans *Le langage*, «La Pleiade», Gallimard, p. 95.

Nous reconnaissons dans cette définition les deux éléments de la définition du signe : *A*, le «fait immédiatement perceptible», et *B*, l'«autre fait qui ne l'est pas». Ainsi, par exemple, la couleur sombre du ciel *(A)* est un indice d'un orage imminent *(B)* ; une colonne de fumée *(A)* est l'indice d'un feu *(B)*, etc. Dans ces exemples, il s'agit de phénomènes naturels, ce qui montre bien que la production d'un indice ne correspond pas à l'intention de signifier.

b. Dans la deuxième catégorie que nous avons considérée, nous trouvons les signes qui sont produits avec l'intention de signifier. Deux cas sont ici à différencier : les signaux et les symboles.

Les signaux : un *signal* possède les caractéristiques de l'indice (c'est-à-dire qu'on y retrouve le même rapport entre les éléments *A* et *B*), mais on doit y ajouter deux conditions :

- il faut, pour qu'un signe soit reconnu comme signal, qu'il ne soit pas fortuit, qu'il ait été produit dans une intention déterminée ;
- il faut aussi que le signal ait un destinataire qui puisse reconnaître son contenu.

Un signal possède ainsi trois caractéristiques : il est *volontaire, conventionnel* et *explicite*. Les signaux peuvent se combiner entre eux pour former un système : dans ce cas on parle de code.

Les signaux peuvent adopter des formes diverses :

- formes graphiques : lettres, chiffres, etc.
- formes sonores : les sons articulés des langues humaines, émis par l'appareil phonatoire d'un individu considéré comme émetteur d'un message ;
- formes visuelles : signaux gestuels, comme ceux de la langue des sourds-muets ; comme celui d'un auto-stoppeur au bord de la route.

Les *symboles* : les symboles partagent avec les signaux le fait qu'ils sont volontaires et explicites. Mais, à l'intérieur d'une culture donnée, qui les reconnaît en tant que symboles, ils ne sont pas considérés comme conventionnels. C'est-à-dire que le rapport entre l'élément *A* et l'élément *B* est considéré comme naturel, comme motivé. «Non conventionnel» équivaut ainsi à l'attribution d'un lien entre les deux éléments *A* et *B* ; lien qui est reconnu, il faut y insister, à l'intérieur d'une certaine culture.

Entre un drapeau rouge (élément *A*) et une baignade dangereuse (élément *B*), il n'y a pas de lien naturel : leur rapport est purement conventionnel. Le drapeau rouge sur une plage est donc un signe-signal.

Par contre, on peut reconnaître un lien entre un *Z* sur un panneau routier et les virages sur une route : nous sommes en présence d'un symbole. Entre la balance (élément *A*) et l'idée que notre société se fait de la justice (élément *B*), on peut également reconnaître un lien, qu'exprime la notion d'équilibre. La balance est ainsi prise comme un symbole de la justice.

2. La deuxième acception du mot «signe» se superpose partiellement à la première, mais avec un sens plus restreint. Dans cette deuxième acception, *signe* équivaut à signe linguistique. Nous pouvons voir clairement le lien entre les deux significations du mot «signe». Dans les deux, nous retrouvons les deux éléments de nature diverse, *A* et *B*, le premier servant à la représentation de l'autre. Ainsi, on peut dire que le signe linguistique est un cas particulier du signe-signal de la première acception. Mais le signe linguistique, du fait qu'il est le fondement du système de communication le plus complexe que l'homme ait développé, mérite une attention particulière. Nous allons nous en occuper en détail dans le § 2, en analysant la conception de Saussure qui, le premier, a présenté une théorie dans laquelle le rapport entre les deux éléments *A* et *B* qui servent à la représentation ressort avec toute sa complexité.

Nous pouvons maintenant aborder la question des disciplines qui s'occupent de la communication au moyen des signes :

- la *linguistique* est la discipline qui étudie un système de signes particuliers, celui des langues naturelles ;
- la *sémiologie* est la discipline qui étudie tous les systèmes de communication non linguistiques, tous les systèmes de signes qui apparaissent dans la communication humaine et qui ne sont pas incorporés aux codes des langues naturelles.

Les rapports entre les deux disciplines, depuis le projet initial de Saussure, pour qui la linguistique devait se situer par rapport à une discipline générale «qui étudie la vie des signes au sein de la vie sociale», ont été complexes. Les discussions ont été centrées autour d'une problématique centrale : jusqu'à quel point l'analyse du signe linguistique est-elle le modèle qui conditionne toutes les autres analyses sémiologiques ? C'est-à-dire : dans quelle mesure le développement de la linguistique, science qui n'étudie qu'un type particulier de signes, est-il la condition du développement d'une discipline plus générale, la sémiologie ? La question, dans les limites de ce manuel, ne peut que rester ouverte.

1.4. Syntaxe, sémantique et pragmatique

Depuis Peirce (1839-1914) et, plus récemment, Morris (1938 et 1946), il est courant d'attribuer trois dimensions au signe. Le signe peut être vu dans ses relations avec ses utilisateurs ou avec les objets auxquels il peut être appliqué. On peut aussi étudier les relations formelles que les signes d'un même système établissent entre eux. Trois perspectives correspondent à ces trois systèmes de rapports : la pragmatique, la sémantique et la syntaxe. Mais ces trois perspectives doivent être définies avec précision pour qu'elles puissent intégrer l'analyse sémiologique ou linguistique. Morris proposait (1946, p. 218-219) les définitions suivantes :

- la pragmatique traite de «l'utilisation et des effets des signes à l'intérieur du comportement» ;
- la sémantique traite «de la signification des signes sous tous ses aspects possibles» ;

– la syntaxe traite de «la combinaison des signes sans qu'on se préoccupe de leur signification spécifique ou de leur relation au comportement à l'intérieur duquel ils se manifestent».

Dans le contexte proprement linguistique, ces définitions sont sans doute trop vagues et elles doivent être développées pour pouvoir être intégrées aux différentes théories. Il n'en reste pas moins que les trois concepts sont très fréquemment employés pour exposer les différents sujets que nous présentons dans ces pages. Une première définition s'imposait donc dès l'introduction. Nous aurons l'occasion d'y revenir tout au long de ce cours.

1.5. Deux façons d'aborder le langage

Dans une première tentative pour conceptualiser le langage, nous pouvons l'aborder de deux points de vue : celui du processus et celui du produit.

1. En effet, le langage, cette faculté spécifiquement humaine, peut être vu comme une activité réalisée par les êtres humains au cours de leurs échanges verbaux. En ce sens la tâche à développer serait celle de décrire et d'expliquer comment la signification est construite, d'une part dans l'activité du locuteur et du récepteur au moment de la prise de parole et de la compréhension, de l'autre lors du processus d'acquisition et lors du développement du langage. Différents processus sont à l'œuvre dans cette activité dont le but est la mise en œuvre d'un système linguistique : processus de sélection, d'enregistrement, de traitement de l'information ; processus de décision, etc.[1]

En ce sens, l'étude du langage se confond avec les études psychologiques, en psychologie cognitive, notamment. Le point de vue du processus est donc le point de vue du psychologue.

2. Nous pouvons considérer le langage sous l'angle du résultat de cette activité à laquelle nous venons de faire référence. En effet, l'activité langagière laisse une trace matérielle : une série de sons (ou de signes graphiques) qui peuvent être transcrits, enregistrés, conservés. Cette nouvelle réalité matérielle peut être étudiée en tant que telle. Tout particulièrement, on peut se poser la question de savoir comment cette série de sons s'organise pour pouvoir servir d'instrument à la communication humaine ; en d'autres termes : comment la signification est construite à partir de ces séquences sonores. La tâche serait ainsi de décrire et d'expliquer comment et pourquoi les langues signifient. Centrée de cette façon sur les aspects sémiotiques des systèmes linguistiques, cette dernière tâche représente le point de vue du linguiste.

---

1. *Cf.* Caron J., *Les régulations du discours*, Paris, PUF, 1983, p. 17.

Remarquons qu'autant le point de vue du psychologue que celui du linguiste sont des perspectives générales. Aucun des deux ne s'intéresse à une langue particulière autrement que comme à un cas d'un phénomène général qui touche tous les locuteurs de n'importe quelle langue. «The linguist – dit le linguiste britannique John Lyons – is concerned primarily with natural languages. The question "What is language ?" carries with it the presupposition that each of the several thousand recognizably distinct natural languages spoken throughout the world is a specific instance of something more general. What the linguist wants to know is whether all natural languages have something in common not shared by other systems of communication, human or not-human, such that it is right ot apply to each of them the word 'language' and to deny the application of the term to other systems of communication [...]»[1]

Les deux points de vue sont nécessairement complémentaires. Le linguiste ne peut pas faire abstraction de l'activité des locuteurs pour approcher la structure et les fonctions des langues. Le psychologue ne peut avoir accès aux activités langagières des sujets (domaine de l'inobservable) qu'à travers les traces de ces activités dans leurs productions.

Les deux points de vue ne sont que des abstractions qui définissent l'écart maximum d'un continuum conceptuel où les passages interdisciplinaires sont inévitables. Selon les approches théoriques, on peut parler de *psycholinguistique*, de *psychologie du langage*, voire de *psychologie cognitive* tout court. Ce qui nous importe ici est de signaler qu'il y a un (ou plusieurs) domaines définis, en sciences humaines, où il est possible d'intégrer les deux points de vue qui viennent d'être mentionnés. D'autre part, des courants comme la *sémantique cognitive* postulent le recours à l'activité cognitive du sujet comme seul moyen d'avoir accès au phénomène linguistique.

1.6. Exercice

Définir les différents types de signes (signe-indice ; signe signal ; signe-symbole), et chercher des exemples pour chacun d'entre eux.

1. Lyons J., *Language and Linguistics*, Cambridge, Cambridge University Press, 1981, p. 3.

Références

FUCHS C. et LE GOFFIC P. *Initiation aux problèmes des linguistiques contemporaines*. Paris, Hachette.

BENVENISTE É (1966-1974). *Problèmes de linguistique générale*. Paris, Gallimard. Tome I (1966) ; Tome II (1974).

DUBOIS *et al.* (1973). *Dictionnaire de linguistique*. Paris, larousse.

MARTINET A. (1960). *Éléments de linguistique générale*. Paris, Armand Colin (édition 1991).

PIAGET J. (1968). *Le structuralisme*. Paris, PUF.

PIATTELLI-PALMARINI (1979). *Théories du langage, théories de l'apprentissage*. Paris, Seuil.

TODOROV T. (1970). «Problèmes de l'énonciation». In *Langages*, 17.

2. FONDEMENTS THÉORIQUES DE LA LINGUISTIQUE MODERNE

La linguistique a présenté, au cours de sa brève histoire, plusieurs approches, parfois assez différentes les unes des autres, du phénomène «langage». Les linguistes les plus importants de notre siècle ont ainsi élaboré des modèles qui mettent parfois en évidence des traits différents de l'activité langagière. La linguistique contemporaine se présente comme une sorte de mosaïque de propositions théoriques différentes, parfois partiellement superposées. Ne pouvant pas, dans les limites de cet ouvrage, réaliser un exposé complet de cette diversité, nous donnons dans la première partie une brève présentation des principaux courants qui pourront aider à se situer dans le panorama complexe des théories linguistiques. Des références plus ponctuelles apparaîtront bien évidemment tout au long de notre texte.

Malgré cette diversité théorique, il n'en reste pas moins qu'un ensemble important de notions constitue l'acquis de la linguistique contemporaine. Ces notions, qui constituent le bagage obligatoire de tout étudiant qui, pour une raison ou une autre, veut s'initier à la linguistique, nous ont servi pour articuler le présent ouvrage.

2.1. Saussure et la théorie du signe linguistique

2.1.1. *Langage, langue, parole*

Ferdinand de Saussure (1857-1913) est à l'origine de la linguistique en tant que science. Son *Cours de linguistique générale*, qu'il a enseigné à Genève entre 1907 et 1911, fut publié à partir des notes de ses élèves en 1916.

Saussure a visé à appliquer les principes de la méthodologie scientifique à la linguistique. On peut considérer que le point de départ de la démarche de Saussure est l'hétérogénéité du phénomène langagier : «Pris dans son tout, le langage est multiforme et hétéroclite ; à cheval sur plusieurs domaines, à la fois physique, physiologique et psychique, il appartient encore au domaine individuel et au domaine social ; il ne se laisse classer dans aucune catégorie des faits humains, parce qu'on ne sait comment dégager son unité» (p. 25).

Ce n'est donc pas, comme nous l'avons dit dans le premier chapitre, dans cette réalité matérielle du langage qu'on peut trouver l'objet de la linguistique. Pour le faire, il faudrait mettre un ordre dans l'hétérogénéité du langage et définir ainsi ce qui revient à chacune des disciplines qui peuvent converger dans leur intérêt pour les activités langagières.

---

1. Saussure F. de (1972), *Cours de linguistique générale*, publié par Charles Bally et Albert Séchehaye ; édition critique préparée par Tullio de Mauro, Paris, Payot.

Saussure fait démarrer son raisonnement à partir de ce qu'il appelle le circuit de la parole, acte qui suppose au moins deux individus qui se parlent, et qu'il présente dans le schéma suivant (p. 28) :

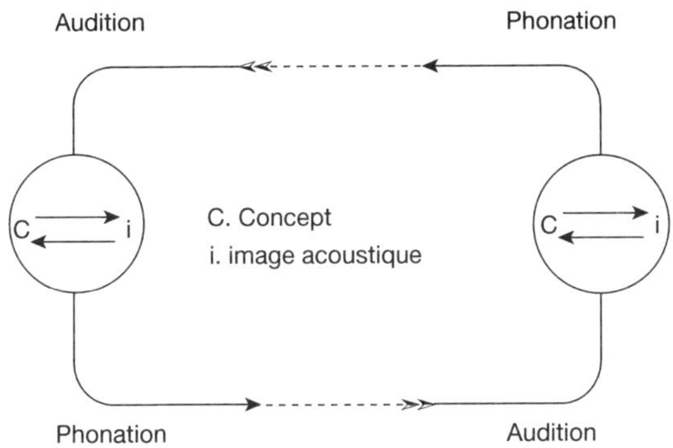

Nous avons ainsi :

- point de départ : un *phénomène psychique*. Un concept (qu'on pourrait appeler aussi image mentale) est associé dans le cerveau d'un sujet *A* à une image acoustique ;
- le phénomène psychique est suivi d'un *processus physiologique* : «Le cerveau transmet aux organes de la phonation une impulsion corrélative à l'image» (p. 28) ;
- *phénomène physique* : les ondes sonores émises par le locuteur *A* qui vont de sa bouche à l'oreille de son interlocuteur *B* ;
- *phénomène physiologique* : transmission de l'oreille de *B* à son cerveau de l'impulsion corrélative aux sons perçus. Dans le cerveau de *B*, le même concept est associé à la même image acoustique que dans le cerveau de *A*.

B pouvant être locuteur à son tour – et la langue est faite de façon telle que cette alternance est possible –, le circuit de la parole recommence dans l'ordre inverse.

La question pour Saussure est ainsi de se situer dans ce circuit de la parole *en tant que linguiste*. Y a-t-il un «objet» qui lui est propre, à côté de ceux qui peuvent intéresser le psychologue, le physiologue et le physicien ? Saussure dit que c'est une question «particulièrement difficile» (p. 23) parce que, à la différence d'autres sciences, la linguistique ne possède pas «des objets donnés d'avance» : «Bien loin que l'objet précède le point de vue, on dirait que c'est le point de vue qui crée l'objet, et d'ailleurs rien ne nous dit d'avance que l'une de ces manières de considérer le fait en question soit antérieure ou supérieure aux autres.» (p. 23.)

Ainsi, il nous explique comment un mot quelconque («nu» dans son exemple) n'a rien de concret en tant qu'objet d'analyse. C'est la manière de le considérer qui nous permettra d'y voir soit des sons, soit une idée, soit le correspondant d'un mot latin («*nudum*»), etc. Il nous faut donc un point de vue pour définir la réalité qui sera considérée comme objet de notre étude. L'objet de la linguistique est ainsi une construction théorique.

Ce principe nous montre qu'il y a une démarche enrichissante en linguistique (comme d'ailleurs dans toute science) dans la mesure où de nouveaux points de vue mettront en évidence des aspect nouveaux de la réalité langagière et montreront comment ces aspects sont inscrits dans la structure formelle des langues. Il n'y a donc pas de modèle qui épuise la réalité. De nouveaux modèles sont toujours possibles.

Il s'agit pour Saussure de définir le point de vue qui permettra au linguiste de construire l'objet de sa discipline. Pour construire cette définition, il fait ressortir un aspect qui se manifeste à travers toutes les mutations que, comme on l'a vu, subit le phénomène langagier au cours du circuit de la parole. Cet aspect est que le phénomène linguistique se présente toujours comme étant duel, comme possédant deux faces. Il est ainsi :

- une production verbale et une impression acoustique ;
- un son (acoustique/vocal) et une idée.

D'autre part, si cette unité déjà complexe, son-idée, possède

- un côté individuel et un côté social,
- elle est aussi et simultanément une institution actuelle et un produit du passé.

Face à cette complexité du phénomène linguistique, il faut se placer de façon à dégager une «réalité» capable d'une définition autonome. Celle-ci doit nous permettre d'organiser les études linguistiques sans effacer les dualités et sans tomber dans «un amas confus de choses hétéroclites sans lien entre elles» (p. 24).

La réalité que Saussure dégage du phénomène linguistique – et qui, comme nous le verrons, est aussi une réalité qui présente deux faces – est la langue. La langue est pour Saussure un objet construit, un principe de classification (p. 25), qui permet de réorganiser et d'unifier le savoir linguistique à propos de toutes les manifestations langagières : «[...] il faut se placer de prime abord sur le terrain de la langue et la prendre pour norme de toutes les autres manifestations du langage» (p. 25).

Langue et *langage* ne se confondent pas, pour Saussure. La première n'est qu'une partie – essentielle – du second. Rappelons pourtant que cette affirmation ne vaut que si on différencie les deux plans différents où se situent langue et langage. La langue n'est pas «réelle», n'est pas un objet immédiat de notre perception du langage. Ainsi, dans le circuit de la parole, nous ne l'avons pas vue apparaître. Nous la ferons apparaître dans la mesure où nous considérerons la communication langagière à travers le filtre épistémologique de ce point de vue que Saussure met en place tout au long de son *Cours*. La langue – objet théorique – n'apparaît que dans la description linguistique.

La première définition de la langue que donne Saussure est la suivante : «C'est à la fois un produit social de la faculté du langage et un ensemble de conventions nécessaires, adoptées par le corps social pour permettre l'exercice de cette faculté chez les individus.» (p. 25.)

Le premier choix théorique de Saussure, qui situe la langue en tant que fait social, nous montre bien comment le concept ainsi introduit déborde le circuit de la parole. Pour définir la langue, le locuteur et son interlocuteur au moment où le message passe de l'un à l'autre ne nous suffisent pas. C'est la société toute entière qu'il faut invoquer pour comprendre le phénomène linguistique. La langue est ainsi sociale dans un double sens, qui nous ramène à ces dualités qui, pour Saussure, sont la caractéristique essentielle de tout phénomène linguistique. Elle est l'ensemble des conventions qui rendent possible la communication entre les hommes, et dans ce sens c'est la société entière qui permet qu'un système conventionnel de communication s'instaure chez chacun de ses membres. Mais, en même temps, la langue est le résultat de cette convention sociale, le système qui permettra l'interaction entre un locuteur et son interlocuteur.

Une deuxième définition introduite par Saussure montre bien le premier de ces deux aspects : la langue comme système engendré par un ensemble de conventions sociales. «C'est un trésor déposé par la pratique de la parole dans les sujets appartenant à une même communauté, un système grammatical existant virtuellement dans chaque cerveau, ou plus exactement dans les cerveaux d'un ensemble d'individus ; car la langue n'est complète dans aucun, elle n'existe parfaitement que dans la masse.» (p. 30). Et il ajoute encore : «[...] il faut une masse parlante pour qu'il y ait une langue.» (p. 112).

D'autres commentaires, qui apparaissent dans les «Cours», mettent l'accent sur un aspect complémentaire de la langue en tant que produit de cette convention sociale : «Elle est l'ensemble des habitudes linguistiques qui permettent à un sujet de comprendre et de se faire comprendre.» (p. 112.)

Le point de vue que Saussure privilégie pour étudier les phénomènes du système de la langue est le point de vue synchronique. Dans la linguistique synchronique, par opposition à la linguistique diachronique, c'est de l'axe des simultanéités qu'on tient compte. La langue est envisagée ainsi, non dans son évolution (point de vue diachronique), mais comme un système de rapports simultanés, tel qu'ils peuvent se présenter à un moment précis de son histoire. Dans cette perspective, ce sont les rapports systémiques qui ressortent de l'analyse linguistique, et la langue est envisagée en tant que système. Saussure conçoit ainsi la langue comme un système de signes, dont la valeur dépend des rapports formels qui s'établissent entre eux. Il nous faudra donc étudier la conception saussurienne du signe linguistique. Nous y reviendrons.

Si la langue est l'aspect social et formel du langage, comment considérer ses réalisations individuelles ? Nous touchons ici à la dualité centrale de la conception saussurienne du langage. À la langue, fait social, Saussure oppose la parole, réalisation individuelle de la faculté langagière.

«En séparant la langue de la parole, on sépare du même coup : 1° ce qui est social de ce qui est individuel ; 2° ce qui est essentiel de ce qui est accessoire et plus ou moins accidentel. [...]

«La parole est [...] un acte individuel de volonté et d'intelligence, dans lequel il convient de distinguer : 1° les combinaisons par lesquelles le sujet parlant utilise le code de la langue en vue d'exprimer sa pensée personnelle ; 2° le mécanisme psycho-physique qui lui permet d'extérioriser ces combinaisons.» (p. 30-31.)

Donc, la parole, en tant que phénomène individuel, met en œuvre, d'une part, le substrat neurophysiologique (appareils sensoriel et phonatoire, par exemple) et les mécanismes psychologiques (perception, mémorisation, etc.) nécessaires à la production et à la compréhension du langage. D'autre part, on considère aussi comme faisant partie de la parole les productions sonores réellement émises par l'individu, résultat de sa capacité d'actualiser le code linguistique de la langue qu'il possède.

Nous avons introduit les deux termes de l'opposition fondamentale de Saussure. Langue et parole sont ainsi les deux aspects du langage. Aspects qui ne deviennent réels que dans l'analyse linguistique, c'est-à-dire dans le modèle théorique. Dans la réalité empirique du langage, ils ne constituent qu'une seule et même réalité, ils sont inséparables, comme le recto et le verso d'une même feuille de papier.

Il nous reste, pourtant, à introduire la définition d'un terme que nous avons utilisé jusqu'ici sans le préciser. Dans la conception de Saussure, le langage est une faculté naturelle que possèdent les êtres humains. C'est une caractéristique de l'espèce, à côté des autres, et elle s'appuie sur un substrat biologique. En tant que tel, le langage reste en dehors de la linguistique. Pour Saussure, il y a une linguistique de la langue (celle qu'il propose dans son «Cours»), une linguistique de la parole (à développer). Il n'y a pas de linguistique du langage.

Nous pouvons résumer en disant que les trois termes clés de la linguistique se situent à trois niveaux différents :

- niveau des réalisations individuelles : la parole ;
- niveau social : la langue ;
- niveau du potentiel héréditaire de l'espèce : le langage.

2.1.2. *La nature du signe linguistique*

La langue est pour Saussure un système de signes. Rappelons qu'un signe (cf. § I. 3), dans sa signification la plus générale, établit une relation entre deux éléments : un élément *A* qui sert à représenter un autre élément *B*, de nature différente du premier. Appelons désignation cette relation : l'élément *A* désigne l'élément *B*.

Comment caractériser la nature de ces deux éléments et du lien qui s'établit entre eux (c'est-à-dire la relation de désignation) dans le cas précis du signe linguistique ?

Pour caractériser le signe, Saussure commence par critiquer la conception de la langue comme «nomenclature» : «Pour certaines personnes la langue, ramenée à son principe essentiel, est une nomenclature, c'est-à-dire une liste de termes correspondant à autant de choses.» (p. 97.)

Ainsi, ce sont ses exemples, le mot latin *arbor* correspondrait, dans cette conception, à l'objet «arbre», aux arbres véritables que nous trouvons dans la nature (dans le contexte extralinguistique) ; le mot *equus*, à l'objet «cheval», etc. Ce que Saussure n'accepte donc pas, c'est d'identifier notre premier élément *A* avec un mot, et notre élément *B*, avec un objet.

Pourquoi ce refus ? Trois arguments vont contre cette conception :
– «elle suppose des idées toutes faites préexistant aux mots» ;
– «elle ne nous dit pas si le nom est de nature vocale ou psychique, car *arbor* peut être considéré sous l'un ou l'autre aspect» ;
– «elle laisse supposer que le lien qui unit un nom à une chose est une opération toute simple, ce qui est bien loin d'être vrai.» (p. 97.)

Expliciter la nature du signe exige ainsi de montrer, dans toute sa complexité, la nature précise des éléments mis en rapport par la relation de désignation, la nature du lien qui les réunit, la relation entre les éléments de la langue et la pensée.

Nous avons vu dans les pages précédentes que le circuit de la parole commençait quand un locuteur mettait en relation un concept avec une image acoustique. Pour Saussure c'est précisément cette mise en relation qui est constitutive du signe. Ainsi les deux éléments qui entrent en rapport dans la relation de désignation sont de nature psychique : «Le signe linguistique unit non une chose et un nom, mais un concept et une image acoustique.» (p. 98.)

Il est important de noter qu'avec cette conception, saussurienne, le signe devient une entité duelle (concept/image acoustique) de nature psychique, d'où la réalité, la «chose», est exclue. C'est le signe en tant que totalité «concept/image acoustique» qui est en rapport avec la réalité non linguistique. Appelons ce nouveau rapport : relation de *référenciation*. Nous avons ainsi deux systèmes de relations :

concept/image acoustique	= relation de désignation
signe/objet	= relation de référenciation

L'image acoustique désigne ainsi un concept. Le signe «réfère» à une réalité.

Saussure introduit deux termes pour nommer les deux parties constituantes du signe linguistique : *signifiant* et *signifié*.

Cette définition pose une question de terminologie importante. Nous appelons *signe* la combinaison du concept et de l'image acoustique ; mais dans l'usage courant ce terme désigne généralement l'image acoustique seule, par exemple un mot (*arbor,* etc.). On oublie que, si *arbor* est appelé signe, ce n'est qu'en tant qu'il porte le concept «arbre», de telle sorte que l'idée de la partie sensorielle implique celle du total. «L'ambiguïté disparaît si l'on désignait les trois notions ici en présence par des noms qui s'appellent les uns les autres tout en s'opposant. Nous proposons de conserver le mot *signe* pour désigner le total, et de remplacer *concept* et *image acoustique* respectivement par *signifié* et *signifiant.*» (p. 99.)

Le signe linguistique possède pour Saussure une caractéristique fondamentale : le lien qui unit le signifiant et le signifié est arbitraire : «Le mot arbitraire appelle aussi une remarque. Il ne doit pas donner l'idée que le signifiant dépend du libre choix du sujet parlant (on verra plus bas qu'il n'est pas au pouvoir de l'individu de rien changer à un signe une fois établi dans un groupe linguistique) ; nous voulons dire qu'il est immotivé, c'est-à-dire arbitraire par rapport au signifié, avec lequel il n'a aucune attache naturelle dans la réalité.» (p. 101.)

Rien n'oblige donc le signifiant *arbor* à être lié au concept «arbre». La preuve en est qu'en changeant de langue un autre signifiant peut être associé au même signifié : *arbre, arbol, tree, baum*, etc.

Ce caractère arbitraire (rappelons la notion de signe-signal, par opposition au signe-symbole, que nous avons vu au § 1, 3) pose un problème important dans la conception de la langue. Le caractère immotivé n'empêche pas que, pour un locuteur déterminé, l'union se présente comme nécessaire et inchangeable. «Ces deux éléments sont intimement unis et s'appellent l'un l'autre. Que nous cherchions le sens du mot latin *arbor* ou le mot par lequel le latin désigne le concept "arbre", il est clair que seuls les rapprochements consacrés par la langue nous apparaissent conformes à la réalité, et nous écartons n'importe quel autre qu'on pourrait imaginer.» (p. 99.)

La perception que nous avons du signe linguistique en tant que locuteurs d'une langue est donc opposée à l'analyse linguistique. Pourquoi cette divergence ? La réponse à ce problème suppose la prise en compte du passage de l'activité psychique du locuteur à la réalité sociale de la langue.

Saussure dit que «les termes impliqués dans le signe sont tous deux psychiques et sont unis dans notre cerveau par le lien de l'association» (p. 98). Si le signifiant et le signifié sont des termes psychiques et si leur lien est immotivé, comment expliquer que les mêmes concepts soient liés aux mêmes images acoustiques dans les cerveaux de tous les locuteurs de la même langue, de façon à rendre possible le circuit de la communication ?

Il faut distinguer ici deux niveaux. Au niveau des images acoustiques et des concepts (qui sont aussi des images mentales), c'est de l'activité psychique du locuteur qu'on doit tenir compte. Saussure parle de deux «masses amorphes» qui correspondent à la formation de la pensée et à la perception de sons, abstraction faite de leur mise en rapport par la langue. Cette substance psychique, produit du travail psychologique du sujet, subit un «reclassement opéré par la société simultanément sur les images mentales et sur leur correspondant acoustique. Ce reclassement, fait de découpages et/ou d'addition d'images individuelles, c'est le processus de désignation ; le produit de ce travail sur la face sonore sera appelé signifiant, sur la face de l'image-contenu, il sera appelé signifié.»[1]

Nous pouvons donc reconnaître trois niveaux dans le processus de construction du signe linguistique : une substance matérielle, la réalité du monde, des choses, est traitée par l'activité psychique des individus, qui la transforme en pensée, et où on retrouve des images mentales et des images acoustiques (substance psychique). La société va réorganiser cette activité mentale en construisant un système de significations formées par l'union des signifiants et des signifiés. Signifiants et signifiés n'ont de réalité qu'en tant que formes. Saussure dit : «*La linguistique travaille donc sur le terrain limitrophe où les éléments des deux ordres se combinent ; cette combinaison produit une forme, non une substance.*» (p. 157.)

La nature formelle du signe, produit du découpage effectué par la société sur l'activité psychique individuelle de chaque sujet, explique que les significations construites par la relation de désignation soient partagées par les individus appartenant à la même communauté linguistique. La mise en correspondance entre signifiant et signifié ne peut se réaliser qu'au niveau social et ne peut être, de ce fait, qu'arbitraire et formelle.

2.1.3. *La langue comme système : la notion de valeur*

Dans la partie précédente nous avons montré qu'au centre de la conception saussurienne de la linguistique se trouve la langue, conçue comme un système de signes. Cette notion de système, qui est une des contributions majeures de la pensée de Saussure, doit être explicitée. Bien entendu, la notion de système suppose celle d'organisation et de régularité. Mais quelles sont les particularités d'un système de signes ?

Outre sa signification, déterminée par la relation entre signifiant et signifié, chaque signe possède aussi (et surtout) une valeur, c'est-à-dire une relation d'opposition avec les autres signes de la même langue (du même système) qui se différencient formellement de lui par le fait qu'ils ne peuvent occuper sa place dans la chaîne phonique sans altérer le sens de l'énoncé initial. Le signe dans sa totalité (mais aussi ses éléments composants, le signifiant et le signifié) ne peut être conçu que comme une valeur différentielle. Prenons un exemple de Saussure :

> «Le français *mouton* peut avoir la même signification que l'anglais *sheep*, mais non la même valeur, et cela pour plusieurs raisons, en particulier parce qu'en parlant d'une pièce de viande apprêtée et servie sur table, l'anglais dit *mutton* et non *sheep*. La différence de valeur entre *sheep* et *mutton* tient à ce que le premier a à côté de lui un second terme, ce qui n'est pas le cas pour le mot français.» (Saussure, p. 160 [231].)

1. Bronckart J.-P. (1977). *Théories du langage*, Bruxelles, Pierre Mardaga, p. 112.

Les rapports entre signes, créateurs de valeurs, sont ainsi régis par des normes (des lois) qui organisent les combinaisons possibles autorisées par le système de langue en question. La notion de totalité, de système, devient ainsi prioritaire dans l'analyse linguistique. Saussure le dit d'une façon très explicite : «[...] l'idée de valeur, ainsi déterminée, nous montre que c'est une grande illusion [que] de considérer un terme simplement comme l'union d'un certain son avec un certain concept. Le définir ainsi, ce serait l'isoler du système dont il fait partie ; ce serait croire qu'on peut commencer par les termes et construire le système en en faisant la somme, alors qu'au contraire c'est du tout solidaire qu'il faut partir pour obtenir par analyse les éléments qu'il renferme.» (Saussure, p. 157 [229].)

Pour caractériser le signe linguistique nous devons ajouter ainsi une nouvelle relation à celles déjà présentées au § 2.1.2 (relations de désignation et de référenciation) : la relation d'un signe avec les autres signes de la même langue, qui détermine la *valeur* du signe.

C'est cet ensemble de relations qui définit la «signification», dans un sens large, des signes linguistiques. C'est-à-dire, pour le présenter d'une façon schématique, le contenu reférentiel d'une part, les valeurs, de l'autre. Il n'y a donc pas de «signification» possible en dehors du système de la langue.

En conséquence, le signe linguistique n'est pas un élément empiriquement déterminé, existant indépendamment du système d'une langue particulière. Un telle conception irait à l'encontre de la nature formelle du signe. La valeur est en réalité une partie fondamentale de la signification du signe. Pour Saussure, dire que le signe représente une valeur équivaut à dire que sa nature est formelle, ou encore, qu'il n'existe que par sa relation à la totalité qui constitue le système.

Cette conception, où le «tout» détermine les unités qui le composent, exposée essentiellement dans le chapitre IV de la deuxième partie du *Cours*, a donné lieu à des développements théoriques et méthodologiques qui ont caractérisé une bonne partie de la linguistique du XXe siècle, en particulier les différents courants de la linguistique structurale.

Saussure s'est trouvé ainsi, malgré le fait qu'il n'ait jamais utilisé le mot structure, aux origines du structuralisme en sciences humaines. Bien que ce rapprochement ait été critiqué, il n'en reste pas moins que la notion saussurienne de système est proche de la notion de structure telle qu'elle apparaît aussi bien en linguistique qu'en psychologie, en anthropologie et dans d'autres sciences humaines. Sans vouloir entrer ici dans des considérations qui nous éloigneraient du sujet de ce cours, rappelons la notion de structure autour de laquelle se retrouvent, selon Piaget, mathématiciens, linguistes, psychologues, etc. :

> «En première approximation, une structure est un système de transformations, qui comporte des lois en tant que système (par opposition aux propriétés des éléments) et qui se conserve ou s'enrichit par le jeu même des ses transformations, sans que celles-ci aboutissent en dehors de ses

> frontières ou fasse appel à des éléments extérieurs. En un mot, une structure comprend ainsi les trois caractères de totalité, de transformations et d'autoréglage.»
>
> «En seconde approximation [...] [une structure] doit pouvoir donner lieu à une formalisation. Seulement il faut bien comprendre que cette formalisation est l'œuvre du théoricien, tandis que la structure est indépendante de lui [...].» (Piaget J., *Le structuralisme*, Paris, PUF, 1968, p. 6-7.)

Nous allons présenter, pour donner un exemple des conceptions structuralistes en linguistique, certains thèmes qui ont été développés par le Cercle linguistique de Prague.

2.2. Le Cercle linguistique de Prague

À partir de 1926, certaines idées de Saussure, surtout celles qui sont liées aux notions de synchronie, de système, et au rôle de la langue dans la communication humaine, ont été reprises et développées par les linguistes appartenant au Cercle linguistique de Prague. Parmi ses membres se trouvent quelques-unes des figures les plus importantes de la linguistique européenne du XXe siècle : l'influence de ces thèses a été considérable dans le développement de la discipline.

Le cercle s'étant constitué autour du linguiste tchèque V. Mathésius réunit aussi des linguistes d'autres nationalités, comme les Russes Jakobson, Karcevski et Troubetzkoy ou le Français Martinet. Outre la pensée saussurienne (parmi ses membres se trouvaient d'anciens étudiants de Saussure à Genève), le cercle reçut l'influence de la philosophie de Husserl et des courants structuralistes en psychologie, mathématiques et poésie.

La thèse principale qui sera soutenue par le cercle, malgré les différences et même les divergences individuelles entre ses membres, concerne la conception de la langue comme système fonctionnel. En mettant ainsi l'accent aussi bien sur le système de la langue (la priorité de la totalité sur n'importe quelle partie) que sur le fait que ce système est un moyen pour obtenir certains buts (la langue est un instrument de la communication), les linguistes du cercle de Prague ne reprennent pas seulement des conceptions essentielles pour Saussure, ils ouvrent aussi la voie aux différents courants structuralistes et fonctionnalistes en sciences humaines.

Cette perspective théorique a été appliquée aux différents chapitres de la linguistique (phonologie, syntaxe, morphologie, sémantique) et a donné lieu à des méthodes d'analyse (en phonologie notamment) qui ont été largement adoptées par des linguistes de différentes orientations théoriques.

Des différentes analyses issues du cercle de Prague nous avons choisi de présenter ici trois exemples. D'abord les idées de base de la phonologie (dont l'œuvre de Troubetzkoy, *Principes de phonologie*, de 1939, est un des textes majeurs de la linguistique), ce qui nous permettra de présenter l'application sans doute la plus brillante de la méthodologie structurale. Nous exposerons par la suite les fonctions du langage telles qu'elles ont été présentées par Roman Jakobson, pour finir avec la théorie de la double articulation du langage d'André Martinet, un autre exemple de la théorie fonctionnaliste en linguistique générale.

2.2.1. *Le domaine de la phonologie*

Le langage a un caractère fondamentalement vocal – même si dans le monde moderne, le langage écrit occupe une place considérable dans la communication, que les nouveaux moyens techniques reviennent aujourd'hui lui disputer. C'est de ce caractère vocal du langage que découle sa linéarité : «Les énoncés vocaux se déroulent nécessairement dans le temps et sont nécessairement perçus par l'ouïe comme une succession.» (Martinet, *Éléments de linguistique générale*, p. 16.)

a. *La substance phonique*

La description de l'articulation des sons du langage relève de l'anatomie et de la physiologie, voire de la médecine. Il y a ainsi une théorie physiologique de la voix, et une théorie articulatoire de l'émission des sons vocaux. Les caractéristiques articulatoires des matériaux phoniques sont indispensables à leur description. C'est le plus généralement d'un point de vue articulatoire que l'on définit et que l'on désigne les sons du langage (consonnes sourdes ou sonores, bilabiales, dentales ou pharyngales, aspirées, etc.), du point de vue de l'activité de phonation. Ainsi, on caractérisera les voyelles

- selon leur degré d'aperture (ouverture de la bouche), allant de la plus ouverte : [a], aux plus fermées : [i], [u] «houx», [y] «hue», en passant par des degrés intermédiaires : mi-ouvertes comme [œ] de «œuf», mi-fermées comme [ø] «œufs» ;
- selon leur zone d'articulation, antérieure : [i], postérieure : [u] ;
- selon la labialisation, labiale [y], étirée [i] ;
- selon la structure des résonateurs : nasale comme [õ] «on», orale comme [o] «eau».

La mise en relation des caractéristiques articulatoires et des caractéristiques acoustiques des sons vocaux, le point de vue de l'audition, est cependant loin d'être évidente. Elle requiert une double approche instrumentale des sons : appareillages d'enregistrement des mouvements du tractus phonatoire (films radioscopiques, palatogrammes, etc.) d'une part, enregistrements graphiques et numériques (sonagrammes, spectrogrammes...) des sons produits selon divers filtrages d'autre part.

Tout ceci est le domaine de la phonétique descriptive, qui peut rendre compte de façon générale et objective des articulations des sons et de leurs corrélats acoustiques, indépendamment des fonctions que remplissent les sons dans des langues particulières.

La connaissance de ces deux aspects de la substance est indispensable si l'on veut travailler par exemple à la remédiation des troubles de la phonation : pour un orthophoniste, il est impératif de savoir quels organes phonatoires sont mis à contribution, et de quelle façon, dans l'émission des sons pour lesquels ses patients éprouvent des difficultés alors qu'ils les distinguent à l'oreille, et de connaître les caractéristiques acoustiques opposant ou rapprochant des sons que ceux-ci distinguent plus ou moins bien[1].

Mais il faut aussi une conception claire de la contribution des sons vocaux au fonctionnement langagier, une théorie fonctionnelle des sons du langage : c'est la phonologie, qui s'emploie à décrire les phénomènes sonores liés aux langues particulières.

b. *La forme phonique*

Si l'on enregistre la prononciation d'un même énoncé ou mot d'une langue par divers sujets d'une même région linguistiquement homogène, et même plusieurs occurrences de son émission par un seul sujet, on pourra cependant observer une grande variété dans les réalisations phoniques (dont les dispositifs d'enregistrement des mouvements articulatoires et des paramètres acoustiques font foi). Et pourtant, l'énoncé ou le mot sont bien reconnaissables – et, même, le locuteur, ou les auditeurs, ne seront souvent pas conscients de ces fluctuations. Elles n'auront pas d'incidence sur le message. C'est dire que, parmi les variations de réalisation phonique, un grand nombre ne sont pas pertinentes, et qu'il faut des méthodes pour distinguer ce qui l'est de ce qui ne l'est pas. Quelles sont les différences phoniques qui assument une fonction dans une langue donnée ? Telle est la question de base à laquelle vise à répondre la phonologie. De la matière phonique dans sa plasticité, on passera aux abstractions que sont les phonèmes : les segments minimaux permettant de constituer les signifiants.

2.2.2. *La phonologie : modèles et méthodes*

La phonologie structurale, qui s'est développée, à partir des propositions de Saussure, dès les années 1930 (le texte fondateur est : *Principes de phonologie* (1938), de Troubetzkoy), constitue en quelque sorte un modèle de la méthode structurale, telle qu'elle a été empruntée par des disciplines des sciences humaines extérieures au langage[2]. Quels sont les traits les plus importants de la méthode phonologique qui ont été repris ?

---

1. On se reportera pour une première approche de la phonétique descriptive à l'introduction toujours utile de : Malmberg B. : *La phonétique*, PUF, coll. «Que sais-je».

2. *cf.* Ducrot, Todorov *et al.* (1969) : *Qu'est-ce que le structuralisme* (Seuil).

1. La commutation, permettant d'opposer entre eux des segments sonores dans un contexte identique (paires minimales), vise à établir la fonction distinctive des unités. Certaines oppositions sont distinctives puisqu'à elles seules elles permettent de produire une différence de sens, donc de faire contraster deux signes. La commutation, c'est la preuve expérimentale que le remplacement d'un segment sonore par un autre entraîne une différence de sens. «Contenu et expression sont liés entre eux par la commutation.» (Hjelmslev, *Essais linguistiques* : 42.)

2. Sur cette base s'opère l'identification des unités distinctives dans un état de langue : les phonèmes, unités abstraites pouvant être décrites comme purs faisceaux de traits pertinents simultanés.

3. Puis, c'est l'organisation des unités distinctives ainsi découvertes en séries regroupées et distinguées par des traits phoniques, qui constituent la structure du système phonique. La description des phonèmes dans une langue donnée a recours à un petit nombre de traits distinctifs combinables.

Notons que ces unités segmentales, les phonèmes, ne sont pas les seules distinctions sonores susceptibles de correspondre à des différences de sens. Pour certaines différences phoniques pertinentes, il faut considérer simultanément des suites de phonèmes, voire de syllabes, et l'on parlera alors d'unités suprasegmentales[1]. Ainsi, l'accent d'intensité suppose au moins deux syllabes, dont l'une peut être accentuée, en contraste avec la voisine, faible. En anglais notamment, il n'est pas indifférent que l'accent soit sur la première ou la deuxième syllabe pour/*desert*/désert ~ /*desert*/dessert. De même, le contraste mélodique entre courbe descendante et courbe montante est exploité par le français pour le sens de l'énoncé dans :

Il le sait. *vs* Il le sait ?

On distingue ainsi classiquement la phonologie segmentale, qui traite des phonèmes et de leurs traits pertinents, et la phonologie suprasegmentale, qui traite des tons, des courbes mélodiques, de l'accent, dans leur fonction distinctive. Nous allons d'abord présenter, en 2.2.2, le modèle de la phonologie structurale classique, centré sur les phonèmes. La section 2.2.3 esquissera les voies d'évolution de cette discipline de la linguistique.

a. *La phonologie structurale*

C'est dans le domaine de la phonologie que se présente avec le plus de netteté la démarche visant à résoudre le problème de la segmentation : comment constituer des unités à partir du flux continu de la parole ? comment tracer des frontières ? C'est à l'intérieur d'un état de langue, où l'on postule un ordre interne, un organisation — un système — que l'on peut affronter le problème.

1. Nous ne traiterons ce point qu'en passant.

Ainsi, «la découverte des éléments et celle du système constituent une tâche unique» (Ducrot, *Qu'est-ce que le structuralisme*, p. 43). La phonétique descriptive peut rendre compte des phénomènes de façon indépendante des langues particulières, la phonologie ne peut porter que sur une langue (ou un état de langue, géographique ou historique) à la fois. Le travail doit être accompli sur un dialecte homogène, le cas le plus favorable étant la description d'un idiolecte (parler d'un individu), érigée en principe méthodologique par certains.

La langue étant conçue comme un système relationnel, où les différentes unités ne sont liées que par des relations, du point de vue phonique on distinguera les relations paradigmatiques (de choix en un point de la chaîne parlée), selon un axe vertical, et les relations syntagmatiques (de voisinage ou succession dans la chaîne), selon un axe horizontal, qui déterminent les deux grandes dimensions d'organisation des systèmes linguistiques.

Nous aborderons successivement ces deux dimensions de l'organisation des segments sonores susceptibles de constituer des unités phonologiques dans une langue donnée.

b. *Les relations paradigmatiques d'opposition*

Les relations paradigmatiques d'opposition en un point de la chaîne entre unités constituent un faisceau de choix : un paradigme d'unités sonores.

Prenons l'exemple de la série suivante de mots (signes lexicaux) du français, représentés en transcription phonétique[1], c'est-à-dire entre [ ] :

[p a R]	«par», «part»
[t a R]	«tare»
[m a R]	«mare», «marre»
[d a R]	«dard»
[ʃ a R]	«char»
[ʒ a R]	«jars», «jarre»
[k a R]	«quart», «carre»

La commutation de la consonne initiale (remplacement d'un segment phonique par un autre) dans le contexte [- a R] met en évidence la façon dont le choix d'une unité phonique en opposition à d'autres permet d'identifier une série de signifiants : l'opposition entre [p] et [t] (désormais notée : [p] ~ [t]) est dite opposition distinctive ; elle est pertinente dans ce contexte, puisqu'elle a une fonction dans le système : elle permet de distinguer entre (au moins) deux mots de la langue française. Elle relève donc de la phonologie. Il suffit qu'une seule opposition pertinente existe entre deux segments phoniques dans un état

1. On trouvera un tableau des symboles phonétiques usuels pour la représentation de la phonie du français dans les premières pages des bons dictionnaires de langue, comme *Le Petit Robert*.

de langue, qu'ils permettent d'opposer au moins une paire de mots de la langue – de constituer une paire minimale –, pour que l'on pose deux unités distinctives : deux phonèmes, ici /p/ ~ /t/.

Prenons un second exemple, une autre série de mots du français, qui manifestent cette fois un paradigme de choix entre segments vocaliques dans le contexte [p – R] :

[p ɔ R]	«port», «pore»
[p a R]	«par», «part»
[p u R]	«pour»
[p i R]	«pire»
[p y R]	«pur»
[p ɛ R]	«père», «paire», «pair»
[p œ R]	«peur»

La commutation de la voyelle dans le contexte consonantique [p - R] met en évidence une série d'oppositions distinctives. Ainsi, dans ce contexte, l'opposition [ɔ] ~ [a] est pertinente puisqu'elle a une fonction dans le système : elle distingue entre (au moins) deux mots de la langue. Et l'on posera deux phonèmes, notés /ɔ/ ~ /a/, alors même qu'ils ne permettraient de constituer qu'une paire minimale dans toute la langue.

Mais les systèmes linguistiques se caractérisent par une certaine économie, que l'on peut expliquer en termes fonctionnels : les locuteurs ne consacreraient guère d'effort pour maintenir nette dans leur prononciation une différence aussi minime que celle qui existe entre [ɔ] et [a], si celle-ci ne devait pas avoir de fonction. C'est une des raisons qui permettent d'expliquer l'évolution linguistique : une opposition qui ne servirait plus tendrait à s'effacer. La phonologie structurale a fait faire de grands progrès à la théorie de l'évolution des systèmes phoniques des langues à travers l'histoire[1].

Maintenant, pourquoi avoir transcrit la voyelle de «port», de «père», de «peur» par des symboles particuliers ? *Phonétiquement*, on perçoit une différence d'ouverture entre [ɔ] de «port» et [o], la voyelle de «seau», de même qu'entre [ɛ] de «père» et [e], la voyelle de «pré», ou entre [œ] de «peur» et [ø], la voyelle de «vœu». Cependant, si aucune paire de mots en français ne se distinguait par l'opposition [ɔ] ~ [o], on considérerait que ces deux segments phoniques sont *dans cette langue* deux variantes d'un même phonème. Imaginons un instant que, dans toute syllabe fermée (terminée par une consonne prononcée), on ne puisse avoir que [ɔ], alors que dans toute syllabe ouverte (se terminant par une voyelle) on ne puisse avoir que [o]. [ɔ] et [o] seraient alors des variantes combinatoires. Il se pourrait encore que les locuteurs puissent utiliser indifféremment [ɔ] ou [o], sans incidence sur le signifiant affecté (sans différence de sens). Il s'agirait alors de variantes libres. Le premier cas, c'est exactement ce qui se produit en français méridional. En

1. *Cf.* Martinet (1955) : *L'économie des changements phonétiques*, Berne, Francke.

effet, dans la région de Marseille par exemple, c'est [ɔ] que l'on entend toujours en syllabe fermée (comme dans «bol», «épaule», «pôle Nord», «poltron», «nordique»...), et c'est [o] que l'on entend toujours en syllabe ouverte (comme dans «beau», «faux», «voler», «locomotive»...). Dans ce parler, il est impossible de distinguer à l'oreille «sol» de «saule», «bol» de «La Baule», mais le mot «aurore» sera réalisé à l'aide de deux variantes différentes : [o r ɔ R], contrairement à ce qui se passe dans la moitié nord de la France, où l'on prononce [ɔ r ɔ R]. En français méridional, il n'y a qu'un phonème, que l'on notera /o/, et qui se réalise phonétiquement soit [ɔ], soit [o], ces deux réalisations constituant deux variantes combinatoires du phonème.

Inversement, dans la région parisienne par exemple, l'alternance [ɔ] ~ [o] est fonctionnelle, puisqu'elle permet de distinguer entre les paires minimales «sol» et «saule», «Paul» et «Paule».... C'est une opposition distinctive, on pose donc deux phonèmes, que l'on notera /ɔ/ ~ /o/. Seulement, cette opposition n'est pas distinctive dans toutes les positions, car on ne trouvera que [o] en syllabe ouverte finale de mot (comme dans «vélo», «chapeau», «broc»), et non [ɔ]. On dira que dans cette position, l'opposition de degré d'aperture entre mi-ouvert et mi-fermé est neutralisée, on n'a affaire qu'à un archiphonème, que l'on notera /O/, plus abstrait (car il contient moins d'information) que les phonèmes affectés /ɔ/ ~ /o/ : l'archiphonème est un type d'unité phonique qui se définit seulement par les traits distinctifs communs aux deux ou *n* phonèmes neutralisés dans une position donnée.

Prenons un autre exemple, tiré d'une langue autre que le français, qui mettra en évidence le caractère particulier à une langue donnée de l'organisation phonématique, pour des réalisations phonétiques similaires. En espagnol, un mot comme «*cartón*», «carton»[1], pourra se prononcer aussi bien [karton] que [kartõn], [kartõ], [kartong], ou [kartõng], sans que la communication en soit affectée. Il n'y aura jamais, en espagnol, opposition distinctive entre un mot se terminant par une séquence {voyelle + consonne nasale} et un mot se terminant par {voyelle nasale} comme c'est le cas en français, ce que met en évidence pour le français l'opposition <carton> *vs* <cartonne>, en transcription phonologique /kartõ/ ~ /karton/. La différence entre les suites sonores [on], [õn], [õ], [ong], ou [õng] n'est pas pertinente en espagnol. La série phonologique des consonnes nasales de l'espagnol /m/ ~ /n/ ~ /ñ/ se trouve neutralisée en fin de syllabe (en finale de mot ou non) en un archiphonème que l'on note /N/, et qui ne se caractérise que par les traits pertinents communs aux trois phonèmes neutralisés, c'est-à-dire en fait {+ consonne}, {+ nasal}. Le trait {point d'articulation}, qui distingue les uns des autres les phonèmes de la série[2],

1. Dans la notation des chaînes nous distinguons conformément à l'usage par des délimiteurs différents la forme graphique d'un mot : <algodón>, le sens de ce mot : «coton», (l'une de) ses réalisations phonétiques : [algo'dõn], sa forme phonologique /algo'doN/.

2. Dimension articulatoire qui en outre caractérise du point de vue *phonétique* la variante [ng], non distinctive en espagnol, comme vélaire (point d'articulation : le voile du palais ou palais mou).

phonème	*trait*	*organe où se situe le point d'articulation*
/m/	{labial}	lèvres
/n/	{dental}	dents de devant
/ñ/	{palatal}	palais dur

n'est plus pertinent dans cette position. La notation en phonèmes du mot <cartón> sera donc /kartoN/, quelle que soit la variante de prononciation.

Le phonème est en fait la plus petite unité *syntagmatique* de la seconde articulation : on ne peut segmenter la chaîne parlée au-delà, sans le détruire. Rappelons que les phonèmes sont définis en fonction de leur contribution à la signification : ce sont des «représentations acoustiques susceptibles d'être associées à des représentations sémantiques», comme le dit Jakobson[1]. Mais, on le voit, il peut encore être décomposé en un faisceau de traits distinctifs. Si les phonèmes d'une langue sont quelques dizaines, les traits distinctifs dans un système phonologique sont en petit nombre. Ainsi, pour décrire les treize ou quatorze voyelles que compte le français, il suffira de quatre traits pertinents :

trait distinctif	*valeurs du trait*	*exemple d'opposition*
nasalité	{nasal} ~{oral}	/ã/ ~ /a/
point d'articulation	{avant} ~ {arrière}	/e/ ~ /o/
labialisation	{arrondi} ~ {étiré}	/ø/ ~ /e/
aperture	4 degrés	/i/ ~ /e/ ~ /e/ ~ /a/

Ici, les modèles divergent. Certains phonologues penchent pour une définition des phonèmes en traits distinctifs fondée sur la substance articulatoire, d'autres sur la substance acoustique. Certains auteurs postulent que toutes les oppositions sont binaires (formulables en oui/non) : par exemple {+/– nasal}, d'autres non. Enfin, d'autres tentent de s'en tenir à un mode de définition relationnel abstrait plus indépendant de la substance : les modèles récents présentés ci-dessous vont dans ce sens. Mais ces débats nous entraîneraient trop loin. N'oublions pas que l'entreprise de la linguistique est de modélisation, donc de réduction du réel.

c. *La phonologie et les langues*

On peut parler d'un filtre phonologique propre à chaque langue, qui structure le champ continu des réalisations phonétiques : les unités phonologiques d'une langue n'existent qu'en vertu des différences qui les opposent, à chaque

1. Dans *Essais de linguistique générale II*, Paris, Minuit (1977) p. 134.

phonème correspond un ensemble de réalisations dans un champ de dispersion plus ou moins large autour d'un noyau de réalisations prototypiques, l'espace de dispersion étant limité par la nécessité que les différences identifiant chaque phonème de la langue restent assurées, afin que l'identification des signes dont le signifiant contient ce phonème soit garantie.

d. *Phonologie contrastive et problèmes d'acquisition d'un nouveau système phonologique*

Ce modèle de l'organisation des systèmes phoniques, fonctionnel et fondé sur l'intervention d'un petit nombre de traits pertinents, permet d'éclairer par exemple la nature des difficultés d'acquisition d'un nouveau système phonique lors de l'apprentissage d'une langue étrangère. Ce n'est pas que l'on soit incapable de prononcer un segment sonore donné, ou que l'audition soit déficiente, c'est que l'on n'est pas à même de le distinguer d'autres segments à l'intérieur d'une famille de segments sonores apparentés (variantes combinatoires ou libres dans sa propre langue) car la différence n'est pas fonctionnelle, donc passe inaperçue. En ce qui concerne l'espagnol, on pourrait mener le même raisonnement concernant des séquences phonologiques comme /aN/, réalisée [an], [ãn], [ã], [ang], ou [ãng], ou comme /eN/, réalisée [en], [ẽn], [ẽ], [ẽng], ou [~eng]. À propos de ces suites, on peut remarquer que les locuteurs d'espagnol sont à même, dans leur langue, de prononcer sans le savoir des voyelles nasales (d'un point de vue phonétique, purement descriptif), alors même que leur système phonologique ne possède que des voyelles non nasales : /i/ ~ /e/ ~ /a/ ~ /o/ ~ /u/. Dans les mots espagnols du type <*cartón*>, <*pon*> «pose !», <*ven*> «voient», <*van*> «vont», ces voyelles, qui en tant que phonèmes ne possèdent pas de nasalité, peuvent devenir contextuellement nasales par chevauchement d'articulation de la consonne nasale qui les suit, ce qui n'a aucun inconvénient pour la fonctionnalité du système. En français en revanche, il est nécessaire de garder distincts les segments phonétiques [õ], [ã] des segments [on], [an], car leur opposition permet de distinguer des paires minimales comme <thon> ~ <tonne> ; ils ont donc des représentations phonologiques distinctes : /õ/ ~ /on/, /ã/ ~ /an/. Ainsi, lorsqu'un hispanophone apprenant le français produit des suites erronées comme [se bon] «c'est bon(ne)», [ban] «banc» prononcé comme «banne», le problème n'est pas l'articulation (habitudes motrices), mais l'effet du filtre phonologique de sa langue sur la perception et le contrôle à la production des différences phoniques pertinentes pour le seul système de la langue étrangère.

2.2.3. *Les relations syntagmatiques : positions, contrastes*

Dans la chaîne parlée, les phonèmes entretiennent entre eux des relations syntagmatiques. Comme nous l'avons vu plus haut, pour expliquer la neutralisation, sur les exemples successifs des paires de voyelles mi-ouvertes *vs* mi-fermées du français /ɔ/ ~ /o/, /œ/ ~ /ø/, /ɛ/ ~ /e/ en archiphonèmes d'aperture «moyenne» /O/, /Œ/, /E/, puis des consonnes nasales de l'espagnol, nous avons déjà vu qu'il est nécessaire de tenir compte du contexte, puisque ces phénomènes dépendent de la position des phonèmes. Pour les voyelles (désormais V, et consonne : C), on distingue principalement entre les positions en syllabe ouverte (syllabes à finale vocalique) : (C)V ou en syllabe fermée (syllabes à finale consonantique) : (C)VC ; pour les consonnes (abrégées en C), on distingue entre les positions initiale de syllabe, de mot : C-, et finale de syllabe, de mot -C. Il existe des contraintes positionnelles sur la distribution phonématique : tous les phonèmes n'apparaissent pas dans toutes les positions, toutes les oppositions ne sont pas possibles dans toutes les positions, c'est pourquoi il y a des neutralisations en certaines positions de traits distinctifs qui opèrent ailleurs dans la chaîne parlée. Enfin, toutes les combinaisons VV(V) et CC(C) de voyelles successives ou de consonnes successives ne sont pas admises dans les langues. Le système phonologique d'une langue se caractérise également par des traits syntagmatiques : certains phonèmes peuvent se succéder ou non dans la chaîne. Par exemple, des combinaisons consonantiques précises sont ou non admises dans la langue. Il en est de même pour la structure des syllabes. De ce point de vue aussi, les langues du monde se différencient fortement : certaines langues n'admettent que des syllabes ouvertes CV (ex. des langues polynésiennes), d'autres à l'inverse admettent des groupes consonantiques complexes pouvant aller jusqu'à CCCCC[1]. Ainsi, l'allemand admet en début de syllabe des groupes comme /ʃpr-/, /ʃtr-/, en fin de syllabe des groupes comme /-kstn/. Par ailleurs, certaines langues, comme en Europe le tchèque, admettent des consonnes : /r/, /l/, /n/..., comme centre de syllabe, en fonction de voyelle en quelque sorte (ex. /prst/ «doigt», /mlʒ/ «moule (coquillage)», /trx/ «marché»).

Pour traiter de façon plus globale cette question, il faut l'aborder en termes de contraste entre unités voisines dans la chaîne. Typiquement, il s'agit du contraste entre une consonne, émission de bruit, et une voyelle : émission de voix colorée par des harmoniques et servant de support sonore à l'émission des consonnes (les voyelles peuvent apparaître seules, les consonnes non ou plus difficilement). Ce contraste permet de constituer des syllabes, unités de base de la phonation. Certaines suites de phonèmes sont plus ou moins optimales du point de vue des contrastes (ce qui s'explique d'un point de vue cognitif : distinctivité pour la perception, stabilité pour la production), ce que les modèles récents de la phonologie développeront avec la notion de canonicité syllabique.

2.3. Les fonctions du langage

Dans le § 1, nous avons parlé du langage comme de la capacité à communiquer que possèdent les êtres humains. Cette fonction communicative du langage était donc introduite implicitement dans notre cours. Elle n'est pourtant

1. Sur ces aspects, et pour plus de précisions en ce qui concerne la phonologie de langues particulières minutieusement décrites, voir les chapitres 15-22 de Gleason H.-A. (1969), *Introduction à la linguistique*, Paris, Larousse.

pas une donnée qui puisse être postulée sans analyse critique. D'une façon générale, on peut s'interroger sur la (ou les) fonction(s) du langage. Le langage n'est-il qu'un instrument de la communication ? Ou bien remplit-il aussi d'autres fonctions ? D'autre part, la communication ne suppose-t-elle pas une série d'activités différentes pour pouvoir être accomplie ? Toutes ces questions laissent ouverte la question de savoir quelles sont les fonctions du langage et par quels moyens il les réalise.

En fait, l'activité langagière est intimement liée à toutes les autres activités humaines. Quelle activité humaine pourrait se concevoir sans en considérer le langage comme partie intégrante ? La première réponse qu'on serait tenté de donner à ces questions serait donc de parler d'une plurifonctionnalité du langage au sein des sociétés humaines.

Mais, là encore, comme on l'a vu à propos de l'objet de la linguistique, la possibilité de donner une réponse va dépendre des points de vue théoriques adoptés : définir les fonctions du langage, c'est considérer le rôle du langage d'un point de vue abstrait, conceptuel, indépendamment des activités concrètes, empiriquement observables dans les actions effectives des hommes. Le modèle qu'on est supposé construire nous montrera ainsi les fonctions fondamentales des langues. Dans cette perspective, les fonctions qui ont été le plus souvent présentées au cours de l'histoire de la réflexion sur le langage sont les trois suivantes :

- la fonction communicative : on se sert d'une langue pour construire et transmettre un message. Nous devons ainsi aborder le rôle des deux sujets de la communication, celui qui construit le message (le *locuteur*) et celui à qui le message est destiné (l'*auditeur*) ;
- la fonction représentative : la langue permet de concrétiser et de développer les opérations nécessaires à l'élaboration de la pensée ;
- la formation d'un rapport déterminé entre le locuteur et l'auditeur : on peut ainsi transmettre une connaissance, obtenir une information, donner un ordre, etc.

2.3.1. *Les fonctions du langage selon Roman Jakobson*

Parmi les différents modèles proposés sur les fonctions du langage, nous allons présenter celui qui a été élaboré par le linguiste Roman Jakobson dans son article «Linguistique et poétique»[1].

Le point de départ de Jakobson pour déterminer les fonctions du langage est ce qu'il appelle «les facteurs constitutifs de tout procès linguistique». C'est-à-dire les différents éléments requis pour que le contact langagier entre deux

1. Jakobson R. (1960), *Essais de linguistique générale*, vol. 1, Paris, Minuit, 1963. Chapitre XI. Edition originale : «Closing statements : Linguistics and Poetics», *in* Sebeok T.A. (ed), *Style in Language*, New York.

sujets soit possible. Remarquons, en passant, qu'une activité langagière suppose toujours l'interaction entre deux sujets au minimum. Le premier est celui que nous venons d'appeler le *locuteur* (et que Jakobson appelle le *destinateur*, c'est-à-dire celui qui produit le message destiné à l'autre sujet). Le deuxième, que nous avons appelé l'*auditeur* (et que Jakobson appelle le *destinataire*), est celui à qui le message produit par le locuteur est destiné.

Pour Jakobson, les facteurs constitutifs de l'acte linguistique sont les suivants :

	CONTEXTE	
DESTINATEUR	MESSAGE	DESTINATAIRE
	CONTACT	
	CODE	

Pour qu'il soit possible que le destinateur envoie un message au destinataire, quelques conditions doivent être remplies. Le message requiert un contexte, c'est-à-dire qu'il doit faire référence à une réalité quelconque, qui est susceptible d'être verbalisée. Le message doit avoir un «contenu». Cette réalité à laquelle se réfère le message doit être «saisissable par le destinataire».

En plus d'un contexte, construire et recevoir un message suppose que le destinateur et le destinataire partagent (au moins partiellement) un code. En d'autres termes, le destinateur est l'encodeur du message, le destinataire, le décodeur, et ces activités ne sont concevables que par la possession d'un code commun.

Finalement, pour que le message puisse passer du destinateur au destinataire, on a besoin d'un canal physique (l'air, qui transmet les ondes sonores, le câble pour une communication téléphonique, etc.) et d'une connexion psychologique entre les deux sujets. Pour que la communication verbale s'établisse et puisse continuer, les deux sujets doivent ainsi être en contact.

«Chacun de ces six facteurs donne naissance à une fonction linguistique différente», dit Jakobson. Il est donc possible de reproduire le schéma précédent, en mettant à la place de chaque facteur la fonction qui lui correspond :

	RÉFÉRENTIELLE	
ÉMOTIVE	POÉTIQUE	CONATIVE
	PHATIQUE	
	MÉTALINGUISTIQUE	

2.3.2. *La fonction émotive ou expressive*

«[...] centrée sur le destinateur, elle vise à une expression directe de l'attitude du sujet à l'égard de ce dont il parle. Elle tend à donner l'impression d'une certaine émotion, vraie ou feinte.» Les langues ont différents moyens de réaliser cette fonction émotive, c'est-à-dire de permettre au destinateur d'exprimer ses réactions émotionnelles par rapport aux contenus des messages, mais c'est dans les interjections qu'elle se manifeste de la façon la plus claire.

Nous pouvons, par exemple, lire dans un dictionnaire *(Le Petit Robert)* à propos de l'interjection «Ah !» : «Interjection expressive, marquant un sentiment vif (plaisir, douleur, admiration, impatience, etc.).» Les interjections réalisent la fonction émotive de la façon la plus pure. Mais en réalité tout le message est porteur d'indications sur les réactions émotionnelles (vraies ou simulées) du locuteur. Les aspects émotifs se manifestent aussi au niveau phonique, grammatical et lexical. L'intonation d'une phrase (pour exprimer la colère, par exemple), la possibilité d'introduire certaines modifications phoniques sans que le sens du mot ne change (par exemple, la possibilité d'allonger de façon emphatique la voyelle *i* dans le mot *si*), sont des moyens phoniques dont dispose le locuteur pour indiquer ses réactions émotives. Le choix des mots sur le plan lexical, ainsi que la structure de la phrase ou même l'organisation du discours, ne sont pas neutres par rapport aux sentiments du locuteur.

Inversement, l'expression fait aussi partie du contenu informatif du discours. «Un sujet, dit Jakobson, utilisant des éléments expressifs pour indiquer l'ironie ou le courroux, transmet visiblement une information [...].»

2.3.3. *La fonction conative*

Adresser la parole à quelqu'un, c'est aussi une façon d'agir sur lui, de l'inciter à une action possible. La fonction conative, centrée sur le destinataire, trouve sa forme la plus directe dans l'emploi de l'impératif, forme verbale qui n'est pas destinée à transmettre une information, vraie ou fausse, mais à obtenir un comportement du destinataire. À travers la fonction conative on entre dans la dimension pragmatique du langage.

«La parole est une forme d'action, à valeur rituelle ou magique. Dieu, dans la Bible, dit : "Que la lumière soit", et la lumière fut. Tous les "abracadabra", les "Sésame, ouvre-toi", les formules religieuses ou magiques, les prières, relèvent donc de la fonction d'incitation, même si elles s'adressent à un locuteur imaginaire, l'important étant qu'il soit présumé accessible au pouvoir du verbe. On relève également le cri du nourrisson pour obtenir qu'on s'occupe de lui.»[1]

2.3.4. *La fonction phatique*

«Il y a des messages, dit Jakobson, qui servent essentiellement à établir, prolonger ou interrompre la communication, à vérifier si le circuit fonctionne». Un bon exemple en est sans doute la formule employée quand nous décrochons le téléphone. Dire «Allo», c'est produire un message qui signifie seulement que le contact – téléphonique – a été établi. De même, des expressions comme «je vous écoute» servent à confirmer l'établissement d'un lien entre les deux sujets de l'interaction langagière. Dans certains cas, tout un dialogue peut s'établir, n'employant que des expressions de ce type :

1. Yaguello M. (1981), *Alice au pays du langage*, Paris, Seuil, p. 24.

«Eh bien ! dit le jeune homme. – Eh bien ! dit-elle. – Eh bien, nous y voilà, dit-il. – Nous y voilà, n'est-ce pas, dit-elle. – Je crois bien que nous y sommes, dit-il, Hop ! Nous y voilà. – Eh bien ! dit-elle. – Eh bien ! dit-il, eh bien.»[1]

2.3.5. *La fonction métalinguistique*

On peut distinguer, dans le langage, deux niveaux. Le premier niveau correspond au langage qui sert à parler des objets (le mot est pris ici dans son sens le plus général) du monde, de la réalité non linguistique. C'est ce qu'on appelle le «langage-objet». Ainsi, quand je dis «livre» ou «girafe», «facile» ou «travailler», «rouge» ou «liberté», je fais référence à des «objets» qui sont hors du langage.

L'autre niveau est celui qui sert à parler du langage lui-même : c'est le métalangage. On introduit ainsi dans le discours des commentaires sur le code même qui sous-tend le langage. Si je dis : «Cette phrase n'est pas correcte», ou : «Je ne comprends pas ce que vous dites», je ne fais référence qu'à certains aspects de la langue que je suis en train d'utiliser. La fonction de ces phrases est métalinguistique, dans la mesure où elles portent sur le code du français.

En fait, quand nous parlons, nous mélangeons constamment les deux niveaux. Dans l'exemple précédent, «Je ne comprends pas ce que vous dites», bien que le contenu de l'énoncé porte sur un problème de signification (donc, soit lié au code de la langue), le verbe «comprendre» fait référence à un processus psychologique, et dans ce sens il appartient au langage-objet.

Les langues humaines sont les seuls systèmes sémiotiques qui possèdent cette caractéristique de pouvoir faire référence à leur propre code. La fonction métalinguistique joue un rôle fondamental pendant la période d'acquisition du langage et dans l'acquisition des langues étrangères. Certaines aphasies se caractérisent par la perte de l'aptitude aux opérations métalinguistiques.

2.3.6. *La fonction poétique*

C'est le message en tant que tel qui est en cause ici. Le message peut devenir une œuvre d'art, et ceci indépendamment de son contenu ou du respect des règles du code. Mais la fonction poétique du langage n'apparaît pas seulement dans les œuvres littéraires. La publicité ou la propagande politique y ont souvent recours. Elle n'est pas étrangère non plus à l'emploi quotidien des langues. Voici les exemples que donne Jakobson :

«"Pourquoi dites-vous toujours *Jeanne et Marguerite*, et jamais *Marguerite et Jeanne* ? Préférez-vous Jeanne à sa sœur jumelle ?" "Pas du tout, mais ça sonne mieux ainsi". Dans une suite de deux mots coordonnés, et dans la mesure où aucun problème de hiérarchie n'interfère, le locuteur voit, dans la

1. Jakobson R., *op. cit.*, p. 217.

présence donnée au nom le plus court, et sans qu'il se l'explique, la meilleure configuration possible du message.»

«Une jeune fille parlait toujours de "l'affreux Alfred". "Pourquoi affreux ?" "Parce que je le déteste". "Mais pourquoi pas *terrible*, *horrible*, *insupportable*, *dégoûtant* ?" "Je ne sais pas pourquoi, mais *affreux* lui va mieux." Sans s'en douter, elle appliquait le procédé poétique de la paronomase.»[1]

2.3.7. *La fonction référentielle*

On peut l'appeler aussi cognitive ou dénotative. Cette dernière fonction est celle qu'on attribue le plus volontiers aux messages : la fonction de transmettre des informations sur le contexte.

En fait, toutes ces fonctions ne se présentent pas isolées. Ce qui est le plus fréquent, c'est qu'un même message remplisse plusieurs fonctions à la fois. Il est par exemple difficile que le message ne transmette pas une information quelconque (fonction référentielle). Un poème, où la fonction poétique apparaît de façon évidente, peut remplir d'autres fonctions aussi : référentielle, expressive, etc. Si j'emploie une interjection, «aïe» par exemple, non seulement j'exprime un certain sentiment (fonction émotive), mais aussi j'informe que je ressens de la douleur. Jakobson peut ainsi écrire : «La diversité des messages réside non dans le monopole de l'une ou l'autre fonction, mais dans les différences de hiérarchie entre celles-ci. La structure verbale d'un message dépend avant tout de la fonction prédominante.»[2]

Ces six fonctions nous donnent un premier aperçu de la complexité et de la diversité du phénomène langagier. Parler, c'est toujours parler à autrui. Tout locuteur exige un interlocuteur, réel ou virtuel. Parler est un acte social. Le langage suppose la société, qui suppose la communication. Et dans ce contexte communicationnel, parler c'est faire différentes choses, dont les six fonctions proposées par Jakobson nous donnent une première vision. Enfin ces fonctions elles-mêmes se superposent, se hiérarchisent.

2.4. **La double articulation du langage**

L'idée de la langue comme étant doublement articulée a été présentée par le linguiste français André Martinet, lui aussi membre, comme on l'a vu, du cercle de Prague.

«Une langue – dit Martinet – est un outil dont l'organisation révèle qu'il s'est formé à travers le temps pour satisfaire [à des fins communicatives] et que c'est son emploi à ces fins qui garantit la perpétuation de son fonctionnement.» (Martinet (1991 ; 1re édition 1967), p.179.)

1. Jakobson, *op. cit.*, p. 218-219.

2. *Op. cit.*, p. 214.

Nous pouvons tirer de cette affirmation deux conséquences :

- de toutes les fonctions que le langage peut remplir dans la vie sociale, la fonction référentielle est dominante, puisque l'organisation de la langue (synchronie) et son évolution (diachronie) sont conditionnées par le besoin de communication. Pour le dire avec des mots de Martinet : «La communication seule façonne la langue.» Les énoncés produits avec d'autres buts peuvent être considérés comme «étant calqués sur les énoncés communicatifs» (*ibid.*) ;
- on ne peut expliquer les faits linguistiques qu'en faisant appel à une réalité extra-linguistique : les besoins humains. Nous voyons donc que, pour comprendre la structure de la langue, il nous faut faire ressortir sa fonction au sein de la société humaine. Ce postulat fonctionnaliste est à la base de la théorie de la double articulation.

La communication met l'homme dans une situation apparemment paradoxale. D'un côté, à mesure que ses besoins de communiquer augmentent, il est obligé de multiplier et de différencier les unités linguistiques. Mais de l'autre côté, par la loi du moindre effort, «selon laquelle l'homme ne se dépense que dans la mesure où il peut ainsi atteindre aux buts qu'il s'est fixés» (*ibid.*, p. 177), le nombre de ces unités doit être réduit au minimum.

La théorie de la double articulation vise à montrer que la langue (toutes les langues humaines) présente une structure qui lui permet d'échapper à cette contradiction entre les exigences de la communication et la tendance de la nature humaine au moindre effort. Il s'agit donc d'une caractéristique universelle existant dans toutes les langues du monde, d'un des «universaux du langage», qui permettra de différencier une langue de n'importe quel autre système sémiologique (*cf.*, plus haut, § 1.3.)

Étant donné son caractère vocal, toute langue se présente comme une série linéaire (de sons, de mots, d'énoncés) qui se succèdent dans le temps. Cette linéarité nous permet d'analyser les productions langagières comme étant l'agencement d'une série d'unités, qui peuvent se répéter à différents moments de la chaîne parlée. C'est dans ce sens qu'on peut affirmer que le langage humain est «articulé», et différencier ainsi un énoncé comme (l'exemple est de Martinet) *J'ai mal à la tête* des cris pouvant servir aussi pour communiquer à mon entourage que j'ai mal à la tête. Bien évidemment, les cris ne sont pas «articulés», dans la mesure où nous n'y trouvons pas d'unités composantes qui pourraient avoir la même signification dans d'autres contextes.

Un problème se pose pour identifier ces unités qui s'articulent pour former la chaîne parlée. Ici, nous devons nous rappeler le principe (qu'on peut appeler «structuraliste») selon lequel c'est le système qui détermine ses élément composants, et qu'en conséquence nous ne pouvons pas les déterminer à partir de nos expériences individuelles isolées. La théorie du signe et la phonétique structurale nous ont montré que les mêmes sons et les mêmes mots peuvent, appartenant à des systèmes différents, être source de valeurs différentes. Les sons, ainsi que les mots, *pris isolément,* ne peuvent pas, en conséquence, être identifiés aux unités de base d'une langue.

Ces unités de base, porteuses de valeurs à l'intérieur du système d'une langue donnée, sont pour Martinet de deux niveaux, chaque niveau définissant une articulation différente. «Chacune des unités qui résultent d'une première articulation – dit Martinet – est en effet articulée à son tour en unités d'un autre type.» (*Ibid.*, p. 13.)

2.4.1. *La première articulation*

Pour répondre aux besoins diversifiés de la communication et permettre aux sujets parlants d'échanger leurs expériences communes, les langues sont constituées, comme on l'a vu dans une section précédente, d'une multitude de signes (composés d'un signifiant et d'un signifié) qui réfèrent au monde de ces expériences. Ces signes s'articulent entre eux de différentes façons, selon les règles de la langue, pour constituer la chaîne parlée. Nous sommes au niveau de la première articulation de la langue.

Mots et énoncés d'une langue peuvent être considérés comme des signes, dans la mesure où ils construisent une signification en reliant un signifiant à un signifié et en s'enchaînant (s'articulant) pour constituer le discours. Mais ils ne sont pas des unités de base. Pour désigner les unités minimales, porteuses de sens, de cette première articulation, Martinet emploie le terme de *monème*. Pour reprendre l'exemple précédent, *j*, *ai*, *mal*, ou *tête*, par exemple, sont des monèmes. Les monèmes sont donc des signes linguistiques, d'une valeur minimale, qui ne pourraient pas être décomposés en d'autres signes comme on peut le faire avec certains énoncés ou certains mots. On comprend pourquoi on ne peut pas identifier le monème avec le mot, puisque le mot (avec toute l'ambiguïté que ce terme comporte) peut dans certains cas être décomposable en des unités plus petites, porteuses elles aussi de sens : «Dans un mot comme *travaillons*, on peut reconnaître deux monèmes : travail- /travaj/, qui désigne un certain type d'action, et -ons /õ/, qui désigne celui qui parle et une ou plusieurs autres personnes.» (*Ibid.*, p. 16.)

2.4.2. *La deuxième articulation*

L'existence d'une deuxième articulation est une exemple de la façon dont la loi du moindre effort façonne la structure même des langues. Si le signifiant de chaque monème était formé de sons uniques et irrépétables, qu'on pourrait différencier des sons qui constituent les autres monèmes de la langue, l'effort à fournir pour produire le moindre énoncé serait immense. Parler irait contre la naturelle «inertie mémorielle et articulatoire» et l'homme aurait trouvé, sans doute, un autre système de communication, moins coûteux.

Les signifiants des monèmes sont donc, eux aussi, articulés. Ils sont constitués d'unités minimales dépourvues de sens, mais, comme on l'a vu plus haut, non dépourvues de valeur : les phonèmes. Les phonèmes (qui sont, rappelons-le, de nature oppositionnelle et qui, en conséquence, ne doivent pas être confondus avec les sons) sont en nombre très restreint (une trentaine par langue), ce qui permet de satisfaire à la loi du moindre effort. Ils sont construits en fonction des possibilités limitées aussi bien de l'appareil phonatoire que de la capacité de discrimination de la mémoire humaine. Ce petit nombre de phonèmes, grâce à leur capacité de combinaison au niveau de cette deuxième articulation, peuvent construire la totalité des signes de la langue (les unités de la première articulation).

Ainsi, avec un petit nombre d'unités minimales non significatives (deuxième articulation) permettant de former quelques milliers de signes (première articulation), les hommes arrivent à pouvoir communiquer toute la richesse de leurs expériences individuelles et collectives.

Pour finir cette présentation sommaire de la double articulation du langage, soulignons les liens de cette conception avec la théorie saussurienne du signe. Il y a deux caractères primordiaux dans cette dernière : l'arbitraire du signe (*Cours*, [135-143], p. 100-102) et le caractère linéaire du signifiant (*Cours*, [144-145], p. 103). Sans ce dernier caractère, le phonème, qui selon la définition de Troubetzkoy n'est pas décomposable dans le temps, ne pourrait pas être conçu comme unité minimale.

Quant au caractère arbitraire du signe, Martinet dit d'une façon très claire : «La deuxième articulation a l'avantage de rendre la forme du signifiant indépendante de la nature du signifié correspondant.» (*Ibid.*, p. 18.)

2.5. **Le générativisme de Chomsky**

Chomsky a formulé sa théorie dans une importante série d'ouvrages et d'articles. En fait, il s'agit d'une conception qui a évolué depuis sa première formulation en 1957. On peut reconnaître deux moments fondamentaux dans cette évolution, qui correspondent à deux de ses livres les plus importants : *Syntactic Structures* (1957), où il fait sa première présentation de la grammaire générative et transformationnelle, et *Aspects of the Theory of Syntax* (1965), où est présentée la théorie qu'on appelle «standard». Dans cette dernière, une composante sémantique et une composante phonologique ont été articulées à la composante syntaxique. La théorie n'a d'ailleurs pas cessé d'évoluer depuis cette date.

Nous n'allons pas donner dans ce texte une présentation de cette évolution de la grammaire générative. Nous renvoyons le lecteur intéressé à la bibliographie (pour un résumé des deux théories, *cf.* Fuchs et Le Goffic, 1975, et Bronckart, 1977 ; pour un exposé détaillé appliqué à la langue française, Ruwet, 1967). Notre propos dans ces pages est de signaler les points de repères fondamentaux qui peuvent situer le lecteur face à l'œuvre de Chomsky.

2.5.1. *Principes fondamentaux de la théorie*

Malgré leurs différences dans la façon d'aborder le phénomène langage (l'approche de Saussure était fondamentalement sémantique, celle de Chomsky est centrée en grande partie sur la syntaxe) et malgré les critiques que Chomsky a adressées à son égard (il a signalé, par exemple le caractère statique du concept de «langue»), la démarche chomskienne, si on la regarde dans une perspective épistémologique, reste fidèle à l'héritage de Saussure. Pour Chomsky comme pour Saussure, l'«objet» de la linguistique n'est pas à chercher dans l'activité réelle du locuteur ; on ne peut pas le dégager du circuit réel de la communication ; il n'est pas une donnée empiriquement observable. Ce n'est donc pas dans le fonctionnement de la langue qu'on va trouver les moyens de faire de la linguistique, de découvrir la structure des langues. Prenons, par exemple, les deux phrases suivantes, telles qu'elles pourraient être émises par un locuteur francophone :

– Pierre promet à Marie de venir,

et :

– Pierre permet à Marie de venir.[1]

Tout fait penser qu'il s'agit de deux exemples d'un même type de construction. Pourtant, une brève réflexion nous montre que les rapports qui s'établissent entre ses composants sont différents dans l'une et dans l'autre. Dans la première phrase, c'est de la venue de Pierre qu'il s'agit ; dans la seconde, c'est de celle de Marie. La structure de la phrase, telle qu'elle a pu être énoncée par un locuteur, cache donc les vrais rapports grammaticaux entre ses deux actants. Chomsky nous dirait qu'il faut aller au-delà des rapports syntaxiques qui apparaissent dans les énoncés produits par des locuteurs pour en comprendre la réalité profonde. Pour Chomsky, comme pour Saussure, l'analyse linguistique doit dépasser le niveau purement empirique de l'activité langagière. Dans cette direction Chomsky tirera les dernières conséquences de cette constatation épistémologique en postulant deux types de structures : la structure profonde et la structure de surface. Nous y reviendrons. Signalons seulement que, dans la meilleure tradition de l'épistémologie saussurienne[2], Chomsky introduit ici une «dualité oppositive», c'est-à-dire une approche de la langue comme étant «toujours un objet double, formé de deux parties dont l'une ne vaut que par l'autre»[3]. Il s'en suivra d'autres dualités.

2.5.2. *Qu'est-ce que la grammaire générative et transformationnelle ?*

Chomsky a défini sa théorie comme étant une grammaire générative et transformationnelle. Ces trois termes doivent être expliqués.

---

1. L'exemple est tiré de Fuchs et Le Goffic (1975), p. 82.

2. Pour Benveniste (*cf.* 1966, p. 40), ces dualités oppositives constituent «le centre de la doctrine, le principe d'où procède tout l'appareil de notions et de distinctions qui formera le Cours publié».

3. *Cf.* Benveniste, *op. cit.*

Depuis son premier livre de 1957, Chomsky vise à construire «une théorie des structures linguistiques, sans référence à une langue particulière». Cette théorie doit rendre compte des caractéristiques qu'ont en commun toutes les langues du monde, ce qu'on peut appeler des «universaux linguistiques». Parmi ceux-ci, il y en a un auquel Chomky a prêté particulièrement attention : celui de la créativité des langues. En effet, tout locuteur de n'importe quelle langue peut, à partir d'un nombre fini d'éléments (phonèmes, lexèmes, morphèmes), produire un nombre infini de phrases. Il n'y a donc pas un répertoire fini (même serait-il extrêmement long) de phrases possibles, correctement formées, d'une langue. Chaque phrase produite par un locuteur (ou reçue par un auditeur) n'a pas pu être «prélevée» d'un dépôt de phrases pré-existantes. Elle est à proprement parler «nouvelle», résultat d'une création, d'un acte unique de production. La faculté du langage chez l'homme montre que celui-ci possède une sorte de mécanisme, composé d'un nombre fini d'éléments (des règles, des symboles), qui lui permet de réaliser cette activité productive sans limites.

La grammaire d'une langue est donc un modèle de ce mécanisme capable de «générer» toutes les phrases «grammaticales» acceptées par les locuteurs de la langue. Elle ne pourrait pas être une description d'un ensemble achevé de phrases «correctes». Ce modèle est donc génératif, dans la mesure où il est capable de générer toute phrase possible à partir d'un ensemble fini de règles permettant de décider, pour toute phrase produite, si elle appartient à la langue ou pas. Il s'agit d'un modèle formel, la notion de «génération» étant empruntée aux mathématiques : si on possède un ensemble de règles qui permet de générer, à partir du nombre 2, la série infinie des nombres «pairs», c'est-à-dire 2, 4, 6, 8, etc., il est possible de décider, pour n'importe quel nombre naturel, s'il appartient à cette série ou pas. Cette propriété, dite de créativité, est ainsi définie par le principe de récursivité : une fois introduite une règle dans le système (par exemple, les règles permettant l'articulation de deux propositions), il est possible de les appliquer un nombre infini de fois. Exactement comme on fait en mathématiques pour générer, par exemple, une série infinie, la répétition d'une même règle permet de générer, à partir d'un élément donné de la série, l'élément suivant. Ainsi, «La Colombe de l'Arche», de Robert Desnos :

> Maudit
> soit le père de l'épouse
> du forgeron qui forgea le fer de la cognée
> avec laquelle le bûcheron abattit le chêne
> dans lequel on sculpta le lit
> où fut engendré l'arrière-grand-père
> de l'homme qui conduisit la voiture
> [...]

pourrait être un poème infini. Ceci devient clair si on réfléchit au fait que, moyennant l'application répétée (récursive) des règles qui permettent l'introduction de relatifs tels que «*qui*», «*avec laquelle*», «*dans lequel*», «*où*», «*de*», etc., il n'y a pas une fin logique à la série de phrases ainsi enchaînées. Finir un discours relève de la décision du locuteur, et non des propriétés du système grammatical.

Ce système formel représente donc le dispositif inné que possède dans son esprit tout locuteur d'une langue donnée. Chomsky peut dire à propos de la grammaire : «On peut envisager une grammaire, représentée d'une manière ou d'une autre dans l'esprit, comme un système qui spécifie les propriétés phonétiques, syntaxiques, et sémantiques d'une classe infinie de phrases possibles.»[1]

L'ensemble des phrases grammaticales d'une langue ne pouvant être déterminé en tant qu'ensemble fini (en raison du principe de récursivité), le modèle doit rendre compte de toutes les phrases qu'un locuteur pourrait reconnaître comme appartenant à sa langue, c'est-à-dire de «la classe infinie de phrases possibles».

Cette dernière observation nous amène à une autre remarque de Chomsky à propos de la grammaire : «Une grammaire générative n'est pas un modèle du locuteur ou de l'auditeur.»[2]

En d'autres termes, elle n'est pas un modèle des productions empiriquement observables, qui apparaissent dans le circuit de la communication. Elle ne pourrait pas l'être en raison du principe épistémologique évoqué plus haut : ce n'est pas à partir des productions observables qu'on va pénétrer le secret de l'activité langagière. À l'inverse, c'est grâce à la grammaire qu'on pourra expliquer les productions observables. Deux niveaux sont ainsi à identifier dans l'activité d'un locuteur idéal : Chomsky les appelle *compétence* et *performance*.

2.5.3. *La compétence et la performance*

Nous sommes ainsi face à une autre «dualité», cette fois pour caractériser deux niveaux d'activité chez le locuteur. La compétence correspond au niveau de la grammaire : c'est le système de règles que le locuteur d'une langue donnée a intériorisé. Ce système, d'une part, lui permet de produire et de reconnaître le nombre infini de phrases possibles que le système autorise ; d'autre part, il correspond à la connaissance intuitive que le locuteur possède de sa langue. C'est grâce à cette connaissance intuitive (donc, à sa compétence) que celui-ci pourra émettre des jugements de grammaticalité, pour décider si un énoncé quelconque appartient ou non à sa langue. La grammaire a ainsi pour Chomsky un double statut : elle est une construction métalinguistique formalisée élaborée par le linguiste générativiste ; mais, aussi, cette construction formalisée est un modèle de l'activité – non observable – qui permet à un sujet de devenir locuteur de sa langue.

---

20. Piattelli-Palmarini (1979), p. 65.

21. (1965), traduction française 1971, p. 19. Cité par Fuchs et Le Goffic, 1975, p. 81.

C'est ce double sens qui a permis à Chomsky de définir la grammaire comme étant à la fois un modèle métalinguistique formel et une construction réelle de l'esprit humain. Il peut ainsi parler, dans la définition que nous avons citée plus haut, d'un système qui définit certaines propriétés «d'une classe infinie de phrases possibles» (c'est-à-dire du modèle formel). Mais, en même temps, Chomsky insiste sur le fait que ce système est «représenté dans l'esprit», ce qui revient à dire qu'il s'agit d'une construction de l'esprit humain. C'est dans ce dernier sens que la théorie de Chomsky a été qualifiée de «mentaliste», et qu'elle fait partie, chez les linguistes et les grammairiens, de la tradition rationaliste. Nous reviendrons sur ce point, pour parler du postulat de l'origine innée de la grammaire.

Si la compétence suppose une activité langagière non directement observable, la mise en acte effective de la langue, telle qu'elle peut être observée dans la communication – c'est-à-dire les phrases réelles, émises et comprises –, est l'œuvre de la performance. La performance d'un locuteur dépend donc fondamentalement de sa compétence, sans laquelle aucune phrase ne pourrait être générée, mais aussi de facteurs très divers, comme la mémoire, l'attention, le contexte social, les relations psychosociales entre le locuteur et l'interlocuteur, l'affectivité des participants à la communication, etc. La performance rend ainsi compte des mises en œuvre de la langue, concrètes et individuelles, accomplies par chaque locuteur.

Si les concepts de compétence et de performance ne sont pas sans rappeler les concepts saussuriens de *langue* et de *parole*, Chomsky a voulu se démarquer de ce parallélisme. Pour lui le concept de langue fait référence à un inventaire d'éléments, alors qu'il s'agit en réalité de rendre compte d'une activité. Il revendique ainsi un point de vue plus dynamique en concevant la compétence comme un ensemble de règles. Cependant cette dualité chomskienne vise à approcher le même phénomène que chez Saussure : les composantes nécessairement générales de la langue face au caractère obligatoirement particulier et individuel de l'acte de parole.

2.5.4. *Les composantes syntaxique, phonologique et sémantique*

La théorie dite «standard» (celle de 1965) comporte un modèle en trois parties (composantes). Le centre de la théorie est la composante syntaxique. Sur celle-ci s'articulent une composante sémantique et une composante phonologique.

La composante syntaxique est formée de deux types de structures syntaxiques, les structures profondes et les structures de surface. Les structures profondes sont propres à la compétence du locuteur. Les structures de surface correspondent à la performance du sujet. Ces deux niveaux de la réalité linguistique sont le résultat de l'application par le locuteur de deux types de règles.

À la base (le niveau des structures profondes) la composante syntaxique s'articule avec la composante sémantique. Cette combinaison des règles (syntaxiques et sémantiques) qui définissent le sens d'une phrase ne décrit pourtant pas, comme on vient de le dire, les phrases réellement articulées ou entendues. Ce niveau est en réalité postulé pour rendre compte des ambiguïtés des phrases attestées. Le problème est donc de montrer comment ces structures de la base deviennent structures de surface.

Le lien entre structures profondes et structures de surface est assuré par un autre ensemble de règles : les règles de transformation. Nous en arrivons ainsi au troisième terme qui servait à définir la théorie de Chomsky : grammaire générative transformationnelle. Les phrases qui apparaissent à la surface d'un texte sont le produit d'un double processus génératif, le résultat de l'application successive de ce double système de règles. Dans un premier temps les règles de la base organisent la structure profonde de la phrase (composante syntaxique sur laquelle se greffe la composante sémantique). Sur cette structure profonde s'appliquent les règles syntaxiques de transformation qui, articulées avec les règles de la composante phonologique, produisent les phrases réellement articulées par le locuteur (ou écoutées par l'auditeur). Ces règles de transformation, responsables de la dernière étape de la génération d'une phrase, peuvent ainsi expliquer les contradictions ou ambiguïtés apparentes des phrases observables de la structure de surface. Dans l'exemple que nous avons considéré plus haut, l'apparente identité de structure entre la phrase qui contenait le verbe «promettre» et celle qui contenait le verbe «permettre» disparaît aussitôt que l'analyse générative nous montre que la structure profonde (cachée en surface) des deux phrases est différente.

2.5.5. *La grammaire universelle*

Le dernier point que nous allons soulever par rapport à la théorie de Chomsky concerne l'origine de ce système complexe de générations et de transformations. Rappelons que pour notre auteur une grammaire est une partie de l'activité mentale du locuteur. Dans cette acception «réaliste» (opposée à l'idée de la «grammaire» comme construction métalinguistique réalisée par le linguiste), il est légitime de se demander comment le sujet construit le système de règles qui donneront origine aux structures de base et aux structures de surface. D'une façon extrêmement simplifiée, nous pouvons dire que Chomsky soutient, à propos de l'acquisition et du développement du langage, une thèse innéiste. Une partie de la compétence est formée par des règles qui existent dans la totalité des langues humaines. C'est ce que Chomsky appelle grammaire universelle. Cette universalité est seulement explicable, selon l'avis de Chomsky, par l'origine innée de cette partie du système. L'être humain dispose ainsi d'un organe mental, le langage, résultat du développement de son potentiel héréditaire, à partir duquel son activité en tant que locuteur-auditeur devient possible.

Cette partie innée de sa grammaire est constituée aussi par un dispositif d'acquisition du langage (le LAD, initiales de sa dénomination en anglais) qui permet au jeune enfant d'acquérir, par contact avec son environnement social, le système des règles spécifiques de la langue particulière dont il deviendra locuteur-auditeur. À côté de la compétence universelle qu'il possède en tant qu'être humain, tout sujet développe une compétence particulière propre à la communauté linguistique à laquelle il appartient. Voici un exemple :

> «[...] si dans une structure du type SN1 + V + SN2 les deux syntagmes nominaux SN1 et SN2 sont identiques, s'ils sont co-référents (comme dans Pierre lave Pierre), il y a alors une transformation réflexive (Pierre se lave). La transformation réflexive est une règle universelle, mais le fait que la transformation se fasse par un pronom réfléchi (comme en français) ou par une forme moyenne du verbe (comme partiellement en grec) appartient à la grammaire de chaque langue et relève de la compétence particulière.»[1]

Nous ne pouvons conclure sans faire une rapide référence aux multiples critiques que cette théorie a soulevées. Le programme initial, qui avait prétendu résoudre les multiples difficultés que posaient les théories structuralistes développées dans la première moitié du siècle (notamment l'appui sur le behaviorisme de Skinner), a dû être remanié à plusieurs reprises, sans pour autant arriver à une solution satisfaisante. La conception innéiste de l'acquisition du langage a été, elle aussi, critiquée par différents auteurs, qui ont insisté sur l'origine construite des structures linguistiques, à partir de structures cognitives plus générales (Piaget), ou des interactions sociales de l'enfant (Bruner).

2.6. Les théories de l'énonciation

Nous allons aborder ici l'œuvre d'un autre groupe de linguistes, parmi lesquels on compte E. Benveniste, J. Austin ou J. Searle. Sans qu'on puisse les intégrer dans une théorie unique, toutes ces recherches ont en commun une perspective pragmatique dans l'analyse du phénomène langagier[2].

Les différentes théories qui se réclament de l'énonciation supposent un changement de position radical par rapport à Saussure et à ses continuateurs, Chomsky compris. La langue ou la compétence, en tant qu'aspects généraux du phénomène langagier, s'opposaient, dans leurs théories, aux aspects individuels (parole, performance) de l'acte langagier. Il allait de soit que l'explication linguistique passait par une explication préalable de ce qu'il y a de général

1. Dubois *et al.* (1973), p. 103.

2. «Pragmatique» : rappelons qu'il s'agit du rapport entre les signes et leurs utilisations, en situation, par les locuteurs.

dans l'acte langagier. Cette perspective, d'une manière très consciente chez Saussure, pour qui une linguistique de la parole était une discipline à construire, contraignait à une mise entre parenthèses de la spécificité de l'acte énonciatif : c'est-à-dire de la prise de parole par un locuteur individuel dans des circonstances précises.

La question que se sont posée les auteurs qui nous occupent maintenant était donc celle de la possibilité d'une telle linguistique. Plus précisément, il s'agissait de savoir si la compréhension de la structure de la langue n'obligeait pas à chercher ce qu'il y a de général dans l'acte énonciatif. «L'exercice de la parole, dit Todorov[1], n'est pas une activité purement individuelle et chaotique, donc inconnaissable ; il existe une part irréductible de l'énonciation mais à côté d'elle, il en est d'autres qui se laissent concevoir comme répétition, jeu, convention. Notre objet sera donc constitué par les règles de l'énonciation et les différents champs de leur application.»

2.6.1. *La linguistique de l'énonciation*

Soulignons donc, pour commencer, qu'il s'agit bien de l'énonciation et non de l'énoncé. On peut définir l'énonciation, en suivant Benveniste, comme la «mise en fonctionnement de la langue par un acte individuel d'utilisation»[2]. L'énoncé est, par contre, le produit de cet acte. Produit qu'on peut, par la suite, détacher du contexte dans lequel il a été construit et analyser en tant que tel, en faisant abstraction de ce contexte.

C'est précisément cette perspective qui sera remise en cause par la linguistique de l'énonciation. Elle suppose donc une centration nouvelle des intérêts du linguiste. Pour comprendre cette nouveauté, rappelons le point de départ épistémologique de Saussure. La linguistique ne peut pas être la science du langage, dans la mesure où celui-ci, comme tout phénomène naturel, supporte une infinité de lectures possibles. La «linguistique de la langue», telle que cet auteur nous la proposait, centrée sur la nature du signe, faisait donc abstraction de l'activité du sujet parlant pour ne retenir de celle-ci que les rapports formels entre signes. Pour Chomsky, l'activité du sujet n'était que le système de règles capable de générer les phrases possibles. Nous n'allons pas insister sur le caractère inévitable (et profitable), dans toute démarche scientifique, de ces conceptualisations de l'objet d'étude. Les linguistes qui se sont penchés sur le phénomène de l'énonciation en ont fait autant. Mais en changeant leur «point de vue», ils ont construit de nouveaux faits linguistiques, dans le sens saussurien le plus strict, qui exigeaient de nouvelles explications et donc de nouvelles constructions théoriques. La richesse d'une discipline se mesure, peut-être,

1. Todorov (1970), p. 3.
2. Benveniste (1974), p. 80.

dans sa capacité à multiplier, au cours de son histoire, les perspectives théoriques pour aborder son «sujet». À la linguistique de la langue, s'ajoute donc une linguistique de l'énonciation.

2.6.2. *L'appareil formel*

La nature des problèmes qui se posent dans cette perspective est double. Le premier problème concerne, comme nous l'avons vu un peu plus haut, la possibilité de trouver une certaine généralité dans cet acte individuel d'utilisation de la langue, qui permet sa mise en fonctionnement, selon la formule citée de Benveniste. Le deuxième problème est la façon d'intégrer à cette analyse fonctionnelle les aspects qui relèvent du code de la langue : c'est-à-dire du système de signes (ou de règles) qui sera actualisé par l'acte d'énonciation.

C'est ce programme que se donnait É. Benveniste quand il écrivait : «Nous tentons d'esquisser, à l'intérieur de la langue, les caractères formels de l'énonciation à partir de la manifestation individuelle qu'elle actualise. Ces caractères sont les uns nécessaires et permanents, les autres incidents et liés à la particularité de l'idiome choisi.» [1]

Ainsi, pour ne donner qu'un aperçu sommaire de certains aspects de ce programme, l'énonciation s'inscrit dans les langues naturelles au travers d'un appareil formel qui permet l'appropriation du système par un locuteur concret et lui donne les moyens de se situer dans les contextes spatio-temporels définis par sa prise de parole. La langue, système abstrait qui n'est que possibilité en dehors de l'énonciation, s'actualise par un acte d'appropriation réalisé par un locuteur qui se positionne face au destinataire de son discours au moyen du jeu des pronoms *je-tu*. Les pronoms personnels, dans la mesure où ils «ne renvoient ni à un concept ni à un individu», permettent à celui qui parle de devenir sujet d'un discours adressé à un récepteur et font ainsi partie de ces appareils formels de l'énonciation que chaque langue possède. De même, les différents moyens langagiers de faire référence autant à l'endroit où le locuteur se trouve qu'au moment de la prise de parole intègrent cet appareil formel : «ici» ou «maintenant» ne réfèrent ni à un endroit précis ni à un moment précis, ils sont définis par la situation d'énonciation.

Le sens d'un énoncé ne pourra donc être établi que dans la mesure où il sera placé dans l'acte même de le produire. La linguistique qui ignore l'énonciation ne pourra pas expliquer la langue en tant que système créateur de sens. À la suite de Benveniste, d'autres linguistes (Culioli, par exemple) ont développé et formalisé différents aspects de cette conception de la langue[2].

1. *Ibid.*, p. 81.

2. Le lecteur trouvera un exposé plus complet de la théorie de l'énonciation au § 6 de ce cours.

Pour en savoir plus

Le lecteur intéressé pourra lire avec profit :

- du *Cours de linguistique générale* de Saussure, les chapitres I et III de la première partie, et les chapitres III et IV de la deuxième partie ;
- dans l'ouvrage de J.-P. Bronckart (1977), *Théories du langage*, Bruxelles, Pierre Mardaga, le chapitre IV consacré à analyser l'œuvre de Saussure, et le chapitre VII consacré à la grammaire générative, qui présente ces théories d'une façon critique particulièrement intéressante pour les préoccupations d'un psychologue.
- Ducrot O. et Todorov T. (1972), *Dictionnaire encyclopédique des sciences du langage*, Paris, Seuil.

Exercices

1. Définir le rapport signifiant/signifié pour Saussure.

2. Pourquoi parle-t-on de «générativisme» à propos de la théorie de Chomsky ?

3. Les chaînes phonologiques suivantes (représentation phonématique structurale) correspondent-elles à un ou plusieurs morphèmes de la langue française ? Lequel ou lesquels ?

/veR/ ; /pla/ ; /mõ/ ; /pRi/

3. LA SÉMANTIQUE

Du sens dans tous les sens

La sémantique traite du «sens», mais dans quel «sens» ? Pour pouvoir définir l'objet de la sémantique, il nous faudra d'emblée nous mettre en quête d'une méthode sémantique intuitive. Si nous consultons le dictionnaire LEXIS[1] pour en savoir plus sur «le sens» nous pouvons avancer d'un pas dans cette voie. Un grand nombre des articles de ce dictionnaire[2] sont en effet «dégroupés» et «regroupés» : les articles consacrés à des mots polysémiques ou homonymiques sont dégroupés, c'est-à-dire subdivisés en différentes entrées. Les unités lexicales (ou lexèmes) polysémiques sont celles qui présentent plusieurs acceptions clairement distinctes qu'on peut mettre en relation les unes avec les autres, tandis que les homonymes présentent des acceptions dont les relations de contenu ne sont plus actuellement repérables ou entre lesquelles il n'y a aucune relation à chercher parce qu'ils proviennent de termes distincts qui se sont accidentellement confondus sous l'effet de mutations phonétiques. Par ailleurs, lorsque des termes dérivés ou composés à partir du terme-source entretiennent également avec lui une relation de contenu, c'est-à-dire lorsqu'ils font partie du même «champ morphosémantique», leur article est déplacé à l'intérieur de l'article du terme-source. On comprend que si le terme-source est lui-même dégroupé, les lexicographes ont dû décider sous quelle entrée il fallait insérer ce sous-article. C'est cette propriété particulière de l'article dégroupé *sens* du dictionnaire LEXIS qui nous intéresse ici : les sous-articles regroupés sous les quatre acceptions distinguées sont les suivants :

– sens^{1} → sensation, sensitif, sensoriel, sensualiste, sensualisme^{1} ;
– sens^{2} (pluriel) → sensuel, sensualité, sensualisme^{2} ;
– sens^{3} → sensé, contresens^{1}, faux-sens, insensé, non-sens ;
– sens^{4} → contresens^{2}.

Comme on le voit, pour être menée de manière conséquente, cette méthode impose occasionnellement le dégroupement des sous-articles (ici *sensualisme*^{1} ≠ *sensualisme*^{2} selon qu'il s'agit ou non d'une doctrine philosophique, et *contresens*^{1} : *faire un contresens* ≠ *contresens*^{2} : *rouler à contresens*). La seule observation de ces «dégroupements-regroupements» permet de reconnaître le domaine de la sémantique : elle ne traite pas des sensations ou phénomènes *sensoriels*, ni de la *sensualité*, ni de la conduite des véhicules, mais bien de ce qui est *sensé* ou *insensé* et plus précisément des erreurs d'interprétation dans la

1. *Le Dictionnaire du français contemporain* (J. Dubois *et al.*, DFC, 1966) est conçu selon le même principe mais englobe un lexique plus restreint de moins de 30 000 mots.

2. J. Dubois *et al.*, *Dictionnaire LEXIS de la langue française*, Larousse 1975.

traduction d'une expression linguistique d'une langue dans une autre, qu'il est commode de classer par ordre croissant de déviance comme *faux-sens*, *contre-sens* ou *non-sens*.

Il est à noter que les dégroupements et regroupements du LEXIS ne tiennent pas compte de nos connaissances sur le champ d'application du lexème *sens* et sur son évolution à travers les siècles. Consultons par comparaison l'article *sens* du grand dictionnaire Robert en sept volumes :

> SENS (11° siècle, Chanson de Roland < lat. sensus «action, manière de sentir, sentiment, pensée,signification»)
>
> I.1. Faculté d'éprouver les impressions que font les objets matériels [...].
>
> I.2. Les sens considérés comme source de plaisirs [...].
>
> I.3. [par analogie] Faculté de connaître d'une manière immédiate et intuitive [...].
>
> II. Vx [= vieux]. *cf.* discernement, entendement, jugement, raison
> – bon sens
> – sens commun
>
> III. Manière de comprendre, de juger d'une personne [...].
>
> IV. [par extension de III]1. Idée ou ensemble d'idées intelligible que représente un signe ou un ensemble de signes [...].
>
> IV.2. [Logique/linguistique]. Concept évoqué par un mot ou un sémantème, lequel symbolise une chose (objet, sentiment, relation, etc.) [...].
>
> IV.3 [par extension] Idée intelligible à laquelle un objet de pensée peut être rapporté et qui sert à expliquer, à justifier son existence ; *cf.* raison (d'être).
>
> V. [12° siècle, par ext. de III] 1. [Mathématiques] Ordre dans lequel un mobile parcourt une série de points ; mouvement orienté [...].
> – [fin 19° siècle] Succession ordonnée et irréversible des états d'une chose en devenir [...].
> – [par métaphore] Se dit d'une activité qui se dirige dans un domaine, acquiert une modalité, *cf. intervenir dans un sens modérateu*r [Rem : ces emplois sont très proches de ceux de l'acception III].
>
> V.2. [par ext.] Pour «direction». Position d'une droite dans un plan, d'un plan dans un volume
> – sens dessus dessous
> – sens devant derrière.

On reconnaît ici les outils traditionnels du lexicologue en matière d'analyse de l'évolution du contenu d'un lexème :

- d'abord une articulation explicitement historique de l'article, de l'emploi le plus anciennement attesté au plus contemporain. On constate ainsi que les cinq sens (la vue, l'ouïe, etc.) constituent l'acception la plus ancienne de *sens*, acception qui vient du latin *sensus*, alors que l'acception directionnelle (le sens de la marche) est beaucoup plus récente et que d'autres acceptions sont sorties de l'usage (*cf.* «Vx») ;
- ensuite des spécifications de domaines particuliers, ici en logique, linguistique, mathématiques ;

– enfin des indications de glissements dans le domaine d'application : par extension, par analogie, par métaphore, qui ont pour objet de clarifier les différentes dérives que l'emploi de ce mot a connues à travers son histoire.

Nous pouvons maintenant définir la sémantique comme l'étude du «sens» dans un «sens» très particulier, en l'occurrence l'assignation à un lexème (ou à un emploi particulier d'un lexème) d'un concept (de chose, de personne, d'événement, de propriété, etc.) ou l'assignation à un énoncé linguistique d'un ensemble structuré de relations entre des concepts, par ex. pour *Annette rit nerveusement* entre un concept de personne désigné par le nom propre *Annette*, un concept d'action désigné par le verbe *rire* et un concept de propriété d'action désigné par l'adverbe de manière *nerveusement* appliqué à l'action de rire, elle-même imputée à l'individu Annette.

3.1. Le champ de la sémantique

Le terme «sémantique» a été forgé par M. Bréal en 1897[1] pour désigner une «*science des significations*» en gestation. Toutefois, Bréal concevait cette analyse des significations dans le cadre du «paradigme»[2] philologique, c'est-à-dire qu'il s'attachait essentiellement à l'évolution du sens des unités lexicales (par ex., comment analyser l'affaiblissement du sens des verbes *meurtrir* (tuer → contusionner) et *navrer* (blesser physiquement → désoler) dans l'évolution du français ?).

C'est seulement à partir du *Cours de linguistique générale* de F. de Saussure (1916) que la sémantique commence à se développer comme la branche de la linguistique relative aux relations entre les signifiés des signes linguistiques (morphèmes lexicaux et grammaticaux), opérant prioritairement en synchronie (pour un même état de langue) et secondairement en diachronie (entre deux états de langue). Dans cette conception la sémantique en tant qu'étude du signifié des signes linguistiques est englobée dans la linguistique comme science des signes linguistiques, elle-même englobée dans la *sémiologie* comme étude «de la vie des signes au sein de la vie sociale». La sémiologie[3],

3. M. Bréal, *Essai de sémantique* (science des significations), Hachette 1897.

4. Le terme «paradigme» est pris dans le sens de «cadre conceptuel d'une théorie scientifique».

5. R. Barthes (*L'aventure sémiologique*, Le Seuil, 1985) considère inversement que la sémiologie est une branche de la linguistique destinée à décrire les systèmes de signes non linguistiques (par exemple le système de la mode) à l'aide de moyens linguistiques. Par ailleurs, le logicien américain Charles Peirce avait conçu à la fin du XIXe siècle une science des signes apparentée à la sémiologie, mais sans attache avec le linguistique et le social, qu'il appelle la *sémiotique.* Cette terminologie s'est maintenue en particulier dans le monde anglo-saxon.

destinée à analyser des comportements signifiants linguistiques et non linguistiques (rites, coutumes, par ex.), est elle-même conçue par Saussure comme une branche de la *psychologie sociale* :

sémantique < linguistique < sémiologie < psychologie sociale

Par contraste avec la phonologie, la morphologie ou la syntaxe, la sémantique occupe une place particulière en raison de deux propriétés des «modes de signifier» :

- les *signes* n'ont pas seulement une manifestation linguistique (par exemple les signes gestuels), ce qui pose le problème de l'autonomie de la sémantique linguistique dans le cadre de l'étude des signes en général ;
- la *signification* intéresse également d'autres disciplines, particulièrement la psychologie, la logique et l'intelligence artificielle.

Avant d'aller plus loin, il faut donc cerner le domaine de la sémantique linguistique par contraste avec celui des disciplines apparentées à elle par un intérêt commun pour l'analyse des signes et de la signification.

3.1.1. *L'objet de la sémantique linguistique*

La sémantique linguistique analyse les signifiés des signes linguistiques. Pour F. de Saussure «signifié» est synonyme de concept, mais cette assimilation a une conséquence insatisfaisante : toute différence entre deux langues dans la structuration d'un champ lexical résulterait automatiquement d'une différence de *conceptualisation* (capacité d'une communauté linguistique à distinguer les unes des autres les représentations mentales d'entités : objets physiques, abstractions, événements, propriétés, etc.) alors que dans de nombreux cas la différence de structuration tient à la *lexicalisation* (les deux langues en contraste disposent d'un nombre différent d'unités lexicales dans un champ conceptuel déterminé, d'où un réseau d'oppositions différent entre les unités lexicales disponibles).

Pour cette raison, le linguiste danois L. Hjelmslev a proposé une terminologie fondée sur le croisement de deux oppositions {forme ≠ substance} x {contenu ≠ expression}, la forme étant le domaine de structuration du *système de la langue*. Ce classement croisé permet de situer le *signifié* (comme configuration particulière de constituants minimaux de sens, les *sèmes*, associée à un signifiant dans un signe linguistique) dans la *forme du contenu* et le *signifiant* (comme morphème lexical ou grammatical, c'est-à-dire comme une configuration particulière de *phonèmes* associée à un signifié dans un signe linguis- tique) dans la *forme de l'expression*.

La *substance du contenu* constitue la matière conceptuelle du signifié, c'est-à-dire des configurations de sèmes indépendamment de leur éventuelle association à un signifiant (indépendamment de leur lexicalisation ou grammaticalisation) et la substance de l'expression constitue la matière phonique du signifiant.

Ce classement permet du même coup d'éclaircir les notions de *signification*, de *dénotation*[1] et de *réalisation* : la *signification* est la relation entre le signifiant et le signifié du signe linguistique, par ex. le morphème lexical /savoir/ a pour signifié «SAVOIR», qui *dénote* un concept d'état relationnel spécifiable comme [*disponibilité d'un contenu mental pour un être humain*]. Par ailleurs le morphème /savoir/ est réalisé par trois variantes alternant selon l'environnement, les *allomorphes* [*sav-/sach-/s-*] (*cf. sav+oir*, *sach+ant*, *s+u*).

	FORME (domaine du système de la langue)		*SUBSTANCE*
Contenu	*Signifié* = configuration particulière de sèmes associée à un signifiant dans un signe linguistique ex. «FAUTEUIL» {N + S1 + S2 + S3}	D É N O T A T I O N →	matière conceptuelle du signifié : configuration conceptuelle de sèmes indépendamment de leur éventuelle association à un signifiant ex. (*cf.* 3.5.2) N (noyau sémique d'un champ) : objet manufacturé destiné à s'asseoir + S1 : pour une seule personne + S2 : avec un dossier + S3 : avec deux accoudoirs
	Signification : relation entre le signifiant et le signifié du signe linguistique		
Expression	*Signifiant* = configuration particulière de phonèmes (morphème) associée à un signifié dans un signe linguistique ex. /fauteuil/ (éventuellement unité abstraite couvrant plusieurs réalisations en alternance : les allomorphes)	R É A L I S A T I O N →	matière phonique du signifiant [fotœj] (éventuellement les les allomorphes d'un morphème, ex.[sav/sach] pour /savoir/)

Restent les notions de *sens* et de *référence*. Sens et signification se confondent largement dans l'usage courant et ne sont pas toujours clairement distincts

1. La dénotation s'oppose par ailleurs dans un deuxième sens à la *connotation*, la dénotation d'une unité lexicale étant l'élément de la signification stable, non subjectif et analysable en dehors du discours, la connotation couvrant les éléments subjectifs ou variables selon les contextes.

dans l'usage linguistique[1]. On peut s'appuyer sur la distinction entre langue et discours et observer que la signification d'une unité lexicale en langue est soumise à des *glissements* ou *effets de sens* en discours. L'opposition entre *sens propre* et *sens figuré* est typique de ce point de vue et sera explicitée au § 3.2.5.

Quant à la *référence*, elle est la «fonction par laquelle un signe linguistique renvoie à un objet du monde extralinguistique, réel ou imaginaire»[2] (J. Dubois *et al.* 1973) et est synonyme de *désignation*. Deux expressions linguistiques peuvent avoir une même signification mais des référents différents pour deux locuteurs (par ex. : le meilleur élève de la classe) ou un même référent mais une signification différente (par ex. : l'instigateur du Code Civil, l'amant de Marie Walewska, le vainqueur d'Austerlitz, ou : le proscrit de Saint-Hélène, pour désigner Napoléon (Napoléon est désigné dans chacune de ses expressions à l'aide d'une propriété qui livre en même temps un jugement)). La notion de «référence dans un monde imaginaire» peut paraître curieuse, mais elle est nécessaire pour comprendre une phrase telle que : «Le lendemain notre héros rencontra la même licorne et deux autres griffons», puisqu'elle suppose la possibilité de distinguer des licornes et des griffons particuliers.

L'étude des relations entre les signes linguistiques (plus exactement leurs signifiés) et les concepts donne lieu à deux démarches, «des mots vers les idées» (démarche *sémasiologique*) et «des idées vers les mots» (démarche *onomasiologique*). L'ensemble des signifiés associables à un lexème et donc des concepts qu'il peut dénoter (sa polysémie, *cf.* § 3.3) constitue le champ sémasiologique de ce lexème. Inversement, l'ensemble des lexèmes susceptibles de dénoter des spécifications d'un même concept constitue un *champ onomasiologique*. Les «champs sémantiques», dans la mesure où ils se fondent sur un noyau sémique commun, sont des champs de lexèmes dénotant (éventuellement pour une part seulement de leur polysémie, c'est-à-dire de leur champ sémasiologique propre) des spécifications d'un concept commun et sont donc des champs onomasiologiques.

3.1.2. *Trois disciplines sémantiques en dehors de la linguistique*

a. *La sémantique psychologique*

Selon J.-F. Le Ny[3] «la *signification psychologique* d'un énoncé [est] fondamentalement un *événement* qui se produit dans l'intellect d'un individu ; cet

1. Ainsi le linguiste américain L. Bloomfield (*Language*, 1933) identifie, dans une perspective behavioriste, le sens d'une unité linguistique à la somme des situations où elle apparaît comme stimulus et des comportements-réponses que ce stimulus entraîne de la part de l'interlocuteur.

2. J. Dubois *et al. Dictionnaire de linguistique*, Larousse 1973.

3. J.-F. Le Ny, «Sémantique psychologique», in Rondal/Thibaut, *Problèmes de psycholinguistique*, Bruxelles, Mardaga, 1987.

événement peut avoir des prolongements psychologiques, sous la forme d'une mise en mémoire de la signification ainsi produite, d'inférences additionnelles qui en sont tirées, d'acquisitions de connaissances ou de capacités nouvelles, de modifications de celles déjà existantes, de changement dans les croyances, etc.»

L'étude des processus de production, de compréhension et de mémorisation d'un énoncé sensé doit tenir compte des caractéristiques sémantiques de l'énoncé (sémantique linguistique) et des conditions dans lesquelles ces caractéristiques interviennent dans les «événements mentaux» de production, compréhension et mémorisation. Ces processus seront évoqués au § 3.8.

b. *La sémantique logique*

Selon les logiciens Charles Morris et Rudolf Carnap, l'étude des langages naturels et artificiels procède selon trois points de vue :

- le point de vue *syntaxique* consiste à déterminer les règles permettant, en combinant les symboles élémentaires, de construire les phrases, ou formules, correctes ;
- la *sémantique* vise, elle, à donner le moyen d'interpréter ces formules, de les mettre en correspondance avec «autre chose» (*i.e.* réalité ou autres formules du même langage ou d'un autre) ;
- enfin la *pragmatique* décrit l'usage que des interlocuteurs visant à agir les uns sur les autres peuvent faire des formules.

Cette répartition des tâches issue de la logique a été largement admise par les linguistes soucieux de développer une sémantique formelle (*cf.* plus bas le classement de D. Wunderlich), puis reprise par des linguistes sans objectif formaliste, par ex. sous la forme de la «théorie des trois points de vue» de C. Hagège[1].

c. *La sémantique computationnelle*

La sémantique computationnelle est la branche de l'intelligence artificielle concernée par la *simulation des opérations sémantiques des langages naturels.* Elle cherche en particulier à simuler le processus de désambiguïsation d'énoncés ambigus dans l'acte de compréhension et la conceptualisation de champs de paraphrases dans l'acte de production d'un énoncé. Dans le cadre du nouveau paradigme scientifique des «*sciences cognitives*», la sémantique psychologique

---

1. Claude Hagège, dans *L'homme de paroles*, Fayard 1985 (chapitre IX) distingue un point de vue «morphosyntaxique» dominé par la distinction sujet ≠ prédicat, un point de vue «sémantico-référentiel» où est décrite la relation entre le procès et ses participants et un point de vue «énonciatif-hiérarchique» où se caractérise la distinction entre le thème (fondement de l'assertion sur lequel s'entendent les partenaires de l'acte de communication) et le thème (le propos de l'assertion).

et la sémantique computationnelle apparaissent comme deux variantes d'une même recherche, l'une tournée vers la validation expérimentale, l'autre vers la simulation (et donc la *validation par la reproduction artificielle*) des processus de production, compréhension et mémorisation des énoncés linguistiques.

3.1.3. *L'organisation de la sémantique linguistique*

Le linguiste allemand D. Wunderlich[1] subdivise la sémantique linguistique en trois domaines.

1. *La sémantique (compositionnelle) du contenu* (all. : *Inhaltssemantik*) étudie la composition du sens dans le lexème, la phrase et le discours, accorde une place centrale à l'ambiguïté (correspondance entre un signifiant et plusieurs signifiés) et à la paraphrase (correspondance inverse entre un signifié et plusieurs signifiants)

2. *La sémantique référentielle* (all. : *Referenzsemantik*) étudie la production et la reconnaissance de la référence extralinguistique. Elle est le domaine de prédilection des travaux formels inspirés par la logique, par ex. la théorie des «espaces mentaux» de G. Fauconnier[2] qui étudie la signification d'énoncés tels que :

> Pierre croit que le mari de Jeanne est célibataire,

qui devrait se décomposer en :

> Pierre croit P & P = {le mari de Jeanne est célibataire} ;

mais P est manifestement contradictoire. Il faut donc distinguer l'espace mental de Pierre et celui de l'énonciateur : ce que Pierre croit, c'est que X est célibataire, mais il ignore que X est le mari de Jeanne. L'énoncé constitue donc un «contexte opaque» qui se décompose en fait sous la forme : Pierre croit que X, dont *je sais* qu'il est le mari de Jeanne, est célibataire.

Ce type d'énoncé constitue une transposition du discours de Pierre (Pierre n'a jamais dit : «Je crois que le mari de Jeanne est célibataire») et demande donc à être analysé dans le cadre du troisième domaine distingué par D. Wunderlich.

3. *La sémantique énonciative* (all. : *Sprechhandlungssemantik = sémantique des actes de parole*). «Sémantique énonciative» et «pragmatique linguistique» sont deux dénominations apparemment équivalentes. Toutefois, il faut noter qu'elles découlent de deux démarches distinctes :

– la sémantique énonciative résulte d'une prise en compte des caractéristiques de l'acte d'énonciation dans l'analyse structurale des langues. Chaque langue dispose selon É. Benveniste[3] d'un «*appareil formel de l'énoncia-*

1. Dieter Wunderlich, *Grundlagen der Linguistik*, Rowohlt 1975.
2. Gilles Fauconnier, *Espaces mentaux*, Editions de Minuit 1984.
3. É. Benveniste, «L'appareil formel de l'énonciation», dans *Problèmes de linguistique générale II*, Gallimard 1974.

tion», c'est-à-dire d'unités de la langue (morphèmes grammaticaux et lexicaux) destinées à «embrayer» l'énoncé sur l'acte d'énonciation, en particulier les marques de repérage «déictique» (c'est-à-dire par rapport à la personne de l'énonciateur et au lieu et moment de l'acte d'énonciation) ;
- la *pragmatique linguistique*[1] est issue, comme on l'a vu plus haut, de la tripartition du champ de la logique en syntaxe, sémantique et pragmatique selon Ch. Morris et des travaux de la «philosophie du langage ordinaire» dominée par la personnalité de L. Wittgenstein, et elle s'est davantage attachée à l'étude des présuppositions (*cf.* plus loin § 3.4.2) et à la classification des actes de langage (déclaration, ordre, requête, prière, vœu etc.).

3.1.4. *L'évolution de la sémantique linguistique dans les trente dernières années*[2]

a. *La sémantique structurale (ou componentielle)*

L. Hjelmslev a défendu une conception de la sémantique linguistique selon laquelle le signifié (= forme du contenu) est analysable à l'aide d'instruments analogues à ceux employés par la phonologie (structurale) pour analyser les signifiants (= forme de l'expression). Ainsi, le signifié d'une unité lexicale est analysé comme une combinaison de *traits sémantiques binaires* (= sèmes) au même titre que le phonème est analysé comme une combinaison de *traits phonologiques binaires*. Cette conception, qui vise à donner un cadre rigoureux aux travaux sur les *champs sémantiques* (*cf.* § 3.5.1), a été développée entre autres par B. Pottier, A.-J. Greimas et E. Coseriu. La sémantique structurale a particulièrement élaboré les notions de champ onomasiologique et sémasiologique mentionnées plus haut et la typologie des relations de sens.

b. *La sémantique générative et la sémantique formelle*

À la fin des années 1960 le développement du «modèle standard» de syntaxe générative de N. Chomsky a posé le problème de l'articulation entre la syntaxe et la sémantique dans un modèle génératif intégré. Deux écoles se sont affrontées pendant une dizaine d'années : la *sémantique interprétative* (représentée en particulier par les travaux de J.J. Katz, J.J. Fodor et R. Jackendoff autour de N. Chomsky), pour laquelle la base générative est une structure syntaxique remplie par des unités lexicales, et la *sémantique générative* (représentée particulièrement par J. McCawley, P. Postal, G. Lakoff), selon laquelle les

---

1. *Cf.* Françoise Armangaud, *La pragmatique*, «Que sais-je ?» n° 2230, PUF, 1985.

2. Sur l'évolution de la sémantique depuis la fin du XXe siècle on consultera avec profit D. Geeraerts, «Grammaire cognitive et sémantique lexicale», revue *Communications* n° 53, 1991.

relations de paraphrase entre énoncés justifient une base «plus profonde» prélexicale. Selon J.D. McCawley, «X tue Y» est paraphrasable sous la forme «X est cause de ce que Y cesse d'être vivant», ce qui justifie une base prélexicale commune de la forme

CAUSE [X, EN VENIR A [NE PAS [ETRE VIVANT [Y]]]

La controverse a progressivement évolué par l'intervention dans le débat des travaux de sémantique logique et psychologique. Une partie des sémanticiens se sont tournés vers les modèles de sémantique formelle élaborés par les logiciens, en particulier par R. Montague, et se sont attachés à l'étude des conditions de vérité des énoncés (sémantique «vériconditionnelle») en comparant des «mondes possibles».

La notion de monde possible est par exemple nécessaire pour analyser la sémantique de la causalité et de l'action. De l'énoncé «Jean a réparé sa voiture» on conclut par ex. premièrement qu'avant l'intervention de Jean la voiture n'était pas en état de fonctionnement satisfaisant, deuxièmement qu'elle était en état de fonctionner après cette intervention et troisièmement que *sans l'intervention* de Jean l'état de fonctionnement de la voiture *serait* inchangé. On remarque l'emploi du conditionnel : l'effet de l'intervention de Jean (son action causatrice d'un changement d'état sur la voiture) n'est concevable qu'à partir de la confrontation de deux mondes : celui dans lequel Jean intervient et celui dans lequel il n'agit pas. On ne peut mesurer son action qu'en fonction d'un «cours naturel des choses» (von Wright), qui est ici la *tendance au non-changement* (la voiture ne peut pas se réparer toute seule par opposition à l'état d'un malade qui peut éventuellement s'améliorer «tout seul» c'est-à-dire sous l'effet de mécanismes biologiques indépendants de l'intervention d'un médecin).

c. *La sémantique cognitive (ou conceptuelle)*

Dans le même temps, d'autres chercheurs se souciaient d'asseoir la sémantique, en particulier lexicale, sur des fondements psychologiques. Progressivement a émergé une *sémantique cognitive* qui, selon C. Vandeloise[1], traite les «relations entre la langue et la cognition générale, tournée vers la connaissance et l'utilisation du monde». Selon D. Geeraerts «un de ses principes fondamentaux est que les concepts lexicaux ne sont pas définis rigidement par un ensemble d'attributs essentiels partagés par tous les exemples couverts par ces concepts». Nous reviendrons sur ce point au § 3.7.

La *sémantique conceptuelle* de R. Jackendoff[2] partage les mêmes préoccupations mais se distingue par la défense de deux thèses originales :

1. Claude Vandeloise, Présentation du n° 53/1991, «Sémantique cognitive», de la revue *Communications*.
2. Ray Jackendoff, *Semantics and cognition*, MIT Press 1983.

– le meilleur modèle sémantique pour une langue *L* est celui qui donne des énoncés de *L* une description sémantique aussi isomorphe que possible à leur structure syntaxique («*contrainte grammaticale*»),
– les structures sémantiques d'une langue *L* sont un sous-ensemble des *structures conceptuelles universelles* au même titre que les structures syntaxiques de *L* sont une spécification de structures syntaxiques universelles (élargissement de la théorie de la grammaire universelle de N. Chomsky).

3.2. Les expressions ambiguës

En soi, une expression linguistique est ambiguë dès lors qu'isolée de son contexte ou de sa situation d'énonciation elle induit au moins deux interprétations distinctes ou, dans les termes de la psycholinguistique, dès lors qu'elle entraîne dans l'esprit du récepteur l'activation de deux représentations mentales distinctes. Mais dans les conditions de communication habituelles, l'ambiguïté n'est perçue qu'exceptionnellement, soit qu'elle entraîne effectivement la mise en balance de deux interprétations incompatibles, soit le plus souvent que l'interprétation qui s'est imposée à l'esprit du récepteur en raison de son articulation possible sur le contexte conduise à une impasse.

Prenons par exemple le récit oral d'un cambriolage. Le cambrioleur vient de pénétrer dans un entrepôt et le locuteur poursuit :

> Un gardien aperçu [Ø/t] dans la cour...

Ce début de phrase se prête à deux analyses syntaxiques alternatives : ou bien il s'agit d'un groupe nominal incluant un groupe participial

> [Un gardien [aperçu dans la cour] GPart] GN

ou bien d'une phrase dont l'objet direct est en suspens

> [[Un gardien [aperçut [dans la cour] [...N]]].

Les psycholinguistes ont élaboré des expérimentations pour tester si dans de tels contextes les deux interprétations sont effectivement mises en balance ou si l'une des deux bénéficie d'un «amorçage» tel qu'elle s'impose, quitte à conduire à une impasse. Toujours est-il que l'ambiguïté est levée dans deux sens différents par l'un des deux contextes subséquents :

> a) ...fit sursauter le cambrioleur qui éteignit tout de suite sa torche.
> b) ...les traces de pas du cambrioleur et alerta tout de suite le service de sécurité par talkie-walkie.

Une telle ambiguïté est classable selon deux critères : son *type*, ici syntaxique (le verbe *apercevoir* est interprété de manière identique, mais dans l'une des deux interprétations le gardien aperçoit quelque chose ou quelqu'un, dans l'autre c'est lui qui est aperçu) et sa *portée* (les limites du groupe nominal sujet dans la première interprétation, celles de la phrase simple amputée de son objet direct dans la seconde).

Comme nous venons de le voir, la portée de l'ambiguïté est importante du point de vue des *opérations à l'œuvre dans la compréhension* car elle conditionne sa prise de conscience et la nécessité éventuelle de reprendre l'interprétation à zéro en cas d'impasse. Mais cette portée dépend elle-même du type d'ambiguïté.

P. Le Goffic[1] a proposé une typologie des ambiguïtés dont nous reprendrons ici les classes principales. Il ressort de ce classement que les ambiguïté d'origine lexicale (types 1 et 6 ci-dessous, *cf.* plus loin le § 3.3 sur la polysémie et l'homonymie) et d'origine syntaxique (types 2, 3, 5) sont loin de couvrir l'ensemble du champ qui inclut des ambiguïtés morphologiques (type 4) et des ambiguïtés liées à l'interprétation des relations entre les participants au procès (type 7) et entre l'énoncé et l'acte d'énonciation (types 8 et 9).

Ci-dessous nous indiquerons à gauche l'expression ambiguë et à droite deux paraphrases α) et β) qui mettent en évidence les deux interprétations induites. Dans certains cas le simple déplacement d'un constituant suffit pour lever l'ambiguïté mais nous avons préféré présenter des couples de paraphrases afin de rappeler que l'activité de paraphrasage est le mode d'explicitation le plus efficace dans la communication, qu'il soit le fait du locuteur percevant la perplexité de l'allocutaire ou de l'allocutaire incapable de reconstituer le raisonnement du locuteur, par exemple :

A : La route a été déviée par la gendarmerie … *Je veux dire* : Il faut passer maintenant par la gendarmerie

ou bien :

A : Je l'ai quitté joyeux
B : Tu veux dire que toi tu étais joyeux en le quittant ?

1. *Ambiguïté sur la segmentation des mots* (à l'oral)

trop [*p/h*]eureux	a) excessivement heureux b) excessivement peureux

2. *Ambiguïté sur l'identification des catégories syntaxiques*

J'ai acheté pout le goûter un rosé de Provence	a) J'ai acheté un rosé de Provence à l'occasion du goûter b) J'ai acheté un rosé de Provence afin de le goûter

3. *Ambiguïté sur l'identification des relations syntaxiques*

Je *lui* ferai apporter des fleurs	a) Je donnerai l'instruction de lui apporter des fleurs b) Je lui donnerai l'instruction d'apporter des fleurs
Elle ne pleure *pas* (,) *parce qu*'il est parti	a) Qu'il soit parti ne la fait pas pleurer b) Elle ne pleure pas car il est parti
Il regarde le toit *de* la tour	a) À partir de la tour il regarde le toit b) Il regarde le toit qui surmonte la tour

1. Pierre Le Goffic, *Ambiguïté linguistique et activité de langage*, thèse non publiée, Paris-VII, 1981.

4. *Ambiguïtés sur la référence des expressions anaphoriques*

Votre argument est valable, mais je *l'*ignorais	a) ...mais j'ignorais cet argument b) ...mais j'ignorais qu'il l'était

5. *Ambiguïtés produites par les ellipses*

Cette femme aime son fils plus que son mari	a) Cette femme aime son fils plus qu'elle n'aime son mari b) Cette femme aime son fils plus que son mari n'aime celui-ci

6. *Ambiguïtés lexicales*

Il m'a fallu des quantités de scotch pour écrire cette thèse	a) Il m'a fallu boire des quantités de scotch... b) Il m'a fallu utiliser des quantités de scotch...

7. *Ambiguïtés sur les relations entre les participants au procès*

Les enfants veulent peindre une hutte	a) Les enfants veulent représenter une hutte par la peinture b) Les enfants veulent passer de la peinture sur une hutte

8. *Ambiguïté sur l'aspect et la modalité de la phrase*

Grouchy arrivait, Napoléon était sauvé	a) Grouchy est finalement arrivé et Napoléon a été sauvé b) Si Grouchy était arrivé, Napoléon aurait été sauvé

9. *Ambiguïtés sur la valeur énonciative (pragmatique)*

Ça ne se dit pas	a) Il ne faut pas le dire b) C'est une expression inusitée
Quand veux-tu que je le fasse ?	a) [tonalité conciliante] Pour quand me demandes-tu de l'avoir fait ? b) [tonalité agressive] Quand t'imagines-tu que je pourrais trouver le temps de le faire ?

Enfin, il faut noter que l'ambiguïté n'est pas seulement une perturbation de la communication, elle est aussi devenue l'un des ressorts principaux du discours publicitaire. Ainsi une banque se présente en ces termes : «Pour la Société générale, votre intérêt est capital». Hors contexte, *votre intérêt est capital* n'a pas lieu d'induire une ambiguïté, mais la mention d'un nom de banque dans la première partie de la phrase active en arrière-plan le sens proprement bancaire du mot *intérêt.* Et un intérêt au sens bancaire provient nécessairement d'un capital, ce qui induit indirectement l'activation du nom *le capital.* Il en résulte que le lecteur du message publicitaire perçoit d'abord l'assertion

Nous attachons une importance capitale$_1$ *à l'intérêt*$_1$ *de nos clients,*

et «en filigranes» :

parce que le capital$_2$ *investi chez nous rapporte un gros intérêt*$_2$.

Pour les publicitaires, le jeu sur l'ambiguïté est donc un moyen de brouiller l'interprétation de manière à retenir l'attention du lecteur par l'activation de tout un réseau d'associations conceptuelles.

3.3. Indétermination sémantique et ambiguïté lexicale

3.3.1. *Divers aspects de l'indétermination sémantique*[1]

L'ambiguïté ne représente qu'une forme extrême d'un phénomène sémantique général : l'indétermination plus ou moins marquée des expressions linguistiques. Même une expression aussi «précise» que : «La table est longue de 2,50 m et large de 1,20 m», ne l'est que par rapport à des normes de précision relatives à des besoins déterminés. Pour l'utilisateur de la table le centimètre est un degré de précision tout à fait suffisant, mais pour un montage en tenon et mortaise, le menuisier a besoin d'un degré de précision au moins de l'ordre du millimètre (on sait d'ailleurs que les dimensions des planches sont habituellement données en centimètres pour la longueur et la largeur, mais en millimètres pour l'épaisseur).

Le sémanticien allemand Manfred Pinkal propose de traiter toutes les qualifications adjectivales, nominales ou verbales comme des prédicats (par ex. *être lourd*(x), *être une maison*(x), *dormir*(x)) dont l'interprétation *peut* ou *doit* être précisée. Fondamentalement, tout prédicat peut ou doit recevoir un gain de précision. Pinkal distingue en premier les prédicats qui présentent intuitivement une variété d'emplois de ceux qui ne présentent qu'un seul type d'emploi. Ainsi, en français, *dur* s'oppose à la fois à *mou* et à *facile* (une substance dure ≠ molle/un caractère dur ≠ mou, un travail dur/difficile ≠ facile/aisé). *Facile*, *difficile*, *aisé* ne présentent grosso-modo qu'un type d'emploi. Pour *mou*, on peut se poser la question dans la mesure où cet adjectif est applicable aussi bien à une substance qu'à un caractère (nous reviendrons sur ce point au § 3.3.3 consacré aux glissements de sens). Quant à *dur*, il présente manifestement une variété d'emplois, tout comme *hard* en anglais ou, en allemand, $schwer_1$: lourd ≠ $schwer_2$: difficile. Dans le cas des adjectifs ci-dessus ne présentant qu'un type d'emploi, leur indétermination n'est relative qu'à l'objet particulier auquel ils s'appliquent, par exemple : «Ce devoir de mathématiques est facile pour un devoir de terminale, mais difficile pour un devoir de seconde».

Cette précision n'est pas indispensable pour l'interprétation des expressions dans lesquelles ils entrent, si bien que l'expression tronquée «Ce devoir est facile ≠ difficile» est seulement «floue» mais en aucun cas «ambiguë». En revanche, une expression telle que «C'est dur» peut paraître ambiguë, car elle

1. Nous nous référons dans ce § à la synthèse de M. Pinkal, «Kontextabhängigkeit, Vagheit, Mehrdeutigkeit», *in* C. Schwarze & D. Wunderlich (eds.), *Handbuch der Lexikologie*, 1985, Königstein : Athenäum, p. 27-63.

peut désigner (entre autres) la dureté physique d'un objet matériel ou la difficulté d'une tâche. Toutefois il semble (*cf.* § 3.3.3) qu'on puisse passer progressivement (par un «effet de prototype» ou par une «ressemblance de famille», expression forgée par L. Wittgenstein) de la dureté de l'acier à celle d'un «caractère d'acier» et à la difficulté matérielle ou morale d'une tâche à accomplir, par l'intermédiaire d'un invariant cognitif : la résistance à une modification (déplacement, déformation).

Nous assignons la propriété de dureté à l'acier parce que nous savons par expérience qu'un objet en acier est difficile à déformer ou à casser ; de même, nous assignons cette propriété au caractère d'un individu lorsqu'il est «inflexible», propriété directement dérivée de la résistance des matériaux. Et une tâche dure est une tâche qui résiste à notre plan d'action pour en venir à bout. De ce fait, Pinkal prévoit un type d'indétermination intermédiaire, tenant à la foi du flou et de l'interprétation multiple, qu'il appelle la «variété d'emplois» (*shift in application*). La reconnaissance de glissements de sens permet ainsi d'assigner à un adjectif tel que *dur* une variété d'emplois n'impliquant pas d'ambiguïté.

Selon Pinkal la *polysémie* présuppose l'ambiguïté lexicale, laquelle repose sur l'obligation de fournir des précisions mutuellement incompatibles. L'idée sous-jacente est qu'une expression linguistique contenant un terme ambigu «requiert» (et non «permet») pour son interprétation une précision et que cette précision entretient une relation d'incompatibilité avec une précision alternative. Par exemple, dans l'expression : «La pêche est bonne», *la pêche* est précisable, par exemple, comme : «...c'est-à-dire ce fruit charnu, juteux et sucré que je suis en train de manger», ou comme : «...c'est-à-dire le produit du travail que les pêcheurs ont accompli aujourd'hui». Il est clair que ces deux précisions s'excluent mutuellement, le lexème *pêche* est donc ambigu. Doit-il être maintenant spécifié comme polysémique ou sommes-nous en présence de deux homonymes ? Cette question est secondaire pour Pinkal, qui la renvoie aux lexicographes. Ce classement est résumé sur le diagramme page suivante.

Il faut toutefois préciser que, dans l'usage courant, les lexèmes traités par Pinkal sous la rubrique «variété d'emploi» seront considérés également comme «polysémiques». Mais cet usage a un inconvénient : il ne permet pas de décider si un lexème polysémique est ambigu ou non, à moins de ranger entièrement la polysémie dans les «variétés de sens», ce qui est clairement l'option adoptée par l'équipe lexicographique de J. Dubois chez Larousse (*Dictionnaire du français contemporain, Pluridictionnaire* et LEXIS).

3.3.2. *Homonymie ou polysémie : une convention lexicographique ?*

Nous avons vu au § 3.2 que l'ambiguïté d'origine lexicale n'est que l'un des paramètres qui perturbent la compréhension d'un énoncé, et au § 3.3.1. que certains sémanticiens se désintéressent de la distinction entre lexèmes polysémiques et homonymes, considérant qu'elle n'intéresse que les lexicographes.

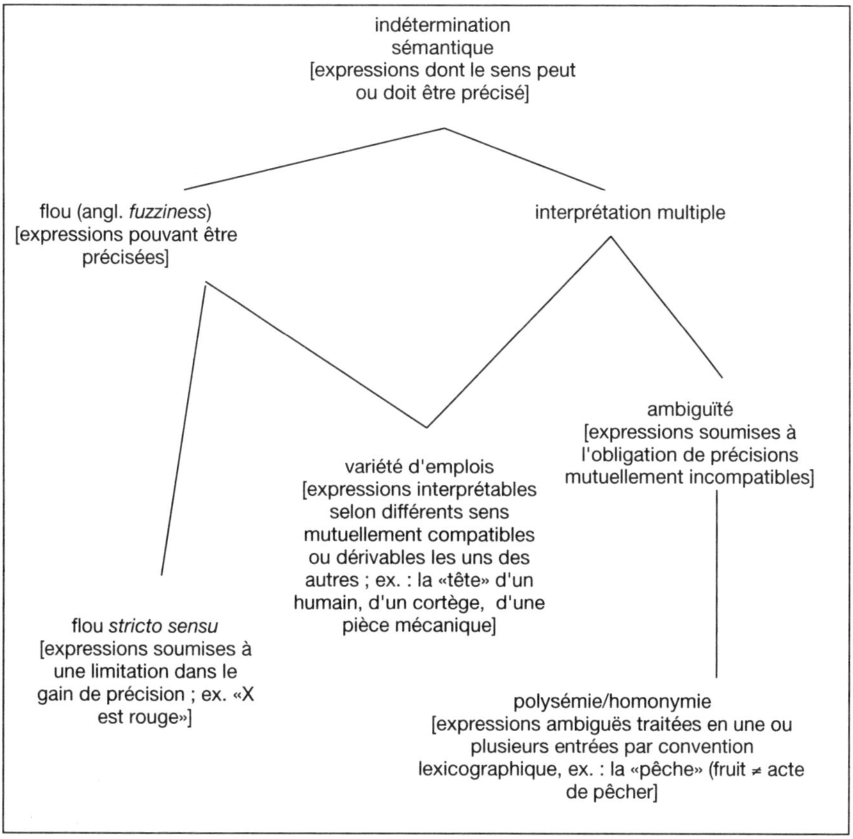

De fait, cette dichotomie des ambiguïtés lexicales intéresse au premier chef les lexicographes, comme par exemple l'équipe de J. Dubois chez Larousse, dont nous avons entrevu en introduction la méthode de «dégroupement» des articles de dictionnaire à acceptions multiples. La pratique des dégroupements présuppose une distinction originale entre lexèmes homonymes et lexèmes polysémiques, laquelle repose sur une conception controversée de l'homonymie en termes de conditions d'emploi en situation de discours.

En lexicographie trois conceptions de l'homonymie sont en concurrence : la conception traditionnelle, la conception distributionnelle et dérivationnelle et la conception de la sémantique structurale. Dans la conception traditionnelle, les principaux critères de dégroupements sont :

- naturellement la différence de graphie, par ex. les lexèmes *saut*, *sot*, *seau* et *sceau* sont homophones (même prononciation) mais non homographes (même orthographe) ;
- la différence de prononciation, par ex. l'infinitif *corner* se prononce différemment d'un *corner* dans le vocabulaire du football, ce sont des homographes non homophones ;

- la différence d'étymologie, par ex. *fumer* (une cigarette, un jambon → la fumée, le fumoir, le fumeur) provient du latin *fumare*, tandis que *fumer* (un champ → le fumier, la fumure) provient du latin *femare* ;
- la différence de «partie du discours» (c'est-à-dire de classe grammaticale), par ex. $\text{vers}_{\text{Préposition}} \neq$ le vers_{N}.

Dans la conception distributionnelle et dérivationnelle de J. Dubois[1] les critères traditionnels subsistent, mais ils sont complétés par deux autres critères :

- le critère des dérivés (ou composés) appartenant à des champs sémantiques différents ; par ex. $\textit{propre}_1$, qui a pour dérivé antonyme *malpropre* (un enfant propre ≠ malpropre) est considéré comme en relation d'homonymie avec $\textit{propre}_2$ dont le dérivé antonyme est *impropre* (le mot propre ≠ une expression impropre) et
- le critère des différences de distribution, c'est-à-dire d'environnement syntaxique ; par ex. les deux emplois $\textit{propre}_{1,2}$ distingués précédemment s'opposent à $\textit{propre}_3$ dans l'environnement [_Adj à $\text{GN}_{\text{personne}}$] (une expression propre à un écrivain) et à propre_4 dans l'environnement [_Adj à Infinitif/GNaction] (des exercices propres à développer la mémoire/au développement de la mémoire)[2].

La troisième conception en concurrence est celle de la sémantique structurale. Le sémanticien allemand H. Geckeler[3] limite l'usage des deux critères distributionnels et dérivationnels et leur ajoute

- un critère *componentiel* : un lexème doit être dégroupé si ses deux (ou $n > 2$) acceptions ne partagent aucun «noyau sémique» commun (*cf.* plus bas § 3.5). C'est le cas par exemple pour

filature 1 (du suspect) ≠ filature 2 (du lin)

---

1. *cf.* J. Dubois & C. Dubois, 1971, *Introduction à la lexicographie : le dictionnaire*, 1971, chapitre 8 : «Homonymie et polysémie».

2. En fait ces deux critères s'avèrent très difficiles à respecter de manière conséquente. Dans le DFC comme dans le LEXIS le *critère distributionnel* n'est pas appliqué de manière parfaitement rigoureuse. En effet (a) pour certains verbes, certaines oppositions {construction transitive directe ≠ indirecte} n'entraînent pas de dégroupement (ex. croire N / à N / en Nqn, décider Nqc / Nqn à Nqc+INF / de Nqc, désespérer Nqn / de N, discuter Nqc / de N). Manifestement la variation des constructions n'est pas un critère absolu de dégroupement homonymique. Qu'on compare par exemple *désespérer Nqn / de N ≠ dépendre Nqch / de N* (ex. Marie dépend le linge ≠ La décision dépend du juge). *(b)* Le *critère dérivationnel* ne peut pas s'appliquer à un ensemble indéterminé de dérivés : seule l'opposition entre des *dérivés fonctionnellement analogues* constitue un critère de dégroupement (les autres paires en contraste n'acquièrent leur valeur oppositive que par l'intermédiaire de données sémantiques subsidiaires et perdent ainsi leur valeur démonstrative). On constate en fait que seuls les noms d'action pourraient fournir des paires de dérivés fonctionnellement analogues.

3. H. Geckeler, *Strukturelle Semantik des Französischen*, Tübingen : Niemeyer 1972.

En revanche les deux emplois de

fondement (de la maison/de la théorie)

présentent un noyau sémique commun : «ce qui est à la base de N» et ne justifient donc pas un dégroupement homonymique ;

- un critère *associatif* : sont dégroupés les lexèmes dont les deux (ou $n > 2$) acceptions appartiennent à deux (ou $n > 2$) champs lexicaux distincts. C'est le cas de $voler_1$: champ lexical des verbes de déplacement, *cf. marcher, courir, ramper*, etc. ≠ $voler_2$: champ lexical des verbes partageant le noyau sémique «s'approprier», *cf. dérober, soustraire, subtiliser* ;
- un critère *paradigmatique* : sont dégroupés les lexèmes dont les deux (ou $n > 2$) acceptions entretiennent des relations de synonymie et d'opposition avec des lexèmes qui n'entretiennent pas entre eux ces relations. Considérons par exemple trois emplois du verbe *accuser* :

(i) Le procureur accuse le prévenu,

(ii) Le projecteur accuse les contrastes,

(iii) Le boxeur accuse les coups.

L'emploi (i) est en relation d'opposition avec, par exemple : «Le témoin disculpe le prévenu». Le (ii) est paraphrasable à l'aide de : «Le projecteur accentue les contrastes», et le (iii) à l'aide de : «Le boxeur ne bronche pas sous les coups». Or il est clair que les verbes *disculper*, *accentuer* et *broncher* [_V sous N] n'entretiennent pas entre eux de relations de paraphrase ou d'opposition. Donc le lexème *accuser* doit être dégroupé ;

- un critère de substitution pronominale : l'impossiblité de pronominaliser un nom dans un contexte verbal différent constitue un critère complémentaire ; par exemple, dans :

On informera *la police* si vous ne voulez pas *la* signer

où l'interprétation «forces de l'ordre» est incompatible avec l'interprétation «contrat d'assurance». On peut élargir l'observation en notant que, dans le domaine verbal, des emplois homonymes expliquent l'impossibilité de pratiquer une ellipse dans les exemples suivants :

Le régiment comprend cinquante officiers et le colonel [comprend] leur mécontentement.

Le conseil compte vingt administrateurs et le président [compte] les présents.

Nous sommes apparemment en présence d'un phénomène équivalent de perte de la cohérence référentielle de la phrase sous l'effet, dans un cas, de la reprise du nom *police* par un pronom, dans l'autre de l'ellipse du verbe *comprendre* ou *compter*.

3.3.3. *Polysémie et régularités dans les glissements de sens*

Ni la conception de H. Geckeler ni celle de J. Dubois ne rendent compte d'un facteur fondamental de structuration du lexique, les glissements de sens (évoqués au § 3.3.1). Dans de nombreux cas nous reconnaissons intuitivement les variations de sens qui procèdent d'une dérive. Dans d'autres cas le *glissement de sens* s'est produit dans un état de langue antérieur, si bien que nous ne pouvons plus en prendre conscience immédiatement. Ces glissements de sens intéressent particulièrement les linguistes qui défendent une sémantique cognitive du continu [1] par opposition à la sémantique structurale des oppositions discrètes (*cf.* § 3.7).

On peut distinguer au moins trois types de glissements de sens par analogie (incluant les métaphores), métonymie et spécification :

a. *Les analogies*

On peut distinguer les glissements de sens par analogie de forme, de fonction, de constitution et par métaphore. On observera d'ailleurs que ces glissements peuvent s'appliquer séparément sur une même base, ainsi une *batterie de canons* est un ensemble de canons disposés en ligne qui battent collectivement. Une *batterie de percussions* est un ensemble d'instruments de percussion sur lesquels le percussionniste bat, mais qui ne sont pas disposés en ligne (analogie de fonction), tandis qu'une *batterie d'accumulateurs* ou une *batterie de cuisine* sont des collections d'objets disposés en ligne qui n'ont plus rien à voir avec l'action de battre (analogie de disposition).

1. *exemples d'analogies de forme*

barre	pièce droite → tribunal/voilier
bois	matière → corne de cerf
boîte	coffret → dancing/lieu de travail
canapé	siège → amuse-gueule

2. *exemples d'analogies de fonction*

barre	droite : voilier → roue : grand voilier, vapeur, *cf.* ≠ c1
batterie	objet qui bat : ensemble de canons → ensemble de percussions
cadre	tableau → personnel d'encadrement
cantine	pièce → coffre de voyage

3. *exemples d'analogies de constitution, de disposition ou de propriété*

batterie	ensemble d'objets en ligne : artillerie → cuisine/accumulateurs, *cf.* ≠ c2
grenade	granulation du contenu : fruit → arme

1. Voir en particulier la notion de «signifié de puissance», inspirée de la psychomécanique du langage de G. Guillaume, chez J. Picoche, *Structures sémantiques du lexique français*, Nathan, 1986.

4. *exemples de glissements de sens métaphoriques* (désignation d'une notion abstraite à partir de la désignation d'un objet concret)

branche	arbre → secteur professionnel
champ	campagne → activité

b. *Les métonymies*

Exemples de glissements métonymiques (désignation d'un objet au moyen d'un terme désignant un autre objet uni au premier par une relation logique ou simplement habituelle, essentiellement une relation tout/partie)

bureau	meuble → pièce
foyer	âtre → habitation → famille
verre	objet → contenu

c. *Les spécifications*

1. *exemples de rétrécissement du domaine de désignation*

complément	général → grammaire
constitution	général → loi fondamentale

2. *exemples de glissement : matière ou propriété → objet de cette matière ou présentant cette propriété*

bois	matière → petite forêt
éclat	brillance → bris de verre

d. *Dérive composée*

Nous avons signalé plus haut que plusieurs types de dérive peuvent s'appliquer séparément à un lexème, mais ils peuvent également s'appliquer consécutivement. Si par exemple je dis qu'il me faut un blaireau pour me raser, personne n'aura l'idée que je me saisis d'un blaireau vivant pour m'en frotter les joues. La désignation de l'instrument composé d'un manche et de poils de blaireau résulte clairement d'une double dérive par double spécification, d'abord aux poils de l'animal, ensuite à l'instrument fabriqué à l'aide de ces poils.

Considérons pour terminer quelques emplois typiques de l'adjectif sec et leurs paraphrases :

1. *un terrain sec*	sens de base : qui manque d'eau → peu fertile
2. *un vent sec*	n'apportant pas de pluie
3. *du bois sec*	qui a perdu sa sève
4. *des raisins secs*	qui ont perdu leur jus
5. *un apéritif sec*	non additionné d'eau
6. *un bateau en cale sèche*	cale d'où l'eau a été pompée
7. *une femme petite et sèche*	dépourvue de graisse/rondeurs
8. *un cœur sec*	dépourvu d'effusions (ex. larmes)
9. *une réponse sèche*	dépourvue de mots inutiles
10. *un style sec*	dépourvu de fioritures
11. *un bruit sec*	qui ne résonne pas longtemps

Tous ces emplois manifestent une *absence*, en l'occurrence celle d'un *élément susceptible d'apporter de la vie* (au sens physique : dérive du 1er degré, ou figuré : dérive du 2e degré). Cet élément physique est l'eau pour les emplois 1, 2, 5, 6, la sève des plantes pour l'emploi 3, le jus du raisin pour l'emploi 4, la graisse pour l'emploi 7. L'image de la *femme sèche* peut servir de point d'appui pour le deuxième degré de la dérive métaphorique centrée sur la notion d'*extension minimale* dans le domaine moral (*cœur sec*), comportemental (*réponse sèche, style sec*) ou acoustique (*coup sec*).

On voit que le traitement de la polysémie de l'adj. *sec* en termes d'homonymie serait particulièrement *desséchant* ! Car on y perdrait tout un échantillonnage de glissements de sens dont nous sommes largement conscients dans l'usage langagier.

3.4. Les relations de sens

3.4.1. *Associations vs relations de sens*

Influencé par la psychologie associationniste du début du siècle, le linguiste genevois Charles Bally estimait que la sémantique avait à rendre compte des *associations de sens*. Dans un article de 1940[1], il s'appuyait sur l'exemple suivant :

> Le mot *bœuf* fait penser
> 1) à *vache, taureau, veau, cornes, ruminer, beugler,*
> 2) *à labour, charrue, joug,*
> 3) dégage en français des idées de force, d'endurance, de travail patient, mais aussi de lenteur, de lourdeur, de passivité.

E. Coseriu, sémanticien structuraliste, critique cette exigence en opérant les distinctions suivantes :

- *bœuf* entretient un «rapport oppositif» avec *vache*, *taureau*, *veau* (c'est-à-dire que les relations entre ces quatre lexèmes sont descriptibles à partir d'un réseau d'oppositions binaires) ;
- les lexèmes *cornes*, *ruminer* sont utilisables comme traits distinctifs dans la définition du lexème *bœuf* (c'est-à-dire qu'ils représentent des propriétés permettant de reconnaître un bœuf et de le distinguer d'un cheval ou d'un cerf) ;
- *bœuf* et *beugler* entretiennent une relation de «solidarité lexicale», c'est-à-dire que l'emploi de *beugler* est limité (en dehors de l'emploi métaphorique, ex. *beugler un ordre*) aux bovidés ;

1. Article cité par E. Coseriu, *Structure lexicale et enseignement du vocabulaire*, 1967.

- *joug*, *charrue*, *labour* n'entretiennent pas une relation de sens avec *bœuf*, ce sont des lexèmes désignant des objets concrets pouvant apparaître dans le contexte réel de l'objet *bœuf* ;
- enfin les associations avec les idées de force, d'endurance, etc., sont proprement extralinguistiques.

E. Coseriu défend ici un point de vue structuraliste. Toutefois il est clair, pour reprendre le dernier point, que les images associées mentalement au bœuf jouent un rôle dans la création de métaphores (*fort comme un bœuf*, ou le verbe familier allemand *ochsen* < *Ochs* : travailler comme un bœuf). La sémantique cognitive, qui attache actuellement une importance particulière aux métaphores[1], s'efforce au contraire de ne pas dissocier le contenu lexical strict des «effets de sens» liés aux réseaux d'associations entre représentations mentales[2].

3.4.2. *Implication et présupposition*

Les relations de sens entre lexèmes sont toutes dérivables de la notion d'implication entre phrases. Une phrase P1 implique une phrase P2 s'il est impossible que P1 ait une valeur de vérité négative alors que P2 a une valeur positive ; par exemple :

Édouard est en voyage entre la France et les États-Unis
→ Édouard est en voyage entre l'Europe et l'Amérique du Nord.

L'implication[3] est à distinguer de la présupposition : si je dis : «Le mari de Suzanne a téléphoné à la maison», il en découle que Suzanne est mariée. Cette relation entre Suzanne et la personne X désignée comme le mari de Suzanne est présupposée et non impliquée dans la phrase car elle n'est mise en doute ni par la négation ni par l'interrogation : «Le mari de Suzanne n'a pas téléphoné à la maison» et : «Est-ce que le mari de Suzanne a téléphoné à la maison ?», sont des phrases sémantiquement bien formées. Et si Suzanne n'a pas de mari, la valeur de vérité de la phrase «Le mari de Suzanne a téléphoné à la maison» n'est ni positive ni négative, la phrase est *inconsistante* (c'est-à-dire qu'elle est constituée de composants mutuellement incompatibles).

Associées à une indexation temporelle, l'implication et la présupposition permettent de définir la notion de *transition* (ou de changement) entre deux

1. *Cf.* G. Lakoff & M. Johnson, *Les métaphores dans la vie quotidienne*, Paris, Minuit 1985.

2. *Cf.* § 3.7.3 plus bas.

3. L'implication se distingue également de l'*inférence* : pratiquer une inférence sur un énoncé, c'est reconstituer une information en général nécessaire pour sauvegarder la cohérence sémantique ou énonciative de l'énoncé ; par exemple, si un collègue vous dit : *Passe me voir au bureau cet après-midi*, vous êtes obligé de pratiquer une inférence pour déterminer s'il s'agit du bureau où il travaille ou, par exemple, du bureau d'une association dont vous êtes tous les deux membres, etc.

états[1]. Une prédication dénotant un procès transitionnel (processus ou action causatrice) entretient avec la prédication dénotant l'état final de la transition une relation d'*implication postérieure*. En revanche, elle entretient une relation de *présupposition antérieure* avec la prédication dénotant l'état initial de la transition :

état présupposé antérieurement être éveillé (x) (Jean est éveillé immédiatement avant t)	*transition entre états* s'endormir (x) (Jean s'endort durant l'intervalle t)	*état impliqué postérieurement* dormir (x) (Jean dort immédiatement après t)

Pourquoi la relation de sens progressive est-elle du type «implication» et la relation de sens régressive du type «présupposition» ? Selon T. Givon[2] les deux relations ont une sensibilité différente à la négation : si Jean ne s'endort pas à *t*, cela implique que Jean ne dort pas immédiatement après *t*, mais le fait d'asserter le «non-assoupissement» de Jean à *t* présuppose que les conditions étaient réunies immédiatement à *t* pour que Jean puisse s'endormir (c'est-à-dire que Jean n'était pas déjà endormi). En fait, on peut s'interroger sur le caractère sémantique ou pragmatique de l'implication «Si Jean ne s'endort pas à *t*, Jean est éveillé immédiatement avant *t*». Il semble plutôt s'agir d'une implicature pragmatique, c'est-à-dire d'un raisonnement de cet ordre qui porte sur les conditions d'emploi de l'expression «Jean ne s'est pas endormi à *t*» plutôt que les conditions de vérité du procès de «non-changement» qu'elle dénote :

Si

X me dit : «Jean ne s'est pas endormi à t.»

alors

1) la transition veille/sommeil n'a pas eu lieu à *t* pour Jean

2) X s'attendait à ce que cette transition ait lieu

3) les prérequis pour la transition de la veille au sommeil étaient réunis à t pour Jean et en particulier Jean était éveillé immédiatement avant t.

Sur le tableau suivant nous avons rassemblé quelques exemples de changements d'état simple ou relationnel qui montrent que la prédication dénotant l'état présupposé antérieurement et la prédication dénotant l'état impliqué pos-

1. L'analyse ne s'applique qu'aux changements absolus et non aux changements de degré : dire que quelqu'un maigrit n'implique pas postérieurement qu'il est maigre (mais implique qu'il est plus maigre) ni ne présuppose antérieurement qu'il était gros (mais présuppose qu'il était moins maigre).

2. T. Givon, «Forward implication, backward presupposition and the time axis of verbs», in Kimball (ed. 1972), *Syntax & semantics vol. 1*, New York : Seminar Press, p. 58-89.

térieurement sont identiques, que la prédication de changement d'état soit causative (prédication d'action causatrice) ou non (prédication de «processus») :

prédication dénotant l'état présupposé antérieurement	*prédication de changement d'état (non-causative ≠ causative)*	*prédication dénotant l'état impliqué postérieurement*
	a) changement d'état simple	
être éveillé (x)	NC : s'endormir (x) C : endormir (y, x)	dormir (x)
dormir (x)	NC : s'éveiller (x) C : éveiller (y, x)	être éveillé (x)
être en bonne santé (x)	NC : tomber malade (x) C : rendre malade (y, x)	être malade (x)
être malade (x)	NC : se rétablir (x) C : remettre sur pied (y,x)	être en bonne santé (x)
	b) changement d'état relationnel	
ne pas avoir (x, y)	NC : acquérir (x,y) C : donner (z, x, y)	avoir (x, y)
avoir (x, y)	NC : perdre (x, y) C : prendre (z, y, à x)	ne pas avoir (x, y)

La relation d'implication postérieure correspond grammaticalement à la relation de résultativité entre le présent et la forme *être* + Participe Passé des verbes transitionnels, c'est-à-dire dénotant un changement d'état, de forme, de position, de localisation, etc., par exemple :

Le bébé naît -RESULT→ Le bébé est né.
Le mécanicien répare la voiture -RESULT→ La voiture est réparée.

3.4.3. *Hyponymie, synonymie et oppositions de sens*[1]

Nous avons dit au paragraphe précédent que toutes les relations de sens sont dérivables de la relation d'implication[2]. C'est pourquoi nous adopterons une présentation qui fait apparaître pour chaque relation l'usage qui est fait de l'implication.

1. Les relations de sens mentionnées dans ce § sont présentées dans J. Lyons, *Linguistique générale*, Larousse 1970, chapitre 9.

2. Cette présentation s'inspire directement de la démonstration de C. Schwarze, *Einführung in die Sprachwissenschaft*, Scriptor, 1974.

a. *L'hyponymie*

Deux lexèmes *a* et *b* entretiennent une relation d'*hyponymie* s'ils peuvent apparaître dans deux phrases P1 et P2 entretenant mutuellement une relation d'implication et qui ne se distinguent que par la présence d'un lexème *a* dans l'une là où se présente le lexème *b* dans l'autre ; exemple :

> Devant chez nous se dresse un sapin
> → Devant chez nous se dresse un arbre

donc hyponymie {*sapin, arbre*}

b. *La synonymie stricte*

Deux lexèmes *a* et *b* entretiennent une relation de synonymie stricte si *hyponymie* (*a*, *b*) & *hyponymie* (*a*, *b*). La synonymie se définit donc comme une hyponymie réciproque ; exemple :

> Il est *huit heures et demi du matin*
> ↔ Il est 8 h 30

donc synonymie stricte {*huit heures et demi du matin, 8 h 30*}.

c. *Les oppositions de sens*

1. *L'antonymie* : Soit P1 une phrase comparative de la forme [*a* est plus * que *b*], P2 une phrase comparative de la forme [*b* est plus * que *a*] et *X* et *Y* deux lexèmes pouvant être insérés à la place de *. Si en insérant respectivement *X* et *Y* dans les deux cadres de phrases celles-ci deviennent équivalentes, *a* et *b* sont en relation d'antonymie ; exemple :

> *X* = grand, *Y* = petit
> *a* est plus GRAND que *b* = *b* est plus PETIT que *a*

donc antonymie (*X*,*Y*)

2. *La complémentarité* : Soit deux phrases P1 et P2 telles que P2 = negP1 et que le lexème *X* soit contenu dans les deux. On forme une phrase P3 à partir de P2 en substituant un lexème *Y* à *X* et en éliminant la négation. Si P3 est équivalent à P2, les lexèmes *X* et *Y* sont en relation de complémentarité ; exemple :

> *X* = mâle, *Y* = femelle
> P1 : L'animal acquis par le zoo est un mâle
> P2 : L'animal acquis par le zoo n'est pas un mâle
> P3 : L'animal acquis par le zoo est une femelle

P2 = P3 donc complémentarité {*mâle, femelle*}

3. *L'inversion* : Soit deux phrases P1 et P2, *X* un lexème qui apparaît dans P1 et *Y* un lexème qui apparaît dans P2. Toutes les autres unités grammaticales

et lexicales sont identiques, mais avec une disposition syntaxique différente, et *X* et *Y* ne sont pas synonymes. Si P1 est équivalent à P2, *X* et *Y* entretiennent une relation d'inversion ; exemple :

Pierre est le *mari* de Suzanne	*vs.*	Suzanne est la *femme* de Pierre
Pierre *achète* une B.D. au libraire	*vs.*	Le libraire *vend* une B.D. à Pierre

4. *Les oppositions directionnelles* : elles concernent des changements de lieu ou d'état et mettent en œuvre les notions d'implication postérieure et de présupposition antérieure introduites au paragraphe précédent. Deux prédications sont en opposition directionnelle si la prédication impliquée postérieurement par l'une est présupposée antérieurement par l'autre et vice-versa :

être dans (x, y)	→ ←	sortir de (x, y) entrer dans (x, y)	→ ←	être hors de (x, y)
être sans armes (x)	→ ←	armer (y, x) désarmer(y, x)	→ ←	être armé (x)

La même analyse s'applique par exemple aux paires arriver ≠ partir, monter ≠ descendre, coller ≠ décoller, lacer ≠ délacer.

3.4.4. *Les relations partie-tout*

Les relations partie-tout sont liées à certains emplois des verbes *être* et *avoir*. Nous commencerons par éliminer les emplois de ces verbes qui ne couvrent pas des relations partie-tout.

a. *Les relations susceptibles d'être confondues avec les relations partie-tout*

1. *L'inclusion topologique*

Le *vin* est dans le *réfrigérateur.*	*Berlin-Ouest* était en *RDA.*
Le *prisonnier* est dans sa cellule.	La *réunion* est à *9 heures.*

Il est à noter que le rapport entre Berlin et la RDA d'un côté, Rennes et la Bretagne de l'autre, est d'une nature différente : en effet Rennes est bien une partie de la Bretagne car toute partie de Rennes est une partie de la Bretagne. En revanche, jusqu'à la réunification allemande, l'extra-territorialité de Berlin-Ouest, territoire ouest-allemand en RDA, signifiait qu'aucun mètre carré de Berlin-Ouest n'était un mètre carré de la RDA.

2. *L'inclusion de classe (hyponymie)*

Une *voiture* est un *véhicule* *vs* Les *voitures* sont des *véhicules*

Une voiture est *une espèce* (pas une partie) de véhicule, mais l'ensemble des voitures est *une partie* de l'ensemble des véhicules.

3. *La propriété*

Jeanny a un *vélo.* *vs Jenny* a *deux bras et deux jambes.*

Ici le verbe *avoir* est employé dans deux sens différents désignant la première fois une relation de propriété (ou de disposition), la seconde une relation animé/partie du corps.

b. *Les relations proprement «méréologiques»*[1]

Winston, Chaffin & Herrman proposent de classer les relations partie-tout (dites méréologiques ou méronymiques) à partir de trois «éléments relationnels», c'est-à-dire trois constituants de la relation entre la partie et le tout :

- la *fonctionnalité* : les parties ont/n'ont pas mutuellement une position spatiale/temporelle spécifique qui détermine leur rôle fonctionnel par rapport au tout ;
- l'*homogénéité* : les parties sont semblables/dissemblables les unes par rapport aux autres et au tout auquel elles appartiennent ;
- la *séparabilité* : les parties (ne) peuvent (pas) en principe être déconnectées physiquement du tout auquel elles sont connectées.

Le classement qui résulte de leur jeu est présenté sur le tableau ci-dessous et commenté plus bas :

Types de relations méréologiques		*Constituants de la relation partie-tout*		
RELATION	EXEMPLES	fonctionnalité	homogénéité	séparabilité
composant-objet intégral	*anse – tasse* *chute – plaisanterie*	+	–	+
membre-collection	*arbre – forêt* *carte – jeu*	–	–	+
portion-masse	*tranche – gateau* *grain – sel*	–	+	+
matière-objet	*eau – hydrogène* *acier – vélo*	–	–	–
trait-activité	*payer – acheter* *démarrer – conduire*	+	–	–
lieu-aire	*Bretagne – France* *vestibule – appartement*	–	+	–

1. Le classement présenté est emprunté à M. Winston, R. Chaffin & D. Herrmann, «A taxonomy of part-whole relations», *Cognitive Science* 11/1987

La relation *composant-objet intégral* (partie fonctionnelle, sans homogénéité avec le tout et séparable) s'applique à des objets physiques (ex. une tasse), des objets assemblés (ex. un vélo), des objets représentationnels (ex. un livre, une pièce de théâtre), des objets abstraits (ex. la linguistique, le sens), des organisations (ex. IBM, l'UNESCO) ou aux composants de chacun de ces types de choses.

La relation *membre-collection* (partie non fonctionnelle, sans homogénéité avec le tout et inséparable) se distingue de la relation membre-classe (hyponymie). Par exemple le Nil n'est pas une partie d'un fleuve mais membre de la classe des fleuves. La classe diffère de la collection dans la mesure où l'appartenance à une classe est déterminée sur la base de *similarités avec d'autres membres*, tandis que l'appartenance à une collection est déterminée sur la base de la *proximité spatiale* ou d'une *connexion sociale*.

Il est caractéristique de la relation *portion-masse* (partie non fonctionnelle, homogène avec le tout et séparable) que toute portion d'une masse «est de cette masse» ; par exemple, toute portion d'un gateau est «du» gateau et est similaire à toutes les autres portions ou au gateau entier.

La relation *matière-objet* (partie non fonctionnelle, sans homogénéité avec le tout et inséparable) est paraphrasable sous la forme «*X* est (entièrement/partiellement) en *Y*» ou «*X* contient du *Y*» ; par exemple, le vélo est partiellement en acier, l'eau contient de l'hydrogène.

La relation entre d'appartenance d'un *trait* ou d'une phase à une *activité* (partie fonctionnelle, sans homogénéité avec le tout et inséparable) concerne la structure des activités complexes. Les chercheurs en sémantique computationnelle ont élaboré des schémas d'action (ou scripts) pour modéliser cette structure.

Enfin la relation entre une *place* et l'*aire* qui l'englobe (partie non fonctionnelle, homogène avec le tout et inséparable) se distingue de la simple relation d'inclusion topologique (le prisonnier est dans la cellule, laquelle est dans la prison) parce que toute partie d'une place est une partie de l'aire qui l'englobe (cellule-prison) alors qu'aucune partie du localisé n'est une partie du localisant (prisonnier-cellule).

Si nous revenons pour conclure sur les associations de sens de C. Bally mentionnées au § 3.4.1, nous voyons que les relations de sens étudiées dans les §§ 3.4.1-3.4.3 se caractérisent par la rigueur de leur définition. Cette rigueur en fait des instruments de classement efficaces, mais restreint simultanément leurs conditions d'emploi. La définition de la synonymie stricte comme hyponymie réciproque est formellement indiscutable, mais elle est loin de couvrir l'usage courant de cette notion. L'activité de production et de compréhension d'énoncés sensés semble mettre en œuvre des concepts relationnels plus flous, (*cf.* § 3.3.2) que la sémantique cognitive commence à répertorier (*cf.* § 3.7).

3.5. La notation componentielle de la signification lexicale

3.5.1. *Théorie des champs sémantiques et sémantique structurale*

En 1931 paraît la thèse du linguiste allemand Jost Trier consacrée à l'étude diachronique du champ lexical de l'entendement en allemand médiéval entre 1200 et 1300. Cette thèse est considérée comme le point de départ de la sémantique lexicale structurale. Préfigurant la distinction ultérieure de L. Hjelmslev entre forme et substance du contenu (*cf.* § 3.1), Trier distingue sur le plan conceptuel (plan de la substance du contenu) l'*aire conceptuelle* (*Sinnbezirk*) et sur le plan sémantique (plan de la forme du contenu) le *champ lexical* (*Wortfeld*). Pour le structuralisme sémantique «le sens d'un lexème provient de l'application d'une structure au continuum nébuleux et informe de la pensée»[1]. Cette structure est fournie par le champ lexical. Un aspect essentiel de cette thèse est l'essai d'*explication sociolinguistique* du phénomène : selon Trier les changements sociaux survenus durant le XIIIe siècle en Allemagne et en particulier du point de vue du champ conceptuel de l'entendement «la scissure dans la synthèse médiévale de ce que nous distinguerions maintenant comme science, philosophie et théologie»[2] sont à l'origine de la réarticulation du champ lexical.

À partir de cette étude fondamentale, la théorie des champs sémantiques va évoluer dans plusieurs directions.

L. Weisgerber, disciple de J. Trier, développe l'hypothèse (défendue par W. von Humboldt et appliquée par B.L. Whorf au «modèle amérindien de l'univers»[3]) de la détermination des schémas de pensée (all. *Weltanschauung* = vision du monde) par les structures linguistiques.

Sans ce présupposé philosophique, mais également dans une perspective sociolinguistique, les lexicologues français s'orientent d'une part vers l'étude de la *néologie lexicale* (par ex. L. Guilbert pour le vocabulaire de l'aéronautique, A.-J. Greimas pour celui de la mode, G. Matoré pour celui des arts), d'autre part vers l'étude du vocabulaire politique et social (par ex. l'étude de J. Dubois[4] consacrée à la réarticulation du *vocabulaire politique et social* entre 1869 et 1872, période charnière incluant la défaite de Sedan, l'abdication de Napoléon III, l'occupation prussienne, la Commune de Paris et l'instauration de la Troisième République).

---

1. J. Lyons, *Éléments de sémantique*, chapitre 8, Larousse 1978.

2. J. Lyons, 1978, p. 208.

3. Titre d'un article d'anthropologie linguistique de B.L. Whorf dans *Linguistique et anthropologie. Les origines de la sémiologie*, Paris 1969.

4. La thèse de J. Dubois a été le point de départ d'une importante série de publications sur la covariance entre le changement sociopolitique et le changement linguistique, *cf.* L. Guespin (ed.) «Typologie du discours politique», *Langages* 41, 1976.

Durant les années 1950-1960 des anthropologues américains appliquent une sémantique componentielle (c'est-à-dire résultant d'une combinatoire de composants de sens) au *vocabulaire de la parenté* dans les langues amérindiennes.

Enfin, à partir de l'article programmatique de L. Hjelmslev, *Pour une sémantique structurale* (1957), des travaux de B. Pottier et d'E. Coseriu sur les «structures lexématiques» et en relation avec les travaux anthropologiques sur les relations de parenté, une série d'études de sémantique structurale, d'inspiration *moins sociolinguistique et plus combinatoire,* voit le jour, par exemple la thèse de J. Lyons sur le vocabulaire de Platon (1963), l'ouvrage *Sémantique structurale* de A.-J. Greimas (1966), la thèse de E.H. Bendix sur les verbes dans le champ de l'avoir (1966), celle de H. Geckeler sur les adjectifs dans le champ de l'âge (1971), etc.

Ce catalogue de travaux structuralistes appelle plusieurs observations :

- la théorie des champs sémantiques et celle de la sémantique componentielle ont un même champ d'étude, les *structures sémantiques du lexique*, mais elles se fondent sur des prérequis différents : l'interprétation philosophique de la structuration lexicale des langues en tant que *vision du monde* est essentielle pour la théorie issue de J. Trier et L. Weisgerber, alors que l'*isomorphie* entre la combinatoire des traits phonologiques binaires dans la forme de l'expression et la combinatoire de traits sémantiques binaires dans la forme du contenu est fondamentale pour les représentants de la sémantique componentielle inspirée de L. Hjelmslev ;
- J. Lyons oppose une version faible (selon lui défendable) et une version forte (selon lui excessive) de la théorie des champs sémantiques : en effet selon la version forte «le vocabulaire *V* d'une langue est un ensemble fini de lexèmes divisible en un ensemble de champs lexicaux de sorte que (1) l'intersection de deux champs distincts soit toujours vide (aucun lexème n'appartient à plus d'un champ), (2) l'union de tous les champs de *V* soit égale à *V* (il n'y a pas de lexème qui n'appartienne pas à un champ)». J. Lyons se prononce en revanche pour une théorie fondée sur des ensembles de lexèmes ouverts ou indéterminés quand à leur effectif.
- enfin il ressort de plusieurs études, en particulier de l'analyse par E. Coseriu des «solidarités lexicales» (par ex. entre *chien* et *aboyer*) et de la méthode distributionnelle d'étude de l'environnement des lexèmes du vocabulaire social et politique élaborée par J. Dubois, qu'une étude de sémantique structurale ne peut faire abstraction ni des contextes discursifs ni des structures grammaticales (en raison de la grammaticalisation et de la lexicalisation variable selon les langues des constituants sémantiques, par exemple la causalité exprimée aussi bien par le cas ergatif que par des verbes causatifs).

3.5.2. *Analyse componentielle de classes d'objets manufacturés*

Le classement sémantique des désignations d'objets manufacturés a fourni la matière de l'étude onomasiologique la plus célèbre de B. Pottier[1], celle des noms de sièges. Pottier classe sémantiquement cinq termes {chaise, fauteuil, tabouret, canapé, pouf} qui ont pour propriété commune d'être des *hyponymes* de siège. Ils constituent à ce titre un champ lexical dont le sème discriminateur (ou *noyau sémique*) est «pièce de mobilier destinée à s'asseoir». À chacun des lexèmes du champ est associé un *sémème* composé des valeurs +/– du noyau sémique et de cinq autres sèmes qui reflètent les syntagmes utilisés par les lexicographes pour définir ces termes. Le terme *siège*, qui est l'*hypéronyme* de tous les autres lexèmes du champ, est appelé l'*archilexème* et son sémème, caractérisé par l'indétermination de la valeur de tous les sèmes à l'exception du noyau sémique, est appelé l'*archisémème*.

Cette terminologie directement inspirée des *archiphonèmes* de la phonologie structurale rappelle explicitement le projet défendu par L. Hjelmslev de structuration binaire isomorphe de la forme de l'expression et de la forme du contenu.

Sur le tableau ci-dessous nous avons légèrement modifié la présentation du classement de B. Pottier en distinguant les traits sémantiques relatifs à la *forme* et ceux relatifs à la *fonction* du siège. En effet les objets manufacturés ont des attributs de forme ou de constitution (qui permettent de les distinguer visuellement) et des attributs de fonction d'une importance supérieure. Il est clair par exemple que l'ensemble des sièges, des véhicules ou des armes n'est définissable qu'en termes de fonction.

S1 : pour s'asseoir S2 : pour une personne S3 : avec dossier S4 : sur pied(s) S5 : avec bras S6 : dans un matériau rigide	sèmes relatifs à la fonction de l'objet manufacturé		sèmes relatifs à la constitution de l'objet manufacturé			
	S1	S2	S3	S4	S5	S6
siège	+	±	±	±	±	±
chaise	+	+	+	+	–	+
fauteuil	+	+	+	+	+	+
tabouret	+	+	–	+	–	+
canapé	+	–	+	+	+	+
pouf	+	+	–	–	–	–

---

1. B. Pottier, *Recherches sur l'analyse sémantique en linguistique et en traduction mécanique*, Publ. Faculté des Lettres de Nancy, 1963.

Outre leur propriété d'être des hyponymes de l'archilexème *siège*, les lexèmes du champ sont définissables à partir du terme le plus proche accompagné d'une spécification. Mais dans la mesure où tous les sèmes de chacun des sémèmes a une valeur déterminée, les seules définitions de forme implicatives sont celles qui s'appuient sur l'archilexème *siège* : {une chaise/un fauteuil/un tabouret/un canapé/un pouf sont des sièges + spécification}

Les définitions qui s'appuient sur un autre lexème du champ sont nécessairement de la forme *X est une sorte de Y* + spécification. Un fauteuil n'est pas une chaise, mais est définissable comme une sorte de chaise. Cette distinction est importante car elle s'accorde avec la conclusion du paragraphe 3.4 : les relations de sens rigoureuses doivent être accompagnées de relations floues. L'activité métalinguistique de définition en fournit un exemple explicite. Les définitions de la forme *X est une sorte de Y* + spécification doivent s'appuyer sur le lexème le plus proche dans l'analyse sémique et spécifier l'inversion de valeur qui distingue les deux lexèmes ; par exemple :

Un fauteuil est une sorte de chaise *dotée de bras.*
Une chaise est une sorte de fauteuil *privé de bras.*
Un tabouret est une sorte de chaise *privée de dossier.*
Une chaise est une sorte de tabouret *doté d'un dossier.*
Un canapé est une sorte de fauteuil *pour plusieurs personnes.*
Un pouf est une sorte de tabouret *sans pied fabriqué dans un matériau souple.*

En revanche, la relation d'implication s'applique proprement à la hiérarchie du lexique des objets manufacturés :

x chaise (*x*) → siège (*x*) [= tout x qui est une chaise est un siège]
x siège (*x*) → pièce_de_mobilier (*x*)
x meuble (*x*) → objet_manufacturé (*x*)

3.5.3. *Analyse componentielle des verbes français de cuisson*

L'analyse des désignations de sièges permet de faire usage de traits binaires et de respecter l'exigence hjelmslevienne d'isomorphie entre les instruments d'analyse de la structuration du contenu et de l'expression. Mais une telle exigence peut entraîner une complexification excessive. Nous prendrons à titre d'exemple le lexique des verbes français de cuisson[1] et nous partirons de l'observation des définitions du dictionnaire LEXIS.

Il faut tout d'abord observer qu'à l'exception de *torréfier*, tous les verbes étudiés sont des «verbes à renversement» (M. Rothemberg) ou «symétriques» (R. Lagane), c'est-à-dire que V_{inf} = faire V_{inf} (cuire = faire cuire, bouillir = faire bouillir, rôtir = faire rôtir, etc.). Dans les définitions qui suivent, le recours à un autre terme du champ est marqué en italique.

1. Adrienne Lehrer a consacré en 1974 une étude approfondie à la comparaison dans de nombreuses langues des verbes de cuisson dans *Semantic fields and lexical structure,* Amsterdam, North-Holland.

bouillir	faire chauffer un liquide jusqu'à la température où il bout
cuire	rendre un aliment propre à la consommation par l'action de la chaleur
frire	*faire cuire* dans une poêle ou dans une bassine, avec un corps gras bouillant
griller	*faire rôtir* en exposant à la flamme, à la braise
rissoler	*faire cuire* de la viande ou des légumes de manière à ce qu'ils prennent une couleur dorée
rôtir	*faire cuire* des aliments (ex. viande, pain) au four, à la broche, sur le gril
torréfier	*griller, rôtir* des graines

Ces définitions sont décomposables en constituants sémantiques récurrents :

- IMPL : recours ou non dans la définition à une relation d'implication avec un autre lexème ou une construction factitive *faire* V_{inf} du champ ;
- OBJ : la spécification du type d'objet susceptible d'être cuit de cette manière ;
- INSTR : l'*instrument* de la cuisson (la chaleur comme constituant commun à l'ensemble du champ et par ex. la spécification de l'emploi ou non d'un corps gras) ;
- LOC : la localisation de la cuisson (c'est-à-dire l'ustensile de cuisine dans, sur ou contre lequel la cuisson s'effectue) ;
- BUT : le but de la cuisson (le but commun à l'ensemble du champ : la mise de l'objet à cuire dans un état consommable et, dans le cas du verbe *rissoler*, l'apparition d'une couleur dorée).

Les valeurs de ces constituants sont répertoriées dans le tableau ci-dessous.

bouillir	OBJ :	liquide
	INSTR :	grâce à la chaleur jusqu'à température d'ébullition
cuire	OBJ :	aliment
	INSTR :	grâce à la chaleur
	BUT :	consommable
frire	IMPL :	faire cuire
	OBJ :	aliment solide
	INSTR :	avec corps gras bouillant
	LOC :	dans poêle/bassine
griller	IMPL :	faire rôtir
	OBJ :	aliment solide
	LOC :	devant flamme/braise
rissoler	IMPL :	faire cuire
	OBJ :	aliment solide, typique : viande/légumes
	INSTR :	(avec corps gras)
	LOC :	(typique : dans poêle)
	BUT :	jusqu'à couleur dorée
rôtir	IMPL :	faire cuire
	OBJ :	aliments solides, typiques : viande/pain
	LOC :	dans/sur four/broche/gril
torréfier	IMPL :	griller/rôtir
	OBJ :	graines

Décomposition des définitions.

Ces constituants de sens sont reclassables sous forme d'une «grille sémique» :

verbe	*V → V*	*objet à cuire*	*instrument*	*lieu*	*but*
bouillir	Ø	liquide	chaleur → ébullition	(récipient)	Ø
cuire	Ø	aliment	chaleur	Ø	consommable
frire	→ faire cuire	aliment solide	corps gras bouillant	poêle/bassine	*cf.* cuire
griller	→ faire rôtir	aliment solide	chaleur	devant flamme /braise	*cf.* rôtir
rissoler	→ faire cuire	aliment solide (typ : viande/ légumes)	(corps gras)	(typique : dans poêle)	couleur dorée
rôtir	→ faire cuire	aliment solide (typ : viande/ pain)	*cf.* IMPL	four/broche/ gril	*cf.* cuire
torréfier	→ griller/ rôtir	graines	*cf.* IMPL	*cf.* IMPL	*cf.* griller/ rôtir

On voit bien que le moule componentiel inspiré de L. Hjelmslev ne serait applicable à une telle analyse (qui suit de près l'usage définitionnel effectif des dictionnaires de langue) qu'au prix d'une complexification indéfendable : pour le constituant OBJET il faudrait par exemple prévoir une première opposition binaire entre [+/– aliment] (à cause de *bouillir* qui ne s'applique pas prioritairement aux aliments), puis entre [+/– aliment solide], et parmi ceux-ci à [+/– viande], [+/– pain], [+/– légumes], [+/– graines]. Il en serait de même pour la localisation de la cuisson.

Il faut donc admettre que l'exigence hjelmslevienne d'isomorphie entre la décomposition binaire des structures phonologiques et celle des structures sémantiques ne s'applique qu'à des champs très restreints et doit en général laisser la place à une méthode d'analyse plus souple et en cela plus proche de la réalité quotidienne du travail des lexicographes.

3.6. La notation prédicative du sens des énoncés

Les logiciens et les chercheurs en sémantique formelle ont proposé diverses notations pour rendre compte du sens des énoncés. Ces notations formelles, par exemple celles de D. Davidson, R. Montague, M. Cresswell ou D. Dowty, sont d'un maniement très complexe et ne peuvent pas être présentées ici. Mais à la suite de W. Kintsch les psychologues qui travaillent sur la compréhension et la mémorisation de textes ont mis au point un instrument d'analyse sémantique grossier mais très maniable, l'analyse prédicative[1]. Les fondements de la variante[2] d'*analyse prédicative* que nous utiliserons se résument en deux points.

1. Tout concept de propriété ou de procès (état, événement, action) est introduit comme un prédicat[3] gouvernant de un à trois arguments notés par un symbole ; en revanche, tout concept de chose (incluant les personnes) est introduit comme dénomination de ces symboles ; exemple :

Expression linguistique		*Analyse prédicative*	
la maison splendide$_{pred}$	⇒	SPLENDIDE (a1)	a1 : maison
[la maison] brûle$_{pred}$	⇒	BRÛLER (a1)	
l'incendie$_{pred}$*[de la maison]*	⇒	INCENDIE ([de] a : a1)	
[le charpentier] répare$_{pred}$*[la maison]*	⇒	RÉPARER (a2, a1)	a2 : charpentier
la réparation $_{pred}$*[de la maison] [par le charpentier]*	⇒	RÉPARATION ([de] a2, [par] a1)	

2. Les prédications sont numérotées et le contenu d'une prédication peut apparaître, noté par son numéro d'ordre, comme argument soit d'un prédicat connecteur (ex. ET(∏ι, ∏φ) PARCE QUE (∏ι, ∏φ)), soit d'un prédicat de procès (état, processus, action) ou de propriété ; par exemple :

Les touristes rentrent à l'hôtel parce que l'orage est imminent	
1. RENTRER-A (x1, x2)	x1 : ensemble-touristes
2. IMMINENT (x3)	x2 : hôtel
3. PARCE QUE (1, 2)	x3 : orage
a1 est certain que l'orage est imminent	
1. IMMINENT (x2)	x2 = orage
2. CERTAIN (x1, [que] 1)	
L'orage est certainement imminent	
1. IMMINENT (x2)	x2 = orage
2. CERTAIN[EMENT] (1)	
la conviction de a1 que l'orage est imminent	
1. IMMINENT (x2)	x2 = orage
2. CONVICTION ([de] a1], [que] 1)	

1. Dans la mesure où W. Kintsch désigne les prédications sous le nom de «propositions», cette analyse est également connue sous le nom d'analyse «propositionnelle».

2. Cette variante est proposée par G. Denhière dans *Il était une fois... Compréhension et souvenir de récits*, P.U.L., 1984.

3. Ni la catégorie de la définitude : *la ≠ une maison,* ni celle du temps grammatical ne sont prises en compte dans cette variante.

3.6.1. *Relations actancielles et fonctions syntaxiques*

a. *Actants et circonstants*

La notation prédicative introduite ci-dessus impose une distinction explicite entre actants et circonstants. Les actants sont des entités qui participent directement à titre d'argument au procès ou à la propriété dénotée par le prédicat de la prédication, tandis que les circonstants dénotent des spécifications de la prédication. Le statut différent du groupe prépositionnel *dans la forêt* dans les deux phrases ci-dessous est traité comme suit dans la notation prédicative :

relation actancielle = argument d'une prédication	*relation circonstancielle = spécification d'une prédication*
PRÉDICAT(argument$_1$, ..., argument$_n$)	1. PRÉDICATION 2. SPÉCIFICATION (argument 1, [prédication] 1)
ex : Le bûcheron *vit dans la forêt*	ex. Le bûcheron cherche la sorcière *dans la forêt*
1. VIVRE-DANS (x1, x2) x1 : bûcheron x2 : forêt	1. CHERCHER (x1, x2) x1 : bûcheron x2 : sorcière 2. DANS (1, x3) x3 : forêt

La *valence sémantique* d'un prédicat (le nombre de ses arguments correspondant aux entités participant nécessairement au procès) peut être supérieure à la *valence syntaxique* du verbe qui réalise linguistiquement ce prédicat (les fonctions sujet, complément d'objet direct, indirect, second, attribut du sujet et du complément d'objet). Par exemple, *attendre*, c'est toujours attendre *quelque chose* ou *quelqu'un*, même si le complément d'objet du verbe n'est pas mentionné. Dans ce cas le prédicat conserve ses deux places d'arguments, mais l'une est occupée par le symbole # désignant une entité non mentionnée ; par exemple :

L'enfant attend devant la poste

1. ATTENDRE (a1, #) a1 : enfant
2. DEVANT (1, a2) a2 : poste

b. *Correspondances entre rôles actanciels et fonctions syntaxiques*

Il est clair qu'il n'existe pas une correspondance biunivoque entre l'ensemble des relations actancielles et l'ensemble des fonctions syntaxiques. Il suffit de penser aux verbes de changement d'état dits «à renversement», c'est-à-dire dont le sujet dénote soit la chose qui subit le changement (ex. *La branche casse*, *Le papier jaunit*) soit la personne ou la force qui produit le changement (ex. *L'enfant casse la branche*, *Le soleil jaunit le papier*).

Les linguistes qui ont élaboré des grammaires de «cas sémantiques» (ou plutôt de «rôles actanciels») n'ont pas réussi à s'entendre sur le catalogue et la définition des rôles. Nous adopterons ici la terminologie de W. Cook[1], qui distingue

- l'*objectif* : rôle de l'entité qui est dans un état ou subit un processus ou sur laquelle s'applique une action ;
- l'*agent* : rôle de l'animé qui contrôle une action ;
- l'*expérienceur*[2] : rôle de l'animé qui est le siège d'un état ou d'un événement cognitif ou affectif ;
- le *bénéficiaire* : rôle de l'animé à qui profite ou inversement au détriment de qui le procès (état, processus ou action) a lieu ;
- le *locatif* : rôle d'une chose qui sert de repère d'une localisation statique ou d'un déplacement (lieu d'origine, de passage ou de destination) ;
- le *causateur*[3] : rôle d'une entité (chose ou procès) sans l'intervention ou la présence de laquelle le procès dénoté par la prédication n'aurait pas lieu. Le causateur peut être également agent (ex. Les *terroristes*$_{+\text{agent}/+\text{causateur}}$ *ont détourné l'avion*), ou non (ex. *Le vent*$_{+\text{causateur}/-\text{agent}}$ *a arraché le toit de la cabane*). Symétriquement l'agent peut ne pas être causateur (ex. *Marie* $_{+\text{agent}/-\text{causateur}}$ *écoute les bruits de la forêt*).

Pour être complet il faudrait encore prévoir un rôle équatif en vue de décrire deux types de phénomènes :

– les attributs du sujet et du complément d'objet ; par exemple :

> Pierre$_{\text{Objectif}}$ est un génie
> Jeanne$_{\text{Agent}}$ considère Pierre$_{\text{Objectif}}$ comme un génie$_{\text{Équatif}}$

– les verbes de comparaison ; par exemple :

> Marie$_{\text{Objectif}}$ ressemble à Éliane$_{\text{Équatif}}$
> Pierre$_{\text{Agent}}$ compare Marie$_{\text{Objectif}}$ à Éliane$_{\text{Équatif}}$.

Le nombre des cadres de rôles bien formés est limité, car en ce qui concerne l'expérienceur, le bénéficiaire et le locatif, la présence de l'un des trois rôles dans la prédication exclut celle des deux autres. Sur le tableau suivant, les cadres de rôles (abstraction faite des cadres comportant un Équatif) sont classés en fonction du nombre des actants et de la réalisation de chaque rôle comme sujet grammatical, complément d'objet direct, indirect ou second :

---

1. W. Cook, *Case grammar : the development of the matrix model* (1970-1978), Georgetown University Press 1979.

2. Faute d'un terme français adéquat nous adaptons le terme anglais *experiencer* provenant du verbe *experience* (éprouver, faire l'expérience de quelque chose).

3. Ce rôle est absent du catalogue de Cook qui considère les forces naturelles comme des «quasi-agents», ce qui ne permet pas de rendre compte de la combinatoire entre les valeurs ± agent & ± causateur.

Actants	*Sujet*	*Objet direct ou indirect premier*	*Objet second*	*Exemple*
1 actant	OBJECTIF EXPÉRIENCEUR AGENT			L'arbre pousse Paul souffre Marie réfléchit
	OBJECTIF OBJECTIF OBJECTIF EXPÉRIENCEUR	EXPÉRIENCEUR BÉNÉFICIAIRE LOCATIF OBJECTIF		Le film plaît à Éliane La voiture lui appartient Il vit dans la forêt Éliane aime le film
2 actants	BÉNÉFICIAIRE LOCATIF AGT et/ou CAUS AGT et/ou CAUS AGT et/ou CAUS	OBJECTIF OBJECTIF OBJECTIF EXPÉRIENCEUR BÉNÉFICIAIRE		Il dispose de l'argent Le jardin grouille de fourmis Paul répare la voiture Le chien effraie l'enfant On les approvisionne
3 actants	AGT et/ou CAUS AGT et/ou CAUS AGT et/ou CAUS AGT et/ou CAUS AGT et/ou CAUS AGT et/ou CAUS	OBJECTIF EXPÉRIENCEUR OBJECTIF BÉNÉFICIAIRE OBJECTIF LOCATIF	EXPÉRIENCEUR OBJECTIF BÉNÉFICIAIRE OBJECTIF LOCATIF OBJECTIF	Tu le lui annonces Je la préviens de ma venue Il lui offre des fleurs Elle le gratifie d'un sourire Il l'envoie à l'étranger Elle remplit le vase d'eau

3.6.2. *L'opposition verbo-nominale : correspondances entre types morpho-syntaxiques et conceptuels*

Si, comme nous venons de le voir, il n'y a pas de correspondance biunivoque entre rôles actanciels et fonctions syntaxiques, il n'y a pas non plus de partage clair des types conceptuels d'entités entre les noms et les verbes. Conceptuellement, les phrases suivantes sont équivalentes :

a) Pierre s'installera dans l'appartement quand les meubles de Marie auront été déménagés.

b) L'installation de Pierre aura lieu après le déménagement des meubles de Marie.

c) Le déménagement des meubles de Marie précédera l'installation de Pierre dans l'appartement.

Observons de plus près ces trois phrases en relation de paraphrase. Elles expriment toutes trois deux actions :

1. S'INSTALLER-DANS (agent : x1, locatif : x2) — x1 : Pierre, x2 : l'appartement
2. DÉMÉNAGER (agent : #, objectif : x3) — x3 : les meubles de Marie

et une relation interprédicative :

3. [AVOIR LIEU] APRÈS (2, 1)

En fonction de l'articulation syntaxique générale de la phrase, les prédications 1, 2 et 3 ont un mode de réalisation différent :

Phrase	*Prédications*	*Réalisation morphosyntaxique*
1	1. S'INSTALLER-DANS (a1, a2) 2. DÉMÉNAGER (#, a3) 3. APRÈS (2,1)	→ verbe d'action causatrice → verbe d'action causatrice → conjonction temporelle *quand* + passé
2	1. S'INSTALLER DANS (a1, a2) 2. DÉMÉNAGER (#, a3) 3. APRÈS (2,1)	→ *installation* : nom d'action causatrice → *déménagement* : nom d'action causatrice → *avoir lieu après* : verbe support aspectuel + préposition temporelle
3	1. S'INSTALLER DANS (a1, a2) 2. DÉMÉNAGER (#, a3) 3. APRÈS (2,1)	→ *installation* : *cf.* ci-dessus → *déménagement* : *cf.* ci-dessus → *précéder* : verbe d'état relationnel temporel (avec inversion de la relation)

Sur le tableau page suivante nous rassemblons les principales fonctions conceptuelles des verbes et des noms. On pourra vérifier que toutes les fonctions conceptuelles réalisables sous forme verbale le sont également sous forme nominale. L'inverse n'est pas vrai car les noms peuvent dénoter non seulement des propriétés et des procès, mais aussi des entités participant à un procès en fonction de leur mode de participation ; par exemple : le vainqueur (le N agent d'une action causatrice du type *vaincre*), le *vaincu* (le N objectif de la même action), la *production* (le N objectif collectif résultant d'une action causatrice du type *produire*), le *fumoir* (le N locatif d'une action causatrice du type *fumer* s'appliquant à du tabac ou à des comestibles).

3.6.3. *De l'analyse prédicative à l'analyse syntaxique : le statut de modificateur*

L'analyse prédicative livre «à plat» les pièces conceptuelles que la syntaxe «monte» selon divers «plans de montage». La métaphore permet de comprendre que les phrases (a-c) ci-dessus entretiennent une relation de paraphrase alors que leur montage syntaxique est complètement différent. Pour l'essentiel, les différences de montage syntaxique tiennent à deux types de divergences

– les divergences de point de vue (ex. *Le printemps suit l'hiver ≠ L'hiver précède le printemps*) ;

– les divergences dans le choix des entités qui recevront syntaxiquement un statut de modificateur ; par exemple :

a) Il est évident qu'ils ne peuvent pas se supporter.
b) ≠ Ils ne peuvent évidemment pas se supporter.
c) L'ami que j'ai rencontré hier revient des États-Unis.
d) ≠ J'ai rencontré hier un ami qui revient des États-Unis.

Dans la phrase a), *qu'ils ne peuvent pas se supporter* est l'argument sujet de *[il] est évident*, tandis que, dans la phrase b), *évidemment* est «monté» comme modificateur modal de la proposition *ils ne peuvent pas se supporter*. Dans la

Type morpho-syntaxique	*Nombre d'argu-ments*	*Classe sémantique*	*Exemples*
	Ø	processus météorologique	*Il neige*
	1	état simple processus simple activité simple	*Paul souffre* *La pomme tombe* *Jean réfléchit*
VERBE	2	état relationnel processus relationnel activité relationnelle causation/action causatrice simple	*Paul souffre de la solitude* *La pomme tombe de l'arbre* *Jean pense à Suzanne* *La secrétaire classe les dossiers*
	3	causation/action causatrice relationnelle	*Pierre propose un marché à Jean*
	Ø	chose processus météorologique	*La pomme, l'enfant* *La tempête*
	1	propriété simple état simple processus simple	*La beauté du spectacle* *La maladie de Suzanne* *Le rétablissement de Suzanne*
NOM	2	propriété relationnelle état relationnel processus relationnel activité simple activité relationnelle action causatrice simple résultat d'une action simple agent instrument localisation	*La peur du gendarme* (sens actif et passif) *L'amour de la mère pour l'enfant* *La perception d'un bruit (par qn)* *Le tricot* (= l'activité de tricoter) *La contemplation des œuvres d'art (par les amateurs)* *La réparation de la voiture (par le mécanicien)* *La production de l'atelier* *Le fabricant d'horloges* *Le batteur à œufs* *Le fumoir (à poisson)*
	3	action causatrice relationnelle	*Le don d'une œuvre d'art aux Musées nationaux (par un particulier)*

phrase c), la proposition *j'ai rencontré hier [N]* est «montée» comme modificateur de *l'ami revient des États-Unis* ; inversement, dans la phrase d), c'est *[N] revient des États-Unis* qui est «monté» comme modificateur de la proposition *j'ai rencontré hier un ami*. Mais ces deux couples de phrases sont conceptuellement équivalents. Dans le tableau suivant nous avons posé trois phrases conceptuellement équivalentes mais résultant d'un montage syntaxique très différent. Leur analyse prédicative est identique, ce qui explique leur relation de paraphrase. À côté de chacune des lignes de l'analyse prédicative on a indiqué le statut syntaxique de chacun des arguments de la prédication et de la prédication elle-même si elle ne fournit pas le verbe principal. Le statut de modificateur est une abstraction qui regroupe les montages suivants :

– l'adjectif *excellent* modifie le nom *livre* en tant que membre épithète du groupe nominal ;
– la prédication 2 : ACHETER (je, livre) modifie en tant que proposition relative l'antécédent *livre* dans la proposition *le livre sera distingué par un prix* ;
– l'adverbe temporel *hier* spécifie les conditions de vérité temporelle de la proposition *j'ai acheté le livre* ;
– la prédication 4 : DISTINGUER (prix, livre) modifie en tant que proposition relative l'antécédent *livre* dans la proposition *j'ai acheté le livre* ;
– l'adverbe modalisateur *certainement* spécifie les conditions de vérité de la proposition *un prix distinguera le livre.*

La différenciation syntaxique des trois paraphrases tient au fait que certains prédicats qui exercent une fonction syntaxique de tête d'un groupe verbal dans l'une des phrases exercent celle de modificateur d'un groupe nominal ou d'une proposition (voir tableau page suivante).

En conclusion, l'absence de correspondance biunivoque entre types conceptuels d'entités, types de relations actancielles et classes morphosyntaxiques paraît certes manifester un défaut d'économie du système linguistique. Mais ce «défaut» fournit une liberté d'expression appréciable qui distingue clairement les langues «naturelles» des langages artificiels.

3.7. Sémantique et cognition

3.7.1. *Langue et représentation du monde*

La théorie des champs lexicaux de J. Trier se fonde, nous l'avons vu en 3.5.1, sur une conception de la lexicalisation (selon les langues et pour une même langue selon ses états de langue successifs) comme *structuration lexicale d'un continuum conceptuel amorphe* : «Chaque langue articule la réalité à sa façon, créant ainsi sa propre vision de la réalité et établissant ses propres concepts.» Un exemple de L. Hjelmslev illustrera la différence de lexicalisation entre trois langues dans le domaine des relations de parenté : la différenciation conceptuelle des frères et sœurs par le sexe et l'âge relatif n'est pas lexicalisée en malais, n'est lexicalisée en français que pour le sexe et est lexicalisée en hongrois pour le sexe et l'âge relatif.

<table>
<tr><td>Sexe : mâle</td><td>plus âgé</td><td>malais</td><td>français</td><td>hongrois</td></tr>
<tr><td>+</td><td>+</td><td rowspan="4">sudara</td><td rowspan="2">frère</td><td>batya</td></tr>
<tr><td>+</td><td>–</td><td>öccs</td></tr>
<tr><td>–</td><td>+</td><td rowspan="2">sœur</td><td>néne</td></tr>
<tr><td>–</td><td>–</td><td>hug</td></tr>
</table>

Analyse prédicative [Entités individuelles : LIVRE (× 1) LOCUTEUR (× 2)	*L'excellent livre que j'ai acheté hier sera certainement distingué par un prix*	*Il est certain que l'excellent livre que j'ai acheté hier sera distingué par un prix*	*J'ai acheté hier un excellent livre qu'un prix distinguera certainement*
PRIX (× 3)]	fonction syntaxique du prédicat		
1. EXCELLENT (× 1)	modificateur de groupe nominal (adjectif épithète)	modificateur de groupe nominal (adjectif épithète)	modificateur de groupe nominal (adjectif épithète)
2. ACHETER (agent : × 2, objectif : × 1)	tête du groupe verbal de la proposition relative	tête du groupe verbal de la proposition relative	tête du groupe verbal de la proposition matrice
3. HIER (2)	modificateur adverbial de la proposition relative	modificateur adverbial de la proposition relative	modificateur adverbial de la proposition matrice
4. DISTINGUER (causateur : × 3, objectif : × 1)	tête du groupe verbal de la proposition principale	tête du groupe verbal de la proposition complétive	tête du groupe verbal de la proposition relative
5. CERTAIN (4)	modificateur adverbial de la proposition matrice	tête du groupe verbal de la proposition matrice	modificateur adverbial de la proposition relative

Il n'en résulte évidemment pas que la catégorie de l'âge relatif n'est pas conceptualisée en français ou que les deux catégories en cause ne sont pas conceptualisées en malais, mais que *pour des raisons culturelles* ces distinctions n'ont pas justifié une lexicalisation. Toutefois, en français, les couples *frère/sœur* et *cadet/aîné* entretiennent une relation de solidarité lexicale (*cadet* et *aîné* s'emploient exclusivement comme déterminants de *frère/sœur* ou de *fils/fille* en dehors d'expressions figées comme «le cadet de mes soucis»), si bien que les syntagmes *frère aîné*, *fille cadette*, etc., présentent les caractéristiques fonctionnelles d'une unité lexicale.

Cette conception «culturaliste» de la «substance du contenu» constitue la variante «faible» de la théorie déterministe, difficilement défendable, selon laquelle la structure de la langue maternelle déterminerait entièrement la catégorisation de l'univers.

3.7.2. *À la recherche d'universaux cognitifs en sémantique : la lexicalisation des adjectifs de couleurs*[1]

En 1969 les linguistes américains B. Berlin et P. Kay, publient une analyse comparative du lexique des adjectifs de couleurs dans un large éventail de langues qui constitue une mise en cause essentielle du relativisme linguistique. Selon Berlin & Kay le prisme des couleurs est perçu en termes psychophysiques comme un continuum divisé en onze zones focales. Parmi ces onze zones, six fournissent des termes de couleur dont la lexicalisation présente une hiérarchie universelle :

- si une langue lexicalise deux couleurs, alors ce sont le noir et le blanc ;
- si une langue lexicalise trois couleurs, le rouge s'y ajoute ;
- si une langue lexicalise quatre couleurs, soit le vert soit le jaune s'y ajoute ;
- si une langue lexicalise cinq couleurs, le vert et le jaune s'y ajoutent ;
- si une langue lexicalise six couleurs, le bleu s'y ajoute.

En outre Berlin & Kay observent que les enfants apprennent la dénotation des termes de couleur selon la même hiérarchie. Au terme de cette analyse il semble donc (contrairement à l'hypothèse culturaliste de Humboldt revue par Sapir et Whorf) :

- que l'espèce humaine dispose d'un même héritage de dispositions perceptuelles et conceptuelles ;
- que les zones donnant matière à lexicalisation «correspondent aux couleurs caractéristiques des objets les plus saillants dans l'habitat physique et culturel de l'homme» (J. Lyons), et
- que le degré de lexicalisation de ces zones ne soit pas un phénomène décisif dans la comparaison des langues dans la mesure où l'expression syntaxique

1. *Cf.* B. Berlin & P. Kay, *Basic color terms*, University of California Press, 1969.

(adjectif + spécification) ou dérivationnelle (ex. *marron* = de la couleur du marron, *orange* = de la couleur de l'orange) comble aisément les lacunes lexicales.

3.7.3. *De la sémantique structurale à la sémantique cognitive : le bilan de D. Geeraerts*

Dans le numéro 53 de la revue *Communications* consacré à la sémantique cognitive, le linguiste belge D. Geeraerts a mis en contraste les traits principaux du paradigme structuraliste dominant depuis les années 1950 et du paradigme cognitif en train d'émerger. Nous commenterons ce bilan d'une controverse en cours dans le tableau ci-dessous.

Sémantique structurale	*Sémantique cognitive*
1. entités discrètes ou continuum ?	
Les concepts lexicaux sont des entités discrètes, bien définies.	Les concepts lexicaux ont des frontières vagues, dans la mesure où ils contiennent des zones périphériques entourant des centres conceptuels clairement établis.

Le centre conceptuel clairement défini constitue selon le philosophe américain H. Putnam le stéréotype du lexème. (Un stéréotype est une idée conventionnelle, qui peut être fausse, sur un segment de la réalité – ce qu'il est, ce qu'il fait et ce à quoi il ressemble – associée à un mot du langage naturel.) H. Putnam associe par exemple : au lexème «eau»

- des marqueurs syntaxiques : massif, concret ;
- des marqueurs sémantiques : espèce naturelle, liquide ;
- un stéréotype {sans couleur, transparente, sans goût, étanche la soif, etc.} ;
- une extension caractérisée par la formule chimique H2O.

L'eau d'un marigot brunâtre, opaque, puante et impropre à la consommation continue à être de l'eau, mais elle est atypique par rapport au stéréotype.

2. Distinction des acceptions	
Les différents sens d'un élément lexical peuvent toujours être strictement distingués les uns des autres.	Les concepts lexicaux sont des groupes polysémiques de nuances sémantiques qui se chevauchent.

On se reportera au commentaire de la polysémie du nom batterie (de canons, de percussions, d'accumulateurs, de cuisine) au § 3.3.2.

3. Énoncés analytiques ≠ synthétiques	
Il y a une distinction stricte entre les énoncés analytiques[1] et synthétiques et entre les attributs essentiels et accidentels.	La distinction entre analytique et synthétique et entre attributs essentiels et accidentels ne peut pas être rigidement maintenue.

Selon R. Martin[2], aux catégories naturelles s'applique une «stéréotypie définitoire» à trois niveaux :

- les propriétés satisfaites par tous les objets dénommés (par ex. la propriété des oiseaux d'être des animaux à bec et à plumes),
- celles qui sont satisfaites par la plupart des objets dénommés (par ex. pour les oiseaux la propriété de voler et de chanter) et
- celles qui sont «plus ou moins conventionnellement attachées aux objets dénommés» (par ex. pour les oiseaux la propriété «symbolique» d'être gai).

Ainsi l'énoncé *Un oiseau est un animal à plumes* est analytique, mais l'énoncé *Les oiseaux volent* est synthétique (parce que les autruches, par exemple, ne volent pas).

4. Définition par conjonction ou par disjonction d'attributs ?	
Les concepts sont nécessairement définis par des conjonctions d'attributs pertinents.	Les concepts peuvent être définis par des disjonctions d'attributs pertinents.

Selon C. Fillmore, le type de procès *climb* (grimper) est défini à partir de la *disjonction* (et non la conjonction) de deux conditions : *clambering* (escalader) et *ascending* (s'élever). La situation prototypique est celle où les deux conditions sont satisfaites, par exemple si un singe escalade un mât. Toutefois, si le singe descend le long du mât ou si un alpiniste fait l'ascension d'un sommet sans se livrer à une escalade, le verbe *climb* est également employable, quoique dans un *sens périphérique*.

5. Relief respectif des attributs	
Tous les attributs d'une catégorie [ou ses éléments] ont un même degré de représentativité.	Les attributs d'une catégorie [ou ses éléments] peuvent avoir différents degrés de représentativité.

1. Un énoncé est analytique lorsque l'information qu'il fournit est identique à la définition du sujet grammatical (ex. Un triangle a trois angles et trois côtés). Il est synthétique dans le cas inverse.

2. Robert Martin, «Typicité et sens des mots», in D. Dubois (ed.), *Sémantique et cognition*, Presses du CNRS, 1991.

Le psychologue J.-F. Le Ny[1] observe à ce propos que le relief des traits sémantiques est variable selon les situations d'emploi. Par exemple, il retient au moins six attributs intervenant dans la représentation mentale d'une automobile : 1. la forme, 2. la couleur, 3. la vitesse maximale ou instantanée, 4. la consommation (à vitesse fixée), 5. la masse, 6. le prix, etc.

Selon qu'il s'agit de se souvenir du passage d'une voiture ou d'acheter un nouveau véhicule, le relief de ces différents attributs varie largement. De même dans la compréhension de la phrase «Lydia jouait délicieusement une sonate sur son piano», c'est l'attribut relatif à la musicalité du piano qui bénéficie d'un relief particulier, alors que dans la phrase «Les déménageurs ont eu de la peine à apporter le piano», ce sont les attributs relatifs à son encombrement et à son poids.

6. Rigidité ou flexibilité des concepts lexicaux ?	
Les concepts lexicaux fonctionnent d'une manière rigide et algorithmique.	Les concepts lexicaux fonctionnent de manière flexible et analogique.

La conception de la sémantique cognitive sur ce point rejoint les analyses de la psychomécanique du langage[2] : la polysémie d'un lexème résulte de l'effet de différents «cinétismes» (des mouvements de pensée produisant des «effets de sens») sur une signification sous-jacente potentielle appelée «signifié de puissance».

7. Linguistique autonome ?	
Les concepts lexicaux doivent être étudiés comme une partie d'une structure linguistique autonome.	Les concepts lexicaux doivent être étudiés comme une partie propre de la cognition humaine en général.

> Selon R. Jackendoff[3], «il faut qu'il y ait des niveaux de représentation mentale où l'information convoyée par le langage est compatible avec l'information transmise par d'autres systèmes périphériques tels que la vision, l'audition non verbale, le goût, la cinesthésie, etc. Si de tels niveaux n'existaient pas il serait impossible d'utiliser le langage pour rapporter des sensations. Nous ne pourrions pas parler de ce que nous voyons et entendons. De manière similaire il doit y avoir un niveau où l'information linguistique est compatible avec l'information éventuellement transmise au système moteur, afin de rendre compte de notre capacité à exécuter des ordres et des instructions.»

---

1. Jean-François Le Ny, *Science cognitive et compréhension du langage*, PUF, 1989.
2. Jacqueline Picoche, *Structures sémantiques du lexique français*, Nathan, 1986.
3. Ray Jackendoff, *Semantics and cognition*, MIT Press 1983.

Récemment des chercheurs en neurolinguistique de l'Université de Saint-Louis (USA) semblent avoir effectivement repéré une zone cérébrale spécialisée dans l'appariement sémantique entre la conceptualisation des objets et des procès et leur expression linguistique.

8. Sémantique et encyclopédie	
La définition sémantique d'un concept lexical doit être distinguée des données encyclopédiques qui lui sont rattachées.	Il n'y a pas de distinction entre la sémantique et la connaissance encyclopédique.

Voir les observations de R. Martin au point 3 ci-dessus.

9. Sémantique et culture	
Les phénomènes sémantiques devraient être étudiés indépendamment des données spécifiques au vécu de l'usager ou à sa culture.	Les études sémantiques ne peuvent pas ignorer le vécu et le milieu culturel de l'usager du langage.

Voir les observations de J.-F. Le Ny au point 5 ci-dessus.

Comme on le voit à la lecture de ce bilan, en replaçant la production et la compréhension du sens linguistique dans le cadre des activités de l'esprit en général (perception, conceptualisation, mémorisation, communication), l'approche cognitive permet de mieux mesurer la place de l'activité langagière dans le fonctionnement intersubjectif de l'esprit. Il n'en demeure pas moins que c'est l'analyse structuraliste autonome de la mise en discours du sens qui a permis de constituer progressivement la sémantique linguistique. C'est-à-dire qu'il a fallu que le paradigme structuraliste s'affirme pour que les nombreux travaux auxquels il a donné le jour fassent progressivement émerger la question de l'autonomie de cette science de l'esprit.

3.8. La compréhension du discours

Jusqu'à présent nous avons envisagé la signification comme une «relation entre le signifiant et le signifié des signes linguistiques» (F. de Saussure), c'est-à-dire comme une propriété inhérente à ces signes (des morphèmes aux unités textuelles). Mais comme nous l'avons noté en 3.1 l'analyse du sens (dans l'acte de compréhension d'un message) et sa synthèse (dans l'acte de production d'un message) nécessitent la prise en compte de la signification comme «événement qui se produit dans l'intellect d'un individu» (J.-F. Le Ny).

Produire un énoncé sensé, c'est pour l'énonciateur combiner des représentations mentales sur des entités (objets physiques, abstraits, propriétés, états, événements, actions, etc.), et leurs réseaux de relations sur la situation d'énonciation (relations temporelles, spatiales et personnelles entre l'énonciateur, l'énoncé et le destinataire, canal de la communication, etc.) et sur le matériel linguistique disponible pour mettre en discours une représentation mentale structurée en fonction des contraintes énonciatives.

Comprendre le sens d'un énoncé, c'est pour le destinataire apparier différents types d'information (savoir sur le monde, sur la situation d'énonciation, sur les sens véhiculés par les lexèmes et morphèmes repérés) pour constituer progressivement (à l'aide d'opérations interprétatives qui ne ne passent en général le seuil de la conscience qu'en cas d'impasse interprétative imposant une restructuration) une représentation mentale structurée censée être plus ou moins analogue à celle à partir de laquelle l'énonciateur a produit son message.

R. Jackendoff[1] distingue trois hypothèses de traitement du langage que nous allons brièvement résumer sous l'angle de l'acte de compréhension. Son analyse se fonde sur deux prémisses :

– il distingue quatre niveaux de traitement : acoustique (et phonétique), morpho-phonologique, syntaxique, et conceptuel (les structures sémantiques d'une langue *L* étant un sous-ensemble des structures conceptuelles universelles) ;
– il conçoit la compréhension d'un énoncé comme la conversion d'une information[2] acoustique (niveau 1) en une structure morpho-phonologique (niveau 2), puis en une structure syntaxique (niveau 3) et enfin en une structure sémantique (niveau 4) encodant le sens de l'énoncé.

Cette conception induit trois hypothèses de complexité croissante sur le processus interprétatif.

La *première hypothèse* prévoit que dans la compréhension de discours chaque niveau linguistique est dérivé dans son intégralité du niveau immédiatement inférieur avant de procéder à la dérivation du niveau immédiatement supérieur. L'interprétation est *ascendante* (information acoustique → structure morphophonologie → structure syntaxique → structure conceptuelle) et *séquentielle* (la conversion de l'ensemble de l'information acoustique relative à l'ensemble de l'énoncé en structure morpho-phonologique précède la conversion de cette structure morpho-phonologique globale en structure syntaxique puis en structure conceptuelle).

1. *Cf.* Ray Jackendoff, *Consciousness and the computational mind* (La conscience et l'esprit computationnel/calculateur), chapter 6 : «Language processing» (Le traitement du langage).

2. Parler d'«information» à ce niveau signifie que le destinataire présume que la succession de sons entendue est interprétable phonologiquement et constitue donc un message.

Cette première hypothèse de traitement est incompatible avec toutes les données expérimentales rassemblées par les psycholinguistes et n'est mentionnée qu'à titre de point de départ du raisonnement.

La *seconde hypothèse* prévoit que dans la compréhension du discours *chaque partie* de chaque niveau linguistique est dérivée d'une information du niveau immédiatement inférieur. L'interprétation est toujours *ascendante* mais *parallèle.* Le repérage d'une suite phonique comme segment morpho-phonologique doté d'une catégorie morphologique est suivi de deux opérations parallèles, l'une au même niveau : le repérage du segment suivant, l'autre ascendante : l'assignation au premier segment morpho-phonologique catégorisé d'une place dans la structure syntaxique en cours de constitution[1]. De ce fait, au moment où le quatrième segment acoustique est atteint, l'information conceptuelle sur le premier segment est en cours de dérivation.

Cette seconde hypothèse se rapproche de la réalité du processus interprétatif suggérée par les expérimentations psycholinguistiques. Toutefois elle ne prend pas en compte deux observations.

1. À partir du niveau syntaxique la conversion d'un fragment de la structure syntaxique de la phrase en structure conceptuelle peut être entravée par une ambiguïté qui n'est résolue que par le repérage ultérieur d'un segment susceptible de lever l'ambiguïté. Ainsi par exemple, si un anglophone entend la phrase (1)

> (1) *Rapid righting [≠ writing] with his injured hand saved from damage the contents of the capsized canoe*
>
> (Un rétablissement rapide [≠ un mot rapidement écrit] avec sa main blessée a sauvé de la perte le contenu du canoë qui se retournait)

il ne peut pas traiter sémantiquement le groupe nominal [*rapid {righting /writing} with his injured hand*] avant le repérage du groupe [the capsized canoe] qui rend le repérage lexical sous la forme *writing* hautement improbable. L'interprétation *locale* (c'est-à-dire la conversion en structure conceptuelle d'une structure syntaxique d'extension inférieure à la phrase) est donc suspendue dans l'attente du repérage des constituants permettant une interprétation *globale.*

Dans d'autres cas l'ambiguïté syntaxique passe inaperçue jusqu'à ce que la structure syntaxique constituée conduise éventuellement à une impasse. L'engagement de l'interprétation locale conduit éventuellement à une *rupture interprétative*. Par exemple, dans le cas de la phrase (2) :

> (2) *The horse raced past the barn (...fell)*
>
> [Le cheval]GN [*passa* en trombe le long de la grange]GV (.*..... tombaV)
>
> => [Le cheval *passé* en trombe le long de la grange]GN [tombaV]GV

1. La constitution progressive de la structure syntaxique est modélisée en particulier par les «réseaux de transition augmentée» (*cf.* M. Garman, *Psycholinguistics*, Cambridge, CUP 1991, p. 343-355).

l'ambiguïté grammaticale sur la forme verbale *raced* (prétérit ou participe passé) n'est pas perçue, la construction [N + VPartPassé + ...]GN étant beaucoup plus rare que la construction [N + Vprétérit + ...]P. Un segment verbal *fell* survenant après l'achèvement de ce qui a été interprété comme une phrase ne peut donc pas être apparié avec la structure progressivement constituée et impose une restructuration syntaxique complète.

2. Par ailleurs, le phénomène dit de «restauration phonétique» (c'est-à-dire l'illusion d'avoir repéré dans un segment morpho-phonologique un phonème auquel a été expérimentalement substitué un son non linguistique) n'est interprétable que comme l'effet d'une *opération descendante* (structure conceptuelle → structure morphophonologique) rendue possible par la dérivation de segments antérieurs jusqu'au niveau conceptuel.

R. Jackendoff formule en conclusion une *troisième hypothèse* apte à intégrer ces observations : la troisième hypothèse interprétative prévoit que, dans la compréhension du discours, chaque partie de chaque niveau de représentation à partir de la phonologie est dérivée en vertu de correspondances avec les niveaux voisins. Le traitement est donc *interactif* (aussi bien descendant qu'ascendant) et *parallèle*. Il met en œuvre selon Jackendoff trois types de «processeurs» :

1. des processeurs ascendants

a. de transduction d'une onde sonore en information acoustique,
b. de conversion de l'information acoustique disponible dans le format phonologique,
c. de conversion de la structure phonologique disponible dans le format syntaxique,
d. de conversion de la structure syntaxique disponible dans le format conceptuel ;

2. des processeurs descendants

a. de conversion d'une structure syntaxique disponible dans le format phonologique,
b. de conversion d'une structure conceptuelle disponible dans le format syntaxique ;

3. des processeurs d'intégration (intraniveau)

a. d'intégration d'une information phonologique nouvellement disponible dans une structure phonologique unifiée,
b. d'intégration d'une structure syntaxique nouvellement disponible dans une structure syntaxique unifiée,
c. d'intégration d'une information conceptuelle nouvellement disponible dans une structure conceptuelle unifiée.

Nous noterons pour conclure que le jeu des processeurs prévus dans le cadre de la troisième hypothèse de Jackendoff sur les processus à l'œuvre dans la compréhension (et la production) de phrases sensées n'est pas adapté au traitement d'énoncés d'une taille supérieure à la phrase. En effet la compréhension du discours met en œuvre des opérations de *reconnaissance de la cohérence discursive*, par exemple des inférences de liaison. Considérons par exemple l'énoncé suivant :

Passe-moi une petite cuiller ! Les couverts sont dans le tiroir de gauche.

La cohérence discursive entre les deux phrases n'est pas explicite, et cela pour deux raisons :

- l'objet *petite cuiller* mentionné en position d'objet direct dans la première phrase n'entretient de relation de co-référence avec aucun objet mentionné dans la seconde ;
- la compréhension de la relation fonctionnelle entre le premier acte de langage injonctif et le second déclaratif suppose un schéma du type suivant fonctionnant comme inférence de liaison entre les deux actes :

{Acte 1 : Injonction
→ instruction pour l'action [ALLOCUTAIRE passer petite_cuiller à LOCUTEUR]
→ connaissance des moyens d'accomplir l'action [spécialement : localisation de petite_cuiller]

DONC

Acte 2 : Déclaration [couverts DANS tiroir_gauche]
→ donne les moyens d'accomplir l'action [...]}

Pour qu'un tel schéma soit applicable il faut en outre qu'un lien anaphorique (seconde inférence de liaison) puisse être établi entre *petite cuiller* et les *couverts*. L'établissement de ce lien passe par la recherche en mémoire sémantique d'une relation, en l'occurrence méréologique (relation partie-tout). Le blanc du schéma ci-dessus peut désormais être rempli :

Acte 2 : Déclaration [couverts DANS tiroir_gauche]
→ donne les moyens d'accomplir l'action [petite_cuiller PARTIE_DE couverts]
OR couverts DANS tiroir_gauche
DONC petite_cuiller DANS tiroir_gauche]

Il est clair que l'intervention de tels schémas doit être aussi prise en compte dans un modèle de compréhension pertinent pour des énoncés plus larges que la phrase. Le modèle de compréhension du discours de Van Dijk & Kintsch, qui prévoit différentes *stratégies d'interprétation* opérant au niveau de la *proposition* (voir l'analyse propositionnelle au § 3.6.2), au niveau des *macrostructures cognitives* (modèles situationnels) et des *superstructures textuelles* (types d'articulations textuelles, par exemple l'articulation typique des contes), constitue par exemple l'une des tentatives les plus convaincantes de développement de l'hypothèse d'une interprétation interactive et parallèle au-delà des limites de la phrase.

3.9. Lectures recommandées et considérations finales

Dans cette brève introduction à la sémantique linguistique, plusieurs points n'ont été abordés que superficiellement. Voici sur chacun de ces points quelques indications bibliographiques pour en savoir plus.

Sur la question rapidement évoquée au § 3.1 des rapports entre sémantique linguistique et logique, le petit ouvrage de Frédéric Nef, *La logique du langage naturel*[1], apporte des informations de base qui peuvent être complétées par l'étude du livre plus difficile de Robert Martin, *La logique du sens*[2].

En ce qui concerne la place de la sémantique dans les modèles génératifs on peut se reporter (à titre historique) à l'ouvrage de Michel Galmiche, *Sémantique générative*[3], mais il faut savoir qu'entre temps la sémantique générative s'est dissoute en tant que programme de recherche. Les chapitres 1 à 3 de la somme de J. Lyons, *Sémantique linguistique*[4], constituent une introduction complète aux rapports entre sémantique et grammaire (sans référence particulière au modèle génératif).

La question de l'articulation morphosémantique du lexique (la dérivation et la composition lexicales) n'a pas pu être abordée ici. Sur ce point l'ouvrage déjà ancien de L. Guilbert, *La créativité lexicale*[5], reste instructif.

En ce qui concerne l'émergence de la sémantique cognitive, le n° 53 de la revue *Communications*, édité par C. Vandeloise, apporte des informations précieuses (en particulier les articles de D. Geeraerts sur l'histoire de la sémantique lexicale et celui de C. Vandeloise sur l'autonomie de la sémantique).

Sur la sémantique en général, deux introductions sont à citer, celle de C. Baylon & P. Fabre[6] et celle plus récente d'I. Tamba-Mecz[7]. Toutefois, on trouvera à notre avis l'introduction la plus claire dans les chapitres 9 (Sémantique : principes généraux) et 10 (Structure sémantique) du célèbre manuel *Linguistique générale*[8] de J. Lyons. Les chapitres 8 (Sémantique structurale I : Les champs sémantiques) et 9 (Sémantique structurale II : Les relations de sens) des *Éléments de sémantique* du même auteur approfondissent ces questions.

---

1. Éditions Hermès, Collection «Technologies de pointe» n° 39, 1989.
2. PUF, 1983.
3. Larousse, Collection «Langue et langage», 1979.
4. Traduction chez Larousse, 1980, du deuxième volume de *Semantics*, 1977. Le premier volume a été traduit en 1978 dans la même collection, sous le titre *Éléments de sémantique*.
5. Larousse, Collection «Langue et langage», 1975.
6. *La sémantique*, Nathan-Université, 1977.
7. *La sémantique*, PUF, Collection «Que sais-je ?», n° 655, 1988.
8. Larousse, Collection «Langue et langage», 1970.

Dans l'état actuel du développement en résonance mutuelle[1] de la linguistique, de la théorie de la communication et des sciences cognitives (psychologie cognitive, neurosciences, intelligence artificielle), la question centrale nous paraît être celle de l'*autonomie de la sémantique linguistique.*

D'une part, cette autonomie nous paraît méthodologiquement nécessaire car, comme nous l'indiquions au § 3.7.3, c'est la rigueur des analyses sémantiques structuralistes qui a permis de mettre en doute la validité d'un modèle sémantique fondé sur un découpage de la signification lexicale en termes de conditions nécessaires et suffisantes et qui a fait émerger la sémantique cognitive.

D'autre part, il est clair que la sémantique est globalement une *science de l'esprit* qui ne peut pas être proprement incluse dans la linguistique, car les tâches de production et de compréhension d'énoncés sont indissociables de celles de conceptualisation, de mémorisation et de planification de l'acte de communication, qui ne sont pas proprement des objets d'étude de la linguistique. On pourrait d'ailleurs inverser la question et s'interroger sur le degré d'inclusion de la linguistique dans les sciences cognitives. Sur ce point la lecture de la deuxième partie, «Le conceptuel et le linguistique», de l'ouvrage récent de B. Pottier, *Théorie et analyse en linguistique*[2], est à recommander vivement, car B. Pottier y fait (sous le nom de *noémique*[3]) un usage très intéressant et immédiatement compréhensible de la morphologie du sens conçue par le mathématicien R. Thom.

1. Sur l'interface entre la sémantique et l'intelligence artificielle on consultera avec profit le n° 87 (1987) de la revue *Langages* édité par F. Rastier et sur un aspect de l'interface entre la sémantique linguistique et psychologique (les types de prédication) le n° 100 (1990), édité par J. François et G. Denhière, de la même revue.

2. Hachette, 1987.

3. «La noémique est l'étude de l'ensemble des éléments conceptuels et de leurs relations, considérée comme un instrument d'analyse nécessaire et suffisant pour décrire le fonctionnement de base de la sémantique des langues naturelles.» (Pottier 1987, p. 62.)

3.10. Exercices d'application

Avant de faire les deux exercices suivants, relisez le § 3.3.3, «Polysémie et régularités dans les glissements de sens».

1. Dans quelle classe de dérivation de la polysémie rangeriez-vous les glissements de sens suivants ?

crête	(montagne → coq)
épanchement	(physique → émotion)
flair	(animal → humain)
flash	(éclat momentané : lumière → information)
fourche	(agriculture → route)
grue	(animal → engin)
iris	(fleur → œil)
lentille	(plante → optique)
timbale	(récipient → musique)
treillis	(croisements de lignes → vêtement reproduisant ce croisement)
tuteur	(humain → plante)
verre	(objet → contenu)

2. Classez les expressions ambiguës suivantes selon le modèle de classement fourni au § 3.2.

Devant [verbe/préposition ?] cette somme il hésite.

Chaque jour grandissait son angoisse [sujet ?].

J'ai vu manger des chiens [sujet de l'infinitive ?].

Paul a ramené un vase du Japon [quoi ? d'où ?].

MM. les voyageurs sont priés d'écrire sur leurs colis leur adresse et leur destination [«leur» ?].

Je l'ai vu avant toi [qui a vu qui ?] .

Ils peignent l'autruche [pinceau ou peigne ? Sur quoi la peinture est-elle appliquée ?].

Cette table, elle bouge ? [actuellement/en général].

Les auditeurs de France-Inter doivent le savoir [savoir acquis ou à acquérir ?].

Ça suffit [déclaration/ordre].

4. LA LINGUISTIQUE TEXTUELLE

La linguistique textuelle fait son objet d'étude de l'au-delà de la phrase. Au centre de ce projet grammatico-textuel se trouve l'idée de rendre compte de ce qui fait qu'un texte est un texte et non une suite de phrases sans rapport. Ceci doit se faire à l'aide d'un système de concepts appropriés. Ce chapitre traitera de ce système de concepts qui correspondent à différents niveaux de structuration du texte. On montrera comment ces niveaux s'articulent entre eux.

Un texte n'est pas une unité grammaticale de même nature qu'une phrase, et ne peut pas être défini par sa taille. La différence entre phrase et texte n'est pas une question de taille mais de nature, de qualité. Cette différence de qualité peut être mise en évidence si nous envisageons le texte comme une suite *cohérente* de phrases, comme des phrases qui sont reliées entre elles par des liens de cohésion et dotées d'une certaine signification.

Pour Halliday and Hasan[1], le mot *texte* réfère à des passages écrits ou parlés qui constituent un tout unifié par rapport à leur environnement. Ce qui fait cette unité est sa *cohérence*, c'est à dire l'ensemble de caractéristiques langagières qui font qu'un texte «tienne». Le texte doit être considéré comme une unité sémantique, une unité quant à sa signification.

Lorsqu'un texte est cohérent, il ne doit bien sûr pas s'y trouver de contradictions entre les informations contenues dans le texte, de répétitions inutiles ou d'allusions non-pertinentes. D'autre part, le rôle des connaissances extérieures au texte : «les connaissances du monde» apportées par les protagonistes de l'acte de communication, contribue aussi à créer des relations de cohérence entre les constituants du texte ou entre ces constituants et les éléments situationnels.

Pour Combettes[2] un texte est cohérent lorsqu'il y a un équilibre entre deux phénomènes inverses : la reprise d'unités discursives – qui constitue une sorte de fil conducteur – et l'apport d'information nouvelle – qui fait avancer le texte.

Cette unité de langage qu'est le texte est «située» dans une situation de communication, prise en charge par un énonciateur et orientée argumentativement.

Pour Van Dijk[3], le mot texte désigne ces expressions auxquelles on peut assigner une structure textuelle, qui sont des discours acceptables de la langue, qui sont bien formées et qui sont interprétables. Ces structures ne sont pas proprement linguistiques, car elles se fondent sur des règles conventionnelles, communes aux sujets d'une communauté linguistique.

---

1. Halliday M.A.K. et Hasan R. (1976), *Cohesion in English*, London and New York, Longman.

2. Combettes Bernard (1983), *Pour une grammaire textuelle*, De Boeck-Duculot.

3. Van Dijk Teun A. (1983), *La ciencia del texto. Barcelona*, Paidos Comunicación.

Partant de ce cadre, l'effort des chercheurs s'est centré sur les aspects spécifiques qui contribuent à fonder un texte. Ces aspects relèvent pour la plupart du domaine de la sémantique qu'il est convenu de dénommer «*sémantique textuelle*», dont les principaux objets sont :

- les phénomènes de connexion intra-textuelle,
- les phénomènes de thématisation,
- l'organisation hiérarchique de l'information,
- les super-structures,
- les séquences textuelles.

On abordera successivement l'étude de ces divers aspects pour essayer de rendre compte de ce qui fait qu'un texte est un texte.

4.1. **Les phénomènes de connexion intra-textuelle**

Nombre d'auteurs ont cherché les traits contribuant à créer l'unité ou la «texture» d'un texte. En termes généraux, la texture d'un texte est fournie par la relation qui existe entre ses éléments, ou plutôt, au niveau de l'interprétation, entre ses référents. Dans un texte, l'interprétation d'un élément dépend, bien souvent, de celle des autres éléments.

Les relations inter-textuelles peuvent être envisagées à différents niveaux complémentaires qu'on distinguera dans ce chapitre : celui des conditions essentiellement sémantiques (conceptuelles et référentielles) de connexion entre des séquences de phrases et celui des éléments linguistiques concrets qui lient ces séquences.

4.1.1. *Conditions de la cohérence du texte*

Pour Van Dijk il y a diverses conditions dont dépend la connexion de séquences de phrases. Ces conditions se fondent d'une part sur les relations entre la signification conceptuelle des phrases et d'autre part sur les relations entre les références des phrases. Il y a des relations entre des phrases prises globalement comme un tout, et des relations entre les composants des phrases d'un texte. Van Dijk emploie la notion de proposition sémantique pour désigner la signification, aussi bien sur le plan de la signification conceptuelle que sur celui de la référence d'une phrase isolée à une réalité donnée dans un monde possible.

En ce qui concerne les relations entre des propositions prises comme un tout, la condition essentielle pour qu'il existe un lien entre elles, c'est qu'il existe une relation entre leurs circonstances (ou référents, voir plus loin).

L'*identité référentielle* peut être suffisante ou non pour la connexion des séquences, comme le montre l'exemple ci-dessous emprunté à Van Dijk :

(1) Jean a été admis à son examen. Il est né à Amsterdam.

Dans (1) il y a identité d'individu(s) mais non relation entre les circonstances.

Dans certains cas l'identité de circonstances peut être suffisante pour la connexion de séquences :

(2) Pierre a acheté un piano. Gérard en a acheté un aussi la semaine dernière.

Ici il s'agit d'une comparaison de deux circonstances, mais les conditions pour leur connexion dépassent le cadre sémantique puisque, pour leur interprétation, il faut que l'interlocuteur sache que Pierre et Gérard sont des amis du locuteur. On aborde ici le domaine de la pragmatique (*cf.* le paragraphe 6).

Un autre critère général qui détermine la connexion de circonstances est la *motivation*, c'est-à-dire le fait que deux circonstances soient liées causalement entre elles. Cette relation peut donner lieu à l'emploi de connecteurs tels que : *parce que*, *puisque*, *par conséquent*, etc.

Une autre condition, mais non suffisante, requiert que deux circonstances se produisent dans la même situation, c'est-à-dire dans une même période, simultanément ou successivement dans un même monde possible.

Un autre critère requiert qu'une circonstance fasse nécessairement partie d'une autre ou l'inverse.

4.1.2. *Liens de surface*

Les conditions de connexité que nous venons d'exposer demandent de préciser la notion de référence à laquelle nous avons fait allusion, et de la compléter par celle de *co-référence textuelle*, ce qui nous nous approchera du fonctionnement des éléments de surface.

Pour Searle[1], une expression référentielle est celle qui est utilisée pour identifier un objet, un procès, un événement du monde, sur lesquels le locuteur va dire quelque chose. La référenciation établit ainsi une relation entre le monde extérieur – monde réel ou tout autre monde possible – et les formes linguistiques.

Lorsque plusieurs instances linguistiques se réfèrent à un même objet du monde extra-linguistique, nous sommes en présence d'une coréférenciation. Ainsi, le passage de la référence à la co-référence est conçu comme le passage d'une relation externe à une relation interne : «Tandis que par la référence, le locuteur crée une relation entre le texte et la réalité, il établit par la coréférence des relations entre des éléments textuels.»

Halliday et Hasan utilisent les termes de relation *exophorique* pour rendre compte de la référence externe, c'est-à-dire des relations existant entre les élé-

1. Searle, J.R. (1969), *Speech Acts*, London. Trad. française : *Les actes de langage* (1972), Paris.

ments linguistiques et la situation extra-textuelle, et le terme de relation *endophorique* pour faire allusion à l'ensemble des relations qui s'établissent entre les éléments linguistiques à l'intérieur du texte.

À l'intérieur du texte, la référence peut s'établir dans deux directions : lorsqu'un terme reprend un terme situé en amont dans le texte on aura une référence *anaphorique* ; lorsque un terme renvoie à un autre situé en aval, on aura une référence *cataphorique.*

> Exemple : «Aujourd'hui, vingt ans après la présentation de Godot, il n'y a plus aucun risque à affirmer la nouveauté de Beckett, Genet, Adamov, Ionesco et quelques autres. [...] Il reste que pour situer ces dramaturges dans la production théâtrale contemporaine, les termes de "théâtre nouveau" sont bien vagues : on pourrait se référer à une notion plus nette, celle de théâtre d'avant-garde : il a pour lui le mérite d'exister et de posséder ses auteurs, son public, ses salles et même sa mythologie. Malheureusement, ces éléments de reconnaissance sont transitoires au plus haut point...»
>
> (Michel Corvin : *Le théâtre nouveau en France.*)

Dans ce passage, on peut distinguer :

- *aujourd'hui* : référence exophorique déictique renvoyant à la situation de production du discours : le moment de l'énonciation ;
- *Godot ; Beckett, Genet*, etc. : référence externe ;
- *ces dramaturges* : référence anaphorique renvoyant à «Beckett, Genet...» ;
- *on* : renvoie à l'auteur Michel Corvin ;
- *une notion* : référence cataphorique renvoyant à «théâtre d'avant-garde» ;
- *il, lui* : références anaphoriques reprenant «théâtre d'avant-garde» ;
- *ses auteurs, son public, ses salles, sa mythologie* : référence anaphorique («les auteurs, le public... du théâtre d'avant-garde») ;
- *ces éléments* : référence anaphorique reprenant «ses auteurs, son public...»

Cet exemple montre que l'identification d'un même référent à travers des formes linguistiques différentes s'effectue de telle manière qu'il n'y ait pas d'ambiguïté avec d'autres référents. Pour y arriver, chaque langue dispose d'un ensemble d'éléments linguistiques dont certains appartiennent à la «grammaire» (grammaire en tant que moyen d'exprimer les significations les plus générales) : «ces», «il», «lui», et d'autres appartiennent au vocabulaire (qui exprimerait des significations plus spécifiques) : «dramaturges», «éléments». On peut établir un inventaire sommaire des éléments linguistiques qui interviennent dans ces phénomènes de co-référenciation ; ces éléments sont dénommés communément «*éléments cohésifs*». Il s'agit essentiellement des substituts, des liens lexicaux et des connecteurs.

a. *Les substituts*

Ils peuvent remplacer soit un nom, soit un groupe de mots, soit une phrase ; (la plupart d'entre eux renvoient à la même réalité que leur antécédent sans y apporter aucune modification). Ce sont notamment :

- les pronoms personnels de la 3e personne (les pronoms de la 1re et de la 2e personne et «on», qui désignent le locuteur et l'interlocuteur, renvoient au contexte extra-linguistique) ;
- les pronoms démonstratifs : celui, celle, ceci, cela, ça, etc.
- les pronoms et adjectifs possessifs ;
- les pronoms relatifs : qui, que, lequel, donc, etc.
- les groupes pronominaux : ce qui, ce que, etc.
- certains pronoms et adjectifs indéfinis : tout, quelques uns, chacun, etc.
- les pronoms compléments : le, la, les, lui, leur :
- des pronoms adverbiaux : y, en ;
- certains adverbes : ainsi ;
- certaines locutions verbales : ...le faire.

b. *Les liens lexicaux*

Un mot ou un groupe de mots cité quelque part dans le texte peut être repris tel quel ou bien remplacé par un groupe nominal – rattaché à un nom commun – ou une nominalisation. Ce groupe nominal fournit une caractérisation, une description ou une définition de l'objet ou du concept remplacé ; ce type de remplacement constitue donc un moyen d'apporter de l'information nouvelle. D'autres liens lexicaux dénotent des relations d'hyperonymie ou d'hyponymie (*cf. supra*, § 3, La sémantique : 3.4. Les relations de sens).

c. *Les connecteurs*

Ces éléments ne sont pas cohésifs en eux-mêmes, comme dans les cas précédents, mais en raison de leur signification : ils spécifient la manière dont des phrases ou des passages doivent être reliés. Ils véhiculent certaines significations qui présupposent l'existence d'autres composantes dans le discours. Selon L. Lundquist[1], le groupe des connecteurs comprend :
- les conjonctions : et, mais, ou, donc, car ;
- des adverbes : ainsi, aussi, donc, premièrement, etc.
- des locutions adverbiales : entre autres, en revanche, pour conclure, etc.
- des locutions toutes faites : c'est-à-dire, à savoir ;
- des propositions entières : comme il a été signalé ci-dessus.

4.2. Phénomènes de thématisation

Tout texte est censé maintenir un délicat équilibre entre ce qui est supposé être plus ou moins connu du lecteur, le stock de connaissances préalables à la

1. *Cf.* Lundquist, L. (1980), *La cohérence textuelle : syntaxe, sémantique, pragmatique*, Nit Nordisk Forlag.

réception, et l'apport d'information. Cet apport d'information doit être constamment renouvelé au fil du texte. Ce qui est supposé connu du lecteur ou «connaissance partagée» est, en réalité, supposé car cela correspond à ce que le locuteur s'imagine des connaissances de son interlocuteur, et ne correspond pas forcément à une connaissance commune réelle.

La différence est nette, sur ce point, entre situation d'écrit et situation d'oral. Dans bon nombre de cas, le public demeure, en situation d'écrit, un ensemble quelque peu flou, pour lequel le locuteur adopte une «juste moyenne» dans ses évaluations. Une adaptation au savoir de l'auditoire est évidemment facilitée à l'oral, du moins dans la plupart des cas.

La mise en texte s'effectue donc de façon à signaler au récepteur ce qui, dans l'énoncé, doit être perçu comme «nouveau» (rhème de la phrase), et ce qui, en revanche, doit être considéré comme déjà «connu» (thème de la phrase). On constate que le thème de la phrase peut être réalisé, en surface, par les éléments linguistiques de reprise assurant la co-référence : les substituts, les liens lexicaux et les connecteurs dont il a été question préalablement.

D'autre part, signalons que la disposition sur la ligne de la phrase du «connu» et du «nouveau» relève aussi de besoins et de contraintes communicationnels.

Nombre d'auteurs se sont interrogés sur ce que l'on peut désigner par le terme d'élément «nouveau» et ils ont proposé divers critères permettant de cerner la «nouveauté» d'un élément du texte.

4.2.1. *Le couple «nouveau»/«connu»*

Une première définition du couple «nouveau»/«connu» prend en compte l'*instant de la réception*. Pour W.L.Chafe[1], l'information donnée (ou ancienne) représente la connaissance que l'émetteur suppose être dans la conscience du récepteur au *moment de l'audition* (ou de *la lecture*) de l'énoncé ; l'élément «nouveau» est celui que l'*émetteur suppose introduire, par son énonciation même, dans la conscience du récepteur*. Ainsi, seront considérées comme des éléments nouveaux des unités déjà connues du récepteur, des unités qui lui sont familières, mais introduites dans le texte pour la première fois de la même manière que des unités ignorées du récepteur. Pour Chafe, les connaissances préalables de l'interlocuteur n'entrent pas en jeu, il suffit que le référent en question ait été explicitement introduit dans le texte, ou bien qu'il soit présent dans le contexte non-linguistique. Or il arrive que l'introduction, dans le texte, de ces unités ne s'opère pas d'une manière identique puisque, dans les conduites de mise en texte, l'émetteur adopte des stratégies différentes selon qu'il s'agit d'un référent supposé connu ou d'un référent supposé ignoré.

1. Cité *in* Combettes B. et Tomassone R. (1988), *Le texte informatif, aspects linguistiques*, Bruxelles, De Boeck-Universite.

Pour d'autres auteurs le moment de la réception ne constitue plus un critère déterminant et ils rattachent ainsi la dichotomie nouveau/donné à la question de la *«connaissance partagée»*. Les éléments donnés sont constitués par les référents supposés connus du récepteur (qu'ils aient été évoqués ou non dans le contexte linguistique), ou qui peuvent être rattachés par inférence à d'autres éléments déjà mentionnés. Les unités «nouvelles» sont celles que le récepteur ne connaît pas encore. Mais ce critère de «connaissance partagée» soulève une autre question concernant l'objectivité d'une telle notion : ne s'agit-il pas plutôt de l'idée que se fait l'émetteur de la connaissance partagée ? En fait, l'émetteur présente certains éléments comme si le récepteur en avait déjà connaissance ou, au contraire, comme s'il les ignorait.

Les deux critères évoqués mettent l'accent sur le pôle de la production du discours : l'image que le locuteur se fait des connaissances de son interlocuteur. Cependant, le même raisonnement doit être tenu en ce qui concerne la réception du texte : l'activité de compréhension. À partir des formes linguistiques choisies par l'émetteur, le récepteur construit des hypothèses et se forge une image des connaissances qui lui sont transmises.

Pour surmonter ces ambiguïtés, E.F. Prince[1] propose la notion de *«familiarité supposée»* : il s'agit d'une hypothèse que fait l'émetteur sur l'étendue de l'ensemble de connaissances que peut posséder le récepteur. Prince élabore une taxonomie qui essaie de rendre compte, au moyen d'une sorte d'échelle, des «degrés» de «familiarité supposée» : les référents du discours sont situés le long d'un axe, on va graduellement des unités totalement inconnues du récepteur aux unités supposées connues. À l'intérieur des deux grandes catégories du «connu» et de l'«inconnu», on peut distinguer des sous-catégories qui rendent compte de certaines différences.

Ainsi, une réalité introduite pour la première fois sera dite *«nouvelle»* ; mais cette dénomination pourra correspondre à deux situations :

- celle des *«éléments entièrement nouveaux»* : le récepteur doit créer une nouvelle entité parce qu'il ignore totalement l'existence d'une telle réalité. Mais ces éléments entièrement nouveaux peuvent être explicitement rattachés au contexte linguistique ou au contexte de situation ou bien ils peuvent être isolés du contexte, sans aucune liaison avec d'autres unités.

• Nouveau, rattaché au contexte[2] :

> «Les mers jurassiques : la première grande transgression débute au Lias. Un golfe marin, issu de la mer alpine, franchit le seuil morvano-vosgien...»

Le groupe *«un golfe marin»* est rattaché au contexte par l'intermédiaire de «la mer alpine», supposé connu.

---

1. Cité *in* Combettes B. et Tomassone R., même ouvrage.

2. Les exemples illustrant les degrés de familiarité supposée ont été empruntés à Combettes et Tomassone.

• Nouveau, non-rattaché au contexte :

> «Les bourgeois étaient soumis à l'autorité du seigneur local à qui ils payaient des redevances, mais ils étaient groupés en corporations (associations qui groupaient les membres d'une même profession exerçant dans la même ville).»

Le terme *corporations* apparaît en italiques dans le texte d'origine ; l'auteur de ce texte considère qu'il s'agit d'un élément nouveau pour le lecteur.

– celle des «*éléments non-utilisés*», mais qui sont à la disposition du recepteur, qu'il connaît donc parce qu'ils ont déjà été évoqués quelque part dans le texte en question.

Dans la catégorie des unités «*connues*» ou «*évoquées*», seront rangés les référents qui se trouvent déjà dans l'ensemble de connaissances du récepteur. À leur tour, ils peuvent être subdivisés en :

– «*éléments évoqués dans la situation*» ou «déictiques» dont la référence est à chercher dans la situation de communication. Le récepteur donne un référent en prenant appui sur la situation (personne, temps, lieu d'énonciation) ;
– «*éléments évoqués textuellement*» ou «substituts» à référence textuelle.

Dans une troisième sous-classe on range les éléments «*liés par inférence*» à d'autres unités du discours. Ces éléments peuvent être rattachés à l'une aussi bien qu'à l'autre des deux grandes catégories déjà mentionnées. L'inférence peut recouvrir deux réalités différentes :

– l'inférence au sens strict, qu'elle repose sur un sous-entendu ou sur un présupposé ; on opère une sorte de raisonnement syllogistique et l'élément inféré apparaît comme doublement évoqué contextuellement. Ici, sont mises en jeu des connaissances préalables du locuteur :

> «Le British Museum possède deux couteaux à sacrifices à lame de silex...»

Le terme de *lame* se rattache par inférence au groupe *deux couteaux*.

– l'élément en question, celui qui permet d'établir l'inférence, fait partie du même groupe syntaxique que l'élément inféré : il s'agit d'établir un rapport entre un élément et un ensemble qui le contient. Ce type d'inférence ne fait appel qu'aux connaissances linguistiques du locuteur :

> «Philippe IV fit arrêter tous les Templiers... ; condamnés à mort, cinquante-six d'entre eux périrent par le feu.»

Ces divers «degrés de familiarité supposée» s'organisent sur une échelle de la manière suivante :

Élément évoqué	Non utilisé	Inférence	Représentation partielle	Nouveau rattaché au contexte	Entièrement nouveau non-rattaché au contexte

D'ordinaire, un locuteur va choisir, pour désigner une réalité, la dénomination la plus à gauche possible de cette échelle. Combettes et Tomassone en donnent l'exemple suivant :

Si le locuteur sait que son interlocuteur connaît le roman *Paradiso*, le nom de l'ouvrage, le nom de l'auteur, Lezama Lima, son origine cubaine, il dira directement :

– Dernièrement, j'ai lu *Paradiso.*

et non :

– J' ai lu un roman de Lezama Lima.

ou :

– J'ai lu un ouvrage d'un auteur cubain.

Ici, le locuteur considère que la dénomination «Paradiso» fait partie des unités «non utilisées».

Si nous rapprochons ce classement des structures syntaxiques qui sont censées en rendre compte, on observe que l'ordre des éléments de la phrase correspond, en règle générale, à la «charge informative» des unités. Pour le français, la tendance est une progression de la gauche vers la droite de la ligne de la phrase, des éléments connus (moins informatifs) vers les éléments nouveaux (les plus porteurs d'information). Nous rejoignons ainsi la problématique de la «perspective fonctionnelle de la phrase» et des degrés de «dynamisme communicatif» des diverses composantes d'une phrase développée par l'école de Prague.

4.2.2. *La perspective fonctionnelle de la phrase*

Certains linguistes de l'école de Prague se sont attachés à étudier la «structure informationnelle» de l'énoncé, c'est-à-dire l'ordre de répartition, sur la ligne de la phrase, des éléments porteurs d'information. Il s'agit d'un autre niveau de l'énoncé : la «perspective fonctionnelle» de la phrase, qui a sa structure propre et ses règles de fonctionnement. Ce niveau est à différencier aussi bien du niveau syntaxique (qui analyserait la phrase en composantes grammaticales) que du niveau sémantique (qui serait formulé en termes d'actants, procès, circonstants, par exemple). Ce troisième plan de l'énoncé a sa structure propre et ses règles de fonctionnement.

On envisage ainsi une «échelle de dynamisme communicatif» de la phrase. L'information se développe sur cette échelle, chaque unité de la phrase contribuant plus ou moins à faire avancer l'apport d'informations. Plus un élément permet à l'information de progresser, plus son degré sur l'échelle de dynamisme communicatif est élevé. Ainsi, J. Firbas pose trois grandes catégories :

- les éléments thématiques ou éléments les moins porteurs d'information (thème) ;
- les éléments rhématiques ou éléments qui, par leur apport d'information, font «avancer» le texte (rhème) ;

– la «transition» qui comporte les éléments qu'on ne peut rattacher ni au thème ni au rhème.

4.2.3. *Les divers types de progression*

Thème et rhème présentent, dans un texte, différents types d'enchaînements possibles. Combettes dégage ces différents rapports en décrivant quatre types de «progression thématique».

a. *Progression linéaire*

P1 : T1 ⟶ R1
P2 : T2 ⟶ R2
P3 : T3 ⟶ R3

Chaque rhème engendre le thème de la phrase suivante. Très souvent, c'est seulement une partie du rhème qui est reprise :

> «Sur la table il y a une corbeille. Cette corbeille est pleine de fruits. Les fruits...»

b. *Progression à «thème constant»*

P1 : T1 ⟶ R1
P2 : T2 ⟶ R2
P3 : T3 ⟶ R3

On constate que le thème reste invariable dans les phrases successives tandis que les rhèmes varient. Ainsi, le thème initial d'un passage sera repris par des substituts divers.

> «La gravitation est l'attraction de la matière par la matière. C'est une force universelle... Elle nous retient sur la terre.»

c. *Progression à «thèmes dérivés»*

T : hyperthème
P1 : T1 ⟶ R1
P2 : T2 ⟶ R2
P3 : T3 ⟶ R3

P1, P2 et P3 comportent des thèmes différents qui constituent des sous-thèmes d'un hyperthème. Celui-ci peut ou non être mentionné explicitement, dans ce cas il doit être reconstruit à partir des sous-thèmes et des relations qu'on peut percevoir entre eux :

«*Les Touaregs* sont un peuple fier et belliqueux. *Les hommes* portent un voile qui... *Les hommes et les jeunes gens* s'occupent des troupeaux ; *les femmes et les jeunes filles* ramassent le bois...»

d. *Progression «complexe»*

Au long d'un même texte, on ne rencontre presque jamais un seul type de progression, et ceci pour diverses raisons : tout d'abord, évidemment, pour éviter la monotonie, puis parce que l'objectif informationnel propre à chaque discours va déterminer le type de progression adopté. Il est fréquent d'observer une combinaison des trois types de progression décrits.

e. *Ruptures*

Un élément nouveau, sans lien avec le contexte, est abruptement introduit comme thème. Étant donné que tous les éléments de la phrase apporteront une information nouvelle, l'ensemble de l'énoncé sera considéré comme rhématique.

Le thème d'une phrase – dans son acception d'élément sur lequel on dit quelque chose – peut être en même temps le thème d'un passage. Il se peut aussi qu'une phrase du texte constitue le thème de tout un discours. Dans ce dernier cas, il est nécessaire que le thème organise de façon hiérarchique la structure conceptuelle de tout le texte.

L'organisation hiérarchique de l'information d'un texte a été étudiée par Teun A. Van Dijk sous un angle nettement sémantique. Nous abordons cet aspect dans la section qui suit.

4.3. La macro-structure sémantique

Pour Van Dijk, seules les séquences de phrases qui possèdent une macro-structure constituent des textes. De même qu'une séquence de phrases doit réunir les conditions d'identité référentielle, de circonstances, de motivation dont il a été question en 4.1.1. pour qu'elles soient cohérentes, de même un texte doit posséder une macro-structure pour qu'il soit cohérent à un niveau global.

Le terme de macro-structure sémantique d'un texte est utilisé pour rendre compte de la structure conceptuelle, abstraite, qui, sous forme d'une proposition sémantique, représente toute l'information contenue dans un texte. Pour que cette réprésentation soit possible, il est nécessaire de hiérarchiser l'information du texte suivant certaines règles de réduction de l'information. Nous insistons sur le fait qu'une macro-structure est sémantique (au sens de Van Dijk, *cf.* section 4.1.1. ci-dessus) et que, par conséquent, elle peut ou non être réalisée en surface par des unités linguistiques.

Même si les macro-structures sont des structures abstraites et théoriques, elles se fondent sur des catégories et des règles de type conventionnel que les personnes emploient spontanément quoiqu'elles n'en soient pas conscientes.

Une séquence partielle ou complète de propositions peut constituer une unité de signification à un niveau plus global : c'est la macro-structure de la séquence en question. Cette proposition se situe ainsi à un niveau supérieur à celui des propositions individuelles.

Van Dijk définit *la* macro-structure d'un texte comme la macro-structure la plus générale et la plus globale d'un texte complet. Chaque partie du texte peut avoir sa macro-structure. On arrive ainsi à une structure hiérarchique de macro-structures à des niveaux différents (voir fig. 1).

En surface, la macro-structure ou une partie de la macro-structure d'un texte peut-être représentée par un phrase clé, par le titre ou par des mots-thématiques ou mots-clés.

Un ensemble de règles – des macro-règles – vont établir l'union des micro- et des macro-propositions en transformant une série de propositions en une autre série de propositions. Elles organisent la signification d'un texte en réduisant l'information. Elles permettent ainsi d'obtenir les macro-structures des textes. Dans la figure 1, chaque faisceau de lignes d'union représente une macro-règle.

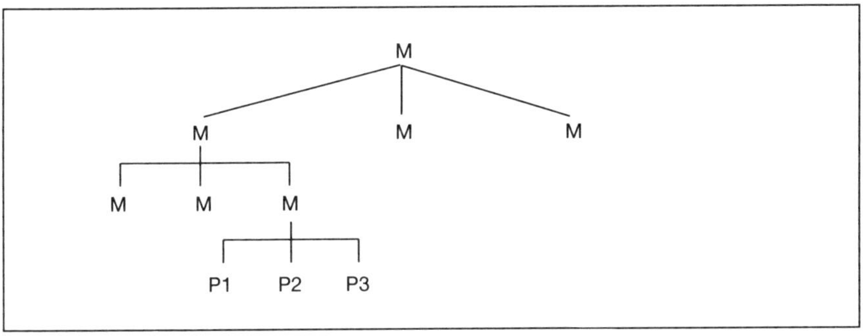

Figure 1. Schéma d'une macro-structure.

Les macro-règles, en fait, sont une représentation formelle de la capacité linguistique et cognitive à établir des liens entre des significations pour les transformer en des ensembles significatifs plus vastes. Grâce à cette capacité, nous mettons de l'ordre dans les suites de propositions d'un texte, qui sont parfois longues et compliquées. Cette capacité nous permet non seulement de déduire le sujet général d'un texte pour répondre, par exemple, à la question : «de quoi s'agit-il dans ce texte ?», ou : «de quoi parle-t-on ?», mais aussi d' élaborer un résumé du texte.

C'est pourquoi l'on peut considérer les macro-règles comme des opérations de réduction de l'information.

Les macro-règles peuvent consister en des règles d'annulation :
- supprimer,
- sélectionner,

ou en des règles de substitution de l'information :
- généraliser,
- construire ou intégrer.

4.3.1. *Règles d'annulation*

a. *Supprimer*

On peut supprimer l'information peu importante et qui n'a donc pas de fonction ultérieure dans le texte. L'information à supprimer est aussi non-essentielle à un concept donné, c'est-à-dire contingente et non inhérente à ce concept. Van Dijk en fournit l'exemple suivant :

(I) Une jeune fille est passée.
(II) Elle portait une robe.
(III) La robe était jaune.

qui peut se réduire à :

(I) Une jeune fille est passée.
(II) Elle portait une robe.

et enfin à :

(I) Une jeune fille est passée.

si, pour l'interprétation du texte, le fait qu'elle portait une robe et que cette robe était jaune n'a pas d'importance.

b. *Sélectionner*

En appliquant cette règle nous pouvons récupérer l'information supprimée, ce qui n'est pas le cas pour la règle précédente, comme le montre l'exemple suivant :

(I) Marie mit sa main sur le loquet.
(II) Elle appuya.
(III) Elle ouvrit la porte.

Les propositions (I) et (II) constituent soit des conditions, soit une partie constitutive, soit une présupposition, soit une conséquence de la proposition (III). Dans cet exemple, (I) et (II) peuvent être supprimées – tout en conservant (III) – et récupérées par la suite en faisant appel à notre connaissance du monde.

4.3.2. *Règles de substitution*

a. *Généraliser*

On supprime des composantes essentielles d'un concept et on les remplace par un autre, comme dans l'exemple suivant, où les propositions :

(I) Il y avait des prunes.
(II) Il y avait des oranges.
(III) Il y avait des pommes.

peuvent être remplacées par :

– Il y avait des fruits.

qui constitue une proposition contenant conceptuellement les propositions précédentes.

b. Construire ou intégrer

De l'information nouvelle se substitue à de l'information ancienne, qui n'est ni supprimée ni sélectionnée. Ainsi, dans l'exemple suivant, emprunté à Van Dijk, les propositions :

(I) Je suis allé à la gare.
(II) J'ai acheté un billet.
(III) J'ai attendu sur le quai.
(IV) Je suis montée dans le train.
(V) Le train est parti.

sont des éléments constitutifs ou optionnels du cadre de connaissances : PRENDRE LE TRAIN, et vont permettre de déduire et de construire la proposition : J'ai pris le train.

Dans tous les cas d'application des macro-règles, nous constatons que nous obtenons toujours un concept immédiatement supérieur : il ne s'agit pas, par exemple, de passer de «prunes», «oranges», «pommes» à «aliments», mais d'opérer toujours selon un critère d'implication immédiate.

Enfin, les macro-règles nous permettent de distinguer de façon non ambiguë ce qui, dans un texte, constitue l'information principale et l'information secondaire.

4.4. **Super-structures et types de textes**

En plus de leur macro-structure au niveau sémantique, les textes possèdent une super-structure, c'est-à-dire une structure schématique, formelle, conventionnelle ; une sorte de patron d'organisation du contenu sémantique. En ce sens, la super-structure peut s'apparenter à la syntaxe d'une phrase. De même que, pour l'élaboration d'une phrase, on dispose linéairement chaque mot dans un certain ordre syntaxique, de même, pour l'élaboration d'un texte, on doit «placer» le contenu sémantique dans des «moules», des catégories schématiques qui vont mettre un ordre dans le discours.

Une super-structure est constituée de catégories ordonnées hiérarchiquement. Ces catégories peuvent être envisagées comme des fonctions spécifiques des macro-structures des textes.

Prenons comme exemple la macro-structure sémantique : «un accident sur la route». Cette macro-structure peut adopter la «forme», la super-structure, d'un récit que quelqu'un raconte dans une réunion d'amis, ou bien elle peut constituer le sujet d'un constat de la police routière. L'ordre hiérarchique des données, du contenu, sera différent dans l'un et l'autre cas.

L'exemple précédent nous montre aussi que la mise en texte selon une super-structure donnée est déterminée par les contraintes de la situation de communication.

Les super-structures sont fondées sur notre capacité linguistique et communicative générale, et la plupart des sujets d'une communauté linguistique les connaissent ou les reconnaissent : c'est le cas du récit, d'une description. Elles ont donc un caractère conventionnel.

Il existe des textes dépourvus de super-structure fixe. Par exemple, une annonce publicitaire ou un poème possèdent une «forme» globale librement conçue par le locuteur. Mais d'autres textes, tels que certains documents administatifs, un acte de naissance par exemple, sont rédigés selon des formes rigides établies institutionnellement.

D'autre part, les super-structures peuvent sous-tendre le type de texte ou plutôt la séquence textuelle. Ainsi, le récit *Le loup et l'agneau* est sous-tendu par les catégories suivantes, organisées hiérarchiquement selon le schéma reproduit page suivante [1].

Dans ce texte, les vers 1 et 2 correspondent à la Morale, les vers 3 et 4 à la Situation initiale, le 5 et le 6 à la Complication. Du vers 7 au 26 se déroule l'Action ; les vers 27 et 28 constituent la Résolution.

Ce texte fourni à titre d'exemple pourrait faire croire qu'il est toujours aisé de «tirer» la super-structure d'un texte. Pourtant, il n'en est pas toujours ainsi car nous constatons fréquemment que les textes constituent, en réalité, des constructions complexes et hétérogènes : un texte peut comporter une seule séquence narrative, comme c'est le cas pour *Le loup et l'agneau*, ou bien plusieurs séquences de divers types : descriptive, explicative, etc., ces séquences pouvant être complètes ou elliptiques. C'est que, tout texte étant déterminé par des contraintes communicationnelles particulières, sa structure devra s'adapter à celles-ci.

---

1. Adam J.-M. (1987), «Types de séquences textuelles» *in Pratiques* 56, déc. 1987.

Super-structure narrative

Pn 0	Pn 1	Pn 2	Pn 3	Pn 4	Pn 5	Pn 6
Entrée-préface ou Résumé	Situation initiale	Complication	Action ou Évaluation	Résolution	Situation finale ou Morale	Morale ou Chute

LE LOUP ET L'AGNEAU

La raison du plus fort est toujours la meilleure :
Nous allons le montrer tout à l'heure.
Un Agneau se désaltérait
Dans le courant d'une onde pure ;
Un loup survient à jeun, qui cherchait aventure,
Et que la faim en ses lieux attirait.
Qui te rend si hardi de troubler mon breuvage ?
Dit cet animal plein de rage,
Tu seras châtié de ta témérité.
Sire, répond l'Agneau, que Votre Majesté
Ne se mette pas en colère ;
Mais plutôt qu'elle considère
Que je me vas désaltérant
Dans ce courant
Plus de vingt pas au-dessous d'Elle ;
Et que, par conséquent, en aucune façon,
Je ne puis troubler sa boisson.
– Tu la troubles, reprit cette bête cruelle ;
Et je sais que de moi tu médis l'an passé.
– Comment l' aurais-je fait si je n'étais pas né ?
Reprit l'Agneau, je tette encore ma mère.
– Si ce n' est pas toi, c'est donc ton frère.
– Je n'en ai point. – C'est donc quelqu'un des tiens ;
Car vous ne m'épargnez guère,
Vous, vos bergers et vos chiens.
On me l'a dit : il faut que je me venge.
Là-dessus, au fond des forêts
Le loup l'emporte, et puis le mange,
Sans autre forme de procès.

Pour élucider cette hétérogénéité des textes et établir des critères appropriés à une typologie textuelle, Adam propose de situer l'étude du discours au niveau non pas du texte, mais de la *séquence*.

4.5. Texte et types de séquences textuelles

La notion de super-structure séquentielle se révèle être un critère pertinent dans un essai de distinction entre types de textes. Ainsi, on verra plus bas que la réflexion sur les types de textes tend à s'appuyer sur des unités d'analyse plus restreintes.

D'ailleurs, cette tentative conduit Adam à préciser le texte comme étant doublement déterminé par deux représentations complémentaires : la dimension séquentielle et la dimension configurationnelle. Cette dernière est à chercher dans «la représentation sémantique construite par le texte (progressivement et globalement)», dans «la prise en charge énonciative des propositions comme de l'ensemble du texte» et dans l'orientation argumentative du texte.

«Dans cette perspective, l'effet de texte apparaît comme le résultat du passage de la séquence à la configuration, [...] de la séquence textuelle comme suite linéaire d'unités linguistiques (connexité) à la reconstruction (cognitive) de cette séquence comme un tout signifiant cohésif (cohésion et progression) et cohérent (cohérence et pertinence).»

La séquence est une unité constituante du texte et, à son tour, elle est constituée de propositions. Sept types de séquentialité sont proposés, que nous allons décrire successivement :
- la séquentialité narrative,
- la séquentialité injonctive-instructionnelle,
- la séquentialité descriptive,
- la séquentialité argumentative,
- la séquentialité explicative-expositive,
- la séquentialité dialogale-conversationnelle,
- la séquentialité poétique-autotélique.

4.5.1. *La séquentialité narrative*

Pour qu'il y ait récit, il ne suffit pas que des événements soient placés dans un certain ordre chronologique. Selon le schéma narratif ci-dessus, la séquence d'actes : Pn 1 à Pn 5 est complétée par le sens configurationnel actualisé par la «morale». Chaque unité constituante de cette structure – chaque Pn – représente une macro-proposition narrative.

4.5.2. *La séquentialité injonctive instructionnelle*

À la différence du récit, où les actions rapportées sont des événements réels ou imaginés, l'«instruction porte sur le comportement espéré du destinataire, voire du locuteur lui-même : les phrases instructionnelles incitent directement à l'action». La recette de cuisine, le mode d'emploi, les règles du jeu, les guides-itinéraires constituent des exemples de cette structure séquentielle.

La structure séquentielle instructionnelle comporte une succession d'actes ordonnés chronologiquement (Noyau transformationnel), encadrée par deux états : un État de départ (État initial = Ei) et un État d'arrivée (État final = Ef). Ainsi, dans une recette de cuisine, Ei serait la liste d'ingrédients, et Ef la photo du plat réalisé.

4.5.3. *La séquentialité descriptive*

Deux macro-opérations seraient à la base de cette super-structure : d'une part, l'*aspectualisation* – le développement des propriétés ou des qualités et des parties de l'objet de discours descriptif – et, d'autre part, la *mise en relation* comprenant une assimilation et une mise en situation dans l'espace ou dans le temps. Par assimilation, nous devons entendre une opération consistant à transformer un objet problématique, un objet à propos duquel on entreprend de construire un certain savoir, en un objet mieux connu. Cette opération peut se manifester par des comparaisons, des métaphores ou des reformulations.

4.5.4. *La séquentialité argumentative*

Cette séquentialité correspond aux textes qui se présentent comme des raisonnements et dont la finalité discursive consiste à démontrer ou à réfuter une thèse. Ces textes partent de prémisses – hypothèses –, explicites ou implicites, et, par le biais d'un enchaînement d'arguments, ils s'attachent à démontrer qu'on ne saurait admettre ces prémisses sans admettre aussi telle ou telle conclusion. Cette conclusion peut être «soit la thèse à démontrer, soit la négation de la thèse de leurs adversaires, soit encore la négation de certains arguments de leurs adversaires» (Ducrot : Échelles argumentatives[1]). Ce qui donne la super-structure argumentative suivante (Adam, *ibid.*) :

Super-structure argumentative

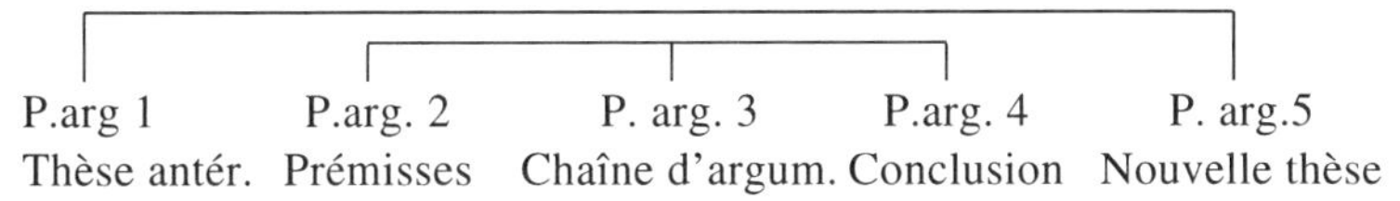

1. Cette réflexion s'appuie sur la théorie de l'argumentation dans la langue d'Anscombre et Ducrot. Pour ces auteurs, les énoncés sont orientés argumentativement dès le niveau le plus profond, celui de la phrase. Cette orientation contraint les enchaînements possibles lors du déroulement du discours. Celui-ci s'articule selon cette dynamique argumentative, indépendamment des contenus «informatifs» qui peuvent être véhiculés. La notion de *topoï* (croyances générales sur lesquelles se fondent les locuteurs dans leurs enchaînements discursifs) occupe une place centrale dans leur théorie car c'est à travers l'évocation de ces *topoï* que se fait l'articulation discursive.

4.5.5. *La séquentialité explicative-expositive*

Entrent dans ce type de structure séquentielle : l'explication à visée nettement didactique ou non, et l'exposition, avec le cas particulier du compte rendu d'expérience. Selon D. Colter[1], la situation qui favoriserait la production d'un texte explicatif comporte un problème de l'ordre du savoir, et un individu qui, ayant ou croyant avoir résolu le problème, essaie de faire comprendre à d'autres la solution. Sa finalité discursive consiste donc à rendre l'autre plus compétent dans le domaine d'un certain savoir. Sa structure élémentaire est la suivante :

Pourquoi (ou comment ?) x ? + Parce que + Évaluation

Selon Kintsch et van Dijk[2], le compte-rendu d'expérience est sous-tendu par le schéma suivant :

Schéma de compte rendu

Introduction — Méthode — Résultats — Discussion

Cadre (Lieu et temps) — Bibliographie — But (Hypothèse)

4.5.6. *La séquentialité dialogale-conversationnelle*

Une conversation téléphonique, les interactions quotidiennes, un débat, une interview, etc., sont des exemples de textes conversationnels[3]. Ceux-ci se présentent comme «une suite hiérarchisée de séquences appelées "échanges"». L'échange est défini comme une unité thématique constituante du texte conversationnel et constitué d'interventions. Une intervention comporte un ou plusieurs actes de parole.[4]

4.5.7. *La séquentialité poétique-autotélique*

R. Jakobson parle de la «fonction poétique» du message (*cf.* 2.3). Ici, il s'agit d'une mise en texte organisée en bonne part en fonction des signifiants

1. Colter D. (1986), «Approches du texte explicatif» *in Pratiques* 51, septembre 1986.

2. Kintsch W. et Van Dijk T.A., «Vers un modèle de la compréhension et de la production de texte», *in* Denhière, G. (1984), *Il était une fois. Compréhension et souvenir de récits*, PU Lille, 85-142.

3. Sur le modèle hiérarchisé de la structure des conversations, voir Roulet et coll. (1985), *L'articulation du discours en français contemporain*, Berne, Lang.

4. Ce terme renvoie à la théorie pragmatique des actes de langage élaborée par les philosophes du langage ordinaire et dont l'idée centrale peut être résumée par le titre du livre d'Austin, fondateur de la théorie : *How to do things with words* (traduction française : *Quand dire, c'est faire*, Paris, Seuil, 1970). Voir à ce sujet le paragraphe 4 ici-même.

plutôt que super-structurellement. En plus du poème et de la prose poétique, sont à ranger ici la chanson, le slogan publicitaire ou politique, les proverbes, dictons et maximes, les grafittis…

Il a été question plus haut de la complexité et de l'hétérogénéité des textes. La description des séquences super-structurelles nous a permis de dégager un premier degré d'hétérogénéité : le cas d'une alternance entre différentes séquences textuelles de base à l'intérieur d'un même texte. Or un texte peut impliquer d'autres modalités de complexité :

- une relation d'insertion où une séquence insérante encadre une séquence insérée : par exemple, une argumentation peut encadrer un récit ;
- une relation de dominance où un texte donné mêle à des degrés divers des structures différentes. C'est le cas de *Le loup et l'agneau*, qui combine une structure versifiée de type poétique-autotélique et une structure conversationnelle, tout en gardant une dominante narrative.

Malgré ces considérations sur la complexité et l'hétérogénéité d'un texte, les différents plans de structuration des textes que nous avons développés le long de ce chapitre montrent bien que la linguistique textuelle dispose, en l'état actuel des recherches, d'un ensemble de concepts permettant de rendre compte des différents niveaux de constitution de l'objet texte.

Pour en savoir plus

Le lecteur intéressé pourra lire avec profit, dans l'ouvrage de G. Denhière, éd., *Il était une fois...compréhension et souvenir des récits* (Presses universitaires de Lille, 1984), le chap. I de la deuxième partie, consacré aux rapports entre macro-structure et super-structure et compréhension de textes.

5. ACTIVITÉS LANGAGIÈRES : THÉORIES DE L'ÉNONCIATION ET THÉORIES PRAGMATIQUES

Introduction

Ce chapitre a pour but d'introduire le lecteur dans le domaine des activités langagières, c'est-à-dire dans le domaine de l'utilisation ordinaire de la langue, par les sujets, dans le discours. On abordera donc l'étude de deux courants théoriques contemporains, les théories de l'énonciation et la pragmatique linguistique, qui refusent tous deux la démarche linguistique qui pose des structures indépendamment de l'activité langagière. Mais si ces deux approches partagent le champ de recherche, ils abordent quand même des problématiques différentes. En effet, les théories de l'énonciation concentrent leur attention sur les rapports entre l'acte d'énonciation et la structure de la langue ; les embrayeurs, les systèmes de repérage, la polyphonie énonciative, les modalités, sont donc au centre de leurs préoccupations. La pragmatique, de tradition anglo-saxonne, traite, en revanche, de la problématique des présuppositions, des «implicatures» et des actes de langage.

5.1. Le dit et le dire : la théorie de l'énonciation

La prise en considération systématique de l'énonciation date seulement des travaux d'É. Benveniste et de R. Jakobson de la fin des années 1950 ; mais depuis lors elle occupe une place centrale et grandissante en linguistique contemporaine. Comme on la considérait jusqu'à ce moment-là, et sous l'influence de la doctrine de Ferdinand de Saussure, comme relevant de la «parole» (domaine des manifestations concrètes, de l'individuel et donc du chaotique), les linguistes structuralistes estimaient qu'il s'agissait là d'un phénomène inabordable qui devait être rejeté hors de l'analyse rigoureuse de la «langue», objet de la linguistique. Une attitude similaire sous-tend la démarche de Chomsky, pour qui tout ce qui relève de la «performance» doit rester en dehors du champ d'étude du linguiste, seule la «compétence» ayant le droit de se constituer en objet théorique. Cependant, depuis le début des années 1960, ce statut marginal attribué pendant longtemps à l'énonciation s'est trouvé remis en cause. En effet, même si on continue à maintenir la distinction méthodologique entre l'observable (les pratiques langagières) et l'objet théorique construit par le linguiste pour en rendre compte (le système abstrait qu'est «la langue»), on se refuse à voir dans l'énonciation une activité purement individuelle. En fait, dans l'énonciation tout ne relève pas de l'individuel et une partie importante peut être décrite en termes de système. Progressivement, on s'est rendu compte que la langue ne peut pas être réduite à un code dont se servent les individus pour communiquer car elle comporte, et cela de façon constitutive, des indications relatives à l'acte de parler, cette activité entre deux protagonistes (le locuteur et l'allocutaire) laissant des traces dans l'énoncé. Celui-ci comporte donc des allusions à son énonciation et ainsi non seulement ce qui est *dit* mais aussi le fait même de le *dire*, l'énonciation, sont reflétés dans la structure de l'énoncé.

5.1.1. *La mise en fonctionnement de la langue*

Dans son article «L'appareil formel de l'énonciation» paru en 1970 dans *Langages* (n° 17) et réédité dans *Problèmes de linguistique générale II*, Benveniste définit l'énonciation comme la «mise en fonctionnement de la langue par un acte individuel d'utilisation» (Benveniste, 1974, p. 80). C'est cette mise en œuvre du système par un acte qui est le fait d'un locuteur qui rend possible la conversion de la langue en discours. Comme l'affirme Benveniste, «avant l'énonciation, la langue n'est que la possibilité de la langue. Après l'énonciation, la langue est effectuée en une instance de discours, qui émane d'un locuteur, forme sonore qui atteint un auditeur et qui suscite une autre énonciation en retour.» (1974, p. 81-82.)

> Dans cette perspective on entendra par «discours» «la manifestation de la langue dans la communication vivante» (1966, p. 130), le niveau où les relations intersubjectives, dont le fondement est la langue, sont mises en œuvre. Le terme renvoie donc au rapport existant entre l'énoncé et l'acte d'énonciation qui lui est concomitant. Il ne doit pas en conséquence être compris comme une unité dont la dimension serait supérieure à la phrase (en fait, pour Benveniste, la phrase est l'unité du discours) ni comme relevant de la perspective de l'analyse du discours dans laquelle les énoncés sont considérés du point de vue de leurs conditions de production historiques et sociales.

a. *L'appareil formel de l'énonciation*

Les indices de personne

Dans l'acte individuel que constitue l'énonciation, le locuteur «s'approprie» l'appareil formel de la langue et il énonce sa position de locuteur par des indices spécifiques, les unités déictiques (la triade *moi/ici/maintenant*) qui, tout en appartenant au système de la langue, ont pour fonction de la convertir en discours. Ainsi, le «je» du code linguistique appartient à tout le monde, mais parler, c'est se l'approprier. En effet, «je» désigne toujours l'être qui est en train de parler, l'individu qui profère l'énonciation, le locuteur, et «tu» celui à qui «je» parle, l'individu présent comme allocutaire. Dans le dialogue, «je» devient «tu» dans l'énonciation de celui-ci qui à son tour se désigne comme «je», les rôles s'inversant à nouveau et indéfiniment dans l'échange linguistique. Chaque locuteur se pose successivement comme sujet «en renvoyant à lui-même comme "je" dans son discours»(1966, p. 260). Benveniste fait remarquer que ces pronoms personnels ont une nature très particulière car, à la différence d'autres signes du code, ils n'ont pas de référence virtuelle, ils ne renvoient ni à un concept (il n'y a pas de concept «je» qui renvoie à tous les emplois individuels de «je» dans le sens où il y a un concept «arbre» ou «table») ni à un individu particulier («si cela était, ce serait une contradiction permanente admise dans le langage et l'anarchie dans la pratique» (1966, p. 261) car, à chacun de ses emplois, le mot «je» se réfère à un individu différent). Mais s'ils n'ont pas de référence virtuelle, ces pronoms personnels ont une référence actuelle : c'est l'acte de dire «je» qui donne le référent de «je» et parallèlement c'est l'acte de dire «tu» à quelqu'un qui fait de lui l'allocutaire. On ne peut donc connaître le référent de «je» et de «tu» indépendamment de l'instance de discours, de l'acte d'énonciation à l'intérieur duquel on emploie ces pronoms ; en dehors de leur emploi effectif, ils sont indéfinissables. En ce sens, «je-tu» n'existent que dans la mesure où «ils sont actualisés dans l'instance du discours où ils marquent pour chacune de leurs propres instances le procès d'appropriation par le locuteur» (1966, p. 255).

Ces deux personnes qui constituent la sphère de la locution sont très clairement distinguées de «la troisième personne», qui représente pour Benveniste la non-personne. Par opposition aux «personnes» de l'échange linguistique, la non-personne renvoie à l'univers extérieur et correspond aux groupes nominaux et à leurs substituts pronominaux. Elle s'oppose aux deux personnes sur plusieurs points :

- les personnes se définissent exclusivement par l'instance d'énonciation. Les non-personnes, qui correspondent a toutes les entités dont parlent «je» et «tu», peuvent être définies ou non («le mari de Jeanne», «des maisons», «quelques livres») ;
- les personnes n'ont pas de substituts possibles : le locuteur réitère «je» et «tu» chaque fois qu'il assume la langue. La non-personne est en revanche compatible avec une grande variété de substituts pronominaux ;
- les personnes sont nécessairement présentes dans la situation d'énonciation («présentes» doit être compris au sens large de façon à pouvoir rendre compte, par exemple, des communications au téléphone). La non-personne en revanche n'a pas cette exigence : les référents peuvent être présents ou absents, visibles ou non, etc.

Les indices d'ostension et les déictiques temporels

De même nature que les indices de la personne (le couple «je-tu»), les indices d'ostension du type «ici», «ce» et les déictiques temporels comme «maintenant», «hier» naissent de l'énonciation, ils «sont engendrés à nouveau chaque fois qu'une énonciation est proférée, et chaque fois ils désignent à neuf» (1974, p. 83). De cette façon, «ici» désigne l'endroit où «je» se trouve et «maintenant» le moment où «je» parle. Ces indicateurs de la deixis «organisent les relations spatiales et temporelles autour du "sujet" pris comme repère» (1966, p. 262). Ainsi, par exemple, si on ignore la position du locuteur qui emploie des adverbes ou locutions adverbiales spatiales du type «en haut/en bas, ici/là, à droite/à gauche», ces termes restent opaques, on ne peut pas les interpréter ; si le locuteur change de place, leur interprétation change corrélativement (Maingueneau, 1981, première partie : Personnes et déictiques). De même, si on ignore à quel moment l'énoncé «je me sens bien maintenant» a été produit, on ne pourra interpréter les éléments déictiques temporels : le morphème «maintenant» et l'affixe du «présent» du verbe «se sentir» dont la référence temporelle n'est que la coïncidence de l'événement décrit avec l'instance du discours qui le décrit. Comme l'affirme Benveniste, «le présent formel ne fait qu'expliciter le présent inhérent à l'énonciation qui se renouvelle avec chaque production de discours» (1974, p. 83). Cette dernière considération nous amène à la troisième série de termes afférents à l'énonciation : le paradigme des formes temporelles dont le temps verbal du présent est la forme axiale, la «source du temps». En effet, dans la mesure où il coïncide avec le moment de l'énonciation, le moment zéro (T_0) où le locuteur parle, il permet de définir un passé et un futur. «De l'énonciation procède l'instauration de la catégorie du présent, et de la catégorie du présent naît la catégorie du temps.» (1974, p. 83.)

La situation canonique d'énonciation est donc égocentrique : le locuteur se pose comme sujet en se désignant comme «je» et ce faisant il se constitue en point de référence autour duquel tout s'organise. «Je» se trouve au point zéro des coordonnées spatio-temporelles et, en ce sens, les relations spatiales et temporelles ont «en commun ce trait de se définir seulement par rapport à l'instance de discours où ils [les indicateurs de la deixis] sont produits, c'est-à-dire sous la dépendance du “je” qui s'y énonce» (1966, p. 262).

Les personnes (je/tu) et les localisations spatio-temporelles qui en dépendent sont aussi abordées par R. Jakobson, sous le nom *d'embrayeurs* (angl. : *shifters*), dans un article contemporain des premiers travaux de Benveniste concernant la nature des pronoms et qui parut pour la première fois en 1957. Pour Jakobson, la «signification générale d'un embrayeur ne peut être définie en dehors d'une référence au message» (Jakobson, 1963, p. 178). En se fondant sur la classification des signes de Peirce, Jakobson affirme que les embrayeurs appartiennent à la classe des *symboles-indices.*

> Selon la classification des signes de Peirce (symboles, icônes et indices), le symbole (par exemple, le mot français «maison») est associé à l'objet représenté à travers une règle conventionnelle ou arbitraire. L'indice (par exemple, l'acte de montrer du doigt ou la fumée qui indique le feu comme source de la fumée) constitue une relation existentielle avec l'objet qu'il représente. L'icône est un signe non arbitraire qui possède en lui-même le caractère qui le rend significatif (par exemple, un trait au crayon représente la droite géométrique).
>
> Notons que cette classification des signes est légèrement différente de celle que nous avons présentée en 1, «Linguistique et sémiologie».

Ainsi, par exemple, le signe «je» (tout aussi bien d'ailleurs que «là» ou «hier») est un symbole dans la mesure où il ne peut représenter son objet «sans lui être associé par une règle conventionnelle» (1963, p. 179). Les embrayeurs possèdent en effet une signification linguistique stable et générale, et en ce sens ils constituent des unités du code de la langue («je» est un mot qui appartient au lexique du français). Mais en même temps, ils fonctionnent comme des indices : ils ne peuvent pas représenter leur objet s'ils ne sont pas «dans une relation existentielle avec cet objet» (1963, p. 179) : pour connaître leurs référents on est obligé de les rapporter à l'acte individuel d'énonciation où ils apparaissent («je» désigne la personne qui parle ici et en ce moment). Ainsi, à la différence des autres unités du code linguistique qui renvoient à une classe virtuelle de référents en dehors de toute énonciation (par ex., un signe comme «maison»), les embrayeurs ne peuvent pas être étudiés indépendamment de leur emploi effectif, sans une référence obligatoire au message à l'intérieur duquel ils se trouvent. Dans chaque nouvelle énonciation ils se chargent d'un sens nouveau, ils effectuent ainsi la mise en relation du linguistique avec l'extra-linguistique.

La catégorie de la deixis s'étend progressivement

Outre les pronoms personnels, les déictiques spatio-temporels et la dimension de la temporalité, Benveniste signale dans «L'appareil formel de l'énonciation» d'autres faits de langage qui sont relatifs au procès d'énonciation. «Dès lors que l'énonciateur se sert de la langue pour influencer en quelque manière le comportement de l'allocutaire, il dispose à cette fin d'un appareil de fonctions.» (Benveniste, 1974, p. 84.) Ainsi, l'*interrogation* (énonciation construite pour obtenir une réponse de la part de l'allocutaire) ; l'*intimation* (donner un ordre, c'est d'une part prétendre que «tu» est obligé d'effectuer une certaine action et, d'autre part, prétendre qu'il y est obligé à la suite de l'énonciation véhiculant cet ordre) ; l'*assertion* (la manifestation la plus commune de la présence du locuteur dans l'énonciation) ; enfin les *modalités formelles* (à travers les modes verbaux – conditionnel, subjonctif – et les adverbes modaux – probablement, sans doute, etc.) qui permettent l'expression des différentes attitudes du locuteur vis-à-vis de ce qu'il dit et qui modulent son énoncé en indiquant la probabilité, l'incertitude, etc.

5.1.2. *La perspective d'A. Culioli*

a. *Production et reconnaissance interprétative*

Les propositions théoriques d'A. Culioli ressortissent aussi à une perspective énonciative même si sa démarche implique un élargissement du cadre de la théorie présentée ci-dessus. En effet, dans la mesure où tout énoncé suppose un acte dissymétrique d'énonciation, celle-ci ne peut pas – affirme Culioli – être ramenée à la seule production. Elle doit être entendue au sens de production et reconnaissance interprétative des formes, des séquences textuelles que constituent les énoncés. Dans cette double activité de production/reconnaissance, les sujets énonciateurs, termes primitifs sans lesquels il n'y a pas d'énonciation, sont à la fois émetteur et récepteur, et cela non seulement en succession, mais aussi et surtout au moment même de l'énonciation. Tout émetteur est simultanément son propre récepteur et tout récepteur un émetteur en puissance. En conséquence, «il n'y a pas cette séparation radicale entre émission et réception, sans rétroaction» (Culioli, 1990, p. 25), qui sous-tend la conception instrumentale de la langue comme code neutre que les sujets parlants utiliseraient pour encoder/décoder des messages.

En effet, on ne peut pas «simplifier l'activité de langage en ramenant le langage à un outil, l'énonciation à l'échange d'informations univoques, stabilisées et calibrées entre deux sujets qui seraient pré-ajustés pour que l'échange soit une réussite sans à-coups et sans faille» (1990, p. 39).

Ainsi, la dissymétrie entre production et reconnaissance, la non-coïncidence entre les systèmes de repérage des sujets énonciateurs permettent de rendre compte de l'activité de langage, où se jouent, entre autres, des phénomènes jusque là considérés comme des ratés de la communication : ambiguïtés, malentendus, déplacements métaphoriques, non seulement deviennent explicables, mais encore sont conçus comme partie intégrante du modèle théorique.

b. *Le système de repérage*

Lorsque nous produisons un énoncé, celui-ci, comme chacune de ses parties constitutives, est situé dans un espace énonciatif muni d'un système de coordonnées subjectives et spatio-temporelles. Énoncer ou reconnaître un énoncé, c'est, pour Culioli, construire ou re-construire cet espace, c'est construire ou re-construire des «agencements de marqueurs» qui sont la trace des opérations auxquelles nous n'avons pas accès et qui constituent ce que Culioli appelle le «niveau I». De leur côté, les textes (les agencements de marqueurs) appartiennent au niveau II et ils sont les représentants des opérations du niveau I. Dans l'approche de Culioli, la tâche du linguiste est de construire, grâce à un système de représentation métalinguistique, des opérations de niveau III (les représentants des représentants) : «C'est grâce aux traces formelles des opérations qui ont produit la forme empiriquement attestée que je vais pouvoir reconstruire ces opérations.» (1990, p. 25.)

Dans ce système de représentation métalinguistique, l'opération de *repérage* constitue une opération élémentaire primitive qui permet une construction théorique unifiée, l'idée fondamentale étant qu'un objet n'acquiert une valeur déterminée que grâce à sa localisation relative dans le système de repérage dans lequel il est inscrit. Ainsi donc, énoncer, c'est «orienter, déterminer, établir un réseau de valeurs référentielles, bref un système de repérage. Tout énoncé est repéré par rapport à une situation d'énonciation, qui est définie par rapport à un sujet énonciateur S_0 [...], à un temps d'énonciation T_0, pour ne considérer que ces deux repères.» (1973, p. 88.) En fait, il s'agit d'une opération fondamentale que l'on retrouve dans les phénomènes les plus variés : les relations de deixis, les opérations d'anaphore[1], la construction des relatives, comportent toutes des opérations de repérage, la communication se fondant précisément sur «l'ajustement, plus ou moins réussi, plus ou moins souhaité, des systèmes de repérages des deux énonciateurs» (1973, p. 87).

En conclusion, l'activité de langage «ne consiste pas à véhiculer du sens, mais à produire et à reconnaître des formes en tant que traces d'opérations (de représentation, référenciation et régulation)» (1990, p. 26). La signification d'un énoncé n'est donc pas véhiculée mais (re)-construite dans la mesure où la relation entre production et reconnaissance suppose la capacité d'ajustement entre énonciateurs.

5.1.3. La théorie polyphonique de l'énonciation d'O. Ducrot

a. *Énonciation, énoncé, phrase*

Ce que la théorie polyphonique de l'énonciation de Ducrot vient mettre en question, c'est fondamentalement l'idée de l'unicité du sujet parlant sous-jacente à la fois au structuralisme, au comparatisme et à la grammaire générative. Cette idée de l'instance unique d'énonciation entraîne le postulat selon lequel il y a un seul être auteur de l'énoncé, qui fait entendre sa propre voix et qui est le responsable de ce qui est dit dans l'énoncé.

> Le concept de polyphonie a été d'abord élaboré dans le domaine de l'analyse littéraire par Mikhaïl Bakhtine, le roman étant par excellence le genre qui favorise cette polyphonie. Pour Bakhtine il y a toute une catégorie de textes littéraires, qu'il appelle littérature populaire ou carnavalesque, pour lesquels il faut reconnaître l'existence de plusieurs voix qui parlent simultanément : «La voix individuelle ne peut se faire entendre qu'en s'intégrant au chœur complexe des autres voix déjà présentes.» (Todorov, 1981, p. 8.)

Ducrot définit l'énonciation comme «l'événement constitué par l'apparition d'un énoncé» (Ducrot, 1984, p. 179). Comprise donc comme surgissement d'un énoncé, comme événement historique, l'énonciation ne doit pas être confondue avec l'activité psycho-physiologique impliquée par la production de l'énoncé (en tant que telle cette activité est préalable à l'énoncé, alors que

1. Un segment de discours est dit *anaphorique* s'il renvoie à un autre fragment, antérieur ou postérieur, du même discours pour être interprété. Traditionnellement, on conçoit les pronoms comme ayant deux fonctions distinctes mais apparantées : une fonction déictique, dont nous avons déjà parlé, et une fonction anaphorique. Ainsi, par exemple, *ce* sera un élément déictique dans «Passe-moi *ce* livre» (énoncé accompagné d'un geste du locuteur indiquant à son allocutaire le livre dont il est question dans la situation d'énonciation), et un élément anaphorique dans «Tu dois aller voir *Alice* ; moi, j'ai beaucoup aimé ce film». De même, *il* dans «Tiens, *il* est arrivé à l'heure» (énoncé d'un locuteur qui voit entrer *X* dans la salle) a une fonction déictique. En revanche, dans «Pierre est arrivé très tard hier. *Il* était très fatigué», il fonctionne comme pronom anaphorique car il renvoie à son antécédent, l'expression «Pierre»

l'énonciation lui est contemporaine) ni avec le produit de l'activité du sujet parlant, c'est-à-dire un segment de discours, un *énoncé*. L'énoncé est une occurrence particulière d'entités linguistiques, une suite effectivement réalisée, qui n'est pas susceptible d'être répétée (elle a un producteur, (généralement) un ou plusieurs auditeurs, elle a été produite dans un temps et un endroit déterminés). Si quelqu'un dit deux fois «Il fait chaud», il produit deux énoncés différents, ne serait-ce que parce que le moment de l'énonciation est différent. De même, si un autre locuteur, parlant en un autre point de l'espace et du temps, prononce terme pour terme les mêmes mots, on dira qu'il s'agit d'un autre énoncé, différent des précédents. L'énoncé est donc un phénomène empirique qui appartient au domaine de l'observable, et en ce sens il est rigoureusement distingué de la *phrase*, entité abstraite et objet théorique construit par le linguiste afin de rendre compte des différents énoncés réalisés *hic et nunc* qui la manifestent (ainsi, aux énoncés «Il fait chaud» mentionnés plus haut, le linguiste fait correspondre une seule phrase de la langue française). Projetée dans le domaine sémantique, la distinction entre l'énoncé et la phrase a pour corollaire une autre distinction, celle entre le *sens* (la valeur sémantique de l'énoncé) et la *signification* (la valeur sémantique de la phrase).

Entre *sens* et *signification* il y a, pour Ducrot, une différence de statut méthodologique et une différence de nature. De statut méthodologique car le sens appartient au domaine des faits – le fait que tel énoncé soit susceptible de telle(s) interprétation(s) –, tandis que la signification relève des hypothèses explicatives construites pour rendre compte de l'association «observée» entre sens et énoncés. Il y aussi entre ces deux notions une différence de nature : la signification linguistique, qui selon Ducrot est disjointe du sens, est de nature instructionnelle. Elle est un «ensemble d'instructions données aux personnes qui ont à interpréter les énoncés de la phrase, instructions précisant quelles manœuvres accomplir pour associer un sens à ces énoncés» (1984, p. 181). Dans cette perspective donc, le sens n'est pas l'addition de la signification et de quelque chose d'autre. C'est une construction opérée, compte tenu de la situation, à partir des instructions fournies par la signification.

Notons enfin que Ducrot précise qu'il choisit ces deux termes, sens et signification, de façon tout à fait arbitraire, sans se référer à leur emploi dans le langage ordinaire ou dans la tradition philosophique et linguistique. L'usage le plus répandu en linguistique est de distinguer sens (purement linguistique) de la phrase, et signification (contextuelle) de l'énoncé en situation ou de se borner au terme «sens», affecté éventuellement de spécifications.

Mais en quoi consiste ce sens de l'énoncé que le linguiste explique à partir de la signification instructionnelle attribuée à la phrase ?

b. *Le sens de l'énoncé comme description de l'énonciation*

Selon la thèse défendue par Ducrot, le sens d'un énoncé est une description, une représentation que ce dernier apporte de son énonciation. L'énoncé donne ainsi des renseignements sur l'événement que constitue sa propre apparition.

«Ce que communique le sujet parlant au moyen de son énoncé, c'est une qualification de l'énonciation de cet énoncé.» (1984, p. 182.) Cette représentation de l'énonciation par l'énoncé consiste notamment en une série d'indications illocutoires, argumentatives et causales.

> Par indications *illocutoires* apportées par l'énoncé, il faut comprendre que l'énoncé attribue à son énonciation un pouvoir «juridique» (dans le cas de l'énoncé interrogatif, celui d'obliger à parler, dans le cas de la promesse ou de l'ordre, celui d'obliger à agir, etc.). L'énonciation est présentée par l'énoncé comme l'accomplissement d'actes illocutoires (ordres, demandes, offres, questions) et, par conséquent, comme transformant la situation «juridique» des interlocuteurs. Le sens de l'énoncé comporte aussi des indications argumentatives : l'énoncé attribue à son énonciation certaines conséquences ou prolongements *argumentatifs* et il la présente comme amenant à admettre telle ou telle conclusion. Les indications relatives aux *causes de la parole* constituent un autre aspect de la description de l'énonciation par l'énoncé. Ainsi par exemple, les énoncés exclamatifs ou les interjections représentent leur énonciation comme ayant été déclenchée par un sentiment de souffrance, d'étonnement, etc., ou comme ayant été arrachée par la situation.

Mais en fait ces indications sont secondes par rapport aux indications plus primitives relatives aux sources de l'énonciation car «c'est l'objet propre d'une conception polyphonique du sens que de montrer comment l'énoncé signale, dans son énonciation, la superposition de plusieurs voix» (1984, p. 183).

c. *La polyphonie énonciative : locuteurs et énonciateurs*

Le sens de l'énoncé comporte donc «l'attribution à l'énonciation d'un ou de plusieurs sujets qui seraient son origine» (1984, p. 193) et parmi lesquels il faut distinguer au moins deux types de personnages : le(s) locuteur(s) et les énonciateurs. Le *locuteur* est l'être qui dans le sens même de l'énoncé est présenté comme son responsable (cet être discursif ne coïncide donc pas nécessairement avec le sujet parlant, l'être empirique) ; c'est à lui que réfèrent le pronom «je» et les autres marques de la première personne. Dans les cas de double énonciation (discours rapporté en style direct, les échos imitatifs, etc.) il y a une pluralité de responsables donnés comme distincts et ainsi une partie d'un énoncé imputé globalement à un locuteur premier doit être imputée à un locuteur second (*cf.* par ex. «Pierre *m*'a dit : "*Je* viendrai"», où les deux marques de première personne renvoient à deux êtres différents, à deux locuteurs distincts).

Une deuxième forme de polyphonie peut être décrite à l'aide de la notion d'*énonciateurs*. Ce sont les «êtres qui sont censés s'exprimer à travers l'énonciation, sans que pour autant on leur attribue des mots précis» (1984, p. 204) ; ce sont des points de vue (pas nécessairement ceux du locuteur) que l'on fait apparaître dans l'énonciation. Ainsi, si l'énoncé présente son énonciation comme ayant un responsable, le locuteur, celui-ci donne existence à des énonciateurs dont il organise les points de vue. Dans l'énonciation, les énonciateurs sont mis en perspective, hiérarchisés les uns par rapport aux autres, le locuteur pouvant adopter différentes attitudes : il peut s'identifier avec ces points de vue (l'énonciateur est alors actualisé), s'y opposer, s'en distancier ou tout simplement leur donner existence discursive sans prendre une position déterminée.

Ainsi, par exemple, pour interpréter un énoncé ironique, il faut assimiler à deux personnages différents le locuteur de l'énonciation et l'énonciateur qui s'exprime dans cette énonciation et avec lequel le locuteur ne s'identifie pas. Supposons la situation suivante : Jean, mon allocutaire, m'a prédit hier qu'aujourd'hui il ferait un temps magnifique. Aujourd'hui il pleut et je lui dis : «Il fait très beau aujourd'hui.» Il est évident que si, en tant que locuteur, je prends la responsabilité de cette énonciation ironique, je ne m'identifie pas avec l'énonciateur du point de vue absurde. En fait, c'est Jean qui, dans mon énonciation, est présenté comme l'énonciateur de ce point de vue ridicule. Cette assimilation entre énonciateur et allocutaire est principalement marquée par l'identité sémantique entre mon énonciation ironique et celle que Jean avait accomplie hier.

Un autre exemple de cette deuxième forme de polyphonie est fourni par les énoncés négatifs. En effet, la plupart des énoncés négatifs font apparaître deux points de vue opposés, l'un, positif, correspondant à l'assertion préalable et l'autre qui correspond au refus du premier. Ainsi, dans l'énoncé «Pierre n'est pas intelligent», il y a deux points de vue antagonistes : l'un selon lequel «Pierre est intelligent», qui est imputé à un énonciateur E_1 et dont le locuteur se distancie, et un autre, imputé à un énonciateur E_2 avec lequel le locuteur s'identifie, qui refuse le premier point de vue positif.

Dans cette conception polyphonique du sens, l'énonciation peut être assimilée à une sorte de représentation théâtrale où plusieurs voix se manifestent, le locuteur mettant en scène un certain nombre de points de vue (les énonciateurs) par rapport auxquels il prend des attitudes différentes.

5.2. Le dit et l'implicite

Si la distinction théorique entre énoncé et énonciation (entre *le dit* d'une part et *le dire* d'autre part) et sa considération systématique en linguistique viennent mettre en question la conception selon laquelle l'acte d'informer (la transmission d'un message entre un émetteur et un récepteur), c'est l'acte linguistique fondamental, un autre couple (*le dit/le non-dit*) permet aussi de mettre en évidence que les langues naturelles ne sont pas de simples codes destinés à la transmission neutre, totale et transparente de l'information, car ce serait admettre «que tous les contenus exprimés grâce à elles sont exprimés de façon explicite» (Ducrot, 1972, p. 5). Or il est évident que cette situation est loin d'être la plus habituelle. Notre propre compétence comme sujets parlants nous permet de voir que dans nos échanges quotidiens on arrive à «dire» des choses sans les dire explicitement. À travers des présuppositions, des sous-entendus, des insinuations, des «implicatures», des actes de langage indirects, etc., on «dit» toujours plus que ce qu'en fait on dit. Dans les pages qui suivent nous donnerons quelques détails sur les trois premières formes de ces «dits» implicites : les présuppositions, les sous-entendus et les «implicatures». Quant aux actes de langage indirects, ils seront abordés dans la troisième partie, où nous traiterons de la théorie des actes de langage.

5.2.1. *La présupposition*

On considérera comme présupposés les éléments sémantiques qui, sans être ouvertement posés, sont cependant inférables automatiquement et nécessairement à partir de l'énoncé dans lequel ils se trouvent inscrits. Ainsi, s'ils ne constituent pas l'objet essentiel du dire, ils sont tout de même véhiculés par l'énoncé qui les contient. Ces éléments sémantiques sont présentés sur le mode du «déjà admis» ou du «cela va de soi», et en ce sens ils imposent un *cadre de discours* plus ou moins connu et accepté par les interlocuteurs (voir aussi 4.4.2., «Implication et présupposition»). Dans les termes de la théorie de la polyphonie, on dira que les énoncés à présupposition présentent deux points de vue : E1 et E2 (les deux énonciateurs postulés), responsables respectivement des contenus présupposé et posé. Le locuteur s'identifie avec E2 tandis que E1 est assimilé à une voix collective dont le locuteur est partie prenante. Considérons à titre d'exemple l'énoncé suivant :

1. Pierre a commencé à étudier le droit.

Cet énoncé véhicule deux types de contenus : le posé, ce qui est dit explicitement (P : «Pierre étudie le droit maintenant») et un présupposé déclenché par l'item lexical «commencer à» (PP : «Pierre n'étudiait pas le droit avant»)[1].

L'un des critères les plus souvent utilisés pour déceler le phénomène de la présupposition est le test de la négation. En effet, il est normalement admis, depuis Frege et Strawson, qu'étant donné un énoncé possédant un présupposé, celui-ci est conservé dans les énoncés négatifs correspondants (de même que dans les énoncés interrogatifs correspondants). Ainsi, les énoncés «Pierre n'a pas commencé à étudier le droit» et «Est-ce que Pierre a commencé à étudier le droit ?» comportent eux aussi le même présupposé que (1), ce qui est nié ou interrogé étant seulement le posé. En ce sens, le présupposé peut être clairement distingué de l'implication (ang. : *entailment*). Comparons à ce sujet, les énoncés suivants :

2. Pierre a réussi à finir son travail à temps.
3. Pierre a fini son travail à temps.
4. Pierre a essayé de finir son travail à temps.

S'il est vrai que de (2) on peut inférer (3) et (4), seul (4) peut être considéré comme le présupposé véhiculé par (2). En effet, de l'énoncé négatif correspondant à (2), «Pierre n'a pas réussi à finir son travail à temps», on ne peut pas inférer (3) tandis que l'inférence vers (4) est préservée. Ainsi donc, la négation altère les implications (*entailments*) d'un énoncé mais conserve ses présupposés.

---

1. On écarte des interprétations particulières comme celle où «Pierre a commencé à étudier le droit, puis a abandonné pour les sciences économiques».

Cela dit, la négation peut, dans certains cas, annuler le présupposé du point de vue positif sous-jacent (*cf.* § 5.1.3.3.). Mais il s'agit là d'une négation particulière : la négation métalinguistique «qui contredit les termes mêmes d'une parole effective à laquelle elle s'oppose» (Ducrot, 1984). En effet, utilisée pour réfuter un autre locuteur L1 qui a énoncé le correspondant positif, la négation métalinguistique de L2 permet de rejeter le cadre de discours imposé par l'énoncé de L1. Considérons à ce propos le dialogue suivant :

5.

L1 : – Pierre s'est mis à boire. Quelle horreur!

L2 : – Non, il ne s'est pas MIS à boire. Il boit depuis très longtemps.

(les majuscules indiquent la présence d'un accent d'intensité qui détache le(s) mot(s) à remplacer. Ce type de contour intonationnel est caractéristique de la négation métalinguistique).

Comme on peut le constater (*cf.* test de la négation et de l'interrogation), l'énoncé de L1 véhicule le présupposé «Pierre ne buvait pas avant», cadre du discours par rapport auquel le posé «Pierre boit maintenant» prend son sens (en effet, l'énoncé exclamatif «Quelle horreur !» n'est pas déclenchée par le fait que Pierre boive, mais par le fait qu'il boive alors qu'il ne le faisait pas auparavant). Or c'est bien le présupposé qui est nié par la négation métalinguistique contenue dans la réplique de L2 : en effet, celui-ci ne nie pas le posé de l'énoncé de L1. S'il le faisait, son discours serait contradictoire dans la mesure où son énoncé postérieur : «Il boit depuis très longtemps», laisse entendre le posé en question (*cf.* présence du verbe «boire» au présent de l'indicatif).

Un deuxième critère est celui de l'enchaînement (Ducrot, 1984, p. 40) : dans une suite d'énoncés, on enchaîne nécessairement sur ce qui est posé, et non pas sur ce qui est présupposé. En ce sens, le présupposé, tout en constituant le cadre dans lequel le discours ultérieur va se développer, est présenté comme ne devant pas être le thème de l'énoncé suivant. Ainsi, dans l'enchaînement

6. Pierre a cessé de fumer. Il doit être content.

la conclusion présentée par le deuxième énoncé prend comme argument le posé du premier et non pas son présupposé : c'est parce qu'il ne fume pas maintenant que Pierre doit être content et non parce qu'il fumait avant. Corrélativement, ce même critère explique l'impossibilité de l'enchaînement argumentatif suivant (d'où l'astérisque qui le précède) car le deuxième énoncé enchaîne sur le présupposé (le cadre) et non pas sur le thème proposé (l'activité tabagique actuelle de Pierre).

7. * Pierre continue à fumer. C'est pour ça qu'il était malade l'année dernière.

Comme on peut le constater à travers les différents exemples donnés ci-dessus, les présuppositions semblent attachées à la présence dans l'énoncé de certaines unités lexicales ou structures syntaxiques. Il s'agit là de ce qu'on appelle généralement des déclencheurs de présuppositions (angl. : *presupposition-triggers*), dont il existe, selon Karttunen, une trentaine de types.

Signalons quelques uns de ces déclencheurs de présuppositions :

– *de nature lexicale* :

1. verbes «transformatifs d'état» (ex. : «cesser de», «se mettre à») ;
2. verbes «implicatifs» (ex. :«réussir à») ;
3. verbes «factifs» (ex. : «savoir», «regretter», «prétendre»), qui présupposent la vérité ou la fausseté du contenu de la complétive qu'ils introduisent ;
4. les descriptions définies (déterminant défini + nom) ont toujours une présupposition d'existence (ex. : «Pierre a vu *l'homme aux cheveux longs*» présuppose «il y a un homme aux cheveux longs») ;

– *de nature syntaxique* :

5. structures clivées (ex. : «*C'est* Pierre *qui* est parti» présuppose «quelqu'un est parti») ;
6. structures conditionnelles contrefactuelles (ex. : «*Si j'avais eu de l'argent*, j'aurais acheté cette maison-là», présuppose «je n'ai pas eu d'argent») ;
7. les interrogations de constituant (ex. : «Qui est venu ?» présuppose «quelqu'un est venu»).

5.2.2. *Les sous-entendus*

Contrairement aux présupposés qui, comme nous l'avons indiqué, sont inscrits en langue, les sous-entendus sont «*context-sensitive*» en ce sens qu'ils sont issus d'un processus interprétatif dans lequel le contexte joue un rôle fondamental. Il s'agit, en effet, de contenus implicites qui sont susceptibles d'être véhiculés par un énoncé donné mais dont l'actualisation dépend du contexte énonciatif.

Selon Ducrot, ce type de contenu implicite «est toujours engendré comme réponse à des questions du type "Pourquoi le locuteur a-t-il dit ce qu'il a dit ?", "Qu'est-ce qui a rendu possible sa parole ?". En d'autres termes, une condition nécessaire (certainement pas suffisante, d'ailleurs) pour qu'un énoncé *E* sous-entende *X*, est que *X* apparaisse comme une explication de son énonciation.» (Ducrot, 1984, p. 34.) Ainsi par exemple, si l'énoncé de la phrase

8. Pierre a cessé de fumer.

présuppose que Pierre fumait avant (*cf.* présence du verbe déclencheur de présupposition «cesser de») et pose qu'il ne fume pas maintenant, il pourra sous-entendre, selon les circonstances de son énonciation et les représentations particulières qui associent les interlocuteurs, «tu devrais en faire autant», «on y arrive avec un peu de courage», etc.

Comme on peut le constater, ces sous-entendus qui peuvent, selon le contexte, être véhiculés par l'énoncé ne sont pas marqués dans la phrase. Leur décryptage implique un calcul interprétatif qui exige l'intervention non seulement de la compétence linguistique du décodeur mais aussi de ses compétences encyclopédique et/ou rhétorico-pragmatiques.

Par ailleurs, et toujours par opposition aux présupposés, les sous-entendus peuvent être annulés. En effet, lors de la production d'un énoncé, le locuteur peut se rendre compte qu'il a «implicité» quelque chose qu'il ne souhaitait pas laisser entendre. Dans ce cas, il peut toujours s'auto-corriger en ajoutant du matériel linguistique afin de neutraliser le sous-entendu qui serait autrement véhiculé par son énoncé et dont il n'avait pas pris conscience initialement. Considérer à ce propos les enchaînements suivants :

9. Comme vous êtes belle ce soir ! Comme toujours d'ailleurs.

10. Il est 9 heures, chéri. Mais ce n'est pas la peine de se dépêcher : le car ne passe nous prendre qu'à 10 heures.

Dans la mesure où la notion d'«implicature» conversationnelle développée par Grice (*cf.* infra § 5.2.3.) est à la base du procédé communicatif par sous-entendu, nous ne ferons ici qu'une brève allusion à deux types particuliers de sous-entendus : les «insinuations» et les «allusions».

C. Kerbrat-Orecchioni définit l'*insinuation* comme un sous-entendu malveillant : «Pour que l'on ait affaire à une insinuation, il faut et il suffit que l'on admette qu'un certain contenu se trouve : 1. énoncé ; 2. sur le mode implicite ; 3. de telle sorte qu'il disqualifie l'allocutaire, ou une tierce personne.» (Kerbrat-Orecchioni, 1986, p. 43-44.) Ainsi, par exemple, une injure trop explicite ne saurait être «insinuée» et, en ce sens, un dialogue comme le suivant se conçoit difficilement :

11.
L_1 : Tu es un imbécile !
L_2 : ?? Qu'est-ce que tu veux insinuer ?

Comparer avec :

12.
L_1 : Tu as encore martyrisé tes auditeurs ?
L_2 : Qu'est-ce que tu veux insinuer ? que je joue mal du piano ?

En ce qui concerne l'*allusion*, Kerbrat-Orecchioni signale qu'elle correspond

- soit aux sous-entendus à contenu grivois ou graveleux. «C'est l'allusion sexuelle – de tels contenus étant, on comprend aisément pourquoi, particulièrement candidats à la formulation implicite» (1986, p. 46) ;
- soit aux explicitations rendues non nécessaires du fait de la connivence entre deux protagonistes de l'échange verbal. Cette connivence peut être pacifique mais aussi agressive. C'est le cas notamment des échanges à trois ou plus, dans lesquels deux individus parlent de manière allusive de façon à ne pas être compris par les autres ;
- soit aux renvois intertextuels où «le texte évoqué et convoqué par allusion intertextuelle est tout à la fois, comme le sous-entendu, présent et absent de celui qui l'accueille» (1986, p. 46-47).

Signalons, pour finir, que, dans tous les cas, les sous-entendus peuvent présenter différents degrés d'évidence ; autrement dit, ils peuvent être plus ou moins contestables, plus ou moins timides, plus ou moins fortement codés pour telle interprétation précise, etc. En guise d'exemple, comparons deux énoncés (B1 et B2) donnés comme réponse à la question posée par le locuteur A qui vient d'entrer dans une salle où des gens sont censés discuter à propos d'un sujet délicat et controversé :

13.
A : Et alors ? Ça se passe comment ?
B_1 : Tout est calme *en ce moment.*
B_2 : Tout est calme *pour le moment.*

Comme on peut le constater, si la réplique B_1 peut éventuellement sous-entendre, sous une forme assez discrète, que le calme risque de ne pas durer, la réplique B_2 sous-entend plus fortement ce même contenu implicite. En d'autres termes, si la réponse choisie est B_2, B ne pourra pas prétendre ne pas avoir voulu dire ce qu'il a sous-entendu. En revanche, si la réplique qu'il choisit est B_1, il pourra soutenir, quoique, évidemment, avec une certaine mauvaise foi, qu'il a simplement décrit objectivement une situation.

5.2.3. *Les «implicatures» conversationnelles de Grice*

La notion d'implicature conversationnelle proposée par le philosophe du langage H.P. Grice se révèle comme l'une des idées les plus importantes en pragmatique. En effet, elle constitue un exemple clé de la nature et du pouvoir des explications pragmatiques des phénomènes linguistiques car elle permet d'expliquer comment il est possible de signifier plus que ce qui est effectivement dit.

Dans son article «Logic and Conversation» (1975, traduction française 1979), qui reprend en partie le texte de ses Conférences William James à Harvard en 1967, Grice propose une théorie de l'interprétation des énoncés dans la conversation. Il suggère qu'il y a une série de principes (qu'il énonce sous forme de quatre «*maximes*») qui régissent nos comportements discursifs dans nos échanges conversationnels et auxquels tout locuteur est censé se conformer. Jusque là, «on avait généralement considéré que l'interprétation d'un énoncé dépendait de deux facteurs : le sens de la phrase énoncée d'une part, le "contexte" (linguistique et extra-linguistique) d'autre part. À ces deux facteurs variables, Grice ajoute un troisième facteur constant : un "principe coopératif"» (Wilson et Sperber, 1979, p. 80).

Ce *principe de coopération* «qu'on s'attendra à voir respecté par tous les participants» est défini de la façon suivante : «Que votre contribution conversationnelle corresponde à ce qui est exigé de vous, au stade atteint par celle-ci, par le but ou la direction acceptés de l'échange parlé dans lequel vous êtes engagé.» (Grice, 1979, p. 61.)

Le principe de coopération subsume les quatre maximes qui spécifient ce que les participants doivent faire pour que la conversation se déroule de façon rationnelle, coopérative et efficace :

1. Maxime de quantité :
- Que votre contribution contienne autant d'information qu'il est requis (pour les visées conjoncturelles de l'échange).
- Que votre contribution ne contienne pas plus d'information qu'il n'est requis.

2. Maxime de qualité :
Que votre contribution soit véridique :
- N'affirmez pas ce que vous croyez faux ;
- N'affirmez pas ce pour quoi vous manquez de preuves.

3. Maxime de relation :
Parlez à propos (*i.e.*, Soyez pertinent).

4. Maxime de modalité :
Soyez clair, *i.e.* :
- Évitez de vous exprimer avec obscurité ;
- Évitez d'être ambigu ;
- Soyez bref (ne soyez pas plus prolixe qu'il n'est nécessaire) ;
- Soyez méthodique.

Mais si ces maximes sont un ensemble de principes qui régissent la conversation (les participants doivent parler d'une manière sincère, pertinente et claire tout en fournissant l'information suffisante), il ne faut pas en déduire que les individus les suivent au pied de la lettre. Les principes sont faits pour être suivis *ou* enfreints. En effet, dans la plupart des conversations ordinaires il se trouve que les locuteurs enfreignent ouvertement un de ces principes conversationnels particuliers, mais dans ces cas – c'est le point central de Grice –, l'auditoire supposera que le locuteur respecte néanmoins les principes conversationnels en général. Ainsi, il supposera, par exemple, que le locuteur a violé l'une des maximes pour ne pas en enfreindre une autre. Considérons le dialogue suivant :

14.
A – Où habite C ?
B – Quelque part dans le midi de la France.

où *B* viole le premier sous-principe de la maxime de Quantité (il ne fournit pas la quantité nécessaire d'information qui lui est requise). Cependant cette transgression s'explique si l'on suppose que B sait que donner plus d'information serait faire infraction à la maxime de Qualité : «Ne dites que ce que vous pouvez prouver» ; c'est ainsi que B «implicite qu'il ne sait pas dans quelle ville C habite» (1979, p. 66). Grice appelle «*implicatures conversationnelles*» les hypothèses que l'auditeur est amené à faire pour concilier ce que le locuteur a dit avec la présomption selon laquelle le locuteur respecte, dans la mesure du possible, les principes généraux de la conversation. Il y a *sous-entendu* selon Grice quand l'auditeur, en se basant sur :

1. le sens conventionnel des mots utilisés, de même que sur l'identité des référents ;
2. le principe de coopération et ses maximes ;
3. le contexte linguistique (et autre) de l'énoncé ;
4. d'autres éléments de connaissance préalable,

infère ce qu'implique conversationnellement ce qu'a dit le locuteur au terme d'un *raisonnement* dont les étapes peuvent être explicitées de la façon suivante : «Il a dit *P*, il n'y a pas lieu de supposer qu'il n'observe pas les règles, ou du moins le principe de coopération (*CP*). Mais pour cela il fallait qu'il pense *Q* ; il sait (et sait que je sais qu'il sait) que je comprends qu'il est nécessaire de supposer qu'il pense *Q* ; il n'a rien fait pour m'empêcher de penser *Q* ; il veut donc que je pense ou du moins me laisse penser *Q* ; donc il a implicité *Q*.» (1979, p. 65.)

Ainsi, pour sous-entendre *q* (que l'on ne veut pas dire ouvertement pour telle ou telle raison) on peut dire *p* pourvu que *p* implique conversationnellement *q*.

Une deuxième façon de ne pas satisfaire à une règle, c'est de la transgresser ouvertement. C'est *fondamentalement* ce type de situation qui donne naissance aux implicatures conversationnelles. «Quand une implicitation est ainsi produite, je dirais qu'il y a, véritablement, *exploitation* de la règle.» (1979, p. 64.) Considérons quelques exemples :

– la maxime de Quantité est bafouée :

> Grice donne comme exemple la situation suivante : A rédige une recommandation pour un de ses élèves qui postule à un poste en philosophie. Voici les termes de sa lettre : «Monsieur, M.X a une maîtrise remarquable en anglais, et il a été assidu à mes cours. Je vous prie d'agréer, etc.» Implicature conversationnelle : M. X ne vaut rien en philosophie.

– la maxime de Relation est violée ouvertement :

> Les exploitations de cette règle sont rares (il est difficile de trouver des répliques qui doivent être interprétées comme non pertinentes). Grice fournit cependant un exemple très clair : «En prenant le thé entre gens de bonne compagnie, A déclare : "Mme. X est une vieille p...", et après un moment de silence épouvanté, B affirme : "Il fait vraiment beau cet été, n'est-ce pas ?"» (1979, p. 68). Implicature conversationnelle de la réplique de B (qui viole ouvertement la maxime de Relation) : A a commis quelque impair.

Ainsi, comme le montrent les exemples ci-dessus, bien qu'une maxime (ou sous-maxime) soit transgressée ouvertement au niveau de ce qui est dit, l'hypothèse centrale de Grice semble se vérifier : «L'interlocuteur peut présumer que la règle en question, ou même le Principe Coopératif, sont respectés au niveau de ce qui est implicité.» (1979, p. 66.)

Les implicatures conversationnelles constituent donc des inférences basées, d'une part, sur le contenu de ce qui a été dit et, d'autre part, sur quelques présomptions (angl. : *assumptions*) spécifiques concernant la nature coopérative de l'interaction verbale ordinaire. Elles montrent que le pouvoir communicatif du langage ne peut pas être réduit à un ensemble de conventions car «ce qui peut être communiqué excède toujours le pouvoir communicatif fourni par les conventions du langage et de son emploi» (Levinson, 1985, p. 112).

Signalons, en guise de conclusion, quelques propriétés des implicatures conversationnelles :

- elles sont *annulables* : dans la mesure où ces implicatures ne sont pas linguistiquement encodées, elles peuvent être supprimées ou annulées sans contradiction par l'addition de matériel linguistique supplémentaire à l'énoncé original. Ainsi, par exemple, la réponse «Marie a cinq enfants» à la question «Est-ce qu'elle travaille ?» implicite conversationnellement qu'elle ne travaille pas. Cependant, on peut très bien annuler cette implicature en ajoutant à l'énoncé original «Marie a cinq enfants» la suite «mais elle travaille quand même» ;
- elles sont *inamovibles* : dans la mesure où elles sont attachées au contenu sémantique de ce qui est dit, et non pas à la forme linguistique, elles ne peuvent pas être détachées de l'énoncé par le simple fait de remplacer l'une de ses formes par un synonyme ;
- elles sont *calculables* : et cela à travers un raisonnement, un calcul du type de celui mentionné plus haut : en se fondant, d'une part, sur ce qui a été dit et, d'autre part, sur le principe coopératif et ses maximes, l'auditeur fera l'inférence pour préserver la présomption de coopération ;
- elles sont enfin *non-conventionnelles* : elles ne font pas partie de la signification conventionnelle des expressions linguistiques sur lesquelles elles viennent se greffer à l'usage.

À l'intérieur des implicatures conversationnelles, Grice distingue deux groupes : les *particularisées* (tous les exemples donnés ci-dessus en constituent des cas) et les *généralisées*. Tandis que les premières proviennent «de ce qu'on a affirmé *P* à une occasion particulière, et en vertu d'éléments bien précis du contexte» (1979, p. 70), les deuxièmes surgissent sans un contexte particulier par «le simple fait d'utiliser certaines formes linguistiques dans un énoncé» (1979, p. 70) ; par exemple, l'expression sous la forme suivante : «Un *X*». En effet, le fait d'utiliser cette expression implicite que le *X* en question n'est pas une entité identifiable ou qu'il n'a pas de lien étroit avec le locuteur ou l'allocutaire. Ainsi, «toute personne qui emploie une phrase du type "*X* rencontre *une femme* ce soir" implicite normalement que la personne qui va être rencontrée n'est ni la femme de X, ni sa mère, ni sa sœur, ni même peut-être une proche amie platonique.» (1979, p. 70.)

Signalons enfin qu'à côté des implicatures conversationnelles, Grice indique l'existence d'un autre type d'implicatures, les *conventionnelles*. Celles-ci ne dérivent pas des maximes et sont attachées par convention à des expressions ou à des items lexicaux particuliers (en ce sens elles sont difficiles à distinguer des implicatures conversationnelles généralisées). Grice affirme que dans ce type d'implicatures, «le sens conventionnel des mots utilisés servira non seulement à déterminer ce qui est dit, mais également ce qui est implicité» (1979, p. 60). Tel est le cas dans «Il est anglais, il est donc courageux», où «il ne fait pas de doute que j'affirme, par la vertu du sens des mots que je prononce, que son courage est une conséquence du fait qu'il est anglais. Mais tout en ayant déclaré qu'il est anglais, et qu'il est courageux, je ne veux pas dire par là que j'ai vraiment DIT (au sens fort) que son anglitude découle de son courage, bien que sans aucun doute je l'ai implicité.» (1979, p. 60.) Notons que quand Grice précise qu'il n'a pas «vraiment DIT», il fait allusion au fait que le mot «donc» ne contribue pas, selon lui, aux conditions de vérité de la phrase dans laquelle il apparaît.

5.2.4. *Le point de vue de la théorie de la pertinence*

Toutes les maximes de Grice sont-elles vraiment nécessaires ? Y en a-t-il qu'on puisse éliminer, ou bien réduire à d'autres ? Voilà quelques-unes des questions que se posent D. Sperber et D. Wilson, auteurs de la théorie de la pertinence, pour qui la *pertinence*, concept théorique utile à l'étude de la communication et de la cognition, peut servir de fondement à un principe subsumant toutes les maximes de Grice et fournissant un critère qui permet de séparer les faits qui relèvent de la sémantique et ceux qui relèvent de la pragmatique.

À la base de leur théorie, on trouve une idée fondamentale : tout ce qui est linguistiquement communiqué n'est pas linguistiquement encodé. Ainsi, si la langue est bien une affaire de code (au niveau de la phonologie, de la syntaxe, de la sémantique), la communication, l'emploi de la langue en contexte, est une affaire d'*inférence* relevant de la pragmatique. En effet, pour ces auteurs, l'interprétation des énoncés est un processus en deux étapes : une première étape modulaire de *décodage* linguistique dont le résultat est une forme logique dérivée des informations fournies par la phonologie, la syntaxe et la sémantique ; et une deuxième étape *inférentielle* qui «consiste à enrichir contextuellement la forme logique décodée de façon à construire une hypothèse sur l'intention informative du locuteur» (Wilson et Sperber, 1990, p. 13). Cette deuxième étape sera guidée par le principe de base de la théorie, à savoir le *principe de pertinence*, qui s'énonce comme suit : «Le locuteur a produit l'énoncé le plus pertinent étant donné les circonstances.»

Ainsi, un énoncé donné aura, le plus souvent, plusieurs interprétations mais «l'auditeur retiendra l'interprétation la plus compatible avec l'hypothèse d'un locuteur ayant cherché à en assurer au mieux la pertinence» (Wilson et Sperber, 1979, p. 89).

Le principe de pertinence repose sur deux notions fondamentales : celle d'*effet* et celle d'*effort*. La première trouve son fondement dans une intuition : «Modifier et améliorer un contexte [un ensemble d'informations anciennes], c'est produire un certain *effet* sur ce contexte, mais pas n'importe lequel.» (1989, p. 168.) Ainsi, les seuls types d'effets qui seront retenus résultent de l'interaction des informations nouvelles avec des informations anciennes et sont de trois sortes : un énoncé, avec ses effets, peut *ajouter* de nouvelles implications dans le contexte par rapport auquel il est interprété ; il peut *renforcer* des hypothèses déjà présentes ; il peut *éradiquer* des présomptions qui existaient dans le contexte. Ces trois types d'effets constituent ce que Sperber et Wilson appellent les *effets contextuels d'un énoncé.*

> Le *contexte* est défini comme un ensemble d'assomptions contextuelles sous forme de propositions, provenant principalement de quatre sources : le mécanisme déductif (contenant les informations en cours de traitement), la mémoire à court terme, la mémoire à long terme et l'environnement physique. La notion de pertinence dépend étroitement du contexte et cela dans la mesure où la sélection du contexte est cruciale pour l'interprétation des énoncés. À ce propos, considérons l'exemple suivant :
>
> a. Jean vote contre tout candidat qu'il n'aime pas.
> b. Marie vote contre tout candidat qu'elle n'aime pas.
> c. Jean n'aime pas les philosophes.
> d. Marie n'aime pas les Italiens.
> e. Si Marie et Jean votent tous deux contre un candidat, il est éliminé.
>
> où (a) à (e) représentent les assomptions contextuelles (*i.e.*, un certain nombre de connaissances nécessaires aux raisonnements menés pour interpréter les énoncés) qui sont accessibles à l'auditeur de :
>
> 15. Le prochain candidat est un philosophe italien.
> 16. Le prochain candidat est un philosophe.
> 17. Le prochain candidat est italien.

Dans le contexte (a) à (e) et si le prochain candidat est effectivement un philosophe italien, (15) sera l'énoncé le plus pertinent. En effet, (15) est celui qui permet le maximum d'inférences ou d'implications contextuelles.

La notion d'effet contextuel est essentielle à la définition de la pertinence car, pour qu'une information soit pertinente, il faut qu'elle ait des effets contextuels. «Nous soutiendrons [...] que, toutes choses étant égales par ailleurs, plus les effets sont grands, plus grande est la pertinence.» (1989, p. 182.) Mais un deuxième facteur doit être pris en considération pour évaluer le degré de pertinence d'un énoncé : l'*effort* de traitement nécessaire pour obtenir les effets contextuels. Cet effort nécessaire dépend principalement de trois facteurs : la complexité de l'énoncé, la taille du contexte et l'accessibilité des informations de ce contexte. «Toutes choses étant égales d'ailleurs, plus l'effort de traitement est grand, plus la pertinence est faible.» (1989, p. 189.) La pertinence est donc un concept comparatif où effets contextuels et efforts cognitifs tendent à s'équilibrer : les efforts ne s'expliquent que si une garantie de pertinence (existence d'effets contextuels) est associée au traitement de l'énoncé. Ainsi, plus un énoncé dans un contexte produit des effets contextuels (implication contextuelle, renforcement ou éradication d'une présomption) dans ce contexte, plus il sera pertinent ; mais, simultanément, comme la pertinence d'un énoncé ne dépend pas seulement de ses effets contextuels mais aussi de l'effort cognitif nécessaire pour son interprétation, plus un énoncé mobilisera d'effort cognitif, moins il sera pertinent. Par conséquent, la pertinence optimale est atteinte dès lors que le coût de traitement (*i.e.*, l'effort cognitif) n'est pas plus important que les effets obtenus.

Ainsi, dans le même contexte (a) à (e), l'énoncé (18)

18. Le prochain candidat est un philosophe italien et les échecs sont un jeu passionnant.

n'est pas plus pertinent que (15). En effet, (18) permet autant d'inférences que (15) mais pas plus : l'information à propos des échecs ne viendra que compliquer les déductions menées, c'est-à-dire qu'il mobilisera plus d'effort de traitement.

À la différence des maximes, le principe de pertinence ne découle pas du principe coopératif même si, évidemment, il ne le contredit pas. D'autre part, le principe et les maximes de Grice sont des normes que les individus doivent connaître et respecter dans la mesure du possible pour pouvoir communiquer efficacement. Mais comme nous l'avons déjà signalé, elles peuvent être violées ouvertement afin de produire des effets particuliers (les implicatures conversationnelles). En revanche, le principe de pertinence, qui est, selon ses auteurs, une généralisation sur la communication ostensive-inférentielle[1], ne pourrait jamais être transgressé même si les communicateurs le voulaient. «Le principe de pertinence ne connaît pas d'exceptions : tout acte de communication ostensive communique une présomption de pertinence.» (1989, p. 244.) Finalement, Sperber et Wilson signalent que la différence la plus importante entre la conception de Grice et la leur concerne la façon d'expliquer la communication. Tandis que Grice part d'une distinction entre ce qui est explicitement dit et ce qui est implicité, c'est-à-dire entre communication explicite, pour laquelle il ne propose aucune explication, et implicatures, le principe de pertinence vise à expliquer la communication ostensive dans sa totalité, que cette communication soit explicite ou implicite, sans s'en remettre à un modèle du langage comme simple code.

5.3. La théorie des actes de langage

5.3.1. *La théorie de J.L. Austin*

a. *L'opposition constatif/performatif*

Dans *How to do things with words* (1962) (traduction française : *Quand dire c'est faire*, 1970), publication qui réunit une série de douze conférences qui, dans le cadre des Conférences William James, ont été prononcées par John L.

1. D'une part, la communication verbale est inférentielle parce qu'elle met en jeu simultanément des mécanismes de codage et des mécanismes inférentiels. D'autre part, elle est ostensive dans la mesure où communiquer consiste à rendre manifeste à un destinataire l'intention qu'on a de lui rendre manifeste une information de premier niveau. Dans les termes de Sperber et Wilson, le communicateur produit un stimulus qui rend mutuellement manifeste au communicateur et au destinataire que le communicateur veut, au moyen de ce stimulus, rendre manifeste ou plus manifeste au destinataire un ensemble d'hypothèses I.

Austin à l'Université de Harvard en 1955, son auteur entreprend de façon vigoureuse la critique de la position descriptiviste associée au positivisme logique. Selon cette conception, la fonction essentielle du langage est la représentation des états de choses, représentation qui peut être jugée à la lumière du critère du vrai/faux. Ainsi ont un sens les énoncés qui, décrivant ou affirmant un certain fait, ont une valeur de vérité déterminée ou déterminable par l'expérience. Or, remarque Austin, dans le langage ordinaire, il y a des énoncés déclaratifs qui ne «décrivent» ni ne «représentent» aucun fait. C'est le cas notamment des énoncés illustrés ci-dessous :

19. Je baptise ce bateau le *Queen Elizabeth.*

20. Oui [je le veux]. (Ce «Oui» étant prononcé au cours de la cérémonie du mariage.)

21. Je donne et lègue ma montre à mon frère.

où «il semble clair qu'énoncer la phrase (dans les circonstances appropriées, évidemment), ce n'est ni *décrire* ce qu'il faut bien reconnaître que je suis en train de faire en parlant ainsi, ni affirmer que je le fais : c'est le faire» (Austin, 1970, p. 41). Par conséquent, énoncer une phrase déclarative, ce n'est pas toujours décrire ou représenter une réalité. Dans certains cas, c'est instaurer une réalité nouvelle : baptiser un bateau, *c'est dire* dans les circonstances appropriées (19) ; se marier, *c'est dire* (20) à la mairie ou à l'autel.

Par ailleurs, les énoncés appartenant à ce groupe ne sont ni vrais ni faux. Considérer à ce propos la bizarrerie des dialogues suivants :

22.
L_1 : – Je te parie 50F que demain il pleuvra.
L_2 : – ?? C'est vrai.

23.
L_1 : – Je te promets que je viendrai.
L_2 : – ?? C'est faux.

Austin propose d'appeler ce type spécial de phrases, et les énoncés qui les manifestent, *performatives*, par opposition aux énoncés *constatifs* qui décrivent ou représentent des faits différents d'eux-mêmes et qui sont, par conséquent, vrais ou faux (ex. : «La terre est ronde» ; «Je suis allé chez le dentiste»). Le tableau suivant, extrait de Récanati (1979), expose la différence entre énoncés constatifs et performatifs dans la conception austinienne opposée à la position descriptiviste :

	Illusion descriptive	*Austin*
Je marche	$x_1 \rightarrow y_1$	$x_1 \rightarrow y_1$
Je jure	$x_2 \rightarrow y_2$	x_2

«Les x désignent les énoncés, et les y désignent les faits que représentent les énoncés. Dans l'illusion descriptive, aussi bien l'énoncé "je marche" (x_1) que l'énoncé "je jure" (x_2) décrivent des faits (respectivement y_1 et y_2). [...] Dans la conception austinienne par contre, seul l'énoncé constatif "je marche" décrit un fait [...]. Mais l'énoncé performatif "je jure", lui, ne décrit aucun fait – il instaure la réalité du jurement qu'il est. Nous avons donc un seul terme, l'énoncé "je jure" qui se pose comme étant un jurement : x_2.» (Récanati, 1979, p. 101.)

Or, si les performatifs ne sont ni vrais ni faux, leur énonciation peut être *malheureuse*. Ainsi, si je dis «Je baptise ce bateau *La belle étoile*», je peux ne pas réussir à baptiser le navire même si je prononce ces mots, si, par exemple, il a déjà un nom, ou si je ne suis pas la personne appropriée pour le faire, ou s'il n'y a pas de témoins, etc. Austin propose donc une série de «conditions nécessaires au fonctionnement "heureux" et sans heurts d'un performatif» (Austin,1970, p. 49). Il s'agit des *conditions de réussite* (ou de bonheur) :

- il doit exister une procédure conventionnelle dotée par convention d'un certain effet. Les personnes et les circonstances particulières doivent être celles qui conviennent pour qu'on puisse invoquer la procédure en question ;
- la procédure doit être exécutée correctement et intégralement ;
- les personnes doivent avoir les pensées ou sentiments requis par la procédure et l'intention d'adopter le comportement impliqué. De plus, elles doivent se comporter ainsi, en fait, par la suite.

Cette première distinction (constatifs *vs* performatifs) étant faite, Austin essaie de caractériser les performatifs en termes linguistiques. En ce sens, il remarque que les énoncés performatifs sont toujours à la première personne du présent de l'indicatif actif. Ainsi, l'énoncé

24. Je te promets de venir.

est performatif, mais

25. Il promet qu'il viendra.
26. J'ai promis que je viendrais.

sont deux constatifs qui décrivent respectivement le fait qu'il promet ou le fait que j'ai promis. Cependant, remarque Austin, il y a un type de performatif très répandu qui se présente à la deuxième ou troisième personne (du singulier ou du pluriel) et à la voix passive ; par exemple :

27. Vous êtes prié de revenir plus tard.
28. Les voyageurs sont avisés que la descente se fait à gauche dans le sens de la marche du train.

À la voix passive, le verbe peut aussi être impersonnel :

29. Il est formellement interdit d'entrer sans autorisation.

De tout cela résulte que ni la personne ni la voix ne sont des éléments essentiels à la performativité d'un énoncé. Mais le mode indicatif ne l'est pas non plus. Comparer à cet effet :

30. Je t'ordonne de partir.

31. Pars !

En effet, malgré le fait que (30) soit à l'indicatif et que (31) soit à l'impératif, ces deux énoncés remplissent la même fonction : dire (30) ou (31) revient à effectuer le même acte, en l'occurrence l'acte de donner un ordre. Mais il y a quand même une différence : (30) se présente explicitement comme étant un ordre au moyen du préfixe «je t'ordonne». Un énoncé qui contient un indicateur explicite de ce type (ex. «je t'ordonne», «je promets», «je parie», «je suggère», etc.) est nommé par Austin *énoncé performatif explicite*. À côté des performatifs explicites, il y a les *performatifs primaires*, dont (31), qui sont performatifs parce qu'ils sont des actes, mais qui ne sont pas des performatifs explicites parce qu'ils ne contiennent pas l'indicateur explicite de la nature de l'acte qu'ils sont. Néanmoins, le mode verbal, le contexte d'énonciation, l'intonation permettent d'interpréter un performatif primaire (par ex. : *Je viendrai demain*) comme une promesse, une menace, une question, etc., et, en ce sens, ils peuvent toujours être paraphrasés à l'aide d'un performatif explicite qui indique explicitement le sens performatif de l'énoncé. Ainsi,

Performatifs primaires		*Performatifs explicites*
Attention au chien !	=	Je vous avertis qu'il y a un chien méchant.
Partez immédiatement !	=	Je vous ordonne de partir immédiatement.
Je viendrai demain.	=	Je te promets que je viendrai demain.

Or cette deuxième distinction entre performatifs explicites et performatifs primaires entraîne nécessairement la révision de la première opposition (constatifs *vs* performatifs). En effet, tous les énoncés constatifs peuvent être considérés comme des performatifs primaires et devenir des performatifs explicites : il suffit d'expliciter l'acte d'affirmation à l'aide d'un préfixe («je dis que», «j'affirme que») qui affiche sans ambiguïté la performativité de l'énoncé. Ainsi,

La terre est ronde.	=	J'affirme que la terre est ronde.
Pierre est venu.	=	Je dis que Pierre est venu.

La dichotomie entre performatifs et constatifs est donc rejetée en faveur d'une *théorie générale des actes de langage*. Tout énoncé en est donc un : «Je te promets de venir» est une promesse ; «Je suis venu hier soir» est une affirmation. Il n'est donc pas vrai que ces énoncés s'opposent parce que le premier constitue un acte et le deuxième représente un fait différent de lui-même. Selon la thèse fondamentale de Austin, chacun de ces énoncés a deux aspects : une dimension «constative» (le fait de représenter un fait différent de lui-même) et une dimension «performative» (le fait de se présenter comme étant un acte de langage). Ainsi, en abandonnant l'opposition performatif/constatif, Austin distingue en tout énoncé :

- un *aspect locutoire* : ce qui est dit, c'est le contenu de l'énoncé ;
- un *aspect illocutoire* : c'est le fait de dire ce qui est dit dans la mesure où dire c'est faire, c'est accomplir un acte illocutoire (promesse, ordre, affirmation, avertissement, menace, jurement, question, etc.).

Ces deux aspects sont toujours liés et, en ce sens, comme l'affirme Récanati, dans cette deuxième théorie, Austin critique encore plus radicalement l'illusion descriptive. «Dans la première, il niait que tout énoncé doué de sens se borne à enregistrer ou décrire un fait, et signalait, à côté des énoncés purement "constatifs", l'existence d'une autre classe d'énoncés, les énoncés performatifs, qui ne décrivent pas des faits mais servent à accomplir des actions. Dans la deuxième théorie, il va beaucoup plus loin, et nie qu'aucun énoncé soit purement constatif : il cesse de présenter des exceptions, pour attaquer le représentationalisme en son fondement [...].»

	Illusion descriptive	*Austin 1*	*Austin 2*
Il est venu Je te jure qu'il est venu	$x_1 \rightarrow y_1$ $x_2 \rightarrow y_2$	$x_1 \rightarrow y_1$ x_2	$x_1 \rightarrow y_1$ $x_2 \rightarrow y_2$

b. *L'acte de langage selon Austin*

«En quel sens dire une chose, est-ce la faire ? En quel sens faisons-nous quelque chose en disant quelque chose ? (Et peut-être aussi, ce qui est un autre cas : en quel sens faisons-nous quelque chose par le fait de dire quelque chose ?).» (Austin, 1970, p. 107.) Austin isole trois sens dans lesquels dire quelque chose est faire quelque chose, et donc trois types d'actes qui sont accomplis simultanément :

- l'*acte locutoire* : c'est l'acte *de* dire quelque chose, autrement dit c'est l'énonciation d'une phrase avec un sens et une référence. Il comporte trois sous-actes : l'*acte phonétique* qui est la simple production de sons ; l'*acte phatique* qui correspond à la production de vocables ou de mots appartenant à un vocabulaire et se conformant à une grammaire ; et l'*acte rhétique* qui consiste à employer ces vocables dans un sens et avec une référence plus ou moins déterminés ;
- l'*acte illocutoire* : c'est l'acte effectué *en* disant quelque chose. C'est l'acte de faire une promesse, un offre, une affirmation, etc., à l'aide de l'énonciation d'une phrase en vertu d'une *force illocutoire* conventionnelle à elle associée (ou à sa paraphrase performative explicite). Cet acte constitue l'acte fondamental de l'acte de langage, et en fait quand on parle d'acte de langage on se réfère exclusivement à lui ;

– l'*acte perlocutoire* : c'est l'acte que nous provoquons ou accomplissons *par* le fait de dire quelque chose (exemples : convaincre, persuader, empêcher, induire en erreur, etc.). Il est caractérisé en termes d'effets perlocutoires produits par nos propos sur nos interlocuteurs.

Ainsi, par exemple, l'énonciation, dans les circonstances appropriées, de

32. Tire sur elle !

comporte l'*acte locutoire* : il m'a dit «Tire sur elle !», voulant dire par «tire», tire, et se référant par «elle» à elle ; l'*acte illocutoire* : il me pressa (ou me conseilla, ou m'ordonna, etc.) de tirer sur elle ; et l'*acte perlocutoire* : il me persuada de tirer sur elle.

Classification des actes illocutoires proposée par Austin

Austin propose cinq classes générales de verbes performatifs et, par conséquent, d'énonciations établies en fonction de leur valeur illocutoire :

- les *verdictifs* : ils consistent à prononcer un verdict ou jugement fondé sur l'évidence concernant une valeur ou un fait (ex. : acquitter, condamner, interpréter comme, estimer, décréter, évaluer, établir, caractériser, etc.) ;
- les *exercitifs* : ils consistent à formuler une décision en faveur ou à l'encontre d'une action (ex. : ordonner, supplier, plaider pour, commander, recommander, implorer, conseiller, déclarer une séance ouverte, avertir, etc.) ;
- les *commissifs* : ils engagent le locuteur à une action déterminée (ex. : promettre, s'engager à, jurer, faire le vœu de, etc.) ;
- les *expositifs* : ils sont utilisés pour exposer des conceptions, clarifier l'emploi des mots, assurer les références (ex. : affirmer, nier, objecter, concéder, exemplifier, paraphraser, répondre, etc.) ;
- les *comportatifs* : ils concernent le comportement social et les attitudes (ex. : s'excuser, remercier, féliciter, souhaiter la bienvenue, critiquer, protester, défier, etc.).

5.3.2. *La théorie de J. Searle*

Publié en 1969, *Speech Acts* (traduction française : *Les actes de langage*, 1972) de J. Searle se situe dans la ligne des travaux de Austin. Pour Searle, qui inscrit sa démarche au point de contact d'une théorie du langage et d'une théorie de l'action, «parler une langue, c'est adopter une forme de comportement régi par des règles. [...] Parler, c'est accomplir des actes selon les règles.» (Searle, 1972, p. 59.)

a. *L'acte de langage selon Searle*

Searle propose une autre description de l'acte de langage. Pour lui, lorsqu'un locuteur énonce une phrase, il accomplit au moins trois types d'actes distincts :

- énoncer des mots (morphèmes, phrases) = effectuer des *actes d'énonciation* ;
- référer et prédiquer = effectuer des *actes propositionnels* ;
- affirmer, poser une question, donner un ordre, promettre, etc. = effectuer des *actes illocutoires*.

> À ces trois types d'actes, Searle ajoute l'*acte perlocutoire* dans des termes semblables à ceux d'Austin, c'est-à-dire que cet acte est défini comme les effets ou conséquences que les actes illocutoires ont sur les actions, les pensées ou les croyances, etc., des auditeurs. Cependant, le statut de cet acte est différent : dans la conception searlienne, l'acte perlocutoire ne fait pas partie de l'acte de langage proprement dit.

Ainsi, par exemple, dans les quatre énoncés qui suivent :

33. Jean fume beaucoup.
34. Jean fume-t-il beaucoup ?
35. Fume beaucoup, Jean !
36. Plût au ciel que Jean fumât beaucoup !

le locuteur énonce dans chaque cas une phrase formée de mots appartenant à la langue française (il effectue donc un *acte d'énonciation*) ; par ailleurs lorsqu'il prononce l'une de ces phrases, il accomplit un *acte illocutoire* : il fait une assertion (33), il pose une question (34), il donne un ordre (35), il exprime un souhait ou un désir (36). Et en effectuant chacun de ces quatre actes, le locuteur exécute aussi un *acte propositionnel* dans la mesure où il réfère à un certain objet qui est «Jean», et où il prédique, à propos de cet objet auquel il réfère, l'expression «fume beaucoup» (ou l'une de ses formes fléchies).

En ce qui concerne les rapports entre ces trois actes et comme on peut le constater dans les exemples qui précèdent, la même référence et la même prédication (*i.e.*, le même acte propositionnel) peuvent se trouver réalisées dans des actes de langage différents. Parallèlement, on peut dire qu'en énonçant (37) dans certaines situations :

37. Monsieur Dupont est un grand fumeur.

le locuteur exécute le même acte propositionnel qu'en disant (33-36) et le même acte illocutoire qu'en (33) mais l'acte d'énonciation est différent des quatre premiers car il s'agit d'une phrase différente. Signalons finalement que l'acte propositionnel peut être absent quelquefois comme dans :

38. Aïe !
39. Bravo !

où seuls les actes d'énonciation et illocutoire (respectivement, l'acte de se plaindre ou de féliciter) sont accomplis. Cela dit, dans la presque totalité des actes de langage on peut distinguer l'acte illocutoire et son contenu propositionnel. La forme canonique de l'acte illocutoire telle que la propose Searle est la suivante :

$$F(p)$$

où la variable *F* prend ses valeurs parmi les procédés marqueurs de force illocutoire et où *p* représente le contenu propositionnel, c'est-à-dire des expressions qui expriment des propositions. Ainsi par exemple, dans

40. Je te promets que je viendrai.

«je te promets» est le marqueur de force illocutoire et «que je viendrai» est le marqueur de contenu propositionnel. Or cette même structure de constituants se retrouve aussi, quoique d'une manière sous-jacente ou profonde, dans :

41. Je te promets de venir.

En ce qui concerne les marqueurs de force illocutoire, Searle signale qu'ils indiquent «la façon dont il faut considérer la proposition, c'est-à-dire quelle sera la force illocutionnaire à attribuer à l'énonciation ; ou encore quel est l'acte illocutionnaire accompli par le locuteur lorsqu'il énonce la phrase.» (Searle, 1972, p. 68.) Parmi les procédés utilisés pour marquer la force illocutoire on peut signaler les verbes performatifs, l'ordre des mots, l'intonation, le mode du verbe, l'accent d'insistance, la ponctuation.

b. *Règles constitutives vs règles normatives*

Comme nous l'avons déjà indiqué, Searle formule une hypothèse générale, sur laquelle repose toute sa théorie des actes de langage, selon laquelle parler c'est accomplir des actes selon les règles. Quelles sont donc ces règles ?

Searle distingue deux types de règles : les *règles normatives* et les *règles constitutives*. Les premières ont pour fonction de «régir une activité préexistante, une activité dont l'existence est logiquement indépendante des règles» (1972, p. 73). Ainsi par exemple, les règles de la politesse gouvernent les relations inter-personnelles qui existent indépendamment des règles. Ces règles ont comme forme caractéristique «Faites X» ou «Si Y, alors faites X» (ex. : «Lorsque vous coupez quelque chose, tenez le couteau de la main droite»).

En revanche, les règles constitutives «fondent (et régissent également) une activité dont l'existence dépend logiquement de ces règles» (1972, p. 73). Exemples de ce deuxième type de règles : celles du football ou du jeu d'échecs, en ce sens qu'elles ne disent pas seulement comment on joue au football ou aux échecs mais aussi créent la possibilité même d'y jouer. La forme que ces règles prendront sera du type «*X* revient à *Y*» ou «*X* revient à *Y* dans la situation *S*» (ex. aux échecs : attaquer le roi de façon telle qu'il ne puisse ni se défendre ni fuir revient à faire échec et mat).

Dès lors, l'hypothèse selon laquelle parler, c'est accomplir des actes conformément à des règles peut être précisée de la façon suivante : «D'une part la structure sémantique d'une langue peut être considérée comme l'actualisation, suivant des conventions, d'une série d'ensembles de règles constitutives sous-jacentes, et d'autre part, les actes de langage ont pour caractéristique d'être accomplis par l'énoncé d'expressions qui obéissent à ces ensembles de règles constitutives.» (1972, p. 76.) Ainsi, les règles qui lient de manière conventionnelle les performatifs explicites et les autres marqueurs de force illocutoire (tels que l'ordre de mots, l'intonation, l'accent d'intensité, la ponctuation, le mode du verbe) aux actes illocutoires correspondants sont précisément de ce deuxième type : si je vous conseille de faire *X*, cela revient à assumer que *X* vous sera profitable ; si je vous demande de faire *X*, cela revient à essayer de vous amener à effectuer *X*, etc. (*cf.* infra, «Condition et règle essentielles»).

Afin de formuler les règles, Searle établit d'abord une série de conditions pour que puisse s'accomplir un acte illocutoire particulier. Ainsi, par exemple, si au moyen de l'énoncé *E*, le locuteur promet de venir demain, l'accomplissement sincère et heureux d'un tel acte de promesse devra respecter les conditions suivantes :

1. Le locuteur *L* dit qu'il accomplira une action future *C* ;
2. Il a l'intention d'effectuer *C* ;
3. Il croit qu'il peut faire *C* ;
4. Il n'est pas évident, ni pour *L* ni pour son interlocuteur *I*, que *L* serait conduit de toute façon à effectuer *C* ;
5. Il pense que *I* préfère l'accomplissement de *C* par *L* à son non-accomplissement ;
6. L'intention de *L* est que l'énoncé *E* le mette dans l'obligation d'effectuer *C* ;
7. Les deux interlocuteurs (*L* et *I*) comprennent *E* ;
8. Les deux interlocuteurs sont des être humains normaux et conscients ;
9. Les deux interlocuteurs se trouvent dans des circonstances normales (ils ne sont pas par exemple en train de jouer un rôle au théâtre) ;
10. L'énoncé *E* contient un marqueur de force illocutoire qui est utilisé correctement si et seulement si toutes les conditions appropriées sont remplies.

Les conditions (7-10) sont générales et s'appliquent à tous les types d'actes illocutoires. Quant aux autres (1-6) et dans la mesure où elles sont constitutives de la promesse, elles seront différentes pour chaque type d'acte illocutoire.

À partir de ces conditions, Searle formule les règles gouvernant le marqueur de force illocutoire *Pr* pour la promesse :

- Règle I : *règle de contenu propositionnel.* «*Pr* s'emploie uniquement dans le contexte d'une phrase dont l'énoncé permet de prédiquer un acte futur *C* à propos d'un locuteur *L*.» Cette règle dérive de la condition de contenu propositionnel (1) ;
- Règle II et Règle III : *règles préliminaires.* «*Pr* s'emploie uniquement si *I* préfère l'accomplissement de *C* par *L* à son non-accomplissement, et si *L* pense que c'est le cas», et «*Pr* s'emploie uniquement s'il n'est évident ni pour *L*, ni pour *I*, que *L* serait conduit de toute façon à effectuer *C*.» Ces deux règles dérivent des conditions préliminaires (4) et (5) ;
- Règle IV : *règle de sincérité.* «*Pr* s'emploie uniquement si *L* a l'intention d'effectuer *C*.» Cette règle dérive de la condition de sincérité (2) ;

- Règle *V* : règle essentielle. «*Pr* revient à contracter l'obligation d'effectuer *C*.» Cette règle dérive de la condition essentielle (6).

Taxinomie des actes illocutoires (Searle, 1979)

Dans son article «Taxinomie des actes de langage» inséré dans *Sens et expression* (1979, trad. franç. 1982), Searle signale qu'il y a douze dimensions de variation significative selon lesquelles les actes illocutoires peuvent différer les uns des autres. Trois d'entre elles sont essentielles dans sa classification :

- différence de but (ou de propos) de l'acte (ou type d'acte). Le but ou le propos d'un type d'illocution sera dit son but illocutoire. «Le *but illocutoire* fait partie de la force illocutoire, mais ne se confond pas avec elle.» (1982, p. 41.) Ainsi, par exemple, les demandes et les ordres ont un même but illocutoire : chercher à faire faire quelque chose à l'auditeur, mais la force illocutoire est différente d'un cas à l'autre ;
- différence de *direction d'ajustement* entre les mots et le monde. Le but illocutoire de certaines illocutions rend les mots (*i.e.* le contenu propositionnel) conformes au monde, ou le monde conforme aux mots. Les assertions appartiennent à la première catégorie ; les promesses et les demandes à la seconde ;
- différence d'*état psychologique exprimé*. On peut exprimer la croyance que, le désir que, le regret que, l'intention que, etc. Ainsi, la croyance regroupe les assertions, les explications, les remarques, les déductions ; l'intention regroupe les promesses, les serments, les menaces, les engagements ; le désir regroupe les ordres, les demandes, les prières, etc.

Ces trois dimensions permettent de distinguer cinq types d'actes illocutoires :

- Les *assertifs* :
  - But illocutoire : engager la responsabilité du locuteur sur l'existence d'un état de choses.
  - Direction d'ajustement : des mots au monde.
  - État psychologique exprimé : la croyance que *p*.

  Ex. : «J'affirme qu'il fait beau», «Je t'avertis qu'il y a un chien derrière toi.»

- Les *directifs* :
  - But illocutoire : essayer de faire faire quelque chose par l'auditeur.
  - Direction d'ajustement : du monde aux mots.
  - État psychologique exprimé : désir, volonté, souhait.

  Ex. : «Je vous ordonne de sortir», «Je vous supplie de rester.»

- Les *promissifs* :
  - But illocutoire : obliger le locuteur à faire quelque chose.
  - Direction d'ajustement : du monde aux mots.
  - État psychologique exprimé : intention.

  Ex. : «Je te promets de venir», «Je fais serment de fidélité au drapeau.»

– Les *expressifs* :

- But illocutoire : exprimer un état psychologique.
- Direction d'ajustement : critère non pertinent.
- État psychologique exprimé : parmi tous les états possibles, celui qui est manifesté par le but illocutoire.

Ex. : «Je vous félicite d'avoir gagné», «Je m'excuse de vous avoir marché sur le pied.»

– Les *déclarations* :

- But illocutoire : provoquer un changement par notre déclaration.
- Direction d'ajustement : à la fois des mots au monde et du monde aux mots.
- État psychologique exprimé : critère non pertinent.

Ex. : «Je vous déclare mari et femme» «La séance est ouverte.»

c. *Les actes de langage indirects*

Dans les cas les plus simples, le locuteur énonce une phrase en voulant dire exactement et littéralement ce qu'il dit. Mais il y a des situations de signification dans lesquelles le sens de l'énonciation du locuteur et le sens de la phrase cessent de se recouvrir (par ex., dans les métaphores, les ironies, les allusions, etc.). Une classe importante de tels cas est constituée par ceux où «le locuteur énonce une phrase, veut dire ce qu'il dit mais veut dire encore quelque chose d'autre» (Searle, 1982, p. 71). Ainsi, par exemple, si je dis : «Peux-tu me passer le sel ?», je veux dire ce que je dis mais je signifie encore une autre illocution de contenu propositionnel différent. Autrement dit, l'énoncé ne doit pas être entendu comme une question mais comme la demande à l'auditeur de passer le sel. Dans ces cas, où l'énonciation a deux forces illocutoires, un acte illocutoire est accompli indirectement par l'accomplissement d'un autre acte illocutoire. Searle appelle ces actes *acte de langage indirects.*

Le problème que posent les actes de langage indirects est celui de savoir comment le locuteur dit quelque chose et veut le dire mais en voulant dire autre chose. En d'autres termes, le problème est de comprendre comment on passe d'un *acte illocutoire secondaire littéral* (dans l'exemple, la question sur la capacité ou la possibilité de passer le sel) à un *acte primaire non littéral* (la demande de passer le sel). La réponse à ce problème repose, selon Searle, dans la mise en œuvre d'une *stratégie inférentielle* qui «consiste à établir, d'abord, que le but illocutoire primaire diverge du but littéral, et ensuite ce qu'est le but illocutoire primaire» (1982, p. 77). Cette stratégie qui combine des principes généraux de la conversation coopérative, les règles théoriques des actes de langage, des informations factuelles d'arrière-plan que locuteur et auditeur ont en commun et la capacité de rationalité et d'inférence de l'auditeur, comporte dix étapes nécessaires à la dérivation de l'illocution primaire à partir de l'illocution littérale secondaire :

«*Étape 1* : *X* m'a posé la question de savoir si j'ai la possibilité de lui passer le sel (fait de conversation).

«*Étape 2* : Je suppose qu'il coopère à la conversation, et que son énonciation a donc un objet ou un but (principes de la coopération conversationnelle).

«*Étape 3* : Le cadre de notre conversation n'est pas propre à indiquer un intérêt théorique portant sur ma capacité à passer le sel (information factuelle d'arrière-plan).

«*Étape 4* : En outre, il sait probablement déjà que la réponse à cette question est oui (information factuelle d'arrière-plan). Cette étape facilite le passage à l'étape 5 mais n'est pas essentielle.

«*Étape 5* : Son énonciation n'est donc probablement pas une question. Elle a probablement un autre but illocutoire (inférence des étapes 1, 2, 3 et 4). Quel peut-il être ?

«*Étape 6* : L'une des conditions préparatoires de tout acte illocutoire directif est que A ait la possibilité d'accomplir l'acte prédiqué dans la condition de contenu propositionnel (théorie des actes de langage).

«*Étape 7* : Donc, une réponse affirmative à la question que m'a posée *X* impliquerait que la condition préparatoire à sa demande de lui passer le sel soit satisfaite (inférence des étapes 1 et 6).

«*Étape 8* : Nous sommes en train de déjeuner, et l'on se sert normalement de sel à table ; on se le passe de l'un à l'autre, on tente d'amener les autres à le faire circuler, etc. (information d'arrière-plan).

«*Étape 9* : Il a donc fait allusion à la satisfaction d'une condition préparatoire d'une demande dont il veut probablement que je satisfasse les conditions d'obéissance (inférences des étapes 7 et 8).

«*Étape 10* : Donc, en l'absence de tout autre but illocutoire plausible, il me demande probablement de lui passer le sel (inférence des étapes 5 et 9).» (1982, p. 88-89.)

C'est dans le domaine des actes directifs que les actes de langage indirects sont les plus nombreux. La motivation principale qui conduit à employer ces formes indirectes est la politesse et on comprend bien pourquoi : «Les réquisits conversationnels habituels rendent difficilement admissible de proférer des phrases purement impératives (par exemple : "Sortez de cette pièce") ou des performatifs explicites (par exemple : "Je vous ordonne de sortir de cette pièce").» (1982, p. 77.)

Searle dresse une liste de quelques phrases que l'on peut employer conventionnellement pour faire des demandes indirectes ou exprimer d'autres énoncés directifs, comme des ordres :

Groupe 1 : Phrases qui concernent la capacité de A à accomplir Q :

ex. : *Pouvez-vous* me passer le sel ?
Vous pourriez faire moins de bruit ?
Tu peux maintenant sortir.

Groupe 2 : Phrases qui concernent le désir ou la volonté de L que A fasse Q :

ex. : *J'aimerais* que tu partes maintenant.
Je vous serais très reconnaissant si vous me donniez un coup de main.
J'espère que tu le feras.

Groupe 3 : Phrases concernant l'exécution de Q par A :

ex. : Les officiers *porteront* dorénavant la cravate au dîner.
Vas-tu finir ton petit-déjeuner ?
Voudriez-vous cesser de faire ce bruit ?

Groupe 4 : Phrases concernant le désir qu'a A de faire Q ou son consentement à le faire :

ex. : *Cela vous dérangerait-il* de faire moins de bruit ?
Voyez-vous un inconvénient à venir mercredi ?
Accepteriez-vous d'écrire une lettre de recommandation pour moi ?

Groupe 5 : Phrases concernant les raisons de faire Q :

ex. : *Tu devrais* être plus poli avec ta mère.
Il faudrait que tu partes tout de suite.
Pourquoi ne pas s'arrêter ici ?
Il vaudrait mieux pour toi (pour tout le monde) que tu sortes.

Groupe 6 : Phrases enchâssant l'un de ces éléments dans un autre ; et également, phrases enchâssant un verbe illocutoire directif explicite dans l'un de ces contextes :

ex. : *Cela vous dérangerait-il que je vous demande si vous pouvez* m'écrire une lettre de recommandation ?
Pourrais-je vous demander de retirer votre chapeau ?

Toutes ces phrases servent typiquement, normalement, et par convention, à énoncer des directifs (notons ici que la plupart d'entre elles admettent «s'il vous plaît» à la fin de la phrase ou avant le verbe), et cela même si aucune force impérative n'appartient au sens des phrases considérées. Cela dit, l'acte illocutoire littéral y est aussi accompli. Pour montrer ce point, Searle signale qu'il y a des énonciations littérales de ces phrases où elles n'ont plus la valeur de demande indirecte. Ainsi, «Pouvez-vous me passer le sel ?» peut être énoncé comme une simple question concernant vos capacités dans une situation, par exemple, où l'on vient de vous enlever le plâtre que vous aviez au bras. Par ailleurs, quand ces phrases sont énoncées avec le but illocutoire primaire d'une demande, elles conservent leur sens littéral et sont énoncées avec ce sens littéral : dans chacun des cas mentionnés, le locuteur fait un directif en posant une question ou en affirmant. Un test supplémentaire à l'appui du fait que l'acte illocutoire littéral se trouve également accompli est que dans le rapport en discours indirect on peut le reprendre fidèlement (ex. : l'énonciation de «Je veux que tu partes immédiatement» peut être rapportée par l'énonciation «Il m'a dit qu'il voulait que je parte immédiatement» ; de même, celle de

«Peux-tu me passer le sel ?» peut être rapportée non seulement par «Il m'a demandé de lui passer le sel», qui rapporte la requête, mais aussi par «Il m'a demandé si je pouvais lui passer le sel», qui rapporte la question.)

Pour conclure, signalons que Searle montre que l'indirection n'est pas exclusive des directifs. En effet, «on peut en général accomplir un acte illocutoire en affirmant (mais pas en mettant à l'interrogative) la satisfaction de la condition de sincérité relative à cet acte. Ainsi, par exemple :

«Je suis désolé de l'avoir fait. (excuse)

«Je pense/crois qu'il est dans la pièce à côté. (assertion).

«Je suis très heureux que vous ayez gagné. (félicitations).

«J'ai l'intention de faire mieux la prochaine fois, patron. (promesse).» (1982, p. 97.)

5.3.3. *Actes de langage et conversation*

Selon Searle, la théorie traditionnelle des actes de langage est confinée aux actes de langage isolés et en ce sens il se dit pessimiste quant à une éventuelle extension de la théorie au cadre de la conversation. En effet, la mise en séquence en conversation des actes de langage pose quelques problèmes, en particulier celui de l'*extension* de la théorie hors du cadre monologique et celui du *parallélisme* entre l'analyse des actes isolés et celle des conversations. C'est précisément à ces deux problèmes que les théories de l'analyse des conversations (école de Genève, école de Nancy, entre autres) essayent de donner une réponse satisfaisante.

En ce qui concerne l'école de Genève (Roulet, Moeschler, Reboul, entre autres), elle propose un modèle hiérarchique et fonctionnel de la conversation : hiérarchique parce qu'il présuppose que la conversation peut être analysée à l'aide d'un système d'unités de rang hiérarchique ; et fonctionnel parce que les relations entre ces unités sont de nature fonctionnelle.

Les unités de rang conversationnel, appelées *constituants*, sont de trois types :

- l'échange : la plus petite unité dialogale composant l'interaction. Il est composé d'au moins deux contributions conversationnelles ou tours de parole de locuteurs différents ;
- l'intervention : la plus grande unité monologale composant l'échange. Elle est composée, en principe, d'actes de langage mais peut se réduire à un seul acte de langage ;
- l'acte de langage : la plus petite unité monologale constituant l'intervention.

À la suite de Goffman (1973), Roulet (1981) distingue deux types fondamentaux d'échanges : les échanges confirmatifs et les échanges réparateurs. Les premiers correspondent aux échanges d'ouverture et de clôture d'interaction :

42.
A : – Bonjour monsieur.
B : – Bonjour.

43.
A : – Comment ça va ?
B : – Bien merci, et vous ?

La nature rituelle de ce type d'échange s'explique d'une part par sa fonction (confirmer l'existence d'un rapport social entre les locuteurs), d'autre part par ses conditions de production (on répond à une salutation par une autre et non pas par la réponse littérale à la demande d'information sur l'état de santé).

Le deuxième type d'échanges rituels sont les échanges réparateurs. L'idée d'échange réparateur est basée sur le principe de réparation d'une offense territoriale. En ce sens, si on marche sur les pieds de quelqu'un d'autre, l'acte d'excuse permet de réparer l'offense territoriale causée par notre maladresse :

44.
A : – Oh ! Excusez-moi. (réparation)
B : – Pas de quoi. (minimisation)

De même, dans la mesure où une requête constitue une intromission dans le territoire de l'autre, le locuteur A accomplira un acte de langage indirect plutôt qu'un acte directif direct pour réparer cette offense territoriale.

45.
A : – Pouvez-vous me passer le sel ? (réparation)
B : – Mais bien sûr. (satisfaction)
A : – Merci. (appréciation)
B : – De rien. (minimisation)

En ce qui concerne la composante fonctionnelle du modèle, elle a pour tâche de donner des interprétations aux structures et aux constituants. En ce sens, l'école de Genève distingue deux types de fonctions assignables aux énoncés : les fonctions *illocutoires* s'appliquant aux constituants de l'échange (*i.e.*, les interventions) et les fonctions *interactives* s'appliquant aux constituants de l'intervention (*i.e.*, les actes de langage, interventions enchâssées, échanges enchâssés).

«L'idée d'assigner aux constituants de l'échange conversationnel des fonctions illocutoires est liée à l'analyse de l'illocutoire en termes de droits et d'obligations. Assigner tel type de fonction illocutoire à telle intervention n'est rien d'autre que faire une hypothèse externe sur son sens.» (Moeschler, 1985, p. 93.) On distingue donc trois types d'interventions :

- les interventions à fonction illocutoire initiative (demande d'information, demande de confirmation, requête, offre, invitation, ordre, etc.) ;
- les interventions à fonction illocutoire réactive (réponses positives marquant l'accord de l'interlocuteur ; et réponses négatives (*i.e.*, refus, infirmation) marquant le désaccord de l'interlocuteur) ;
- les interventions à fonction illocutoire réactive et initiative (réponse suivie d'une intervention à fonction initiative dans les échanges réparateurs).

Finalement, la notion de fonction interactive intervient entre des constituants de niveau de textualisation différents, c'est-à-dire entre des constituants en relations hiérarchiques. On distingue ainsi des constituants directeurs (que l'on ne peut pas supprimer car il s'agit des constituants donnant le sens général de l'intervention) et des constituants subordonnés (supprimables). Les fonctions interactives relient donc le constituant subordonné à l'acte directeur et, selon que le constituant subordonné est antérieur ou postérieur à l'acte directeur, la fonction interactive sera dite proactive ou rétroactive. Considérons, à ce propos, l'intervention suivante :

46.

A : – Je ne connais pas bien Genève (acte subordonné à fonction interactive proactive de préparation), est-ce que vous pouvez m'indiquer une bonne librairie (acte directeur). Je cherche un livre sur Calvin (acte subordonné à fonction interactive rétroactive de justification).

Quoique proposant un modèle différent pour rendre compte de l'enchaînement conversationnel, l'école de Nancy considère aussi que la théorie des actes de langage est un outil important pour l'analyse des conversations ordinaires. Selon cette école, «la conversation est l'accomplissement séquentiel d'une extension de la logique illocutoire. Cette logique [...], qui prend comme composants primitifs non pas les actes de langage mais des composants plus élémentaires, permet de dériver tout un ensemble de relations logiques articulant les propriétés d'un acte de langage et de plusieurs actes de langage. Ce sont ces relations que l'on retrouve dans la conversation et qui forment sa base, son ossature.» (Trognon et Brassac, 1992, p. 77.)

Dans cette extension de la logique illocutoire, est fondamental le lien entre deux notions primitives : celle de *réussite* de l'accomplissement d'un acte de langage, et celle de *satisfaction* d'un acte illocutoire. La première concerne fondamentalement la force (rappelons ici que la force d'un acte est ce que son énonciation revient à faire) ; la deuxième concerne principalement le contenu propositionnel qui correspond à sa fonction représentationnelle. Ainsi, par exemple, si un acte de langage dont la direction d'ajustement va du monde au mots est satisfait, il est aussi nécessairement réussi : si je donne un ordre et que je suis obéi (satisfaction), j'ai réussi à effectuer l'acte d'ordonner (réussite). Mais l'inverse n'est pas vrai : mon acte peut être réussi sans pour autant être satisfait (par exemple, si l'interlocuteur ne veut pas obéir). Considérons le dialogue suivant :

47.

A : – Pouvez-vous me donner votre nom ?

B : – Dupont

Comme on peut le constater, l'acte réactif (réplique de *B*) accomplit une interprétation en acte de l'acte initiatif et c'est cela, selon l'analyse des conversations, qui le constitue conversationnellement en tant qu'acte initiatif. En effet, dans la conversation en général, c'est l'acte réactif qui détermine la fonction de l'acte illocutoire accompli au premier temps de l'interaction, qui montre rétroactivement la valeur conversationnelle de l'acte initiatif (ou plutôt, ce que l'acte réactif a constitué en tant qu'acte initiatif). Autrement dit, l'acte réactif de *B* dans (47) *satisfait ipso facto* la requête indirecte accomplie au moyen de l'énonciation de la question de *A*. Ainsi, si on peut connaître l'interprétation conversationnelle des actes initiaux, c'est parce que des actes réactifs les satisfont.

Une thèse fondamentale en analyse conversationnelle est que la conversation est structurée par un *principe d'organisation préférentielle.* Ce principe gouverne l'ordre préférentiel des unités de discours, c'est-à-dire la sélection d'une unité pour succéder à une autre unité donnée. Ainsi, par exemple, la suite préférée d'une requête est son acceptation plutôt que son refus et, en ce sens, les pré-requêtes (*cf.* par ex. tour initial de 48) jouent un rôle fondamental pour éviter des suites non préférées. Ainsi, demander à son interlocuteur s'il est libre le soir dont il est question constitue une pré-requête pour une invitation : en effet, s'il est libre, il pourra accepter l'invitation que le premier locuteur envisage de lui adresser ; si, en revanche, il répond qu'il est occupé, L_1 ne fera pas l'invitation afin d'éviter le refus, suite non préférée.

48.

L1 : – Qu'est-ce que tu fais ce soir ?	(pré-requête)
L2 : – Rien	
L1 : – Tu veux venir au cinéma avec nous ?	(invitation)
L2 : – Avec plaisir.	(acceptation)

Autrement dit, en accomplissant la pré-requête, L_1 prépare le *succès* de l'acte illocutoire d'invitation : il s'assure que les conditions préparatoires de son acte postérieur sont obtenues. La pré-requête apparaît donc en analyse conversationnelle comme «une préparation d'un locuteur veillant à accomplir avec succès et sans défaut l'acte illocutoire qu'il envisage de réaliser ultérieurement» (Trognon et Brassac, 1993, p. 95).

Comme on peut le constater, les notions de réussite et de satisfaction, les deux valeurs sémantiques d'un acte de langage, sont fondamentales dans le modèle d'analyse conversationnelle proposé par l'école de Nancy, pour laquelle «la clé de l'explication de l'enchaînement d'un acte sur son suivant c'est que ce dernier réalise le contenu propositionnel du premier. Autrement dit, la réalisation du second provoque la satisfaction du premier et par suite sa réussite.» (Brassac, 1993, p. 70.) Le modèle «participe donc parfaitement de la théorie des actes de langage car il donne un rôle tout à fait fondamental à l'aspect intentionnel (au sens technique) de l'usage et de la compréhension du langage en situation d'interaction conversationnelle.» (1993, p. 72.)

Pour en savoir plus

BENVENISTE É. (1956, 1966). «La nature des pronoms» *in Problèmes de linguistique générale I*, Paris, Gallimard.

BENVENISTE É. (1958, 1966). «De la subjectivité dans le langage» *in Problèmes de linguistique générale I*, Paris, Gallimard.

BENVENISTE É. (1964, 1966). «Les niveaux de l'analyse linguistique» *in Problèmes de linguistique générale I*, Paris, Gallimard.

BENVENISTE É. (1970, 1974). «L'appareil formel de l'énonciation» *in Problèmes de linguistique générale II*, Paris, Gallimard.

CULIOLI A. (1973). «Sur quelques contradictions en linguistique». *Communications* 20, Paris, Seuil.

CULIOLI A. (1990). *Pour une linguistique de l'énonciation. Opérations et représentations.* Tome I. Paris, Ophrys (surtout chapitre I)

DUCROT O. (1984). *Le dire et le dit.* Paris, Minuit. (En particulier chapitre II : Présupposés et sous-entendus (réexamen), et chapitre VIII : Esquisse d'une théorie polyphonique de l'énonciation.)

FUCHS C. et LE GOFFIC P. (1975). *Initiation aux problèmes des linguistiques contemporaines.* Paris, Hachette Université. (En particulier chapitre 12 : L'énonciation, et chapitre 13 : Le modèle de Culioli.)

JAKOBSON R. (1957, 1963). «Les embrayeurs, les catégories verbales et le verbe russe» *in Essais de linguistique générale*, Paris, Minuit.

KERBRAT-ORECCHIONI C. (1970). *L'énonciation. De la subjectivité dans le langage.* Paris, A. Colin.

MAINGUENEAU D. (1981). *Approche de l'énonciation en linguistique française.* Paris, Hachette. (En particulier première partie : Personnes et déictiques.)

MOESCHLER J. (1991). «L'analyse pragmatique des conversations» *in Cahiers de linguistique française* 12, Genève.

ROULET E. *et al.* (1985). *L'articulation du discours en français contemporain.* Berne, Lang.

Exercices d'application

1. Dans le texte suivant, relevez les différentes unités appartenant à l'appareil formel de l'énonciation et classez-les selon qu'elles appartiennent à la catégorie de la personne, à celle des indices d'ostension, à celle de déictiques temporels :

«Je ne suis pas malade ma Sœur. Oui bien, il y a quatre jours que j'avais une fièvre double tierce continue. Mais, hier au soir, j'ai eu un mouvement de demander avec force au bon Dieu que, par l'intercession de M. de Saint-Cyran, aujourd'hui au ciel, il me fasse la grâce d'être guérie ce matin. Et, ce matin, ma fièvre est tombée, mes forces sont revenues, je marche, me voici.» (H. de Montherlant, *Port-Royal,* exemple cité par Maingueneau 1981, p. 35.)

2. Quels sont, dans les énoncés suivants, les contenus présupposés ? Indiquez dans tous les cas le déclencheur de présupposition.

– Si j'avais su qu'il serait là, je ne serais pas venue.

– Marie regrette qu'il ne soit pas là.

– Jean n'aime plus sa femme.

– Pierre a réussi à ouvrir la porte.

– La fille aux yeux bleus était habillée en rouge.

Ex. : dans le dernier énoncé, la description définie «la fille aux yeux bleus» est un déclencheur de présupposition. Contenu présupposé : il y a une fille aux yeux bleus.

3. Dans les dialogues suivants, quelles maximes ont été violées par le locuteur B ? Explicitez les implicatures conversationnelles qui en découlent.

1) A : Quelle heure est-il ?
B : Oh, tu sais, le facteur vient de passer.

2) *A* demande pour la cinquième fois l'heure à *B* :
A : Quelle heure est-il?
B : Il est 9 heures, 43 minutes, 51 secondes.

3) A = le fils ; B = la mère
A: On pourrait jouer aux cartes.
B : Est-ce que tu as rangé ta chambre ?

Ex. : dans le troisième dialogue, *B* viole ouvertement la maxime de Relation : sa contribution n'est pas, en apparence, pertinente. Elle implicite conversationnellement que *A* n'a pas le droit de jouer aux cartes.

Chapitre 2

MÉTHODES UTILISANT LE LANGAGE

J.-M. JAKOBI
E. WUILLEMIN-SALES

SOMMAIRE

INTRODUCTION

1.1. Historique et définitions

On regroupe sous le terme d'analyse de contenu l'ensemble des techniques ou méthodes[1] qui permettent d'extraire les informations contenues dans des documents. Ces informations peuvent se présenter sous des formes et des supports très divers (articles de presse, messages publicitaires, émissions de télévision... mais aussi données produites lors d'une enquête (transcription d'entretiens, réponses données à un questionnaire) ou d'une expérimentation (transcription des verbalisations produites par des sujets expérimentaux, entretiens post-expérimentaux) ...).

De nombreuses définitions de l'analyse de contenu ont à ce jour été proposées. Ces définitions varient d'un auteur à l'autre en fonction des limites fixées à cette technique d'investigation (en ce qui concerne la recherche du sens) mais

1. On notera que selon les auteurs l'analyse de contenu est qualifiée de technique ou de méthode. Nous rappellerons qu'«une technique : est une opération précise dont la nécessité et les limites sont fixées par la méthode de recherche» ; «une méthode : est une démarche complète issue des objectifs d'une étude particulière et qui organise toutes les étapes de la recherche depuis les énoncés des hypothèses jusqu'à leur vérification» (Lassare, 1978).

Ainsi, pour certains, l'analyse de contenu s'apparente à un simple outil, utilisé de façon ponctuelle et destiné uniquement à analyser le contenu de textes, alors que, pour d'autres, l'analyse de contenu est une méthode de recherche qui englobe l'élaboration d'hypothèses et l'interprétation des résultats. Cette distinction est fondamentale du point de vue des qualités requises pour une analyse de contenu. Dans le premier cas, seuls les critères de validité, d'objectivité, de fidélité et de discriminations doivent être respectés. Par contre, dans le deuxième cas, outre ces critères, il est nécessaire de prendre en compte l'opérationnalisation des variables, la validité externe et la généralisation (Lassare, *op. cit.*)

également en fonction des critiques qui sont formulées à son égard concernant la faiblesse de ses arrière-plans théoriques. Nous ne citerons ici que les définitions auxquelles on fait le plus couramment référence.

Ainsi, si Berelson (1952) la décrit comme «une technique de recherche pour la description systématique, objective et quantitative du contenu manifeste de la communication», nous noterons qu'elle avait déjà été définie de façon plus restrictive par Kaplan (1943) qui, l'appliquant au discours politique, la qualifiait de «statistique sémantique du discours politique».

D'autres définitions ont depuis vu le jour : «On propose d'utiliser le terme d'analyse de contenu et de codage de façon interchangeable pour renvoyer à la description objective, systématique, quantitative de toute conduite symbolique» (Cartwright, 1953) ; mais aussi : «L'analyse de contenu est un instrument de documentation analytique sans fondements théoriques.» (Henry et Moscovici, 1968.)

On notera donc qu'en règle générale l'analyse de contenu est définie comme renvoyant à un ensemble de techniques qui ont pour but la mise à jour, de façon objective, du sens contenu dans les documents analysés, grâce à une reformulation (ou à l'utilisation d'un métalangage[1]) et à un classement de tout ce qu'ils contiennent.

Dans ce contexte, l'analyse de contenu est utilisée comme un outil qui permet, grâce au respect d'un certain nombre de règles, d'éliminer (c'est du moins le but recherché) toute subjectivité dans l'analyse. Cet outil s'avère en effet indispensable car la seule lecture ou audition d'un document ne permet pas d'extraire l'ensemble des informations qu'il contient : d'une part parce que se posent d'emblée des problèmes liés à la mémorisation du matériel et d'autre part parce que, d'une manière générale, toutes les informations que nous sommes amenés à appréhender sont filtrées, déformées, tronquées… par une série d'interprétations que nous opérons de manière naturelle (automatique). Ce traitement que nous faisons subir à l'information est déterminé par notre vision du monde, nos savoirs, nos préjugés, nos attitudes, la situation où nous nous trouvons, notre inscription sociale, etc. Dans ce contexte, le recours à une analyse de contenu permet en droit une prise en compte de la totalité des informations contenues dans un document, et ce de façon aussi objective que possible.

---

1. Lorsqu'on est amené à décrire une langue naturelle, on doit faire appel à une langue artificielle ou métalangue. Par exemple, le métalangage grammatical, avec les notions de sujet, de verbe et de complément, servira à décrire une phrase de la forme «Pierre mange une pomme». Le problème est rendu encore plus complexe dans la mesure où chaque langue possède des éléments de métalangue dont nous trouvons la trace avec des expressions comme «vouloir dire que…» ou «signifier».

En règle générale, dans l'analyse de contenu, le passage de cette langue naturelle à ce métalangage se traduit par un choix nécessaire dans les propriétés retenues. Ainsi, dans l'exemple précédent, la traduction de «Pierre mange une pomme» en «sujet, verbe, complément», nous fait privilégier l'aspect syntaxique au détriment de l'aspect sémantique. Ce qui se traduit par une perte d'informations en ce qui concerne par exemple la personne désignée par le sujet, l'action indiquée et le temps du verbe.

Mais là n'est pas la seule utilité de l'analyse de contenu. En effet, le but du psychologue est aussi souvent de prendre en compte une grande quantité de documents et soit d'en faire une synthèse soit de procéder à des comparaisons ou soit encore de faire des prédictions. Dans ces conditions, force est d'avoir recours à une codification pour que ces documents puissent être regroupés et éventuellement comparés, et ce en regard des conditions de production[1].

Ainsi, et d'une manière générale, le but de l'analyste peut être de deux ordres : il peut chercher à réaliser une description objective d'un contenu ou à utiliser l'analyse afin de mettre en évidence l'influence de variables indépendantes, comme les conditions de production des textes, sur les-contenus de ces textes. Dans le premier cas, l'analyse reste uniquement «descriptive» ; dans le deuxième elle est prédictive ou «systématique» (Henry et Moscovici, 1968). La différence essentielle qui existe entre ces deux démarches réside dans le fait que les analyses descriptives sont des techniques exploratoires qui ne nécessitent pas l'élaboration d'hypothèses, alors que, dans les analyses systématiques, l'existence de ces hypothèses est primordiale : l'analyse de contenu n'est utilisée là que comme un moyen pour vérifier ou infirmer ces hypothèses.

Il faut noter toutefois que les différentes techniques regroupées sous le terme d'analyse de contenu ont subi des modifications au fil des années. Ces modifications s'inscrivent dans une évolution théorique (concernant l'étude de la communication du sens et de son interprétation par les sujets ainsi que l'articulation entre la langue et les conditions de production du discours) mais également dans la progression d'une demande sociale. L'analyse de contenu est en effet utilisée pour répondre à des besoins qui se situent dans des domaines différents : politique (études faites sur la propagande et sur la presse en général), économique (études de motivation, de marketing ou manageriales) ou thérapeutique (analyse d'entretiens thérapeutiques ; *cf.* Ghiglione et Matalon 1978). C'est cette forte demande sociale qui a eu pour principale conséquence des préoccupations d'ordre méthodologique au détriment de la prise en compte des arrière-plans théoriques sur lesquels reposaient pourtant la pratique de ces techniques. Ce constat conduit Trognon (1972) à écrire : «L'analyse de contenu résout empiriquement le problème de l'articulation de la langue à la situation, mais [...] elle résout ce problème par l'intermédiaire d'une situation théorique réellement intenable en tant qu'elle ne possède pas le concept de sa pratique.»

1. Le terme de «conditions de production» employé, entre autres, par Henry et Moscovici, 1968, *op. cit.*, renvoie à l'ensemble des facteurs extra-linguistiques qui préexistent en dehors du texte et qui influent directement sur le contenu de celui-ci. Les conditions de production peuvent ainsi correspondre à la situation discursive (entretien ou conversation banale...), aux attitudes ou opinions de l'émetteur, mais également aux intentions de l'émetteur (cherche-t-il à convaincre ? à donner une certaine image de lui ?). D'une manière générale, on retiendra donc que les conditions de production du discours regroupent une grande quantité de variables socioculturelles, individuelles et situationnelles.

En effet, le principal souci des praticiens se réduisait essentiellement à une analyse descriptive du contenu et à une recherche de rigueur et d'objectivité (il s'agit de définir minutieusement l'ensemble des étapes et des règles à respecter lors de l'analyse), et ce le plus souvent au détriment d'aspects plus théoriques concernant des questions aussi fondamentales que la définition du sens.

Ainsi, du point de vue de l'analyse, à partir du moment où l'on opère sur le sens, que doit-on considérer ? Doit-on se limiter au strict contenu manifeste des communications en les analysant hors de leur contexte ? ou au contraire révéler la multiplicité des sens véhiculés en tenant compte des caractéristiques de la source, du moment et des circonstances de la production… ? et dès lors, ne risque-t-on pas de tomber dans des problèmes liés à l'interprétation et de perdre par là même toute objectivité ?

Cette alternative qui se présente à l'analyste (se limiter au strict contenu informationnel du matériel analysé, ou considérer que la signification fait nécessairement intervenir des variables externes à la langue), bien qu'étant en apparence anodine, masque en réalité des choix théoriques fort différents et conduit à des analyses distinctes.

Prendre ainsi le parti d'analyser le contenu des communications hors contexte en extrayant les informations qu'il véhicule revient à adopter le schéma linéaire de la communication développé à partir de la théorie mathématique de l'information (Shannon et Weaver 1949). En d'autres termes, c'est considérer que la communication se réduit à une simple transmission d'informations d'un émetteur (E) vers un récepteur (R) par l'intermédiaire d'un message. C'est réduire l'activité des sujets communicants à une série de phases d'encodage et de décodage. Dans cette perspective, la langue se réduit à un code que les individus utiliseraient pour transmettre des informations.

Mais considérer que la langue est un code, c'est admettre par voie de conséquence qu'elle est doublement transparente : transparente pour l'Émetteur (qui la maîtrise parfaitement et qui ne transmet des informations que de façon intentionnelle et explicite, et sous cet angle c'est estimer que le langage ne fait intervenir que des processus maîtrisés par la conscience) et transparente pour le Récepteur (qui est à même de décoder et donc d'appréhender l'ensemble des significations transmises par l'Émetteur, et ce sans déformer sa pensée). Adopter ce point de vue revient donc à considérer que le sens est donné tout entier par l'intermédiaire de marques linguistique codées (chaque signifiant renvoyant à un signifié unique), et ce indépendamment des caractéristiques de la situation et des sujets qui communiquent (savoirs, attitudes, intentions, buts, compétence, inscription sociale, enjeux…) ; en d'autres termes, c'est considérer que la communication se réduit à un message explicite.

Prendre au contraire le parti d'analyser les communications en faisant intervenir des variables externes à la langue, c'est considérer que celle-ci ne doit pas être étudiée en elle-même et pour elle-même, mais qu'il est nécessaire de faire intervenir des phénomènes qui sont de l'ordre des variations socioculturelles, situationnelles et individuelles. En d'autres termes, c'est considérer que l'étude de la langue ne peut être séparée de l'étude de la parole ; c'est donc rejeter l'étude de la langue telle que la proposait de Saussure lorsqu'il disait : «L'étude du langage comporte donc deux parties : l'une, essentielle, a pour objet la langue, qui est sociale dans son essence et indépendante de l'individu [...] ; l'autre, secondaire, a pour objet la partie individuelle du langage, c'est-à-dire la parole. [...] Telle est la première bifurcation qu'on rencontre dès qu'on cherche à faire la théorie du langage. Il faut choisir entre deux routes qu'il est impossible de prendre en même temps ; elles doivent être suivies séparément. On peut à la rigueur conserver le nom de linguistique à chacune de ces deux disciplines et parler d'une linguistique de la parole. Mais il ne faudra pas la confondre avec la linguistique proprement dite, celle dont la langue est l'unique objet. Nous nous attacherons uniquement à cette dernière [...].» (Édition de 1972, p. 37-39.)

Rejeter l'étude de la langue telle que la propose de Saussure revient donc à s'intéresser à un rôle primordial du langage, celui d'instrument de communication mobilisant des individus concrets insérés dans une situation d'interlocution réelle. On est ainsi conduit à admettre que ces individus ne font pas qu'échanger des informations, mais qu'ils poursuivent des buts, mettent en œuvre des stratégies, négocient, argumentent, tentent de convaincre... bref : communiquent. Ainsi, «la langue comporte à titre irréductible tout un catalogue de rapports inter-humains, toute une panoplie de rôles que le locuteur peut se choisir pour lui-même et imposer au destinataire. Sa fonction ne saurait alors se réduire à la transmission de l'information» (Ducrot, 1972, p. 4).

Si l'analyse de contenu a longtemps été considérée comme une pratique, il n'en reste pas moins qu'au-delà de la simple rigueur méthodologique elle fait appel à des arrières-plans théoriques et conceptuels, qui concernent l'étude de la langue et de la communication, que l'on ne peut laisser dans l'ombre. Autant de questions qui se posent aujourd'hui et tout au long de l'histoire de l'analyse de contenu.

Celle-ci peut se décrire en mettant en évidence différentes périodes[1], chacune d'entre elles marquant une étape au point de vue méthodologique et/ou théorique. Afin de présenter cette évolution, nous conserverons le découpage en quatre périodes proposés par Holsti (in Lindzey et Aronson 1968) d'une part et Bardin (1991) d'autre part.

1.1.1. *Les précurseurs*

C'est Bourdon (1892), psychologue expérimentaliste enseignant à l'université de Rennes, qui fut le premier à réaliser une «analyse de contenu» dans son ouvrage : *L'expression des émotions et des tendances dans le langage.*

1. Pour une description plus détaillée, le lecteur pourra se reporter à l'ouvrage de Bardin (1991).

L'auteur analyse une partie de la Bible (l'*Exode*). D'un point de vue méthodologique, sa technique consiste à retranscrire dans un premier temps l'ensemble d'un «passage» en ne conservant que les «mots pleins», puis à opérer, dans un deuxième temps, une classification et un calcul de fréquences. Cette étude marquera les débuts de l'analyse de contenu, qui seront caractérisés par une recherche d'objectivité et un privilège accordé aux aspects quantitatifs. Toutefois, il ne s'agit encore là que des balbutiements de l'analyse de contenu dont les règles ne sont pas encore systématisées.

Plus tard, aux États-Unis, paraît un ouvrage retraçant les résultats d'une analyse faite sur une plus grande échelle. Il s'agit de *The Polish Peasant in Europe and America* par Thomas et Znaniecki (1918). Cette étude se proposait de mettre en évidence (pour y remédier) les problèmes d'acculturation des paysans polonais immigrés aux États-Unis. Pour ce faire, les auteurs sélectionnèrent des documents variés (autobiographies, lettres personnelles, entretiens, articles de journaux, comptes-rendus officiels, etc.). Ils analysèrent 15 000 lettres, dont 764 sont citées dans le texte. Ils ont également fait rédiger une autobiographie. On notera que, même si la méthode employée reste assez intuitive, cette étude met en évidence l'utilisation d'une analyse de contenu à grande échelle afin de résoudre des problèmes concrets.

Ce travail a pourtant donné lieu à des débats considérables. Les principales critiques étaient formulées par Blumer qui, s'il ne sous-estimait par les soins apportés à la lecture des documents, à leur compréhension, à leur appréciation, et s'il considérait que pris dans leur ensemble les documents donnent une image plus consistante de la réalité que le document isolé, mettait cependant en question plusieurs aspects de la démarche de Thomas et Znaniecki :

1. la représentativité des sujets et du corpus ;
2. l'adéquation du matériel à l'objet d'étude ;
3. la valeur des informations qui ne sont pas toujours corroborées par des sources indépendantes ;
4. enfin, la validité de l'interprétation des données.

En d'autres termes, c'était le processus d'interaction entre la théorie et le matériel inductif qui était au centre du débat.

Le premier nom qui marquera l'évolution de l'analyse de contenu sera celui de Lasswell (1927). Il tentera de mettre au point une méthode qui dépasse la simple pratique intuitive. Ses principaux thèmes d'intérêt seront les analyses de presse et notamment la propagande durant la Première Guerre mondiale. Cette étude sera publiée sous le titre de *Propaganda Techniques in the World war.*

La recherche de la rigueur méthodologique sera d'ailleurs le point central qui marquera la deuxième grande période de l'histoire de l'analyse de contenu. Cette évolution sera en grande partie la conséquence de l'essor du behaviorisme durant les années trente aux États-Unis. Dans ce contexte, le langage est considéré comme un comportement parmi d'autres et il est étudié comme une réponse verbale à un stimulus donné. C'est dans ce cadre de recherche qu'auront lieu, lors des débuts de la psycholinguistique, les expérimentations sur les associations verbales, mais également les études sur le conditionnement instrumental (*cf.* à ce sujet l'ouvrage de Miller (1956), qui est assez représentatif des recherches réalisées à cette période).

1.1.2. *Deuxième période : une recherche de rigueur méthodologique*

C'est durant les années 1940-1950 que s'inscrira la deuxième grande période de l'évolution de l'analyse de contenu. Elle sera marquée par une recherche de rigueur au niveau méthodologique. On tentera ainsi d'éliminer les aspects intuitifs de l'analyse. Un ouvrage illustre particulièrement bien les préoccupations de cette période : celui des Américains Berelson et Lazarsfeld (1948), *The analysis of communications content.* C'est dans cet ouvrage que sera donnée la célèbre définition de l'analyse de contenu, déjà citée et sur laquelle nous aurons l'occasion de revenir : «L'analyse de contenu est une technique de recherche pour la description objective, systématique et quantitative du contenu manifeste des communications.»

Dès lors, le problème était posé. Il s'agissait en effet d'utiliser une méthode qui ne laisse aucune part aux inférences et interprétations abusives, qui repose sur l'utilisation de règles précises, et dont l'objectif est d'effectuer une exploitation quantitative des données. On le voit, l'accent reste mis sur les aspects méthodologiques, qui se réduisent à l'objectivité et à la généralisation des résultats. Cependant, à ne considérer que les contenus manifestes des communications, on finit par perdre de vue d'autres aspects, plus latents, qui permettent de dépasser le strict contenu informationnel et de ne pas réduire l'analyse du sens à un simple calcul de fréquences.

La fin des années quarante sera marquée par une période de détachement et de déception vis-à-vis de l'analyse de contenu. En effet, celle-ci ne permettait pas de répondre aux attentes des chercheurs, qui vont bien au-delà d'une simple analyse descriptive du contenu des communications.

1.1.3. *Troisième période : de nouvelles questions*

La troisième période (années 1950-1960) sera marquée par l'apparition d'un regain d'intérêt pour l'analyse de contenu. Ceci fut la conséquence directe des apports théoriques et méthodologiques des sciences connexes à la psychologie et à la sociologie : la linguistique, la psychanalyse, l'ethnologie, etc. Ce tournant dans l'histoire de l'analyse de contenu se concrétisera à la suite d'un congrès (Allerton House Conference) qui se tint au début des années 1950 dans l'Illinois et qui donnera lieu à la publication d'un ouvrage collectif sous la direction de Pool : *Trends in content analysis* (1959). C'est à l'occasion de ce congrès que furent posées de nouvelles questions sur les méthodes et la finalité de l'analyse de contenu : devait-on privilégier les aspects quantitatifs ou pouvait-on laisser une part à l'analyse qualitative ? dans ce cas, ne se rapprochaiton pas de l'herméneutique ? en outre, devait-on se limiter à une simple analyse descriptive ou devenait-il nécessaire au contraire d'utiliser l'analyse de contenu comme un outil qui permette de faire des inférences ?

Cette troisième période est donc marquée par une remise en question théorique et méthodologique qui déboucha sur une plus grande souplesse de l'analyse et une plus grande richesse des résultats. Ainsi, l'analyste ne pouvait plus se contenter d'adopter un point de vue purement descriptif : il était nécessaire de dépasser la description des données pour en retirer des informations inaccessibles sans le recours à une analyse. En d'autres termes, de méthode purement descriptive à l'origine, l'analyse de contenu devenait une mise en relation de variables linguistiques avec des variables extra-linguistiques (sociologiques ou psychologiques). Dès lors le matériel analysé ne sera plus perçu de la même façon : un texte (ou un discours) «n'est pas organisé en fonction des contenus que le locuteur veut, consciemment ou non, transmettre, ni en fonction uniquement des structures linguistiques générales (règles de syntaxe, forme logico-sémantique, etc.). Il est aussi un objet social, qui peut être replacé dans un ensemble différent et plus étendu que celui de la situation de communication particulière où il a été énoncé» (Levy, 1974).

1.1.4. *Quatrième période : l'avènement de l'informatique*

Ce qui marquera la quatrième période, que l'on peut situer des années 1960 à nos jours, peut se résumer en deux points principaux :

- l'utilisation de l'ordinateur ;
- l'apport décisif des études faites dans le domaine de la communication et de la linguistique.

Pour ce qui concerne le premier point, on notera que l'utilisation de l'ordinateur a bouleversé les pratiques. En effet, elle a développé une exigence de rigueur en ce qui concerne les différentes phases de la procédure utilisée. Parallèlement, l'ordinateur a permis des progrès considérables en ce qui concerne :

- le traitement des données (rapidité du codage et augmentation de la quantité de documents traités) ;
- la fidélité des méthodes employées (fidélité inter et intra-codeur) ;
- l'utilisation de tests statistiques permettant de faire des inférences à partir des données chiffrées (corrélations, co-occurrences, analyses factorielles, etc.).

Pour ce qui concerne le deuxième point, l'analyse de contenu a bénéficié du fruit des recherches faites dans le domaine de la communication, de la linguistique et surtout de l'analyse de discours. Cette dernière notamment se démarquera des analyses de contenu classiques par ses arrière-plans théoriques, ce qui la conduira à rejeter l'évidence de la transparence du langage. On verra ainsi poindre à cette époque une prise en compte du sujet communicant.

1.2. Place de l'analyse de contenu dans les sciences humaines et sociales

Nous n'aborderons pas ici l'ensemble des relations entre l'analyse de contenu et les sciences humaines et sociales. Nous envisagerons uniquement dans un premier temps les débats soulevés au niveau théorique et méthodologique dans les sciences sociales, et dans un deuxième temps quelques considérations philosophiques sur la notion d'analyse.

1.2.1. *Quelques questions théoriques et méthodologiques*

Les relations entre l'analyse de contenu et les disciplines des sciences humaines et sociales sont traversées par une opposition théorique : l'idéal scientifique qui consiste à rechercher des lois générales et à prévoir les résultats d'un phénomène se heurte à la nécessité d'étudier et de rendre compte de faits particuliers qui sont de l'ordre de l'événement et donc qui ne sont pas toujours reproductibles.

Cette opposition entre démarche nomothétique (universelle) et idiographique (individuelle, spécifique) fut ainsi très présente lors de la parution du «Paysan polonais». Elle concerne en particulier :

- l'importance accordée par les auteurs à la notion d'attitude, c'est-à-dire à un «inobservable»[1], expliquant les conduites ;
- l'utilisation de «documents personnels».

Ces deux points firent l'objet de critiques si violentes que le «Conseil des sciences sociales» confia à un «tribunal» d'experts, composé d'un psychologue (G.W Allport), d'un historien (L.A. Gottschalk), d'un anthropologue (C. Klukhohn) et d'un sociologue (R. Angell), le soin d'en juger.

Grawitz (1972) rapporte que les experts «conclurent leurs deux volumes de commentaires en déclarant qu'à condition de s'entourer de précautions scientifiques, l'utilisation de documents personnels n'était pas seulement possible mais indispensable». Les précautions scientifiques dont il est ici question étaient celles qui ont trait au choix des documents et à leur utilisation, c'est-à-dire à l'analyse de contenu.

---

1 Nous rappellerons simplement ici au lecteur que le behaviorisme analyse les relations entre l'organisme et l'environnement en prônant l'étude du seul comportement (qui est directement observable et mesurable) et ce en ignorant l'influence des états mentaux. En cela, le behaviorisme s'opposera à l'introspection qui était couramment utilisée dans le cadre de la psychologie (pour une étude plus détaillée le lecteur se reportera au *Cours de psychologie* (Ghiglione, Richard (Éds), 1993, tome 1, chapitre 5)).

Les experts des quatre disciplines concernées tranchèrent le débat en faveur d'une possible démarche idiographique. Mais la question concernant le statut scientifique de l'idiographie restait ouverte : est-elle simple description de la réalité, comme son nom l'indique, ou peut-elle avoir des ambitions explicatives ? Le projet de Thomas et Znaniecki était sans ambiguïté : il s'agissait, en se fondant sur l'étude de correspondances individuelles, de rendre compte du phénomène général de l'adaptation humaine à partir de l'analyse du cas particulier des paysans polonais confrontés à la société américaine.

1.2.2. *Quelques considérations philosophiques sur la notion d'analyse*

Que l'on prenne un dictionnaire de culture générale comme le *Robert* ou un ouvrage plus spécialisé comme le *Vocabulaire technique et critique de la philosophie* (Lalande, 1985), on trouve deux composantes à la notion d'analyse.

Le premier sens implique une idée de décomposition/recomposition. Ainsi, pour Condillac (*Logique*, 1re partie, ch. II, paragraphe 6), il s'agit d'«observer dans un ordre successif les qualités d'un objet, afin de leur donner dans l'esprit l'ordre simultané dans lequel elles existent». Dans une perspective comparable, pour Taine, l'analyse se compare à une traduction qui comporte deux étapes : 1. une traduction exacte (objectivité) ; et 2. une traduction complète (exhaustivité).

Le deuxième sens implique l'idée de «résolution», c'est-à-dire l'opération par laquelle l'esprit résout un problème. Dans cette perspective, il s'agit, partant du texte, de procéder par inférences successives, pour aboutir à une information non déformée. Ainsi Duhamel (*Des méthodes dans les sciences du raisonnement*, I, 41) considère que l'analyse consiste à établir une chaîne de propositions : «Chaque proposition doit être une conséquence nécessaire de celle qui la suit ; d'où il résulte que la première est une conséquence de la dernière, et par conséquent vraie comme elle.»

De ces considérations philosophiques on retiendra un certain nombre de problèmes. De Condillac, on retiendra la nécessité de traiter l'objet étudié, qui se présente naturellement de façon *simultanée*, par des opérations *successives*. Concernant Taine, on remarquera que l'analyse doit être considérée comme une traduction qui doit être à la fois exacte et exhaustive. Enfin, de Duhamel, on gardera à l'esprit la structure logique du système d'inférences mises en jeu dans l'analyse.

1. ASPECTS MÉTHODOLOGIQUES

1.1. Quels types de données peut-on analyser ?

Une première réponse à cette question découle de la définition de l'analyse de contenu. Reprenons celle qui fut proposée par Berelson (1952) : «C'est une technique de recherche pour la description objective, systématique et quantitative, du contenu manifeste des communications, ayant pour but de les interpréter.»

On peut donc analyser toute communication : orale, écrite ou utilisant un autre système de communication comme la peinture, la musique. etc. Encore faut-il que l'on dispose d'un contenu manifeste. Ce n'est donc pas un rêve que l'on pourra analyser, mais le récit de ce rêve ou sa traduction par un poème, un dessin, une composition musicale ou toute autre forme de communication née de lui.

Mais une telle recension du matériel est restrictive. Sauf à donner à la communication un sens très étendu allant jusqu'à englober tout comportement humain (tendance que l'on peut rencontrer dans des conceptions de la communication comme celle de l'École de Palo Alto), il existe des matériaux verbaux qui ne sont pas forcément destinés à la communication mais qui pourraient faire l'objet d'une analyse de contenu. Le cas du journal intime peut être considéré comme ambigu et l'on peut suspecter le diariste d'espérer en secret et d'attendre le ou les lecteurs d'élection. Dans de tels cas, le scripteur et le lecteur sont une seule et même personne. Mais le carnet d'adresses, qui, lui, peut être l'objet d'une intéressante analyse de contenu, n'est pas destiné à être communiqué même s'il constitue un instrument utile à la communication.

On voit que ces contenus de communication sont nombreux et variés. Mais on peut, sinon tenter d'en faire un classement, du moins introduire un certain nombre de distinctions permettant de mieux cerner leur nature.

a. Documents naturels vs documents produits par le chercheur

Nous pouvons introduire une première distinction, celle des documents «naturels» (en ce sens qu'ils sont produits indépendamment de l'action du chercheur) comme les livres, les articles de journaux, les autobiographies, les documents administratifs, etc. Il est bien, en effet, entendu que le terme de naturel ne signifie pas que ces documents appartiennent à la «nature» dans la mesure où elle est opposée à la culture. Il s'agit bien de faits culturels, même si on peut aussi considérer qu'aujourd'hui la situation «naturelle» de l'homme dans notre société est de lire le journal, d'écrire un *curriculum vitae*, ou de remplir une feuille de Sécurité sociale.

À ce type de documents s'opposent ceux qui sont produits à la demande du psychologue à des fins de recherche. Nous trouverons dans ce registre la transcription d'une interview, les réponses aux questions ouvertes d'un questionnaire, une autobiographie écrite à la demande du chercheur, les verbalisations de sujets recueillies lors d'une expérimentation...

Le plus souvent, cette distinction est évidente et l'analyste tiendra compte de la nature du matériel recueilli. Mais certains cas peuvent prêter à confusion. Ainsi, le psychologue qui effectue un entretien thérapeutique peut entendre de la part de son sujet une description de sa souffrance. Il peut éventuellement procéder à une analyse de contenu de ce qui lui a été dit. Cette situation ne saurait être confondue avec celle d'un entretien de recherche qui porterait sur les sentiments éprouvés dans ce type de difficultés psychologiques, même s'il est fait appel à une approche clinique pour le recueil de l'information. Du premier cas nous dirons que nous sommes dans une situation naturelle, pour le second nous considérerons que l'information a été produite à la demande du chercheur et à des fins de recherche.

De plus, nous noterons que les situations de communication sont fort différentes : dans le premier cas l'initiateur et le bénéficiaire de la communication est le patient ; dans le second, c'est le psychologue (sur les caractéristiques de la situation de communication dans l'entretien, *cf.* Blanchet, 1985, 1992).

La distinction documents naturels/documents produits à la demande du chercheur ou du psychologue renvoie à un certain nombre de questions. En effet, si ces derniers sont parfois privilégiés, c'est parce qu'ils sont plus ciblés ou parce qu'ils peuvent se substituer à une observation. Ils nécessitent toutefois de prendre un certain nombre de précautions concernant les conditions de production. En effet, comme le note Matalon (1992), le simple fait de provoquer des discours va avoir un certain nombre de conséquences : cette situation, et le discours qui en découle, est en effet réactive : «On provoque la réponse, qu'il s'agisse d'un mot ou d'un long discours, avec tous les risques de perturbation que cela implique» (p. 100). En somme, cette réponse doit être analysée en réaction à une question posée par un individu donné (l'enquêteur, le chercheur ou le psychologue...), dans un contexte et une situation d'interaction donnés. Cette situation n'est pas donc pas neutre et le discours produit est le résultat de cette interaction de facteurs.

Certaines recherches en psychologie sociale ont pu montrer que les discours ainsi recueillis dépendent notamment de la formulation des questions (ou des relances dans l'entretien), de leur ordre de présentation, de l'appartenance apparente de l'enquêteur à une catégorie sociale déterminée... Nous n'envisagerons pas ici l'ensemble de ces facteurs : le lecteur pourra se reporter notamment à l'article de Matalon (*op. cit.*) mais également aux ouvrages de Blanchet (1985, 1992) ainsi qu'à la revue de question de Grémy (1987), centrée plus précisément sur l'enquête par questionnaire.

b. Documents personnels vs officiels

Plus dans les sciences sociales que dans les sciences humaines, on distingue souvent les documents personnels et les documents officiels. Des exemples nombreux peuvent justifier cette pratique. En effet on ne saurait confondre la lecture du *Journal officiel* avec celle d'une correspondance privée ou d'amours épistolaires. Certes, le style administratif standardise les formulations, qu'il s'agisse de décisions de justice, de rapports de police ou d'expertises psychiatriques. Cette opposition des deux discours nous paraît cependant plus dangereuse qu'utile. Ce n'est pas dans l'analyse du discours officiel que nous semble situé le risque : chacun sait que les hommes politiques, les institutions d'État, ont un discours marqué par des enjeux ; personne ne songerait à lire un «ordre de mobilisation générale» ou un article du Code civil comme l'expression des sentiments de leur auteur. C'est plutôt sur le versant des documents personnels que nous voyons un danger : risque de considérer que les individus dans leur vie privée ne sont pas soumis à des normes, des valeurs, des systèmes de rôles qui structurent notre culture ; danger de faire usage d'une conception «angélique» de la communication qui néglige de prendre en compte que toute communication se fonde sur des enjeux et qu'elle vise à produire des effets, qu'ils soient d'ordre privé ou interpersonnel, au même titre que le fait le discours officiel.

D'autres raisons aussi nous conduisent à ne pas faire usage de cette opposition. Prenons le cas d'un employé d'une grande entreprise qui reçoit de son supérieur des reproches oraux ou écrits hors du cadre de travail : certes, il s'agit d'une communication personnelle, mais qui peut sans délai prendre valeur officielle avec les conséquences que l'on imagine. On peut, sans grand risque de se tromper, supposer que la lettre ou les reproches personnels seront entendus avec toute la dimension institutionnelle implicite.

Choisissons une autre illustration de l'ambiguïté de cette opposition : si le PDG d'un grand groupe industriel fait une déclaration à la presse, nous ne sommes évidemment pas dans le registre officiel. Mais si on sait par ailleurs que cette entreprise présente un budget annuel plus élevé que ceux de la plupart des États du monde, on peut se demander si cette déclaration n'est pas plus proche par nombre de ses caractéristiques d'une déclaration de chef d'État que de celle d'un simple citoyen.

Si la distinction que nous avons évoquée nous semble peu pertinente, en particulier dans le domaine de la psychologie, il n'en reste pas moins vrai que les documents officiels sont le plus souvent aisément accessibles et qu'ils constituent des champs de recherche pratiquement illimités. Les archives publiques : nationales, départementales, communales, sont le plus souvent très riches en documents dont les historiens et les sociologues font leur profit. Néanmoins, pour le psychologue, les faits qui lui importent sont malaisés à extraire d'une masse énorme d'informations. En outre, les documents récents sont par ailleurs difficilement accessibles pour des raisons de respect de la vie privée, de défense nationale, etc.

Une des sources qui a été la plus exploitée est la presse. La raison en est simple : outre l'intérêt qu'il y a à étudier une communication destinée à un public nombreux, les articles de presse sont disponibles et pratiquement gratuits. Le psychologue peut alors utiliser la totalité du budget de recherche dont il dispose pour procéder à l'analyse. Mais cette économie réalisée sur le recueil de l'information présente des inconvénients dans certains cas.

En effet, la question que l'on cherche à étudier, le problème que l'on veut résoudre, l'hypothèse que l'on tente de vérifier nécessitent en général un matériau beaucoup plus limité et spécifique que ne l'est un ensemble d'articles de journaux. La présence de données non pertinentes, d'informations parasites, alourdit considérablement le travail d'analyse.

Le choix du *corpus* de données est aussi rendu difficile. En effet, comment choisir les articles de journaux à analyser avant de savoir ce qu'ils contiennent ? Aussi verra-t-on souvent le chercheur préférer faire produire du discours par des personnes bien échantillonnées plutôt que d'utiliser des documents disponibles. Mais dans tous les cas les critères concernant la constitution du corpus se posent.

On peut aisément apprécier dans une analyse de contenu la façon dont le psychologue s'est posé cette question et comment il y a répondu. Quelles justifications avance-t-il pour expliquer le choix de son corpus ? sont-elles de nature psychologique, sociologique, historique, administrative, de sens commun... ? Parfois elles sont absentes : l'auteur a choisi arbitrairement un corpus pour voir ce qu'il contient. Heureusement, le plus souvent, le rédacteur du compte-rendu de l'analyse (ou de son projet) est capable de fournir les raisons de son choix. Il le fait en prenant en compte :
– les caractéristiques du matériau de communication,
– la problématique mise en place.

Bien souvent donc, le psychologue fera produire le matériau sur lequel portera l'analyse. Nous ne reprendrons pas ici ce qui a été écrit dans le cours portant sur le recueil de l'information verbale (Jakobi, 1993) ; en particulier sur les avantages et inconvénients de la question ouverte par rapport à l'interview. Dans les deux cas, l'analyse de contenu est la technique dont nous disposons pour traiter ce qu'a dit le sujet en réponse à des questions posées ou en réaction à une consigne d'entretien ou à des relances.

Rappelons cependant que, si l'interview apparaît aujourd'hui comme une technique incontournable de recueil d'information, elle n'est pas pour autant irréprochable : c'est ainsi que l'on retrouve, sous la plume de Blanchet (1991), une série de critiques et de questions fondamentales : «Le statut du discours produit est d'une totale imprécision : qu'en est-il du rapport de ce discours à la pratique réelle de l'interviewé ? Est-il fiable ? Est-il valide ? Comment distinguer ce qui est contingent de ce qui est structurel ?» Certes, pour assurer la valeur scientifique de l'analyse, il faut se préoccuper de la nature de l'information dont on dispose et de son statut, mais réduire l'utilité de l'entretien à la maîtrise de son contrôle serait sous-estimer sa valeur heuristique, et Blanchet citant Revault d'Allonnes rappelle que «tout dispositif ne peut fonctionner qu'avec des points aveugles» (Revault d'Allonnes *et al.*, 1989).

Une autre question se pose : elle concerne le caractère réducteur de l'analyse, qui est souvent pratiquée uniquement sur les aspects verbaux. Ainsi, dans la pratique, c'est oralement que sont réalisées les interviews ; il en va de même le plus souvent pour les questions ouvertes. Ensuite, la parole recueillie est transcrite ; c'est dire qu'on est amené à ne prendre en compte qu'un seul système de signes de la communication : le système verbal. Dans ce contexte, des pans entiers de l'activité de l'interviewé seront alors abandonnés : l'hésitation, la voix, tendue ou agressive, le rythme d'élocution, les sourires, les gestes, les positions du corps ne seront pas pris en compte. Certes, on peut envisager de coder les silences, les hésitations ou d'autres aspects de la conduite du locuteur, mais la plus grande part des aspects paraverbaux et non verbaux ne le seront pas.

À ce problème de perte d'information deux réponses peuvent être données :

- on peut enregistrer au magnétoscope les interviews, mais l'analyse croît rapidement en complexité et en coût ;
- on peut aussi avec optimisme considérer que l'on trouve dans le verbal des traces de toute la richesse de la communication. C'est supposer que les différents systèmes de signes fonctionnent «en parallèle» chez le locuteur – les mots qu'il prononce, les gestes qu'il fait, sa voix et son regard ne seraient que des moyens différents pour exprimer la même chose – ou pour le moins que le contenu verbal contient toutes les informations produites.

Notre question de départ était de savoir quel type de matériau intéressait l'analyse de contenu. Nous avons vu que tout matériel de communication pouvait lui convenir. Mais cette réponse renvoie à une autre question : pourquoi analyser ? En d'autres termes, savons-nous ce que nous cherchons et l'analyse de contenu est-elle la technique la plus indiquée pour y parvenir ?

1.1.1. *Pourquoi analyser ?*

Des éléments de réponse à cette question peuvent être trouvés dans l'examen des premiers travaux utilisant l'analyse de contenu et les domaines abordés. Ce retour en arrière permet de voir quelles étaient les ambitions nées de projets comme ceux de Berelson (1952) et des premiers résultats rapportés par Cartwright (1953).

Une part importante des conduites psychologiques et sociales s'expriment par des communications verbales ou symboliques. Aussi peut-on parler de celles-ci comme d'un phénomène naturel. Des auteurs déjà anciens comme Festinger et Katz (1953) faisaient remarquer combien les règles sociales, les valeurs, les attitudes se manifestent par des communications verbales. Berelson proposait de distinguer jusqu'à seize usages de l'analyse de contenu. Nous reprendrons certaines de ses illustrations.

> Par exemple, Yakobson et Lasswell (1949)[1] ont comparé les slogans du Premier Mai en Union-Soviétique pendant plusieurs années et ont montré comment les symboles étaient passés d'une portée révolutionnaire univer-

1. Les références suivantes sont reprises dans Berelson (1952, *op. cit.*), le lecteur pourra également se référer à l'ouvrage de Festinger et Katz (1953).

selle à une dimension nationale. Dans un domaine différent, Ojemann (1948) montre l'importance croissante de l'autorité scientifique dans les articles traitant du développement des enfants dans les revues féminines. De même, de nombreux sondages posent des questions identiques à des populations comparables où à une même population (un panel). Tous ces travaux permettent de décrire des évolutions dans les contenus des communications. L'étude de Cantril (1942) qui montre les changements des attitudes des Américains après l'attaque japonaise de Pearl Harbour s'inscrit dans la même démarche : celle de l'étude d'une évolution.

Très comparables à la démarche précédente, les travaux qui s'intéressent à l'évolution des thèmes de recherche dans les publications sont des revues de questions.

Les comparaisons entre pays, entre groupes sociaux, mettent en évidence des différences. Lewin (1948) avait montré comment les valeurs, les buts, les justifications étaient différents dans les publications destinées aux jeunesses hitlériennes comparés à ce qu'on trouvait dans celles destinées aux scouts américains.

La campagne présidentielle de 1940 aux États-Unis avait donné lieu à d'importants travaux de Lazarsfeld, Berelson et Gaudet (1944) qui analysaient les différences entre médias : journaux, revues, radios, ainsi que les différences à l'intérieur d'un type de média. Ici, c'est la comparaison des divers moyens de communication qui est centrale. À la suite de ces résultats, les chercheurs se sont tournés vers l'étude de l'efficacité relative des différents médias pour informer le public, mais aussi pour le persuader.

Nous entendons souvent dire que l'information donnée par la presse n'est pas objective. Prise dans sa globalité, cette question de l'objectivité paraît impossible à traiter par des méthodes porteuses d'exigences scientifiques. Mais on peut, comme l'a réalisé la British Royal Commission of the Press (1949), comparer les principales réalisations de l'Office national du charbon et la façon dont la presse en a rendu compte : c'est-à-dire mettre en évidence les événements qui ont retenu son attention et ceux dont au contraire elle n'a pas rendu compte. De tels résultats, qui portent sur l'objectivité de l'information, conduisent à formuler des règles et des normes auxquelles les différents médias devraient obéir dans une perspective destinée à rendre compte de la façon la plus impartiale des différents aspects des événements qu'ils décrivent.

Berelson avait aussi entrevu l'aide que pouvait apporter l'analyse de contenu dans l'analyse des entretiens et des interactions dans les groupes. Dans ces domaines, les travaux seront très nombreux au cours des années suivantes.

Une distinction qui deviendra importante dans l'évolution des techniques d'analyse de contenu porte sur la différence entre le contenu d'une communication et la forme de son contenu. L'étude des techniques de propagande est concernée bien sûr par la forme du contenu et non par le contenu même de la communication ; mais il faut reconnaître que la distinction n'est pas toujours évidente.

Ainsi, lorsque White (1949) compare les discours d'Hitler et de Roosevelt à la veille de la Seconde Guerre mondiale, il constate que 35 % des unités de discours mises en valeur par le premier évoquaient un «idéal de force», cette proportion n'étant que de 15 % pour le second. Faut-il considérer ici «l'idéal de force» comme la forme d'un contenu ou comme le contenu lui-même ? De même, lorsque Waples et Berelson (1941) calculent que la fréquence des mots à résonnance émotionnelle chez les supporters de Roosevelt est plus élevée que chez les supporters de son adversaire politique au cours de la campagne présidentielle de 1947, sommes-nous dans la forme ou dans le contenu de la communication ?

Comment mesurer la difficulté de la lecture d'un livre ou d'un document ? La question présente un intérêt pédagogique et communicationnel certain. Flesch (1951) a proposé deux facteurs responsables de la lisibilité d'un texte. Le premier est «la facilité du texte à la lecture» mesurée par le nombre de syllabes contenu dans cent mots et par la longueur moyenne des phrases. Le second, intitulé «intérêt humain», est mesuré par la fréquence relative des mots et des phrases «personnels». On peut remarquer que, si ces préoccupations sont actuelles, les moyens mis en œuvre pour en rendre compte, les concepts et les indices utilisés, n'intègrent pas les progrès plus tardifs de la linguistique et de la psychologie cognitive.

Les caractéristiques du style d'un auteur, ou d'une période dans la production de cet auteur, sont aussi étudiées à partir d'indicateurs objectifs mais qui paraissent aujourd'hui très simples, trop simples, tels que la proportion de verbes et de substantifs ou d'allitérations (par exemple : Miles 1950 ; Skinner 1939).

Les intentions et les caractéristiques des producteurs de messages ont été une gageure dès les origines de l'analyse de contenu. La difficulté était bien évidemment de créer les conditions d'une validation. En l'absence d'une véritable situation expérimentale, on fera des comparaisons : comparaison des discours de vieux dirigeants bolchevistes avec des discours de dirigeants plus jeunes, par exemple (Leites 1951). Toujours par comparaison des sources on étudiera le contenu de la presse à propos d'un conflit entre deux grands syndicats (Britt et Lowry, 1941). Si on voit bien comment ces travaux ont pris en compte certaines caractéristiques des producteurs de messages, par contre la saisie de leurs intentions reste entièrement hypothétique.

La prise en compte de l'état psychologique d'un individu ou d'un groupe pour l'étude de sa production de messages s'inscrit dans le même type de difficultés. Les matériaux susceptibles d'être analysés abondent, qu'ils soient personnels comme les correspondances, les journaux intimes, ou produits à la demande du chercheur comme les réponses à des tests projectifs ou des entretiens cliniques. Le psychologue Allport (1942) s'est particulièrement intéressé à ces données pour l'étude de la personnalité.

On peut aussi trouver à cette époque d'autres travaux montrant comment évolue au cours d'une psychothérapie la proportion de mots exprimant l'inquiétude ou le soulagement.

Dans une autre perspective, on peut citer le travail de l'armée américaine qui pendant la Première Guerre mondiale évaluait l'effet des bombardements sur la population allemande. L'analyse des correspondances postales mettait à jour des signes de démoralisation et d'anxiété. Les résultats de ces indicateurs étaient ensuite mis en relation avec des variables telles que l'âge de l'expéditeur, la date de la lettre ou le tonnage de bombes déversées, etc. Les résultats ont montré que, toutes choses égales par ailleurs, les bombardements nocturnes étaient plus efficaces pour démoraliser les populations.

D'autres travaux portant aussi sur les réactions individuelles ont montré une forte corrélation entre les résultats obtenus par des sujets à des tests (échelle : esprit autoritaire/esprit égalitaire) et les réponses données par ces mêmes sujets à des dessins humoristiques. Les réponses étaient analysées dans le but de rechercher les tendances personnelles à dominer et à commander.

À la vue de ces travaux, on voit comment l'abondance et la diversité des matériaux analysés compensent mal le caractère sommaire de l'analyse psychologique de la situation de production de ces matériaux.

Les travaux de Lasswell et Leites (1949) ont eu un grand retentissement auprès du grand public. Ces auteurs avaient montré, au delà de certaines apparences et affirmations, comment le fascisme national aux États-Unis était semblable à la propagande nazie. L'analyse, très riche, prenait en compte simultanément les sources d'information, le vocabulaire utilisé, les déformations introduites dans la présentation des faits, les prises de position exprimées à propos de différents événements.

Des travaux de renseignement politique ou militaire on ne sait que peu de choses si ce n'est qu'ils existent et que leurs résultats ne donnent pas lieu à des publications accessibles. Leur principale fonction serait de chercher des signes révélateurs qui échapperaient au contrôle de la censure des pouvoirs politiques.

D'autres questions se sont posées : par exemple, peut-on en analysant le contenu d'un message déterminer quels sont ses destinataires ? Une telle question suppose de la part du locuteur une maîtrise suffisante des mécanismes de la communication pour produire un message parfaitement adapté (et adressé) à son destinataire. L'expérience quotidienne des discours politiques, des réclamations au mauvais guichet d'une administration ou des publicités qui font baisser les ventes du produit dont on fait la réclame, sont autant d'exemples qui témoignent d'une difficulté de l'ajustement d'un message à son destinataire (nécessité de prendre en compte toutes les caractéristiques de ce dernier).

Il n'en reste pas moins vrai que, devant l'impossibilité de remonter le temps et d'observer ce qui est du passé, de connaître les normes, les valeurs, les centres d'intérêts, les préoccupations d'une population, les traces disponibles sont d'un grand intérêt. Une des sources d'information possible est l'étude de la presse. On admet alors par hypothèse que le contenu des journaux correspond aux préoccupations des lecteurs.

C'est dans la même perspective méthodologique que l'on a étudié le contenu des films cinématographiques, les héros et d'autres personnages. Voici ce qu'en dit Cartwright (1953) : « Ils ont admis, en principe, qu'un film est une sorte de "rêverie" nationale qui révèle les tendances affectives du public des cinémas. » Il ajoute : « Dans toutes les études de ce genre, il est difficile de savoir sur quoi s'appuient ces chercheurs pour affirmer que le contenu reflète d'avantage les traits caractéristiques du public plutôt que ceux de leurs "*producers*".»

Remarquons au passage la conception de la communication sous-jacente, conforme au schéma de la communication de Shannon et Weawer (1949). Le message est déterminé soit par l'émetteur soit par le récepteur. Causalité claire et simple mais qui n'intègre pas le phénomène de l'interaction entre les interlocuteurs.

Berelson distingue l'étude des «patterns culturels» de celle des centres d'intérêts, mais les deux notions sont étroitement liées. Aussi Arnheim (1944) analysant les contenus des émissions régulières à la radio montre-t-il que les problèmes personnels comme les «affaires de cœur» occupent 49 % de ces émissions contre 26 % seulement pour les affaires publiques.

En introduisant plus de complexité et une dimension temporelle dans leur modèle d'analyse, Festinger et Cartwright (1948) ont montré comment une rumeur anticommuniste avait été précédée d'une intensification des publications d'articles portant sur le communisme, dans la grande presse. Ils distinguaient la création d'un climat favorable à l'éclosion de la rumeur et la rumeur elle-même.

Cependant nous restons toujours proches d'une problématique de la communication comme celle de Shannon et Weaver (1949) lorsque Berelson examine les travaux sur les effets de la communication. Il distingue trois moyens pour étudier ces effets.

Le premier est l'étude des réponses provoquées par une communication. C'est celui que choisit Lerner (1950) en analysant les publications des réactions des lecteurs à la diffusion d'un ouvrage : *The American Soldier*. Le second moyen est celui qu'adopte Berelson lui-même : il compare le nombre de personnes ayant retenu une argumentation politique en fonction de deux facteurs : fréquence d'exposition à une argumentation et diversité des moyens d'information utilisés ; il montre que ces deux variables ont un effet sur la capacité des personnes à se souvenir de cette argumentation ; mais il met également en évidence le fait que le premier de ces facteurs a un moindre impact sur l'adhésion de la personne à cette argumentation.

Le troisième moyen proposé prend en compte le contenu de la communication. C'est ainsi que Lasswell et Blumenstock (1939), dans des travaux de psychologie politique, montrent l'incompatibilité entre les thèmes de la propagande communiste à Chicago en 1930 et les valeurs et les mœurs des personnes à qui cette propagande était adressée. Ils expliquent l'inefficacité de cette propagande par cette incompatibilité. On perçoit tout l'intérêt mais aussi la fragilité de cette troisième voie : elle suppose bien connues les mœurs et les valeurs de la société considérée, cette société étant elle-même considérée comme homogène et ses valeurs comme sans contradictions

Un examen rapide de ces quelques premiers travaux américains utilisant l'analyse de contenu met en évidence leur richesse et leur diversité. Mais il fait aussi apparaître le fait qu'ils sont rarement adaptés à une demande des sciences humaines et sociales spécifique à leur propre développement.

On notera que dans cette perspective ce ne sont pas des problèmes scientifiques que l'on cherche à résoudre : le but à atteindre reste la démonstration de l'efficacité des disciplines concernées. La plus grande part de ces travaux a pour ambition de participer à l'analyse et à la recherche de solutions à des problèmes que la société américaine se pose ; ils veulent être socialement utiles.

Notre question de départ : «pourquoi analyser», ne saurait se contenter de ces seuls éléments de réponse. L'examen plus détaillé de différentes techniques d'analyse enrichiront ce débat.

1.2. Les principales étapes d'une analyse de contenu

Faire une analyse de contenu sur un matériel que l'on a sélectionné suppose que l'on franchisse différentes étapes. Chacune de ces étapes exige, de la part de l'analyste, un certain nombre de choix théoriques et/ou méthodologiques.

On décompose généralement toute analyse de contenu en deux grandes phases : une phase de pré-analyse et une phase d'analyse proprement dite. La phase de pré-analyse correspond :

1. au choix des documents à soumettre à l'analyse (corpus) ;
2. à la lecture de ces différents documents (afin de se familiariser avec le matériel et de pouvoir ainsi élaborer des hypothèses plus fines) ; et enfin
3. à la transcription du matériel.

La phase d'analyse se décompose également en trois étapes :

1. découpage en unités d'analyse des documents analysés ;
2. catégorisation et codage des éléments contenus dans les différents documents ; et enfin
3. analyse des résultats.

1.3. La pré-analyse

1.3.1. *Comment constituer un corpus d'analyse ?*

Le corpus correspond à l'ensemble des documents qui vont être soumis à l'analyse. Celui-ci peut être, nous avons eu l'occasion de le noter, naturel (c'est-à-dire existant en dehors des besoins de la recherche) ou construit par le chercheur (c'est-à-dire produit pour les besoins de la recherche). Il est nécessaire toutefois d'établir une deuxième distinction ; elle se rapporte aux objectifs de la recherche. Nous avons ici aussi deux cas possibles : soit le matériel est donné *a priori* (l'objectif de la recherche spécifie de lui-même la nature des documents analysés ; exemple : analyse des tendances politiques d'un nouveau quotidien à travers la rubrique politique française durant une campagne présidentielle) ; soit le matériel doit être sélectionné par l'analyste en fonction de critères précis, parce que les buts de la recherche portent potentiellement sur une grande quantité de documents (exemple : analyse de l'évolution des mœurs sexuelles des Français depuis 1985, c'est-à-dire depuis que les médias les informent sur les modes de transmission du SIDA).

Ainsi, si dans le premier cas le choix du corpus s'effectue de lui-même (analyse de l'ensemble des articles parus dans ce quotidien dans la rubrique politique française et durant toute la durée de la campagne présidentielle), dans le second cas, l'analyste devra procéder à une sélection et la justifier. Quoi qu'il en soit, il devra se conformer à des règles très précises. Ces règles sont au nombre de quatre.

1. règle d'*exhaustivité* : que les documents soumis à l'analyse soient naturels ou construits par le chercheur, l'ensemble des documents doit être analysé. En d'autres termes on considère qu'il y a une règle de non-sélectivité du matériel. Cependant, étant donné que l'analyste ne peut analyser tous les documents existants relatifs au thème traité, il devra opérer une sélection. Ce choix se fera dans le respect des règles suivantes :

2. règle de *pertinence* : les documents analysés doivent correspondre aux buts de l'analyse. Les documents retenus devront donc être pertinents par rapport à l'objectif fixé. Ainsi sera-t-on peut-être amené à réduire l'analyse aux seules émissions de télévision qui ont trait au thème traité. Cette sélection devra bien entendu se justifier et on devra légitimer l'élimination des autres sources d'information (articles de journaux, ouvrages, émissions de radio...) ;

3. règle d'*homogénéité* : si on veut obtenir des résultats généralisables à partir d'un corpus, il faut comparer (ou regrouper) ce qui est comparable. Le corpus doit donc être homogène. Ainsi, si on effectue une enquête à l'aide d'entretiens, on n'analysera que les entretiens qui auront le même thème, qui ont été passés dans les mêmes conditions, avec des individus issus d'un même échantillon...

4. règle de *représentativité* : si l'ensemble des documents est encore trop vaste, il sera possible de sélectionner certains documents pour alléger l'analyse. Cette sélection se fera sur la base de cette règle : on prélèvera un échantillon représentatif et on effectuera l'analyse sur ce seul échantillon. Les techniques d'échantillonnage sont les mêmes que pour un sondage traditionnel, c'est-à-dire par quotas (respect des mêmes proportions entre l'univers des documents et l'échantillon prélevé) ou par tirage au hasard (sélection des textes au hasard dans l'univers des documents).

Une fois le corpus constitué, il est possible de passer à la phase suivante de la pré-analyse.

1.3.2. *La familiarisation avec le matériel analysé*

Il ne s'agit pas durant cette étape de suivre une procédure stricte. L'analyste prend simplement connaissance du matériel de façon approfondie. Cette étape est appelée phase de lecture «flottante» par Bardin (1991), qui la compare à l'attitude du psychanalyste face à un discours. Il procède par assimilation du matériel verbal. Cette «lecture» se fait de plus en plus fine en fonction d'hypothèses qui sont formulées de façon plus précise.

1.3.3. *La transcription du matériel*

Cette phase correspond à une préparation du matériel afin qu'il apparaisse sous une forme immédiatement accessible. En effet, dans le cas ou le corpus analysé correspond à une série d'articles de journaux, l'analyste devra les retranscrire. Si cette étape paraît évidente lorsqu'on utilise un ordinateur (il est nécessaire de rentrer les données sous forme de fichiers afin que le logiciel puisse les traiter), elle n'en est pas moins obligatoire lorsque l'analyse est manuelle (nécessité de retranscrire en laissant une marge pour le codage).

Il est également important de noter précisément les variables que l'on souhaite considérer (nom du journal, date de parution de l'article, rubrique, page, mais également surface de l'article...). Celui-ci n'a en effet pas la même importance selon qu'il est paru à la une ou à la rubrique «des chiens écrasés», en haut de casse (majuscules) ou en bas de casse (minuscules)... et c'est aussi de cela que l'analyste doit tenir compte lors de l'interprétation des résultats.

De la même manière, si l'on a affaire à un matériel verbal (entretiens, discours radiodiffusés...) ou vidéo (films, documentaires...), il est nécessaire de le transcrire. Dans ce cas on prendra également les précautions données ci-dessus en ce qui concerne les variables considérées (type d'entretien effectué, date de l'émission analysée, horaire de programmation, etc.). En règle générale, la transcription du matériel doit toujours prendre en compte l'intégralité du contenu, c'est-à-dire ne pas déformer les propos : certaines analyses nécessitent même la transcription des répétitions, des lapsus, des inversions de mots, des interjections, des silences, etc. Ceci est nécessaire afin d'éviter au maximum la perte d'informations. En effet, le passage du discours oral, accompagné des informations véhiculées par les autres systèmes de signes (gestuelle, intonation, mimiques, postures, etc.), à l'écrit appauvrit suffisamment le contenu ; il est par conséquent nécessaire de transcrire le maximum d'informations par ailleurs.

1.4. **L'analyse**

1.4.1. *Le découpage et le codage*

Dans une situation de communication telle que l'a décrite le schéma de communication de Shannon et Weaver (1949, *op. cit.*), l'émetteur code son message qui sera ensuite décodé par l'auditeur ou le lecteur.

Mais qu'est-ce qu'un code ? Le message doit prendre une certaine forme pour être apte à emprunter efficacement le canal de communication. Cette forme ou «code» comprend deux aspects complémentaires. D'une part, c'est la liste de l'ensemble des signes ou unités possibles, le lexique par exemple. Ce sont d'autre part les règles qui gèrent l'organisation de ces signes (syntaxe), leur mode d'emploi, ce qui fait qu'on peut les combiner pour produire un message. Pour que la communication soit possible, le récepteur et l'émetteur doivent avoir un minimum de code commun. Dans la situation d'analyse de contenu, l'analyste doit produire un code non seulement pour comprendre ce qu'a dit ou écrit l'émetteur, mais aussi pour organiser ce discours sous une forme plus utilisable que ne l'est la simple lecture du message.

Toutefois, à la différence d'une situation habituelle de communication, l'analyste n'est pas le destinataire prévu du message. Un journaliste écrit pour être lu, non pour être analysé. Un malade mental n'a aucune raison de produire dans son discours des marques évidentes de son agressivité ou de sa souffrance. Un interviewé interrogé sur sa représentation des vacances n'est nullement obligé de donner des informations sur les moyens de transport qu'il a utilisés, et ce même si cela est important pour l'analyste.

Aussi, si, dans une situation de conversation, un locuteur peut demander à un autre locuteur ce qu'il entend par «être très en retard» ou «assez content», l'analyste ne le peut. Il doit découvrir le code de l'émetteur en ne faisant appel qu'à ses connaissances, à sa sensibilité, ou aux documents qu'il étudie.

Mais nous avons vu que le travail de l'analyste ne se réduit pas à la compréhension du matériau : il doit également le transformer pour le rendre utilisable, c'est-à-dire le coder. C'est ce que Holsti (1969) signifie en proposant une définition du codage : «Le codage est le processus par lequel les données brutes sont transformées systématiquement et agrégées dans des unités qui permettent une description précise des caractéristiques pertinentes du contenu.»

Il paraît donc nécessaire de spécifier les unités sur lesquelles va s'opérer l'analyse. On examinera ici dans un premier temps la nature de ces unités, pour, dans un deuxième temps, préciser leurs fonctions.

1.4.2. *Nature des unités*

Les unités les plus couramment utilisées sont : le thème, le mot, la proposition, la phrase, le paragraphe, le texte (ou le document) et le discours. L'exploitation de ces unités est différente selon l'analyse pratiquée.

a. *Le thème*

Rapportons-nous à notre expérience quotidienne. Si on nous demande : «Qu'est-ce qu'il y a aujourd'hui dans le journal ?», nous répondrons, selon le jour ou nos types d'intérêt : «les résultats du loto», «la météorologie», ou «un article intéressant de...». De même, si la question porte sur le contenu d'une lettre qui vient de nous parvenir, la réponse pourra être : «l'oncle Joseph arrive vendredi», ou : «c'est un remboursement de Sécurité sociale». C'est le sens global d'un document ou d'une partie de document que nous proposons. Ce sens peut aussi porter sur des unités plus petites que le contenu d'un journal ou celui d'une lettre. Il peut ainsi faire référence à un paragraphe, une phrase, une proposition, ou un mot. On le désignera en analyse de contenu par le nom de «thème». Berelson (1952) décrivait ainsi le thème : c'est «une affirmation sur un sujet. C'est-à-dire une phrase, ou une phrase composée, habituellement un résumé ou une phrase condensée, sous laquelle un vaste ensemble de formulations singulières peuvent être affectées.»

> Ainsi par exemple, le thème «crainte du futur» peut prendre chez une ou plusieurs personnes des valeurs différentes comme : «les voitures seront encore plus dangereuses», «les voyages à l'étranger deviendront inaccessibles», ou «je crains de voir s'aggraver mes rhumatismes». Mais on voit aussi que ces assertions peuvent être analysées à l'aide de thèmes différents tels que «transport» ou «santé».

D'Unrug (1974), qui propose une technique d'analyse de contenu non pas de l'énoncé mais de l'énonciation, a insisté sur le caractère complexe et problématique du thème. Elle écrira à ce propos : «On en vient à se demander si l'unité thème possède une réalité et, dans l'affirmative, quelle est cette réalité ?»

Ainsi, si, du point de vue du linguiste, on peut dire que nous sommes en présence d'un «ensemble signifiant complexe», en psychologie on peut attribuer à la notion de thème la nature d'une unité perceptive d'un objet ou d'un problème tel qu'il est vécu. La position de l'analyste sera alors celle d'un auditeur/lecteur à la recherche des thèmes abordés.

Entre ce qui est dit par le locuteur à propos d'un thème et le regroupement de ses propos à l'intérieur d'une unité thématique donnée, se produit un changement de point de vue, un appauvrissement, une simplification. «Entre l'original et la traduction, il y a entropie», écrira D'Unrug.

Pour Bardin (1991), «il ne peut y avoir de définition de l'unité thématique comme il y a définition des unités linguistiques. [...] Le thème comme unité d'enregistrement correspond à une règle de découpage (du sens et non de la forme) qui n'est pas donné une fois pour toute, puisque le découpage dépend du niveau d'analyse et non de manifestations formelles réglées.»

Cette absence d'unité formelle objectivement repérable constitue à la fois la force et la faiblesse de la notion de thème. Sa faiblesse découle du fait que la notion de thème ne repose sur aucun arrière-plan théorique (ce qui se traduit par des difficultés pour en donner une définition formelle). Sa force réside dans la souplesse de cette unité qui s'adapte aisément aux formes discursives les plus variées. Au vu de ces réflexions, on comprendra la sévérité des linguistes et des tenants de l'analyse du discours envers une notion aussi protéiforme ;

mais on pourra aussi expliquer le succès de l'analyse thématique dans des pratiques telles que les études de motivation, les études de marché et aussi dans les études qui se proposent de rendre compte de la représentation mentale que se fait un individu (ou un groupe social) d'un objet particulier.

Le thème, nous l'avons vu, peut être de nature très variée, il peut faire ainsi référence à : une série de personnages, des événements, des repères temporels, des objets, des actions, ou des sentiments... Prenons pour exemple celui d'un entretien autobiographique (Poirier, Clapier-Valladon, Raybaut, 1983).

> Dans une étude portant sur les médecins d'outre-mer, les auteurs ont mis en place un canevas distinguant :
>
> – la vie professionnelle,
> – la vie personnelle,
> – bilan, opinions.
>
> La vie professionnelle elle-même était décomposée en une grille d'analyse (p. 173) :
>
> 1. Pathologie tropicale :
>   A. épidémies – maladies tropicales,
>   B. état de santé des populations,
>   C. organisation de la médecine coloniale.
> 2. Difficultés du travail médical outre-mer :
>   A. conditions matérielles du travail,
>   B. problèmes du personnel, médicaments, traitements,
>   C. attitudes des populations, demande médicale.
> 3. Satisfaction de travail médical outre-mer :
>   A. utilité, responsabilité, résultats,
>   B. formation professionnelle,
>   C. multiplicité des rôles.

Prenons un exemple proposé par ces auteurs (p. 175), les indications en marge renvoient au tableau précédent.

On voit comment les éléments de texte soulignés ou encadrés par les auteurs constituent les points de repère d'unités thématiques.

«Comment découper le texte en éléments ? Ici l'unité d'enregistrement est thématique, c'est-à-dire qu'elle constitue une unité de sens.» Et plus loin : «Chaque récit de vie est donc relu de manière à découper son texte pour le faire entrer dans le système catégoriel.» (P. 169.)

Si nous nous interrogeons sur les unités d'analyse présentes, nous trouvons :

– une unité d'enregistrement thématique ;
– un système de catégories s'inscrivant dans un canevas plus vaste ;
– chacun des récits de vie en ce qu'il constitue une totalité textuelle ;
– des noyaux de sens concrétisés par des groupes de mots soulignés ou encadrés.

Corpus de récit de vie.

CORPUS DE RECITS DE VIE

Il y avait des fourmis, encore des fourmis, plein dans la maison, c'est foutu, elles bouffent tout. J'ai vu des animaux bouffés vifs dans leur nid. Oui, oui. Ca m'est arrivé une fois à Abomey. D'ailleurs, à l'époque, les lits des enfants - on mettait les pieds du lit dans une boite de conserve avec du pétrole, pour empêcher les insectes de grimper et sous moustiquaire obligatoire. Alors, ça coupait l'air, inutile de dire que c'est pas le confort. Pour avoir la climatisation il m'a fallu attendre mon dernier séjour, à Nossi-bé, après l'Indochine. En INdochine, on n'avait pas la climatisation, mais c'était la guerre. C'était différent, c'était une campagne de guerre. Mais, sinon, c'était pas rigolo.

Une de mes filles est née à Abomey, l'autre est née en France, pour une raison très bizarre, c'est que je me suis trouvé en France quand ma femme a accouhé, sinon ...

On voyait des choses intéressantes bien sûr. On était obligé de faire la chirurgie, chirurgie d'urgence. On faisait des anesthésies au penthotal Des choses intéressantes. J'étais pas spécialement chirurgien. Le travail à la colonie consistait beaucoup à faire des tournées des campagnes de vaccination des enquêtes démographiques. Ca m'a appris beaucoup de choses intéressantes d'ailleurs. Mais il est certain que maintenant le problème s'est déplacé, parce que ... par exemple, je me souviens d'une enquête au Cameroun sur des femmes qui avaient terminé leur vie génitale. La moyenne de grossesses étaient de 7 par femme, qui à l'âge de 15 ans, remplaçaient à peine les parents. Les conditions sanitaires ayant changé, ces gosses-là vivent maintenant. Il faut les faire bouffer, le problème s'est déplacé. C'est pourquoi je pense que maintenant il y a des famines, en Haute-Volta, dans des coins comme ça. Avant les gosses claquaient. Et puis j'ai vu surtout les années difficiles, quand je me suis trouvé en A.O.F., pendant 5 ans, on était à la fois bloqué du côté de la métropole, du côté de l'Afrique du Nord, du côté des Anglais ... donc pratiquement on a vécu sur les stocks. Il y avait des bilieuses, on s'en sortait pas. A Porto Novo en 6 mois, il y a eu 15 bilieuses, c'est beaucoup. C'est un accident paludaire, un accident d'hémolyse brutal. Le type bousillait ses globules, l'hémoglobine passe dans les urines. Si on les déplaçait, ils étaient foutus, il fallait les traiter à domicile. Ma première expérience, je l'ai eu au Cameroun. Pour y aller, je suis parti la nuit, il fallait descendre la plantation, s'installer chez le type et puis on partait quand il était guéri oumort. Il avait bien guéri celui-là. A ce moment, c'était facile, j'étais célibataire, à mon premier séjour. Quant à la maladie du sommeil, c'est pas compliqué. Je suis parti du poste en janvier et revenu en juin. Ca faisait pratiquement 5 mois de tournée qui me promenait de Bafia, où j'étais en service avec l'équipe de la trypano de Bafia. La technique était bien rodée depuis les premiers travaux de JAMOT qui fut le véritable vainqueur de la maladie du sommeil. J'ai fait un assez grand circuit toujours sur la piste avec les porteurs vers le nord, puis ensuite, je me suis rabattu vers Foumban, la frontière anglaise, puis Banio (?) et revenu au poste en Juin. Là, on était tout seul c'était pas désagréable. Sportif, mais pas désagréable. Malheureusement, on se levait à 6 heures du matin, on travaillait toute la journée. On faisait des ponctions lombaires pour les vérifier. Et les nouveaux malades à traiter, il y avait une équipe de traitement qui passait. La maladie du sommeil, il y en avait également beaucoup dans tout le pays des Voltas, du côté de Ouagadougou... C'était un grand problème, d'abord pour la main d'oeuvre, on trouvait pas mal de ....

b. *Le mot*

L'absence de définition linguistique univoque justifie des critiques méthodologiques à l'égard de l'utilisation de cette notion. À l'inverse de ce qu'il en est pour la notion de thème, c'est l'impossibilité d'une définition sémantique qui pose problème. Le mot n'est pas une unité sémantique.

Prenons l'exemple du mot «partirions». Il s'agit bien du verbe *partir*, mais il nous renseigne aussi sur le fait que l'action envisagée concerne plusieurs éléments (ou plusieurs personnes) et qu'elle est conditionnelle. Nous sommes en présence de trois unités de sens pour un seul mot. À l'inverse, il faudra faire appel à trois éléments pour désigner la «pomme de terre» ou l'«eau-de-vie». Du point de vue du linguiste, le mot ne dispose que d'un statut scientifique médiocre, son importance se limite à l'orthographe.

«Néanmoins, on doit remarquer que sur le plan psychologique le mot est une réalité qu'il est impossible de négliger : le locuteur moyen, même illettré... pense et prononce des "mots", de sorte que les linguistes eux-mêmes sont naturellement amenés à utiliser dans leurs écrits le mot au sens habituel et traditionnel.» (Pottier, 1973.) Ce que le «locuteur moyen, même illettré», utilise comme unité de langue, l'analyste ne saurait l'ignorer s'il veut comprendre le sens du message.

Notons ici que, parmi les mots, certaines distinctions sont habituelles :

- les mots pleins (mots clés jugés pertinents pour l'analyse effectuée) seront ainsi opposés aux mots vides (dont nous verrons plus loin qu'ils ne sont pas toujours vides de sens) ;
- la fonction grammaticale du mot permet de distinguer : le verbe, le substantif, les adverbes et aussi différents mots de liaison tels que les conjonctions de coordination, etc., ces différences syntaxiques étant utilisées par plusieurs techniques d'analyse de contenu comme l'analyse de l'expression (*cf.* paragraphe 2.3).

c. *La proposition, la phrase, le paragraphe, le texte*

Certaines unités utilisées présentent des caractéristiques formelles plus marquées que celles du mot ou du thème.

La proposition

La proposition s'inscrit dans deux champs disciplinaires différents mais qui se rencontrent sur bien des plans : la grammaire traditionnelle et la logique.

1. Dans la grammaire traditionnelle, la proposition est un ensemble de mots groupés autour d'un verbe. Ainsi, avec

> «Probablement Pierre viendra demain matin à la première heure sur la plus grande place du village.»

nous sommes en présence d'une longue proposition qui contient des informations sur l'acteur, le type d'action, le temps, l'espace... et aussi sur ce que pense le locuteur sur la probabilité de l'action décrite.

Mais la proposition peut aussi être très brève et se limiter à un ou deux mots, comme dans l'échange suivant :

– « Il viendra. »
– « Pierre ? »

« Pierre » est ici une proposition sans verbe, mais c'est tout de même une proposition. La conversation et plus généralement les productions orales sont riches en formes elliptiques.

Les propositions peuvent aussi se regrouper en unité souvent plus vastes. Ainsi la phrase :

« Je crois qu'il viendra. »

est une phrase qui contient deux propositions : la première porte sur mon action : le fait de croire ; la seconde porte sur l'objet de ma croyance.

Nous verrons d'autres aspects de la proposition à propos de « l'analyse propositionnelle du discours » (chapitre 3, § 7).

2. Mais la proposition est aussi une unité utilisée en logique. En particulier, la logique propositionnelle décompose les phrases de la langue en propositions. La proposition est alors définie comme un jugement simple composé d'un sujet et d'un prédicat, ce dernier pouvant avoir un attribut.

Dans le premier cas nous aurons par exemple la proposition : « Pierre mange. »

Dans le second, ce pourra être : « Pierre mange très bien », ou « Pierre mange beaucoup. »

3. Nous pouvons voir à propos de l'analyse de contenu et de l'analyse du discours se développer l'opposition voire le conflit entre la « logique naturelle », celle de la langue écrite ou parlée, et la logique des logiciens. Sans entrer ici dans ce débat nous nous contenterons d'illustrer ce problème par un exemple.

Si je demande à une personne quel est, à son avis, le nombre de psychologues de Paris et de Lyon, elle me répondra probablement qu'il y en a quelques milliers. Nous sommes dans la logique naturelle. Mais pour certains logiciens (et aujourd'hui pour l'informaticien) ce nombre se réduira à quelques unités au plus car il ne comptera que les psychologues qui sont à la fois à Paris et à Lyon. On peut aussi constater que le « ou » n'a pas le même sens en logique et dans le langage naturel. On peut imaginer que pour l'étude des conditions de vérité d'une proposition ces distinctions sont essentielles.

Signalons cependant qu'il ne peut être question pour l'analyse de contenu ou pour la psychologie en général de considérer le langage naturel comme un langage logique imparfait. Nous sommes en présence d'une autre logique, celle qui structure notre pensée, nos sentiments, nos actes et nos dires.

La phrase et le paragraphe

En linguistique, la phrase est assez peu importante. Elle est souvent présentée dans les grammaires scolaires comme possédant une unité de sens, mais on la distingue alors peu clairement de la proposition qui présente le même caractère. Sur le plan pratique, ses caractéristiques prosodiques en font une unité dont les frontières sont faciles à repérer, comme en témoigne la facilité avec laquelle nous savons où placer les points au cours de la transcription d'un entretien, d'une conférence ou d'une conversation.

Comme unité du discours, la phrase apparaît assez clairement avec des lois propres différentes de celles qui organisent les mots en son sein. Un intérêt actuel pour les phénomènes inter-phrastiques vient aujourd'hui compléter l'étude des phénomènes inter-propositionnels.

Le paragraphe, qui correspond toujours, au minimum, à un changement de phrase, est une unité d'ordre supérieur peu théorisée. Elle présente surtout un intérêt pratique lorsqu'on travaille sur un texte long présentant un nombre de phrases très élevé.

Le texte, le document

Ils peuvent servir à désigner et à identifier des éléments tels que des entretiens, des ouvrages présentant une certaine unité, ou des articles de journaux.

Autres unités

Il est difficile d'énumérer toutes les unités et de préciser leur nature sans faire mention des fonctions qu'elles sont susceptibles d'exercer dans une technique d'analyse particulière utilisée dans un but précis. C'est la raison pour laquelle on abordera le discours comme unité dans le chapitre suivant, intitulé «Les différents types d'analyse», où seront traitées les fonctions exercées par ces unités à travers l'étude des principaux types d'analyses de contenu.

Mais pour illustrer leur diversité, on peut prendre l'exemple d'une interaction conversationnelle (échange) dans un dialogue[1]. Elle comprendra :

- une intervention du locuteur A,
- une réaction verbale du locuteur B,
- la réaction de A à ce que B lui a répondu.

Soit par exemple l'interaction suivante :

> A – «Pouvez-vous me dire depuis combien de temps vous avez mal ?»
> B – «Je ne peux pas dire que j'ai vraiment très mal.»
> A – «Vous n'avez pas vraiment très mal.»

---

1. Roulet *et al.* (1985) distinguent, dans le cadre de l'analyse conversationnelle : 1. l'échange, qui est la plus petite unité dialogale ; 2. l'intervention, qui est la plus petite unité monologale ; et enfin 3. l'acte de langage, qui est la plus petite unité monologale de l'intervention.

On peut voir dans le cadre de cette interaction disparaître la question de départ : «depuis combien de temps», et l'apparition d'une réponse modalisée de B qui accepte et valide le thème proposé par A : la douleur. A ne revient pas sur sa question de départ ; il accepte le propos de B, mais il lui demande cependant par un acte indirect[1] d'en dire plus sur le thème de la douleur.

Dans cet exemple, les unités sont d'une part chaque intervention, mais aussi l'unité constituée par l'ensemble des trois (qui rend compte du phénomène interactionnel), c'est-à-dire l'échange.

Nous avons vu qu'une grande variété d'éléments pouvaient être utilisées dans l'analyse de contenu. Mais toutes ces unités n'assurent pas les mêmes fonctions : on peut donc dire que pour répondre à différentes fonctions on fera appel à différentes unités.

1.4.3. *Fonctions des unités d'analyse*

Nous avons vu que l'analyste pouvait faire appel à différentes unités. Celles-ci seront utilisées pour trois usages distincts qu'il ne faut pas confondre. On différencie : 1. les unités d'enregistrement ; 2. les unités de contexte ; et 3. les unités d'énumération.

a. *Les unités d'enregistrement*

Ce sont les unités que l'on enregistre en les codant. Nous avons vu à propos d'un entretien autobiographique que des phrases avaient été codées en différents thèmes :

2A : Conditions matérielles de travail ;
2B : Problèmes du personnel, médicaments, traitement ;
2C : Attitude des populations, demande médicale.

---

1. Pour plus d'informations en ce qui concerne la théorie des actes de langage le lecteur se reportera au paragraphe «analyse de l'énonciation». Nous préciserons simplement ici qu'un acte indirect se caractérise par le fait qu'un acte est marqué dans l'énoncé alors que c'est un autre acte qui est réalisé ; par exemple, l'énoncé «Avez-vous l'heure ?» se présente sous la forme d'une question bien que l'acte réalisé soit en fait une requête («Dites moi l'heure qu'il est»). Il ne s'agit pas en réalité ici de savoir si l'interlocuteur a ou non l'heure, mais bien de lui demander de la donner. Il en est de même des énoncés de la forme «Pouvez-vous (voulez-vous...) me passer le sel ?», qui ne sont pas des demandes d'information concernant les capacités ou les désirs de l'interlocuteur, mais bien des requêtes.

Les exemples donnés ci-dessus sont employés de façon courante, et ils sont entrés dans les conventions. Il existe toutefois des situations dans lesquelles il est nécessaire de recourir au contexte, ainsi qu'aux autres systèmes de signes (verbal et para-verbal) pour pouvoir déterminer l'acte accompli. Il est parfois difficile de distinguer le conseil de l'avertissement, la simple constatation du reproche, etc. Dans l'exemple rapporté ici, on note que A réalise un acte de question (demande d'informations) à travers un acte d'assertion.

Dans d'autres analyses, on comptera combien de fois le locuteur dira «je» ou utilisera des adverbes de doute, etc.

Ces unités d'enregistrement peuvent être, nous l'avons vu, de nature sémantique (comme c'est le cas pour l'analyse thématique), syntaxique (faire appel à des critères plus formels comme pour le codage des verbes ou des adjectifs), lexicale (reposer sur le vocabulaire c'est-à-dire le lexique employé) ou encore expressive (unités particulières correspondant à l'oral aux «heu», aux répétitions, aux phénomènes d'auto-correction, etc. Ces unités permettent de faire une analyse de l'anxiété du locuteur par exemple).

Mais les unités utilisées au cours d'une analyse doivent aussi répondre à une autre fonction : donner un contexte où pourront s'interpréter les unités d'enregistrement.

b. *Les unités de contexte*

Lasswell (1927) a introduit une distinction entre unité de repérage et unité de contexte. Pour comprendre la nécessité de ces notions, prenons l'exemple suivant : dans un texte que l'on souhaite analyser et pour lequel on a déterminé une série de thèmes, l'analyste rencontre plusieurs fois le thème «t» ; chaque fois qu'il le rencontre, il le note. Mais deux difficultés apparaissent.

La première vient du fait que le thème, nous avons eu l'occasion de le noter, se présente sous des formes très différentes. La seconde est liée à la distribution des occurrences dans le texte. Si chaque occurrence est éloignée des autres, il n'y a pas de problème. Mais si nous trouvons «t» une fois dans le premier paragraphe, trois fois sous des formes différentes dans le second, et enfin une fois dans le troisième et dernier paragraphe, combien de «t» l'analyste doit-il compter ? Comment prendre cette décision ? L'importance de celle-ci est considérable, surtout si plusieurs analystes participent à une même étude, ou si on est amené à comparer les résultats de plusieurs analyses. Ces dernières doivent bien sûr être réalisées selon les mêmes critères si on veut que cette comparaison ait un sens.

Dans ces conditions l'importance du problème est évidente, mais on ne saurait le négliger même si nous sommes le seul et unique analyste dans une recherche. En effet, la démarche scientifique se caractérise en grande partie par la transparence des procédures utilisées par le psychologue. Il faut savoir exactement comment il a opéré et disposer de toutes les informations nécessaires pour pouvoir reproduire sa démarche. Pour revenir à notre exemple concret, il faut savoir si dans un tel cas il compte trois ou cinq occurrences.

L'analyste doit donc déterminer l'unité de repérage, c'est-à-dire le segment minimum du texte qu'il faut prendre en compte pour déterminer si le thème est présent ou non. À l'intérieur de cette unité, le thème peut apparaître plusieurs fois mais il ne sera comptabilisé que comme une seule occurrence.

Mais nous ne sommes pas encore au terme de nos difficultés...

Le thème «t» peut être présenté de façon favorable, défavorable ou neutre. Il est très probable que nous souhaitions tenir compte de ces différences dans notre analyse et ne pas nous contenter de connaître le nombre de fois ou une unité de repérage contenait «t», mais aussi quelle attitude était manifestée.

Nous sommes donc amenés à distinguer une autre unité, dite unité de contexte. Dans notre exemple, c'est le segment minimum de texte qu'il faut lire pour déterminer si l'attitude envers «t» est favorable, défavorable ou neutre.

Le choix des unités, avons-nous vu, devait être clair et précis, mais est-ce suffisant ? Le choix des unités n'a-t-il pas une influence sur les résultats de l'analyse ?

C'est à cette question que Lasswell a cherché une réponse en comparant plusieurs modes de découpage du texte. Il prend comme matériel d'étude les éditoriaux du *New York Times* publiés au cours de trois périodes. Il les analyse selon quatre plans de recherche (compte-rendu dans Daval, 1963) :

- la méthode I consistait à prendre le *symbole* comme unité de repérage et l'énoncé comme unité de contexte ;
- la méthode II comprenait le *paragraphe* comme unité aussi bien pour le repérage que pour le contexte ;
- la méthode III prenait un *groupe de trois énoncés* comme unité de repérage et de contexte ;
- et enfin la méthode IV prenait *l'article tout entier.*

La question posée était de voir si la distinction de ces trois périodes à l'aide d'un certains nombres de symboles (thèmes) tels que «Grande-Bretagne», «Chine», «Churchill», «Vichy», etc., aboutirait à des résultats différents selon que l'on utiliserait l'une ou l'autre de ces méthodes ; l'étude des textes permettrait-elle de reconnaître la période à laquelle ils se rapportaient ? La question était aussi de savoir si ces méthodes se valaient ou si l'une d'entre elles était préférable aux autres.

De l'ensemble des résultats, nous retiendrons quelques aspects.

- les quatre méthodes s'accordent sur les tendances du contenu des éditoriaux ;
- les méthodes II et IV donnent une plus grande distorsion entre les jugements positifs et négatifs, c'est-à-dire que l'augmentation des unités de contexte augmente le degré de déviation ;
- lorsque la taille des unités de repérage augmente, la proportion des unités codées comme neutres diminue. On est moins tenté de coder en neutre lorsque l'unité de repérage est grande. Plusieurs raisons peuvent amener le codeur à utiliser la réponse neutre dans le contexte de cette étude :
  - l'analyste peut coder en neutre parce qu'il lui semble que l'impartialité du journaliste est évidente ;
  - il peut choisir la réponse neutre parce que l'attitude du journaliste n'est pas claire ;

- il peut aussi choisir cette réponse parce que l'énoncé ne porte pas sur un fait mais sur une attitude sous-jacente ;
- enfin, le codeur placé devant une difficulté de codage limite les risques en proposant un codage moyen et neutre.

Toutes ces causes vont jouer dans le même sens et auront un rôle plus important lorsque les informations disponibles dans un contexte étroit sont pauvres.

Les auteurs de cette étude avaient aussi mesuré le temps nécessaire à l'analyse. La méthode IV est la plus rapide alors que la III est la plus coûteuse en temps.

Ce serait une erreur, du moins dans l'esprit de Lasswell, que de considérer les résultats de son étude comme devant conduire à des normes méthodologiques. Selon la nature des documents à étudier, telle ou telle méthode sera préférable. L'idéal serait bien sûr de suivre l'exemple de Lasswell et de comparer les résultats fournis par plusieurs unités. Toutefois, cette solution est coûteuse et rarement retenue.

Dans d'autres recherches la taille des unités aura un effet important sur les résultats bruts obtenus. Prenons l'exemple d'une étude des co-occurrences : il est évidemment bien plus probable qu'un interviewé soit amené à parler à la fois de lui-même et de son père dans un entretien que dans un paragraphe, et dans un paragraphe que dans une phrase.

Une technique, l'analyse propositionnelle du discours (*cf.* § 2.7), propose une solution originale au problème des unités. L'unité d'enregistrement et l'unité de contexte se recouvrent : c'est la proposition qui assure cette double fonction.

Toutes ces considérations doivent-elles nous inciter à nous méfier de l'analyse de contenu, dont les résultats varient avec les instruments de mesure ? Si nous sommes brûlés pour avoir confondu les degrés centigrades et les degrés Fahrenheit… n'accusons pas le thermomètre.

Nous allons rencontrer encore un type d'unités, à la fois nécessaire mais qui se présente avec moins d'évidence.

c. *Les unités d'énumération*

Dans certains ouvrages comme celui de Bardin (1991), ces problèmes seront abordés sous la rubrique de «règles d'énumération». Cet auteur distingue «entre unité d'enregistrement – ce que l'on fait – et règle d'énumération – la manière de compter». Mais que compte-t-on ?

Quelquefois des surfaces : lorsqu'on veut savoir quelle place occupe la publicité dans un journal. Les unités sont alors géométriques. Quelquefois du temps : durée comparée de la publicité et de l'information pour une chaîne de radio. Le plus souvent nous aurons affaire à des unités arithmétiques, par exemple : combien de fois tel mot a été utilisé ou tel thème abordé, c'est-à-dire sa fréquence d'occurrence.

Prenons un exemple plus complexe. Dans une recherche sur l'idéologie pédagogique, on veut savoir combien de fois l'interviewé parlera de discipline à propos de l'éducation des enfants. Un problème méthodologique se pose alors : quelle est notre conception du sujet parlant dans cette situation ? Pour être bref, allons-nous considérer l'interviewé «comme une machine cognitive qui produit du discours sur la discipline» ? Si oui, nous chercherons à savoir quelle est cette production. Nous noterons que cette situation est très comparable à celle que nous créons en disant que dans son discours tel homme politique a abordé quatre fois la question du chômage.

Mais nous pouvons aussi considérer que le sujet tient un discours à partir de la consigne de départ de l'interview et que, dans ce discours, il aborde le thème de la discipline. L'importance qu'il accorde à la discipline dans l'éducation sera alors évaluée par le nombre de fois où il abordera ce thème, mais que l'on rapportera à une autre unité : le nombre de propositions ou le nombre de phrases par exemple.

> Examinons le cas suivant : un sujet A a abordé sept fois le thème discipline, le sujet B quatre fois seulement. Dans notre première perspective, il est clair que le sujet A a plus parlé de discipline que le sujet B. Mais si nous tenons compte dans la seconde perspective du fait que le sujet A a produit six cents propositions, le sujet B limitant son propos à deux cents, on peut dire que le poids du thème de la discipline est plus élevé chez le sujet B.

Ceci revient à dire que conclure qu'un des sujets parle plus d'un thème ne signifie rien si on ne sait comment l'évaluation a été réalisée. Bien souvent ce type d'évaluation est insuffisant. En conservant l'exemple précédent examinons les assertions suivantes :

> – «Jean a toujours été indiscipliné.»
> – «La discipline n'est pas tout dans l'éducation d'un enfant.»
> – «On ne fera rien d'un enfant si on ne lui apprend pas la discipline.»
> – «C'est parmi les gens les plus disciplinés que l'on trouve le plus de crétins.»

On notera que toutes ces assertions parlent de discipline mais qu'elles ne traduisent pas les mêmes attitudes du locuteur à son égard et que leur éclatement en attitudes favorables, défavorables ou neutres paraît bien grossier.

Nous avons vu comment le dénombrement servait d'élément d'évaluation d'une attitude ou d'une opinion. Mais un cas fréquemment rencontré mérite qu'on s'y attarde car il n'est simple qu'en apparence, du moins si on envisage dès cette étape ce que sera l'interprétation des résultats de l'analyse. Prenons l'un des deux exemples suivants :

- que pouvons nous dire du fait que des sujets abordent, ou n'abordent pas, dans les cinq premières propositions le thème de la «discipline» ?
- que penser du fait que l'interviewé N° 27 ne réunit jamais dans une même proposition le thème de la «discipline» et le thème du «père» ?

Le fait de n'aborder que plus tardivement dans l'entretien le thème de la discipline ou de ne pas l'aborder est-il lié à des difficultés particulières du sujet à en parler ? Sommes-nous en présence d'obstacles cognitifs, émotionnels, inconscients ou autres ? Ou bien la représentation que se fait le sujet de l'éducation n'accorde-t-elle pas un rôle important à la discipline ?

Le fait de ne jamais aborder le thème du père à propos de discipline, ou la discipline à propos du père, peut faire appel au mêmes types d'interprétations.

Nous le verrons plus longuement dans le troisième chapitre, les interprétations de la présence/absence d'un élément font toujours appel à des hypothèses très fortes (donc très risquées) ; aussi, pour éviter de se trouver dans cette situation, on fera appel à des unités d'énumération moins molaires. Les cooccurrences seront plus finement analysées à partir d'exemples nombreux et non pas à partir d'un seul lien dont on chercherait la présence ou l'absence. On tiendra compte aussi des modalisations (*cf.* § 2.7.3), de la place occupée par un élément dans le discours, de la présence d'adjectifs ou d'adverbes dont le sens traduit une attitude plus ou moins favorable envers un objet du discours.

1.4.4. *Les unités dans l'analyse statistique des données textuelles*

Dans un ouvrage récent, Lebart et Salem (1988) proposent une méthode informatisée pour l'étude des questions ouvertes. Comment traiter 2 000 réponses à des questions ouvertes comme : «À votre avis, quelles sont les raisons qui font qu'un couple hésite à avoir des enfants ?» ou : «Quelles sont vos inquiétudes en ce qui concerne les cinq prochaines années ?»

Le traitement informatisé et statistique des réponses pose avec beaucoup d'acuité la question du choix des unités.

Le comptage des objets que l'on veut étudier suppose, du moins selon le point de vue que l'on choisit pour l'étude, de les considérer comme équivalents. Il faut donc «définir une série de liens systématiques entre des cas particuliers et des catégories plus générales». Dans la démarche envisagée, on sacrifie l'étude de chaque individu au profit de la possibilité de mettre en évidence des relations d'ensemble entre les réponses étudiées.

Les auteurs distinguent quatre opérations nécessaires pour répondre à la question du choix des unités : la segmentation ; l'identification ; la lemmatisation et la désambiguïsation.

1. Pour *segmenter* la chaîne textuelle en unités distinctes et avant de pratiquer un comptage, il est nécessaire de définir des unités minimales. Ces unités sont assez petites pour que, dans l'analyse considérée, on décide de ne pas décomposer en unités plus petites. Elles seront, au sens étymologique du terme, les *atomes* du texte.

2. Après la réalisation de cette opération, on définira les règles d'*identification* qui permettront de trouver et de compter certaines unités de segmentation dans l'ensemble du texte. Faut-il comptabiliser les unités de segmentation trouvées directement sous la forme où elles se présentent dans le texte ? Ou doit-on au contraire leur faire subir certaines transformations qui facilitent les regroupements ?

3. Cette transformation ou «*lemmatisation*» consiste en français à faire subir au vocabulaire les transformations suivantes :

– les verbes sont codés à l'*infinitif*,
– les substantifs au *singulier*,
– les adjectifs au *masculin singulier*,
– les formes élidées sont *reconstituées*.

Cette lemmatisation permet de réduire considérablement le nombre de catégories lexicales. Elle constitue donc une facilitation du traitement mais aussi une meilleure possibilité de mise en relation d'éléments textuels. Mais on comprend aussi que cette façon de procéder correspond plus aux exigences du traitement informatique qu'aux préoccupations du linguiste ou du sociologue. En effet, l'abandon de la dimension paradigmatique (les choix lexicaux) et surtout syntagmatique (la prise en compte du contexte dans lequel se trouve le mot ou le groupe de mots) constitue un prix élevé à payer aux exigences statistiques. Pour toutes ces raisons les auteurs de cette recherche n'ont pas utilisé la lemmatisation dans cette étude. On trouvera, à propos de l'important débat sur la lemmatisation, des références dans l'ouvrage de Lebart et Salem (1988), notamment sur les apports du laboratoire de Saint-Cloud.

Mais l'analyse du contexte ne peut pas toujours être évitée tant que l'ordinateur ne sait pas encore bien la réaliser : il ne peut distinguer par exemple les moyens de transport aériens que sont les «avions» et le verbe avoir à la première personne du pluriel de l'indicatif imparfait. De la même manière, pour reconnaître le «plu» du verbe plaire de celui du verbe pleuvoir, il faudrait introduire un plus grand nombre de paramètres. Dans cette même perspective, il va sans dire que les ambiguïtés volontaires (ou involontaires) introduites par un auteur, comme les métaphores par exemple, sont encore plus difficilement traitables.

Les auteurs de ce travail ont préféré faire appel à des unités plus aisées et plus objectivement appréhensibles : les formes graphiques (séquences de mots). Lemmatisation et désambiguïsation sont alors repoussées à des phases plus tardives de l'analyse.

Le résultat de cette étape se présente comme une longue liste de segments (groupes de mots). Ces segments peuvent facilement être classés selon différents paramètres ou leurs combinaisons : par ordre alphabétique, selon la fréquence d'apparition, la longueur des segments, etc. «On appelle ces listes des inventaires de segment répétés (ISR) en précisant selon le cas si ces inventaires sont : alphabétiques, hiérarchiques, distributionnels.»

Pour travailler ensuite sur ces segments il faut les nommer, les catégoriser – c'est-à-dire utiliser un métalangage qui distingue entre autres les « formes simples » (les formes graphiques) des diverses « formes polymorphes » (les segments), les formes simples n'étant que le cas le plus élémentaire des formes polymorphes.

Les travaux de Lebart et Salem sur l'analyse des données textuelles représentent un ensemble de solutions pour répondre au problème des unités. D'autres techniques d'analyse ont donné diverses réponses à ces problèmes auxquels tout analyste est confronté.

En conclusion : coder du matériel verbal implique toujours de le transformer. Cette transformation se fera soit par *segmentation*, on respecte alors la structure du discours (mais seulement à l'intérieur du segment), soit par codage proprement dit d'un mot ou d'un groupe de mots ; on est alors amené à faire appel à un métalangage qui substitue le code de l'analyste à celui du locuteur.

Nous envisagerons plus tard les réponses apportées par les différentes techniques d'analyse de contenu. Nous avons vu au début de ce chapitre que, dans les conceptions de la communication fondées sur le modèle mathématique de Shannon et Weaver, le code avait une place centrale et incontournable. Mais d'autres modèles de la communication, d'autres conceptions de la linguistique permettent-elles de poser le problème du codage en d'autres termes ?

1.5. Codage et catégories

Reprenons la définition donnée par Holsti (1969) : coder, c'est mettre en place « un processus par lequel les donnés brutes sont transformées systématiquement et agrégées dans des unités qui permettent une description précise des caractéristiques pertinentes du contenu ».

Nous avons examiné différentes fonctions exercées par les catégories et aussi les avantages de celles qui possèdent des propriétés formelles permettant des repérages ou des découpages objectifs du texte. Mais les catégories retenues pour une analyse le sont aussi pour une autre raison : elles sont, tout au moins implicitement, porteuses de sens. Pour l'analyse thématique, c'est le sens et lui seul qui justifie l'utilisation du thème comme catégorie d'analyse. Un des principaux auteurs sur ce sujet, Kracauer (1952), définissait cette pratique comme « la sélection et l'organisation rationnelle de catégories condensant le contenu essentiel d'un texte donné ».

Après avoir déterminé le système catégoriel, il faut procéder au *codage*. Cette opération consiste à distribuer des unités du texte dans différentes rubriques ou catégories. Pour nous représenter concrètement cette situation, imaginons que nous découpions le texte en parties et que nous placions ces parties dans différents dossiers.

Nous avons vu différentes façons de découper le texte (en mots, en phrases, en propositions...), examinons maintenant comment les catégories (les dossiers) peuvent être nommées et organisées. Deux cas sont à envisager :

- soit les catégories sont définies *a posteriori*, c'est-à-dire que nous commençons à étudier notre corpus d'analyse et par tâtonnements, par approximations successives, nous déterminons : le nombre de catégories (de dossiers) dont nous avons besoin, ainsi que la façon de les nommer et de les définir avec précision. Une telle démarche est fréquente dans les recherches exploratoires ;
- soit les catégories sont définies *a priori*, c'est-à-dire que nous avons à notre disposition, à l'avance, des critères précis qui nous permettent de constituer ces catégories. Mais ceci ne peut se faire que si nous disposons d'un système théorique permettant d'opérationnaliser ces concepts, ou bien des hypothèses à vérifier (élaborées à partir de connaissances antérieures issues d'autres travaux).

Quoi qu'il en soit, en pratique, même si nous disposons des catégories que nous souhaitons utiliser, il sera indispensable de les tester sur un échantillon de notre corpus pour vérifier leur adéquation au matériel étudié.

La nature des catégories peut être variée. Nous avons déjà signalé qu'elles peuvent correspondre à :

1. des unités de sens (des thèmes), ce qui permet de distinguer par exemple les catégories «loisirs» et «travail» ou encore «vie privée» et «vie publique» ;
2. des unités lexicales, ce qui donne lieu à des regroupements de synonymes par exemple ;
3. ou à des unités syntaxiques, ce qui permet de distinguer par exemple les verbes des substantifs.

Si par souci de simplicité nos catégories sont ici dichotomiques, dans la pratique de l'analyse les catégories retenues sont plus nombreuses et présentent une organisation qui peut distinguer plusieurs niveaux et présenter une certaine complexité.

Le choix et l'organisation des catégories constitue une étape essentielle de l'analyse et mobilisent toutes les qualités de l'analyste. On peut considérer que c'est le moment où toute la subjectivité du chercheur sera nécessaire. Berelson (1952) considérait qu'une analyse de contenu valait ce que valaient les catégories utilisées. Mais comment composer un bon ensemble de catégories ?

Deux réponses nous semblent possibles :

- la première, un peu provocante, et redoutable dans sa simplicité, peut s'énoncer ainsi : «Il suffit d'être génial», c'est-à-dire être capable de faire le bon pari quant à des catégories dont on ne sait *a priori* si elles seront efficaces et produiront des résultats nouveaux et intéressants ;
- la seconde sera plus modeste ; elle consiste à s'assurer qu'un certain nombre de défauts sont absents et que certaines qualités sont présentes dans le sys-

tème catégoriel proposé. On considère généralement que les catégories doivent être fidèles, objectives, pertinentes, valides, homogènes, exclusives mais aussi heuristiques.

1.5.1. *La notion de fidélité*

Si deux analystes codant les mêmes données à l'aide des mêmes catégories présentent des désaccords, les résultats de l'analyse ne sont pas valides. Cet aspect renvoie à ce qui est communément appelé la *fidélité inter-codeurs*, c'est-à-dire au fait que deux codeurs codant un même document doivent obtenir la même analyse. La notion de fidélité s'applique également à un codeur unique. Ainsi, si un codeur ne code pas toujours des données identiques dans les mêmes catégories, c'est la *fidélité intra-codeur* qui pose problème.

Ces difficultés ne sont pas spécifiques à l'analyse de contenu mais se retrouvent dans tous les modes d'observation. Par ailleurs, moins les définitions des catégories sont précises plus ces problèmes de fidélité seront aigus.

D'autres facteurs influencent également la fidélité de l'analyse : il s'agit 1. de la compétence de l'analyste ; 2. de la complexité des catégories (niveau d'interprétation ou d'inférence nécessaire). Mais à multiplier les catégories et les sous-catégories on peut se trouver devant des résultats confus et inexploitables.

Daval (1963) pose une distinction entre la fidélité des observateurs et celle des catégories. Ainsi, «en supposant que soit parfaite l'équipe dont on dispose, que l'accord de ses membres soit unanime toutes les fois où est codée sans ambiguïté chacune des catégories retenues, on pourra mettre à l'épreuve telle catégorie nouvelle en évaluant l'étendue de l'accord de tous ces analystes réputés parfaits». À l'inverse, la connaissance de catégories qui ne présentent aucun désaccord entre des analystes réputés parfaits peut servir à sélectionner de nouveaux analystes en fonction de la ressemblance de leur performance avec celle des analystes précédents.

Cet auteur rend compte des travaux de Lasswell et Leites (1949) qui utilisent un indice de fidélité. Dans leur analyse ils font appel à deux sortes de catégories :

1. les catégories «*directionnelles*» (qui recueillent les contenus selon qu'ils sont favorables ou défavorables) ; et
2. les catégories «*standard*», qui sont elles-mêmes divisées en sous-catégories dont les plus fréquentes sont les couples de concepts «force/faiblesse» et «moralité/immoralité».

On peut ainsi voir comment l'utilisation de ces catégories dans un codage conduit à classer selon un indice de fidélité à la fois les analystes et les catégories utilisées. Mais on pourrait également pousser plus avant cette étude en cherchant si les analystes les plus fidèles le sont indifféremment pour toutes les catégories. Cela revient à aborder la question des interactions entre analystes et catégories.

Il est un autre problème que rencontre l'analyste au cours de son travail, celui de l'objectivité.

1.5.2. *Les qualités d'objectivité*

Si nous demandons à plusieurs analystes quelle est l'occurrence de «je» dans un texte (c'est-à-dire le nombre de fois ou cette unité linguistique est apparue dans le discours), les réponses seront tout à fait concordantes. Nous pouvons considérer que nous sommes en présence d'une donnée objective, c'est-à-dire que les réponses sont entièrement déterminées par l'objet étudié et non par les caractéristiques des analystes.

Mais cet exemple montre aussi que l'objectivité n'est qu'une des dimensions de la qualité d'une analyse. En effet, à quoi peut nous servir le nombre de «je» si nous ne savons pas s'il s'agit d'une prise en charge du discours ou d'un tic de langage du locuteur qui commence toutes ses phrases par «je pense». L'analyse devra alors être affinée en utilisant d'autres critères.

Des critères peuvent être parfaitement objectifs, mais cela ne préjuge en rien de leur pertinence.

Toutes les techniques d'analyse de contenu ne rencontrent pas les mêmes difficultés à obéir aux règles d'objectivité. L'analyse lexicale par exemple (*cf.* § 2.1.1) peut dénombrer l'occurrence de certains mots sans difficultés particulières. Par contre, l'analyse thématique aura le plus grand mal à définir avec suffisamment de précision les indicateurs qui permettront à l'analyste de coder avec objectivité la présence ou non du thème «tristesse» dans un texte.

Pour ce problème, deux solutions peuvent être avancées. La première consiste à rejeter la catégorie «tristesse» au vu de ses défauts d'opérationnalisation. La seconde, employée dans le cas où des raisons impérieuses plaident pour le maintient de la catégorie, consiste à fournir au codeur des règles précises à respecter, tout en lui conseillant, dans un même temps, de faire appel à «sa sensibilité au texte». On comprendra que cette dernière démarche n'est pas un exemple parfait d'objectivité.

Pour plus de clarté, nous avons distingué dans notre présentation les qualités d'objectivité et de fidélité, mais dans l'analyse elles sont étroitement liées. Ainsi, pour savoir si un analyste est objectif, on testera la fidélité de ses réponses (fidélité inter- et intra-codeur) ; et pour évaluer l'objectivité d'une catégorie, on comparera les réponses de plusieurs analystes.

L'objectivité qui figure dans la définition de l'analyse de contenu proposée par Berelson, et qui fait encore autorité, reste une des conditions importantes de la qualité d'une analyse. Mais on assiste aussi aujourd'hui à un double mouvement : d'une part, l'ambition herméneutique (recherche d'un sens caché), bien que n'étant pas en contradiction avec l'objectivité, a cependant pour effet de déplacer le foyer des préoccupations méthodologiques des chercheurs vers d'autres problèmes ; et d'autre part, l'introduction massive de l'informatique a des effets qu'il faut différencier selon le type et le moment de l'analyse.

Par exemple, dans l'analyse lexicale, l'objectivité est parfaite lorsqu'on travaille avec l'aide d'un ordinateur ; mais elle l'était déjà précédemment. Dans une recherche des co-occurrences, il en va de même ; mais les possibilités pratiques de réalisation et le degré de complexité auquel on peut parvenir sont sans comparaison avec ce qui pouvait être réalisé manuellement.

Dans une analyse thématique (*cf.* § 2.1.2), l'ordinateur n'interviendra que pour traiter ce qui a été codé par l'analyste. Le danger est ici de confondre l'objectivité du traitement des données d'analyse et l'objectivité de l'ensemble de la démarche. Si le codage est mauvais, l'ordinateur ne saurait améliorer les données recueillies. Mais il permet de nombreux contrôles facilement réalisables. Par exemple, l'homogénéité des analyses peut être rapidement testée. Si un des codeurs d'une équipe trouve un taux anormalement élevé (ou faible) d'une certaine occurrence, on peut rechercher si cette différence doit être attribuée aux caractéristiques de l'analyste ou à l'hétérogénéité du corpus.

Nous sommes donc ici soumis à deux effets contraires de l'informatisation : d'une part au risque de confusion entre l'objectivité du traitement et celle du codage, et d'autre part à une incitation (due à la rapidité de l'ordinateur) à se préoccuper de l'objectivité de l'analyse.

Un autre se présente : celui de l'analyse propositionnelle du discours (*cf.* § 2.7). Devant l'impossibilité (mais est-ce souhaitable ?) d'éliminer entièrement «l'équation personnelle» de l'analyste, la stratégie de recherche adoptée consiste à repousser les aspects subjectifs vers les dernières étapes de l'analyse, celle de l'interprétation des résultats. Il aura fallu cependant choisir, parmi tous les objets thématiques qui structurent le discours, ceux dont la recherche analysera les relations. C'est donc une hiérarchie qui est établie entre les objets thématiques : certains seront considérés comme plus pertinents que d'autres.

1.5.3. *La pertinence et la validité des catégories*

Dans l'analyse thématique la pertinence des catégories s'avère une qualité importante. La fabrication des catégories doit répondre à deux types de contraintes de pertinence.

Le premier type de contraintes concerne la théorisation retenue. Une catégorie s'inscrit dans un système conceptuel, une théorisation plus ou moins explicite. Certaines catégories correspondent à nos représentations implicites, aux pratiques sociales et à leur organisation, au langage de la vie quotidienne. Elles conviennent tout à fait à des commanditaires de recherche appliquée qui retrouvent dans l'analyse leur propre façon de coder le monde. Mais elles présentent pour l'analyste l'inconvénient majeur de ne l'autoriser presque jamais à faire appel à son savoir théorique de psychologue pour interpréter les résultats obtenus. La tentation sera alors très forte d'inventer une explication des résultats «pour les besoins de la cause», explication *ad hoc* qui semblera d'autant mieux convenir qu'elle aura été fabriquée pour un cas particulier.

L'autre ensemble de contraintes concernant la pertinence des catégories est lié à la nature du corpus à analyser. Ainsi, des catégories peuvent être bien organisées entre elles et cohérentes avec le système théorique sur lequel elles se fondent, mais malheureusement trop rares dans les textes étudiés, ou inadéquates à leur mode d'expression.

Dans tous les cas, un double questionnement doit guider l'analyste dans le choix des catégories : il s'agit de savoir d'une part ce que les réponses à une catégorie vont nous apprendre et d'autre part si les problèmes que l'on se pose recevront des éclaircissements par l'usage des catégories retenues.

Si la *pertinence* est la compatibilité entre 1. les catégories retenues, 2. le système théorique utilisé, et 3. la nature du matériel verbal, la *validité* peut être définie comme le fait de ne pas se tromper d'objet d'étude : la catégorie utilisée correspond-elle bien à ce que l'on cherche ?

Prenons l'exemple d'un ensemble de dialogues à propos desquels on souhaite étudier l'agressivité des locuteurs. Si nous utilisons une catégorie «insultes» comme indicateur de l'agressivité : elle risque de n'être pas valide. En effet, l'insulte n'est pas nécessairement un signe d'agressivité, elle peut être aussi la marque d'appartenance à un groupe social, ou encore la caractéristique d'une situation (comme une rencontre sportive qui peut être agressive, mais c'est alors un autre niveau d'analyse). Enfin l'agressivité peut s'exprimer par de nombreux autres moyens que la profération d'insultes. Certes, on peut fabriquer un indice[1] d'agressivité dans lequel les insultes peuvent figurer comme un indicateur parmi d'autres, mais classer les personnes en plus ou moins agressives selon la fréquence des insultes serait une erreur.

Dans cet exemple, le défaut de validité de l'indicateur utilisé provient d'une confusion entre deux niveaux d'analyse : celui du discours d'un individu particulier et celui des caractéristiques langagières d'une culture.

1. Afin de saisir la différence qu'il y a entre un indice et un indicateur, le lecteur se reportera ici même point 6.

1.5.4. *Homogénéité et exclusion mutuelle*

Idéalement, chaque élément d'analyse doit entrer dans une catégorie et une seule. En somme, l'appartenance à une catégorie doit exclure l'appartenance à une autre.

Supposons que, dans une analyse, nous prenions pour catégories : «les vacances» et «l'argent». Examinons la proposition suivante :

«Les vacances coûtent de plus en plus cher.»

Elle devra être codée dans *chacune* des deux catégories retenues. Il faudra au moment de l'analyse des résultats tenir compte du fait que cette proposition a été codée *deux fois*. Ce n'est pas toujours simple.

Mais le problème de l'exclusion mutuelle des catégories est autre. Supposons que, dans une analyse, nous ayons une catégorie «famille» et une catégorie «parents», les deux catégories se recoupent à moins de définir la famille comme excluant les parents.

Plus généralement, les défauts d'exclusion mutuelle proviennent de l'absence d'homogénéité des catégories et de la multiplication des principes qui président à leur définition, leur organisation ou leur classification.

Pour un même niveau d'analyse les catégories doivent être homogènes. Ce seront par exemple les différents types de transport pour partir en vacances : voiture, train, avion, etc. Ce n'est que dans un deuxième temps qu'on pourra les mettre en relation avec d'autres catégories comme celles de l'évaluation des prix.

Le respect de ces règles peut paraître, au moment de la mise en place des catégories, un raffinement méthodologique gratuit. Mais souvenons-nous qu'afin d'interpréter les résultats l'analyste devra répondre à la question suivante : «Dans quelle mesure les résultats trouvés rendent-ils compte de ce que l'on prétend montrer ?»

1.5.5. *Le caractère heuristique des catégories*

Demander cette qualité à une catégorie peut sembler une évidence. En effet, quelle pourrait être l'utilité d'une catégorie dont l'utilisation ne nous apporterait aucune connaissance nouvelle ? Cependant, si nous consultons certains comptes-rendus d'analyse, nous trouvons parfois des résultats banals ou inutilisables.

Le choix des catégories qui vont se révéler riches en résultats cohérents, en hypothèses nouvelles, en analyses fines, se fonde sur la culture et l'expérience de l'analyste mais aussi sur la chance. Cependant, il s'avère que cette dernière sera d'autant plus sollicitée que les tentatives approximatives d'analyse seront nombreuses.

1.6. **Indicateurs et indices**

1.6.1. *Indicateurs*

L'analyse de contenu, nous l'avons vu, est une technique qui permet d'extraire l'ensemble des informations contenues dans un ou plusieurs documents. Toutefois, l'analyse n'est pas une fin en soi ; il s'agit en effet d'utiliser celle-ci pour *inférer* des phénomènes non contenus dans le texte à l'état brut, et non observables directement. Pour obtenir ces informations, le psychologue a à sa disposition une série de documents qu'il a produits ou réunis dans un but particulier : un corpus. Il s'agira pour lui de mesurer des observables, qui sont le plus souvent verbaux, à partir desquels il inférera les phénomènes qu'il désire étudier (attitudes, opinions, représentations, croyances, etc.). Le psychologue devra donc mettre en évidence les éléments pertinents à prendre en compte. Ces éléments seront appelés des *indicateurs.*

Pour définir ce qu'est un indicateur, nous reprendrons l'exemple donné par Lazarsfeld (1958), qui cite William James (*The meaning of truth*) : «Lorsqu'on dit d'un homme qu'il est prudent, on veut dire par là qu'il adopte un certain nombre de comportements caractéristiques de la prudence, qu'il contracte des assurances, qu'il ne met pas tout son enjeu sur le même cheval, qu'il ne se lance pas tête baissée dans une entreprise... Le terme "prudent" est ainsi une manière pratique d'exprimer abstraitement un trait commun à des actes habituels.» À ce propos, Lazarsfeld écrit : «Ici la démarche de James va d'une image à un ensemble d'indicateurs, directement suggérés par l'expérience de la vie quotidienne.»

Le choix des indicateurs est donc toujours une étape importante de l'analyse. Il s'agit en effet d'établir des corrélations entre les indicateurs retenus et d'être sûr que les éléments choisis (dans notre exemple, le fait que l'individu en question contracte des assurances, qu'il ne mise pas tout sur le même cheval, etc.) sont de bons indicateurs du phénomène que l'on veut étudier (dans notre exemple : la prudence). En d'autres termes, il faut s'interroger sur leur *pertinence.*

Pour reprendre l'exemple donné au paragraphe précédent, lorsque l'on désire mesurer l'agressivité d'un individu, quels sont les indicateurs qu'il faut prendre en compte : doit-on se limiter aux injures ? et dans ce cas considérer comme «non agressifs» les individus qui ne profèrent jamais d'injures, ou doit-on inclure également d'autres éléments moins manifestes ? C'est du choix de ces indicateurs que dépendront les résultats de l'analyse, et ce simple fait mérite que l'analyste s'y attarde quelque peu.

1.6.2. *Indices*

À l'instar de Lazarsfeld, nous définirons ici l'*indice* comme correspondant à un large ensemble d'indicateurs dont il est une synthèse. La construction d'indices est donc obligatoire car, comme le fait remarquer l'auteur, il n'existe qu'une relation de probabilité entre les indicateurs retenus et la variable étudiée. Ainsi, si nous reprenons l'exemple donné plus haut, on s'attend à ce qu'un homme prudent ait les comportements énoncés mais il ne s'agit là que de *probabilités* et non de certitudes. Il est donc nécessaire de relever un nombre d'indicateurs *suffisant* afin que, lorsque l'on enregistre des variations au niveau des indicateurs, cela témoigne d'un changement réel de la position de l'individu. Dans ce contexte, si seul un indicateur varie, toute la mesure ne sera pas modifiée. Il est donc fort peu probable que la plupart des indicateurs varient dans un même sens alors que la position fondamentale de l'individu n'a pas changé.

2. LES DIFFÉRENTS TYPES D'ANALYSE

Après avoir donné un aperçu de l'évolution théorique et méthodologique de l'analyse de contenu, nous avons soulevé un certain nombre de questions concernant les principes mêmes de cet ensemble de techniques. Nous envisagerons dans cette partie quelques types d'analyse.

2.1. L'analyse catégorielle

L'analyse catégorielle reste l'analyse la plus couramment utilisée. Elle repose sur un principe simple : il s'agit de «*réorganiser*» le document afin que celui-ci apparaisse sous une forme accessible et qu'il puisse faire l'objet d'éventuelles comparaisons ou regroupements. Le postulat de base de ce type d'analyse est que le codeur est à même d'accéder *directement au sens* manifeste contenu dans le document grâce à un découpage du texte en *unités* qui seront ensuite ventilées au sein des différentes *catégories*.

Ces unités, nous l'avons noté, peuvent être de nature très diverse (mot, phrase, proposition...). Quant aux catégories, comme nous l'avons vu, elles peuvent être établies à plusieurs niveaux (sémantique, syntaxique, etc.), être définies *a priori* ou *a posteriori*, mais leur constitution doit toujours se faire en respectant un certain nombre de critères (exhaustivité, pertinence, homogénéité, etc.).

Nous n'exposerons pas ici dans le détail l'ensemble des analyses catégorielles. Nous envisagerons simplement, à titre illustratif, deux types d'analyse : *l'analyse lexicale* et *l'analyse thématique classique*.

À ce choix, trois raisons. Tout d'abord parce que ces analyses sont fréquemment employées, notamment dans le cadre des enquêtes, ou des études de motivation lors de l'analyse des entretiens ou des réponses à des questions ouvertes. De plus, même si l'analyse lexicale n'est pas à proprement parler considérée comme relevant de l'analyse de contenu (il s'agit en effet de *statistique lexicale* appliquée à l'étude du discours), il n'en reste pas moins qu'on ne peut ignorer ces techniques qui ont été largement développées depuis une vingtaine d'années (notamment par le Laboratoire de lexicologie politique de l'École normale de Saint-Cloud) grâce à l'utilisation de l'informatique. Ensuite, parce que l'analyse thématique constitue une bonne illustration des techniques qui reposent plus sur une pratique que sur des arrière-plans théoriques. Enfin, parce qu'elles se situent de part et d'autre de la frontière entre l'exploitation qualitative et quantitative des résultats.

2.1.1. *L'analyse lexicale*

L'étude du lexique s'est concrétisée en linguistique à travers différents types de recherches. Toutefois le terme de *lexique* ne renvoie pas aux mêmes types de corpus. Du point de vue de la *lexicographie* (technique relative à la mise au point des dictionnaires), le lexique fait référence aux ouvrages regroupant les termes utilisés par un individu, une discipline ou une institution. En ce sens le terme de lexique s'oppose au terme de dictionnaire. La *statistique lexicale*, domaine de la linguistique générale, retient quant à elle le terme de *lexique* pour désigner les mots de la *langue,* c'est-à-dire les *lexèmes,* et préfère celui de *vocabulaire* pour faire référence à l'ensemble des unités figurant dans un *discours* particulier, c'est-à-dire les *vocables* (ou mots qui correspondent à l'occurrence des vocables).

Ainsi, dans un ouvrage récent, Labbé (1990) analyse le vocabulaire de François Mitterrand entre 1981 et 1988. Cette analyse se fonde sur l'étude d'un corpus de textes sélectionné à partir d'un ensemble de productions, en fonction de leur «authenticité». En effet, il s'agissait pour l'auteur de ne retenir pour l'analyse que les discours effectivement conçus par le président. Cette sélection conduit l'auteur à ne prendre en considération que les interventions radio-télévisées du président, soit 68 «textes» pour un total de 305 000 mots environ.

L'auteur montre toute l'importance dans la vie politique des symboles, des mots, au travers de l'usage desquels chacun reconnaît «son camp». Il fait aussi remarquer qu'appliquer ce type d'analyse sur les «mots étendards» implique que l'on admette trois postulats :

1. le principal indicateur de l'importance d'un mot est sa *fréquence d'occurrence* ;
2. il est nécessaire de distinguer les différents types de mots : *mots pleins* que sont les substantifs, voire les adjectifs ou les verbes, et *mots outils* qui servent à cimenter le flux textuel ;
3. quant au troisième de ces postulats, il concerne le fait que l'on peut obtenir des résultats intéressants même si l'on ne tient pas compte de la *localisation* des vocables considérés.

En ce qui concerne ce troisième postulat, on verra que l'auteur n'hésite pas à construire un «indice de répartition», qui rend compte de la localisation ou de «l'adresse» d'un vocable au sein d'un texte et qui peut permettre d'évaluer l'évolution de son utilisation (c'est-à-dire sa fréquence d'occurrence) au sein des différents textes. Cet indice lui permet d'analyser chaque texte et de le comparer aux autres, ce qui lui permet de suivre l'évolution d'un terme du vocabulaire de François Mitterrand. Pour un vocable donné, cet indice est calculé à partir de la longueur du texte dans lequel le vocable apparaît et de la fréquence de ce vocable. Ainsi, si le vocable apparaît de façon parfaitement régulière, l'indice de répartition sera proche de (ou égal à) 1. Par contre, plus les occurrences du vocable sont regroupées, plus la valeur de l'indice tendra vers la valeur zéro. Dans le premier cas cela signifie que le vocable considéré fait partie du vocabulaire courant de l'individu considéré ; dans le deuxième cas cela témoigne d'une utilisation plus circonstancielle.

Méthode employée

Pour ce qui concerne l'ouvrage auquel nous nous référons, le but de la méthode est d'aboutir à la connaissance des *mots que François Mitterrand utilise préférentiellement* (ou qu'il évite) et, au-delà, de procéder à une *comparaison avec d'autre hommes politiques.*

Dans l'idéal, d'autres éléments de comparaison seraient possibles, mais ils ne sont pas toujours adéquats. Ainsi, le *Trésor de la langue française* de Nancy est difficilement utilisable car il porte essentiellement sur des textes littéraires. Le *Dictionnaire de fréquence des mots français* de Juilland *et al.* (1970) est quant à lui restreint au langage écrit du vingtième siècle. Dans ce contexte, à défaut de pouvoir se référer à une norme, l'auteur fera des comparaisons entre différents discours politiques et mettra en relation les résultats observés concernant le discours de Mitterrand avec les observations faites par lui-même sur le discours communiste ou avec celles de Cotteret *et al.* (1969, 1973) sur celui du général de Gaulle.

La description des étapes d'analyse nous renvoie à l'ouvrage de Lebart et Salem (*op. cit.*). On retrouve ainsi :

1. le découpage des textes en mots ou formes graphiques qui se fait selon la norme de Saint-Cloud ;
2. le regroupement en formes canoniques ou «lemmatisation» ; et
3. le calcul des fréquences (qui respecte cependant les formes syntaxiques et qui permet ainsi d'étudier séparément les substantifs et les adjectifs, les verbes et les pronoms).

Il n'est pas de notre projet de résumer plusieurs centaines de pages de résultats. On notera simplement les plus significatifs.

La lecture et l'analyse des tableaux de fréquences laisse ainsi apparaître un «Je» mitterrandien qui présente un certain nombre de caractéristiques. Tout d'abord sa fréquence élevée (8 902 occurrences sur un corpus composé de 305 124 mots) ; ensuite, les «contextes» dans lesquels on retrouve ce pronom.

Concernant la fréquence des «je», il est nécessaire de rappeler que le corpus étudié est oral. L'auteur constate que l'occurrence diminue de moitié si l'on considère les corpus écrits.

Cette utilisation du pronom personnel «je» est accompagnée d'une forte proportion de verbes d'opinion comme «penser» «croire» ou «trouver» (le verbe «savoir» n'apparaissant qu'en faible proportion) et de verbes exprimant la volonté ou la nécessité comme «vouloir» et «devoir». Parallèlement à l'utilisation de ces verbes, l'auteur constate une forte occurrence des expressions exprimant également l'obligation, comme «il faut», qui est selon lui «une expression caractéristique du président».

Concernant le premier résultat (utilisation de la première personne du singulier), l'auteur fait une comparaison avec les discours produits par C. de Gaulle, V. Giscard d'Estaing et J. Chirac. Il constate ainsi que F. Mitterrand utilise nettement plus la première personne que de Gaulle (et ce, que l'on compare des discours oraux ou écrits). Toutefois, après avoir opéré d'autres analyses, l'auteur attribue l'utilisation massive de ce pronom au fait que la Cinquième République s'est peu à peu caractérisée par un pouvoir personnalisé. Il ne s'agit donc pas là d'une spécificité propre au discours mitterrandien (même si F. Mitterrand est l'acteur privilégié de son discours) mais d'une évolution qui s'était amorcée lors du septennat de V. Giscard d'Estaing et qui se retrouve dans le discours politique actuel.

Concernant l'utilisation de l'expression «il faut», l'auteur l'interprète en disant qu'elle permet à F. Mitterrand d'exprimer un souhait tout en opacifiant la source de ce souhait : «Le "il" impersonnel place la source dans l'ordre du constat, du bon sens ou de l'évidence. Le président n'y est pas impliqué sinon au même titre que son auditoire. Par conséquent, si l'injonction ne produit pas ses effets – ou si la réalité va à l'opposé –, F. Mitterrand ne sera pas [plus] responsable de l'échec [...] que l'un quelconque d'entre nous.» (P. 29.)

Concernant l'utilisation des verbes, on constate que ceux qui sont co-occurrents au pronom personnel «je» sont les verbes «croire», «penser» et «dire». Toutefois, alors que les deux premiers sont le plus souvent employés à la forme affirmative, le dernier est quant à lui utilisé préférentiellement à la forme négative. Selon l'auteur, cette utilisation différenciée serait de nature stratégique : «La dénégation comporte une affirmation sous-jacente que l'on récuse : elle se construit contre, elle réplique à une parole antérieure. Il est vrai que l'entretien s'y prête particulièrement bien : confronté à une question que l'on estime injustifiée, il est normal de répondre par la négative. Chez le président, le procédé dépasse largement cette seule situation. Au-delà du journaliste, il répond à l'opposition, à la presse ou aux doutes de son parti, de son électorat. Mais la construction négative lui permet d'ignorer la source du propos, d'y répondre sans s'y référer. Ce qui convient bien à son souci de paraître au-dessus des querelles de la "petite politique".» (P. 66.)

Une autre caractéristique du discours mitterrandien concerne l'utilisation du verbe «vouloir» associée au pronom «je». Si cet emploi est moindre qu'avant 1981 – où il était décisif pour F. Mitterrand de se démarquer de V. Giscard d'Estaing –, il reste encore important (12,4 % des phrases). Ce qui fait dire à l'auteur : «L'expression d'une volonté est la relation qu'entretient le plus naturellement F. Mitterrand avec le monde extérieur.»

Cette analyse doit être mise en rapport avec celle menée antérieurement par Bonnafous (1981), qui révèle des résultats pour le moins différents. L'auteur étudie (entre autres) le vocabulaire de F. Mitterrand au congrès de Metz (1979). Elle constate qu'il utilise préférentiellement un vocabulaire lié au système électoral et aux institutions. À l'opposé, il apparaît que le lexique lié à la nécessité (comme «devoir» ou «falloir») et aux luttes est *sous-employé.* L'auteur conclut ainsi cette analyse : «Tout cela semble indiquer un style peu offensif, qui se traduit aussi par la prééminence du vocabulaire des *droits* (droits syndicaux, droits des femmes, droits de l'homme, droits démocratique, etc.) sur celui des *luttes*, du *mouvement* ou de la *pratique.* De façon générale, le lexique de la motion A (vocabulaire de Mitterrand) est un lexique du statisme symbolisé par le slogan *tenir bon* qui fournit avec *bon* une des spécificités positives de ce texte. Quant aux sous-représentations convergentes de *ligne*, *stratégie*, *projet*, *idéologique*, *autogestionnaire* et *planification*, elles sont l'indice d'un flou propositionnel et d'une crainte de "trop parler idéologie".» (882-883.) Ce dernier résultat montre bien à quel point il est important de prendre en compte, lors de l'analyse, la localisation dans le temps ainsi que le contexte d'énonciation.

Une remarque doit cependant être faite à propos des résultats présentés ; elle concerne le principe même de ce type d'analyse. Si le décompte des fréquences d'un vocable peut donner lieu à des analyses intéressantes, il n'en reste pas moins que l'on perd de vue l'*agencement des différents vocables* considérés et par là même la dynamique du discours (entendu comme processus qui se déroule dans le temps). C'est à cette même conclusion qu'aboutit Bonnafous, qui termine en disant : «Nous voudrions souligner que la pratique de ces analyses de spécificités nous a confirmé dans l'idée qu'on ne peut rien induire des formes seules et surtout pas de la spécificité d'un mot isolé. Le retour au contexte reste une condition indispensable pour toute interprétation.» (893.)

C'est donc la nécessité de prendre en compte non plus le mot de façon isolée mais un ensemble de termes qui conduit certains psychologues à se tourner vers d'autres types d'analyse. L'analyse thématique répond en partie aux difficultés liées à l'étude de mots isolés, mais nous verrons qu'elle soulève également des questions, qui sont liées aux phénomènes d'interprétation du sens.

2.1.2. *L'analyse thématique*

a. *Principe de l'analyse*

L'analyse thématique a été définie par Kracauer (1953) de la façon suivante : c'est une analyse qui repose sur «la sélection et l'organisation rationnelle de catégories condensant le contenu essentiel (*substantive meaning*) d'un texte donné». Le but de l'analyse correspond donc à une synthèse et à une réorganisation des contenus manifestes du texte analysé.

b. *Méthodes d'analyse*

La méthode employée correspond à celle qui est décrite plus haut (§ 1.2). On retrouve donc ici aussi les deux grandes étapes : la pré-analyse (choix du corpus, préparation du matériel, lecture) et l'analyse proprement dite (découpage des textes, règles d'énumération et définition des catégories).

Il est à noter tout d'abord que l'analyse thématique repose sur la notion de thème. Le codeur procède par *repérage* des différents thèmes ou spécifications contenus dans le texte (thèmes secondaires ou TS) puis par *classement* de ces thèmes dans des catégories plus générales (appelées thèmes principaux ou TP). Une fois l'ensemble des documents analysé, le codeur peut établir un *tableau général* sur lequel figure la liste des thèmes principaux ainsi que leurs spécifications et leur fréquence d'occurrence. Cette phase quantitative du traitement des données n'est toutefois pas obligatoire ; dans certaines études elle est même supprimée.

Si le principe général de l'analyse thématique semble *a priori* relativement simple, les difficultés surgissent rapidement lorsqu'on est confronté au matériel. En effet, comme nous avons eu l'occasion de le noter, la définition du thème est relativement floue : il ne correspond pas à une unité linguistique comme le mot ou la phrase mais à une unité *psychologique* ; c'est donc une unité de signification qui peut prendre des formes linguistiques très variables. D'Unrug (1974) le définit ainsi : c'est «une unité de signification complexe, de longueur variable ; sa réalité n'est pas d'ordre linguistique mais d'ordre psychologique : une affirmation mais aussi une allusion peuvent constituer un thème ; inversement, un thème peut être développé en plusieurs affirmations (ou propositions). Enfin, un fragment quelconque peut renvoyer (et renvoie généralement) à plusieurs thèmes....»

Cette analyse se situe donc «à un niveau supra-linguistique, puisqu'il s'agit d'accéder au sens d'un segment de texte, en traversant sa structure linguistique» (Pêcheux, 1969).

D'un point de vue pratique, la recherche des thèmes ne correspond pas à un examen des indices explicites ; il s'agit plutôt de partir du texte lui-même et de le contracter en une suite de mots clefs. Ces mots clefs correspondent donc aux thèmes secondaires qui seront ensuite regroupés par similitudes de sens pour constituer les thèmes principaux. Il est à noter toutefois que la recherche des thèmes secondaires et des thèmes principaux ne se fait pas «à l'aveuglette». Ainsi, le codeur se donne dès le départ un cadre d'analyse (il a en tête une grille d'analyse assez souple qui découle d'hypothèses qui sont en général d'ordre psychosociologique et qu'il adapte en fonction des données). En conséquence, les catégories ne sont définies ni *a priori* (les thèmes ne sont pas définis précisément avant l'analyse), ni *a posteriori* (les thèmes ne découlent pas entièrement du matériel ; ils résultent également des hypothèses faites par l'analyste)

À titre illustratif, reprenons un exemple donné par Ghiglione et Matalon (1978, p.185) :

Thème principal	Thèmes secondaires	Texte
Sécurité	*Détente *Tranquillité d'esprit *Opposition Sécurité/ Vitesse	1. Vous comprenez, quand je suis dans ma bagnole, ce qui compte le plus c'est d'être tranquille question danger. Moi je veux pas avoir de crainte, je veux me sentir à l'aise, détendu, l'esprit tranquille. Il me faut une voiture sûre. Alors vous comprenez, moi les petites voitures – je les appelle les danseuses – qui font vroom et qui vont vite mais ne vous garantissent pas, ça je m'en tape.

Cet exemple est représentatif du fait que l'analyse thématique reste une technique hasardeuse. En effet, outre le fait qu'elle ne repose sur aucun arrière-plan théorique, elle révèle des problèmes méthodologiques importants. Ces derniers proviennent du fait que l'analyse thématique réalise une *opération sur le sens* qui se fait à deux niveaux : tout d'abord entre le matériel discursif et l'élaboration des thèmes secondaires (comment le choix du codeur se fixe-t-il sur un mot clef ? quels sont les critères ?) ; ensuite entre les thèmes secondaires et les thèmes principaux (quels sont les éléments sur lesquels se fonde le codeur pour justifier les regroupements qu'il fait ?). On imagine sans peine, dans ces circonstances, le nombre de glissements sémantiques non contrôlés auxquels peut se livrer le codeur. En effet, il existe lors de la phase de codage un énorme risque d'interprétation ; il peut donc y avoir de nombreux désaccords entre les différents codeurs (ce qui pose des problèmes quant à la comparabilité des analyses). En outre, il n'est pas évident qu'un même codeur, s'il est amené à réaliser une analyse d'un texte à deux moments différents, fasse la même analyse.

On le voit donc, outre le fait que cette technique opère un découpage et un classement des unités et donc détruit la dynamique interne du discours, elle révèle également des problèmes méthodologiques importants en ce qui concerne l'objectivité des catégories et la fidélité de l'analyse (fidélité inter- et intra-codeur). Ce qui amène Ghiglione et Matalon (1978) à conclure : «L'analyse thématique n'est qu'un méta-discours émis par le codeur sur le discours et personne ne peut analyser les conditions de production de ce méta-discours et son fonctionnement. Alors, autant demander au codeur de parler sur le discours des autres. Ce sera plus simple, moins onéreux et presque aussi efficace.» (P. 185-186.)

2.2. L'analyse de l'évaluation

Nous n'exposerons pas ici dans le détail l'ensemble des techniques qui réalisent une analyse de l'évaluation. Le lecteur pourra se reporter utilement aux ouvrages de Bardin (1991) et de D'Unrug (1974), qui proposent un aperçu de ces techniques ainsi qu'une bibliographie les concernant.

Nous noterons tout d'abord que les analyses qui concernent l'évaluation reposent sur un arrière-plan théorique issu de la psychologie sociale car elles visent à une analyse des attitudes que l'émetteur a à l'égard d'une série d'objets. Mais avant d'exposer les principes de l'analyse, revenons rapidement sur la notion d'attitude[1].

On désigne traditionnellement par *attitude* «un état mental de préparation à l'action, organisé à travers l'expérience, exerçant une influence directive et dynamique sur le comportement» (Allport, 1935).

On considère généralement que l'attitude n'est pas directement mesurable : elle peut être appréhendée à travers les *opinions*, mais aussi les *comportements*, ces événements étant des *indicateurs* de l'attitude. D'un point de vue théorique, l'attitude a tout d'abord été définie par rapport à son contenu (ce sur quoi elle porte), sa valence ou son signe (favorable, défavorable ou neutre), et enfin son intensité ou sa force (ce qui permet de la représenter sur un continuum allant de fortement favorable à fortement défavorable). Mais de nombreux auteurs (*cf.* Ghiglione, Bromberg, 1992) ont élargi le concept en lui assignant trois composantes : une composante affective, une composante cognitive (qui fait référence aux savoirs et aux croyances de l'individu vis-à-vis de l'objet attitudinel) et une composante conative (qui fait référence aux comportements de l'individu vis-à-vis de l'objet attitudinel).

Les analyses évaluatives correspondent donc à une mise en évidence des attitudes de l'émetteur à travers une analyse de ses productions verbales. Il s'agit d'aller repérer, au sein du texte, les énoncés qui correspondent à une évaluation, puis de les coder en mettant en évidence l'attitude exprimée ainsi que son contenu.

Cette technique (*Evaluation Assertion Analysis* : EEA), mise au point au départ par Osgood (1959), a subi quelques modifications par la suite (notamment par Holsti (1969)) mais le principe de départ reste le même : il s'agit de ne plus se limiter au contenu informationnel des énoncés, et d'intégrer au sein même de l'analyse une mesure objective de l'attitude que l'émetteur a à l'égard de ces objets ou événements. Cependant, les critiques concernant le codage restent les mêmes que celles formulées à l'égard de l'analyse thématique : il s'agit de la subjectivité du codeur, c'est pourquoi on a souvent recours à la méthode des juges lors de l'analyse.

1. Cette notion ayant déjà été traitée de façon approfondie, nous renvoyons le lecteur au *Cours de psychologie* (Ghiglione, Richard, (Éds.), 1993, tome 1, chapitre 7).

2.3. L'analyse de l'expression

L'analyse de l'expression est d'un type particulier puisqu'il s'agit de faire des inférences à partir, non plus, comme nous l'avons vu jusqu'à présent, du *contenu* du texte (en opérant une analyse sur le sens), mais de la *forme* de celui-ci (étude de la nature et de l'organisation des signifiants linguistiques). En d'autres termes, l'analyste se fonde sur l'organisation du discours pour inférer un certain nombre de caractéristiques de l'émetteur.

Cette analyse peut se faire à des niveaux différents, qui vont de l'étude des indicateurs lexicaux ou du style à l'analyse du discours pris dans sa totalité (enchaînement des séquences, déroulement logique...).

L'utilisation des techniques d'analyse de l'expression peut ainsi permettre par exemple une mise en évidence de la pauvreté ou de la richesse du vocabulaire (coefficient calculé en prenant en compte le nombre de mots différents employés dans le texte), ou encore de la dynamique du discours (forte proportion de verbes et d'adverbes), qui est opposée à son caractère descriptif (forte proportion de noms et d'adjectifs). Ces techniques permettent également de révéler l'état émotionnel ou les troubles du langage de l'émetteur. Dans cette perspective, l'analyste s'attache, comme le propose Mahl (1959), à repérer dans le discours d'un patient les ruptures, les répétitions, les phénomènes d'auto-correction... mais également les inversions de mots ou de parties de mots.

Quoi qu'il en soit de la variabilité de ces analyses, le postulat sur lequel elles reposent correspond au fait que les caractéristiques de l'émetteur, les réactions qu'il a vis-à-vis de la situation dans laquelle il se trouve, ont une *influence directe* sur la structure et le contenu du discours (D'Unrug, *op. cit.*). En ce qui concerne la finalité de ces techniques, on notera qu'elles ont diverses applications dans des domaines aussi variés que la psychologie clinique, l'étude des discours politiques et journalistiques (*cf.* à ce sujet Roche, 1971, et Richaudeau, 1973), ou encore les recherches correspondant à l'analyse de l'authenticité des documents historiques.

2.4. L'analyse des relations

L'analyse des relations part du constat que le simple calcul des fréquences (utilisé dans l'analyse thématique par exemple) est impuissant à rendre compte, à lui seul, des caractéristiques de l'émetteur. Il est nécessaire, en effet, de mettre en outre en évidence les *relations* qu'entretiennent les différents éléments analysés dans le texte.

Dans son ouvrage, Bardin (1991) décrit quatre types d'analyses des relations : l'analyse des co-occurrences, l'analyse structurale, l'analyse de récits, et l'analyse de discours. Nous n'envisagerons quant à nous d'une façon générale que les trois premiers types d'analyse (même si l'analyse de récits a une existence propre en dehors de l'analyse de contenu) ; l'analyse de discours fera quant à elle l'objet d'un examen plus approfondi (*cf.* paragraphe 2.6).

L'analyse des co-occurrences a été mise au point au départ par Baldwin (1942), développée par Osgood (*op. cit.*), puis exploitée par la suite de façon plus intense grâce à l'utilisation de l'ordinateur. Cette analyse est employée pour révéler les structures de la personnalité de l'émetteur, mais également ses relations avec l'environnement social (représentations, stéréotypes, idéologie, etc.). Sa mise en œuvre se fait par le repérage des *associations privilégiées* entre les différents éléments contenus dans le texte (par exemple : co-occurrence significative des thèmes argent et maladie). Ces éléments peuvent être de nature variable (mots clefs, thèmes, séquences de signifiants ou de signifiés...).

Il faut noter toutefois qu'en ce qui concerne cette analyse, si l'association privilégiée d'éléments est intéressante, car elle témoigne du fait que l'émetteur établit dans ses représentations une relation marquée entre eux, leur anormale non-co-occurrence est également révélatrice des représentations de l'émetteur : dans ce cas, cela témoigne du fait que l'occurrence d'un des éléments bloque l'apparition du second. Appliquée au discours thérapeutique, on voit combien cette analyse peut se révéler féconde car elle permet de mieux comprendre la façon dont l'individu appréhende son environnement mais également les relations qu'il entretient avec autrui.

D'un point de vue théorique, on notera que ce type d'analyse repose sur le postulat selon lequel il y a une relation directe entre les relations qu'entretiennent les éléments analysés et les représentations de l'émetteur. En d'autres termes, le texte ou le discours ne seraient qu'un reflet des représentations de l'émetteur.

Il est possible toutefois d'émettre plusieurs critiques à l'égard de ce raisonnement. En effet, d'un point de vue *psychologique*, il est possible qu'un locuteur donné associe significativement des thèmes dans son discours pour masquer (consciemment ou inconsciemment) le fait qu'ils s'excluent mutuellement dans ses représentations. Une autre critique peut également être formulée : d'ordre *linguistique*, elle concerne le fait que l'analyse des co-occurrences doit également prendre en compte la syntaxe, car il existe des contraintes d'ordre grammatical (mais aussi logique) qui régissent l'organisation du discours et de ses différentes séquences : l'interprétation des résultats ne peut être réalisée sans prendre en compte ces contraintes.

On note également un certain nombre de problèmes d'ordre *méthodologique* en ce qui concerne ce type d'analyse. Ces difficultés sont relatives à la notion même de co-occurrence, qui est difficile à définir objectivement car elle met en jeu des choix de la part du codeur, ces choix n'étant pas toujours justifié en termes théoriques.

C'est ce type de réflexions sur la notion de co-occurrence qui conduit Lafont (1981) à présenter successivement trois méhodes différentes, utilisées au Laboratoire de lexicologie de Saint-Cloud, pour finalement retenir la dernière, qu'il applique à un corpus spécifique : le congrès de la CGT qui a eu lieu en 1975. Les trois méthodes présentées permettent d'évaluer et de mesurer la co-occurrence de différentes formes (ici des mots) afin d'opérer une sélection automatique de celles qui sont fortement liées au sein d'un texte.

L'auteur pose d'emblée le problème : doit-on, pour pouvoir parler de la co-occurrence de deux éléments, se limiter à leur stricte juxtaposition, ou peut-on admettre qu'ils puissent être séparés par d'autres unités ? et dès lors, quelle est la limite ? En somme, doit-on prendre en compte ces éléments seulement s'ils figurent dans la même phrase ou peut-on élargir l'analyse au paragraphe, voire même au texte ?

Ces questions sont fondamentales : opter pour l'une ou l'autre de ces solutions présuppose que l'on puisse les justifier théoriquement (ce qui renvoie inévitablement à des considérations beaucoup plus générales qui dépassent largement le cadre de l'analyse de contenu. Ces considérations sont liées à la production et à la compréhension du langage et, au-delà, à la structure même du discours). Ces choix ne sont donc pas anodins car ils mettent en jeu des considérations d'ordre théorique, mais également parce qu'ils ont une influence certaine sur les résultats obtenus.

Au terme de son analyse, l'auteur conclut que l'analyste doit prendre en compte la *distance spatiale*. De plus, pour parler de co-occurrence, il faut établir une *limite supérieure* : les deux éléments considérés doivent apparaître dans la même phrase. Il est également nécessaire de prendre en compte d'autres facteurs qui sont :

1. la distance moyenne séparant les deux éléments (nombre de mots séparant les deux unités considérées) ;
2. le nombre de fois où ils se rencontrent dans le texte analysé ;
3. l'alternance dans leur ordre d'apparition.

On constate donc une recherche de rigueur dans l'analyse, ce qui conduit les auteurs à multiplier le nombre de facteurs pris en compte de façon à affiner la méthode. Il ne faut pas oublier, toutefois, que le principe même de cette analyse soulève un certain nombre de questions relatives au type de rapport entretenu par les unités considérées : il est nécessaire de prendre en compte et de différencier les simples rapports fonctionnels des rapports qui mettent en jeu des aspects sémantiques ou pragmatiques.

Malgré ses imperfections, ce type d'analyse a représenté toutefois une évolution en ce qui concerne l'étude du sens. Elle a permis en effet de dépasser les querelles concernant le genre d'analyse effectuée (qualitative versus quantitative), les deux étant ici mises en œuvre. On dépasse ainsi le postulat selon lequel une fréquence d'apparition élevée d'un élément témoigne de la prégnance de cet élément pour l'émetteur : la non-apparition *inhabituelle* de celui-ci est également porteuse de signification. Cela suppose toutefois que l'on puisse définir avec précision quelle est la fréquence d'apparition *habituelle* de cet événement, et quels sont les éléments qui lui sont normalement associés. Il apparaît donc nécessaire, dans cette perspective, d'établir des *normes de réfé-*

rence, et ceci ne peut être fait qu'à partir de la constitution d'un vaste corpus. Cependant, et c'est là que réside le problème, la constitution de ce corpus est loin d'être aisée. En effet, un certain nombre de règles doivent être respectées (textes produits dans les mêmes circonstances, par des émetteurs identifiés et ayant les mêmes caractéristiques que ceux qui ont produit les documents analysés, actualisés dans les mêmes buts, etc.). Autant dire que le respect de ces règles demanderait des années de recherches. Et pourtant, ce n'est qu'à ce prix que l'analyse peut dépasser la simple intuition et devenir par là même plus rigoureuse.

Les analyses structurales partent du même postulat de base que l'analyse des co-occurrences : ici aussi il s'agit de mettre en évidence les relations qu'entretiennent les événements du discours. La différence essentielle entre ces deux approches réside dans le but poursuivi. Dans les analyses structurales, il s'agit plus particulièrement de faire ressortir, à travers l'analyse, la *structure sous-jacente* du texte étudié, c'est-à-dire non seulement le fait que certains éléments sont associés de façon préférentielle mais également la manière dont ils sont associés dans le texte (principe d'organisation des éléments, mise à jour des règles d'enchaînement, d'exclusion ou d'équivalence, etc.). Il s'agit donc de s'intéresser plus à l'organisation de ces éléments qu'aux caractéristiques de ceux-ci.

Un exemple de ce type d'analyse est présenté par Raymond (1968) dans une étude qui porte sur le logement en maisons individuelles. L'hypothèse de départ correspond au fait qu'il existe, au niveau des représentations des individus, une relation entre un type d'habitat (et ses caractéristiques) et un certain mode de vie, une certaine image de vie sociale. Le but de l'analyse réside dans la révélation de ce lien.

Cette étude se propose donc de mettre en évidence ces deux systèmes (spatial et symbolique) dans le discours des individus interviewés. Pour ce faire, l'auteur procède en trois étapes :

1. une phase de *découpage* durant laquelle il s'agit d'aller repérer dans les entretiens tous les thèmes qui se rapportent aux éléments spatiaux du logement (par exemple «cuisine», «salle à manger», «chambre à coucher», mais aussi «jardin», «cave», etc.) ainsi que tous les jugements (ou informations) qui ont été donnés à propos de ces éléments ;
2. une phase de *réduction* durant laquelle les éléments sont opposés entre eux en fonction des jugements portés par les interviewés ; par exemple un énoncé de la forme : «Nous mangeons dans la salle à manger pour les anniversaires ou autres fêtes mais autrement nous sommes à la cuisine» sera réduit sous la forme suivante :

$$\frac{\text{cuisine/autrement}}{\text{salle à manger/fêtes et anniversaires}}$$

3. une phase de *constitution du système symbolique* : une fois tous les énoncés réduits sous la forme de schémas (*cf.* l'exemple donné ci-dessus), l'auteur regroupe systématiquement toutes les oppositions qui sont faites (par exemple, regroupement de tous les schémas portant sur l'opposition cuisine/salle à manger). Ceci lui permet de mettre en évi-

dence le fait que, pour notre exemple, la cuisine s'oppose à la salle à manger comme ce qui est privé au public. Cette opposition se spécifie par le caractère quotidien de la cuisine opposé au caractère festif de la salle à manger.

L'auteur met ainsi en évidence des axes à travers lesquels s'organisent les différentes oppositions. À titre d'exemple, on note que l'axe correspondant à l'intimité s'opère à travers les pièces de l'habitation mais également à travers certaines spécifications, comme les objets qu'elles contiennent, le revêtement du sol, les murs, la luminosité, etc.

Ce type d'analyse permet donc de *superposer deux systèmes* : l'un qui relève du domaine du concret, l'autre du symbolique ; l'un au niveau dénoté, l'autre au niveau connoté. D'un point de vue théorique, on notera que ce type d'analyse témoigne d'un certain degré d'avancement dans l'étude du sens en analyse de contenu. On passe donc d'une conception d'une analyse des signifiés uniquement en termes quantitatifs (calcul des fréquences) et se limitant au contenu manifeste des communications (comme le proposait Berelson et Lazarsfeld (*op. cit.*)) à une prise en compte des éléments sous-jacents contenus dans les textes.

L'analyse de récits porte plus particulièrement sur la *dynamique des textes narratifs* (séquences des événements décrits, personnages, organisation des différentes actions, etc.), c'est-à-dire sur les structures mêmes sur lesquelles repose le récit. En d'autres termes, il s'agit de mettre en évidence – en partant de l'hypothèse selon laquelle il y a une homologie entre les structures profondes du texte et celles de la phrase – les règles d'enchaînement des diverses séquences. Le but est donc d'établir une sorte de grammaire applicable au discours qui permette de faire une description explicite des textes narratifs. Ce type d'analyse puise ses arrière-plans théoriques essentiellement en linguistique (grammaire générative transformationnelle et sémantique générative) mais aussi en psycholinguistique et en sociolinguistique. Nous ne présenterons pas ici l'ensemble de ces études : le lecteur pourra se reporter entre autres aux ouvrages de Chabrol (1973), Denhière (1984) et Fayol (1985).

On retrouve, dans cette lignée de travaux, les recherches de Propp (1928), qui portent sur la notion de fonctions. La fonction est définie en ces termes : «Les éléments constants, permanents, du conte sont les fonctions des personnages, quels que soient ces personnages et quelle que soit la manière dont ces fonctions sont remplies.» Il met ainsi en évidence 31 fonctions différentes dans les contes (comme les «épreuves imposées», le «départ»), qui permettent d'organiser le récit.

Certains auteurs comme Barthes (1966, 1970, 1977) et Greimas (1966, 1970) développeront les travaux de Propp, ce qui conduira Greimas à mettre l'accent sur les personnages et lui permettra de définir trois couples de rôles : destinateur/destinataire, sujet/objet, adjuvant/opposant.

De la même manière, sur le versant de la sociolinguistique, on retrouve les travaux de Labov (1978) qui, réalisant une enquête portant sur l'expérience d'un danger de mort auprès d'une population noire de New-York, isolera une structure invariante sous-jacente à l'ensemble des récits recueillis. Cette structure se décomposerait ainsi en cinq parties spécifiques : l'orientation (c'est-à-dire le temps, le lieu et la situation), la complication (l'explication du premier événement), l'évaluation (qui correspond à la réaction que le sujet a face à l'événement), la résolution de la situation conflictuelle résultant de cet événement et la *coda* (qui correspond à la remise en équilibre de la situation).

Ces analyses furent reprises dans le cadre de recherches portant sur la compréhension. Van Dijk (1980) introduisit ainsi la notion de superstructure narrative, établie à partir de récits de sujets qui devaient relater une expérience personnelle où ils avaient risqué leur vie. Il remarque ainsi que ces récits se décomposent en plusieurs éléments que l'on peut enchâsser : une narration (composée d'une intrigue et d'une morale), une intrigue (qui comprend une exposition et un épisode), un épisode (qui contient un événement et son évaluation) et enfin un événement (dans lequel on distingue la complication et la résolution).

Ces recherches sont intéressantes en ce qu'elles permettent de dégager des règles qui permettent de rendre compte de la production et de la compréhension de textes pris dans leur globalité. Il ne s'agit plus d'extraire du texte puis de classer différents éléments pour en analyser la signification, mais de mettre en évidence la dynamique même du récit. En outre, on ne se limite pas ici aux formes de surface, il s'agit d'atteindre la structure profonde.

Une critique peut toutefois être faite : elle concerne le postulat selon lequel il y a une homologie entre les règles de grammaire et les règles qui régissent l'organisation des récits. Cette position est difficilement tenable. En effet, alors que les règles de grammaire sont relatives à un ensemble fini constitué d'éléments ayant des fonctions grammaticales déterminées, les règles de constitution des textes sont relatives à des ensembles beaucoup plus flous (on ne peut délimiter l'ensemble des propositions ou des phrases générables pour un récit donné). De ce fait, ces règles ne sont applicables qu'à un ensemble assez restreint de récits, qui sont somme toute relativement stéréotypés. On retrouve cette critique sous la plume de Chabrol (1973, 16) : «Les règles d'enchaînement des énoncés narratifs de base (la syntaxe) et les règles de passage entre énoncés narratifs profonds et énoncés de surface (niveau des acteurs et des prédicats spécifiés) apparaissent encore trop souvent sous la forme de *règles "ad hoc"* trop dépendantes des caractéristiques particulières de ces corpus, c'est-à-dire difficilement "généralisables".»

2.5. L'analyse de l'énonciation

Le choix que nous faisons de présenter la technique d'analyse de l'énonciation n'est pas dû à la richesse de ses illustrations empiriques. Cette technique est relativement peu utilisée dans sa totalité, mais son apparition a constitué une rupture dans les pratiques et dans les préoccupations méthodologiques.

Le manuel de D'Unrug paru en 1974 : *Analyse de contenu et acte de parole*, portait en sous-titre : « De l'énoncé à l'énonciation. »

Plusieurs de ces termes méritent quelques précisions.

2.5.1. *Les actes de parole*

Si durant de nombreuses années (et surtout durant la période de prédominance de la théorie de l'information de Shannon et Weaver (1949) dans les études faites sur la communication) on a interrogé le langage en considérant uniquement les informations qu'il pouvait être amené à véhiculer, on l'analyse actuellement (et surtout depuis l'avènement des théories avancées par les philosophes d'Oxford) non plus comme un simple reflet du monde (fonction informative) mais comme un outil qui permet non seulement de transmettre des informations mais également d'accomplir toute une série d'actes (appelés actes de langage, ou actes de discours, ou encore actes de parole).

Ainsi, par exemple, l'énoncé :

> « J'irai à Moscou cet hiver. »

peut être émis dans un but purement informatif, mais il peut également avoir, dans certaines circonstances, une valeur de promesse. On le voit, le langage permet d'accomplir toute une série d'actes, comme la promesse, mais aussi l'ordre, la requête, le conseil, l'avertissement, les excuses, les remerciements, etc.

Ces actes de langage ont été mis en évidence par J.L. Austin (1962), qui dans un premier temps les avait découverts sous leur forme performative. Il avait en effet noté que certains verbes, mis sous une forme particulière (première personne du singulier, présent de l'indicatif), permettaient d'accomplir des actes de langage (par exemple : « Je promets », « Je jure », « J'ordonne »...). Mais au fur et à mesure de ses recherches, l'auteur s'aperçut que tout énoncé permettait d'accomplir un acte de langage par le biais de son énonciation ; simplement, dans l'énoncé performatif (contenant un verbe performatif), cet acte était énoncé explicitement.

Il proposa donc de décomposer chaque énoncé en fonction des trois actes accomplis simultanément par le locuteur lors de son énonciation.

1. L'acte *locutoire* est l'acte qui est accompli par le fait de prononcer des mots de la langue (ces mots ont un sens et une référence, et se conforment à une grammaire).

2. L'acte *illocutoire* est l'acte qui est accompli par le fait de dire. Cet acte correspond selon les cas à un ordre, à une requête, à une question, etc., et n'est pas forcément explicité à l'aide d'un verbe performatif. Il est à noter que la réalisation d'un acte illocutoire n'est pas anodine : le locuteur peut avoir des intentions plus ou moins explicites lors de son actualisation. Ainsi, par exemple, poser une question signifie généralement que l'on manque d'informations et que l'on désire obtenir ces informations. De la même manière, ordonner signi-

fie que l'on cherche à faire savoir à l'interlocuteur que l'on désire qu'il accomplisse une action, etc. Mais ces actes sont parfois accomplis avec des intentions moins explicites. Si nous reprenons l'exemple de l'acte de questionner, nous remarquerons qu'en ce qui concerne la situation d'enseignement, par exemple, cet acte est rarement réalisé dans le but ci-dessus mentionné. Mais il existe des situations moins conventionnelles dans lesquelles le but que le locuteur cherche à atteindre n'est pas aussi évident. Ainsi, poser une question peut viser uniquement à faire participer un timide à une conversation, ou encore à laisser entendre à l'interlocuteur que l'on tient compte de son avis... De la même manière, en ce qui concerne l'acte d'ordonner, celui-ci peut être réalisé uniquement dans le but de rappeler à l'auditeur que l'on est en position de donner un ordre... On pourrait ainsi multiplier les exemples dans lesquels l'acte accompli ne l'est pas forcément avec les intentions qui sont conventionnellement attachées à cet acte[1]. Ainsi en est-il de la traditionnelle réponse à la question de pure politesse : «Comment allez-vous ?», qui doit se limiter à un simple : «Bien, merci, et vous-même ?», et qui étonne ou excède (selon l'humeur) lorsque l'interlocuteur commence à dévoiler tous ses petits tracas, alors que chacun sait qu'il s'agit d'un simple rituel destiné à engager la conversation ou à faire savoir à l'autre que l'on s'intéresse à lui.

L'acte *perlocutoire* se caractérise par la production de certains effets sur l'auditoire, que ceux-ci soient ou non attendus. Ainsi, à la suite d'un ordre, d'un conseil ou d'un avertissement, l'auditeur peut être contraint, persuadé, ou effrayé[2]. L'acte perlocutoire ne peut donc être analysé en dehors de la situation d'énonciation, car c'est celle-ci qui pourra révéler l'acte perlocutoire réellement accompli. On notera ici que, pour un même acte illocutoire, l'acte perlocutoire accompli peut être différent selon les circonstances. Ainsi, un acte aussi banal que le fait de poser une question peut avoir des effets différents : dans certaines circonstances il peut avoir pour effet de mettre l'auditeur dans l'embarras (si celui-ci ne connaît pas la réponse) ou au contraire de le mettre en valeur (si celui-ci a l'occasion de prouver aux autres l'étendue de sa connaissance), mais il pourra aussi avoir pour conséquence de le contraindre (si celui-ci n'avait pas l'intention de fournir cette réponse de façon spontanée)...

Mais revenons à la situation d'entretien, et à l'analyse de celui-ci. Imaginons que nous soyons en présence d'un interviewé, on notera que son discours ne se limite pas à une simple transmission d'informations : il réalise toute une série

---

1. Nous ne pouvons malheureusement pas développer plus longuement ici l'analyse de tous les types d'implicites qui peuvent faire irruption dans la communication. Aussi le lecteur pourra, s'il le désire, se reporter aux travaux de Kerbrat-Orecchioni (1986) ou de Sales-Wuillemin (1991).

2. Pour aider le lecteur à comprendre la différence entre ces trois actes, reprenons l'exemple donné par J.L Austin (1962, p. 114) : soit l'énoncé «Tire sur elle !» :
- acte locutoire : «Il m'a dit : "Tire sur elle !" ;
- acte illocutoire : «Il me pressa (me conseilla, m'ordonna,...) de tirer sur elle» ;
- acte perlocutoire : «Il me persuada de tirer sur elle.»

d'*actes de langage*. Ainsi, il peut être amené au fil de son discours à nous conseiller, nous questionner, ou encore nous remercier, etc. Du point de vue de l'analyse, il est donc important de se référer à la notion d'actes de langage, car les formes syntaxiques mais aussi le contenu sémantique sont tout à fait insuffisants pour rendre compte des significations majeures de ce qui est dit. Cette prise en compte offre donc une possibilité, notamment par l'étude de l'énonciation, d'enrichir l'analyse.

2.5.2. *Énoncé/énonciation*

Les autres notions qui demandent aussi quelques précisions sont celles d'énoncé et d'énonciation. Nous avons rencontré la notion d'énoncé à propos des unités d'analyse. Ce qui la différencie de la phrase n'est pas une différence de quantité mais de nature. Pour des auteurs comme Harris – cité par Lyons (1970) –, l'énoncé sera «toute partie du discours, tenue par une seule personne avant et après laquelle il y a silence de la part de cette personne». Souvent l'énoncé sera composé de plusieurs phrases ; c'est le cas généralement dans un entretien. Mais il peut aussi comporter une seule phrase, même incomplète ou tronquée.

Si l'énoncé est le résultat, le produit d'un acte de production de parole, l'énonciation est le processus qui a conduit à cette production.

Comme toute analyse de contenu, l'analyse de l'*énonciation* se fonde sur une conception du langage, une interrogation sur sa nature et son rôle dans la pensé et la communication. Pour D'Unrug (1974), les attitudes, les opinions, les représentations ne doivent pas être considérées comme des contenus préexistants à l'acte de parole qui seraient ensuite traduits en énoncés transparents : «Ce qui caractérise chaque discours particulier n'est pas de l'ordre de la *représentation* (si par "représentation" on entend une image *constituée* d'un objet, ou du "monde"), mais de l'ordre de l'*idéologie* : système d'idées et de croyances, mais faut-il ajouter, système de présuppositions, d'options et d'investissements, impliquant à leur tour un rapport au temps, à l'espace, aux valeurs. Tout cela découle de la situation du locuteur dans un système social précis et détermine des attitudes à l'égard des objets qui l'entourent.»

C'est donc l'étude des conditions de production du discours qui doit déterminer les techniques d'analyse. Ces conditions sont conflictuelles ou du moins contradictoires : d'une part, le locuteur doit assumer les nécessaires incohérences de tout système idéologique ; d'autre part, il doit manifester une certaine logique discursive dans ses messages. De ces contradictions que le locuteur cherchera à neutraliser naît une dynamique dont on peut étudier les traces (les «figures du discours» qui ponctuent les moments d'équilibre ou de déséquilibre ou de conflit), indicateurs de l'efficacité des efforts du locuteur.

La mise en évidence de ces efforts rend visible une cohérence discursive que masque l'analyse thématique. Mais le texte, le discours étudié doit être traité comme une totalité, comme une structure dont les différents aspects sont interdépendants. D'Unrug s'intéresse plus au discours comme processus que comme structure, même si cet aspect ne lui échappe pas, comme en témoigne ce qu'elle dit de l'analyse d'un entretien : celui-ci «se présente un peu comme la résolution d'une équation algébrique à plusieurs inconnues ; on n'observe pas à l'intérieur d'un texte de variation indépendante ; toutes sont solidaires et c'est leur ensemble qu'il s'agit de retrouver».

Bardin (1991) montre comment ce type d'analyse se situe à la convergence d'un grand nombre de théories ou de travaux, qu'il s'agisse de Harris (1951, 1952), qui par des procédés de formalisation fait apparaître des caractéristiques du texte, ou encore de Freud ou de Lacan, qui ne sont pas étrangers à une représentation du discours masquant bien ou mal des conflits latents qui ne cherchent qu'à s'exprimer, ou encore de Lévi-Strauss et de l'analyse structurale.

À la différence d'un pur structuralisme développant des concepts dichotomiques : langue/parole, synchronie/diachronie, syntagmatique/paradigmatique, marqué/non marqué, mais laissant peu de place au sujet parlant, l'énonciation, écrira Dubois (1969) «est présentée soit comme le surgissement du sujet dans l'énoncé, soit comme la relation que le locuteur entretient avec le texte, avec l'interlocuteur, ou comme l'attitude du sujet parlant à l'égard de son énoncé».

Quatre concepts principaux servent d'outils à l'étude de l'énonciation et permettent un approfondissement des règles du discours.

Le concept de *distance* tel que l'envisage Dubois[1] est la distance relative mise par le sujet parlant entre lui-même et son énoncé (Jakobson, Barthes, Irigaray). Plus que le contenu verbal, le contour intonatif, qui ne peut être réduit à des unités discrètes, marque cette distance.

Le concept de *modalisation* (Weinreich) se traduit dans le discours par des unités discrètes bien qu'il repose sur une idée de continuum dans l'énonciation et qu'il soit emprunté au vocabulaire de l'intonation expressive. Les formes possibles de modalisation sont très nombreuses, allant du discours rapporté aux accentuations, en passant par les «je pense», les modalisations adverbiales ou les performatifs.

Le concept de *transparence* ou d'*opacification* : dans la transparence énonciative du livre de classe ou du proverbe, le sujet de l'énonciation est nié à l'inverse de ce que manifeste la poésie lyrique, où il «est donc à la disposition de chaque lecteur, transformé aussi en un sujet d'énonciation pour assumer un énoncé dont les modalisations lui échappent».

Pour Dubois, le concept de *tension* «interprète l'énonciation comme un rapport entre le sujet parlant et l'interlocuteur ; la communication est d'abord désir de communiquer ; et cette volonté est traduite par l'image du désir et de la tension». L'utilisation des verbes «être» ou «avoir» traduit un état accompli, une distance, une absence de tension. Inversement les verbes «vouloir» et

1. Les références données ci-après sont tirées de J. Dubois (1969).

«pouvoir», «devoir» et «faire», factifs et désidératifs, traduisent une prise en charge et une tension plus ou moins grande du sujet face à son interlocuteur.

D'autres moyens tels que le choix des temps, des articles, des pronoms peuvent produire les mêmes effets.

2.5.3. *La réalisation d'une analyse de l'énonciation*

a. *Le corpus*

Si tout matériel verbal est susceptible d'une analyse de l'énonciation, D'Unrug s'est particulièrement intéressée à des interviews portant sur des sujets favorisant la production d'un discours idéologique. Elle évoque aussi l'intérêt d'une convergence entre l'analyse de contenu et la psychologie clinique. Chaque élément de ce corpus doit être suffisamment important pour permettre de le considérer comme une totalité dont on étudie la dynamique interne.

Mais ce type d'analyse est coûteux en temps, il faut donc se contenter d'un nombre d'entretiens limité (20 à 30). Les personnes interviewées doivent être soigneusement échantillonnées. Cette préoccupation ne vise pas tant la possibilité de généraliser les résultats obtenus que celle de permettre d'une part d'obtenir la plus grande variété de résultats, d'autre part des comparaisons entre les résultats d'analyse en utilisant les caractéristiques prises en compte comme critères d'échantillonnage ; les variables d'échantillonnage ont alors pour fonction de jouer le rôle de variables explicatives. Si on constate des différences dans les productions langagières des jeunes et des vieux, des femmes et des hommes, on cherchera à expliquer ces différences à partir des variables citées.

b. *Préparation de l'analyse*

Les données verbales seront transcrites en plusieurs exemplaires en prenant soin de laisser une marge importante à gauche et à droite du texte. Toutes les informations non verbales et para-verbales dont on dispose seront retranscrites (lapsus, silences, hésitations, mouvements de tête, sourires, etc.).

Une *analyse thématique* est réalisée qui produira la fréquence des différents thèmes pour l'ensemble des éléments du corpus. L'analyse de l'énonciation vient ensuite comme un complément de cette analyse pour rendre compte de l'organisation interne de chaque discours et de la dynamique de la parole.

c. *L'analyse des relations entre propositions*

À la différence de l'analyse thématique, l'analyse de l'énonciation n'introduit aucune hypothèse interprétative préalable. Le discours est suivi proposition par proposition «sans rien éliminer et sans rien privilégier au départ». Mais qu'est ce qu'une proposition pour D'Unrug ? Elle nous dit d'abord ce que ce n'est pas lorsqu'elle conseille de ne pas tenir compte des «passages confus, redondants, ne comportant pas d'organisation spécifique».

Une note (p.166) précise ce qu'est une proposition : «Par *proposition* nous entendons une affirmation, une déclaration, un jugement (voire une question ou une négation), en somme une phrase ou un élément de phrase posant, telle la proposition logique, *une relation entre deux ou plusieurs termes*. C'est en principe *une unité qui se suffit à elle-même* (prononcée seule, elle a un sens, ce qui n'exclut pas un rapport de présupposition entre propositions contiguës, se traduisant dans le discours par des ellipses) ; elle doit pouvoir être affirmée ou niée, envisagée séparément ou dans ses relations avec d'autres, prononcée exacte ou inexacte, on doit pouvoir, à chaque fois, la faire précéder des mots : "le fait que…".»

Un exemple illustre son propos (page suivante).

> Dans un entretien sur l'image du corps, l'interviewé produit la séquence suivante : «J'ai une stature moyenne, /je ne suis pas un athlète, /j'ai fait beaucoup de sport, /je suis relativement musclé, /je n'ai pas les épaules très larges/mais enfin je passe pour un type qui aime les sports, /en tout cas j'ai passé, /j'en ai pratiqué beaucoup/et ma foi, dans la mesure qu'on fait beaucoup de sport, on est assez à l'aise dans sa peau.»

Si nous abrégeons les étapes de l'analyse dans notre présentation (p. 167 et sq.), l'auteur aboutit à la mise en évidence d'un mode de raisonnement, d'une dialectique, au sens où la définit le Robert, soit un ensemble de moyens mis en œuvre en vue de démontrer, réfuter, emporter la conviction. Ce raisonnement est le suivant :

Je ne suis pas
MAIS j'ai fait
ET je suis

Quels sont les arguments qui permettent de justifier cette analyse logique ? Ceux-ci :

- le «et» est présent dans le texte de l'interviewé ;
- par contre le «mais» n'est pas explicite.

Connaissant la suite du texte, l'auteur propose d'intercaler «et» et «mais» :

Je ne suis pas un athlète
(MAIS)
J'ai fait beaucoup de sport
(ET)
Je suis relativement musclé

le terme «et» étant utilisé ici dans son sens causal, comme équivalent de «donc».

EXEMPLE DE PREPARATION D'UN TEXTE

Homme 30 ans, marié, 1 enfant,
Professeur de Lettres dans un collège technique.

Enquêteur. — Est-ce que vous pouvez me parler du corps et de l'image que vous vous en faites ?

MISE EN ROUTE (*Récurrences et autres signes de tension vers l'Interlocuteur*)	— du *corps* ?... (*) de mon *corps*, (*) ou ... ? (1) *Enquêteur.* — de votre corps. — de mon *corps* ? (*)/ du *corps* (*) des autres./ je peux parler du *corps* (*) des autres éventuellement ?/ Moi, en général, je suis bien content d'avoir un *corps*, (*)/ il y a des gens pour qui c'est pas important./ pour moi c'est important./ Parler de l'image de mon *corps* (*) ...! je vais commencer par... je vais commencer par... faire une description objective de mon *corps* ; (*)/ c'est-à-dire, parler de l'image de son *corps*... (*)/ moi, je me vois tout de suite à poil, tout de suite nu./ on ne peut pas parler de son *corps* (*) avec des vêtements, un manteau.../ dès qu'on me dit ça, qu'on me pose ce genre de question, je me vois nu ou en maillot de bain et dans un élément naturel, bien sûr.
EQUILIBRE RÉCURRENCES	Alors, je me décris, je vais me décrire rapidement./ puis, après, on verra ce que ça donnera./ J'ai une stature moyenne./ je ne suis pas un athlète./ *j'ai fait beaucoup de sport*. (**)/ je suis relativement musclé./ je n'ai pas les épaules très larges/ mais, enfin, *je passe pour un type qui aime les sports*. (**)/ en tout cas j'ai passé./ *j'en ai pratiqué beaucoup* (**)/ et, ma foi, *dans la mesure qu'on a fait beaucoup de sport* (**) *on est assez à l'aise dans sa peau* ; (***)
(Souvenir) ↓ DESEQUILIBRE	c'est-à-dire que je me souviens quand on est adolescent, par exemple, 16 ans, par là, ou 14 — 15 ans, oui 14 — 15 ans, eh bien, j'étais un petit peu complexé par le fait que je me trouvais un petit peu maigre, ou avec les épaules pas suffisamment larges ou des choses comme ça ;
(*Lieu commun*) ↓ EQUILIBRE	autant de complexes qui ont disparu dès que je suis sorti de l'adolescence ;/ je faisais, adolescent, le complexe du type en maillot de bain, parce que je me trouvais un peu maigre/ et puis, maintenant, c'est complètement fini./ *je me sens à l'aise dans ma peau*. (***)/ *certainement parce que j'ai fait beaucoup de sport*, (**)/ c'est-à-dire que j'ai appris à *me servir de mon corps*, (****)/ j'ai appris à faire certains gestes.
EQUILIBRE (*Image*)	Il y a des moments où l'image que j'en ai, c'est plutôt le corps en mouvement./ je ne vois mon corps qu'en mouvement./ c'est-à-dire qu'en fonction de certains gestes ;
↓ DESEQUILIBRE RÉCURRENCES	alors, il est bien évident que dans certaines activités *je suis moins à l'aise* (***) que dans d'autres ; et puis *je suis à l'aise* (***) *dès qu'il s'agit de faire un sport*. (**) dans la mesure où je pige rapidement les gestes, *le sport que je n'ai pas pratiqué, quand il s'agit de sport que j'ai déjà pratiqué* (**). c'est différent, je pige rapidement la façon de *me servir... d'une façon fonctionnelle de mon corps*. (****) mais quand il s'agit de certaines danses... alors là, *je suis moins doué*. (***) parce qu'il y a une sorte de coordination, une sorte... à laquelle je suis moins habitué.
EQUILIBRE RÉCURRENCES	Maintenant, c'est là une description./ je ne me suis pas décrit d'ailleurs./ je dis que *je suis relativement bien dans ma peau, bien dans ma peau*. (***)/ *ça ne pose pas de problèmes*. (***)/ moi, *je vis avec*. (***)/ *je vis bien*. (***)/ à part ça, ça me fait râler de ne pas pouvoir *m'en servir physiquement* (****) comme j'aimerais *m'en servir*. (****)/ mais enfin, ma foi, je me rattrape pendant les vacances.
RESISTANCE (*Interpolations*) (*Sustentation*) RÉCURRENCES	Maintenant, le corps, ç'a une toute autre importance physique, mais aussi une importance dans l'épanouissement moral (lorsqu'on suit bien). Un type qui sait *se servir de son corps*. (****) c'est quand même important ; [je suis assez disciple de Montaigne (dans ces sens-là), à savoir qu'il faut (d'une façon morale dans un comportement éthique)] il faut savoir *jouir* (****) (je reprends la phrase : *jouir loyalement et ordonnément*) *de son corps, jouir de tout ce qui est physique dans l'homme* ; (****) (de ce côté, je ne serais pas du tout puritain), il me semble que quand *je me sers de mon corps* (****) c'est dans l'ordre des choses et si je renonçais à « loyalement » et « ordonnément » c'est-à-dire sans me laisser aller à une espèce... sans que ce soit la chose primordiale ; c'est une chose importante, mais au même titre que les activités intellectuelles et spirituelles ; dans cette mesure-là, je trouve que c'est très important de savoir *jouir de son corps, jouir dans toutes les activités*. (****)
METALEPSE	Dans un sport, j'adore transpirer, j'adore remuer, j'adore faire un exercice violent pour prendre conscience de mon corps. En prendre conscience, c'est-à-dire le sentir vivre, le sentir exister ;
(*Lyrisme*) CONFLIT RESISTANCE (*Interpolations*)	et puis... ça c'est physiquement, enfin, et puis... même sexuellement quoi... là encore, il faut savoir *se servir de son corps* (****) et encore *en jouir* (****) loyalement, c'est-à-dire c'est... je n'ai pas les idées très claires ce soir... il me semble que... bon, on va reprendre un truc bateau : *Mens sana in corpore sano* (ça ne se réduit pas à ça, mais c'est de là que ça part) ; à partir du moment où on pense que l'être entier de l'homme (que ce soit l'être spirituel ou physique) est susceptible de s'épanouir, il n'y a pas de raison de laisser tomber son corps au profit de telle ou telle activité spirituelle. Je me souviens très bien du proverbe qui dit que les poissons commencent toujours à mourir par la tête. Là, on retrouve (un petit peu) l'optique de Montaigne qui dit (attention) la raison (l'esprit) c'est bien beau, mais heureusement qu'on a cette espèce de santé du corps (qu'on a cette espèce de grâce du corps) (qui est un élément naturel), ce qui fait (peut-être) (finalement) qu'il se trompe moins que l'intelligence (ou la raison, ou l'entendement, enfin, ce qu'on voudra...). Alors (dans cette mesure-là) c'est important de savoir cultiver son corps comme (exactement) d'autres facultés.

(1) Les astérisques correspondent aux mots et aux thèmes récurrents (que, dans la pratique, on peut souligner en couleurs différentes). Un astérisque : le mot *corps* ; deux astérisques : le thème du *sport* ; trois astérisques : le thème de *l'aisance* ; quatre astérisques : le thème *se servir de son corps, jouir de son corps*.

L'auteur pour justifier cette interprétation fait appel à une double argumentation :

1. la contiguïté des trois propositions, qui «laisse supposer l'existence d'une relation entre elles» ;
2. le contenu des trois propositions ; il serait impossible de dire :

Je ne suis pas un athlète
CAR j'ai fait beaucoup de sport
MAIS je suis relativement musclé.

Pour l'auteur se trouve en jeu dans cette conception de l'analyse des problèmes fondamentaux de la production verbale.

Elle considère, de façon quelque peu paradoxale, que la parole précède la pensée mais que le raisonnement est présent dans le discours avant d'être formulé. Pour justifier cette deuxième proposition elle évoque la présence de conjonctions placées en début de phrase comme : mais enfin... toujours est-il... etc, et qui ne sont pas continuées.

L'analyse inter-propositionnelle, ou analyse logique, vise donc à mettre à jour des relations, des modes de raisonnements. Elle peut être réalisée avant ou après l'analyse des séquences.

d. *L'analyse des séquences*

La séquence précédemment analysée peut se résumer en une assertion : «(je suis) à l'aise dans (ma) peau». La séquence suivante s'articule à celle-ci comme une précision, un développement. Le locuteur évoque le fait qu'il n'a pas toujours été «bien dans sa peau». Mais comment savoir que nous avons à faire à une nouvelle séquence ?

«On distinguera une nouvelle séquence à chaque fois qu'intervient un changement de sujet, ou le passage de la narration à la description, de la description à l'explication, etc. Le repérage est facilité presque toujours par la présence de ruptures dans le discours : silences, mots ou groupes de mots assurant la transition d'un sujet à un autre (Maintenant..., Cela dit..., Toutefois..., C'est-à-dire que...).»

Le résultat de l'analyse montre dans la deuxième séquence «une perte momentanée de la maîtrise du discours», qui se traduit par la présence d'atténuateur (un petit peu) ainsi que d'imperfections grammaticales consistant à utiliser dans une même phrase la forme impersonnelle – le «on» – et la forme personnelle – le «je». L'auteur considère que dans cette séquence le locuteur est «largement dépassé par sa pensée et/ou par sa parole, qui viennent nier ce qu'il a affirmé plus haut».

Dans la troisième séquence, c'est à une «reprise en main du discours» que l'on assiste. Si le locuteur nous dit : «Je faisais, adolescent, le complexe du type en maillot de bain», il objective ce complexe pour mieux le rejeter dans le passé. Il rend alors possible l'affirmation : «...maintenant c'est complètement fini, je me sens à l'aise dans ma peau.»

La dialectique en jeu peut maintenant se résumer ainsi :

> Je ne suis pas (je n'ai pas toujours été).
> Mais j'ai fait.
> Et je suis (actuellement).

Cette séquence présence une scansion comportant des temps forts et des temps faibles :

affirmation,

remise en question,

ré-affirmation,

que traduit le style :

style linéaire,

style confus,

style linéaire.

Soit en d'autres termes :

«Raisonnement – maîtrise du discours – style linéaire.

«Intervention d'un souvenir – perte de la maîtrise du raisonnement et du style.

«Reprise du raisonnement et de la maîtrise du discours – réétablissement du style.»

Nous ne poursuivrons pas plus avant l'illustration proposée par l'auteur pour qui une analyse plus poussée passe par l'étude des figures rhétoriques dont l'examen se fera dans la perspective de mettre à jour leur rôle dans ces processus.

e. *Style et rhétorique*

Pour rendre compte du phénomène stylistique, et particulièrement de la maîtrise du discours, l'auteur emprunte à Fontanier (1968) la notion d'*harmonisme* qui «consiste dans un choix et une combinaison de mots, dans une texture et une ordonnance de la phrase ou de la période, tels que par le ton, les sons, les nombres, les chutes, les repos, et toutes les autres qualités physiques, l'expression s'accorde avec la pensée ou avec le sentiment».

Trois phénomènes de style sont analysés : la *sobriété*, le *lyrisme* et les *litanies.*

La sobriété

La *sobriété* du style traduit «un engagement réel dans une situation réelle» ; le discours traduit ici tout le «poids des objets dans la vie sociale». Dans les discours analysés, ces objets prennent la forme «d'assurance-vie», thème général de l'enquête.

Le lyrisme

Le *lyrisme* est illustré par la phrase suivante : «C'est quelque chose qui est, qui demeure, qui restera malgré tout.» S'agit-il d'une hyperbole ? On ne saurait l'affirmer au constat de l'absence d'une disqualification entre l'énonciateur et le terme le plus extrême employé. Mais le lyrisme a ici pour fonction de maintenir l'investissement comme réponse à un doute.

Le lyrisme utilise plusieurs figures. L'aspect interlocutoire est présent dans la définition de la *conjonction* que cite d'Unrug : «Cette figure multiplie en quelque sorte les objets en insistant sur chacun d'eux en particulier et elle les rend plus présents, plus distincts, que s'ils étaient offerts en groupe, et comme ne faisant qu'un. Elle indique aussi combien fortement en est occupé celui qui parle, et elle porte la même impression dans l'âme de celui qui lit et écoute.»

Autre figure, définie par le même auteur, la *disjonction*, qui consiste à «retrancher les conjonctions copulatives, et à ne lier que par leur rapprochement immédiat les parties semblables du discours». En apparence opposée à la conjonction, la disjonction peut produire des effets semblables. Elle montre combien le locuteur est préoccupé par ce dont il parle et par un effet de symétrie provoque les mêmes effets chez celui qui écoute.

L'*abruption* aussi, qui «ôte les transitions d'usage entre les parties d'un dialogue, ou avant un discours direct», et participe à produire par l'action conjuguée de la redondance et de la contiguïté un effet lyrique du discours comme si, exclusivement préoccupé de l'objet du discours, le locuteur soulageait une tension.

Mais c'est en termes de théorie freudienne que D'Unrug analyse les situations où le locuteur trop concerné par ce dont il parle ne peut plus établir une médiation de l'interlocuteur.

Les litanies

Les litanies présenteront ces répétitions, compulsions de répétition, qui s'interprètent en termes de décharge ou de tentative de maîtrise d'une représentation.

2.6. L'analyse de discours

L'analyse de discours se démarque de l'analyse de contenu classique par ses objectifs (le but de l'analyse est de rendre compte du *discours pris dans sa totalité*) et par ses arrière-plans théoriques bien ancrés (essentiellement linguistique (pragmatique), histoire, sociologie, psychologie, philosophie, mais aussi anthropologie et ethnométhodologie). La naissance de l'analyse de discours résulte essentiellement des critiques faites à l'égard de l'analyse de contenu classique, et plus généralement d'une remise en cause de :

1. la dichotomie Langue/Parole telle que la proposait Saussure (*op. cit.*) et de
2. la conception de la communication adoptée à la suite de l'émergence de la théorie mathématique de l'information proposée par Shannon et Weaver (*op. cit.*).

Comme nous l'avons vu plus haut, si l'analyse de contenu, et notamment l'analyse thématique, s'intéresse essentiellement au «texte» (celui-ci étant défini comme une structure figée), l'analyse de discours a comme objet d'étude le discours (entendu comme une production). Dans cette perspective, le discours est conçu comme «des organisations transphrastiques relevant d'une typologie articulée sur des conditions de production socio-historiques» (Maingueneau, 1976). Cette conception du discours met donc en évidence une possibilité d'introduction du sujet énonciateur au sein de l'analyse. Ainsi, à l'analyse de contenu est substituée l'analyse «du rapport du discours à celui qui le tient, à ce dont il parle. La spécificité de l'analyse de discours tient à ce que cette personne qui parle n'est plus le sujet universel des linguistes. [...] Elle est inscrite dans une formation idéologique.» (Ghiglione, Blanchet, 1991.)

Mais l'analyse de discours se démarque également de l'analyse de contenu classique par sa démarche : ici il ne s'agit pas de révéler le sens contenu dans un texte, mais bien d'avoir une lecture des sens *multiples* véhiculés au travers du discours. «Pour cela, l'analyste de discours tente de récuser l'évidence de la transparence du texte. C'est cette gangue idéaliste qu'elle tente de dépasser. Cela implique que la signification n'est pas donnée comme immédiate et univoque, mais plutôt qu'elle se donne dans un processus de production du discours.» (Anadon, 1989, 18.)

L'analyse de discours se partage en deux écoles :

- l'école *française*, sous l'influence du structuralisme, issue de la linguistique, de la philosophie, de l'histoire et de la sociologie, et définie pendant longtemps comme «l'étude linguistique des conditions de production» des énoncés (Guespin, 1971) ;
- l'école *anglo-saxonne*, inscrite dans une perspective comportementaliste, et issue de l'interactionnisme, de l'ethnographie et de l'ethnométhodologie qui ont pour objet d'étude la conversation ordinaire. Afin de mieux cerner ces deux courants en ce qui concerne leurs objets d'étude et leurs origines, nous reprendrons le tableau donné par Gadet (1982, p. 109).

	Analyse du discours française	Analyse du discours anglosaxonne
Type de discours	Écrit Cadre institutionnel doctrinaire	Oral Conversation quotidienne ordinaire
Buts assignés	Visées textuelles Explication-forme Construction de l'objet	Visées communicatives Description-usage Immanence de l'objet
Méthode	«Structuralisme» Linguistique Histoire	Interactionnisme Psychologie Sociologie
Origine	Linguistique	Anthropologie

Nous ne retracerons pas ici en détail les origines et les méthodes de ces deux écoles ; nous renverrons le lecteur à l'ouvrage de Ghiglione et Blanchet (1991) ainsi qu'à la thèse de Casari (1991), qui détaillent l'historique de l'analyse de discours.

2.6.1. *L'école française*

a. *L'analyse française du discours*

Par son objet d'étude, l'analyse de discours française a été traversée par des préoccupations théoriques concernant la linguistique qui analyse les phrases hors contexte sans prendre en compte les conditions de production (on renverra le lecteur aux propositions de F. de Saussure concernant l'étude du langage). Or le problème de l'analyse du discours résidait dans le passage de la phrase au discours ainsi que dans la prise en compte des variables extra-linguistiques. La référence à deux principaux auteurs va ouvrir de nouvelles perspectives théoriques. Il s'agit de Harris (1952) et de Chomsky (1957).

Comme le montre Provost-Chauveau (1971), les travaux de Harris s'inscrivent dans une tradition américaine qui, à la différence de la perspective linguistique européenne, ne considère pas qu'il y ait une différence de *nature* entre la phrase ou l'énoncé et le discours. Ainsi, dans la tradition américaine, «l'énoncé, présenté dans les termes du behaviorisme, est considéré, quelle que soit sa longueur, comme relevant en *droit* de la linguistique, et descriptible selon des procédures similaires à tous les niveaux» (Provost-Chauveau, *op. cit.*).

Mais là ne seront pas les seuls apports des travaux de Harris car celui-ci soulévera également des questions concernant les rapports entre langue et culture. Ainsi, selon l'auteur, il est nécessaire de prouver la relation qui existe entre des structures linguistiques et des variables extra-linguistiques. Il s'agit de mettre en évidence le fait «que le discours d'un individu d'un groupe social [...] présente non seulement des significations propres [...] mais aussi des traits formels caractéristiques [...]. Leur corrélation avec un certain type de situation donne un statut de signification à l'occurrence de ces caractéristiques formelles.» (Harris, 1969.) C'est donc dans ce cadre de recherche que se développeront les études en analyse de discours en France[1].

Ainsi, comme le notent Dubois *et al.* (1973), «l'analyse de discours dans l'école française a pour objets essentiels la relation du sujet parlant au processus de production des phrases (énonciation) ou la relation du discours au groupe social à qui il est destiné (sociolinguistique). L'analyse de discours proprement linguistique se fonde sur des opérations de réduction de phrases et sur certains concepts de la grammaire transformationnelle.»

---

1. C'est dans cette perspective que ces recherches se rattachent à la sociolinguistique, dont le domaine d'étude est celui des rapport existant entre la langue et la société.

Le principe de l'analyse est simple. Afin de l'illustrer, nous nous référerons à l'article de Maldidier (1971). Celui-ci fait une analyse des discours d'hommes politiques français ainsi que de divers articles journalistiques, qui avaient pour thème la guerre d'Algérie, et qui ont été publiés dans des quotidiens français (*Le Populaire*, *L'Humanité*, *Le Parisien libéré*, *Le Monde*, *L'Aurore* et *Le Figaro*).

Il s'agit ici dans un premier temps de rechercher, au sein du discours, les phrases contenant des «mots pivot», c'est-à-dire des mots considérés par l'analyste comme étant particulièrement structurants (ou représentatifs des discours étudiés). Dans l'article de Maldidier il s'agira des termes «Algérie», «algériens», «France», et «français».

Dans un deuxième temps, l'analyste va procéder à une transformation du discours en se fondant sur la méthode harrissienne. Les phrases contenant des mots pivots seront regroupées en classes d'équivalence. Ces regroupements permettront de constituer les phrases de bases (ou front propositionnel). L'étude de Maldidier permet d'extraire des phrases de base comme : «L'Algérie est la France» et «L'Algérie dépend de la France.»

Alors que la première phrase est effectivement réalisée dans les discours analysés, la seconde est produite par dérivation. On note que ces phrases sont déclinées différemment selon les représentations idéologiques ; elles permettent donc de caractériser deux groupes protagonistes : «les partisans de l'Algérie française» et «les nationalistes algériens». Ces propositions de base constituent selon l'auteur «une représentation idéologique entre les termes Algérie et France [...]. En d'autres termes on peut postuler que les réalisations des propositions ou de leurs transformations impliquent l'adhésion au modèle politique qu'elles représentent, que les reformulations ou les rejets de ces propositions peuvent être interprétés comme un refus de ce modèle, que les performances ambiguës renvoient à un modèle idéologique ambigu.»

Les travaux de Harris ne sont pas les seuls qui aient influencé les recherches en analyse du discours. En effet, les critiques faites par Chomsky (1968) à la théorie saussurienne et surtout sa redéfinition des concepts de langue et de parole (sous la forme de l'opposition entre compétence et performance) ainsi que l'introduction de la notion de «créativité du sujet parlant» auront des conséquences théoriques importantes sur la façon d'envisager le discours. En effet, si le sujet parlant peut produire une infinité de phrases même s'il ne les a jamais entendues ou dites auparavant, cela n'est pas une conséquence de la seule notion de créativité : le modèle de compétence peut en rendre compte car il s'agit là des caractéristiques mêmes de la langue, qui possède des propriétés récursives. Ainsi, «de ce point de vue le discours tenu par le sujet parlant n'est qu'une "longue phrase", une réitération des mêmes processus s'engendrant mutuellement. Le discours est avant et après le discours, il n'est discours qu'en fonction de cet avant et de cet après : question et réponses s'enchaînent mutuellement. Le texte – exemple de discours – n'est jamais réellement clos, il est continuation d'une part, et inachèvement de l'autre» (Provost-Chauveau, 1971).

C'est ainsi que l'analyse du discours s'attachera à analyser les performances des sujets parlants. Cette analyse se voudra essentiellement comparative car il s'agira de mettre en évidence les différences manifestes au niveau des performances. Dès lors, la notion de compétence sera élargie, englobant des aspects idéologiques (*cf.* Slatka, 1971).

Mais les arrière-plans théoriques de l'analyse de discours ne s'enracinent pas au seul niveau linguistique. Elle sera également influencée par les théories de l'énonciation et notamment par les travaux de Jakobson (1963) et de Benveniste (1966) qui ouvrent «une perspective nouvelle à l'analyse du texte : celui-ci ne se manifeste pas seulement comme répertoire de signes et système de leurs combinaisons» mais fait référence «au langage assumé comme exercice par l'individu» (Maldidier, 1971).

Ainsi, malgré le fait que Jakobson s'appuie assez largement sur le schéma de la communication de Shannon et Weaver (1949) qui réduit la langue à un code et limite la communication à la transmission d'informations, l'analyse de discours s'inspirera des travaux de cet auteur et notamment des six fonctions du langage définies par lui[1], car elles permettent de spécifier le sujet dans son rapport au discours et dans son rapport à l'autre. Dans cette perspective, «à l'énoncé conçu comme événement, totalité extérieure au sujet parlant qui l'a produit, se substitue l'énoncé objet fabriqué, où le sujet parlant s'inscrit en permanence à l'intérieur de son propre discours, en même temps qu'il y inscrit "l'autre" par *les marques énonciatives*» (Provost-Chauveau, *op. cit.*).

Toutefois, il apparaît qu'en règle générale les orientations théoriques et sociologiques mentionnées rapidement ci-dessus conduiront l'analyse de discours française à envisager (jusque vers la fin des années soixante) le discours comme un simple reflet de l'inscription sociale du sujet, sans prendre en compte les aspects individuels et situationnels. Plus exactement, l'analyse de discours opérera dans la perspective d'une «théorie du reflet en langue des rapports entre énonciation et idéologie» (Guespin, 1971). Par là même, elle évacuera de l'ana-

---

1. Jakobson distingue six fonctions dans le langage :
1. la fonction expressive est centrée sur l'émetteur (attitude qu'il a à l'égard de ce dont il parle) ;
2. la fonction référentielle (ou dénotative) est centrée sur le référent (ce dont l'émetteur parle dans son message). Le référent peut être d'ordre situationnel ou linguistique ;
3. la fonction métalinguistique est centrée sur le code. Elle correspond à tous les éléments qui servent à donner des explications sur le code employé ;
4. la fonction poétique est centrée sur le message : «Elle met en évidence le côté palpable des signes» (Jakobson, *op. cit.*). Elle correspond à tous les éléments qui apportent un sens supplémentaire au message (structure, ton, rythme, jeu sur les sonorités…) ;
5. la fonction phatique est centrée sur le contact entre l'émetteur et le récepteur. Il s'agit de tous ce qui permet dans le message d'établir, de maintenir ou de couper le contact ;
6. la fonction conative est orientée vers le destinataire du message (le récepteur). Il s'agit des marques, d'adressage, du discours.

lyse *l'intentionnalité* du sujet parlant. Ce qui fait dire à Casari (1991) : «Dans une telle acception, il ne s'agit pas d'envisager le discours comme étant produit par un sujet empirique (porteur de savoirs, de représentations et d'attitudes à l'égard de ces dernières) et énonciateur dans des conditions données, mais plutôt de considérer l'acte d'énonciation comme étant le corrélat d'une position socio-historique déterminée, dont les acteurs sont des entités substituables.»

Dans une même perspective, Maingueneau écrira que l'analyse de discours française de première génération (fin des années 1960 et début des années 1970), «cherchait essentiellement à mettre en évidence les particularités de formations discursives (*le* discours communiste, socialiste, etc.) considérées comme des espaces relativement autarciques que l'on appréhendait à partir de leur vocabulaire. L'AD de seconde génération, liée aux théories énonciatives, peut-être lue comme une réaction systématique contre celle qui l'a précédée.» (Maingueneau 1987, p. 15.)

Il s'agit donc actuellement de remettre en cause ces anciennes conceptions : le langage n'est dès lors plus considéré comme le simple reflet d'une inscription sociale, ni comme le support qui permet de transmettre des informations mais comme un outil «qui permet de construire et de modifier les relations entre les interlocuteurs, leurs énoncés et leurs référents. C'est la notion même de "communication linguistique" qui s'en trouve déplacée : le fait qu'un énoncé suppose un énonciateur, un destinataire, une relation à d'autres énonciations réelles ou virtuelles, qu'il soit traversé par l'implicite, etc., tout cela n'est pas une dimension qui viendrait s'ajouter tardivement à une structure linguistique déjà constituée, mais quelque chose qui conditionne radicalement l'organisation de la langue.» (Maingueneau, 1987, p. 14.)

b. *L'analyse automatique du discours*

Lorsque paraît en 1969 avec le concours du CNRS *Analyse automatique du discours* aux éditions Dunod, rapidement traduit dans plusieurs langues, l'auteur, Michel Pêcheux, entreprend de définir ce qu'est l'émetteur et le récepteur d'une communication à partir d'un paradigme qui reste proche du schéma informationnel de la communication de Jakobson inspiré de celui de Shannon et Weaver.

Proche encore de la problématique de la psychologie sociale, «il opère un glissement, qu'il ne tardera pas à critiquer, de la notion qui définit la situation d'un individu à l'intérieur d'une structure sociale (de classe), à la notion (qu'on attribue à soi et à l'autre). Il engage ainsi la représentation de formations imaginaires en jeu dans la communication. Une voie qui le ramenait à la psychologie sociale, au sujet de la communication ignorant des déterminations qui pèsent sur lui.» (Maldidier 1991.)

Des questions qui aux yeux de l'auteur se posaient légitimement à la linguistique telles que : «Que veut dire ce texte ?», «Quelle signification contient ce texte ?», «En quoi le sens de ce texte diffère-t-il de tel autre texte ?», n'ont pas reçu de réponses de la part de cette discipline et se sont adressées à d'autres domaines. De cette absence de réponse sont nées des pratiques telle que l'analyse de contenu ou l'analyse de texte.

La démarche de l'auteur part d'une critique des fondements et des pratiques de l'analyse de contenu. Il distingue deux types de méthodes.

Les méthode non linguistiques

Entendons par ces termes non l'absence de bases linguistiques à ces analyses mais des conceptions antérieures aux apports de Saussure.

On distinguera la méthode de *décompte fréquentiel* (par exemple le nombre d'occurrences d'un mot), qui a donné lieu à d'importants développements des méthodes de traitement statistique ; sa faiblesse réside dans une conception linguistique fondée sur «la bi-univocité du rapport signifiant-signifié». En d'autres termes, de telles analyses postulent qu'à chaque occurrence d'un même signe on est en présence d'un seul et même contenu de pensée.

S'il accepte avec Sola-Pool (1959) que l'analyse des co-occurrences (*contengency analysis*) permet d'appréhender certaines relations entre des éléments présents dans un texte, l'analyse des fréquences d'occurrences ne permet pas de rendre compte de l'organisation d'un texte : «...tout se passe comme si la surface du texte était une population dans laquelle on effectuerait ainsi des recensements différentiels ; on obtient bien une description, aussi fine qu'on le désire, de la population, mais les *effets de sens* qui constituent le contenu du texte sont négligés : on paye l'objectivité de l'information recueillie par la difficulté d'en faire l'usage qu'on prévoyait» (*op. cit.* p. 101).

L'autre méthode non linguistique est représentée par l'*analyse en catégories thématiques*. En l'absence d'indications linguistiquement fondées, les codeurs doivent participer d'un consensus implicite ou explicite sur la lecture et la catégorisation. «En d'autre termes une texte n'est analysable qu'à *l'intérieur du système commun de valeurs qui a un sens pour les codeurs et constitue leur mode de lecture.*» Et l'auteur de considérer que l'analyse ainsi réalisée produit comme résultats... la grille de lecture utilisée, «par un phénomène de participation en reflet entre l'*objet* et la *méthode* qui se donne pour tâche d'appréhender cet objet».

Les méthode para-linguistiques

Il faut entendre par méthodes para-linguistiques les tentatives pour utiliser la linguistique à une autre échelle que celle du mot ou de la proposition. De même que le fonctionnement de la langue se traduit par des systèmes syntaxiques, il existe des systèmes pour analyser un mythe ou une œuvre littéraire : comme la langue, les textes fonctionnent. Les mêmes instruments conceptuels (par exemple l'opposition paradigme/syntagme) peuvent être étendus du mot à des ensembles plus vastes.

Deux autres notions doivent être prises en compte pour comprendre la pensée de l'auteur. La première concerne la distinction entre fonction et fonctionnement. Si la langue est considérée comme un système, elle n'a plus pour fonction d'exprimer le sens mais devient aussi un objet dont la science doit décrire le fonctionnement. La seconde concerne les rapports de l'analyste à son objet d'étude et plus particulièrement la constitution du corpus. Dans le cas où l'analyste ne définit pas son corpus comme «l'élément d'un processus dont il faut construire la structure» on observera deux conséquences : la première réside dans le fait qu'il restera sous l'emprise de ce qui dans son esprit l'a conduit à effectuer le choix du corpus ; la seconde, qui en est la conséquence, consistera à masquer l'emprise et à considérer l'objet d'analyse comme «un donné naturel» indépendant de son désir et de sa responsabilité.

Si Pêcheux se réfère au schéma «informationnel» (émetteur, destinataire, référent, code linguistique commun aux interlocuteurs, contact, séquence verbale = message), c'est pour s'opposer à ce qu'il nomme le schéma «réactionnel» (stimulus-réponse ou stimulus-organisme-réponse). Ses interrogations sur les processus discursifs le conduisent à prendre en compte ce qu'il désigne sous le terme de «formations imaginaires».

Des tableaux présentent les questions implicites dont la réponse sous-tend la formation imaginaire correspondante. Elles concernent :

- le destinateur (l'émetteur) : «Qui suis-je pour lui parler ainsi ?» ; «Qui est-il pour que je lui parle ainsi ?»
- le destinataire : «Qui suis-je pour qu'il me parle ainsi ?» ; «Qui est-il pour qu'il me parle ainsi ?»
- et aussi le référent : «De quoi lui parlé-je ainsi ?» ; «De quoi me parle-t-il ainsi ?»

Mais il faut bien constater que les réalisations empiriques n'ont pas été à ce jour à la mesure des ambitions théoriques de l'analyse automatique du discours. Cependant, la critique des méthodes d'analyses traditionnelles telles que l'analyse catégorielle thématique ont été entendues (mais peut-être pas encore de tous les praticiens de l'analyse).

Pour ceux qui voudraient aborder plus avant les procédures informatiques de l'AAD un article (Pêcheux *et al.* 1982) donne un aperçu de la démarche, qui comprend :

- la division du corpus en séquences discursives autonomes ;
- une analyse syntaxique ;
- l'utilisation d'un algorithme qui détecte des ensembles complexes : les «quadruplets» (d'où le terme «automatique» pour désigner ce mode d'analyse) ;
- la mise en évidence de chaînes regroupant les quadruplets ;
- le regroupement de chaînes liées en «domaines» ;
- l'étude des relations entre domaines ;
  - par constitution d'hyperdomaines,
  - par la mise en évidence de relations de dépendance entre domaines ;
- à partir de cette étape le travail d'analyse de contenu... commence.

2.6.2. *L'analyse de discours américaine*

Si l'analyse de discours française s'enracine essentiellement dans des considérations d'ordre linguistiques et sociologiques, tout autre est l'approche de l'analyse de discours américaine (*discourse analysis*) dont les arrière-plans théoriques se situent au niveau de l'interactionnisme, de l'ethnographie et de l'ethnométhodologie. Mais là n'est pas la seule différence qui existe entre ces deux perspectives. En effet, l'analyse de discours américaine revendiquera l'étude des discours «en situation naturelle» et la prise en compte des variables extra-linguistiques.

En ce qui concerne plus spécifiquement l'étude du langage, les perspectives sont différentes. En effet, nous avons eu l'occasion de le noter, on se situe dans une perspective comportementaliste : le langage y est considéré comme «... un des deux moyens humains de répondre à un stimulus : non par réaction pratique mais par réaction linguistique de substitut» (Bloomfield, 1933).

Si la linguistique en France avec de Saussure (*op. cit.*) avait comme but de se constituer en science autonome (étude de la langue érigée en système), tout autres sont les préoccupations des linguistes américains. En effet, il s'agit pour eux de fournir les outils nécessaires aux anthropologues pour rendre compte des articulations entre la langue et la société. C'est dans cette perspective que s'inscrivent des ethnolinguistes comme Sapir (1921), Whorf (1956) ou Boas (1911) qui cherchent à mettre en évidence les variations linguistiques compte tenu de variables socioculturelles. L'activité langagière sera ainsi définie comme étant «le produit d'un usage social» (Sapir, 1953).

Durant les années soixante, les recherches se centreront sur les problèmes liés aux phénomènes d'insertion des minorités culturelles. Dans un même temps paraîtront des ouvrages tels que *Directions in sociolinguistics : the ethnography of communication* (Gumperz et Hymes, 1972), *Language and culture in society* (Hymes, 1964), ainsi que l'ouvrage collectif *Sociolinguistics* (Bright, 1966).

C'est dans ce dernier écrit que seront présentées les orientations de la sociolinguistique, qui recouvrent trois champs de recherche : l'interactionnisme symbolique, l'ethnographie de la communication et l'ethnométhodologie. C'est de ces trois champs de recherche que naîtra l'analyse de discours américaine.

Nous ne retracerons pas ici en détail l'ensemble des travaux réalisés dans ces domaines. Pour plus de précisions le lecteur pourra se reporter à l'ouvrage de Bachmann *et al.* (1981). Nous noterons simplement ici que l'analyse porte sur les communications produites en contexte naturel. Ceci conduit à prendre en compte les processus discursifs ainsi que les mécanismes interprétatifs mis en œuvre par les interlocuteurs. Dans cette perspective, il s'agira d'analyser les productions discursives des partenaires de l'échange comme la trace des rapports de force qui se jouent dans l'interaction.

Dans le cadre de l'interactionnisme symbolique on retrouve les travaux de Goffmann (1959), qui analyse l'interaction en fonction des rituels conversationnels. Ces contraintes sont entre autres liées aux «jeux de face» et correspondent au fait que les interlocuteurs mettent en œuvre des «actions langagières» destinées à :

1. neutraliser les menaces potentielles du partenaire (il s'agit de sauver la face, c'est-à-dire l'image sociale que l'on veut donner de soi) ;
2. ne pas empiéter sur le territoire d'autrui.

Dans le cadre de l'ethnographie de la communication, l'analyse porte, comme dans les recherches de Hymes (1973), sur les capacités (compétences) des locuteurs à produire des énoncés non seulement grammaticalement corrects mais aussi contextuellement appropriés. En ce sens, l'auteur révisera la conception de Chomsky (*op. cit.*) sur la compétence linguistique en l'élargissant à la notion de compétence situationnelle ou communicative.

Enfin, dans le cadre de l'ethnométhodologie des conversations, on retrouve des auteurs comme H. Garfinkel (1967), qui mettra l'accent sur l'étude du langage comme moyen privilégié d'accéder aux processus sociaux. Il s'agira plus précisément, à travers l'analyse du matériel discursif, d'accéder au «corpus de connaissance» implicite du sujet (par exemple : quels savoirs sur la société fait-il intervenir ?).

Dans une même perspective, Sacks, Schegloff, et Jefferson (1974) analysent les conversations et plus précisément les procédures utilisées conventionnellement par les interlocuteurs pour ouvrir ou clore une interaction, ou bien pour prendre ou céder la parole. Il apparaît ainsi que ces procédures sont ritualisées et font intervenir des savoirs implicites. Elles sont en outre analysables à partir de traces particulières.

Les recherches réalisées dans le cadre de l'ethnométhodologie de la communication constituent donc une approche du «sujet social qui sera alors interrogé tout autant dans ses savoirs que dans ses représentations, ses stratégies – notamment discursives – pour atteindre certains buts, les compétences mises en œuvre, etc., sujet social, enfin, dont on étudiera les suites interactionnelles et non tel ou tel phénomène (acte de langage ou autre) pris isolément» (Ghiglione, Blanchet, 1991).

Ainsi, par ses nouvelles perspectives, l'analyse de discours américaine apporte un éclairage original, comparativement à l'analyse de discours française, sur l'étude des mécanismes langagiers : «Elle permet d'échapper à la position stérile entre l'individu et la société en montrant comment la formation et le maintien de l'identité du premier sont unis par une relation réciproque à la stabilisation et à l'individualisation d'un contexte social d'interaction.» (Querès, 1986.)

En conclusion sur cette partie, on notera que l'analyse de discours française et la «*discourse analysis*» ont depuis la fin des années soixante largement dominé les recherches faites sur le discours. À ces deux orientations s'ajoutent actuellement les travaux des groupes linguistiques de Genève (Roulet *et al.*,

1985) et de Lyon (Cosnier *et al.* 1988 ; Kerbrat-Orecchionni 1990) qui se rapportent à l'analyse conversationnelle, ainsi que de «nouvelles tendances en analyse de discours», comme le note Maingueneau (1987).

2.7. L'analyse propositionnelle du discours

Lorsque paraissent *Les dires analysés* en 1985, portant en sous-titre : «L'analyse propositionnelle du discours» (Ghiglione, Matalon, Bacri), l'état des pratiques d'analyse de contenu n'a pas significativement progressé depuis les origines de l'analyse thématique, de l'analyse lexicale et de l'analyse de l'énonciation.

Les apports de la linguistique sont importants mais ils sont surtout critiques, et ces critiques sont reprises au sein même de la réflexion des psychologues, comme en témoigne un article de Trognon (1974) qui écrivait alors : «La situation d'analyse de contenu n'est donc pas une situation de traduction et le codage auquel nous faisons ici référence est essentiellement un dispositif de distorsion, de mal-traitement du texte, un effet secondaire d'une problématique (présidant au choix des éléments du corpus et au choix des catégories) que la pratique de l'analyse de contenu réalise.»

L'absence d'ambition théorique avait été déjà dénoncée par Henry et Moscovici (1968) et l'illusion d'un sujet psychologique producteur de discours le sera par Pêcheux et Fuchs (1975).

Mais ces critiques ne ralentissent nullement l'utilisation de l'analyse de contenu dans les pratiques psychologiques. Pour travailler sur des interviews, des réponses à des questions ouvertes dans un questionnaire ou des contenus de presse, l'analyse de contenu reste une technique incontournable. Et si, en droit, l'analyse du discours s'occupe d'un objet scientifique différent : le langage, de fait elle apporte des propositions méthodologiques pour l'étude des textes et de la conversation.

C'est en peu de mots le contexte dans lequel apparaît l'analyse propositionnelle du discours (APD dans la suite du texte). S'agit-il d'analyse de contenu ou d'analyse du discours comme le nom d'APD le laisse entendre ? C'est la production langagière qui sera le matériau analysé.

Les objectifs sont restés constants dans leurs aspects principaux, comme en témoigne la reprise peu modifiée de leur exposé dans l'ouvrage le plus récent de Ghiglione et Blanchet (1991).

Ce projet apparaît comme un compromis qui concilie le respect d'une certaine «naïveté» du lecteur, co-constructeur du sens donné au texte, et la prise en compte de l'impossibilité d'une véritable méthode scientifique (permettant la falsifiabilité des hypothèses). Il s'inspire de l'approche expérimentale en psychologie pour insister sur la reproductibilité de l'analyse.

Cependant, devant l'impossibilité d'éviter toute interprétation dans l'analyse, elle sera repoussée à la dernière étape, autorisant ainsi la reproductibilité des étapes précédentes. Nous prendrons ici le parti de présenter les différents instruments techniques de l'analyse sans respecter l'ordre chronologique dans lequel se déroulent les différentes phases de l'analyse.

Mais avant d'examiner ces différents outils que réunit l'APD, gardons en mémoire que leur choix se fonde sur une conception de la production langagière (Ghiglione *et al.* 1986). Pour n'en considérer qu'un aspect, prenons celui de la cohérence textuelle telle que la conçoit Lundquist (1989), c'est-à-dire un programme d'interprétation fourni au destinataire qui peut ainsi le reconstruire, à l'aide d'indicateurs linguistiques posés dans le texte, mais aussi d'un principe général de cohérence argumentative «lié lui-même au respect d'un principe de validité fondé sur la réalité/vérité du monde qui est mis en scène» (Ghiglione, Blanchet 1991).

2.7.1. *Les objets-thématiques et les référents-noyaux*

Représentons-nous un entretien au cours duquel l'interviewé développe un thème qui lui a été proposé dans la consigne. Ce sera par exemple : «les vacances». Pour parler des vacances, le locuteur abordera un certain nombre d'objets et de personnes qui structureront son discours. Nous y trouverons vraisemblablement le locuteur lui-même, ses compagnons, la mer ou la montagne, l'hôtel ou le camping, la voiture ou un autre mode de transport. Au total, si l'interviewé dispose d'un entière liberté de choisir ses objets discursifs, leur nombre ne sera cependant pas illimité (ils dépendent du thème de l'entretien) et il sera encore sensiblement réduit si nous ne conservons que les objets discursifs dont la fréquence d'occurrence est élevée.

Ces objets discursifs ne se définissent toutefois pas uniquement par rapport à leur fréquence d'occurrence ; ils sont en réalité plus complexes. C'est ce qui conduit Dorna et Bromberg (1985) à définir l'objet thématique comme «un des constituants de l'univers cognitif du sujet, constituant dont l'observable sera au niveau langagier dénommé "noyau-référent"». La même année, Ghiglione, Matalon et Bacri (*op. cit.*) précisent : «Les noyaux-référents sont alors définis comme des termes autour desquels s'ordonnent les propositions et les modèles argumentatifs. Ainsi les noyaux-référents ne sont pas des thèmes mais des objets discursifs à pouvoir structurant.»

Aujourd'hui le terme de «noyau-référent» est remplacé par celui de «référent-noyau», mais les deux termes renvoient à une seule et même notion. Par ailleurs, dans la suite de ce texte, lorsque nous utiliserons la notion d'objet thématique, c'est de son observable langagier qu'il sera question, et le référent-noyau sera désigné par «RN».

a. *Comment choisir les RN pour une analyse ?*

Les référents-noyaux sont des objets thématiques sur lesquels on décide de focaliser le travail d'analyse. Si par exemple dans un entretien nous trouvons la proposition : «Je suis parti en voiture avec Julie», il faut décider si le «je» et/ou la «voiture» et/ou «Julie» seront retenus comme RN. Ce choix implique qu'ils le seront non seulement pour cette proposition mais pour l'ensemble du texte, voire l'ensemble des textes si on souhaite pouvoir faire des comparaisons RN par RN.

Un critère important pour le choix des RN est la fréquence d'apparition de l'objet thématique, mais, comme nous l'avons vu, le choix sur base de la fréquence n'est pas toujours le plus judicieux puisqu'il s'agit de déterminer en outre si l'objet thématique a un pouvoir structurant important au sein du discours analysé.

S'agissant de la comparaison des textes, reprenons l'exemple précédent : si la voiture apparaît fréquemment dans le discours du locuteur A et très rarement dans celui du locuteur B, on peut souhaiter cependant conserver ce RN également chez B, ne serait-ce que pour faire des comparaisons entre les univers discursifs de A et de B. On peut à la limite imaginer des cas dans lesquels on souhaite seulement s'assurer que le locuteur n'aborde jamais un objet thématique.

b. *Comment ne pas confondre les RN et les thèmes de l'analyse thématique ?*

Le RN est une personne, un groupe de personnes, un objet, une collection d'objets réels ou imaginaires, mais dont *l'existence est attestée* dans le texte étudié. Le RN n'est donc pas équivalent au «mot clef» (correspondant à un résumé) utilisé en analyse thématique.

Des regroupements peuvent toutefois être effectués pour limiter le nombre de RN. Dans la proposition que nous avons prise pour exemple, le «je» pourrait apparaître sous forme d'équivalents paradigmatiques. Si dans la proposition suivante nous avions : «Elle m'a dit : Marcel, fait les valise !» ; «m'» et «Marcel» renvoient bien au même référent que le «je» de la proposition précédente. Le RN peut au fil du texte prendre des valeurs de pronoms personnels, possessifs, démonstratifs, ceux-ci étant des équivalents paradigmatiques du RN.

Mais d'autres regroupements seront souvent souhaitables pour limiter le nombre de RN. Les objets thématiques seront alors réunis, mais on ne s'en tiendra rigoureusement qu'à des objets qui entretiennent entre eux une relation paradigmatique avérée.

Ce seront, outre les synonymes :

- les *hyponymes*, dont Dubois (1973) écrira : «Le terme d'*Hyponymie* désigne un rapport d'inclusion appliqué non à la référence, mais au signifié des unités lexicales concernées. Il est lié à la logique des classes : ainsi chien entretient avec *animal* un certain rapport de sens ; il y a inclusion du sens de chien dans le sens d'animal. On dit de *chien* qu'il est un hyponyme d'*animal.*» On comprendra aisément ce qu'est un *hyperonyme* : ce sera dans l'exemple précédent «*animal*» par rapport à «*chien*» ;

– les *co-hyponymes*, qui sont des objets thématiques qui entretiennent des relations paradigmatiques fortes. Ce seront par exemple : vélo, moto, cyclomoteur, etc., qui d'ailleurs n'ont que récemment été regroupés dans l'archilexème[1] «deux roues» ;
– les *antonymes*, qui sont des mots qui entretiennent des rapports de sens contraires. Ils sont fréquents pour les verbes (vendre/acheter) ou pour les adjectifs (grand/petit) ; on peut aussi en rencontrer parmi les substantifs (mâle/femelle).

Ces extensions d'un RN à ses équivalents paradigmatiques doit s'opérer avec beaucoup de rigueur et de prudence sous peine d'élargir la notion de RN à celle de thème.

D'autres formes de regroupements d'objets thématiques en RN sont pratiquées. Par exemple, dans l'analyse de discours politiques, on peut être amené à regrouper dans un même RN un parti politique et les hommes qui le composent. Là encore la prudence s'impose.

c. *Rôles actanciels des référents noyaux*

Les RN présents dans une proposition peuvent prendre différentes places et assurer différentes fonctions. Reprenons la proposition qui nous a servi d'exemple : «Je suis parti en voiture avec Julie.» «Je» est sujet de la proposition, nous dirons qu'il est en position d'actant, alors que «voiture» et «Julie» (compléments d'objets) sont en position d'actés. Mais si la proposition avait été : «La voiture a transporté Julie et moi», c'est la voiture qui se serait trouvée en position d'actant alors que «Julie» et «moi» seraient en position d'actés.

Nous verrons l'importance de cette distinction des rôles actanciels à propos de l'écriture des «modèles argumentatifs».

2.7.2. *Traitement des verbes*

a. *Catégorisation des verbes*

La mise en scène des univers langagiers donne au verbe une fonction double :
– il organise au sein de la proposition les différents éléments présents, notamment les objets thématiques, en position d'actants ou d'actés ;
– il un rôle assertif de la référence.

1. L'archilexème est un mot qui regroupe l'ensemble des traits sémantiques des éléments de la série de mots qu'il représente. Classiquement on propose l'exemple de «siège», qui est l'archilexème de : chaise, fauteuil, tabouret, etc. Nous aurons l'occasion de retrouver cette notion à propos de la classification des verbes dans l'APD.

Dans un premier temps l'APD adopte une perspective essentiellement descriptive des relations du locuteur avec ce qu'il dit (Ghiglione, Matalon, Bacri 1985). Les catégories verbales sont alors au nombre de trois :

- les verbes factifs : comme effectuer, fermer, applaudir, travailler, qui sont des verbes définis lexicalement comme renvoyant à la transcription langagière d'une action (archilexème : faire)[1] ;
- les verbes statifs : comme se sentir, apparaître, qui sont définis lexicalement comme renvoyant à la transcription langagière d'un état ou d'une possession (archilexème : être ou avoir, utilisés comme verbes non auxiliaires) ;
- les verbes déclaratifs : comme penser, croire, approuver, qui sont définis lexicalement comme «renvoyant à la transcription langagière d'une déclaration sur un état, une action, un être, un objet, un sentiment...» (*op. cit.*). Ils ont pour archilexème : dire.

Par définition lexicale, il faut entendre la définition proposée par le dictionnaire. S'il en propose plusieurs, il faudra choisir le sens le plus proche de celui que le verbe présente dans le texte analysé. Si dans la plupart des cas l'éclatement des verbes en catégorie (factifs, statifs, déclaratifs) ne présente aucune difficulté, il se trouve aussi des verbes «contextuels», qui appartiendront à l'une ou l'autre des catégories verbales selon le contexte. Tous les verbes ne sont-ils pas contextuels, au moins dans certains cas particuliers et rares ? C'est pour répondre à cette difficulté et donner à la classification des verbes des bases théoriques et expérimentales plus solides qu'elle a été réexaminée.

b. *Examen des verbes par des descripteurs sémantiques*

La prise en compte des travaux proposés par la linguistique et analysés par François (1988) distingue :

- les travaux issus de la logique du temps et de l'aspect ;
- les travaux issus de la sémantique des rôles actanciels ;
- les travaux issus de l'hypothèse localiste ;
- les travaux issus d'autres classifications.

Sont pris aussi en compte les travaux de Fillmore (1968, 1971). La classification retenue a fait l'objet d'expérimentations (Ghiglione, Bromberg, Friemel, Kekenbosch, Verstiggel, 1990).

---

1. Les verbes factifs sont souvent définis différemment en linguistique. En effet, dans ce cadre de recherche, les verbes factifs sont des verbes qui véhiculent des présupposés. On retrouve dans cette catégorie les verbes comme savoir, se douter, ou regretter, qui présupposent la vérité/réalité du référent. Les verbes contrefactifs (comme s'imaginer, prétendre, faire semblant) présupposent quant à eux la fausseté du référent.

À ce jour, les travaux portent sur l'utilisation de deux ensembles de descripteurs sémantiques :

- les descripteurs de structure temporelle, qui distinguent entre : dynamique («procès conçu comme se déroulant dans le temps»), transitionnel («procès conçu comme entraînant une modification d'objet entre le moment T0 et T1»), télique («procès conçu comme conduisant à un résultat tel que lorsqu'il est atteint l'objet est constitué et l'action s'arrête»), momentané («procès conçu comme indivisible en phases successives») ;
- les descripteurs de structure participative, qui distinguent entre : agent (procès conçu comme produit par un animé), cause (procès conçu comme produit par un inanimé), expérienceur (procès conçu comme ressenti par un animé), patient (procès conçu comme subi par une entité).

Pour une description plus complète, nous renvoyons le lecteur à Ghiglione et Blanchet (1991). Résumons seulement que les résultats expérimentaux valident dans l'ensemble les méta-catégories verbales utilisées par l'APD : les factifs, les statifs, les déclaratifs. Chacune de ces catégories présente des caractéristiques eu égard aux descripteurs :

- les factifs se caractérisent par l'importance des descripteurs de constitution temporelle ;
- les statifs se caractérisent par la dispersion des descripteurs ;
- les déclaratifs se caractérisent par la rareté des descripteurs de constitution temporelle et l'importance des descripteurs de constitution participative.

L'orientation actuelle des travaux tend à valider des découpages plus fins à l'intérieur des catégories verbales.

c. *Les temps des verbes*

On comprendra que l'APD s'intéresse au temps des verbes et distingue a minima le présent du passé et du futur. Un regroupement est réalisé pour les formes du passé comme pour les formes du futur afin de limiter le nombre de catégories. Mais l'analyste peut fort bien, en fonction des caractéristiques de son travail, pousser plus avant la décomposition des catégories temporelles en unité plus fines. Cette remarque s'applique à tous les éléments d'analyse par l'APD.

d. *Les modes verbaux*

L'univers mis en scène par le discours d'un locuteur présente un degré de réalité plus ou moins grand. Ce locuteur dispose au moyen des modes verbaux de la possibilité de modaliser la réalité de cet univers (Ghiglione 1989) :

- l'indicatif renvoie au réel,
- le subjonctif au possible,
- le conditionnel à l'incertain mais aussi, comme le subjonctif, il peut renvoyer à un univers irréel ou contre-factuel.

Est-ce la raison pour laquelle les hommes politiques utilisent dans plus de la moitié des propositions de leurs discours le présent de l'indicatif lorsqu'ils s'expriment à la radio ou à la télévision, mais que cette proportion baisse sensiblement lorsqu'ils discourent devant leurs pairs au sein de l'Assemblée Nationale ?

2.7.3. *La modalisation*

Une des fonctions du langage est de donner à entendre l'état du locuteur, c'est la fonction modale (*cf.* Blanchet, 1990). Nous avons déjà rencontré cette notion à propos des modes verbaux, mais le locuteur dispose aussi d'autres moyens pour user de cette fonction. Outre les aspects paraverbaux, dont c'est une des fonctions essentielles, le locuteur peut faire appel :

- à des prédicats modaux (il faut, on doit…) ;
- à des modalisateurs adverbiaux (adverbes d'affirmation : certainement ; de négation : nullement ; de doute : peut-être) ;
- à des modalisateurs verbaux (je pense que, je doute que).

On peut aussi distinguer des niveaux de modalisation. Ainsi les modalisateurs d'intensité, de quantité (un peu, beaucoup, trop), traduisent une prise en charge partielle de l'énoncé. C'est en ce sens que nous dirons qu'ils sont plus faibles que les adverbes d'affirmation, de doute ou de négation qui portent sur l'ensemble de l'énoncé.

2.7.4. *Les joncteurs*

Entre un énoncé et sa situation extra-linguistique, le locuteur peut établir des *relations circonstancielles*. Elles seront :

- de temps,
- de lieu,
- de manière ou
- de but.

L'APD prend en compte ces distinctions avec d'autant plus de facilité que l'informatisation permet de façon quasi immédiate de rechercher tous ces joncteurs dans un texte et de les analyser.

Entre deux énoncés (ici, deux propositions) le locuteur peut utiliser des joncteurs qui participent à *la cohérence* de son discours.

Prenons pour illustration les deux propositions :

(1) Jean travaille
(2) Il se marie.

Ces deux propositions peuvent être indépendantes. Mais elles peuvent aussi être liées par des relations argumentatives :

- de condition : «Jean travaille s'il se marie» ;
- de cause : «Jean travaille car il se marie» ;
- de contiguïté : «Jean travaille et il se marie» ;
- de disjonction : «Jean travaille ou il se marie» ;
- d'opposition/restriction : «Jean travaille mais il se marie» ;
- d'opposition/concession : «Jean travaille au lieu de se marier» ;
- de comparaison : «Jean travaille comme il se marie».

L'utilisation du logiciel informatique APD rend aussi très rapide l'étude des joncteurs inter-propositionnels qui sont tous répertoriés.

2.7.5. *La proposition*

La proposition est une unité essentielle de l'APD, comme son nom le suggère. Le découpage d'un texte en propositions, ou «découpage propositionnel», constitue la première étape d'une analyse par l'APD. Ce découpage doit être objectif : toute la suite de l'analyse en dépend ; il doit présenter une concordance totale entre les codeurs.

Nous avons déjà eu l'occasion de signaler que cette technique présente l'originalité de réunir l'unité d'enregistrement et l'unité de contexte dans une seule unité de découpage : la proposition.

De quelle proposition s'agit-il ? Ce n'est pas celle du logicien mais celle du langage. Elle prend en compte le contenu propositionnel et les fonctions qu'elle exerce dans le langage ; elle est «la forme minimale la plus satisfaisante pour rendre compte d'un micro-univers. C'est-à-dire d'une scène peuplée a minima d'un actant qui fait l'action et de l'acté que le verbe accomplit.» (Ghiglione, Blanchet 1991.)

C'est aussi un atome grammatical, que Grevisse (1980) définit comme possédant une «signification complète et autonome» ; il la considère aussi comme : «tout mot ou tout système de mots au moyen desquels nous manifestons un acte de notre vie psychique».

Si dans un premier temps l'APD a utilisé comme repère pratique pour le découpage propositionnel le silence qui suit l'énoncé oral de la proposition (et qui la définit pour certains auteurs), des critères grammaticaux rigoureux permettent d'assurer aujourd'hui la cohérence entre les codeurs.

a. *Le découpage propositionnel*

Nous nous contenterons d'indiquer ici les règles de découpage, les principes et des illustrations étant disponibles (Ghiglione, Blanchet 1991).

1. Les propositions simples, indépendantes, ne présentent aucun problème de découpage.
2. Les propositions coordonnées seront traitées comme deux propositions. («il est venu et il est reparti», sera traité comme : «il est venu» et «il est parti»).

3. Certaines difficultés apparaissent avec les propositions subordonnées pour répondre à la question : «Doit-on pour cet énoncé considérer que nous sommes en présence d'une ou de deux propositions ?» Le principe qui dans ces cas doit éclairer l'analyste est le suivant : «Si nous considérons que nous sommes en présence de deux propositions, chacune d'entre elles possèdera-t-elle les ancrages minimaux, c'est-à-dire la marque d'un actant et d'un acté temporalisé ?» La traduction grammaticale de ce principe conduit à traiter la proposition subordonnée selon sa fonction :

– les subordonnées sujet, attribut, complément d'agent ou d'adjectif seront traitées comme liées à la principale. Nous les considérerons comme une seule proposition pour l'APD ;
– les subordonnées en apposition, complément circonstanciel ou de nom seront traitées comme séparées de la principale, nous aurons deux propositions ;
– les cas qui présentent des subordonnées compléments d'objet seront traitées comme une ou deux propositions selon les cas :
  • par exemple «adorez qui vous adore» sera traité comme une proposition (en effet la décomposition nous donnerait la proposition «adorez», qui ne présente pas la double exigence d'un actant et d'un acte temporalisé),
  • alors que «révèle moi qui tu aimes» sera traité comme deux propositions.

Ces considérations peuvent paraître difficiles, mais l'apprentissage du découpage est assez rapide, passées les premières heures d'hésitations...

b. *Des modifications propositionnelles*

Pour assurer l'analyse on est amené parfois à modifier la présentation du texte pour le ramener à une forme canonique. Mais dans tous les cas toutes ces modifications sont indiquées dans le texte sur lequel travaille l'analyste, par exemple par la mise entre parenthèses d'un ajout nécessaire :

– les propos rapportés sont introduits à l'intérieur de la proposition ;
– les ajouts de texte :
  • «Pierre et Paul ont vu Jean» sera traité comme : «Pierre a vu Jean» et «Paul [a vu] Jean.» On peut ainsi à tout moment de l'analyse savoir que ce qui est entre parenthèses est un ajout de l'analyste ;
  • de même «Pierre est parti et revenu» sera traité comme : «Pierre est parti», «[Pierre est] revenu» ;
– le désenclavage, assez rare dans l'analyse du langage parlé, est souvent nécessaire dans l'analyse du langage écrit, qui présente parfois un certain degré de complexité. Le but de l'opération est de pouvoir travailler sur des propositions canoniques. Il faudra donc extraire du sein d'une proposition ce qui appartient à une autre et lui rendre des éléments qui seraient dispersés dans d'autres propositions (la désincrustation).

2.7.6. *Structures propositionnelles : les modèles argumentatifs*

Nous avons vu que la proposition telle qu'elle se définit dans l'APD est différente de la proposition des logiciens et des conditions de vérité qui font l'objet de leur étude. Ce qui est en jeu ici est la mise en scène langagière de ce qu'on veut croire ou montrer à l'autre lorsque nous communiquons. Comment décrire cette mise en scène ?

Comme pour de nombreuses techniques d'analyse de contenu il faudra établir un système d'équivalences entre des énoncés partiellement différents.

Cette opération vise à décrire des régularités dans les relations entre RN.

a. *Représentation des modèles argumentatifs (MA)*

Supposons que nous sommes en présence d'une proposition et de trois RN que nous appellerons A, B, et C.

Chacun d'entre eux peut être en position d'actant et/ou d'acté. Il peut aussi être présent ou absent.

Prenons le cas le plus simple : A actant se trouve dans une proposition où B est acté. Selon les cas nous aurons les modèles suivants :

A F B (A fait B)
A S B (A est ou possède B)
A D B (A déclare B)

(Par la suite, pour limiter le nombre de cas de figures nous n'envisagerons que le cas des factifs (F) dans notre présentation.)

Voyons maintenant comment écrire le MA si le RN A est absent ou remplacé par un objet-thématique non retenu comme RN ou encore s'il n'est pas clair de décider du RN dont il s'agit (par exemple si nous nous trouvons en présence d'un «il» dont on ne peut avec certitude savoir à quel référent il renvoie). Le MA s'écrira alors si B est l'acté :

X F B (X factif B).

Mais nous pouvons n'avoir de RN qu'en position d'actant («Jean chante»). Le MA (le RN de Jean étant J) s'écrira :

J F

en effet nous n'avons rien après le verbe.

Que pouvons-nous avoir après le verbe, c'est-à-dire en position d'argument ? Dans le cas précédent nous n'avions rien, comme en témoigne le MA. Mais nous aurions pu avoir un ou plusieurs RN ou des objets thématiques non choisis comme RN ou encore des adjectifs, etc.

Dans la mesure où nous avons (en prenant la forme canonique de la proposition : sujet – verbe – complément) quelque élément à la droite du verbe, nous devons le retrouver aussi dans le MA. Dans la proposition précédente si nous avions «Jean chante bien», le modèle argumentatif serait :

J F Y

Y indique ici que nous avons un ou plusieurs éléments à la droite du verbe. Mais si nous avions aussi à la droite du verbe un RN (par exemple Paule qui a pour RN : P), par exemple la proposition : «Jean chante bien avec Paule», le MA serait :

J F Y ~ P

qui se lit : J factif Y en relation avec P (ou : Jean fait Y en relation avec Paule). La relation marquée par le signe ~ peut être précisée dans sa nature (temps, lieu, manière, etc).

Si nous avons plusieurs RN en position Y, ces différents RN seront indiqués les uns à la suite des autres et reliés par le signe ~.

Si nous sommes en présence d'un acté mais n'avons rien en Y (le cas peut se produire, comme dans la proposition «Jean a vu Paule» : il n'y a rien en effet entre le verbe et l'acté), le MA sera :

J F P

Mais le plus souvent nous aurons un Y.

Ainsi, pour les propositions : «Jean a bien vu Paule» ou «Jean a vu Paule aujourd'hui», le MA serait :

J F Y ~ P

Nous avons dans la première proposition canonisée «Jean a vu bien Paule» : bien ; et dans la seconde : aujourd'hui.

Il n'y a pas de symétrie entre la position X et Y. Nous avons vu en **a** que, si plusieurs actés étaient présents, chacun d'entre eux était indiqué dans le MA. La situation est différente si nous avons plusieurs actants, comme dans la proposition «Jean et Paule chantent», qui compte pour deux propositions :

«Jean chante»
«Paule [chante]», reliées par «et», soit les MA :

J F

(et)

P F

Nous voyons qu'un même RN placé en actant ou en acté n'aura pas le même poids dans l'APD : placé en actant, il détermine nécessairement l'existence d'une proposition.

L'APD traite des formes passives en les transformant sur le mode actif. Ainsi «Jean a été vu par Paule» deviendra «Paule a vu Jean», dont le MA sera :

P F J

alors que «Paule a été invitée» devient : «X a invité Paule», soit le MA :

X F P

On comprendra que dans les textes analysés nous rencontrions des formes moins simples : «Paule» qui chante avec Jean peut aussi être désignée comme «la fille de l'oncle d'Octave réparateur de télévisions à Bordeaux au bord de la Gironde mais pourtant pas très loin de la mer...»

Rappels

Que peut-on trouver à la gauche du verbe ? Toujours : quelque chose ; jamais : rien :

- soit X,
- soit un RN.

Que peut-on trouver à la droite du verbe ?

- soit rien,
- soit Y,
- soit un ou plusieurs RN,
- soit le plus souvent Y et un ou plusieurs RN et des indications sur leurs relations.

Ce rappel étant fait revenons aux verbes : nous avons vu la distinction entre factifs (F), déclaratifs (D) et statifs (S). Rien n'interdit, comme dans certains travaux, d'opérer des distinctions plus fines dans le MA.

Outre la prise en compte des formes négatives, que l'on codera Vn, ou interrogatives, V ?, on opérera une différentiation au sein des trois catégories de verbes.

Par exemple, pour les factifs on fera une distinction entre :

- les factifs finalisés,
- les factifs finalisés avec constitution d'objets,
- les factifs finalisés sans constitution d'objet.

Pour les statifs on peut discerner :

- les statifs d'existence et
- les statifs de propriété.

Pour les déclaratifs on peut distinguer :

- les déclaratifs de déclaration et
- les déclaratifs de cognition.

Un rappel est peut être utile concernant le codage des verbes dans les MA :

- «Jean est malade» (le verbe est souligné), le MA sera : J S Y ;
- «Jean a été malade» («a» sert ici d'auxiliaire), le MA sera : J S Y ;
- «Jean a été déclaré malade» (le verbe est ici «déclaré», «a été» faisant fonction d'auxiliaire), le MA sera : X D Y ~ J . (Soit, transformé à la forme active : X a déclaré Y en relation avec Jean.)

Nous examinerons rapidement au paragraphe suivant l'utilisation des modèles argumentatifs.

2.7.7. *Analyse des résultats et interprétation*

Si l'APD constitue une technique dont la cohérence est fondée sur une conception de la communication verbale et sur une approche expérimentaliste, elle n'en présente pas moins deux aspects assez différents.

a. *Les indices langagiers*

Les indicateurs langagiers, souvent appelés, sous leur forme élaborée, les indices langagiers, seront par exemple le nombre de propositions par entretien, ou par article s'il s'agit d'une analyse de presse. On peut aussi mesurer le nombre moyen de mots par proposition, qui indique le degré de complexité des propositions ; ou encore on fera appel à la place occupée par les mots du «français fondamental» dans le discours d'une personne, ce qui nous permettra d'évaluer de degré de rareté des mots employés. Les indicateurs utilisés sont nombreux : nous avons déjà rencontré les types de verbes, leur temps, leur mode, les joncteurs, les adverbes modalisateurs, les déictiques, les anaphores, etc.

b. *Le modèle argumentatif*

Mais le modèle argumentatif nous paraît plus caractéristique encore du discours du locuteur dans sa spécificité. Comment ce dernier organise-t-il les RN entre eux, quels sont ceux qu'il utilise préférentiellement ? En d'autres termes : quel est le monde verbal qu'il a construit comparé au monde qu'il pouvait potentiellement construire ?

2.7.8. *Quelques exemples de travaux*

On trouvera dans Blanchet et Gotman (1992) un bref rappel de l'APD et de l'ARO (ou Analyse des relations par opposition, qui a été mise au point par Raymond (1968), et que nous avons eu l'occasion de mentionner) et une comparaison des résultats d'analyse obtenue par les deux méthodes.

Les stratégies discursives en situations expérimentales sont abordées dans un article de Bromberg et Ghiglione (1988). Les catégories verbales et des indices langagiers sont issus de l'APD.

Enfin, un exemple d'analyse des communications politiques peut être trouvé dans l'article de Ghiglione *et al.* (1990).

Conclusions

Nous avons, au détour de la présentation de différentes techniques d'analyse de contenu, rencontré des exemples de résultats produits. Mais que faire de ces résultats, comment les interpréter ?

Le problème se pose en psychologie lorsqu'on est en présence d'un fait quel qu'il soit. Mais ici le fait est toujours produit par le psychologue. Certes ce n'est pas ce dernier qui a produit le discours (bien qu'il puisse l'avoir coproduit dans un entretien), mais l'analyse aurait pu être différente et d'autres résultats auraient été produits. Si un locuteur A utilise plus de modalisateurs que le locuteur B, c'est bien lui qui les a produits, mais c'est le psychologue qui a décidé qu'il souhaitait avoir le décompte des occurrences de modalisations, et non la longueur moyenne des mots ou des propositions.

On peut faire des distinctions selon ce que recherche le psychologue : *décrire* ou *expliquer.*

La description ne jouit pas d'un prestige aussi grand que l'explication, mais elle n'en est pas moins le passage obligé de la recherche. On ne peut expliquer que ce qui a été décrit. Mais la description d'un fait n'est jamais exclusive : décrire, c'est choisir entre des propriétés celles dont on pense qu'elles ont une importance pour le phénomène étudié et qu'elles ont un pouvoir heuristique.

L'interprétation devra donc tenir compte du choix des propriétés retenues (et pourquoi pas du rejet de celles qui sont abandonnées). Être capable de justifier de tels choix répond déjà en partie au travail d'interprétation des résultats.

La tentation est cependant toujours présente de confondre description et explication. Si un résultat d'analyse fait apparaître que le locuteur A utilise deux fois plus souvent des verbes factifs que le locuteur B dans les mêmes conditions de production de discours, nous ne pouvons pas conclure que A est plus actif que B. En effet, nous n'avons pas déterminé le lien causal existant entre l'activité et l'utilisation préférentielle des verbes factifs. Une discipline pourtant (la psycholinguistique) étudie de telles questions : les *relations entre le sujet psychologique et son énoncé.*

Si l'interprétation d'un résultat isolé est bien risquée, nous disposons en général de résultats nombreux. En effet, outre les catégories de l'analyse thématiquc, de nombreux éléments langagiers peuvent être quantifiés ou dénombrés. Nous serons alors amenés à faire des inférences fondées sur des postulats plus ou moins explicites, comme celui qui lie la fréquence d'apparition d'un élément de l'analyse à l'importance qu'il a dans la pensée de son auteur : le thème le plus fréquent dans un discours serait aussi le plus prégnant pour le locuteur.

Mais les inférences se feront le plus souvent dans des relations entre un élément langagier et un élément extra-langagier lui aussi quantifié (nous pourrions par exemple analyser le lien qu'il y a entre la durée d'attente avant un entretien et le discours produit). Si nous obtenons une relation stable entre ces deux ordres de faits, nous pouvons aboutir à une loi. Nous sommes alors insensiblement passés de la description à l'explication.

La notion d'explication mérite quelques éclaircissements. Portons-nous vers un domaine de savoir plus avancé que le nôtre, celui de la physique. En expliquant la chute des corps, que fait-on ? Ceci :

- on construit un modèle mathématique qui permet de prévoir le mouvement d'un solide lâché dans l'espace ;
- on s'assure que ce modèle est cohérent avec d'autres savoirs avérés.

C'est-à-dire qu'on explique comment un corps tombe. Mais dire qu'on explique le *pourquoi* en faisant appel à l'attraction des masses entre elles renvoie à un autre pourquoi (pourquoi s'attirent-elles ?) et ainsi de suite à l'infini. Le pourquoi (tel que nous l'entendons ici) est de nature extra-scientifique. Mais ce n'est pas pour autant que le désir de comprendre «pourquoi» est moins grand.

Expliquer, c'est «connaître les conditions dans lesquelles [un phénomène est] apparu, mais aussi les lois générales dont on le déduira» (Matalon, 1988). C'est ce que Doise (1982) met en œuvre en analysant un grand nombre d'articles de psychologie sociale. Il distingue quatre niveaux d'explications auxquels font appel les auteurs. Ce seront :

- le niveau intra-individuel ;
- le niveau inter-individuel ;
- le niveau positionnel (différences de positions sociales) ;
- le niveau idéologique (systèmes de croyances et de représentations, de normes et de valeurs).

Chacun de ces niveaux représente un système explicatif mais ne constitue pas un observable. C'est ce même problème que l'on retrouve pour l'interprétation des résultats d'analyse de contenu : il faut interpréter des observables à l'aide de mécanismes qui ne sont pas eux-mêmes directement observables.

Cette prise de distance par rapport aux résultats bruts de l'analyse de contenu est inévitable. En effet, quel serait l'intérêt d'une analyse si nous ne pouvions faire des inférences sur le locuteur, ses buts, ses stratégies langagières, ses codes, son efficacité dans la communication, son influence, les enjeux ? Les techniques d'analyse de contenu ne prennent sens que par la mise en œuvre d'inférences qui cependant leur échappent (ce qui ne signifie pas que les inférences que l'on est en droit de faire soient indépendantes de la technique d'analyse).

D'autres problèmes de méthode se posent à l'analyste pour l'interprétation.

Par exemple, faut-il chercher à établir un lien direct entre les conditions de production du discours et le discours produit, ou doit-on rechercher des «variables intermédiaires» qui rendent mieux compte des mécanismes causaux ? Ou encore faut-il chercher à prévoir les résultats d'analyse ?

Cette dernière question peut recevoir plusieurs réponses :

- si l'analyste se donne pour tâche de prévoir le contenu de la seconde moitié d'un entretien dont on connaît la première, l'extrême complexité des déterminants du discours produit rendent à ce jour une telle démarche impossible ;
- mais si nous étudions l'évolution de tel ou tel indice langagier à l'aune du discours, la réalisation en est déjà possible ;
- par ailleurs la comparaison de résultats d'analyse obtenus par différentes techniques (Léger et Florand (1985) ; Ghiglione et Kekenbosch (1990)) assurent aussi une forme de validation.

Mais plus encore que la prévision, la cohérence des interprétations pour un ensemble de résultats préoccupe le psychologue. Aussi une inférence réalisée à partir d'un résultat met-elle en question l'ensemble des inférences possibles.

Les problèmes d'interprétation dans l'analyse de contenu présentent dans l'ensemble peu de spécificité par rapport à d'autres techniques des sciences humaines et sociales si ce n'est que le langage est un objet complexe ; on peut penser qu'ils restent dans l'étroite dépendance de notre capacité à savoir ce que nous cherchons.

D'une manière générale, on retrouvera aussi le fait que l'interprétation reste subordonnée à notre capacité à poser clairement un problème, celle-ci étant déterminée par notre conception du langage et des outils dont nous disposons pour mettre en œuvre cette conception. Parmi les apports récents concernant la problématique du langage, la psycholinguistique, la pragmatique et la psychosociologie du langage nous paraissent devoir jouer un rôle essentiel.

Les apports de la psycholinguistique à l'étude du discours sont nombreux, notamment depuis les années soixante-dix, c'est-à-dire depuis que cette discipline a introduit dans ses paradigmes la prise en compte des sujets utilisateurs du langage, et plus récemment l'étude des stratégies mises en œuvre par ceux-ci. En conséquence, si durant une longue période la psycholinguistique s'est essentiellement intéressée à l'étude des mots et des phrases isolées, elle analyse actuellement les mécanismes psychologiques mis en œuvre lors de la production et de la compréhension de textes.

Le discours est ainsi considéré comme n'étant pas réductible à une juxtaposition d'énoncés ; il a un certain nombre de caractéristiques propres :

1. l'*organisation* : les éléments contenus dans le discours sont d'inégale importance, c'est-à-dire qu'ils sont hiérarchisés. Mais une deuxième caractéristique est également à noter : ils sont ordonnés ;
2. la *cohésion* : tout énoncé au sein du discours est caractérisé par le fait qu'il est déterminé par celui qui le précède et qu'il détermine à son tour celui qui lui succède. En ce sens, les énoncés n'apparaissent pas de façon anarchique, ils sont articulés les uns aux autres de façon cohérente ;
3. l'*orientation* : le discours émis par un sujet ne se réduit pas à une transmission d'informations ; le sujet cherche en effet à atteindre un but et met en œuvre un certain nombre de stratégies pour y parvenir (*cf.* Caron, 1989).

De ce point de vue, le langage est avant tout un instrument de communication, et lors de son étude on ne peut faire abstraction de la relation que le locuteur institue avec l'interlocuteur. Car toute phrase, tout discours ne prend réellement son sens qu'au sein d'une interaction, c'est-à-dire dans la confrontation des systèmes de représentation des acteurs de l'interlocution. Dans cette perspective, le sens n'est pas transmis au moyen d'un processus de codage/décodage, mais il se construit dans une dynamique mettant en jeu deux aspects indissociables : du côté du locuteur, la proposition d'énoncés (compte tenu des savoirs prêtés à l'interlocuteur) ; du côté de l'interlocuteur, la construction de sa propre interprétation (compte tenu de ses propres savoirs et compétences, de la situation, ainsi que des savoirs et compétences prêtés au locuteur). Ainsi, pour qu'il y ait sens, il faut deux actes créateurs, l'un au départ, l'autre à l'arrivée du message (Tschumi, 1987).

Dans cette perspective, on ne saurait réduire l'activité discursive à la seule transmission d'informations, car communiquer, ce n'est pas ou pas seulement accomplir l'acte d'informer, c'est d'une manière générale accomplir un certain nombre d'actes de langage interdépendants. De ce point de vue, communiquer, c'est agir (de façon à atteindre un certain but) et par sa parole même instaurer un cadre énonciatif particulier limitant le champ des actes légaux de l'interlocuteur. Car, comme tout jeu, le jeu de langage ne se conçoit qu'à plusieurs et il est régi par un ensemble de règles qui délimitent les coups possibles et les coups légaux. Ainsi, comme le note Caron (1983), «plutôt qu'un jeu formel de règles, et avant même d'être un moyen de représentation du monde, la langue est d'abord un instrument de communication, c'est-à-dire un moyen par lequel des sujets agissent les uns sur les autres».

Cette conception ne peut toutefois se passer d'une théorie du sujet et de l'interaction communicative. On ne peut ainsi négliger le fait que le sujet a une dimension psychologique et sociale. En ce sens, il est caractérisé par des savoirs et des compétences mais également par des représentations et des attitudes. L'interaction est définie en termes de règles qui régissent le déroulement des échanges mais également en termes d'enjeux : le sujet utilise le langage comme un outil, il met en œuvre des stratégies pour arriver à exposer mais aussi pour tenter d'imposer ses modes de représentations. Dans cette perspective, «il n'y a pas d'actes de parole de la part d'un locuteur sans influence sur l'interlocuteur, toute comunication visant à obtenir un certain effet, poursuivant un certain but» (Bromberg, 1981, p. 29).

De ces conceptions du langage, les techniques d'analyse de contenu ont beaucoup à prendre ; toutefois, le travail d'intégration n'est qu'en voie de réalisation.

Chapitre 3

MESURE ET MODÉLISATION

C. BONNET

C. KEKENBOSCH

A. NGUYEN-XUAN

J.-F. RICHARD

C.-A. TIJUS

SOMMAIRE

INTRODUCTION : LA NOTION DE MODÈLE EN PSYCHOLOGIE

Les modèles ont à la fois une visée descriptive et une visée explicative. Pour ce qui est de la visée descriptive, ils ont deux ambitions : la première est de fournir une description plus précise des contenus sur lesquels portent les activités de traitement, de tout ce qui constitue des données pour les différents systèmes de traitement – données perceptives, données sémantiques, contenus de connaissance ; la seconde ambition est de chercher à fournir une description plus précise des traitements réalisés par le système cognitif, c'est-à-dire une description qui à la fois évite les ambiguïtés du langage naturel et permette de faire des prédictions plus fines à partir des hypothèses que l'on fait sur le fonctionnement cognitif. Les modèles permettent en général de faire des prédictions quantitatives, alors que les théories permettent seulement des prédictions qualitatives (sur des comparaisons entre des conditions) : ils permettent à ce titre de tester plus efficacement les conceptions que l'on se fait du fonctionnement cognitif.

En ce qui concerne la visée explicative, il convient de remarquer qu'il y a deux dimensions de l'explication. Expliquer, c'est en premier lieu rechercher des règles générales qui permettent de rendre compte des processus particuliers de traitement que l'on peut mettre en évidence dans une situation donnée : c'est montrer que ces processus de traitement peuvent être engendrés par des règles qui s'appliquent à la situation dans laquelle ils se déroulent et sont mis en évidence, mais aussi à d'autres situations. Dans ce sens, expliquer, c'est remonter du particulier au général.

Il y a une deuxième dimension de l'explication : décrire comment les différentes opérations de traitement sont réalisées matériellement dans le cerveau : quelles sont les cellules et les circuits nerveux impliqués ? quelles sont les modifications de nature biochimique et physique qui se produisent dans ces cellules et ces circuits nerveux ? De ce point de vue, expliquer, c'est remonter à des mécanismes plus élémentaires, en ce sens qu'ils sont plus proches du niveau de la réalisation matérielle. Cette explication est de nature causale.

Dans tout système de traitement de l'information il faut considérer les deux aspects. Il y a l'aspect qu'on appelle computationnel, qui concerne les procédures de traitement qu'on peut exprimer par des règles, des modèles mathématiques ou informatiques. Il y a ce qu'on peut appeler l'implémentation, en empruntant un terme de l'informatique ; il concerne les modes de réalisation matérielle des traitements au niveau du système nerveux.

C'est une différence analogue à la distinction que l'on fait en informatique entre le programme et l'implémentation du programme, c'est-à-dire la façon dont les instructions du programme sont transformées pour être exprimées dans la logique des circuits électriques qui permet aux programmes d'être exécutés physiquement.

Ce cours comprend trois parties qui correspondent aux aspects des modèles qui viennent d'être décrits :

- les modèles de description des situations et des connaissances, qui sont les objets des traitements ;
- les modèles psychologiques, qui sont des descriptions des règles et mécanismes de traitement ;
- les modèles neuro-biologiques, qui sont des explications causales de la façon dont se réalisent les traitements.

0.1. Les modèles de description des situations et des connaissances

Les traitements portent sur des informations qui proviennent de l'environnement et qui sont de nature sensorielle (les stimulations) ou sémantique (les textes). Elles font aussi intervenir des informations internes stockées dans la mémoire du sujet : ses connaissances.

Les informations sensorielles concernent des objets physiques pour lesquels il existe déjà des descriptions faites du point de vue de la physique ou des disciplines appliquées qui utilisent ces objets, par exemple la description que le géomètre fait d'une figure. Ces descriptions de la physique ou de la géométrie sont des descriptions objectives, mais elles ne sont pas nécessairement pertinentes du point de vue des traitements sensoriels qui sont disponibles pour faire l'analyse du stimulus. Il s'agit pour le psychologue de trouver des descriptions qui soient à la fois objectives (c'est-à-dire dénuées d'ambiguïté) et pertinentes, compte tenu de ce que l'on sait des systèmes sensoriels.

Le problème est le même pour les contenus sémantiques : il faut élaborer des descriptions d'un texte qui soient à la fois objectives et pertinentes, c'est-à-dire qui soient compatibles avec ce que l'on sait des activités de compréhension.

Cela signifie que ces descriptions impliquent nécessairement des hypothèses minimales sur le fonctionnement psychologique. C'est pour cela qu'on les appelle des modèles : ce sont des conceptions qui sont sujettes à validation expérimentale.

0.2. Les modèles psychologiques de description de l'activité

Ces modèles sont évidemment les plus importants pour notre propos. Ils ont quatre caractéristiques majeures.

1. Un modèle est une particularisation d'une théorie du fonctionnement cognitif. Un modèle se rattache à une théorie dont il est la spécification : il s'applique à un type de situation particulier et à ce titre il fait des hypothèses supplémentaires par rapport à la théorie dont il est le prolongement. Le modèle est plus précis que la théorie, mais en contrepartie il est moins général. Les modèles du fonctionnement cognitif sont des automates, c'est-à-dire des systèmes qui postulent des états dans le fonctionnement mental et définissent des règles de transition entre ces états, c'est-à-dire de passage d'un état à l'autre. Cela correspond à la définition d'une opération de traitement de l'information : une opération de traitement fait passer le système cognitif d'un état à un autre.

2. Un modèle est une formalisation : il est exprimé dans un langage dit formalisé. C'est un langage qui d'une part est sans ambiguïté et d'autre part permet des calculs, c'est-à-dire des déductions automatiques. Pendant longtemps le langage logique et le langage mathématique étaient les seuls qui permettaient des calculs. L'informatique a permis le développement d'autres langages formalisés, des langages qui permettent non seulement le calcul numérique mais aussi le calcul symbolique, c'est-à-dire des déductions qui portent sur des connaissances et des significations.

3. Un modèle est schématique : c'est une simplification de la réalité, qui ne retient que les aspects essentiels qui sont pertinents par rapport aux comportements considérés : ce sont les aspects qui en principe sont suffisants pour prédire ces comportements. Ce caractère schématique est aussi caractéristique des théories, qui sont des simplifications de la réalité : modèles et théories revendiquent l'idée que ces simplifications conservent les traits essentiels de la réalité par rapport au type de comportements qu'elles expliquent.

4. Un modèle fournit des prédictions validables par des données expérimentales. Un modèle psychologique contient une description des situations auxquelles il s'applique (description schématique qui, comme on vient de le

dire, ne retient qu'un certain nombre d'éléments pertinents). Il contient une description des mécanismes de traitement pour ce type de situation. Comme il est exprimé dans un langage formalisé, il permet de déduire, par des procédures de calcul automatiques, le comportement qu'aurait dans cette situation un sujet qui se comporterait comme le modèle : c'est ce qu'on appelle la simulation du comportement.

Historiquement, les modèles psychologiques ont été développés d'abord pour les activités perceptives et pour les apprentissages associatifs. Ils ont récemment été étendus aux activités de compréhension et à celles de réalisation de tâches mettant en jeu l'application de stratégies ou l'élaboration de stratégies, comme les situations de résolution de problèmes.

Du point de vue des formalismes utilisés pour exprimer ces modèles on peut distinguer les modèles mathématiques et les modèles informatiques. Les modèles mathématiques définissent des états et des règles de changement d'état. Les relations entre les états d'entrée et de sortie sont exprimées par des équations. Dans ces dernières figurent des paramètres, c'est-à-dire des valeurs non connues d'une façon générale mais qui sont spécifiées pour une situation et un individu donnés : les valeurs de ces paramètres sont estimées à partir de certaines données expérimentales et servent à faire des prédictions pour les autres données.

Les modèles informatiques décrivent également des transformations d'état, mais ces états sont caractérisés par des contenus d'information, au lieu d'être définis par des valeurs numériques. Les transformations sont des sélections d'informations perceptives, des inférences, du stockage d'informations en mémoire de travail ou en mémoire à long terme, des décisions d'action. Ces transformations résultent de règles, qui sont exprimées de façon formalisée dans des programmes. Les différences entre les sujets ou les situations sont traduites par des différences entre les règles utilisées ou par l'ordre de priorité entre ces règles.

5. Les modèles permettent de fournir une mesure des compétences d'un sujet ou des caractéristiques d'une situation par rapport au comportement étudié. Cette propriété découle de la précédente : dans la mesure où un modèle permet de simuler le comportement d'un sujet dans une situation de façon satisfaisante, moyennant l'estimation des paramètres, on peut dire que les valeurs obtenues pour ces paramètres constituent une mesure acceptable des compétences du sujet mises en œuvre dans cette situation.

Il en va de même des règles d'un modèle symbolique qui définissent une stratégie de réalisation d'une tâche et qui fournissent une simulation acceptable du comportement du sujet : ces règles sont une mesure, une évaluation de la stratégie du sujet. De ce fait, les paramètres du modèle constituent des résumés des observations, qui sont évidemment plus facilement interprétables en termes de mécanismes psychologiques que les données brutes du protocole d'observations.

Il n'est pas question de faire une présentation exhaustive des modèles. Nous avons choisi de présenter quelques modèles représentatifs qui permettent de se faire une idée de la démarche. Nous présenterons ainsi les modèles de décision perceptive dans le domaine de la psychophysique, des modèles d'adaptation pour une situation de détection perceptive, les modèles connexionnistes des processus perceptifs, un modèle de stratégie et un modèle de résolution de problème.

0.3. Les modèles neuro-biologiques

Les modèles neuro-biologiques s'intéressent, comme on l'a dit, à la façon dont se réalisent au niveau neuronal les opérations de traitement de l'information. Une évolution profonde s'est opérée depuis quelques années dans les relations entre les sciences biologiques et la psychologie. Il y a quelques décennies on parlait des mécanismes neuro-biologiques des *comportements*. On parle maintenant de plus en plus des mécanismes neuro-biologiques des *activités de traitement d'information* : d'où l'émergence d'un nouveau champ scientifique, celui des neurosciences cognitives.

Les modèles neuro-biologiques des opérations de traitement de l'information sont encore limités : ils concernent essentiellement les processus perceptifs, les processus sensori-moteurs et certains aspects du traitement du langage, comme la lecture des mots écrits, l'identification du langage parlé, la production des mots, et certains phénomènes attentionnels. On ne dispose pas encore de modèle neuronal de la compréhension d'un texte, de la mise en œuvre de stratégies, de la résolution de problèmes. Néanmoins les progrès qui ont été réalisés ces dernières années sont très importants, de sorte que le psychologue ne peut pas ignorer les travaux faits en ce domaine.

Il n'est pas question de présenter dans ce chapitre les modèles neuro-biologiques de la perception, de la sensori-motricité ou de l'attention. Cela fait l'objet du cours de Psychophysiologie et constituera l'objet principal de l'enseignement de la troisième année. Ce qui sera présenté dans le paragraphe 3 relève de considérations générales sur les relations entre les explications de nature psychologique et psychobiologique. Seront exposées un certain nombre de conceptions récentes sur les relations entre données psychologiques et données neuro-biologiques.

1. MODÈLES PSYCHOLOGIQUES D'ANALYSE DES SITUATIONS ET DES TÂCHES

1.1. Modèles pour la description des situations perceptives : l'analyse du signal

La perception est l'activité mentale par laquelle nous prenons connaissance de notre environnement. Dans le cadre d'une approche cognitiviste en termes de traitement d'information, nous concevons que notre connaissance perceptive du monde environnant est faite de *représentations*, c'est-à-dire de constructions mentales, de modèles intériorisés, élaborés pour partie sur la base des informations sensorielles, mais qui, pour une autre part, intègrent des «savoirs» théoriques sur la structure du monde. Chacun de nous est, en ce sens, un physicien en ce qu'il possède des représentations (correctes ou non) de la «réalité».

La question fondamentale du psychologue de la perception est de comprendre *pourquoi* et *comment* les choses (les objets, les personnes, les événements) nous apparaissent comme elles nous apparaissent. Cette question nécessite que nous soyons en mesure d'une part de décrire avec précision comment les choses nous apparaissent (voir 2.1 «Modèles de la décision en perception») mais aussi comment sont les choses. On entend souvent affirmer que notre perception des choses n'est pas toujours identique à la réalité de ces choses. Les «illusions» en seraient la preuve. La perception serait subjective («Nos sens nous trompent», affirment péremptoirement certains) tandis que la réalité, ou, plus précisément, la connaissance de la réalité, serait objective.

De même que tout individu possède des «connaissances» psychologiques, il possède des «connaissances» de physique, dont il estime souvent qu'elles sont plus «objectives» que les premières. La plupart d'entre nous croient à la réalité des choses et des objets à percevoir, c'est-à-dire non seulement à leur existence indépendante de nos perceptions, mais aussi à leur univocité essentielle. Nous présupposons ainsi que les décrire est une tâche simple, au moins pour les spécialistes, et que les descriptions seront non ambiguës et «objectives».

En bref, pour étudier la perception du monde, des choses et des événements nous devons être en mesure de décrire avec précision ce monde, ces choses et ces événements qui sont à l'origine de nos perceptions. Nous admettons tous, plus ou moins implicitement, qu'il existe une réalité objective du monde qui peut donc être décrite en toute objectivité et indépendamment de la perception que nous en avons. Un exemple va nous aider à comprendre que cette question n'est pas aussi simple.

Exemple

Supposons que nous souhaitions étudier, en perception visuelle, le phénomène appelé *illusion de Müller-Lyer* (représenté dans la figure 1). Très généralement, nous allons donner du stimulus la description suivante :

- nous traçons deux segments de droite (a et b) d'égale longueur ;
- nous terminons le segment (a) par des pennures internes et le segment (b) par des pennures externes.

L'«illusion» consiste a percevoir le segment (b) comme plus long que le segment (a). Parlant d'illusion, nous voulons indiquer qu'il existe une erreur de la perception. Pour en juger, il faut être certain que notre description du stimulus est d'une part correcte et d'autre part pertinente.

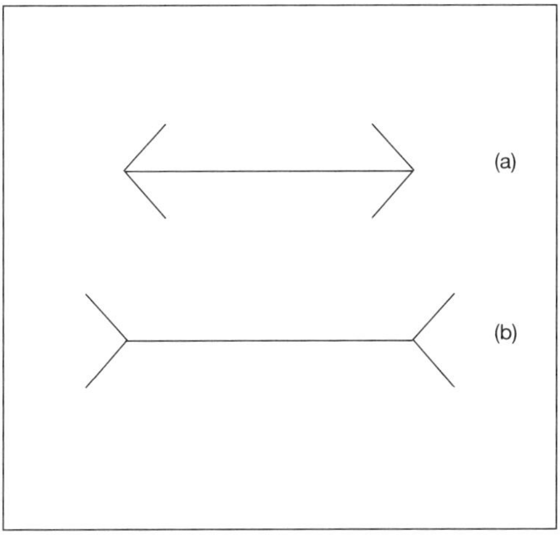

Figure 1. – Illusion de Müller-Lyer.

Correcte, au sens d'exacte, elle l'est en ce sens qu'elle permet à quiconque de reproduire à l'identique ces deux figures. Mais l'utilisation même du critère de reproduction indique ses limites. Il s'agit de ce que appelons une définition du géomètre pour rappeler qu'elle correspond aux opérations mises en œuvre par un dessinateur-géomètre pour produire le dessin.

La pertinence d'une définition du géomètre pose question dans le cas de la perception. En effet, elle présuppose que les unités définies (segments et pennures) sont adaptées aux modes de traitement perceptifs et donc que les processus de traitement mis en œuvre dans la perception peuvent être analogues aux opérations de fabrication des figures et que ces processus peuvent utiliser comme informations des dimensions géométriques des figures. Or la géométrie est avant tout abstraite. Elle a affaire à des propriétés en quelque sorte idéales (ou idéalisées) et non avec la réalité physique proprement dite dont elle ne fait que donner un modèle. Elle est donc du ressort des représentations mentales et pas nécessairement de celui de la perception, au moins tant que l'on considère les processus situés en amont de ces représentations.

L'égalité des deux segments de droite est une abstraction géométrique, peut-elle être un objet perceptif ? Si le système visuel n'a pas la possibilité d'extraire l'information «longueur des segments» sans référence à la présence des pennures, alors cette description est non pertinente.

Enfin, nous pouvons nous demander si cette description est unique. La question est difficile et en partie philosophique. En l'absence de connaissances adéquates, nous croyons que cette définition est en effet unique, à des variantes près dans l'expression. Remarquons cependant qu'elle définit un objet sans prendre en considération la nature et les modes de fonctionnement de l'appareil sensoriel qui va être mis en œuvre pour le percevoir (voir ce que nous avons dit de la pertinence). Il existe d'autres manières de décrire de telles figures. Citons l'analyse en fréquences spatiales sur laquelle nous revenons plus loin. Dans ce type d'analyse plus globale, segments et pennures perdent leur individualité. Cette analyse est tout aussi exacte puisqu'elle permet, une fois qu'elle a été réalisée, d'inverser le processus et de resynthétiser (de reproduire) le stimulus avec autant d'exactitude que la description du géomètre.

1.1.1. *Éléments d'analyse du signal*

Dans toute science, la description repose sur la définition d'unités élémentaires, les éléments évoqués au paragraphe précédent. La description nécessite une analyse fondée sur le repérage de ces unités et sur la détermination de leurs combinaisons.

Il paraît clair à chacun que l'étude du goût ou de l'odorat nécessite de solides connaissances de chimie, afin de comprendre comment certaines molécules peuvent donner naissance à ces sensations, quel sera le résultat de leur combinaison, etc. Par contre, en perception visuelle, comme en perception auditive, une telle nécessité n'est pas toujours aussi fortement ressentie. Les stimuli visuels et les stimuli auditifs sont plus facilement désignables en termes de leur référent-objet, c'est-à-dire de l'objet qu'ils représentent, alors que cette «réduction» se révèle beaucoup plus difficile pour les modalités chimiques. Ainsi, entendant un son, je peux identifier l'objet qui produit ce son : c'est une trompette ou un klaxon de voiture. Lorsque je désigne ainsi le stimulus, je renvoie à une représentation cognitive dont je suis sûr qu'elle est partagée par ceux à qui je m'adresse, et je désigne l'objet et non la stimulation sensorielle elle-même (des sons).

Considérer le stimulus comme un signal pour un système sensoriel, c'est considérer que l'on peut donner une description quantitative pertinente de la stimulation au regard du système sensoriel qui va le traiter. Dans le cours de psychophysiologie, nous soulignons combien les caractéristiques temporelles et spatiales des stimulations sont capitales dans la compréhension des modes de fonctionnement des systèmes sensoriels et donc pour la compréhension des informations sensorielles que l'organisme utilise pour identifier les événements du monde extérieur.

L'analyse du signal est un ensemble de modèles mathématiques qui permet, dans le cadre de l'automatique, de décrire avec précision les informations qui entrent dans un système et celles qui en sortent après traitement. Elle est pratiquée par les ingénieurs pour l'étude des systèmes physiques (voir par exemple Max, 1981). Elle est aussi indispensable en psychophysique sensorielle, d'une part pour décrire avec précision les signaux que constituent les stimulations sensorielles et d'autre part pour permettre de déterminer les caractéristiques fonctionnelles des traitements sensoriels de ces informations (Bonnet, Botte et Molnar, 1986).

Un signal est un événement physique définissable dans plusieurs domaines. Nous allons maintenant présenter une classe de définitions applicables tant aux signaux acoustiques qu'aux signaux visuels.

1.1.2. *Analyse des signaux auditifs*

Un son est la sensation produite par l'activation du système auditif humain (voir «Bases physiologiques» ; Botte, 1989). Il résulte de la transmission de vibrations principalement dans le milieu aérien. Lorsque nous frappons un diapason, nous produisons une vibration des branches, c'est-à-dire un mouvement oscillant d'une certaine durée. Ce mouvement va périodiquement repousser les molécules de l'air qui entourent le diapason. Les molécules s'entrechoquant les unes les autres, de proche en proche, la vibration va se transmettre. Il n'y a pas de déplacement des molécules du milieu dans le sens du déplacement de la perturbation que constitue la vibration. Comme il en est pour les vagues de la mer, ou pour les oscillations imprimées à une corde attachée, les mouvements des molécules se font perpendiculairement au sens du déplacement de la perturbation. En un point donné de l'espace, les molécules vont alternativement être comprimées (zone de compression) puis écartées (zone de dilatation). La progression de ces zones se fait de manière concentrique à partir de la source, comme pour les ronds dans l'eau provoqués par la chute d'un cailloux dans un bassin rempli d'eau.

La vitesse de progression de l'onde sonore est directement proportionnelle à la densité des molécules dans ce milieu. Dans l'air la propagation est relativement lente (340 mètres par seconde). La lumière se propage, elle, à environ 300 000 kilomètres à la seconde. Un éclair lors d'un orage est ainsi visible quasi instantanément. Mais le bruit de tonnerre dont l'origine temporelle est simultanée nous arrive d'autant plus tardivement que sa source est plus lointaine. Il lui faudra environ 10 secondes pour nous parvenir si cette source est a 3,5 km ! Pour anticiper l'arrivée d'un train, le cowboy place son oreille sur les rails. Il sera averti de l'imminence de l'arrivée du train bien plus töt que s'il se fie à son écoute aérienne, car la densité de l'acier est beaucoup plus élevée que celle de l'air.

a. *Description d'une onde sonore simple*

Cette entrée en matière est destinée à faire mieux comprendre les raisons qui ont fait choisir certains modes de description des signaux sonores. La forme de l'onde engendrée par un diapason est simple : c'est une onde sinusoïdale. Elle correspond au mouvement des branches du diapason. Une telle onde est décrite par trois paramètres : sa fréquence, sa phase et son amplitude. Le phénomène est représenté dans la figure 2. On porte en abscisse le temps mesuré en millisecondes et en ordonnée la pression acoustique des molécules qui correspond à la position de la branche du diapason. Lorsque les valeurs de pression sont supérieures à zéro, cela correspond à une compression des molécules. Lorsqu'elles sont inférieures à zéro, cela correspond à une raréfaction. On appelle période (en millisecondes) la durée d'un cycle complet. La fréquence d'un son est l'inverse de sa période. Elle est mesurée en nombre de cycles par seconde, une unité baptisée du nom d'un physicien allemand, Hertz (Hz). Ainsi, un son dont la période est de 2,27 ms (soit 0,00227 s.) a une fréquence de 1/0,00227 = 440 Hz. L'amplitude du son est la valeur de sa pression maximale (mesurée en microPascals). Enfin, la phase correspond à la position des branches au moment où elles se mettent à vibrer. Elle s'exprime en degrés (un cycle complet de variation égale 360°).

Aux changements de fréquence d'un son correspondent essentiellement des changements de *hauteur* : un son est ainsi qualifié de grave lorsque sa fréquence est basse et d'aigu lorsque sa fréquence est élevée. Aux changements d'amplitude correspondent des changements d'intensité perçue, appelée encore sonie.

b. *Transformation de Fourier : description d'un son complexe*

Tout signal physique peut ainsi avoir (au moins) deux représentations : une représentation-temps et une représentation-fréquences. La représentation-temps est la plus familière. Elle décrit la variation d'une caractéristique du phénomène (son intensité par exemple = *y*) en fonction de la durée (*t*) qui s'écoule.

Ces deux représentations sont reliées entre elles par une transformation appelée transformation de Fourier. Cette transformation est réversible. La transformation inverse permet de passer de la représentation-fréquences à la représentation-temps.

Le mathématicien français Fourier étudiant les phénomènes de propagation de la chaleur proposa le théorème selon lequel tout phénomène périodique peut être décrit mathématiquement comme une somme d'ondes sinusoïdales correctement choisies en fréquence, en amplitude et en phase. Ohm en 1843 puis Helmholtz en 1885 appliquèrent cette loi à la description des sons. En acoustique, le son élémentaire est un son appelé pur qui ne contient qu'une seule fréquence (sinusoïdale). C'est le son produit par un diapason ou par divers instruments électroniques. Un son complexe est alors un son qui nécessite plus d'une fréquence pour être décrit (*cf.* figure 2).

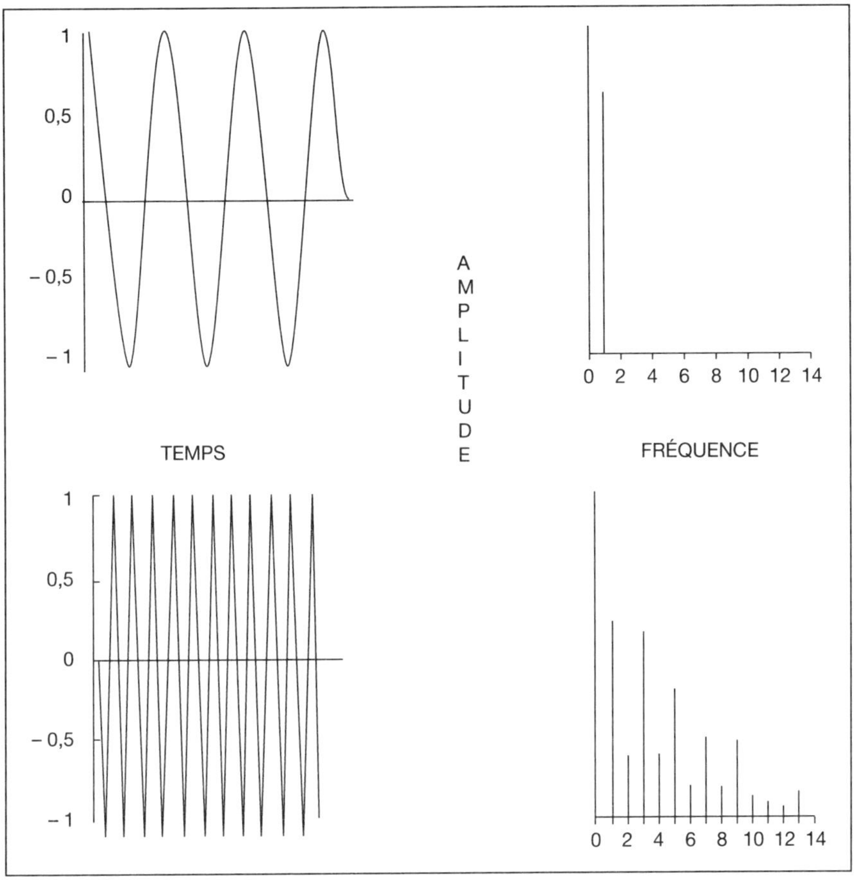

Figure 2. – À gauche représentation temporelle, à droite représentation fréquentielle.
En haut un son pur (une seule fréquence),
en bas le son d'une clarinette jouant la note *la* maintenue.

Une représentation temporelle d'un son pur correspondra à un graphique comportant en abscisse le temps et en ordonnée la variation de l'amplitude de l'onde sonore. Un cycle complet de cette onde s'appelle une période (mesurée en secondes). La représentation fréquentielle de ce son pur consiste à porter en abscisse la fréquence du son, c'est-à-dire l'inverse de sa période mesurée en Hz. Le graphique correspondant à cette représentation fréquentielle s'appelle spectre d'amplitude.

La figure 2. compare pour un son pur et pour un son complexe périodique leur représentation temporelle et leur représentation fréquentielle.

En haut nous avons la représentation temporelle d'un son pur et en regard sa représentation fréquentielle. L'ordonnée des deux graphiques est identique et indique l'amplitude de la vibration. La représentation fréquentielle (abscisse) de ce son pur ne comporte qu'une seule valeur représentée par une barre verticale.

En bas nous avons la représentation temporelle du son d'une note jouée à la clarinette (note la). Au moyen de la transformation de Fourier, on obtient sa représentation fréquentielle. La fréquence la plus basse, qui a la plus grande amplitude, est appelée *fréquence fondamentale* (F0). Les autres fréquences sont dans des rapports entiers (2, 3, 4, etc.) avec la fondamentale. On les appelle *harmoniques*. Si, au moyen d'un ordinateur, nous produisons une série de sons purs dont les fréquences seront F0, 2F0, 3F0, etc., et dont les amplitudes sont choisies en proportion des amplitudes du graphique, nous aurons réalisé la synthèse du son d'une clarinette.

Un *bruit*, au sens acoustique du terme, ressemble à l'oreille à un chuintement continu. Le bruit dit blanc (*b*) est totalement aléatoire. Sa représentation temporelle est très complexe, mais sa représentation fréquentielle est simple : son spectre est continu, il contient toutes les fréquences, et toutes ont la même amplitude.

Les descriptions temporelle et fréquentielle sont toutes deux valides (et exactes), mais chacune est plus pertinente pour mettre en évidence certaines propriétés. La représentation fréquentielle définit l'élément sonore le plus simple (le son pur) et décrit tous les sons comme des combinaisons (des additions) de sons purs. Le chapitre «Bases psychophysiologiques» illustre l'intérêt de cette description pour la compréhension des phénomènes auditifs.

1.1.3. *Les signaux visuels*

Les signaux visuels sont plus complexes à décrire que les signaux auditifs. Outre leur durée, ils ont une étendue spatiale. De plus, la lumière est un ensemble de radiations électromagnétiques dont les longueurs d'onde sont comprises entre 400 et 700 nanomètres (1 nm = 10^{-9} m ou 1/1 000 000 000 m). Des changements de longueur d'onde donnent lieu à la perception de changements de couleur. Il s'agit donc de variations de très hautes fréquences. Pour la suite, et pour simplifier un peu les problèmes, nous considérerons seulement le cas des images en noir et blanc, qui comprennent toutes les longueurs d'onde visibles.

a. *Description d'une image visuelle unidimensionnelle*

Une image visuelle sera décrite comme une distribution spatiale de luminance (intensité). Cette distribution spatiale de luminance est bi-dimensionnelle. On peut la décrire dans un plan (x, y). On peut aussi étudier sa représentation fréquentielle de manière analogue à ce que nous avons présenté pour les sons. De plus, une image varie au cours du temps. Il ne nous faut pas moins de trois dimensions pour la décrire, quand il ne nous en fallait qu'une pour un son (le temps). Nous n'aborderons pas ici les aspects temporels (*cf.* Bonnet, 1989).

Pour introduire les notions de l'analyse fréquentielle (ou analyse de Fourier) dans le domaine spatial considérons un réseau fait de barres verticales alternativement claires et sombres (fig. 3). On appellera un tel réseau un réseau carré de luminance. C'est bien une distribution spatiale de luminance. Elle est unidimensionnelle puisque, le long d'un axe vertical, la luminance reste constante. La période de ce réseau s'exprime en grandeur angulaire, c'est-à-dire en degré d'angle visuel (deg. ou °). La grandeur angulaire (α) d'une image, ou grandeur rétinienne, est, à une constante près (approximativement 57,3), le rapport entre sa taille (*t* en cm) et la distance entre la source et l'œil (D en cm) :

$$\alpha° = 57{,}3\ t/\mathrm{D}$$

La fréquence étant l'inverse de la période, la fréquence spatiale du réseau est exprimée en nombres de cycles par degré d'angle visuel (en abrégé : cpd). Dans le domaine visuel, une variation spatiale élémentaire de luminance est un réseau sinusoïdal de luminance dans lequel la luminance varie sur un axe (par exemple horizontal) de manière sinusoïdale (*cf.* de Valois et de Valois, 1988). Sa reproduction est difficile, elle nécessite une photographie rendant très exactement toutes les nuances de gris. Les variations de luminance d'une tôle ondulée sont une bonne approximation visuelle d'un réseau sinusoïdal de fréquence spatiale.

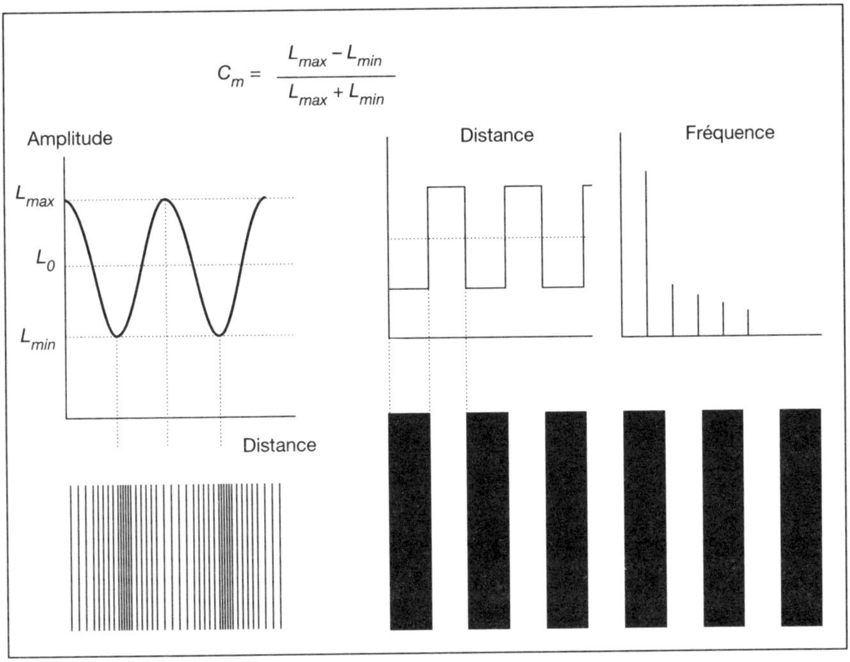

Figure 3. – À gauche en bas approximation d'un réseau sinusoïdal de luminance, et au dessus la représentation spatiale de la variation de luminance. À droite en bas un réseau carré. En haut à gauche sa représentation spatiale et à droite son spectre de fréquence spatiale.

Le schéma de la variation de luminance d'un réseau sinusoïdal (en abrégé) est détaillé dans la figure 3. Ce schéma ressemble a celui de la figure 2 pour un son pur. Mais ici, on a porté en abscisse une dimension spatiale de distance angulaire et en ordonnée l'intensité lumineuse ou *luminance* qui s'exprime en candela par mètre carré (cd/m^2). La période d'un tel réseau correspond à l'angle visuel d'un cycle complet de variation et la fréquence spatiale est l'inverse de la période. L_0 s'appelle la luminance moyenne du réseau. On définit alors le contraste de modulation (c'est-à-dire de variation), encore appelé contraste de Michelson (Cm), dont la formule est donnée dans la figure. La phase du réseau correspond à sa position spatiale par rapport à un point de référence. Il faut enfin préciser l'orientation du réseau.

Un réseau carré de luminance sera réalisé en collant sur une bande de papier blanc des bandes verticales noires équidistantes. Sa distribution spatiale de luminance est donnée en haut de la figure 3. Au moyen de la transformée de Fourier, nous obtenons sa description fréquentielle. C'est une somme de fréquences spatiales sinusoïdales dont la fondamentale (1F) égale la fréquence du réseau carré et qui ne comprend que des harmoniques impairs (3F, 5F, etc.). Les amplitudes de ces composantes varient en raison inverse de leur fréquence (1A, 1/3A, 1/5A, etc.). L'addition (superposition) de fréquences spatiales sinusoïdales reconstruit progressivement un réseau carré. On peut ainsi réaliser la synthèse sur des écrans d'ordinateur en appliquant cette procédure (*cf.* Campbell et Maffei, 1984, pour une illustration de cette synthèse). Le graphique à droite de la figure 3 résume tout ceci. Un tel graphique s'appelle un spectre uni-dimensionnel d'amplitude ou de fréquence spatiale.

b. *Spectres bi-dimensionnels de fréquences spatiales*

Rares sont les images visuelles ne comportant de variation de luminance que dans une seule direction. Pour la description fréquentielle d'une image visuelle bi-dimensionnelle, il faudra prendre en compte l'orientation des réseaux sinusoïdaux (chacun est unidimensionnel) utilisés pour la synthétiser. On adopte alors un mode de représentation un peu différent : une représentation polaire. La distance au centre du graphique sert à représenter la fréquence spatiale. L'axe horizontal définit l'orientation verticale des réseaux et l'axe vertical leur orientation horizontale. Les orientations intermédiaires sont représentées en conséquence. L'amplitude (ou le contraste) peut être représentée par la surface des points, chaque point représentant une fréquence spatiale sinusoïdale d'une orientation donnée.

Comparons maintenant les descriptions du géomètre de deux motifs visuels (*cf.* figure 4). Dans les deux cas, celle-ci commencera par : je trace des lignes horizontales et verticales équidistantes. Pour le quadrillage (fig. 4 à gauche), elle se poursuivra par : je remplis une case sur deux, une ligne et une colonne sur deux. Pour le damier (fig. 4 à droite), les éléments seront décalés d'une case d'une ligne à la suivante. Du point de vue de l'orientation spatiale, nous aurons ainsi suggéré que, pour ces deux figures, il existe une structuration selon les deux directions, verticale et horizontale. Or les spectres font apparaître que ceci n'est réalisé que pour le quadrillage. Pour le damier, en effet, aucune composante fréquentielle n'existe dans ces deux orientations ! On peut démontrer que la description fréquentielle correspond mieux à la structuration perceptive des orientations que la description du géomètre (Bonnet, 1989).

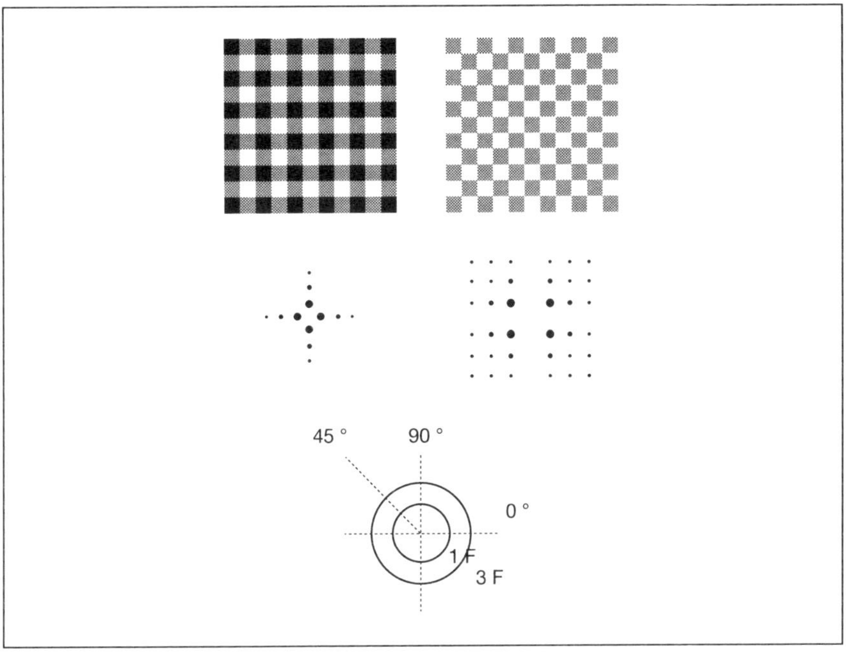

Figure 4. En haut, deux distributions spatiales de luminance bi-dimensionnelles : à gauche un quadrillage, à droite un damier.
En bas, leurs spectres de fréquence spatiale.
La FS est représentée par l'éloignement à l'origine (centrale) du graphique, le contraste par la surface des disques, et l'orientation par leur position par rapport aux axes (0° – 90°). Le principe de la représentation est indiqué en bas.

1.1.4. *Conclusions*

Toute étude des processus de traitement perceptifs implique la mise en relation des caractéristiques de la stimulation avec celles de la perception. Il existe alors deux manières de risquer, à coup sûr, de mal poser les problèmes.

La première, et la plus courante, consiste à décrire les stimuli à partir de leur perception, ou plus précisément, de leur description phénoménale. Cette dernière est, en effet, le reflet de nos représentations conscientes et donc d'une élaboration complexe impliquant d'une part le traitement des informations sensorielles présentes et leur interprétation au moyen de représentations préalables ; la distinction que nous faisons (Bonnet, 1989) entre traitements sensoriels et traitements cognitifs (les représentations) disparaît dans l'approche phénoménologique. De plus, la notion même de traitements n'a pas de raison d'être. Sans pouvoir détailler ici ce point de vue, on mentionnera à l'appui de nos dires la théorie de la Gestalt, qui postule un isomorphisme entre le monde physique et le monde perceptif, ou encore les positions de Gibson, qui invoque une «perception directe», c'est-à-dire qui exclut tout traitement de l'information.

La deuxième manière, toute aussi fallacieuse potentiellement, de décrire les stimuli consiste en ce que nous avons appelé la description du géomètre. Le terme s'applique surtout à la description des stimuli visuels. Plus généralement, nous entendons ici parler des descriptions faites en termes des opérations concrètes mises en œuvre pour réaliser les stimuli. Nous avons présenté plusieurs exemples de ce type dans ce chapitre (figure de Müller-Lyer, réseau carré de luminance, damier).

L'analyse de Fourier permet de donner des stimuli une description différente, dont nous avons vu qu'elle est correcte (possibilité de synthèse). Elle est plus pertinente que la description du géomètre en n'opérant pas de séparation entre des éléments comme les segments de la figure de Müller-Lyer. Elle est aussi plus pertinente d'un point de vue fonctionnel. En effet, il suffit que la sensibilité du système visuel ne soit pas équivalente pour toutes les fréquences spatiales pour rendre compte de l'illusion de Müller-Lyer et de bien d'autres. Dans cette perspective, qui ne sera pas développée ici, on serait amené à dire qu'il n'y a pas d'illusion, c'est-à-dire d'erreur, mais que cela est le simple reflet du fonctionnement du système visuel.

L'analyse de Fourier n'est pas la seule manière d'analyser un signal physique servant de stimulus (auditif ou visuel). Aucune description du stimulus n'est unique. Pour bien comprendre le fonctionnement des systèmes sensoriels, il faut constamment s'interroger sur la description des stimuli que l'on a adoptée et chercher si d'autres descriptions ne seraient pas plus pertinentes relativement aux modes de fonctionnement mis à jour.

1.2. Analyses de textes

Les analyses de textes, élaborées pour mieux connaître les activités psychologiques de traitement et de mémorisation des informations, ont été conduites avec des points de vue divers, dont ceux de la psychologie sociale (Ghiglione *et al.* 1985) et de la psychologie du langage (Thorndyke 1977 ; Kinsch et Van Dijk 1978 ; Le Ny 1979 ; Trabasso *et al.* 1984).

Cet exposé se limite à l'optique de la psychologie du langage. Trois types d'analyse sont présentés :

- l'analyse en propositions ou *analyse prédicative* (Kintsch *et al.*, Le Ny),
- l'*analyse causale* (Schank, Trabasso *et al.*),
- les *grammaires de récits* (Thorndyke).

Pour faciliter la compréhension du lecteur, le plan suivant sera repris dans chaque type d'analyse présenté :

- les présupposés psychologiques sous-jacents au type d'analyse,
- les buts de l'analyse,
- l'analyse elle-même,
- une application sur un texte,
- l'évaluation de l'analyse.

Avant d'entrer dans la présentation des analyses de textes il importe de définir ce qu'est un texte. Selon les linguistes (Halliday et Hasan 1976), un texte désigne tout passage écrit ou parlé, de quelque longueur que ce soit, qui forme un tout cohérent. Le psychologue ne peut se satisfaire entièrement d'une telle définition, car, pour lui, un texte n'existe pas en lui-même : il est le produit des activités mentales humaines. Ainsi cette représentation linéaire effectuée selon les règles de la syntaxe et de la sémantique se présente-t-elle sous la forme d'un ensemble de phrases qui constitue un tout cohérent.

1.2.1. *L'analyse propositionnelle prédicative (APP)*

L'analyse propositionnelle prédicative est une méthode de description des contenus sémantiques qui peut s'appliquer à différents types de textes incluant les récits.

a. *Les présupposés psychologiques*

Les psychologues cognitivistes sont amenés à prendre en considération les opérations de traitement de l'information qui sont sous-jacentes à la compréhension et à la production du discours, opérations qui déterminent pour une large part les structures cognitives de l'information en mémoire.

La notion de *proposition* et celle de *prédicat* qui lui est subordonnée viennent de la logique. Ces notions seront dans le cours du texte présentées dans leur acception en psychologie.

b. *Les buts*

Une procédure largement utilisée dans l'expérimentation de la compréhension et de la mémoire est de présenter un texte à des sujets, de le leur faire lire à fins de compréhension. Après un délai temporel variable, on demande aux sujets de restituer (en général par écrit) ce dont ils se souviennent. On dispose ainsi du texte original et d'un autre texte, dit «protocole de rappel», pour chacun des sujets. La procédure consiste à comparer les protocoles de rappel au texte original en pratiquant sur chacun d'eux une analyse fine de contenu. L'APP vise à fournir des critères rigoureux où la part intuitive du chercheur qui procède à l'analyse sera ramenée à un niveau acceptable. Elle permet d'avoir une idée relativement précise de ce qui est dans la mémoire au moment de l'examen de la rétention. En tant que méthode, elle n'a pas de visée prédictive sur la rétention.

En se fixant un certain nombre de critères de classification, on peut répertorier les propositions issues de l'analyse des protocoles en un certain nombre de catégories ; par exemple, les propositions strictement identiques (littérales) à celles du texte original, les propositions paraphrastiques, celles qui ont été inférées (non présentes dans le texte original mais reposant sur des propositions explicitées), les propositions erronées, etc. Il restera à l'analyste à indiquer les propositions «acceptables», c'est-à-dire suffisamment proches par le sens des propositions originales pour être considérées comme équivalentes sémantiquement.

c. *L'analyse propositionnelle prédicative*

La méthode consiste à fragmenter le texte en unités élémentaires ou *propositions.* Ces propositions sont des entités mentales ; elles sont constituées de concepts. Chaque proposition comporte un prédicat et un ou plusieurs arguments. La liste des propositions qui constituent le texte est structurée selon l'ordre des mots qui correspondent aux prédicats.

La prédication

La prédication est une activité sémantique qui consiste à «dire quelque chose de quelque chose».

Prenons quelques exemples :

(1) Marie est heureuse.
(2) La terre tourne.
(3) Le chien aboie furieusement.
(4) L'express est parti à sept heures.

Dans (1), on dit de Marie qu'elle est heureuse. Le mot *heureux* correspond à un concept qui prend sa signification complète lorsqu'il s'applique à une autre information, donnée en l'occurrence par le mot *Marie.* Le concept heureux est considéré comme un prédicat et le concept correspondant à Marie, sur lequel s'appuie le prédicat, est un argument du prédicat. Le support du prédicat, l'argument, est une variable dans la mesure où il peut être spécifié par beaucoup d'autres choses que *Marie* : par exemple, «le chat est heureux». (Toutefois, on remarquera que le prédicat heureux ne peut s'appliquer qu'à des animés. On reviendra sur cet aspect ultérieurement.) Le prédicat est réalisé dans la structure de surface, la phrase (1), sous la forme d'un adjectif.

Dans (2), on dit à propos de la terre qu'elle tourne. Le mot *tourne* correspond à un concept qui s'applique ici à *terre.* Tourner est un prédicat qui prend comme argument terre. Le prédicat est réalisé dans la structure de surface sous la forme d'un verbe.

Dans l'exemple (3) on dit :

Le chien aboie.
L'aboiement du chien est furieux.

On a ici deux propositions : dans la première, le prédicat correspond au verbe *aboyer* et l'argument est exprimé par le mot *chien* ; dans la seconde, le prédicat est un adverbe et la proposition (aboyer chien) joue le rôle d'argument.

Dans l'exemple (4) on dit :

> L'express est parti.
> (Il est parti) *à* 7 heures.

On a aussi deux propositions : dans la première, le prédicat correspond au verbe *partir* et l'argument au nom *express* ; dans la seconde, le prédicat a la forme d'une préposition *à* qui s'appuie sur deux arguments : l'un est une proposition, *partir express*, et l'autre a la forme d'une expression circonstancielle : *7 heures*. En d'autres termes, «à» prédicat met en relation deux arguments dont l'un est une proposition et l'autre une expression temporelle.

Le rôle de prédicat peut donc être rempli par diverses catégories lexicales : adjectif, verbe, adverbe, connecteur (préposition, conjonction) ; et celui d'argument peut être tenu par un nom, une expression circonstancielle, une proposition. On a pu remarquer aussi que le nombre d'arguments est variable.

La notation de la prédication

On utilisera ici la notation des logiciens selon laquelle le prédicat est toujours écrit en lettres majuscules et les arguments en lettres minuscules. Pour des raisons de commodité le(s) argument(s) seront écrits dans des parenthèses.

Quelques exemples :

Marie est heureuse	(1)	HEUREUSE (Marie)
La terre tourne	(1)	TOURNER (terre)

Le chien aboie furieusement
(1) ABOYER (chien)
(2) FURIEUSEMENT ((1))

L'express est parti à 7 heures
(1) PARTIR (express)
(2) À ((1), 7 heures)

Il est utile de numéroter les propositions, surtout lorsqu'on a affaire à un texte.

Quelques remarques

L'analyse prédicative requiert de la personne qui la pratique une attention constante au sens : on ne peut s'en tenir aux aspects de surface. Le *de* ou le *à* peuvent constituer à eux seuls des prédicats lorsqu'ils indiquent la possession, comme par exemple dans *la bague de Marie* (DE (bague, Marie)), et dans *le collier est à Jeanne* (À (collier, Jeanne)). En revanche, lorsqu'ils sont la marque accessoire d'une relation, le «de» et le «à» sont incorporés au prédicat, comme par exemple dans *Marie ressemble à Françoise* (RESSEMBLER À (Marie, Françoise)), et dans *François est le père de Pierre* (PÈRE DE (François, Pierre)).

Un autre problème est celui de l'ordre des arguments. On se persuadera facilement que les propositions :

(1) AIMER (Pyrrhus, Andromaque) et

(2) AIMER (Andromaque, Phyrrus)

ne veulent pas dire la même chose. L'assignation du rôle que l'argument joue réellement peut être facilitée par une connaissance préalable du lecteur (ou de l'auditeur). Si on connaît la pièce de Racine, on sait que c'est Pyrrhus qui aime Andromaque ; ce savoir fait partie de ce qu'on appelle les connaissances du monde. L'argument qui remplit le rôle sémantique d'actant occupe le premier rang. Si le verbe-prédicat comporte trois places, c'est-à-dire peut prendre trois arguments, la deuxième place sera réservée au receveur et la troisième à l'objet. Exemple : *Pierre achète un livre pour Marie* sera noté comme suit : ACHETER (Pierre, Marie, livre).

On convient, lorsque le rôle de prédicat est joué par une conjonction ou une préposition, d'écrire d'abord l'événement ou l'état premier. Par exemple : *Avant le tremblement de terre, les Pompéiens étaient heureux,*

(1) AVANT ((3), (2))

(2) TREMBLER (terre)

(3) HEUREUX (Pompéiens).

Ces règles d'ordre sont conventionnelles. L'analyste peut faire un autre choix sous réserve d'expliciter les règles qu'il utilisera et qu'il appliquera d'une manière constante aux textes qui sont objets d'analyse.

d. *Une application*

Nous empruntons aux travaux de Thorndyke, Mandler et Johnson (1977) un texte que nous utiliserons pour toutes les analyses présentées, il s'agit du récit intitulé *Le fermier*.

> Il était une fois un fermier (1) qui voulait faire entrer dans sa grange un âne têtu. Il pensait que si le chien aboyait l'âne serait effrayé et qu'il entrerait dans la grange (2). Le chien était paresseux, il refusa d'aboyer. Le fermier demanda au chat de griffer le chien, pensant que le chien aboierait. Une fois encore, son idée fut mauvaise, le chat refusa de coopérer. Le fermier pensa que, s'il rendait le chat furieux, il grifferait le chien. Il prit une grosse pierre, la jeta sur la queue du chat. Le chat se mit en colère et griffa le chien. Le chien commença à aboyer. Les aboiements effrayèrent si fort l'âne (3) qu'il entra dans la grange et ne voulut plus en sortir pendant des jours (4).

(Ne pas tenir compte ici des numérotations, qui ne sont utiles que dans la partie «grammaires de récits»).

Analyse prédicative :

(1) UNE FOIS (2)
(2) EXISTER (fermier)
(3) VOULOIR (fermier)
(4) FAIRE ENTRER (fermier, âne)
(5) TÊTU (âne)
(6) DANS ((4),grange)
(7) DU (grange, fermier)
(8) PENSER QUE (fermier,(9),(11))
(9) SI ((10),(11))
(10) ABOYER (chien)
(11) EFFRAYER ((10),âne)
(12) ET ((11), (13))
(13) ENTRER (âne)
(14) DANS ((13), grange).
(15) PARESSEUX (chien)
(16) REFUSER (il, aboyer)
(17) DEMANDER (fermier, chat, (18))
(18) GRIFFER (chat, chien)
(19) PENSER QUE (fermier,(20))
(20) ABOYER (chien)
(21) DE NOUVEAU ((22),(23))
(22) DU (idée, fermier)
(23) MAUVAISE (idée)
(24) REFUSER (chat, coopérer)
(25) PENSER (fermier, (26))
(26) SI ((27), (28))
(27) RENDRE FURIEUX (fermier, chat)
(28) GRIFFER (chat, chien)
(29) PRENDRE (fermier, pierre)
(30) GROSSE (pierre)
(31) JETER (fermier, (30))
(32) SUR ((31),queue)
(33) DU (queue, chat)
(34) SE METTRE EN COLÈRE (chat)
(35) ET ((34), (36))
(36) GRIFFER (chat, chien)
(37) COMMENCER (chien, aboyer)
(38) EFFRAYER (aboiements, âne)
(39) SI FORT ((38), (40))
(40) ENTRER (âne, (41))
(41) DANS ((40), grange)
(42) ET ((40), (43))
(43) NÉG. VOULOIR (âne, sortir)
(44) SORTIR DE (âne, grange)
(45) PENDANT ((43), des jours).

Ainsi, l'histoire du fermier a été décomposée en 45 propositions correspondant à des entités mentales. Il convient de souligner ici qu'il ne s'agit pas de propositions au sens grammatical du terme, ces dernières étant des membres de phrases qui contiennent un verbe à un mode conjugué et qui servent de sujet ou de complément. Ce sont des structures prédicat-argument qui sont supposées représenter des unités mentales. Dans cette analyse on a été amené à prendre des options pour opérationnaliser certains contenus sémantiques. Par exemple, on a transposé *il était une fois un fermier* en : *il existait une fois un fermier* ; *sa grange* en : *la grange du fermier* ; *une fois encore* en : *de nouveau*. Par ailleurs, on a considéré comme nécessaire de ne pas séparer certaines expressions telles que *rendre furieux*, *sortir de*, parce que ce qui est décrit prioritairement est l'événement «rendre furieux», «sortir de», etc. Enfin, la proposition (43) comporte avant le prédicat la notation NÉG qui indique la forme négative. On utilisera INT pour marquer l'interrogation.

e. *Évaluation de l'APP*

Le temps des verbes n'est pas mentionné dans l'APP. Il ne semble pas nécessaire de préciser le temps lorsque la séquence même des propositions marque le passage du temps. Cependant, quand des relations temporelles particulières sont présentes, et que l'on estime qu'elles pourraient conduire le lecteur à une interprétation erronée, on mentionnera le temps. Dans l'exemple : «*Comme Robert a loué une place, il verra le spectacle*», il est utile d'indiquer la relation temporelle passé/futur.

Ce système d'analyse ne prend pas en compte toute une série de problèmes qu'il n'y a pas lieu de développer ici. Par exemple, l'importance des informations les unes par rapport aux autres, les phénomènes de focalisation de sens par utilisation de la voie passive ou de constructions emphatiques clivées (*C'est le veilleur de nuit qui a fait entrer les voleurs*), les relations intra- et inter-phrases. Mais rappelons que l'APP en tant que telle n'a pas de visée prédictive sur la mémorisation. L'hypothèse sur laquelle elle repose concerne la nature propositionnelle de l'information en mémoire, et cette hypothèse a été accréditée par de nombreuses données empiriques, dont celles de Kintsch et de Dell, Mc Koon et Ratcliff (1983).

1.2.2. *L'analyse causale*

L'analyse présentée ici est plutôt une procédure utilisée pour valider des hypothèses mnésiques. De notre point de vue, elle n'est pas encore suffisamment élaborée pour avoir le statut de méthode. Cependant, l'intérêt que présente la perspective adoptée justifie que l'on consacre quelques pages à cette tentative.

a. *Les présupposés psychologiques*

La segmentation en séquences événementielles est relative à la nature relationnelle des représentations mentales. L'idée de base, dont Schank fut l'initiateur, est que la compréhension à fins de mémorisation est une activité de résolution de problème dans laquelle le lecteur (ou l'auditeur) doit découvrir une séquence de liens de nature causale qui s'étend du début du texte (état initial) à la fin du texte (état final). L'appartenance d'un énoncé à ce chemin privilégié et le nombre de relations entretenues par un énoncé avec d'autres sont des facteurs qui interviennent de manière déterminante dans la compréhension et la rétention.

b. *Les buts*

Les buts de ce type de segmentation d'un texte sont de faire apparaître les relations de dépendance causale entre les informations du texte.

c. *L'analyse*

Trabasso *et al.* opérationnalisent la structure causale d'un texte en utilisant le critère de *nécessité dans les circonstances* de Mackie (1974). Un événement A est dit être nécessaire à un événement B si on est dans le cas où, A ne se produisant pas, étant données les circonstances B ne pourrait survenir.

Par ailleurs, pour faciliter l'identification des relations causales, les auteurs utilisent la taxonomie de Warren *et al.* (1979). Six types de relations sont répertoriées : motivation, cause physique, cause psychologique, conditionnelle, succession temporelle, co-existence temporelle. Les énoncés suivants illustrent dans l'ordre chaque type de relation :

> Jean désire voir le tournoi de tennis, il a pris des billets.(1)
> La pierre a frappé le carreau qui s'est brisé.(2)
> Le chien n'aime pas être attaché, il regarde tristement le jardin.(3)
> Un chiffon imbibé d'essence était près de la cheminée et le feu a pris.(4)
> M. L. a rassemblé les liasses de billets et les a placées dans son coffre.(5)
> Pendant que Pierre parlait, Marie pianotait rêveusement sur le guéridon.(6)

Quand une relation est étiquetée «motivation», c'est qu'elle est entre un but et une action (énoncé 1) ; quand elle est étiquetée cause psychologique, il n'y a pas de relation de but (énoncé 3). La relation conditionnelle comprend des actions, des événements ou des états qui sont nécessaires mais pas suffisants pour causer d'autres actions, événements ou états (énoncé 4).

d. *Une application*

Selon les critères indiqués, la segmentation pourrait être la suivante (d'après Fletcher et Bloom 1988) :

1 Il était une fois un fermier
2 qui voulait faire entrer dans sa grange un âne têtu.
3 Il pensait que si le chien aboyait
4 l'âne serait effrayé
5 il entrerait dans la grange.
6 Le chien était paresseux
7 il refusa d'aboyer.
8 Le fermier demanda au chat de griffer le chien

9 pensant que le chien aboierait.
10 Une fois encore son idée fut mauvaise
11 le chat refusa de coopérer.
12 Le fermier pensa que s'il rendait le chat en colère
13 il grifferait le chien.
14 Il prit une grosse pierre
15 la jeta sur la queue du chat.
16 Le chat se mit en colère
17 il griffa le chien.
18 Le chien commença à aboyer.
19 Les aboiements effrayèrent l'âne si fort
20 qu'il entra dans la grange
21 et ne voulut plus en sortir pendant des jours.

À partir de cette segmentation, les auteurs identifient le chemin causal en appliquant l'argument contrefactuel indiqué (critère de nécessité logique dans les circonstances), ce qui permet des prédictions quant à la mémorisation. On peut constater que, dans ce texte, seuls les fragments 9 et 10 ne sont pas nécessaires à la progression de l'histoire.

e. *Évaluation de ce type de fragmentation*

Les données expérimentales, dont celles de Kekenbosch (1990), accréditent le rôle des relations de causalité. Il demeure que les critères de segmentation sont flous si l'on en juge par la variabilité des segmentations effectuées par divers chercheurs. De nombreux auteurs (Miller et Johnson-Laird 1976 ; Jackendoff 1983) établissent une distinction nette entre événement et action au plan linguistique. Denhière et Baudet (1991) appliquent cette distinction au plan cognitif. Ils reprennent et développent les idées de Searle sur les intentions et les actions. Ils font une distinction fondamentale selon que la causalité repose ou non sur l'intervention d'un agent animé contrôlant le changement produit. Il paraît donc utile de préciser davantage les critères de segmentation.

1.2.3. *Les grammaires de récits*

Un texte narratif raconte des événements dans l'ordre où ils se sont produits ; le récit relate une séquence causale d'événements par rapport à un personnage principal qui poursuit un but.

a. *Les présupposés psychologiques.*

Littéraires, linguistes et psychologues s'accordent sur le fait qu'un récit possède une structure interne, c'est-à-dire une organisation relativement générale et stéréotypée. L'idée principale, défendue par les cognitivistes, est qu'il existe des structures de textes, et notamment de récits, dans l'esprit des individus (Le Ny et Denhière 1985). En d'autres termes, l'hypothèse de base est qu'il est possible d'identifier un cadre conceptuel à partir d'éléments textuels (catégories narratives) et de règles de combinaisons. Ce cadre conceptuel est supposé correspondre aux structures cognitives des récits.

b. *Les buts*

Il s'agit de construire des modèles abstraits de récits en spécifiant leurs constituants et leurs interrelations afin de pouvoir prédire, à partir de l'analyse d'une histoire, ce qui sera compris et retenu.

c. *L'analyse de récits*

Dans les modèles connus sous le nom de «grammaires de récits», la structure d'une histoire est définie en termes de règles que l'on utilise pour réécrire l'histoire, d'où leur nom de «règles de réécriture».

1.	Récit	=	Exposition + thème + intrigue + résolution.
2.	Exposition	=	Personnage(s) + lieu + temps + circonstances.
3.	Thème	=	But + (de manière optionnelle) événement(s) ou état qui fonde(nt) ce but.
4.	Intrigue	=	Épisode(s).
5.	Épisode	=	Exposition + sous-but + tentative(s) + résultat(s).
6.	Tentative	=	Événement(s), ou un épisode entier.
7.	Résolution	=	Événement et/ou état.

Règles de réécriture relatives à un récit. Le signe «=» signifie : se décompose en ...

Finalement, la règle 7 établit que la résolution consiste en un événement ou un état, qui exprime l'atteinte (ou non) du but original exposé dans le thème.

Une caractéristique importante partagée par la plupart des grammaires de récits est celle de récursivité ou auto-enchâssement. Par exemple, un épisode contient, entre autres, une ou des tentatives qui, elles-mêmes, peuvent être réécrite(s) en épisode(s). Cette propriété de récursivité permet de distinguer différents niveaux dans la hiérarchisation de l'histoire.

d. *Une application sur un récit*

Le récit *Le fermier* peut être analysé de la manière suivante : se reporter au texte exposé dans l'analyse prédicative (p. 288), où les chiffres correspondent respectivement à : (1) Exposition ; (2) Thème ; (3) Intrigue ; (4) Résolution.

Comme on peut le constater, le thème peut être décomposé en But (*qui voulait... têtu*) + État correspondant au But (*il pensait... grange)* ; l'intrigue est formée de trois épisodes : l'épisode «chien», l'épisode «chat», l'épisode «pierre». Chacun de ces épisodes peut être lui-même décomposé.

L'épisode «chien» est décomposé en sous-but (faire aboyer le chien) et en résultat (refus du chien) : on remarquera que la catégorie tentative est vide : «Le fermier demanda au chien d'aboyer» n'est pas explicité. L'épisode «chat» comprend un sous-but (griffer le chien), une tentative (le fermier demanda au chat), un résultat (refus du chat). L'épisode «pierre» est composé d'un sous-but (rendre le chat furieux), d'une tentative (jeter une pierre sur la queue du chat), de résultats (le chat est furieux, il griffe le chien, le chien aboie, ce qui effraie l'âne).

Enfin la résolution comprend un événement lié au but original (l'âne entre dans la grange) et un état (il ne veut plus en sortir).

On constate que la réalisation de surface des structures mentales, c'est-à-dire le texte, ne remplit pas nécessairement le schéma proposé. Ce fait sera évoqué dans le point suivant.

e. *Évaluation des grammaires de récits*

Les grammaires de récits soulignent qu'elles se rapportent à des récits réels et qu'elles sont des théories de la représentation des récits en mémoire. Les critiques faites aux grammaires de récits portent donc sur ces deux points (Black et Bower 1980).

Au plan formel, les grammaires de récits ne rendent pas compte de récits de forme non prototypique où l'un des constituants, par exemple un épisode, est interrompu par un autre, hors thème. Par ailleurs, il arrive que certains récits omettent des buts ou des événements qui sont exigés par les règles des grammaires de récits. Cela implique que ces buts et événements soient inférés par le sujet, sans être dans la réalisation de surface, le texte. Il faudrait donc ajouter des règles de «transformation par suppression» qui rendraient compte de cet état de fait. Cependant, la formalisation des grammaires de récits a été féconde ; elle a fourni des unités d'analyse telles que les catégories sus-mentionnées allant au-delà du niveau phrastique.

Au plan psychologique, les théoriciens des grammaires de récits ont soutenu deux grandes idées :

- le rappel d'un fait dépend du niveau qu'il occupe dans la structure hiérarchique. Le niveau est déterminé par le nombre de règles de réécriture que l'on doit utiliser pour parvenir à la catégorie générale correspondant à ce fait. Par exemple, l'énoncé qui décrit le thème-but, «faire entrer l'âne dans la grange», sera mieux retenu que l'énoncé qui exprime la tentative, «demander au chat de griffer le chien» ;
- indépendamment du niveau, le rappel d'un fait dépend de la catégorie narrative à laquelle il appartient. Par exemple, les rappels d'énoncés qui décrivent un résultat seront plus élevés que les rappels d'énoncés exprimant des tentatives ou des sous-buts.

Les résultats expérimentaux suggèrent que les facteurs «niveau hiérarchique» et «appartenance à telle catégorie» ne sont pas aussi déterminants pour la rétention que ne le supposent les grammaires de récits. Cela n'implique nullement qu'ils n'aient aucun effet.

1.3. L'analyse des tâches

1.3.1. *Qu'est-ce que l'analyse de la tâche*

a. *Les niveaux d'analyse : tâche, activité et situation*

Une tâche est définie comme une unité de travail, avec un début et une fin, guidée par l'intention d'atteindre un ou plusieurs buts, et qui se réalise en exécutant un certain nombre d'actions. Toutefois, l'analyse de la tâche ne se limite pas à la tâche proprement dite. En effet, la manière dont une tâche est résolue dépend du sujet (novice ou expert) et de son activité. Cette activité a des composantes observables (les actions, parfois les verbalisations) et inobservables (l'activité interne consciente et non consciente : élaboration et transformation des contenus de la pensée, activation d'automatismes cognitifs, perceptifs ou moteurs) dépendant de mécanismes dont la psychologie doit rendre compte. L'analyse de la tâche est l'étude de cette activité, définie par Leplat et Hoc (1983) comme l'étude de «l'actualisation d'une interaction entre un sujet et une tâche».

L'analyse de la tâche ne se limite pas non plus à l'activité du sujet. Celle-ci diffère selon le domaine et les moyens que le domaine offre (instruments simples ou complexes). On définira l'analyse de la tâche comme l'étude d'une *situation* qui comprend un domaine, un sujet et la tâche qu'il se donne à réaliser, l'activité étant «le produit de l'intériorisation d'un domaine de tâche, reliant des représentations et des traitements associés aux objets, aux propriétés et aux opérations du domaine, donc au dispositif de ce domaine» (Hoc, 1987).

b. *Situations de résolution de problème et d'exécution*

L'analyse des tâches concerne des situations d'exécution que les sujets savent plus ou moins bien résoudre. On étudie les processus qui mènent à la réussite, mais également ceux qui mènent à des erreurs, à des situations de résolution de problème, à des incidents, voire à des accidents.

Comme il s'agit normalement de ceux menant à la réussite, elle diffère de l'analyse des situations de *résolution de problème*. En effet, même si la distinction entre situation de résolution de problème et situation d'exécution n'est pas très pertinente du point de vue du sujet, qui peut, partant d'une situation d'exécution, se retrouver en situation de résolution de problème et inversement, elle a un grand intérêt du point de vue des observables.

Une première différence est que, dans les situations d'exécution, il y a au moins une procédure, ou méthode, connue pour réaliser la tâche et on observe l'application de ce *savoir-faire*, alors que, dans les situations de résolution de problème, on étudie les processus de découverte et d'élaboration de solution, le sujet ne sachant comment atteindre le but parce qu'il ne connaît pas de procédure. Une seconde différence est que, dans la situation d'exécution, on étudie le comportement d'un sujet censé connaître ce qu'il est possible et ce qu'il n'est pas possible de faire, alors que, dans la situation de résolution de problème, on s'attend à observer des tentatives pour atteindre des états qui ne peuvent exister (les *contraintes objectives* de la situation ne sont pas prises en compte) et des restrictions sur ce qu'il est possible de faire, parce qu'il y a un ajout de *contraintes subjectives implicites* (Richard, 1982).

La recherche en résolution de problèmes est toutefois importante pour l'analyse de la tâche :

- elle donne des outils d'analyse pour les phases de l'activité quand, en situation d'exécution, l'application d'une procédure connue a échoué, le sujet observé ne sachant plus comment faire, et
- elle montre comment se construisent et s'acquièrent des procédures.

c. *Activités automatisées et non-automatisées*

Les capacités du Système humain de traitement de l'information sont suffisamment bien connues (Shiffrin et Dumais, 1981 ; Richard, 1980 ; Sperandio, 1980) pour que 1. l'étude du contexte de la tâche et des usages (la fréquence et la durée de la tâche, les objectifs généraux de l'activité, etc.), 2. l'étude des méthodes qui permettent la réalisation de la tâche et 3. l'étude du domaine permettent le diagnostic de la situation pour un sujet, ou opérateur humain, donné.

La plus notable de ces capacités est la capacité d'automatiser progressivement l'exécution de tâche par apprentissage. Quand un sujet exécute une tâche qui n'est pas automatisée, il en contrôle la réalisation et ce contrôle requiert des ressources cognitives élevées (attention, mémoire, décision). En revanche, quand une tâche a un haut degré d'*automatisation*, ses modes de réalisation ne sont plus soumis à la réflexion et les ressources cognitives requises sont peu élevées. Ainsi, une situation est cognitivement complexe quand deux tâches doivent être contrôlées et menées simultanément. Ce n'est pas le cas si l'une d'entre elles requiert des ressources peu élevées du fait de l'automatisation.

Ce diagnostic des types d'activités en jeu est un préalable à l'analyse de la situation puisqu'il va déterminer les données qu'il est possible de recueillir et la manière dont on va les recueillir. Une tâche agricole ne s'observe pas, par exemple, de la même manière qu'une tâche de secrétariat. Dans le premier cas, les processus d'automatisation de l'activité peuvent difficilement se réaliser parce que les conditions d'application des procédures sont changeantes et parce que la planification de la tâche (par exemple mettre en place une culture) a lieu quasiment l'année durant (Cerf *et al.*, 1991) ; dans le second cas, l'application de certaines procédures, comme la frappe d'un texte, peut être si automatisée qu'il serait vain de vouloir les recueillir manuellement.

1.3.2. *Les concepts pour l'analyse des tâches*

a. *La tâche comme expression d'un but*

Notons que, lorsqu'une tâche (par exemple, «envoyer un courrier») est énoncée, c'est le but principal qui est exprimé et compris («écrire une lettre») alors que le mode de réalisation (à la main, en utilisant une machine à taper, un traitement de texte, etc.) n'est pas spécifié (Richard, 1983).

D'un point de vue cognitif, cette possibilité de parler de la tâche à un niveau général présente des avantages :

1. sachant qu'une personne est occupée à une tâche, on n'a pas besoin de savoir *comment* elle la réalise pour comprendre *à quoi* elle est occupée,
2. il nous est possible d'énoncer des tâches, par exemple sous forme de commandes verbales, sans se préoccuper du mode de réalisation et, enfin,
3. étant donné qu'il y a souvent plusieurs modes de réalisation, on peut envisager la tâche réalisée, sans avoir été confronté au choix de la manière dont tout ou partie de la tâche aura été exécuté.

Du point de vue de l'analyse de la tâche, cette possibilité de parler de la tâche à différents niveaux plus ou moins spécifiques est une source de difficultés parce qu'il y a plusieurs niveaux de représentation et de planification de la tâche et il faut rendre compte de l'articulation de ces niveaux. Il faut, par exemple, articuler le niveau de la tâche «écrire une lettre» avec celui de l'utilisation des fonctions de l'ordinateur et avec celui des appuis sur les touches du clavier.

b. *La tâche comme un ensemble de méthodes d'exécution*

Au niveau le plus bas, qui est celui où on peut observer l'exécution d'une tâche, une *méthode* ou *procédure* est l'ensemble ordonné des sous-buts et des actions qui doivent être menés à bien pour atteindre le but. La procédure pour programmer le réveil téléphonique à 7 heures est la suivante : décrocher le combiné, taper «* 5 5 * 0 7 0 0 #», raccrocher le combiné. En soi, cette séquence d'actions n'a pas de sens. Si on ne connaît pas ce service téléphonique, il est peu probable qu'il soit possible de l'interpréter. Elle correspond en fait à une suite de sous-buts, «avoir la tonalité (décrocher le combiné), appeler le service (*55*), saisir l'heure (07 : 00), valider, libérer la ligne (raccrocher le combiné)», qui lui donne du sens.

Dans une procédure, on distingue différentes parties : le corps de la procédure (appeler le service et saisir l'heure), les conditions (avoir la tonalité), les prérequis (la ligne doit être libérée pour appeler le service) et les post-requis (libérer la ligne après l'appel). De la réalisation des *conditions* et des *prérequis* dépend l'application de la procédure : la différence entre les deux est que la réalisation des conditions n'est pas sous le contrôle du sujet (si on n'a pas la tonalité, on ne peut pas programmer le réveil téléphonique), alors qu'il y a une procédure pour réaliser le prérequis (si la ligne est occupée, on raccroche ou on attend qu'elle soit libre). Le corps d'une procédure est une suite de sous-buts, chacun ayant ce même format, et se décomposant pareillement en une suite de sous-buts. Ceci reflète la *décomposition hiérarchique de la tâche*, du but de la tâche jusqu'aux *primitives d'action* qu'on ne peut plus décomposer.

Pour modéliser comment le sujet planifie et exécute les différents niveaux de la décomposition hiérarchique de la tâche, Norman (1984) a proposé le cadre d'analyse suivant : lorsqu'un sujet effectue une action, un cycle itératif d'activités est évoqué. Ce cycle comprend quatre phases distinctes : la formation de l'intention (objectif), la sélection d'une méthode, l'implémentation de la méthode sélectionnée et l'évaluation du résultat.

Dans certains cas, la méthode peut se résumer en une procédure dont les actions qui la composent sont directement exécutables. En revanche, dans d'autres cas, le but ne se décompose pas en actions directement exécutables. Il est alors nécessaire de préciser l'objectif (décomposition du but en sous-buts) et de planifier l'exécution en évoquant la manière d'atteindre ces sous-buts. Dans ce dernier cas, la planification ne se limite pas aux actions et à leur sélection. En effet, associées à ces actions se trouvent les conditions, les prérequis et les conséquences (changements résultant d'une action) et les post-requis : tous ces éléments définissent l'ordre dans lequel doivent être exécutées les actions et fournissent des contraintes qui nécessitent une planification intra- et inter-cycles.

c. *La tâche comme espace d'états*

Une tâche peut être vue comme un ensemble de transformations de l'état de la situation de la tâche entre son début et sa fin. Avant que la tâche ne débute, les objets sont dans un certain état : c'est l'état initial. À la fin de la tâche, les objets sont dans un état qui est compatible avec le but de la tâche : c'est l'état final. Entre l'état initial et l'état final, il y a un ensemble d'états intermédiaires et un ensemble de transformations d'états réalisées par les actions ou opérations qui auront été faites. Ainsi, dans la tâche «écrire une lettre» avec un ordinateur, à l'état initial, l'ordinateur et l'imprimante sont éteints et on a une feuille vierge ; à l'état final, le texte est écrit ; entre-temps, on aura eu des états caractéristiques : ordinateur allumé, logiciel ouvert, texte saisi, imprimante allumée, texte imprimé, etc.

L'espace de la tâche est défini par l'ensemble des états et des transitions possibles entre états. C'est le résultat de toutes les opérations dans la situation de la tâche (Newell et Simon, 1972). L'exécution de la tâche est un chemin connu dans l'*espace de la tâche*. Ceci amène à distinguer l'espace de la tâche de l'espace du problème (Newell et Simon, 1972). L'espace du problème est l'espace des états et transformations d'états tels que le sujet les conçoit : il ne permet pas toujours de construire un chemin entre l'état initial et l'état final.

La notion d'espace d'états de la tâche rend bien compte du fait qu'il y a souvent plusieurs manières d'atteindre le but. En effet, de l'état initial à l'état final, il y a plusieurs cheminements possibles, dont certains ramènent à des états antérieurs, comme c'est le cas quand on refait, défait et refait ce qui avait déjà été fait, la manière optimale de résoudre la tâche étant le chemin le plus court. Ce dont la notion d'espace de la tâche rend moins bien compte, c'est le fait que, si les sous-buts correspondent bien à des états caractéristiques de l'espace de la tâche, ces états ne sont pas toujours hiérarchisés. D'autre part, la notion d'espace d'états suppose des états fixes ayant des valeurs discrètes. Si tel est souvent le cas pour des dispositifs, ce n'est guère le cas dans les environnements naturels, où on n'a pas d'états fixes (peindre un mur ou remplir une baignoire), et soumis à des transformations continues qui échappent au contrôle du sujet (environnements dynamiques).

d. *La tâche comme un ensemble d'opérations sur des objets*

On définit le domaine de la tâche (Hoc, 1987) comme l'ensemble des objets, propriétés et opérations qui ont du sens pour la tâche. Les *propriétés* sont les éléments qui décrivent les objets ; un objet, étant conçu comme un support de propriétés, est défini par l'ensemble de ses propriétés. Pour réaliser la tâche, c'est-à-dire atteindre son but, les propriétés fonctionnelles qu'ont certains objets sont utilisées pour agir sur d'autres objets qui ont des propriétés correspondantes ; ceci dans des chaînes causales qui peuvent être complexes (main, clou, marteau, ficelle, tableau, pour accrocher un tableau). L'objet peut être un outil (le crayon), une partie d'un dispositif (un interrupteur), une partie du corps (la main).

Concourant à la réalisation de tâches, un système technique peut être considéré comme accomplissant l'automatisation d'un certain nombre d'opérations de transformation des propriétés des objets (dans un ordinateur, un fichier est codé, il a une représentation iconique, etc.) tandis que d'autres demeurent sous le contrôle de l'opérateur (par exemple, imprimer un fichier). Dans les systèmes informatisés, on distingue deux sous-systèmes : celui qui exécute automatiquement des opérations qui concourent à la réalisation des fonctions du système et celui qui reçoit les commandes à exécuter pour mettre en œuvre les fonctions et qui informe des résultats de l'exécution. Ce dernier est appelé, en ergonomie, l'*interface* avec son *langage de commandes*, son dispositif de dialogue et de présentation de l'information. On peut modifier l'interface sans modifier le système d'exécution automatique des commandes.

1.3.3. *La mise en œuvre de l'analyse de la tâche*

a. *L'observation du comportement*

Une première méthode consiste à utiliser les *verbalisations* comme informations complémentaires des actions. La verbalisation peut être spontanée : c'est le cas quand les sujets se posent des questions en ayant le but spécifique de comprendre, surtout en situation d'apprentissage par la découverte. Elle peut être provoquée par l'observateur, le sujet étant encouragé à exprimer ce qu'il pense (ses questions, ses buts, ses observations, ses évaluations, etc.) soit pendant la tâche, soit après celle-ci.

Mais fait-on la même chose quand on verbalise en même temps et se souvient-on de tout ce qu'on fait pour le verbaliser après la réalisation de la tâche ? Pour certains auteurs, les verbalisations sont des traces de processus cognitifs. Ces traces résultent de l'encodage de l'information en mémoire à long terme ou de l'information qui réside en mémoire de travail (Ericsson et Simon, 1980). Ceci justifie les méthodes de recueil de pensée à haute voix pour rendre explicite l'expertise humaine.

Une autre méthode consiste à recueillir systématiquement et en même temps les verbalisations et les résultats de l'exécution de la tâche. Le but du recueil systématique est l'obtention de tous les buts que le sujet se donne, de toutes les procédures associées et de tous les objets auxquels il les appliquent. Il consiste, dès l'état initial, à demander à l'utilisateur une description de la situation puis à lui demander : «Que peut-on faire ?» (pour repérer les objectifs d'utilisation), et «Comment fait-on pour... ?» (pour repérer les procédures), puis à faire passer à l'exécution. Il s'agit finalement d'obtenir des données aussi complètes que possible sur l'utilisation sous forme de verbalisations recueillies avant l'exécution puis sous forme d'actions, afin d'une part de pouvoir inférer la manière dont le sujet comprend la tâche et comprend le système sur lequel il doit agir et d'autre part d'anticiper les résultats qui seraient obtenus en situation réelle hors observation. Cette méthode d'interrogation «but-instrument-procédure-action» est proche de celle du «pourquoi et du comment» décrite par Sébillotte (1991) dans la conduite d'interviews auprès des sujets pour la collecte de données verbales sur la réalisation des tâches. Dans cette dernière méthode, «Pourquoi ?» permet le recueil des buts et des plans superordonnés et «Comment ?» permet le recueil des modes de réalisation des buts ou des plans de niveau inférieur.

La programmation informatique permet dans de nombreux cas de recueillir des protocoles individuels de l'utilisation de systèmes en permettant d'enregistrer automatiquement les actions de l'opérateur sur le dispositif (ou sur une maquette interactive du dispositif), les effets de ces actions et les délais entre effets et actions. La verbalisation peut alors être recueillie après l'exécution des tâches en montrant au sujet le déroulement pas-à-pas de son exécution de la tâche. Cette méthode est efficace, mais a aussi ses limites, car, la représentation du sujet évoluant au cours de l'utilisation, il est courant qu'il ne se souvienne pas des intentions, des plans et des justifications qu'il a pu envisager au fil de l'exécution.

b. *L'identification des connaissances d'un utilisateur : objets, buts et procédures*

Nous donnons ci-dessous un extrait de protocole qui comprend treize verbalisations, recueillies selon la méthode «but-instrument-procédure-action» auprès d'un sujet qui utilisait l'ordinateur avec la tâche d'ouvrir un fichier de traitement de texte se trouvant sur une disquette, le logiciel de traitement de texte se trouvant lui-même sur le disque dur. Le protocole est suivi de son *codage* et son analyse.

Exemple de protocole

– *Qu'est-ce qu'il y a à l'écran maintenant ?*

1 – Il y a le «disque dur» là, c'est marqué dessus, ma disquette et la corbeille.

– *C'est tout ?*

2 – Oui… Il y a aussi ce qui est écrit en haut pour dire à l'ordinateur ce qu'on veut faire.

– *Qu'est-ce qu'on peut faire avec le disque dur ?*

3 – Rien, c'est l'unité centrale de l'ordinateur, pour le faire marcher.

– *Qu'est-ce qu'on peut faire avec la corbeille ?*

4 – Rien, c'est pour jeter les fichiers qu'on ne veut plus.

– *Comment fait-on pour jeter un fichier ?*

5 – On le prend avec la souris et on le met dans la corbeille.

– *Qu'est-ce qu'on peut faire avec la disquette ?*

6 – Mon travail est dessus. Je vais ouvrir la disquette et ouvrir mon fichier.

– *Comment allez-vous faire pour ouvrir la disquette ?*

7 – Je vais appuyer deux fois sur la souris.

– *Qu'est-ce qui va se passer ?*

8 – Elle va s'ouvrir et je verrai mon travail.

– *Est-ce qu'il y a une autre manière de faire ?*

9 – C'est comme ça qu'on fait !

– *Bon, on va y aller. Vous le faites.*

(Le sujet clique deux fois avec un trop long intervalle entre les deux clics. Rien ne se passe.)

10 – Cela ne marche pas, je vais recommencer.

(La disquette s'ouvre.)

– *Qu'est-ce qu'il y a à l'écran maintenant ?*

11 – On voit ce qu'il y a dans la disquette… mon fichier là.

– *Qu'est-ce qu'on peut faire avec le fichier ?*

12 – On peut écrire dedans.

– *Comment allez-vous faire pour écrire dedans ?*

13 – Il faut le logiciel… Il n'est pas là. Je ne comprends pas. Normalement on clique sur le logiciel, dans fichier (au menu), on fait ouvrir et puis après on peut faire venir notre travail.

Codage du protocole

On fait un codage du protocole qui consiste à coder les propositions en indiquant :

1. les objets : *[objet]*
2. les buts exprimés sous la forme de couples but-objet : *but → [objet]*
3. les procédures (décomposition d'un but en d'autres buts) exprimées sous la forme de couples but-action : *but : action.*

Quand aucun but n'est exprimé pour un objet on indique *nil→ [objet]*

1/2 – [disque dur] [disquette] [corbeille] [commandes]

3/4 – nil → [disque dur/*unité centrale*] 4 - nil->[corbeille] jeter->[fichier]

4/5 – jeter → [fichier] : sélectionner [fichier]
& déplacer [fichier] (jusqu'à mettre-sur-corbeille)

5.1. – sélectionner → [fichier] : cliquerAvecSouris [fichier]
5.2. – déplacer → [fichier] : déplacer [Souris]

6 – ouvrir → [disquette fermée], ouvrir → [fichier visible]

7 – ouvrir → [disquette fermée] :
double-cliquerAvecSouris [disquette fermée]

8 – double-cliquerAvecSouris → [disquette fermée] :
Résultats : [fichier visible]

12/13 – écrire dans → [fichier visible] :
Condition : [logiciel visible dans Disquette ouverte]
& ouvrir [logiciel visible]
& ouvrirDansLogiciel [fichier visible]

13.1. ouvrir → [logiciel visible] : cliquerAvecSouris [logiciel]
& choisir [menuOuvrir]

13.2. ouvrirDansLogiciel → [fichier visible]

La phase suivante consiste à passer du protocole codé à une description du protocole.

La description issue du protocole

La description des connaissances du sujet consiste à dresser l'ensemble des buts connus et celui des objets auxquels ils s'appliquent et à représenter dans un tableau croisé quels buts s'appliquent à quels objets. Les cellules qui comportent «1» indiquent que le but s'applique à la classe d'objets correspondante. Ainsi, d'après le tableau 1, on voit que le sujet a la connaissance «jeter un fichier visible», mais pas un disque dur. La lecture du tableau indique que la tâche «ouvrir le fichier» échoue parce que le sujet n'a pas les connaissances requises sur le disque dur et le fichier.

	souris	disqueDur	disquetteFermée	corbeille	fichierVisible	logicielVisible
jeter					1	**1**
sélectionner		**1**	**1**	**1**	1	**1**
déplacer	1	**1**	**1**	**1**	1	**1**
ouvrirParDoubleClic		**1**	1	**1**	**1**	**1**
ouvrirParMenu		**1**	**1**	**1**	**1**	1
ouvrirDansLogiciel					1	
EcrireDans					1	

Tableau 1. – Couples buts-objets.

Le recueil des buts et des objets auxquels ils s'appliquent donne une description qui résume non seulement les observations recueillies lors de la réalisation d'une tâche, mais potentiellement une description de toutes les tâches dont la réalisation se compose des buts connus (jeter un fichier, c'est le «sélectionner le fichier» et le «déplacer» sur la corbeille). Les «1» en traits maigres correspondent aux connaissances extraites du protocole, les «1» en traits gras correspondent aux connaissances qui font défaut.

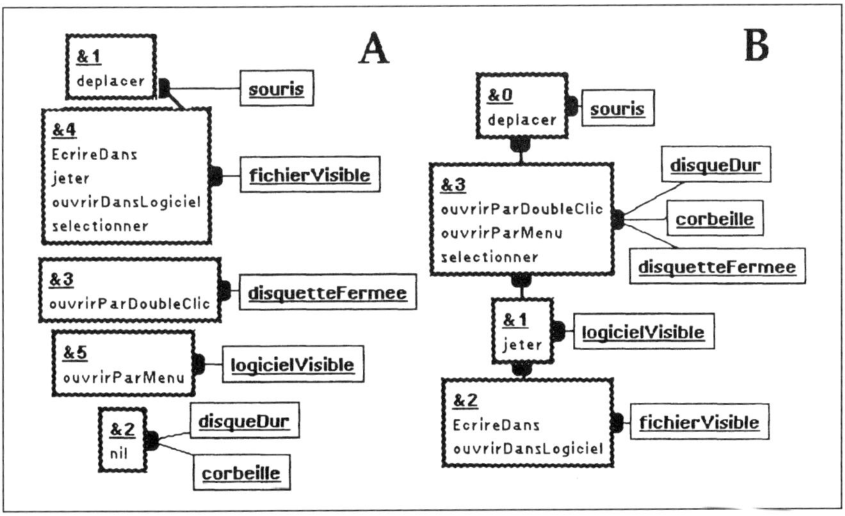

Figure 5. – Description des connaissances d'un sujet à partir de la tâche «ouvrir un fichier de texte» (partie A) et description des procédures requises (partie B).

En catégorisant les objets du point de vue du comportement que leur prête le sujet, on peut représenter sous la forme d'un réseau sémantique les classes d'objets qu'il connaît et leurs relations. Ce réseau est présenté dans la partie A de la figure 5 : il exprime exactement les relations qui sont définies dans le tableau 1. et en ce sens il est une façon équivalente d'exprimer les relations figurant dans le tableau 1. C'est une description synthétique des connaissances exprimées dans le protocole : elle peut être comparée avec la description des classes qu'il est nécessaire d'avoir pour réaliser correctement les tâches d'utilisation du dispositif (partie B de la figure 5). Cette comparaison permet de déterminer quelles sont les connaissances incomplètes du sujet et quelles sont ses connaissances erronées.

On voit que, du point de vue du sujet, les objets ont des comportements très différents : quatre classes sont distinguées (1 : souris et fichier qu'on peut «déplacer», le fichier ayant des buts spécifiques ; 2 et 3 : disquette et logiciel qui ont des procédures d'ouverture différentes ; 4 : DisqueDur et Corbeille, sur lesquels on ne peut rien faire). Du point de vue des connaissances requises,

1. il y a une classe générique à laquelle appartiennent tous les objets (on peut tout «déplacer») et
2. des sous-classes : on peut tout «sélectionner» et «ouvrir par doubleClic ou par Menu», sauf la souris ; en plus on peut «jeter» le logiciel et le fichier, et en plus on peut «ouvrirDansLogiciel» et «écrire dedans» pour le fichier.

1.3.4. *Les applications de l'analyse de la tâche*

On analyse la réalisation de tâches par des sujets *experts* lorsqu'il s'agit de recenser et de définir des procédures typiques qui serviront d'une part à favoriser l'apprentissage des novices et d'autre part à élaborer des *Systèmes experts* à l'aide d'un programme informatique. L'étude de l'*expertise* se mène avec l'observation de l'exécution des tâches et avec des entretiens pour ce qui est appelé «*l'extraction des connaissances*».

L'analyse de la tâche concerne également les sujets novices et vise à comprendre pourquoi les procédures effectives ne correspondent pas aux procédures prescrites (Ombredane et Faverge, 1955) et pourquoi l'acquisition de l'expertise est difficile. Une procédure prescrite peut être excessivement difficile à exécuter parce que le traitement cognitif de l'ensemble des opérations (conditions, sous-buts, nombre d'éléments à traiter et à garder en mémoire) est trop étendu.

L'analyse de la tâche a une grande importance en psychologie appliquée dans la mesure où elle permet d'élaborer des modèles permettant de prédire la performance des systèmes et de faciliter leur apprentissage (Card, Moran et Newell, 1983).

Une première manière (Kieras et Polson,1985) de prédire la *performance* consiste à dresser un dictionnaire des tâches et un ensemble de règles de réécriture qui font passer des tâches aux actions. L'exécution de règles (Payne et Green, 1986 ; Reisner, 1984) donne une mesure du temps d'exécution d'une tâche [Temps d'exécution = (N cycles) $\times$ (T/cycle) + temps des opérations], qui est la somme du produit du nombre d'appels de règles par l'unité de temps par règle et du temps passé pour les opérations. Une seconde façon de procéder consiste à mesurer les différences entre les connaissances des sujets (partie A de la figure 5) et les connaissances requises (partie B de la figure 5). Ces différences sont une mesure de la *complexité cognitive* d'utilisation du système technique.

Une première façon de faciliter l'apprentissage est de construire un modèle de la tâche et du système qui soit compatible avec les connaissances de l'utilisateur (Richard *et al.*, 1990 ; Tauber, 1988 ; Douglas et Moran, 1983 ; Duboulay *et al.*, 1980 ; Mayer, 1975 ; Scapin, 1988) et de faire acquérir au sujet ce modèle de la tâche. Cette instruction peut consister à présenter les connaissances requises telles qu'elles sont décrites dans la partie B de la figure 5. Une seconde manière consiste à intervenir, en ergonomie cognitive, au niveau de la conception des systèmes techniques, en tentant de diminuer la complexité cognitive de façon à ce que l'ensemble des procédures requises soient aussi proches que possible des procédures connues des utilisateurs.

2. MODÈLES D'ANALYSE DE L'ACTIVITÉ

2.1. Modèles de décision en perception

Toute étude des mécanismes perceptifs en termes de traitement de l'information suppose la mise en œuvre de trois ordres de modèles : des modèles descriptifs du stimulus (voir analyse du signal), des modèles fonctionnels des traitements perceptifs qui constituent l'objet d'intérêt principal et des modèles d'élaboration de la réponse (ou modèles décisionnels), dont nous allons parler ici. L'étude expérimentale des processus perceptifs passe par le recueil de performances produites par des sujets humains (ou animaux) dans des tâches plus ou moins standardisées ou contrôlées. Ces tâches comprennent les tâches psychophysiques (Bonnet, 1986, 1993) de détection, de discrimination, de catégorisation ou de jugement dans lesquelles les contrôles sont, au moins en principe, les plus rigoureux. Les informations sensorielles élaborées dans les premiers niveaux de traitement doivent être interprétées par rapport aux représentations d'objet qu'elles évoquent. En conséquence, *aucune réponse observée (performance) ne saurait être prise comme le reflet direct des traitements des mécanismes sensoriels.* Non seulement ces réponses observées sont influencées par les représentations cognitives des référents-objets des stimuli, mais, en plus, leur élaboration va mettre en œuvre de la part des sujets des activités cognitives décisionnelles qui déterminent pour partie les réponses. C'est cet aspect que nous allons étudier dans ce chapitre.

2.1.1. *La performance comme variable aléatoire*

Dans toute tâche psychophysique, on observe lors de la répétition de la présentation des mêmes stimuli que la réponse des sujets fluctue d'un essai à l'autre. La variabilité apparaît comme une caractéristique fondamentale des fonctionnements biologique et psychologique.

Réalisons une expérience de discrimination de fréquences sonores, facile à mettre en œuvre sur n'importe quel micro-ordinateur. Le son étalon (*Se*) a une fréquence de 1 000 Hz. Nous disposons de 7 fréquences d'un son de comparaison (*Sc*), plus graves, égale ou plus aiguës que le son étalon. À chaque essai, deux sons sont présentés successivement (*Se* puis *Sc*) et le sujet doit indiquer si le second son est plus grave ou plus aigu que le premier. Au cas où il ne perçoit pas de différence, il répond au hasard. Les 7 couples de sons (*Se–Sc*) sont présentés dans un ordre au hasard selon la méthode constante (Bonnet, 1986). De plus, nous enregistrons le temps de réponse du sujet, sans l'en avertir. Nous aurons ainsi deux mesures de performance. Au total, chaque couple sera présenté 40 fois.

Commençons par analyser la variation des fréquences de réponse avec la différence (*Sc–Se*). Les nombres de réponses «grave» et «aigu» sont transformés en fréquence, respectivement F(G) et F(A). Ces fréquences sont exprimées en pourcentage dans le tableau 2.

Sc en Hz	994	996	998	1000	1002	1004	1006
F(Grave)	96	87,5	75,5	48	22,5	11	3,5
F(Aigu)	4	12,5	24,5	52	77,5	89	96,5
logit	– 3,178	– 1,946	– 1,125	0,08	1,236	2,091	3,317
W (*cf.* 2.1.3)	0,2922	0,3749	0,4621	0,4998	0,4523	0,3634	0,2832

logit (p) = ln ($p/(1-p)$), *ln* désignant les logarithmes naturels (voir encart p. 308).

Tableau 2 – Résultats de la discrimination des fréquences sonores : nombre de réponses «grave» et «aigu» par fréquence *Sc*.

La fréquence des réponses «grave» diminue et, complémentairement, la fréquence des réponses «aigu» augmente quand augmente la fréquence du son *Sc* (sa hauteur). La fonction psychométrique est la fonction mathématique de distribution qui, ajustée à ces résultats, définit l'évolution de la probabilité d'une réponse en fonction des niveaux du stimulus. Plusieurs fonctions ont été proposées pour être ajustées à ce genre de résultats, comme la fonction normale cumulée (voir *Cours de psychologie* volume 2, Méthodes statistiques) ou la fonction logistique que nous utiliserons. Cet ajustement est illustré dans la figure 6.

Si le sujet fonctionnait comme un système déterministe, sa fonction psychométrique manifesterait un changement brutal des niveaux du stimulus *Sc* entraînant toujours une réponse «grave» (*Sc*<*Se*) à ceux qui entraîneraient toujours une réponse «aigu» (*Sc*>*Se*). Le fait que le changement de réponse soit progressif indique que la réponse peut être considérée comme une variable aléatoire. Il est donc possible de la décomposer d'une part en une valeur probable (généralement une moyenne), à laquelle s'ajoutent d'autre part des variations aléatoires d'essai en essai.

Déterminons le point d'égalisation subjective (PES) du son de comparaison avec le son étalon. Le PES est la valeur la plus probable de cette distribution, sa moyenne : PES = – b/a = 999,87 Hz. (Dans l'équation de la droite ajustée, a est la pente de la droite, ici 0,543, et b est l'ordonnée à l'origine, ici – 534,19, de sorte que PES = 534,19/0,5343 = 999,87.) Il existe ici un écart, appelé erreur constante, entre le PES et la valeur de l'étalon (PES-*Se* = – 0,127 Hz). Enfin, le seuil différentiel est égal a sd = 1,98 Hz (voir encart p. 306).

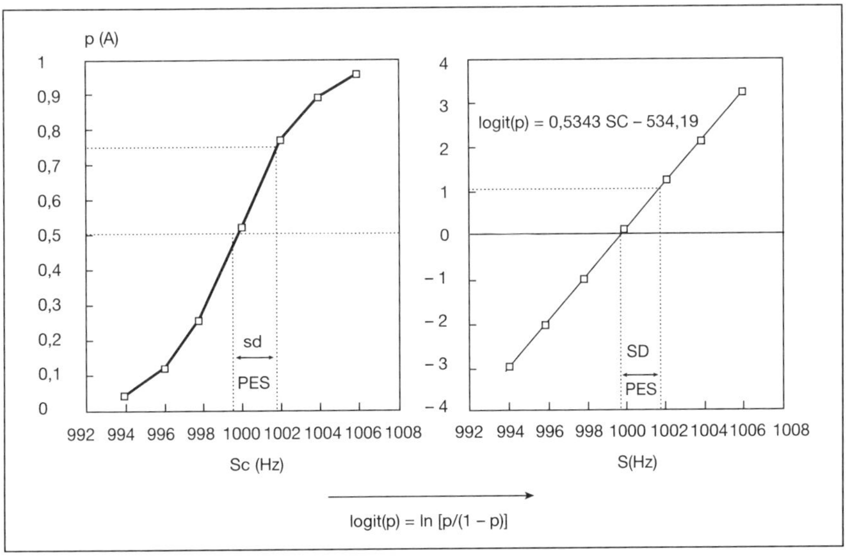

Figure 6 – Fonction psychométrique et sa transformation en une fonction logistique.

La question principale qui se pose maintenant est de savoir si le seuil différentiel est bien une mesure de la sensibilité discriminative, ou bien si cette mesure de performance peut être influencée par des facteurs comme le sens de la présentation *stimulus étalon-stimulus de comparaison*, comme la symétrie des valeurs du stimulus de comparaison, etc. De nombreuses expériences nous apprennent que c'est généralement le cas.

Que signifient donc ces variations de performance ? On admet que chaque réponse (R) combine trois facteurs : une information sensorielle (I), des fluctuations aléatoires (e) et un facteur de décision (D) : $R = f(I, D, e)$.

Les variations obtenues avec différentes méthodes psychophysiques (voir Bonnet, 1986) seraient alors dépendantes du seul facteur décisionnel. C'est ce point de vue que nous allons longuement examiner maintenant.

LA FONCTION LOGISTIQUE

La fonction logistique ressemble à la fonction normale, mais son équation est différente et ses paramètres plus simples à estimer.

$$p\,(A) = \frac{1}{1 + exp\,(-b - aS_C)} \qquad (1)$$

Si les probabilités *p(A)* sont transformées en *logits* (voir tableau 1) selon la formule :

$$logit(p) = ln[p/(1-p)] \qquad (2)$$

alors la fonction est une droite d'équation :

$$logit(p) = aSc + b \qquad (3)$$

où *a*, la pente, estime le paramètre de l'équation (1). (Voir figure 6.)

Une fois que l'on a transformé les probabilités de réponse «aigu» en valeurs *logits*, on utilise la méthode des moindres carrés pour estimer les paramètres d'une fonction linéaire du type $y = ax + b$ (où $y = logit(p)$ et $x = Sc$) à un nuage de points (diagramme de corrélation). Les calculettes scientifiques permettent le calcul des logarithmes naturels (*ln*) et comportent la fonction qui permet le calcul de la droite des moindres carrés à partir de l'introduction des couples de valeurs x et y (ici *Sc* et *logit*(*p*)).

On obtient par ce moyen l'estimation de la pente de la droite, soit

$a = 0{,}5343$ et de son ordonnée à l'origine, soit $b = -534{,}19$. La moyenne de cette fonction est le PES, c'est-à-dire la valeur de *Sc* pour laquelle $logit(p) = 0$. Elle est donc égale à (*cf.* Bonnet, 1986) :

$$\text{PES} = -b/a$$

$$\text{soit PES} = -(-534{,}19)/0{,}5343 = 999{,}87$$

L'*erreur constante* est la différence entre le PES et la valeur du stimulus étalon *(Se)*. Le *seuil différentiel* (sd) est la différence entre le PES et la valeur de *Sc* perçue comme plus grande que *Se* dans 75 % des cas (S75). Il s'obtient par l'équation :

$$S_{75} = [logit(\text{p}75) - b]/a$$

$$S_{75} = [1{,}099 - (-534{,}19)]/0{,}5343 = 1001{,}85 \text{ Hz}$$

$$sd = \text{S}75 - \text{PES} = 1{,}98 \text{ Hz}$$

Selon la machine utilisée, de légères différences dans les résultats peuvent apparaître pour des raisons d'approximations.

2.1.2. *Un modèle de décision : la théorie de la détection du signal*

Dans le cours de psychophysique (Bonnet, 1993), le modèle dit de la Théorie de la détection du signal a été présenté dans ses grandes lignes (voir aussi Bonnet, 1986). Ce modèle propose des moyens d'estimer séparément une statistique reflétant la sensibilité et une statistique reflétant la stratégie de décision.

a. *Un exemple de résultats*

Réalisons l'expérience suivante dans trois conditions. Le sujet porte des écouteurs. Il est averti au début de chaque essai, par un signal visuel, de l'arrivée imminente, mais éventuelle, d'un signal sonore. Quelques instants après, il entend dans ses écouteurs un bruit pendant 200 ms. À certains essais, l'expérimentateur superpose à ce bruit un son pur de 1 000 Hz, de faible intensité. La tâche du sujet est d'indiquer, à chaque essai, si on lui a présenté le bruit seul (réponse *b*) ou bien si un signal (réponse *s*) était superposé au bruit.

Est-ce que la sensibilité du sujet est influencée par la fréquence d'apparition du signal ? Trois conditions expérimentales comprenant chacune 834 essais sont utilisées. Dans la condition A, le signal apparaît dans 75 % des essais, dans la condition B, il apparaît dans 50 % des essais et dans la condition C, dans 25 %. Les résultats d'un sujet sont présentés dans le tableau 3 en termes de probabilités conditionnelles.

PROBABILITÉS COMPOSÉES ET PROBABILITÉS CONDITIONNELLES.

Les *probabilités composées* ($p(s\ .\ S)$ se lit : probabilité de réponse *s* et du Signal *S*) désignent les fréquences d'apparition de chaque éventualité signal-réponse. Elles sont calculées en divisant l'effectif de chaque case par le nombre total de réponses. La somme des quatre fréquences d'une matrice vaut 1 :

$$p(s\ .\ S) + p(s\ .\ B) + p(b\ .\ S) + p(b\ .\ B) = 1$$

La somme $p(s\ .\ S) + p(b\ .\ S)$ est la fréquence d'apparition du signal avec le bruit ($S + B$). La somme $p(s\ .\ B) + p(b\ .\ B)$ est la fréquence d'apparition du bruit seul (B).

Les *probabilités conditionnelles* ($p(s/S)$ se lit : probabilité de la réponse *s* **si** le Signal a été présenté) désignent les fréquences de chaque réponse rapportées à la fréquence de l'événement stimulus (*S* ou *B*).

$$p(s/S) = p(s\ .\ S)/p\ (S)\ ;\ p(b/S) = p(b\ .\ S)/p\ (S)$$
$$p(s/S) + p(b/S) = 1\ ;\ p(s/B) + p(b/B) = 1$$

	condition A		condition B		condition C	
	$S+B$	B	$S+B$	B	$S+B$	B
s	0,864	0,206	0,834	0,168	0,794	0,134
b	0,136	0,794	0,166	0,832	0,206	0,866
d'	1,92		1,93		1,93	
b	0,76		0,99		1,32	

Tableau 3 – Matrices des probabilités conditionnelles.

b. *La courbe ROC et le modèle*

On a représenté (figure 7) la performance des sujets dans un graphique appelé courbe ROC (pour *Receiver Operating Characteristic*) qui comporte en abscisse les fausses-alarmes, $p(s/B)$, et en ordonnée les détections correctes, $p(s/S)$. Pour différentes conditions expérimentales correspondant à un d' constant, les points seront situés sur une courbe comme celle qui a été ajustée aux résultats de la présente expérience. On peut simplifier la représentation en transformant les probabilités en valeur «*z*» normales réduites. Dans ce cas, la courbe devient une droite. La théorie de la détection du signal suppose qu'à tout essai le stimulus (Signal ou Bruit) est représenté dans l'organisme par un nombre réel («*z*») qui varie le long d'un continuum. Ce nombre est une variable aléatoire normalement distribuée. Il existe en fait deux distributions, dites distributions des états d'observation (voir figure 8) de ce nombre : l'une correspond à la présentation du Bruit seul ($f_B(z)$) et l'autre à celle du Signal ($f_S(z)$) et ces deux distributions sont normales et ont par hypothèse la même variance.

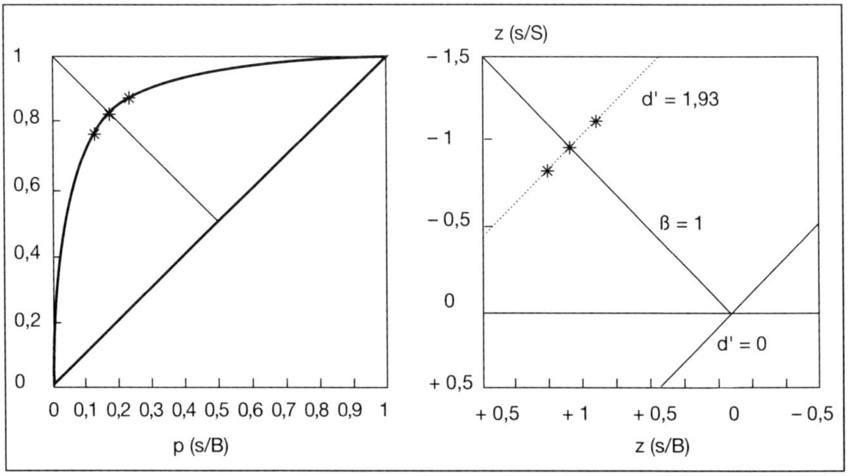

Figure 7 – Courbes ROC, à gauche en probabilités, à droite en écarts-réduits (variable *z*). On notera pour cette dernière l'inversion du sens des axes (de + l'infini à – l'infini) pour respecter une présentation analogue à la courbe en probabilités.

L'interprétation psychologique de cette variable aléatoire n'est pas essentielle pour le modèle. Pour s'en faire une idée, on supposera que la variable aléatoire correspond par exemple au taux d'activation des neurones sensibles à la fréquence de 1 000 Hz. Celui-ci n'est pas constant d'un essai à l'autre. Mais, en moyenne, il est plus élevé lorsque le signal est présenté dans le bruit, que lorsque le bruit seul est présenté. Le modèle considère que la sensibilité, estimée par la statistique *d'*, représente la distance entre les moyennes des deux distributions. Intuitivement, il est évident que plus le Signal sera distinct du Bruit, plus les moyennes des deux distributions seront écartées.

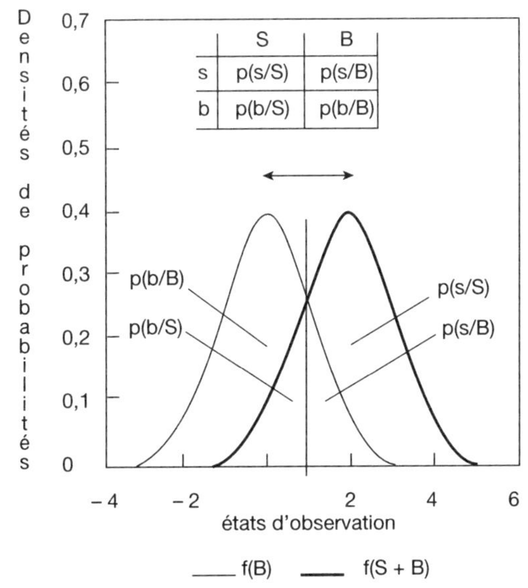

Figure 8 – Schéma du modèle de la Détection du signal.

c. *Le modèle de décision*

Le modèle de décision de la théorie de la détection du signal est alors le suivant. On définit en premier lieu une grandeur qui augmente continuellement lorsque l'on parcourt l'axe des états d'observation de droite à gauche. C'est le rapport de vraisemblance (l) qui est défini comme le rapport de la densité de probabilité de la distribution du signal ($f_S(z)$) à la densité de probabilité de la distribution du bruit ($f_B(z)$) pour chaque valeur successive de la variable aléatoire (z) :

$$l = f_S((z)/f_B(z)$$

> Pour suivre l'exemple de calcul de d' et de β, reprendre dans le volume 2, cours 3, au chapitre 7 «Les méthodes psychophysiques», l'illustration du modèle de la Détection du signal avec les deux courbes (normales) pour la distribution des états d'observation correspondant au Bruit ($f_B(z)$) et des états d'observation correspondant à la présentation $S + B$ ($f_S(z)$).
>
> 1. Calcul de d'
>
> Les valeurs de z correspondant aux fausses alarmes – $p(s/B) = 0{,}206$ – et de détections correctes – $p(S/S) = 0{,}864$ – sont lues dans une table de la distribution normale réduite. Ici, $z(s/B) = + 0{,}82$, valeur correspondant à .206, et $z(s/S) = - 1{,}10$, valeur correspondant à .864. Le signe moins de la seconde résulte du fait que cette valeur est située en dessous de la moyenne dc la distribution du signal.
> On calcule alors :
>
> $$d' = z(s/B) - z(s/S)$$
> $$\text{soit } d' = + 0{,}82 - (- 1{,}10) = 1{,}92$$
>
> 2. Calcul de β
>
> En utilisant une table de la distribution normale (*cf.* Bonnet, 1986) des z, on relève les valeurs de densités de probabilité correspondant aux deux valeurs de z. Soit pour
>
> $$z(s/B) = 0{,}82 \rightarrow f_B(z) = 0{,}2850 \text{ et pour}$$
> $$z(s/S) = - 1{,}10 \rightarrow f_S(z) = 0{,}2179.$$
>
> On calcule alors :
>
> $$\beta = f_S(z)/f_B(z) = 0{,}2179/0{,}2850 = 0{,}76$$

CALCUL DE *d'* et de β.

La règle de décision consiste alors à se donner comme critère de réponse une valeur d'état d'observation z_c à laquelle correspond une valeur β du rapport de vraisemblance telle que si, à un essai donné (i), l'état d'observation est inférieur à z_c, le sujet répond toujours «bruit», mais que, s'il est égal ou supérieur à z_c, il répond toujours «signal». Le modèle de décision est donc simple. Il introduit l'idée d'un critère de réponse, c'est-à-dire d'une certaine valeur d'une variable hypothétique dont la statistique β est un indice. La validité du modèle de la TDS dépend de manière cruciale de l'hypothèse d'égalité des variances des distributions $f_S(z)$ et $f_B(z)$. C'est en effet à cette condition que le critère de décision du sujet peut changer, sans que se modifie la valeur de d'. On a montré (*cf.* Bonnet, 1986) que, si les variances étaient égales, alors la courbe ROC en coordonnées normales réduites est une droite dont la pente est égale à l'unité. Son équation est :

$$z(s/S) = b - a\, z(s/B)$$

où a, la pente de la droite, vaut 1. Dans ce cas l'ordonnée à l'origine (b) est égale à d'. On se rappelle en effet que :

$$d' = z(s/B) - z(s/S)$$

La courbe ROC utilisée pour étudier les stratégies de réponse des sujets est indispensable à la vérification de l'hypothèse d'égalité des variances. Ce n'est, en effet, que dans ce cas que la comparaison de deux *d'* est valide.

2.1.3. *Temps de réaction et décision*

Dans toutes les tâches de détection, de discrimination, de catégorisation, d'identification, dans lesquelles on se préoccupe du temps mis par le sujet pour répondre, on parle de *temps de réaction* (*cf.* Bonnet, 1986 et 1993 ; Luce, 1986), si la consigne précise que le sujet doit répondre le plus rapidement possible, et de *temps de réponse*, si le recueil des temps se fait à l'insu du sujet, sans qu'il y ait de consigne explicite de rapidité. L'étude de ces temps de réponse (TR) va nous apporter plusieurs ordres d'informations, en particulier sur les processus décisionnels mis en œuvre par le sujet.

a. *Un modèle de décision*

La plupart des modèles des TR (*cf.* Link, 1992 ; Luce 1986) supposent qu'entre le début de la présentation du stimulus et la production de la réponse, l'organisme doit accumuler de l'information avant de pouvoir prendre une décision de réponse. Il peut s'agir, par exemple, d'un nombre de potentiels d'action qui sont «comptés» jusqu'à ce qu'un critère donné soit atteint. Le taux (sa vitesse) d'accumulation augmente, par exemple, avec l'intensité de la stimulation, ou avec la discriminabilité de deux stimuli. La figure 9 présente les temps moyens de réponse en fonction des niveaux S_c dans l'expérience de discrimination des sons présentée plus haut. Cette courbe est appelée *fonction chronométrique*. On voit que le TR augmente quand la différence (en valeur

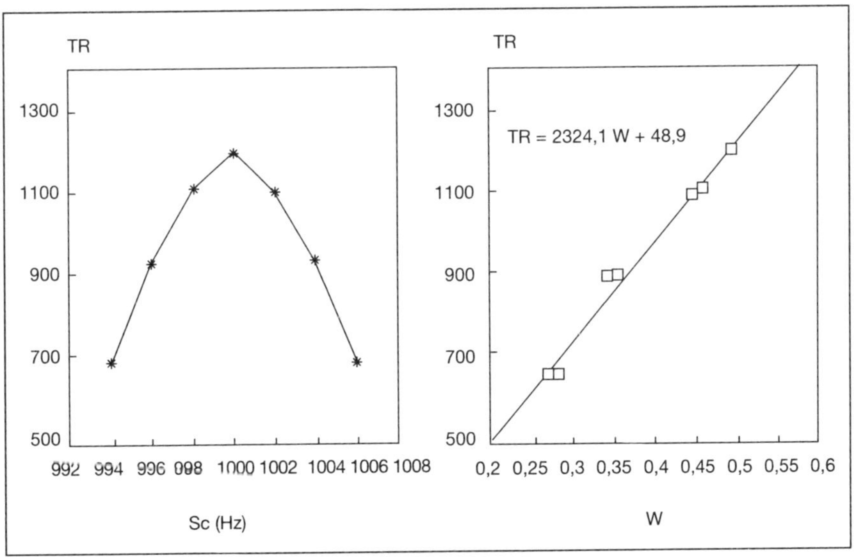

Figure 9 – Fonction chronométrique (à gauche) et fonction TRW (à droite) de la théorie ondulatoire.

absolue) entre S_c et S_e diminue. On montre (Link, 1992) que cette fonction est symétrique si, et seulement si, le critère des réponses «grave» et des réponses «aigu» sont équidistants d'un niveau de base (voir plus bas).

Le nombre d'informations (potentiels d'action) engendrées par un stimulus fluctue aléatoirement de moment en moment. Discriminer deux stimuli revient alors à comparer leurs quantités d'information respectives. Ceci peut être réalisé en accumulant ces différences de moment en moment. Dans la figure 10, on a représenté ce processus simulé.

Le niveau 0 correspond au bruit de fond. La ligne qui fluctue de moment en moment autour de ce zéro est la valeur instantanée des différences d'information S_c-S_e. La ligne fluctuante qui s'écarte de ce niveau représente le cumul de ces différences d'un moment au suivant. Le modèle considère que le sujet se donne un critère de réponse (*R*(grave) et *R*(aigu)) et produit sa réponse lorsque le processus d'accumulation a atteint ce critère. Le temps de réponse correspond ainsi à un nombre de réponses accumulées.

Selon ce modèle, appelé théorie ondulatoire par Link (1992), la pente de la fonction psychométrique est une estimation combinée de la discriminabilité des stimuli et du niveau du critère. Le seuil différentiel est inversement proportionnel à la pente de la fonction psychométrique. Sa valeur dépend donc aussi du critère de réponse. L'équation de la fonction chronométrique est complexe ; par contre, le modèle permet de prédire une relation linéaire entre le TR et la discriminabilité des stimuli et d'estimer le critère de réponse et sa stabilité.

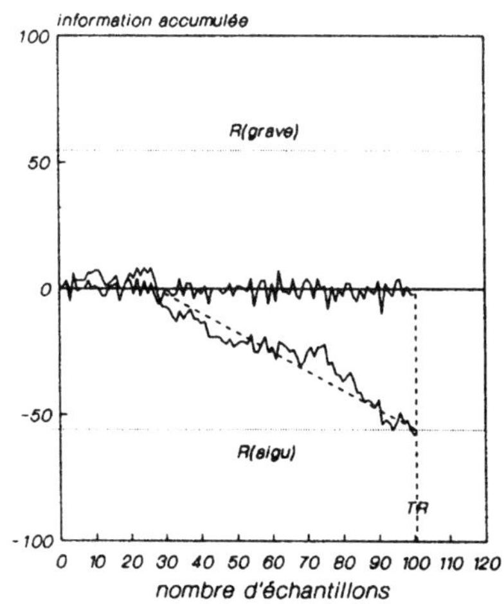

Figure 10 – Schéma du processus hypothétique de génération d'une réponse «plus aigu» dans la théorie ondulatoire. La courbe zigzagante autour de zéro représente la variation des signaux correspondant à (S_c-S_e) de moment en moment.
La courbe en trait épais est l'accumulation (somme algébrique) de moment en moment.
R(grave) et *R*(aigu) sont les deux seuils de réponse (critère).

Nous proposons la formulation suivante de cette fonction de latence de discrimination ou encore fonction *TR/W* :

$$TR = cW + t_o$$

où *c*, la pente, est une estimation du nombre moyen d'informations accumulées jusqu'au critère, et t_o, l'ordonnée à l'origine, une constante de temps non décisionnelle. *W* est une mesure inverse de la discriminabilité :

$$W = \frac{[2\,p^*(A)] - 1}{logit^*(p)}$$

où $p^*(A)$ et $logit^*(p)$ sont respectivement les probabilités théoriques des réponses «aigu» et les valeurs logits correspondantes estimées à partir de l'équation de la fonction psychométrique. L'ajustement de cette fonction est montré figure 4 et les valeurs estimées de *W* dans le tableau 1.

b. *Décomposition d'un temps de réaction*

Dans le modèle qui vient d'être présenté, on voit que l'on peut décomposer un temps de réaction en une composante sensorielle et une composante décisionnelle. Donders (*cf.* Bonnet, 1986) avait considéré que le *TRC* (mesure de performance) était la somme de quatre latences, par définition, non observables directement :

$$TRC = t_{sens.} + t_{discr.} + t_{décis.} + t_{mot.}$$

où $t_{sens.}$ est la latence (temps) des processus purement sensoriels. Elle est suivie d'une opération de discrimination perceptive ($t_{discr.}$) entre les deux stimuli possibles (le stimulus est-il plus grave ou plus aigu que l'étalon ?). Ensuite viennent les opérations concernant directement la réponse, c'est-à-dire l'application de règles du type «si le stimulus est plus grave alors appuyer sur la clef de gauche». Le temps de cette opération de choix de la réponse selon une règle est $t_{décis.}$. Enfin vient la latence de la réponse proprement motrice : $t_{mot.}$ est la latence s'écoulant entre la commande corticale et l'aboutissement du geste (appui sur le bouton).

En comparant temps de réaction simple (*TRS*) et temps de réaction de choix (*TRC*), on observe que les seconds sont systématiquement plus longs que les premiers. Ceci résulterait de deux facteurs. En premier lieu, dans les *TRS*, il n'y a pas d'opération de discrimination entre deux signaux, mais seulement entre un signal et le bruit (voir figure 11). En second lieu, l'opération de décision est plus simple puisqu'elle n'implique que le choix : répondre ou non. Cette conception étant supposée valide, il apparaît tout de suite que si la règle de correspondance entre stimulus et réponse est complexe et plus ou moins arbitraire, la différence entre *TRS* et *TRC* augmentera. Cette hypothèse est la motivation principale de nombreuses recherches utilisant les temps de réaction.

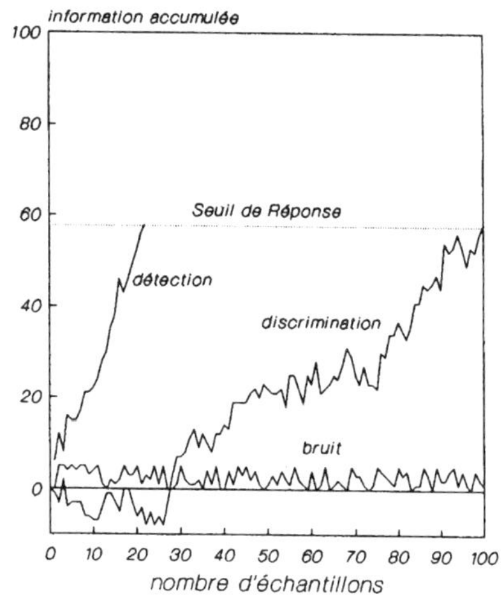

Figure 11 – Comparaison des processus hypothétiques dans une tâche de *TRS* (détection) et de *TRC* (discrimination) dans le cadre de la théorie ondulatoire.

c. *Temps de réponse et discrimination*

Le modèle ondulatoire qui vient d'être présenté montre comment, par exemple, un abaissement du critère de réponse va augmenter la pente de la fonction psychométrique et par là diminuer le seuil différentiel. L'étude des fonctions *TR/W* permet de mieux comprendre l'origine de ces changements. Dans la théorie de la détection du signal, la discriminabilité, facteur sensoriel, est supposée dépendre uniquement du rapport Signal/Bruit. De manière analogue, dans le modèle ondulatoire, elle dépendrait uniquement du rapport $(S_c–S_e)/S_e$. Cette discriminabilité se traduit, dans le modèle, par la pente moyenne des fonctions d'accumulation qui serait constante pour une différence donnée de $(S_c–S_e)$. Dans cette perspective, on remarquera que le modèle continue à s'appliquer lorsque les différences $(S_c–S_e)$ sont largement supraliminaires, c'est-à-dire donnent lieu à 100 % de réponses correctes de discrimination. Dans ce cas, seul le temps de réponse est un indice de performance traduisant l'effet de la discriminabilité. La loi de Piéron, largement utilisée dans le chapitre «Bases physiologiques», est une illustration de cette prédiction. Jusqu'à présent, nous n'avons envisagé que des exemples dans lesquels il y avait symétrie entre les deux seuils de réponse. Ceci ne se produit pas toujours, et, pour des raisons diverses, le sujet peut être plus préparé à répondre à une éventualité qu'à l'autre. Dans ce cas, les *TR* seront plus courts pour cette éventualité. On saura alors qu'il existe un biais de réponse (*cf.* Bonnet, 1990) et que l'interprétation des mesures de discrimination doit être faite avec circonspection.

d. *Un modèle de devinement*

Envisageons maintenant un tel cas d'asymétrie : une expérience de décision lexicale. À chaque essai, on présente brièvement sur l'écran une suite de lettres formant ou non un mot de la langue du sujet. Sa tâche consiste à décider si la suite de lettres est un mot (appui sur le bouton de gauche par exemple) ou n'est pas un mot (appui sur le bouton de droite). Dans ce cas, on observera que systématiquement les *TRC* pour la réponse «mot» sont plus courts que les *TRC* pour les réponses «non-mot». La différence peut atteindre et même dépasser 150 ms. On explique cette différence en supposant que le sujet doit parcourir son lexique mental avant de répondre. Il donne la réponse «mot» dès qu'il y rencontre la suite de lettres présentée. Il se prépare donc plus pour répondre «mot» que pour répondre «non-mot». Si, ayant parcouru tout le lexique, il n'y a pas trouvé la suite présentée, il doit alors modifier sa décision concernant le choix de la réponse. Ce changement va augmenter encore la différence entre les deux types de réponse. En somme, la nature même de la tâche le contraint à adopter une règle de décision que nous appelons «*sinon... alors*», règle qui introduit toujours une asymétrie dans les durées des *TRC*. Les résultats d'une expérience fictive suggérée par Link vont nous aider à approfondir notre réflexion. L'expérience porte sur une tâche de décision lexicale et compare les résultats de deux groupes de sujets : des Américains de souche (*A*) et des émigrants récents (*NA*). Plusieurs indices de performance ont été calculés (voir tableau 4) : P_c, le pourcentage de réponses «mot» correctes ; *TRC*, le *TR* des réponses «mot» ; T_c, le *TR* des réponses «mot» correctes ; T_e, le *TR* des réponses erronées («non-mot» au lieu de «mot»).

	P_c	*TRC*	T_c	T_e
A	0,95	616	580	1 300
NA	0,75	570	560	600

Tableau 34 – Pourcentage de réponses «mot» et Temps de réaction.

Les sujets *A* ont des P_c plus élevés que les sujets *NA*, mais aussi des temps de réponse plus longs que ces derniers. On pourrait alors penser que le temps de réaction augmente avec la longueur du lexique mental. Cependant, on remarque que les sujets *A* font malgré tout des erreurs et ont des T_e extrêmement longs. Ceci nous suggère que ces sujets pourraient bien, dans un certain nombre d'essais, tenter de deviner sans identifier réellement. Supposons qu'à chaque essai le sujet soit dans l'un ou l'autre de deux états : soit d'identification parfaite (*I*), soit de devinement (*D*). On peut alors montrer que la probabilité que le sujet soit dans l'état *I* est égale à :

$$p_I = P_c - P_e$$

où $P_e = 1 - P_c$ est le pourcentage d'erreurs.

Les valeurs de p_I sont respectivement de 90 % pour le groupe *A* et de 50 % pour le groupe *NA*. Link a montré que l'on pouvait estimer le *TR* des réponses dans l'état d'identification par :

$$T_I = \frac{(P_c T_c) - (P_e T_e)}{P_I}$$

En effectuant ces calculs, on constate que les deux groupes ont la même moyenne des temps d'identification (T_I = 540 ms). Un tel résultat suggère donc que la recherche se fait dans le lexique en parallèle et non sériellement. Le temps de réaction des réponses correctes ne dépendrait donc pas de la taille du lexique.

2.1.4. *Conclusions*

La compréhension des mécanismes de traitement de l'information passe par des expérimentations rigoureuses. Leur méthodologie ne saurait éviter de prendre en compte la phase d'élaboration des réponses, et donc de décision, dont les processus sont loin d'être toujours conscients pour les sujets. Nous avons présenté dans ce chapitre quelques exemples dont l'objet était de montrer que l'interprétation des résultats, de la performance, pouvait être remise en cause par la considération d'un modèle de décision adéquat. Nous sommes loin d'avoir épuisé la matière. Sur ces bases, on avance l'idée selon laquelle plus le mécanisme que l'on cherche à étudier est précoce dans la chaîne des traitements, moins ses effets auront de chance d'apparaître directement dans la performance. Dans ce domaine, on appelle biais de réponse tous les effets qui peuvent affecter la composante décisionnelle de la réponse (*D* dans la formule $R = f(I, D, e)$). De nombreuses expériences (Bonnet, 1990 ; Gescheider, 1988 ; Luce, 1986) ont mis en évidence des effets de la fréquence relative d'apparition des stimuli, des effets de l'étendue de la série des valeurs des stimuli utilisés, de la symétrie de cette série par rapport à un étalon. La majorité de ces biais de réponse peut être attribuée au contexte expérimental. De ce fait, ce sont bien des phénomènes d'ordre cognitif. Ils ont leur intérêt en eux-mêmes, par exemple dans les études psychologiques sur le jugement et l'évaluation.

2.2. **Modèles stochastiques d'adaptation et d'apprentissage**

On donnera dans cette section un exemple de modèle probabiliste, qu'on appelle encore modèle stochastique. Ces modèles ont été développés en psychologie pour expliquer l'adaptation à la fréquence des événements dans des situations où ces événements sont aléatoires mais pas nécessairement équiprobables. Les modèles stochastiques ont d'abord été utilisés pour expliquer les phénomènes de conditionnement : ils expriment bien l'idée que les probabilités de réponse évoluent pour s'adapter aux fréquences des événements à partir d'associations locales et que c'est le cumul de ces associations locales qui produit le phénomène global d'adaptation.

Ces modèles ont été aussi beaucoup utilisés pour expliquer les phénomènes d'attente ou de préparation sélective à l'arrivée de certains stimulus auxquels il faut réagir : situations de temps de réaction, de prédiction ou de détection perceptive. Dans ces situations on observe deux types de phénomènes : d'une part l'adaptation aux fréquences, marquée par le fait que le sujet répond plus rapidement aux stimulus les plus fréquents ou les détecte plus souvent ; d'autre part ce que l'on appelle des effets séquentiels. Ces derniers consistent dans le fait que la fréquence de réponse ou le temps de réponse dépend non seulement du stimulus actuel et de l'état d'attente à ce stimulus mais également de la nature du stimulus précédent ou des stimulus précédents ou encore de la nature de la réponse précédente.

Les modèles stochastiques testent la théorie psychologique selon laquelle ces deux phénomènes résultent d'un même mécanisme : l'adaptation aux fréquences des événements se fait par le biais d'évolutions au coup-par-coup qui ne dépendent que du stimulus qui vient de se produire et qui s'expriment par des évolutions de probabilités d'association.

Nous présenterons deux modèles qui ont été proposés pour une situation de détection perceptive étudiée par Leplat, Chesnais et Gulian (1971). Ces deux modèles permettent de tester deux hypothèses psychologiques et de répondre ainsi à des questions par rapport auxquelles les méthodes statistiques habituelles sont trop grossières. Le principe de cette méthodologie est le suivant : on exprime l'hypothèse psychologique sous la forme d'un modèle mathématique probabiliste qui décrit un fonctionnement correspondant à cette hypothèse et permet de le simuler. On compare ensuite le comportement du modèle et le comportement du sujet, en vue de déterminer si le comportement du modèle est suffisamment proche de celui du sujet pour qu'on puisse admettre qu'il simule le comportement du sujet et pour qu'ainsi l'hypothèse sur laquelle est construit le modèle puisse être considérée comme valide.

2.2.1. *La situation expérimentale*

À chaque essai on présente au sujet une carte portant un trait imprimé qui peut être soit court (40 mm) soit long (43 mm). Le sujet a un paquet de cartes : il doit retourner chaque carte et pour chacune il donne comme réponse «court» ou «long». Après une phase de préparation destinée à lui permettre de bien comprendre la tâche, il a 2 000 cartes à trier, réparties en quatre paquets de 500 cartes correspondant aux conditions expérimentales.

Les quatre conditions expérimentales diffèrent par la fréquence de chaque catégorie de signaux. La fréquence des signaux courts pouvait être de .10 (c'est-à-dire 0,10 ou 10 %), .25, .50 ou .75, celle des signaux longs étant respectivement de .90, .75,.50 et .25 :

Conditions expérimentales	Signaux courts (s_1)	Signaux longs (s_2)
A	.50 (250 cartes/500)	.50 (250 carte/500)
B	.10 (50 cartes/500)	.90 (450 cartes/500)
C	.75 (375 cartes/500)	.25 (125 cartes/500)
D	.25 (125 cartes/500)	.75 (375 cartes/500)

Le sujet était informé au début de chaque paquet de la fréquence des signaux courts et longs du paquet. La consigne précisait qu'il devait répondre «le plus vite et le plus correctement possible». À la fin de chaque paquet on indiquait au sujet le nombre d'erreurs commises et le temps mis pour trier les cartes. Une pause d'une minute était accordée entre chaque condition.

2.2.2. *Un modèle de détection dépendante de l'état de préparation : le modèle de Leplat, Chesnais et Gulian*

Ce modèle fait l'hypothèse que le sujet peut se trouver dans deux états de préparation possibles vis-à-vis du stimulus : il est préparé à s_1 (trait court), ce qu'on peut traduire par «il s'attend à s_1», ou il est préparé à s_2 (trait long). On notera :

$z_{1,n}$ pour l'état : «le sujet est préparé à s_1 à l'essai n» et

$z_{2,n}$ pour l'état : «le sujet est préparé à s_2 à l'essai n» ;

$P(z_{1,n})$ dénote la probabilité que le sujet soit préparé à s_1 à l'essai n ;

$P(z_{2,n})$ dénote la probabilité que le sujet soit préparé à s_2 à l'essai n.

On a : $P(z_{2,n}) = 1 - P(z_{1,n})$, car on suppose que le sujet est nécessairement préparé à l'un de ces deux états.

On a donc à chaque essai *deux événements observables* :

S,n : le stimulus qui peut être $s_{1,n}$ ou $s_{2,n}$,

R,n : la réponse qui peut être $r_{1,n}$ ou $r_{2,n}$,

et un *état hypothétique*, l'état de préparation ou d'attente, qui peut être : $z_{1,n}$ ou $z_{2,n}$.

Pour spécifier le modèle, il faut une règle qui précise dans quelles conditions survient le stimulus, dans quelles conditions est donnée la réponse et dans quelles conditions se modifie l'état de préparation. La règle qui détermine si c'est s_1 ou s_2 qui apparaît est la *règle d'expérimentation*, qui consiste en un tirage au sort à partir de la probabilité de chaque stimulus. Nous appelons π la probabilité du stimulus s_1 et $1 - \pi$ la probabilité du stimulus s_2.

règle d'expérimentation

probabilité de s_1	π
probabilité de s_2	$1 - \pi$

La règle qui précise si c'est r_1 ou r_2 qui est émise est appelée la *règle de réponse* ou l'*axiome de réponse*. Dans le modèle, cette règle est la suivante :

- si le sujet est dans l'état de préparation qui correspond au stimulus, il donne toujours la réponse qui correspond au stimulus et à l'état de préparation, c'est-à-dire :

$$P\,(r_{1,n}/z_{1,n} \text{ et } s_{1,n}) = 1 \text{ et } P\,(r_{2,n}/z_{2,n} \text{ et } s_{2,n}) = 1$$

$P\,(r_{1,n}/z_{1,n}$ et $s_{1,n})$ se lit : probabilité d'avoir à l'essai n la réponse r_1 («court») si l'état de préparation est z_1 et si le stimulus est s_1.)

- si le stimulus ne correspond pas à l'état de préparation, il y a conflit entre le stimulus et l'état de préparation : la réponse correspondant à l'état de préparation est donnée avec la probabilité Ω, si l'état de préparation est $z_{1,n}$ et le stimulus $s_{2,n}$, et ß si l'état de préparation est $z_{2,n}$ et le stimulus $s_{1,n}$. La réponse correspondant au stimulus est donnée avec la probabilité $1 - \Omega$ si l'état de préparation est $z_{1,n}$, et $1 - ß$ si l'état de préparation est $z_{2,n}$. On a donc :

$$P\,(r_{1,n}/z_{1,n} \text{ et } s_{2,n}) = \Omega \text{ (oméga) et } P\,(r_{2,n}/z_{1,n} \text{ et } s_{2,n}) = 1 - \Omega$$

$$P\,(r_{2,n}/z_{2,n} \text{ et } s_{1,n}) = ß \text{ (béta) et } P\,(r_{1,n}/z_{2,n} \text{ et } s_{1,n}) = 1 - ß$$

règle de réponse	conditions		probabilité	action
	état de préparation	stimulus essai n		
le sujet est dans l'état de préparation correspondant au stimulus à l'essai n	z_1	s_1	1	r_1
	z_2	s_2	1	r_2
le sujet est dans l'état de préparation correspondant à l'autre stimulus à l'essai n	z_1	s_2	Ω	r_1
	z_1	s_2	$1 - \Omega$	r_2
	z_2	s_1	ß	r_2
	z_2	s_1	$1 - ß$	r_1

La règle qui précise si l'état de préparation à l'essai suivant sera z_1 ou z_2 est appelée la *règle d'adaptation* ou l'*axiome d'adaptation*. Dans le modèle cette règle est la suivante :

- si à l'essai n la réponse donnée est celle qui correspond à l'état de préparation, l'état de préparation ne change pas à l'essai suivant : essai $n + 1$;
- si à l'essai n la réponse donnée est celle qui ne correspond pas à l'état de préparation, avec la probabilité ∂ (delta) l'état de préparation change et devient l'état correspondant à la réponse qui a été donnée. Avec la probabilité complémentaire $1 - \partial$ l'état ne change pas.

règle d'adaptation	conditions		probabilité	état de préparation essai $n + 1$
	état de préparation essai n	réponse essai n		
la réponse donnée à l'essai n correspond à l'état de préparation à l'essai n	z_1 z_2	r_1 r_2	1 1	z_1 z_2
la réponse donnée à l'essai n ne correspond pas à l'état de préparation à l'essai n	z_1 z_1 z_2 z_2	r_2 r_2 r_1 r_1	∂ $1 - \partial$ ∂ $1 - \partial$	z_2 z_1 z_1 z_2

L'état de préparation et les deux règles que sont la règle de réponse et la règle d'adaptation constituent le mécanisme du modèle. Si l'on introduit la règle d'expérimentation, qui définit sous quelles conditions est présenté chaque stimulus, ce mécanisme engendre un processus, c'est-à-dire une suite d'événements, ayant chacun une probabilité d'apparition.

On peut représenter par le tableau suivant (tableau 4a) le fonctionnement du modèle. Ce tableau donne l'ensemble des cas possibles (un cas est représenté dans une ligne) pour les événements État de préparation, Stimulus et Réponse à l'essai n et l'événement État de préparation à l'essai $n + 1$, à l'exception de ceux dont la probabilité est nulle, lesquels ne sont pas représentés. La probabilité qui est indiquée avant chaque événement est la probabilité de l'événement compte tenu de ce qui précède.

Sur ce tableau :

- $P(z_{1,n})$ est la probabilité de $z_{1,n}$ au début de l'essai : c'est la probabilité que l'on avait pour $z_{1,n+1}$ à l'essai précédent ;
- π est la probabilité que le stimulus s_1 apparaisse, $1 - \pi$ celle que s_2 apparaisse ;

- Ω est la probabilité que r_1 soit donnée si l'état de préparation est z_1 et le stimulus s_2 et 1 – Ω la probabilité complémentaire que r_2 soit donnée (voir axiome de réponse) ;
- ß est la probabilité que r_2 soit donnée si l'état de préparation est z_2 et le stimulus s_1 et 1 – ß la probabilité complémentaire que r_1 soit donnée (voir axiome de réponse) ;
- ∂ est la probabilité que l'état de préparation change à l'essai $n + 1$ quand a été donnée à l'essai n la réponse qui ne correspond pas à l'état de préparation à l'essai n.

Chaque ligne donne une configuration de quatre événements : le fait d'être dans l'état $z_{1,n}$ ou $z_{2,n}$ à l'essai n, le fait d'avoir s_1 ou s_2 à ce même essai, le fait que r_1 ou r_2 soit donnée et le fait d'être dans l'état $z_{1,n}$ ou $z_{2,n}$ à l'essai $n + 1$. Pour avoir la probabilité d'avoir à la fois les quatre événements figurant dans la ligne il suffit de multiplier les probabilités figurant devant chaque événement : ces probabilités sont la probabilité de l'événement étant donné ce qui précède.

essai n								essai $n + 1$		probabilité des 4 événements
$P(z_{1,n})$	$z_{1,n}$	π	$s_{1,n}$	1	$r_{1,n}$			1	$z_{1,n+1}$	$P(z_{1,n})\,\pi$
$P(z_{1,n})$	$z_{1,n}$	$1-\pi$	$s_{2,n}$	Ω	$r_{1,n}$			1	$z_{1,n+1}$	$P(z_{1,n})(1-\pi)\,\Omega$
$P(z_{1,n})$	$z_{1,n}$	$1-\pi$	$s_{2,n}$	$1-\Omega$	$r_{2,n}$			$1-\partial$	$z_{1,n+1}$	$P(z_{1,n})(1-\pi)(1-\Omega)(1-\partial)$
$P(z_{1,n})$	$z_{1,n}$	$1-\pi$	$s_{2,n}$	$1-\Omega$	$r_{2,n}$			∂	$z_{2,n+1}$	$P(z_{1,n})(1-\pi)(1-\Omega)\,\partial$
$P(z_{2,n})$	$z_{2,n}$	π	$s_{1,n}$	$1-ß$	$r_{1,n}$			∂	$z_{1,n+1}$	$P(z_{2,n})(\pi(1-ß)\,\partial$
$P(z_{2,n})$	$z_{2,n}$	π	$s_{1,n}$	$1-ß$	$r_{1,n}$			$1-\partial$	$z_{2,n+1}$	$P(z_{2,n})\,\pi\,(1-ß)(1-\partial)$
$P(z_{2,n})$	$z_{2,n}$	π	$s_{1,n}$	$ß$	$r_{2,n}$			1	$z_{2,n+1}$	$P(z_{2,n})\,\pi\,ß$
$P(z_{2,n})$	$z_{2,n}$	$1-\pi$	$s_{2,n}$	1	$r_{2,n}$			1	$z_{2,n+1}$	$P(z_{2,n})\,(1-\pi)$

Tableau 4a – Fonctionnement du modèle de Leplat, Chesnais et Gulian sur un essai et l'état de préparation de l'essai suivant.

La dernière colonne du tableau indique la probabilité d'avoir simultanément les quatre événements de chaque ligne. C'est ce qu'on appelle une probabilité composée : c'est le produit des probabilités associées aux événements de chaque ligne, lesquelles sont des probabilités conditionnelles. L'encart ci-joint démontre pourquoi la probabilité des quatre événements de la ligne est le produit des probabilités qui figurent à côté de chaque événement dans le tableau.

Probabilités composées

Pour la ligne 1, la probabilité indiquée à l'avant-dernière colonne, à savoir 1, est la probabilité d'avoir $z_{1,n+1}$, étant donné ce qui précède, ce qui s'écrit :

$P(z_{1,n+1}/z_{1,n}, r_{1,n} \text{ et } s_{1,n}) = 1$

pour $r_{1,n}$ on a de même : $P(r_{1,n}/z_{1,n} \text{ et } s_{1,n}) = 1$

La probabilité d'avoir la conjonction de $z_{1,n+1}$, $r_{1,n}$, $s_{1,n}$ et $z_{1,n}$ s'écrit :

$P(z_{1,n+1} \text{ et } r_{1,n}, s_{1,n} \text{ et } z_{1,n}) = P(z_{1,n})\,\pi$. En effet,

$P(z_{1,n+1} \text{ et } r_{1,n}, s_{1,n} \text{ et } z_{1,n}) = P(z_{1,n+1}/r_{1,n}, s_{1,n} \text{ et } z_{1,n})\, P(r_{1,n}, s_{1,n} \text{ et } z_{1,n})$.

C'est l'application du théorème des probabilités composées : soit 2 événements A et B, par définition : $P(A \text{ et } B) = P(A/B)\, P(B)$

Par ailleurs,

$P(r_{1,n}, s_{1,n} \text{ et } z_{1,n}) = P(r_{1,n}/s_{1,n} \text{ et } z_{1,n})\, P(s_{1,n} \text{ et } z_{1,n})$,

$P(s_{1,n} \text{ et } z_{1,n}) = P(s_{1,n}/z_{1,n})\, P(z_{1,n})$ donc :

$P(z_{1,n+1}, r_{1,n}, s_{1,n} \text{ et } z_{1,n}) = P(z_{1,n+1}/r_{1,n}, s_{1,n} \text{ et } z_{1,n}) P(r_{1,n}/s_{1,n} \text{ et } z_{1,n})$
$P(s_{1,n}/z_{1,n})\, P(z_{1,n})$,

c'est-à-dire : $P(z_{1,n+1} \text{ et } r_{1,n} \text{ et } s_{1,n}) = P(z_{1,n})\,\pi$

Pour la ligne 2, la probabilité d'avoir $z_{1,n+1}$, $r_{1,n}$, $s_{1,n}$ et $z_{1,n}$ est :

$P(z_{1,n+1} \text{ et } r_{1,n}, s_{1,n} \text{ et } z_{1,n}) = P(z_{1,n})\,(1 - \pi)$

etc.

On peut tester l'hypothèse que l'état de préparation influe sur la fréquence de réponse correcte. En effet, l'état de préparation n'a pas d'influence sur la réponse correcte, cela veut dire que :

$P(r_{1,n}/s_{1,n} \text{ et } z_{1,n}) = P(r_{1,n}/s_{1,n} \text{ et } z_{2,n})$

et $P(r_{2,n}/s_{2,n} \text{ et } z_{1,n}) = P(r_{2,}/s_{2,n} \text{ et } z_{2,n})$

donc, si l'on se réfère au tableau 4, que

$1 = 1 - ß$ et $1 = 1 - \Omega$, c'est -à-dire que $ß = 0$ et $\Omega = 0$.

Il faut donc estimer les valeurs des paramètres ß et Ω. Pour cela il faut écrire les équations qui lient ces paramètres à des quantités telles que $P(r_{1,n})$, $P(r_{1,n}/s_{1,n})$, $Pr_{1,n}/s_{2,n})$, etc., pour lesquelles on a des valeurs observées $f(r_{1,n})$, $f(r_{1,n}/s_{1,n})$, $f(r_{1,n}/s_{2,n})$: fréquence de la réponse r_1 quand le stimulus est s_1, fréquence de réponse r_1 quand le stimulus est s_2. Comme les fréquences observées sont des estimations des probabilités correspondantes, il suffit de substituer dans les équations les fréquences observées aux probabilités correspondantes et de résoudre ensuite les équations pour obtenir les valeurs des paramètres.

Les quantités intéressantes pour estimer Ω et ß sont $P(r_{2,n}/s_{2,n})$ et $P(r_{1,n}/s_{2,n})$, car c'est dans ces statistiques que ces paramètres interviennent. On peut démontrer que :

$P(z_{1,n})$ tend vers une valeur asymptotique qui est $\pi(1 - ß)/(1 - \Omega + \pi(\Omega - ß)$,

$ß = P(r_2/s_1)/P(r_2)$

$\Omega = P(r_1/s_2)/P(r_1)$

On a les valeurs observées suivantes :

$\pi =$	.10	.25	.50	.75
$F(r_1) =$	.146	.277	.495	.725
$F(r_2) =$	.854	.723	.505	.275
$F(r_1/s_2) =$	.08	.11	.14	.26
$F(r_2/s_1) =$	.26	.22	.15	.12

À partir des équations ci-dessus on obtient les valeurs des paramètres Ω et ß :

$\pi =$	.10	.25	.50	.75
$\Omega =$	.55	.40	.28	.36
$ß =$	.30	.30	.30	.44

Il n'y a pas de raison théorique pour que les valeurs de ces paramètres varient d'une condition à l'autre. De fait, il y a des variations, mais elles ne sont pas considérables, compte tenu du fait que les estimations ne portent pas sur un nombre très important de données. On fera donc une estimation commune en prenant la moyenne. On a donc

$$\Omega = .40 \qquad ß = .33$$

Ces valeurs sont éloignées de zéro : les données sont donc en faveur de l'hypothèse que l'état de préparation a une influence sur la fréquence de réponse correcte.

Une autre façon de tester la validité du modèle, et qui est plus exigeante, est de tenter de simuler à partir du modèle le comportement des sujets. Nous avons obtenu l'estimation de Ω et ß mais pas celle de ∂. Or l'écriture des équations qui permettent d'obtenir ∂ fait intervenir deux essais : en effet, les statistiques qui sont pertinentes pour estimer ∂ sont du type $f(s_1/s_{1,n}$ et $s_{1,n-1})$, $f(s_{1,n}/s_{1,n}$ et $s_{2,n-1})$, $f(s_{1,n}/s_{1,n}$ et $r_{1,n-1})$, $f(s_{1,n}/s_{1,n}$ et $r_{2,n-1})$. Nous allons donc construire un tableau du même type que le tableau 4 mais portant sur les événements de deux essais successifs. À partir du tableau 4 on peut, si l'on donne des valeurs aux paramètres Ω, ß et ∂ ainsi qu'une valeur de départ à $P(z_{1,n})$, simuler le compor-

1	$P(z_{1,n-1})$	$z_{1,n-1}$	π	s_1	1	r_1	1	$z_{1,n}$	π	s_1	1	r_1	$P(z_{1,n-1})\ \pi^2$
2	$P(z_{1,n-1})$	$z_{1',n-1}$	π	s_1	1	r_1	1	$z_{1',n}$	$1-\pi$	s_2	Ω	r	$P(z_{1',n-1})\ \pi(1-\pi)\Omega$
3	$P(z_{1,n-1})$	$z_{1,n-1}$	π	s_1	1	r_1	1	$z_{1,n}$	$1-\pi$	s_2	$1-\Omega$	r_2	$P(z_{1,n-1})\ \pi(1-\pi)(1-\Omega)$
4	$P(z_{1,n-1})$	$z_{1,n-1}$	$1-\pi$	s_2	Ω	r_1	1	$z_{1,n}$	π	s_1	1	r_1	$P(z_{1,n-1})(1-\pi)\ \Omega\ \pi$
5	$P(z_{1,n-1})$	$z_{1,n-1}$	$1-\pi$	s_2	Ω	r_1	1	$z_{1,n}$	$1-\pi$	s_2	Ω	r_1	$P(z_{1,n-1})(1-\pi)^2\Omega^2$
6	$P(z_{1,n-1})$	$z_{1,n-1}$	$1-\pi$	s_2	Ω	r_1	1	$z_{1,n}$	$1-\pi$	s_2	$1-\Omega$	r_2	$P(z_{1,n-1})(1-\pi)^2\ \Omega(1-\Omega)$
7	$P(z_{1,n-1})$	$z_{1,n-1}$	$1-\pi$	s_2	$1-\Omega$	r_2	$1-\partial$	$z_{1,n}$	π	s_1	1	r_1	$P(z_{1,n-1})(1-\pi)(1-\Omega)(1-\partial)\ \pi$
8	$P(z_{1,n-1})$	$z_{1,n-1}$	$1-\pi$	s_2	$1-\Omega$	r_2	$1-\partial$	$z_{1,n}$	$1-\pi$	s_2	Ω	r_1	$P(z_{1,n-1})(1-\pi)^2(1-\Omega)(1-\partial)\Omega$
9	$P(z_{1,n-1})$	$z_{1,n-1}$	$1-\pi$	s_2	$1-\Omega$	r_2	$1-\partial$	$z_{1,n}$	$1-\pi$	s_2	$1-\Omega$	r_2	$P(z_{1,n-1})(1-\pi)^2(1-\Omega)2(1-\partial)$
10	$P(z_{1,n-1})$	$z_{1,n-1}$	$1-\pi$	s_2	$1-\Omega$	r_2	∂	$z_{2,n}$	π	s_1	1 – ß	r_1	$P(z_{1,n-1})(1-\pi)(1-\Omega)\partial\ \pi(1-$ ß)
11	$P(z_{1,n-1})$	$z_{1,n-1}$	$1-\pi$	s_2	$1-\Omega$	r_2	∂	$z_{2,n}$	π	s_1	ß	r_2	$P(z_{1,n-1})(1-\pi)(1-\Omega)\ \partial\ \pi$ ß
12	$P(z_{1,n-1})$	$z_{1,n-1}$	$1-\pi$	s_2	$1-\Omega$	r_2	∂	$z_{2,n}$	$1-\pi$	s_2	1	r_2	$P(z_{1,n-1})(1-\pi)^2(1-\Omega)\ \partial$
13	$P(z_{2,n-1})$	$z_{2,n-1}$	π	s_1	1 – ß	r_1	∂	$z_{1,n}$	π	s_1	1	r_1	$P(z_{2,n-1})\ \pi^2$ (1 – ß) ∂
14	$P(z_{2,n-1})$	$z_{2,n-1}$	π	s_1	1 – ß	r_1	∂	$z_{1,n}$	$1-\pi$	s_2	Ω	r_1	$P(z_{2,n-1})\ \pi$ (1 – ß) $\partial\ (1-\pi)\Omega$
15	$P(z_{2,n-1})$	$z_{2,n-1}$	π	s_1	1 – ß	r_1	∂	$z_{1,n}$	$1-\pi$	s_2	$1-\Omega$	r_2	$P(z_{2,n-1})\pi$(1 – ß)$\partial(1-\pi)(1-\Omega)$
16	$P(z_{2,n-1})$	$z_{2,n-1}$	π	s_1	1 – ß	r_1	$1-\partial$	$z_{2,n}$	π	s_1	$1-\Omega$	r_1	$P(z_{2,n-1})\ \pi^2$(1 – ß)$^2(1-\partial)$
17	$P(z_{2,n-1})$	$z_{2,n-1}$	π	s_1	1 – ß	r_1	$1-\partial$	$z_{2,n}$	π	s_1	ß	r_2	$P(z_{2,n-1})\ \pi^2$ (1 – ß)$(1-\partial)$ ß
18	$P(z_{2,n-1})$	$z_{2,n-1}$	π	s_1	1 – ß	r_1	$1-\partial$	$z_{2,n}$	$1-\pi$	s_2	1	r_2	$P(z_{2,n-1})\ \pi$ (1 – ß)$(1-\partial)\ (1-\pi)$
19	$P(z_{2,n-1})$	$z_{2,n-1}$	π	s_1	ß	r_2	1	$z_{2,n}$	π	s_1	1 – ß	r_1	$P(z_{2,n-1})\ \pi^2$ ß (1 – ß)
20	$P(z_{2,n-1})$	$z_{2,n-1}$	π	s_1	ß	r_2	1	$z_{2,n}$	π	s_1	ß	r_2	$P(z_{2,n-1})\ \pi^2$ ß2
21	$P(z_{2,n-1})$	$z_{2,n-1}$	π	s_1	ß	r_2	1	$z_{2,n}$	$1-\pi$	s_2	1	r_2	$P(z_{2,n-1})\ \pi$ ß $(1-\pi)$
22	$P(z_{2,n-1})$	$z_{2,n-1}$	$1-\pi$	s_2	1	r_2	1	$z_{2,n}$	π	s_1	1-ß	r_1	$P(z_{2,n-1})(1-\pi)\ \pi$ (1 – ß)
23	$P(z_{2,n-1})$	$z_{2,n-1}$	$1-\pi$	s_1	1	r_2	1	$z_{2,n}$	π	s_1	ß	r_2	$P(z_{2,n-1})(1\text{-}\pi)\ \pi$ ß
24	$P(z_{2,n-1})$	$z_{2,n-1}$	$1-\pi$	s_1	1	r_2	1	$z_{2,n}$	$1-\pi$	s_2	1	r_2	$P(z_{2,n-1})(1-\pi)^2$

Tableau 5 – Fonctionnement du modèle de détection dépendant de l'état de préparation (Leplat, Chesnais et Gulian) sur deux essais.

tement du modèle pour ces valeurs de paramètres. Avec le tableau 5 on peut reconstituer le processus pour l'ensemble des essais : il suffit de calculer la nouvelle probabilité de l'événement $z_{1,n}$ et celle de l'événement $z_{2,n}$ et de faire un nouveau tableau identique au précédent en remplaçant seulement les valeurs de $P(z_{1,n-1})$ et $P(z_{2,n-1})$ par les nouvelles valeurs trouvées pour $P(z_{1,n})$ et $P(z_{2,n})$.

Le tableau 5 comporte les trois événements d'un essai et les trois événements de l'essai précédent avec les probabilités associées. On se place en fait au dernier événement observable d'un essai, la réponse, et on remonte jusqu'à l'état de préparation de l'essai précédent. Chaque ligne du tableau 5 donne la configuration des cinq événements : pour chaque événement est indiquée la probabilité de l'événement mentionné, étant donné ce qui précède, comme pour le tableau 4a, ce qui permet de calculer la probabilité composée de la configuration des cinq événements indiqués dans la ligne : cette probabilité figure en bout de ligne du tableau 5. Ce tableau a 24 lignes : on retrouve 3 fois les 8 lignes du tableau 4a, car le stimulus et la réponse à l'essai suivant ajoutent trois cas différents pour chacune des 8 lignes.

Comme on l'a montré précédemment, la probabilité composée de la configuration d'événements qui composent une ligne est le produit des probabilités qui figurent devant chaque événement. Une fois qu'on a donné une valeur à chacun des paramètres, on peut calculer la valeur numérique de la probabilité composée pour chaque ligne. Par exemple, supposons que l'on choisisse les valeurs suivantes :

$$\Omega = .40, \quad ß = .33, \quad \partial = .10,$$

que l'on fasse la simulation pour la condition $\pi = .25$ et que l'on se situe dans la phase stable où $P(z_{1,n}) = \pi(1 - ß)/(1 - \Omega + \pi(\Omega - ß)$. L'intérêt de se situer dans la phase stable est que $P(z_{1,n})$ (et donc aussi $P(z_{2,n})$) ne varie plus. On peut aussi simuler le début de l'apprentissage : on prend alors comme valeur initiale .50 pour $P(z_{1,n-1})$ et $P(z_{2,n-1})$, ce qui signifie qu'au départ le sujet n'est pas plus préparé à un trait court qu'à un trait long. Pour le second essai, on prend comme valeur de $P(z_{1,n-1})$ la valeur obtenue pour $P(z_{1,n})$ au premier essai et ainsi de suite. Le tableau 6 donne, au bout de la ligne, la probabilité composée des événements de chaque ligne pour les valeurs des paramètres indiquées ci-dessus. La valeur de $P(z_{1,n-1})$ teste la valeur asymptotique indiquée précédemment, soit $\pi(1 - ß)/(1 - \Omega + \pi(\Omega - ß)$.

Si l'on veut calculer la probabilité d'un événement comme $r_{1,n}$ ou $z_{1,n+1}$, il faut faire la somme des probabilités de toutes les lignes où figure l'événement considéré. Pour calculer $P(r_{1,n})$ on fait la somme des probabilités composées des cinq événements pour les lignes : 1, 2, 4, 5, 7, 8, 10, 13, 14, 16, 19 et 22. Pour $P(r_{2,n})$ on fait la somme des probabilités composées pour les autres lignes du tableau. Les résultats sont donnés dans le tableau 7.

0,77	$z_{1,n-1}$	0,75	s_1	1	r_1	1	$z_{1,n}$	0,75	s_1	1	r_1	0,43319
0,77	$z_{1,n-1}$	0,75	s_1	1	r_1	1	$z_{1,n}$	0,25	s_2	0,4	r_1	0,05776
0,77	$z_{1,n-1}$	0,75	s_1	1	r_1	1	$z_{1,n}$	0,25	s_2	0,6	r_2	0,08664
0,77	$z_{1,n-1}$	0,25	s_2	0,4	r_1	1	$z_{1,n}$	0,75	s_1	1	r_1	0,05776
0,77	$z_{1,n-1}$	0,25	s_2	0,4	r_1	1	$z_{1,n}$	0,25	s_2	0,4	r_1	0,00770
0,77	$z_{1,n-1}$	0,25	s_2	0,4	r_1	1	$z_{1,n}$	0,25	s_2	0,6	r_2	0,01155
0,77	$z_{1,n-1}$	0,25	s_2	0,6	r_2	0,9	$z_{1,n}$	0,75	s_1	1	r_1	0,07797
0,77	$z_{1,n-1}$	0,25	s_2	0,6	r_2	0,9	$z_{1,n}$	0,25	s_2	0,4	r_1	0,01040
0,77	$z_{1,n-1}$	0,25	s_2	0,6	r_2	0,9	$z_{1,n}$	0,25	s_2	0,6	r_2	0,01559
0,77	$z_{1,n-1}$	0,25	s_2	0,6	r_2	0,1	$z_{2,n}$	0,75	s_1	0,67	r_1	0,00580
0,77	$z_{1,n-1}$	0,25	s_2	0,6	r_2	0,1	$z_{2,n}$	0,75	s_1	0,33	r_2	0,00286
0,77	$z_{1,n-1}$	0,25	s_2	0,6	r_2	0,1	$z_{2,n}$	0,25	s_2	1	r_2	0,00289
0,23	$z_{2,n-1}$	0,75	s_1	0,67	r_1	0,1	$z_{1,n}$	0,75	s_1	1	r_1	0,00866
0,23	$z_{2,n-1}$	0,75	s_1	0,67	r_1	0,1	$z_{1,n}$	0,25	s_2	0,4	r_1	0,00116
0,23	$z_{2,n-1}$	0,75	s_1	0,67	r_1	0,1	$z_{1,n}$	0,25	s_2	0,6	r_2	0,00173
0,23	$z_{2,n-1}$	0,75	s_1	0,67	r_1	0,9	$z_{2,n}$	0,75	s_1	0,67	r_1	0,05224
0,23	$z_{2,n-1}$	0,75	s_1	0,67	r_1	0,9	$z_{2,n}$	0,75	s_1	0,33	r_2	0,02573
0,23	$z_{2,n-1}$	0,75	s_1	0,67	r_1	0,9	$z_{2,n}$	0,25	s_2	1	r_2	0,02599
0,23	$z_{2,n-1}$	0,75	s_1	0,33	r_2	1	$z_{2,n}$	0,75	s_1	0,67	r_1	0,02859
0,23	$z_{2,n-1}$	0,75	s_1	0,33	r_2	1	$z_{2,n}$	0,75	s_1	0,33	r_2	0,01408
0,23	$z_{2,n-1}$	0,75	s_1	0,33	r_2	1	$z_{2,n}$	0,25	s_2	1	r_2	0,01422
0,23	$z_{2,n-1}$	0,25	s_2	1	r_2	1	$z_{2,n}$	0,75	s_1	0,67	r_1	0,02888
0,23	$z_{2,n-1}$	0,25	s_2	1	r_2	1	$z_{2,n}$	0,75	s_1	0,33	r_2	0,01422
0,23	$z_{2,n-1}$	0,25	s_2	1	r_2	1	$z_{2,n}$	0,25	s_2	1	r_2	0,01437

Tableau 6 – Calcul des probabilités composées des événements de la ligne.

Supposons maintenant que l'on veuille calculer $P(r_{1,n}/s_{1,n}$ et $r_{1,n-1})$. D'après le théorème des probabilités composées (voir encadré plus haut), $P(A$ et $B) = P(A/B)\ P(B)$, donc $P(A/B) = P(A$ et $B)/P(B)$. Ainsi, $P(r_{1,n}/s_{1,n}$ et $r_{1,n-1}) = P(r_{1,n}$ et $s_{1,n}$ et $r_{1,n-1}/P(s_{1,n}$ et $r_{1,n-1})$. On calcule successivement chacune de ces deux probabilités. Pour avoir $P(r_{1,n}$ et $s_{1,n}$ et $r_{1,n-1})$ on fait la somme des probabilités de toutes les lignes dans lesquelles on a à la fois $r_{1,n}$ et $s_{1,n}$ et $r_{1,n-1}$. Pour avoir $P(s_{1,n}$ et $r_{1,n-1})$ on fait la somme des probabilités de toutes les lignes dans lesquelles on a à la fois $s_{1,n}$ et $r_{1,n-1}$. Les calculs sont présentés dans le tableau 7. Il suffit ensuite de diviser la première probabilité par la seconde :

$$P(r_{1,n}/s_{1,n} \text{ et } r_{1,n-1}) = 0.552/0.578 = .955$$

On procède ainsi pour toutes les probabilités correspondant aux fréquences observées et ensuite on calcule un indice d'ajustement du modèle aux données : un indice simple est la moyenne des écarts en valeur absolue entre la valeur

essai n		essai n		essai $n-1$	essai n			essai $n-1$	essai n		
r_1	0,4332	r_1		r_1	s_1	r_1	0,433	r_1	s_1	r_1	0,433
r_1	0,0578	r_1		r_1	s_2	r_1		r_1	s_2	r_1	
r_2		r_2	0,0866	r_1	s_2	r_2		r_1	s_2	r_2	
r_1	0,0578	r_1		r_1	s_1	r_1	0,058	r_1	s_1	r_1	0,058
r_1	0,0077	r_1		r_1	s_2	r_1		r_1	s_2	r_1	
r_2		r_2	0,0116	r_1	s_2	r_2		r_1	s_2	r_2	
r_1	0,078	r_1		r_2	s_1	r_1		r_2	s_1	r_1	
r_1	0,0104	r_1		r_2	s_2	r_1		r_2	s_2	r_1	
r_2		r_2	0,0156	r_2	s_2	r_2		r_2	s_2	r_2	
r_1	0,0058	r_1		r_2	s_1	r_1		r_2	s_1	r_1	
r_2		r_2	0,0029	r_2	s_1	r_2		r_2	s_1	r_2	
r_2		r_2	0,0029	r_2	s_2	r_2		r_2	s_2	r_2	
r_1	0,0087	r_1		r_1	s_1	r_1	0,009	r_2	s_1	r_1	0,009
r_1	0,0012	r_1		r_1	s_2	r_1		r_1	s_2	r_1	
r_2		r_2	0,0017	r_1	s_2	r_2		r_1	s_2	r_2	
r_1	0,0522	r_1		r_1	s_1	r_1	0,052	r_1	s_1	r_1	0,052
r_2		r_2	0,0257	r_1	s_1	r_2		r_1	s_1	r_2	0,026
r_2		r_2	0,0260	r_1	s_2	r_2		r_1	s_2	r_2	
r_1	0,0286	r_1		r_2	s_1	r_1		r_2	s_1	r_1	
r_2		r_2	0,0141	r_2	s_1	r_2		r_2	s_1	r_2	
r_2		r_2	0,0142	r_2	s_2	r_2		r_2	s_2	r_2	
r_1	0,0289	r_1		r_2	s_1	r_1		r_2	s_1	r_1	
r_2		r_2	0,0142	r_2	s_1	r_2		r_2	s_1	r_2	
r_2		r_2	0,0144	r_2	s_2	r_2		r_2	s_2	r_2	
$P(r_1)$	0,7703	$P(r_2)$	0,2299	$P(r_{1n}, s_{1n}, r_{1\,n-1})$			0,552	$P(s_{1n}, r_{1n-1})$			0,578

Tableau 7 – Exemples de calcul de probabilité d'événements.

observée et la valeur trouvée pour la probabilité correspondante, qui est la valeur prédite par le modèle. On fait varier systématiquement les valeurs de ces paramètres jusqu'à ce qu'on ait trouvé les valeurs qui permettent le meilleur ajustement aux fréquences observées. On peut faire cela avec un programme informatique ou avec un tableur comme Excel, à la rigueur avec une calculette programmable.

On a trouvé que les valeurs des paramètres qui donnaient le meilleur ajustement sont :

$$\Omega = 0{,}33 \quad \beta = 0{,}31 \quad \partial = 0{,}10.$$

Les valeurs prédites sont présentées dans le tableau 9 (plus loin) ainsi que les valeurs observées. L'écart moyen entre les valeurs prédites et observées est 0,027 soit 2,7 %, ce qui est une valeur satisfaisante compte tenu du degré de précision des valeurs observées.

Il faut en effet remarquer que les fréquences de réponse, étant donné le stimulus à l'essai présent et le stimulus (ou la réponse) à l'essai précédent, sont calculées sur peu d'observations, quand il s'agit d'événements rares. L'interprétation psychologique des valeurs obtenues pour les paramètres sera discutée après l'étude du second modèle.

2.2.3. *Un modèle de détection par tout ou rien : le modèle de Lecoutre*

Lecoutre (1978) a proposé un modèle qui conduit à une autre interprétation des données de Leplat, Chesnais et Gulian. Nous allons en présenter une version légèrement modifiée et simplifiée. Ce modèle fait comme le précédent l'hypothèse que le sujet peut se trouver dans deux états de préparation possibles, mais il fait intervenir un second événement hypothétique : à chaque essai soit le stimulus est détecté (c'est l'événement D), et le sujet donne la réponse qui correspond au stimulus, soit il n'est pas détecté (c'est l'événement ND) et le sujet répond en fonction de son état de préparation.

Lecoutre remarque qu'on peut envisager deux explications pour rendre compte des effets de fréquence : la première est que le stimulus le plus fréquent donne lieu à plus de réponses correctes parce qu'il est plus fréquemment détecté ; la seconde est qu'il n'est pas plus fréquemment détecté mais qu'en l'absence de détection le sujet donne la réponse correspondant à l'état de préparation, laquelle est le plus souvent la réponse correspondant au stimulus le plus fréquent.

Les deux explications peuvent éventuellement être vraies toutes deux : l'état de préparation servirait alors à la fois à mieux détecter et, en cas de non-détection, à répondre plus souvent correctement sans avoir détecté. Il faut d'abord tester l'hypothèse que l'état de préparation n'a pas d'effet sur la fréquence de détection et que les effets de fréquence peuvent s'expliquer uniquement par le fait que l'état de préparation intervient seulement pour les réponses données en cas de non-détection. Le modèle de Lecoutre a pour objet de tester cette hypothèse, en supposant que l'événement détection ne dépend pas de l'état de préparation. Il y a donc à chaque essai :

- un état hypothétique de préparation qui peut être $z_{1,n}$ (le sujet est préparé à s_1) ou $z_{2,n}$ (le sujet est préparé à s_2). Le sujet est nécessairement préparé à l'un de ces deux états, de sorte que $P(z_{2,n}) = 1 - P(z_{1,n})$. L'évolution de l'état de préparation est donnée par l'axiome d'adaptation (voir plus loin) ;
- un événement observable, le stimulus, qui peut être s_1 ou s_2. La présentation du stimulus est aléatoire : s_1 est présenté avec la probabilité π et s_2 avec la probabilité $1 - \pi$;
- un événement hypothétique qui peut être D (détection) ou ND (non-détection). Cet événement est aléatoire : il ne dépend pas de l'état de préparation ni du stimulus : sa probabilité est constante, elle est égale à Δ ;
- un événement observable, la réponse, qui peut être r_1 ou r_2. Le fait que ce soit la réponse r_1 ou r_2 qui sera donnée est déterminé par l'axiome de réponse.

Pour compléter la présentation du modèle il faut donner la règle de réponse et la règle d'adaptation.

Règle de réponse :

– s'il y a eu détection, la réponse donnée est celle qui correspond au stimulus : r_1 si s_1, r_2 si s_2 ;
– s'il n'y a pas eu détection, la réponse donnée est celle qui correspond à l'état de préparation : r_1 si $z_{1,n}$, r_2 si $z_{2,n}$.

règle de réponse	conditions		probabilité	action
	état de préparation	stimulus essai n		
il y a eu détection		s_1	1	r_1
		s_2	1	r_2
il n'y a pas eu détection	z_1		1	r_1
	z_2		1	r_2

Règle d'adaptation (l'état de préparation à l'essai suivant $n + 1$ est supposé ne dépendre que de l'état de préparation et de la réponse à l'essai n) :

– si à l'essai n la réponse correspond à l'état de préparation, la probabilité de changer d'état est nulle : on reste dans le même état :

$P(z_{1,n+1}/z_{1,n}$ et $r_{1,n}) = 1$ et $P(z_{2,n+1}/z_{1,n}$ et $r_{1,n}) = 0$

$P(z_{2,n+1}/z_{2n}$ et $r_{2,n}) = 1$ et $P(z_{1,n} + 1/z_{2,n}$ et $r_{2,n}) = 0$;

– si à l'essai n la réponse ne correspond pas à l'état de préparation, la probabilité de changer d'état est égale à ∂

$P(z_{2,n+1}/z_{1,n}$ et $r_{2,n}) = \partial$ et donc $P(z_{1,n+1}/z_{1,n}$ et $r_{2,n}) = 1 - \partial$

$P(z_{1,n+1}/z_{2,n}$ et $r_{1,n}) = \partial$ et donc $P(z_{2,n+1}/z_{2,n}$ et $r_{1,n}) = 1 - \partial$

règle d'adaptation	conditions		probabilité	état de préparation essai $n + 1$
	état de préparation essai n	réponse essai n		
la réponse donnée à l'essai n correspond à l'état de préparation à l'essai n	z_1	r_1	1	z_1
	z_2	r_2	1	z_2
la réponse donnée à l'essai n ne correspond pas à l'état de préparation à l'essai n	z_1	r_2	∂	z_2
	z_1	r_2	$1 - \partial$	z_1
	z_2	r_1	∂	z_1
	z_2	r_1	$1 - \partial$	z_2

Nous allons maintenant combiner ces règles en présentant pour un essai la suite des événements avec leur probabilité conditionnelle, c'est-à-dire leur probabilité étant donné la configuration d'événements qui précède dans l'essai. Ceci est présenté dans le tableau 8 : la probabilité conditionnelle de l'événement est présentée devant l'événement. Le fait que la détection ne dépend ni du stimulus ni de l'état de préparation se voit au fait que la probabilité d'avoir D est la même, Δ, que l'on ait s_1 ou s_2, que l'on ait $z_{1,n}$ ou $z_{2,n}$.

CS

$P(z_{1,n})$	$z_{1,n}$	π	$s_{,n}$	Δ	D	1	$r_{1,n}$	1	$z_{1,n+1}$
$P(z_{1,n})$	$z_{1,n}$	π	$s_{1,n}$	$1-\Delta$	ND	1	$r_{1,n}$	1	$z_{1,n+1}$
$P(z_{1,n})$	$z_{1,n}$	$1-\pi$	$s_{2,n}$	Δ	D	1	$r_{2,n}$	$1-\partial$	$z_{1,n+1}$
$P(z_{1,n})$	$z_{1,n}$	$1-\pi$	$s_{2,n}$	Δ	D	1	$r_{2,n}$	∂	$z_{2,n+1}$
$P(z_{1,n})$	$z_{1,n}$	$1-\pi$	$s_{2,n}$	$1-\Delta$	ND	1	$r_{1,n}$	1	$z_{1,n+1}$
$P(z_{1,n})$	$z_{2,n}$	π	$s_{1,n}$	Δ	D	1	$r_{1,n}$	∂	$z_{1,n+1}$
$P(z_{2,n})$	$z_{2,n}$	π	$s_{1,n}$	Δ	D	1	$r_{1,n}$	$1-\partial$	$z_{2,n+1}$
$P(z_{2,n})$	$z_{2,n}$	π	$s_{1,n}$	$1-\Delta$	ND	1	$r_{2,n}$	1	$z_{2,n+1}$
$P(z_{2,n})$	$z_{2,n}$	$1-\pi$	$s_{2,n}$	Δ	D	1	$r_{2,n}$	1	$z_{2,n+1}$
$P(z_{2,n})$	$z_{2,n}$	$1-\pi$	$s_{2,n}$	$1-\Delta$	ND	1	$r_{2,n}$	1	$z_{2,n+1}$

Tableau 8 – Fonctionnement du modèle de détection par tout ou rien sur un essai et l'état de préparation à l'essai suivant.

Ce modèle a seulement deux paramètres : Δ et ∂ (outre π). En vue de les estimer nous allons maintenant écrire les équations qui donnent $P(r_{1,n})$, $P(r_{1,n}/s_{1,n})$ et $P(r_{1,n}/s_{2,n})$. On a par complément $P(r_{2,n}) = 1 - P(r_{1,n})$. On peut montrer que $P(r_{1,n}/s_{1,n}) - P(r_{1,n}/s_{2,n}) = \Delta$ (voir encadré 1).

$P(r_{1,n}/s_{1,n}) = P(r_{1,n} \text{ et } s_{1,n})/P(s_{1,n})$ puisque $P(r_{1,n} \text{ et } s_{1,n}) = P(r_{1,n}/s_{1,n})\ P(s_{1,n})$. Pour avoir la probabilité de $P(r_{1,n} \text{ et } s_{1,n})$, il faut ajouter les probabilités de toutes les lignes où figurent à la fois $r_{1,n}$ et $s_{1,n}$ c'est-à-dire les lignes 1, 2, 6 et 7. On a :

$$P(r_{1,n} \text{ et } s_{1,n}) = P(z_{1,n})\pi\Delta + P(z_{1,n})\ \pi(1-\Delta) + (1-P(z_{1,n}))\pi\Delta\partial + (1-P(z_{1,n}))\pi\Delta(-\partial)$$

$$P(r_{1,n} \text{ et } s_{1,n}) = P(z_{1,n})\ \pi + (1-P(z_{1,n}))\ \pi\ \Delta$$

Comme $P(s_{1,n}) = \pi$, pour avoir $P(r_{1,n}/s_{1,n})$ on divise par π, ce qui donne :

$P(r_{1,n}/s_{1,n}) = P(z_{1,n}) + (1 - P(z_{1,n}))\ \Delta$, c'est-à-dire en effectuant :

$$P(r_{1,n}/s_{1,n}) = P(z_{1,n}) + \Delta - P(z_{1,n})\ \Delta = \Delta + P(z_{1,n})\ (1-\Delta).$$

$$P(r_2/s_1) = 1 - P(r_{1,n}/s_{1,n})$$

Pour calculer $P(r_{1,n}/s_{2,n})$ il faut de même calculer d'abord $P(r_{1,n} \text{ et } s_{2,n})$: $r_{1,n}$, et $s_{2,n}$ figurent sur une seule ligne, la ligne 5. La probabilité de la conjonction de $r_{1,n}$ et $s_{2,n}$ est donc :

$P(r_{1,n} \text{ et } s_{2,n}) = P(z_{1,n})\ (1-\pi)\ (1-\Delta)$ et en divisant par $P(s_2) = 1-\pi$, on a :

$$P(r_{1,n}/s_{2,n}) = P(z_{1,n})\ (1-\Delta)$$

Si on fait la différence $P(r_{1,n}/s_{1,n}) - P(r_{1,n}/s_{2,n})$, on a :

$$P(r_{1,n}/s_{1,n}) - P(r_{1,n}/s_{2,n}) = \Delta + P(z_{1,n})\ (1-\Delta) - P(z_{1,n})\ (1-\Delta) = \Delta$$

Encadré 1

On a la propriété remarquable que la différence entre $P(r_1/s_1)$ et $P(r_1/s_2)$ est égale à Δ. Le modèle prédit donc que la différence $P(r_1/s_1) - P(r_1/s_2)$ est une constante : elle doit être la même pour toutes les valeurs de π. On peut montrer que c'est vrai aussi pour les différences suivantes :

$P(r_{1,n}/s_{1,n}$ et $s_{1,n-1}) - P(r_1/s_{2,n}$ et $s_{1,n-1})$
$P(r_{1,n}/s_{1,n}$ et $s_{2,n-1}) - P(r_1/s_{2,n}$ et $s_{2,n-1})$
$P(r_{1,n}/s_{1,n}$ et $r_{1,n-1}) - P(r_1/r_{2,n}$ et $s_{1,n-1})$
$P(r_{1,n}/s_{1,n}$ et $r_{2,n-1}) - P(r_1/r_{2,n}$ et $s_{2,n-1})$

Les valeurs de $f(r_{1,n}/s_{1,n})$ et $f(r_{1,n}/s_{2,n})$ ainsi que celle de la différence sont les suivantes pour les différentes valeurs de π :

π	0,10	0,25	0,50	0,75
$F(r_1/s_1)$	0,74	0,78	0,85	0,88
$F(r_1/s_2)$	0,08	0,11	0,14	0,26
$F(r_1/s_1) - F(r_1/s_2)$	0,66	0,67	0,71	0,62

Ces valeurs sont proches, ce qui est compatible avec les prédictions du modèle, et permet d'estimer Δ. On prendra la moyenne Δ = .67.

On peut comme pour le premier modèle construire le tableau qui donne le fonctionnement sur deux essais afin de pouvoir calculer les probabilités de réponse à l'essai n en fonction du stimulus et de la réponse à l'essai $n - 1$. À partir de ce tableau on calcule les probabilités correspondant aux statistiques observées en donnant une valeur aux paramètres Δ et ∂. On procède de la même façon que pour le modèle M1 (tableau 6). En faisant varier ces valeurs on cherche les deux valeurs qui donnent le meilleur ajustement avec les données. On trouve Δ = 0,70 et ∂ = 0,10 (écart moyen : 0,028). Les valeurs prédites pour ces valeurs de paramètres sont données dans le tableau 9, qui permet de confronter les prédictions des deux modèles avec les observations.

π =	0,10			0,25			0,50			0,75		
	obs.	th.M1	th.M2	obs.	th.M1	th.M2	obs.	th.M1	th.M2	obs.	th.M1	th.M2
$p(r_1/s_1)$	0,74	0,72	0,73	0,78	0,77	0,78	0,85	0,85	0,85	0,88	0,92	0,93
$p(r_1/s_2)$	0,08	0,03	0,03	0,11	0,08	0,08	0,14	0,17	0,15	0,26	0,25	0,23
$p(r_1/s_1, s_1)$	0,65	0,74	0,75	0,80	0,77	0,79	0,85	0,86	0,86	0,89	0,93	0,93
$p(r_1/s_1, s_2)$	0,74	0,72	0,73	0,78	0,77	0,77	0,84	0,84	0,84	0,86	0,91	0,91
$p(r_1/s_2, s_1)$	0,06	0,05	0,05	0,14	0,10	0,09	0,16	0,18	0,16	0,27	0,27	0,23
$p(r_1/s_2, s_2)$	0,08	0,03	0,03	0,10	0,08	0,07	0,13	0,16	0,13	0,26	0,23	0,21
$p(r_1/s_1, r_1)$	0,72	0,83	0,83	0,90	0,86	0,86	0,90	0,91	0,91	0,92	0,95	0,95
$p(r_1/s_1, r_2)$	0,74	0,71	0,72	0,75	0,74	0,75	0,80	0,79	0,79	0,82	0,83	0,84
$p(r_1/s_2, r_1)$	0,13	0,15	0,13	0,20	0,18	0,16	0,21	0,23	0,21	0,29	0,28	0,25
$p(r_1/s_2, r_2)$	0,07	0,02	0,02	0,06	0,05	0,05	0,08	0,10	0,09	0,19	0,15	0,14

Tableau 9 – Comparaison des données et des prédictions pour les modèles M1 et M2.

Comme on peut le voir en comparant dans le détail les prédictions, les deux modèles fournissent des prédictions extrêmement voisines. Ces prédictions sont dans l'ensemble très proches des données. Les deux modèles rendent donc bien compte des différences observées importantes dans les fréquences de réponse dans les quatre conditions expérimentales. La fréquence de réponse correcte (r_1/s_1) est plus forte pour les stimulus fréquents (π = 0,50 ou 0,75) que pour les stimulus rares (π = 0,10 ou 0,25). La fréquence de réponse incorrecte (r_1/s_2) est plus forte pour les stimulus rares (π = 0,75, donc la probabilité de s_2 1 – π = 0,25, car, si s_1 est fréquent, s_2 est rare), que pour les stimulus fréquents (π = 0,10 ou 0,25, donc 1 – π = 0,90 ou 0,75).

On peut donc rendre compte des 40 fréquences observées (sans parler des fréquences complémentaires) avec trois paramètres dans le cas du premier modèle et avec deux dans le cas du second. Ces valeurs des paramètres fournissent donc un bon résumé des données, une bonne mesure des compétences perceptives et décisionnelles en jeu dans la situation. Ces valeurs des paramètres peuvent être utilisées pour comparer des situations où l'on fait varier par exemple la différence de longueur entre les traits.

Le second modèle est plus économique, car il comporte un paramètre de moins. À ce titre il est préférable : si on peut rendre aussi bien compte des données avec deux paramètres qu'avec trois, cela veut dire que le troisième paramètre n'apporte pas vraiment d'information. D'ailleurs, les valeurs obtenues pour ß et Ω sont très voisines, de sorte que l'on pourrait réduire ces deux paramètres à un seul sans perdre grand-chose au niveau de l'approximation.

Comment interpréter les résultats fournis par la comparaison des deux modèles en ce qui concerne les hypothèses psychologiques sous-jacentes ? L'état de préparation joue-t-il un rôle et lequel ? Intervient-il sur la détection perceptive ou seulement en permettant de mieux deviner en cas de non-détection ? Le modèle M1 montre que l'état de préparation influe sur la fréquence de réponse correcte : les valeurs de Ω et ß sont nettement au-dessus de 0. Le modèle M2 montre aussi que la réponse dépend de l'état de préparation et pas seulement du stimulus, puisqu'il suppose qu'en cas de non-détection la réponse donnée est celle qui correspond à l'état de préparation. Sur ce point les deux modèles fournissent une conclusion convergente.

L'intérêt de la comparaison des deux modèles est que, sur la base des seuls résultats du modèle M1, on est tenté de conclure que l'état de préparation influe sur la fréquence de détection, avec l'idée que la fréquence de réponse correcte est une bonne estimation de la fréquence de détection. Le modèle M2 montre que l'on ne peut passer de la conclusion que l'état de préparation influe sur la fréquence de réponse correcte à la conclusion que l'état de préparation influe sur la fréquence de détection. Il montre en effet qu'il n'est pas nécessaire de supposer que la probabilité de détection soit modifiée par l'état de préparation pour expliquer les données expérimentales : l'hypothèse que l'état de préparation permet seulement de mieux répondre pour les stimulus fréquents en cas de non-détection se révèle suffisante pour expliquer les différences observées. Ces données ne montrent donc pas que l'état de préparation influe sur la détection perceptive et ne peuvent donc être invoquées à l'appui de cette hypothèse.

On peut voir par cet exemple que les modèles sont un moyen très puissant d'analyse et d'interprétation des données expérimentales. La méthode expérimentale permet d'étudier les variations du comportement en fonction des variations de facteurs expérimentaux : elle permet à ce titre de mettre en évidence des effets de fréquence. Mais d'où viennent ces effets de fréquence ? D'une estimation consciente ou d'effets d'association du type du conditionnement. Les deux modèles étudiés relèvent de la seconde hypothèse : ils ne font appel qu'à des mécanismes d'association locale, au coup-par-coup, et pas du tout de jugement. Ces modèles montrent que ces effets d'adaptation locale suffisent à produire les effets de fréquence.

Les modèles sont nécessaires pour étudier les effets produits par des variables non directement observables (et non directement manipulables), comme l'état de préparation, et d'étudier les effets subis par des variables non observables, comme la détection. Les modèles définissent de façon précise les relations entre ces variables hypothétiques et les variables observables, de sorte que l'on peut avoir, à partir des données, des informations sur ces variables non observables. Ainsi les modèles sont-ils le complément nécessaire de la méthodologie statistique pour l'analyse des données expérimentales.

2.3. Modèles connexionnistes de la perception

Cette présentation des modèles perceptifs connexionnistes est une introduction aux principes et aux méthodes de conception des *réseaux neuro-mimétiques*, neuronaux, ou plus simplement des réseaux connexionnistes ; elle comprend :
- la problématique de la modélisation-simulation de systèmes auto-adaptatifs dont font partie les systèmes perceptifs,
- les principes des traitement dans les réseaux connexionnistes,
- les principes de fonctionnement des systèmes adaptatifs et comment ils sont résolus dans les réseaux de connexions,
- quelques réalisations de systèmes perceptifs en vision et
- les limites actuelles des systèmes perceptifs connexionnistes.

2.3.1. *Modélisation et simulation de systèmes adaptatifs*

a. *Problématique*

L'environnement produit en permanence des flux de données (lumineuses, sonores, etc.) qui reflètent sa composition et parfois sa structure. Ces données sont floues et changeantes parce que, d'une part, leurs conditions de production changent (plein soleil, pleine lune, par exemple, pour les informations lumineuses) et parce que l'environnement change et, d'autre part, surtout parce que les entités de l'environnement se présentent sous des formes différentes. Un système perceptif est un système qui extrait les invariants de ce flux de données pour se constituer une représentation interne des entités. On appelle ici *pattern* un échantillon du flux des données (par exemple une scène visuelle à un moment donné) qui comprend aussi bien du signal (ce qui est pertinent à traiter pour représenter les entités) que du bruit.

Un thème de recherche fondamental en *perception* est la manière dont un système perceptif découvre, reconnaît et apprend les propriétés invariantes des patterns auxquels il est exposé. Plus largement, il s'agit de la compréhension des mécanismes d'adaptation au milieu des systèmes capables d'auto-adaptation : les informations reçues doivent être différenciées, codées et catégorisées pour sauvegarder l'apprentissage des différences entre patterns.

Ces mécanismes sont ceux des systèmes perceptifs, le système perceptif visuel par exemple, qui réalisent ces processus d'*encodage* en traitant les informations lumineuses reçues sur les surfaces rétiniennes. Pour prendre la mesure du problème, on peut penser à la *reconnaissance des visages* (une personne est reconnue sous de multiples points de vue, sur des photographies où elle peut être partiellement masquée et dans des caricatures faites avec un petit nombre de traits picturaux) ou encore à la reconnaissance d'un caractère (disons «A»), qui peut être écrit dans des formes diverses, avec des tailles diverses, qui peut être manuscrit, etc. La difficulté n'est pas seulement la compréhension de la manière dont le système peut reconnaître un objet donné sous toutes ses formes sans en avoir tous les analogues (tous les «A» possibles) en Mémoire à long terme (MLT), mais surtout celle de la capacité qu'a le système de reconnaître un objet sous des formes sous lesquelles il n'a jamais été exposé. S'ajoutent les problèmes d'invariance de la perception face à la translation, à la rotation, au changement d'échelle, de perspective, aux occlusions partielles, qui font que les patterns d'un même objet ont des configurations très dissemblables.

b. *Objectifs des modèles connexionnistes*

Les systèmes connexionnistes sont des réseaux d'unités interconnectées en parallèle en une *organisation hiérarchique* de couches d'unités. C'est dans les années 1940 que McCulloch et Pitts ont envisagé les fondements théoriques des réseaux connexionnistes, puis sont apparus les premiers réseaux perceptifs (1960-1970) avec, entre autres, le *Perceptron* de Rosenblatt.

Le principe du perceptron est le suivant. Un pattern est exposé à un ensemble de capteurs (unités d'entrée). Les unités activées prennent des valeurs correspondantes au pattern (disons 0 pour blanc et 1 pour noir, si le pattern est composé de blanc et de noir). La réponse donnée par le perceptron pour un pattern est la valeur d'une unité (appelée unité de réponse) connectée à toutes les unités d'entrée. Cette valeur est celle que prend l'unité de réponse quand on additionne les valeurs de toutes les unités d'entrée activées par le pattern.

Exposons de nouveau le même pattern, le premier demeurant mémorisé (représenté) dans les unités : rien ne change, car le pattern qui est saisi à nouveau correspond bien au pattern déjà mémorisé. Exposons maintenant le pattern un peu modifié ; toutes les unités activées ne correspondent pas à celles qui étaient mémorisées. L'*apprentissage* du perceptron consiste alors à augmenter le poids de chaque unité quand il y a correspondance (excitation) et à réduire le poids dans le cas contraire. Pour l'apprentissage d'un nombre N de patterns différents, on présente pour chaque pattern un échantillon de patterns analogues (appartenant à la même classe) jusqu'à ce que les valeurs des réponses attribuées dans chaque échantillon soient différentes pour chacun des N patterns.

Minsky et Pappert ont montré dans les années 1970 que le perceptron avait de sérieuses limites, entre autres raisons parce qu'il ne pouvait pas traiter le «ou exclusif» (une demi-lune est une lune, qu'il s'agisse soit de la première, soit de la seconde moitié, si c'est l'une ou l'autre ou les deux). Le problème, insoluble avec seulement deux couches d'unités, est résolu si on fait appel, soit à des unités «cachées» dans une couche intermédiaire avec un mécanisme de *rétropropagation* (Rumelhart et McClelland, 1986), soit à des mécanismes de *résonance compétitive* (Grossberg, 1986). À partir des travaux en mathématiques de Steve Grossberg (ART pour *Adaptive Resonance Theory*) et de ceux en psychologie de Rumelhart et McClelland (PDP pour *Parallel Distributed Processing*), la modélisation connexionniste connaît depuis un fort développement, surtout dans la reconnaissance des formes.

La visée de cette modélisation en perception est la réalisation de systèmes capables d'extraire les invariants par apprentissage avec l'exposition successive d'un grand nombre de patterns. Dans la plupart des recherches actuelles, on peut considérer que la perception est réduite à la soumission aux expositions (l'environnement comme enseignant). Elle est tout autant éloignée de la conception de Gibson, pour qui le système s'expose et participe ainsi au recueil des patterns (la taille relative des objets varie par exemple selon qu'on s'en rapproche ou qu'on s'en éloigne), que de celle de Piaget, pour qui «l'intelligence tirée de l'action a, en retour, des effets directs sur la perception». C'est toutefois un objectif important que de connaître les capacités d'abstraction d'invariants qu'ont des systèmes purement perceptifs à partir des seuls patterns environnementaux.

2.3.2. *Traitements dans les réseaux connexionnistes*

a. *Les fonctions*

Les réseaux connexionnistes sont composés de groupes d'unités de traitement massivement interconnectés, qui agissent comme un tout pour réaliser des fonctions. Cette notion de groupe signifie que la réalisation des fonctions a surtout lieu dans les connexions. Les fonctions que de tels réseaux sont capables de remplir concernent la mémoire associative, la reconnaissance, la recherche, l'apprentissage et le traitement. Ils sont nommés *réseaux neuronaux* quand ils sont censés simuler le fonctionnement des neurones biologiques et celui des interconnexions synaptiques entre axones et dendrites avec les échanges ioniques positifs (excitation) et négatifs (inhibition). Notons, si on désire comparer les résultats des simulations actuelles à ceux du cerveau humain, que les premières sont construites à partir d'un petit nombre d'unités et de connexions, qui est sans rapport avec la grande quantité de neurones et de connexions dont le cerveau humain dispose pour la réalisation de ses grandes fonctions (approximativement 10^{11} neurones et 10^{15} connexions).

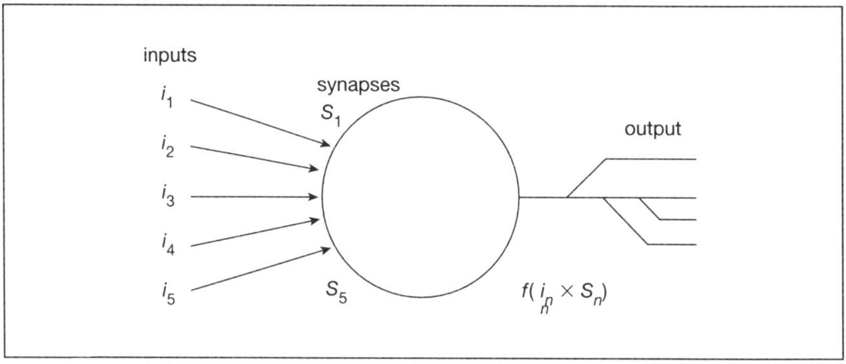

Figure 12 – Le neurone formel qui sert de modèle aux réseaux neuronaux.
Les unités d'entrées ou *input* (I_1 à I_5) sont connectées à l'unité de sortie.
La réponse est une fonction sur le traitement des entrées et des liaisons synaptiques.
(D'après Mike Kranzdorf (1988).)

b. *L'architecture*

L'architecture d'un réseau connexionniste décrit son agencement physique. Les relations spatiales (sous-réseaux, couches, groupes d'une couche, sous réseaux, etc.) et les connexions doivent être spécifiées. Le sens d'un réseau d'un sous-réseau, ou d'une couche, relève de la fonction assignée (saisie, traitement, mémoire, sortie, etc.) et de ce qui est censé être traité. Par exemple, dans un modèle très simple et localiste de reconnaissance de mots, un groupe peut représenter les traits des caractères, un autre les caractères et un autre les mots. Différemment, dans un modèle distribué, c'est l'activité tout entière du réseau qui définit les catégories en auto-réduisant et auto-formant des groupes de connexions entre unités (*bassins d'attraction*). Une couche représente les aspects hiérarchiques du traitement ou des aspects propres à la nature du traitement. Avec la nature des connexions, on spécifie la direction de la propagation de l'activation (couches d'entrée, de sortie, rétropropagation pour l'inhibition d'apprentissage sur les unités cachées, etc.) et sa portée par compétition ou par résonance.

c. *Les traitements*

Les unités sont interconnectées entre elles par des liens. Une unité transmet en sortie à une autre unité connectée la valeur d'*activation/inhibition* qu'elle a reçue par le lien qu'elle a avec cette unité. Le lien multiplie cette valeur de sortie par son facteur de force et transmet la valeur résultante à l'unité connectée. L'unité connectée reçoit cette valeur et, parallèlement (en même temps), reçoit l'ensemble N de valeurs des N liens qui la connectent en entrée aux autres N unités. La valeur de l'excitation qu'elle reçoit est la somme des valeurs transmises en entrée par les liens. L'unité s'active si la valeur reçue en entrée excède son seuil d'activation. Si c'est le cas, elle transmet en sortie cette valeur.

Ces traitements permettent de modéliser les fonctions logiques : [contradiction], [A], [B], [¬ A], [¬ B], [A.¬ B], [¬ A. B], [A.B], [¬ A. ¬ B], [¬ (A.B)], [A n B], [A B], [B A], [XOR], [non XOR, A∫ B], [tautologie],

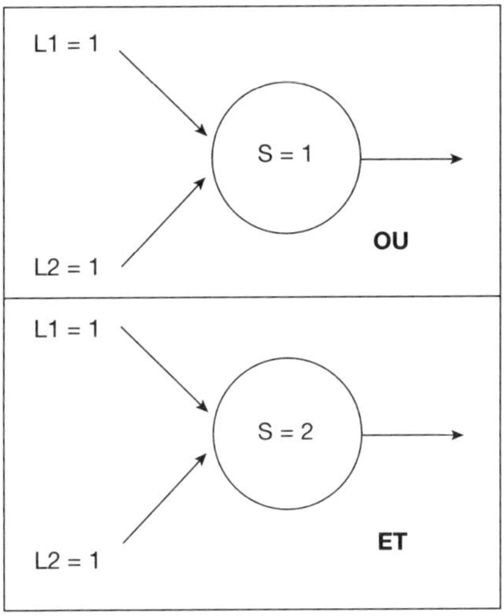

Figure 13 – Dans la partie du haut (ou), que l'excitation vienne de L1, de L2, ou de L1 et L2, elle correspond au seuil S = 1 qui rend active l'unité. Dans la partie du bas (et), l'unité ne s'active que si l'excitation provient à la fois de L1 et de L2.

Étant donné qu'il faut, entre deux unités, une unité supplémentaire (cachée) pour résoudre les problèmes du type XOR, on a toujours au moins trois couches d'unités (d'entrée, de sortie, et cachée). En revanche, il est intéressant d'avoir des *matrices d'association* entre unités (chaque unité étant combinée à toutes les autres) en combinant le poids des liaisons et le seuil. Il suffit de remplacer la valeur S du seuil d'activation par un lien supplémentaire qui a toujours un poids de la valeur – S et qui provient d'une unité de biais. Pour les unités sans seuil, on utilise une fonction linéaire, pour les unités avec seuil, une fonction sigmoïdale, qui est une approximation souple d'une fonction de seuil.

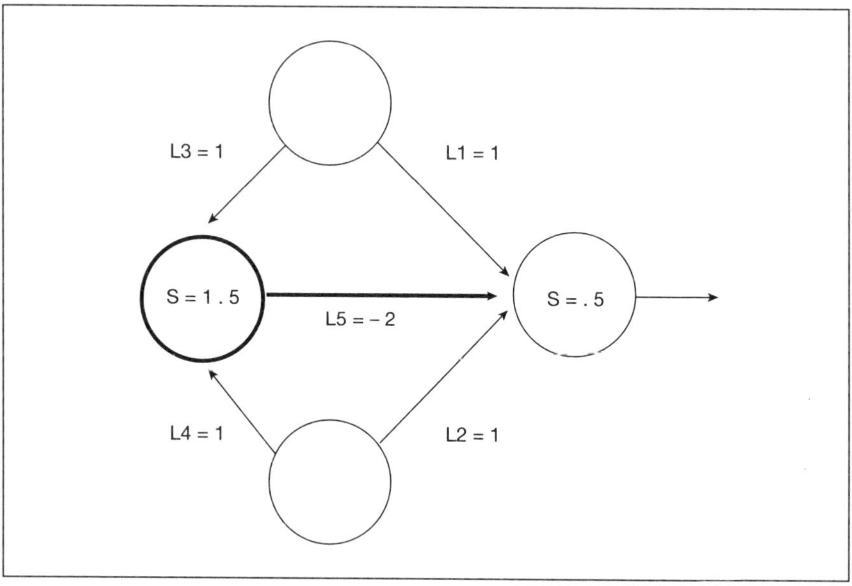

Figure 14 – La fonction logique «ou exclusif», soit l'un, soit l'autre, mais pas les deux, est réalisée avec une unité «cachée» (en trait gras) supplémentaire. Si on a soit L1, soit L2, l'unité cachée n'est pas activée car son seuil (S = 1.5) ne le permet pas. En revanche, l'unité cible est activée soit par L1, soit par L2, mais pas par les deux ensemble. Dans ce dernier cas, elle reçoit bien une activation de L1 et de L2 égale à 2 (ce qui excède son seuil et devrait l'activer), mais elle reçoit une inhibition équivalente de l'unité cachée activée par L3 et L4 ; si bien que l'activation totale est nulle.

Entre deux unités, on n'a plus que la force du lien (ou de la connexion) entre ces deux unités. Enfin, n'ayant plus que la valeur des forces des connexions, on peut considérer celles-ci comme des paramètres dont il faut trouver les valeurs. Trouver les valeurs des connexions consiste à soumettre le réseau à un «apprentissage». On peut débuter en attribuant des valeurs aléatoires comprises entre – 1 et 1, ou donner déjà des valeurs positives quand deux cellules doivent s'activer et négatives quand elles s'inhibent.

L'apprentissage (trouver les valeurs d'activation) consiste alors à présenter un certain nombre de fois (en général un grand nombre) les patterns d'entrée et à corriger les erreurs en augmentant ou en diminuant automatiquement le poids des connexions à intervalles réguliers en calculant l'erreur comme la somme des écarts des erreurs et en s'en servant pour minimiser l'erreur. Cette réduction de l'erreur peut être utilisée dans un mécanisme de *propagation rétroactive* où, dès qu'on a les valeurs des unités de la couche de sortie, on calcule l'erreur et on retransmet la correction aux couches d'unités précédentes (*back propagation*).

D'autres mécanismes sont ajoutés, comme la *compétition* et la *résonance*. Si deux unités sont en compétition, et si elles ont le même poids, elle vont s'inhiber mutuellement (la somme totale de l'activation étant une constante) ; sinon, celle qui a le plus grand poids sera d'autant activée et inhibera d'autant celle qui a un poids plus faible (le riche obtient des effets plus riches).

Deux unités sont en résonance quand elles ont des connexions mutuelles. Quand l'une devient active, elle tend à maintenir l'autre active. Ceci peut compenser la perte de valeur d'une unité dans certains cas (supposons le pattern «*CHAT*», mais qui avec du bruit s'expose comme «*CHHT*». Le trait «-» dans «*H*» est en résonance avec les traits verticaux de «*H*», mais également en résonance avec les traits obliques qui composent «*A*». Les traits obliques de «*A*» recevront, par résonance, une activation profitable pour «*A*» et pour retrouver le prototype «*CHAT*»).

d. *Les résultats*

La mémoire qui résulte de l'apprentissage prend deux formes : la *mémoire auto-associative*, qui rend compte de la capacité de reconnaître un nouveau pattern à partir de la force des connexions établies sur des patterns appris, et l'*hétéro-association*, qui correspond au sens traditionnel d'association en psychologie (outil-marteau), où l'activation d'une unité, d'une catégorie ou d'un prototype est propagée à d'autres unités, catégories ou prototypes (selon le niveau d'abstraction de la représentation où l'activation a lieu).

On montre qu'avec une simple règle un groupe d'unités complètement interconnectées (où chaque unité est connectée avec toutes les autres) remplit des fonctions de mémoire auto-associative. La présentation d'un échantillon de patterns analogues appartenant à une même catégorie renforce sélectivement le poids d'un groupe d'unités et, lorsqu'un pattern appartenant à cette catégorie est présentée, il est reconnu comme un exemplaire de la classe parce qu'il active approximativement ce même groupe d'unités.

La propagation de l'activation dans les cellules fortement connectées par l'apprentissage permet de retrouver l'information manquante par la propagation de l'activation des cellules activées à celles qui ne le sont pas mais qui représentent également la catégorie de patterns appris. La reconnaissance de plusieurs *catégories* peut ainsi être apprise par un simple réseau dont les unités sont entièrement interconnectées. Toutefois, la capacité d'apprentissage, tout comme le nombre d'itérations dans l'apprentissage, dépend grandement des catégories à apprendre et de l'ordre de présentation.

On montre qu'un système avec deux couches remplit les fonctions d'hétéro-association. Les patterns sont présentés à chaque couche et les connexions entre chaque couche sont établies de telle sorte qu'un pattern présenté à une couche active la représentation correspondante et propage l'activation pour évoquer dans l'autre couche la représentation associée. Ceci peut être réalisé avec N groupes, soit en succession simple (un après un), en cascade (N après N), en arbre (avec des embranchements), soit en une interaction multiple (N $\times$ N).

2.3.3. *Principes des systèmes perceptifs connexionnistes*

Il faut pour un système adaptatif un certain nombre de principes de fonctionnement. Nous en retiendrons deux : l'*auto-définition du signal* et du bruit, et l'*auto-organisation interne.*

a. *L'auto-définition des unités de codage*

Ce qui fonde un système adaptatif, c'est l'auto-définition des traits qui relèvent du signal et de ceux qui relèvent du bruit. Tout système auquel est fourni ce qui doit être pris en considération pour traiter et différencier les patterns ne peut être considéré comme un système adaptatif. Dans les réseaux connexionnistes de ART (Grossberg, 1986), c'est le contexte qui définit si un trait donné relève du signal ou du bruit.

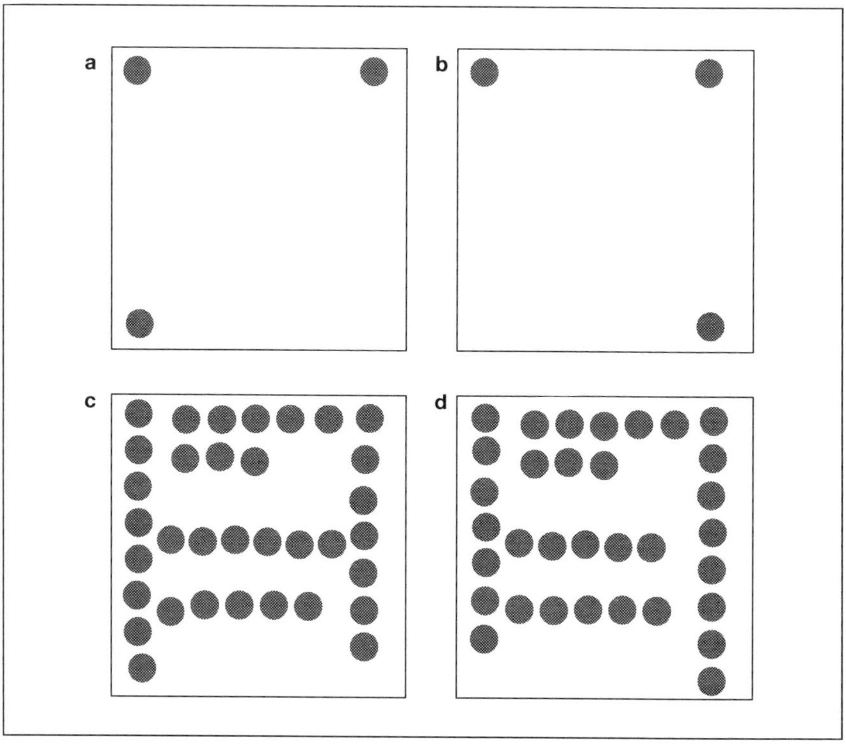

Figure 15 – L'auto-définition du bruit et du signal.
Dans l'appariement des deux figures du haut, le point de différence est considéré comme pertinent (signal). Dans l'appariement des deux figures du bas, il est considéré comme non pertinent (bruit).

La manière dont le contexte permet l'auto-définition du signal et du bruit est montrée dans la figure 15. Chacune des deux figures (a) et (b) comporte 3 points. L'appariement des deux figures concorde sur 2 points des 3 points.

Dans ce cas, le troisième point est considéré comme du signal, car il est très informatif, et il est codé comme trait distinctif pour la figure à laquelle il appartient. Les figures (c) et (d) sont obtenues en ajoutant les mêmes 31 traits à chacune des deux figures a et b, si bien que leur appariement concorde sur 33 points. Dans ce cas, le même point sur lequel elles ne concordent pas est peu informatif et il est considéré maintenant comme du bruit et les deux figures (c) et (d) ne sont pas différenciées.

b. *Auto-organisation et compétence*

Quand un système code spontanément et de manière dynamique les patterns en provenance de l'environnement avec lequel il est en interaction, il doit répondre à des principes d'auto-organisation basés sur la flexibilité, la plasticité et la stabilité des traitements et de leurs résultats. Il doit résoudre également la résolution de conflits entre plasticité et stabilité.

La flexibilité est réalisée avec des modules de traitement indépendants et la plasticité l'est par la création de ce qu'on appelle des *bassins d'attraction* (parties du système qui travaillent ensemble) et par le maintien d'états stables quand le système a découvert et appris les invariants d'une catégorie de formes. La stabilité consiste à protéger la création de ces prototypes des perturbations possibles. Mais comme le système doit être capable à la fois de plasticité pour coder les événements pertinents qui sont nouveaux et de stabilité pour ne pas être perturbé par des événements non pertinents qui peuvent être nouveaux, la résolution de conflit entre plasticité et stabilité est assurée par deux types de mécanismes attentionnels. Le principe du premier est d'augmenter la représentation interne des codes de prototypes et celle de leurs réponses et, de ce fait, il augmente la puissance de l'expectation (ou attente) des événements familiers.

Le second mécanisme est un mécanisme d'orientation du traitement de l'événement soit vers un prototype (pour un événement familier), soit vers la création de nouveaux codes. Ce mécanisme reçoit l'information et en adresse une copie en *mémoire à long terme* (MLT). S'il existe un prototype, l'information revient sous la forme du prototype qui aura été activé. Ce second mécanisme fonctionne alors comme le *priming*, ou *amorçage* : les deux informations, l'événement présent et le prototype en provenance de la MLT, sont appariés. Si les deux sont trop dissemblables, l'inhibition est propagée sur toutes les cellules activées en MLT (par une sorte de remise à zéro) et l'activation envoyée à nouveau pour le codage d'événements non familiers pour la création d'un nouveau bassin d'attraction. Si l'appariement a lieu, l'événement est reconnu comme le *prototype* et la valeur de son *activation* augmentée.

La compétence d'un système auto-organisé dépend de l'ordre de présentation : il affecte la création des catégories. Supposons trois patterns [P1, P2 et P3]. [P1 et P2] peuvent être suffisamment semblables pour être rangés dans une même catégorie, qui n'accueillera pas [P3] car il ne possède pas les traits partagés par [P1 et P2]. Inversement, si l'ordre est [P1, P3] puis [P2], une catégorie en mémoire pour [P1 et P3] pourrait ne pas accueillir [P2]. Dans un système où la stabilité est recherchée et obtenue par apprentissage rapide, la fusion de catégories est difficile. Un mécanisme d'apprentissage lent où la stabilité est recherchée pour des séquences plus longue permet la fusion de catégories.

2.3.4. *Réalisation de systèmes perceptifs*

La modélisation-simulation de systèmes perceptifs connexionnistes est très avancée en perception visuelle et, pour beaucoup, dans le domaine de la reconnaissance de formes. Une des raisons de ce développement provient de la correspondance structurale entre un réseaux de neurones (particulièrement pour les couches d'entrées) et la rétine avec ses couches superposées : cellules photo-réceptrices, cellules bipolaires, cellules ganglionnaires, dont les unités sont reliées intra-couches et inter-couches. La *perception visuelle* est aussi le lieu où le traitement des patterns se fait en parallèle (les cellules réceptrices reçoivent, traitent et transmettent l'information massivement en parallèle). Enfin, les recherches sur la perception visuelle humaine ont mis très tôt l'accent sur la spécificité du traitement en parallèle dans le domaine de l'*attention*, sur la détection de cibles, par exemple.

a. *Les illusions perceptives*

Steve Grossberg donne une explication à un grand nombre de phénomènes perceptifs qui touchent la perception de formes tridimensionnelles, de la couleur et de la luminance.

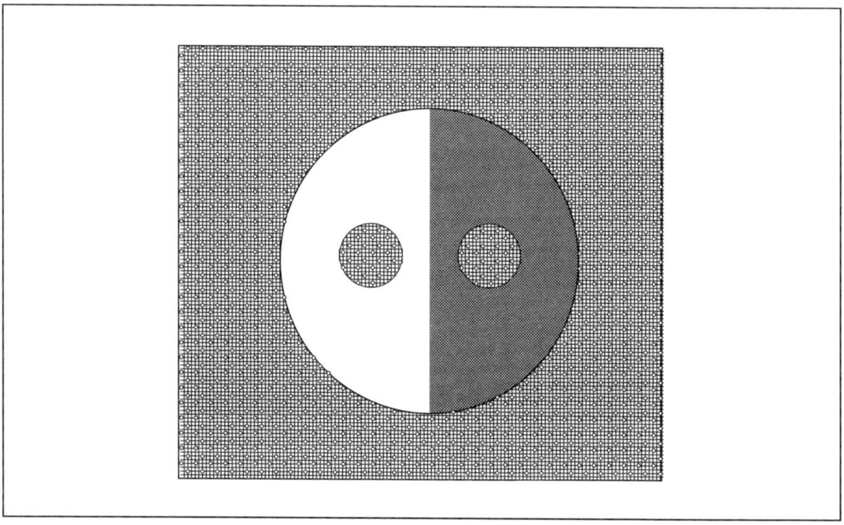

Figure 16 – Différences de perception de luminance dans la figure de Yarbus entre les surfaces des petits cercles portés sur fond blanc ou noir. Le système connexionniste ne traite que les contours et les plages colorées sont reconstituées à partir des contours (Grossberg, 1986).

La figure 16 présente le phénomène mis en évidence par Yarbus en 1967, qui consiste en ce que le petit cercle inclus dans la partie noire de la figure paraît plus brillant que son analogue dans la partie blanche. Ce phénomène est expliqué comme suit. Dans la reconnaissance des formes, le système visuel ne traite que les contours. L'information sur les contours est traitée par deux sous-systèmes indépendants : le premier s'occupe des contours quelconques et rend compte de la plasticité du système ; le second s'occupe des contours des traits-prototypes et rend compte de la stabilité. Le signal est adressé aux deux systèmes, qui adressent à leur tour le produit de leur traitement au système d'intégration dédié à la reconnaissance des objets. Celui-ci, en retour, adresse aux deux sous-systèmes le prototype-objet activé. En outre, le sous-système des contours quelconques adresse également le produit de ses traitement au sous-système des contours des traits-prototypes.

Le circuit créé de la sorte entre système de reconnaissance d'objets, système de contours quelconques et systèmes de traits-prototypes peut avoir différentes conséquences : par exemple, la perception de traits fantômes comme dans la figure 17. Comme, dans le modèle, il n'y a pas de système pour traiter la brillance et la couleur des surfaces ou plages, on ne devrait percevoir pour un objet que des contours colorés de luminance diverse. En fait, les plages colorées sont reconstituées ultérieurement (au niveau du système de reconnaissance des objets) en attribuant aux plages la couleur et la brillance des contours. Ceci explique que les plages des petits cercles de la figure 16, étant reconstituées avec les valeurs de leur contour, soient perçues différemment. Plus globalement, ce phénomène explique pourquoi le système visuel s'adapte au changement de luminance de toute la scène visuelle.

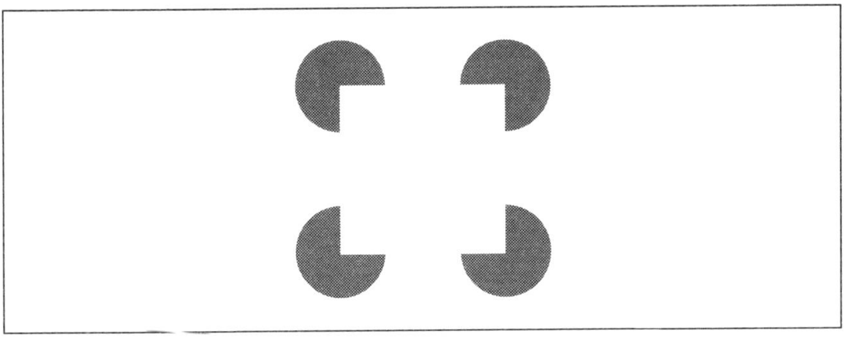

Figure 17 – Les contours du carré fantôme de la figure sont créés par une sorte de «*priming*». Les traits des angles activent le carré qui amorce les côtés dans un circuit entre sous-réseaux spécialisés et hiérarchisés.

b. *La reconnaissance des visages*

On montre qu'un simple réseau composé de trois couches, celle d'entrée comportant 1 024 unités (ce qui est faible comparé aux grand nombre des cellules photoréceptrices), une couche intermédiaire variant de 4 à 16 unités et une couche de sortie de 4 unités, peut différencier quatre photographies de visages. L'apprentissage est atteint dans le meilleur des cas avec 10 présentations et dans le cas le plus défavorable (4 unités dans la couche intermédiaire) avec approximativement 2 000 présentations. Mais surtout, une fois entraîné, le réseau reconnaît les photographies des visages quand elles sont présentées avec du bruit (image floue, taches) ou tronquées, quand une partie de la photographie est occultée.

c. *Le phénomène de supériorité du mot sur le caractère*

Dans une série d'expériences princeps, Rumelhart et McClelland ont trouvé qu'un caractère est mieux reconnu si les autres lettres avec lesquelles il compose un mot interviennent avant la présentation du caractère cible qu'après sa présentation. Ainsi «i» est plus facilement reconnu quand on présente la séquence «t _ c» puis «_ i _», que quand on présente ««_ i _» puis «t _ c» pour le mot «tic». Le principe dans le modèle connexionniste est un processus ascendant puis descendant (*bottom-up/top-down*)» : «t _ c» va activer par propagation de l'activation dans le réseau l'ensemble des mots comprenant «t _ c», soit par exemple «tac», «tic», «toc». Si bien que «a, i et o» sont activés comme candidats par une sorte de phénomène de *priming* (amorçage) interne pour «i». En revanche, quand «_ i _» est présenté d'abord, les candidats possibles sont tous les autres caractères.

2.3.5. *Limites actuelles des systèmes perceptifs connexionnistes*

Les modèles connexionnistes ont fourni beaucoup de résultats compatibles avec les capacités humaines, ont donné une explication cohérente de certains phénomènes perceptifs et ont pu mettre en évidence des phénomènes insoupçonnés qui ont été vérifiés ensuite : cela est d'une grande valeur pour la portée d'une théorie. Les limites actuelles pour la conduite de ces recherches proviennent de l'insuffisance dans le développement de machines qui traitent les données en parallèle (ce sont des machines séquentielles qui simulent le traitement en parallèle) et de l'insuffisance d'algorithmes de traitement adaptés au traitement en parallèle. Plus fondamentalement, un des aspects théoriques importants, c'est la capacité d'apprendre à reconnaître sur un échantillon d'exemples en constituant des prototypes et de produire des réponses de reconnaissance sur de nouvelles données. Ces systèmes sont donc confrontés au problème de l'induction. La limite ne provient pas de l'induction elle-même mais du fait qu'on ne sait jamais comment un nouveau stimulus sera perçu par le système, étant donné qu'on n'a pas accès au contenu des cellules : on ne sait pas ce qu'elles représentent ; on ne peut le savoir qu'avec la réponse fournie par le système (ou, autrement, en allant inspecter tout le réseau après chaque apprentissage). Il existe par exemple des réseaux pour différencier des cibles mouvantes dans la *scène visuelle*, par exemple celles qui sont des véhicules militaires de celles qui ne le sont pas et, parmi celles qui le sont, celles qui sont adverses. Cela donne la mesure des problèmes d'une décision basée uniquement sur des traitements perceptifs.

2.4. Modèles de stratégies utilisant les règles de production

Le système de production est un formalisme général qu'on peut utiliser pour modéliser les activités cognitives et, plus particulièrement, les activités de résolution de problèmes et d'apprentissage par la résolution de problèmes. Nous allons décrire le formalisme du système de production, puis nous montrerons les propriétés intéressantes de ce formalisme en présentant un modèle de stratégie de résolution de problèmes.

Une stratégie est une méthode de résolution applicable à un ensemble de problèmes, ceux-ci pouvant requérir des procédures différentes. Le modèle qu'on présentera en 2.4.2 est un modèle de stratégie en ce sens qu'il décrit des méthodes de résolution mettant en œuvre des procédures variées selon la situation de problème.

2.4.1. *Les composantes et le fonctionnement d'un système de production*

Dans sa forme de base, un système de production comporte trois composantes :

- *une mémoire de travail* (qu'on appellera MT), constituée par une suite de «données», ou «faits». Ce sont des informations concernant la tâche en cours ;
- *une mémoire de production* comportant un ensemble de règles de production. Une règle de production a la forme générale d'une règle conditionnelle : «si X est vrai, alors Y est vrai». On représente habituellement une règle de production par la formule : «si CONDITION, alors ACTION». La variable *condition* décrit une configuration des éléments de MT et la variable *action* décrit une modification du contenu de MT ;
- *un interpréteur*, qui est un programme gérant le fonctionnement du système. Le principe essentiel du fonctionnement est la boucle sélection-exécution, qui peut être décrite par la suite des cinq commandes, et un «principe de résolution de conflit». Les commandes sont :
  - 1. comparer la partie *condition* de chacune des règles de la mémoire de production à l'état de MT et prendre en considération les règles dont la partie *condition* peut être «instanciée» par un ensemble de données de la MT, c'est-à-dire que l'ensemble des variables de la *condition* peut recevoir une valeur à partir des données de MT ;

- 2. si plusieurs règles ont leur *condition* instanciable, alors appliquer le principe de résolution de conflit pour en sélectionner une seule, puis aller à 3 ;
- 3. s'il y a une seule règle dont la *condition* peut être instanciée, alors instancier l'*action* de la règle sélectionnée, mettre le résultat en MT, puis aller à 1 (*i.e.* recommencer le cycle de fonctionnement) ;
- 4. s'il n'y a aucune règle dont la *condition* puisse être instanciée, arrêter.

Il faut insister sur le fait qu'à chaque cycle de fonctionnement, toutes les règles sont examinées (comparées au contenu de MT) ; une règle qui a été sélectionnée à un cycle donné peut très bien être de nouveau sélectionnée au cycle suivant (sauf si le principe de résolution de conflit l'interdit, voir ci-après). Fondamentalement, l'instanciation de l'*action* d'une règle consiste en une modification de l'état de MT (par exemple, mettre dans MT une nouvelle donnée), cette modification est décrite dans la partie *action*.

Le principe de résolution de conflit permet, dans le cas où plusieurs règles sont instanciables, d'en sélectionner une seule à chaque cycle de fonctionnement du système. On peut le définir de diverses façons ; par exemple : choisir la règle la plus spécifique, c'est-à-dire celle dont la partie *condition* comporte le plus d'éléments ; choisir la règle la plus générale, c'est-à-dire celle dont la partie *condition* comporte le moins d'éléments ; choisir la règle qui est affectée d'une plus grande valeur de préférence : on peut décider d'augmenter (ou de diminuer) d'une certaine quantité la valeur de préférence d'une règle chaque fois que cette règle a été sélectionnée ; on peut décider d'affecter à l'ensemble de règles une hiérarchie de préférence...

Trois caractéristiques du formalisme du système de production le rendent intéressant en tant qu'outil de modélisation des activités cognitives : la possibilité du choix du niveau d'abstraction des règles, la modularité, et la sensibilité vis-à-vis de l'état de MT, donc une sensibilité vis-à-vis des états de l'environnement externe si ceux-ci sont codés en MT.

2.4.2. *Le caractère modulaire du système de production : un modèle de niveaux de développement cognitif*

Chaque règle peut être considérée comme un élément de connaissance, et on peut représenter les éléments de connaissance indépendamment les uns des autres. On peut donc modifier un système de production en enlevant ou en ajoutant des règles. Ce caractère de modularité rend le formalisme du système de production très adapté pour représenter une hiérarchie de niveaux de connaissance, et en particulier des niveaux du développement cognitif. Nous allons étudier un modèle de stratégie de résolution d'un ensemble de problèmes appelés *problèmes de classification multiple* (Nguyen-Xuan *et al.* 1983).

a. *Description de la situation de problème*

Un problème de classification multiple consiste en un tableau d'objets partiellement rempli. Ces objets appartiennent à un ensemble de 9 objets de couleur rouge, bleue et jaune, et ayant l'une des trois formes : ronde, carrée, triangulaire. Le tableau est partiellement rempli, mais de façon compatible avec une double classification couleur/forme définie : autrement dit, le contenu des cases non remplies est univoquement défini. L'une des cases vides est marquée par un point d'interrogation : nous l'appellerons «case-but». La tâche du sujet consiste à remplir celle-ci en choisissant un objet dans un lot de 27 objets. Ce lot est constitué par trois exemplaires de chacun des 9 objets résultant du produit cartésien des trois formes et des trois couleurs.

On a considéré cinq types de tableaux partiellement remplis, appelés P_{10}, P_{20}, P_{11}, P_{21}, P_{22} : un exemplaire de chacun des cinq types est présenté dans la figure 13. A partir d'un de ces exemples, on peut engendrer un ensemble de problèmes de même type par transposition et/ou permutation de lignes et/ou de colonnes.

Le choix de cinq types différents pour caractériser les problèmes est lié à la stratégie utilisée par les sujets et décrite dans le modèle. Cette stratégie consiste à analyser la configuration du tableau en considérant le nombre de cases remplies dans la ligne et la colonne dont l'intersection est la case vide marquée par «?». Désignons ces deux rangées spéciales par «ligne-but», «colonne-but», ou de façon générique par «rangée-but». On peut remarquer que, dans le type P_{10}, l'une des deux rangées-but comporte 0 objet, l'autre en comporte un etc. ; dans le type P_{22}, les deux rangées-but comportent deux objets. Selon le niveau de développement, les procédures de traitement mises en œuvre par les enfants pour trouver la solution sont différentes selon le type de problème.

Nous utiliserons le terme générique de «modalité» pour désigner une propriété d'un objet ; par exemple, un carré rouge est défini par la modalité «carré» et la modalité «rouge». On utilisera le terme générique de «dimension» pour désigner la couleur et la forme ; par exemple, «rouge» est une modalité de la dimension «couleur».

Nous allons, à partir des exemples, définir les deux concepts importants qui vont être utilisés dans les modèles :

1. le concept de «modalité commune à une rangée». Dans la figure 18, si l'on examine le problème P_{21}, la colonne-but comporte un carré rouge et un carré jaune : la modalité commune à la colonne-but est «carré» ;
2. le concept de «modalité complémentaire» : un objet est défini par deux modalités, une couleur et une forme. Si l'on a découvert que l'objet à mettre dans la case-but du problème P_{21} doit avoir la modalité «carré», la modalité complémentaire de «carré» ne peut donc être qu'une modalité appartenant à la dimension «couleur». Pour déterminer celle-ci, il suffit d'examiner un objet de la ligne-but, le triangle bleu, et de lire dans cet objet la modalité appartenant à la dimension «couleur» : la modalité «bleu». Il faut noter la

différence de traitement avec le cas où l'on extrait une «modalité commune» : pour ce faire, on a besoin d'examiner au moins deux objets ; en revanche, une fois qu'on a défini une première modalité de l'objet recherché, pour trouver la modalité complémentaire, il suffit, après avoir changé de rangée-but (*i.e.*, être passé de la colonne-but à la ligne-but, et vice-versa), d'examiner un seul objet de cette rangée.

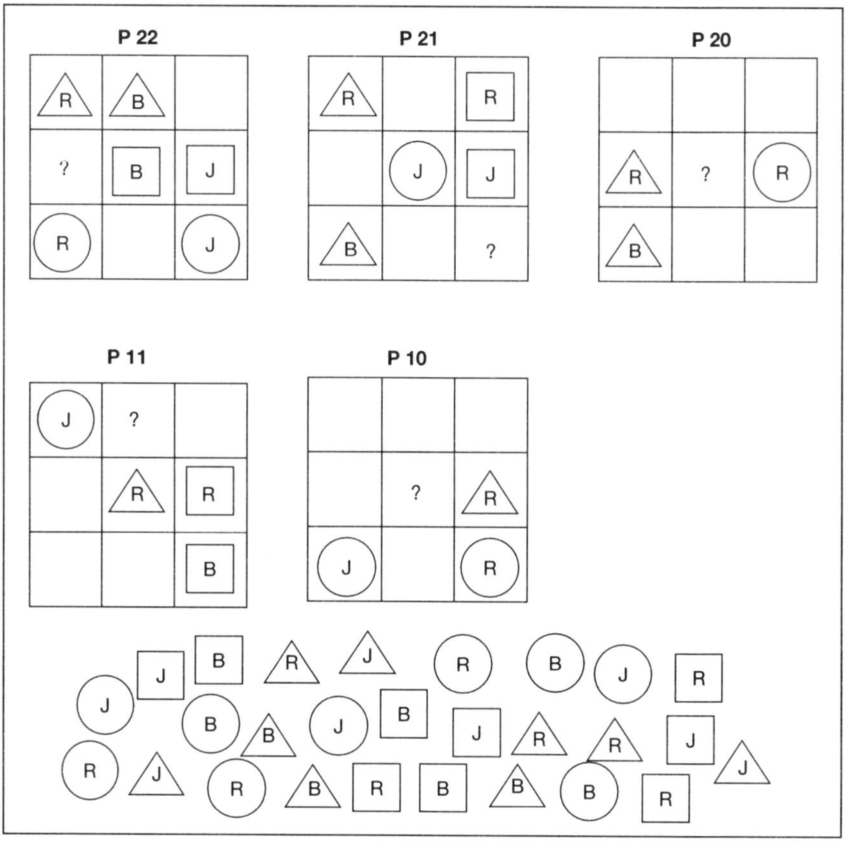

Figure 18 – Exemples de problèmes de classification multiple.

On a donné à 56 enfants de 4 à 7 ans deux séries de 10 problèmes, et à 40 enfants de 4 ans et demi à 5 ans et demi une série de 10 problèmes. Chaque série comporte deux exemplaires de chacun des cinq types de problèmes : P_{10}, P_{20}, P_{11}, P_{21}, P_{22}.

b. *Le modèle représentant les niveaux de stratégie de résolution de problème*

À partir de l'analyse des réponses des sujets, on a défini six systèmes de production représentant six niveaux de développement cognitifs, appelés SP1,

SP2, SP3, SP4, SP5, SP6. Un protocole individuel est constitué par l'ensemble des choix d'objets mis dans la case «?» des 20 (ou 10) problèmes que le sujet avait à résoudre. Chaque protocole peut être attribué à l'un des six systèmes de production, en ce sens que ce protocole est compatible avec l'ensemble des choix effectués par ce système lorsque celui-ci a à résoudre le même ensemble de problèmes.

Les six systèmes de production entretiennent entre eux une relation hiérarchique de compétence : le système SP6 trouve la solution correcte aux cinq types de problèmes ; le système SP5 trouve la solution correcte aux quatre problèmes P_{10}, P_{20}, P_{21}, P_{22} ; le système SP4 trouve la solution correcte aux trois problèmes P_{20}, P_{21}, P_{22}, etc. Nous allons étudier ici les systèmes SP4 et SP5, qui fonctionnent selon la même stratégie, qu'on peut décrire par la structure de buts ci-après :

Pour remplir la case-but, mettre un objet dans la case-but ;
  Pour mettre un objet dans la case-but, prendre un objet du lot ;
    Pour prendre un objet du lot :
      1. Définir un objet ;
        Pour définir l'objet :
          1. Examiner les rangées-but ;
          2. Définir les modalités x_i et y_j caractéristiques de ces rangées-but ;
      2. Prendre un objet qui n'existe pas déjà dans le tableau et qui a les modalités x_i et y_j.

Examinons le but «Pour définir l'objet» : pour atteindre ce but, les systèmes examinent les rangées-but et identifient la configuration des objets ; à chaque type de configuration s'applique une procédure de traitement qui permet de définir la ou les modalités qui caractérisent l'objet à prendre dans le lot. Les systèmes SP4 et SP5 sont capables de différencier quatre types de configurations de rangées-but. Ce sont (en désignant par r_i la première rangée-but, et par r_j l'autre rangée-but) :

- r_i contient deux objets et r_j est vide, ce sont des problèmes de type P_{20} ;
- r_i contient un objets et r_j est vide, ce sont des problèmes de type P_{10} ;
- r_i contient deux objets et r_j est non-vide, ce sont des problèmes de type P_{22} et P_{21} ;
- r_i contient un objet et r_j contient un objet, ce sont des problèmes de type P_{11}.

Bien que les systèmes SP4 et SP5 identifient de la même façon les types de configurations d'objets, les procédures de traitement de SP5 sont plus puissantes que celles de SP4.

Nous présentons dans le tableau 10 le système SP4 sous forme de règles (chaque règle présentée ici est en fait une composition de plusieurs règles du modèle original). Le système fonctionne avec une mémoire de travail composée de deux parties : une mémoire des données (notées MD), dont la totalité du contenu est accessible ; et une mémoire de buts (notée MB), qui est une pile :

RÈGLE	CONDITION(S)	ACTION(S)
R(but1)	Si il y a la question : «Que mettras -tu dans la case marquée «?»,	– mettre dans MB But = mettre-objet-dans-case (i, j) – *et* mettre dans MD Case-visée (i, j).
R(but2)	Si But = mettre-objet-dans-case (i, j),	alors mettre dans MB But = prendre-objet.
R(but3)	Si But = prendre-objet,	alors mettre dans MB But = définir-objet (i, j).
R(r_i = 2 ; rj = non-vide)	Si But = définir-objet (i, j) *et* si la rangée r_i contient deux objets de la rangée r_i *et* si la rangée rj contient au moins un objet,	alors lire la modalité x_i commune aux deux objets *et* lire la modalité yj complémentaire dans un objet de la rangée r_j *et* vérifier qu'un objet ayant les modalités x_i et y_j n'existe pas déjà dans le tableau *et* effacer But = définir-objet (i, j) *et* mettre dans MD Objet (x_i, y_j)
R(r_i = 2 ; r_j = vide).	Si But = définir-objet(i, j) *et* si la rangée ri contient deux objets *et* si la rangée rj est vide,	alors lire la modalité x_i commune aux deux objets de la rangée r_i de ? *et* effacer But = définir-objet (i, j) *et* mettre dans MD Objet (x_i)
R(r_i = 1 ; r_j = 1).	Si But = définir-objet (i, j) *et* si la rangée r_i contient un objet *et* si la rangée r_j contient un objet,	alors lire une modalité x_i dans l'objet de la rangée r_i *et* lire la modalité y_j complémentaire dans l'objet de la rangée r_j de ? *et* vérifier qu'un objet ayant les modalités x_i et y_j n'existe pas déjà dans le tableau *et* effacer But = définir-objet (i, j) *et* mettre dans MD Objet (x_i, y_j).
R(r_i = 1 ; r_j = vide)	Si But = définir-objet (i, j) *et* si la rangée r_i contient un objet *et* si la rangée r_j est vide,	alors lire une modalité x_i dans l'objet de la rangée r_i *et* effacer But = définir-objet (i, j) *et* mettre dans MD Objet (x_i).
R(prendre1)	Si But = prendre-objet *et* s'il y a dans MD Objet (x_i),	alors choisir un objet qui n'existe pas déjà dans le tableau et qui possède la modalité x_i *et* effacer But = prendre-objet *et* effacer de MD Objet (x_i).
R(prendre2)	Si But = prendre-objet *et* si il y a dans MD Objet (x_i, y_j),	alors choisir un objet qui n'existe pas déjà dans le tableau et qui possède les modalités x_i et y_j *et* effacer But = prendre-objet *et* effacer de MD Objet (x_i, y_j).
R(mettre)	Si But = mettre-objet-dans-case (i, j) *et* s'il y a un objet dans la main *et* s'il y a dans MD Case-visée (i, j)	alors mettre l'objet dans la case (i, j) *et* effacer But = mettre-objet-dans-case (i, j) *et* effacer Case-visée (i, j) de MD

parmi les but qui y sont mis, seul le dernier entré (qui se trouve au-dessus de la pile) est accessible. Le principe de résolution de conflit consiste à choisir la règle la plus spécifique.

Dans le tableau 10, les règles R(but1), R(but2) et R(but3) sont des règles pour définir les buts ; les règles R(r_i = 2 ; r_j = non-vide), R(r_i = 2 ; r_j = vide), R(r_i = 1 ; r_j =1) et R(r_i = 1 ; r_j = vide) sont des règles pour définir les modalités de l'objet cherché selon les différentes configurations détectées par le système ; les règles R(prendre1), R(prendre2) et R(mettre) sont des règles pour choisir l'objet et le poser dans la case visée.

Nous présentons, dans le tableau 11, la trace du fonctionnement de SP4 sur le problème P_{10} de la figure 18. Cette trace est constituée par les états successifs de MD et de MB : ces contenus sont modifiés par l'action des règles de production sélectionnées à chaque cycle de fonctionnement. Le nom de la règle (notée R(but1)...R(r_i = 1 ; r_j = vide)...) sélectionnée est donnée à l'entrée des lignes. Dans cet exemple présenté dans le tableau 11, SP4 a lu «triangle» dans l'objet triangle rouge de la ligne 2 du tableau P_{10}. Il acceptera alors comme objet à prendre soit un triangle bleu, soit un triangle jaune. Il a une chance sur deux de trouver la réponse correcte. Le système aurait pu aussi bien avoir lu «rouge», au lieu de «triangle». L'objet qu'il accepterait est alors un carré rouge, ce qui est une réponse incorrecte. Le système SP5 sait par contre trouver systématiquement l'objet correct. Sa stratégie consiste à :

1. remplir d'abord la case vide de la rangée-but non-vide qui n'est pas la case-but. Dans le problème P_{10} de la figure 18, il s'agit de remplir la case (2,1) (ligne 2, colonne 1) ;
2. remplir ensuite la case-but marquée «?».

Règle	Mémoire des données MD	Mémoire des buts MB
R(but1).	Case-visée (2,2)	But = mettre-objet-dans-case (2,2)
R(but2).	Case-visée (2,2)	But = prendre-objet But = mettre-objet-dans-case (2,2)
R(but3).	Case-visée (2,2)	But = définir-objet (2,2) But = prendre-objet But = mettre-objet-dans-case (2,2)
R(ri = 1 ; rj = vide)	Objet (triangle) Case-visée (2,2)	But = prendre-objet But = mettre-objet-dans-case (2,2)
(Note : le système pourrait aussi bien avoir lu la modalité «rouge», au lieu de la modalité «triangle».)		
R(prendre1)	Case-visée(2,2)	But = mettre-objet-dans-case (2,2)
(Note : Un objet de forme triangle est pris dans la main, cela pourrait être un triangle jaune ou un triangle bleu, les deux triangles étant tous les deux absents du tableau.)		
R(mettre)	MD vide	MD vide
(Note : L'objet de forme triangle est mis dans la case «?». MB et MD sont vides : Arrêt.)		

Tableau 11 – Fonctionnement de SP4 sur le problème P_{10} de la figure 13.

Le système SP5 possède toutes les règles de SP4, sauf la règle R(r_i = 1 ; r_j = vide) qui est remplacée par la règle R(r_i = 1 ; r_j = vide : 5) :

> si But = définir-objet (i,j) *et* si la rangée r_i contient un objet et si la rangée r_j est vide et si la case (i,l) est vide d'objet *et* vide de «?»,
>
> alors mettre dans MB But = mettre-objet-dans-case (i,l) *et* mettre dans MD Case-visée (i,l).

C'est-à-dire : s'il y a une seule rangée-but r_i qui n'est pas vide et qu'elle n'a qu'un seul objet, alors mettre dans MB le but de remplir une case vide de cette rangée r_i, et noter dans MD les coordonnées de cette case.

On trouve dans le tableau 12 le fonctionnement de SP5 pour résoudre le problème P_{10}. Dans la figure 19, on présente les deux buts successifs que cherche à atteindre SP5.

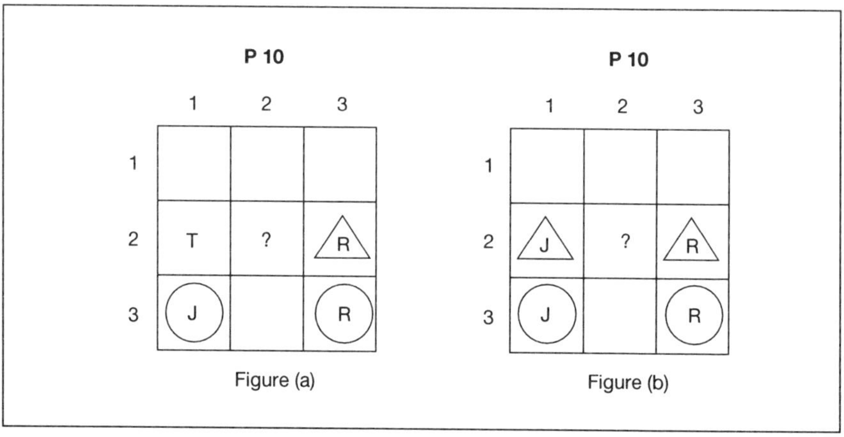

Figure 19 – Le problème P10 traité par le système SP5, en deux étapes : remplir case (2,1), marquée «T», puis remplir case (2,2), marquée «?».

On présente dans la figure 20 ci-après les ensembles d'objets acceptés comme solution par SP3, SP4 et SP5, pour les cinq problèmes de la figure 18. Dans la figure 20, les cases représentent les objets dont les deux modalités sont indiquées dans les marges. Les cases grisées représentent les objets de l'ensemble accepté par un système donné, pour un problème donné. Par exemple, SP3 accepte pour le problème P_{10} comme réponse correcte les objets triangle bleu, triangle jaune, carré rouge ; alors que SP5 accepte seulement le triangle bleu comme réponse correcte.

Ces systèmes de production sont utilisés pour l'analyse des protocoles individuels. Un protocole individuel est l'ensemble des réponses d'un sujet pour une série de dix problèmes, deux exemplaires de chacun des cinq types. Cette analyse cherche à faire correspondre le protocole d'un sujet avec les réponses

<table>
<tr><th>Règle</th><th>Mémoire des données MD</th><th>Mémoire des buts MB</th></tr>
<tr><td>R(but1)</td><td>Case-visée (2,2)</td><td>But = mettre-objet-dans-case (2,2)</td></tr>
<tr><td>R(but2)</td><td>Case-visée (2,2)</td><td>But = prendre-objet
But = mettre-objet-dans-case (2,2)</td></tr>
<tr><td>R(but3)</td><td>Case-visée (2,2)</td><td>But = définir-objet (2,2)
But = prendre-objet
But = mettre-objet-dans-case (2,2)</td></tr>
<tr><td>R(ri = 1 ;
rj = vide).</td><td>Case-visée (2,1)
Case-visée (2,2)</td><td>But = mettre-objet-dans-case (2,1)
But = définir-objet (2,2)
But = prendre-objet
But = mettre-objet-dans-case (2,2)</td></tr>
<tr><td colspan="3">(Note : la case qui est vide d'objet et vide du signe «?» est la case (2,1), dans la figure 14, elle est marquée par «T». Si la case marquée «T» est la case-but, alors la configuration du problème à résoudre pour remplir la case (2,1) est de type P11.)</td></tr>
<tr><td>R(but2)</td><td>Case-visée (2,1)
Case-visée (2,2)</td><td>But = prendre-objet
But = mettre-objet-dans-case (2,1)
But = définir-objet (2,2)
But = prendre-objet
But = mettre-objet-dans-case (2,2)</td></tr>
<tr><td>R(but3)</td><td>Case-visée (2,1)
Case-visée (2,2)</td><td>But = définir-objet (2,1)
But = prendre-objet
But = mettre-objet-dans-case (2,1)
But = définir-objet (2,2)
But = prendre-objet
But=mettre-objet-dans-case (2,2)</td></tr>
<tr><td>R(ri = 1 ; rj = 1).</td><td>Objet (triangle,jaune)
Case-visée (2,1)
Case-visée (2,2)</td><td>But = prendre-objet
But = mettre-objet-dans-case (2,1)
But = définir-objet (2,2)
But = prendre-objet
But = mettre-objet-dans-case(2,2)</td></tr>
<tr><td colspan="3">(Note : le Système aurait pu lire, soit «triangle» et «jaune», soit «rond» et «rouge», mais un rond rouge existe déjà dans le tableau, donc seules les modalités «triangle» et «jaune» sont acceptables.)</td></tr>
<tr><td>R(prendre2).</td><td>Case-visée (2,1)
Case-visée (2,2)</td><td>But = mettre-objet-dans-case (2,1)
But = définir-objet (2,2)
But = prendre-objet
But = mettre-objet-dans-case (2,2)</td></tr>
<tr><td colspan="3">(Note : un triangle jaune est pris dans la main.)</td></tr>
<tr><td>R(mettre)</td><td>Case-visée (2,2)</td><td>But = définir-objet (2,2)
But = prendre-objet
But = mettre-objet-dans-case (2,2)</td></tr>
<tr><td colspan="3">(Note : le triangle jaune est mis dans la case (2,1), la configuration du problème à résoudre devient une configuration de type P20.)</td></tr>
<tr><td>R(ri=2 ;
rj=vide)
R(prendre1)</td><td>Objet (triangle)
Case-visée (2,2)</td><td>But = prendre-objet
But = mettre-objet-dans-case (2,2)</td></tr>
<tr><td colspan="3">(Note : un triangle bleu est pris, c'est le seul triangle qui n'existe pas déjà dans le tableau.)</td></tr>
<tr><td>R(mettre)</td><td>MD vide</td><td>MB vide</td></tr>
<tr><td colspan="3">(Note : l'objet triangle bleu est mis dans la case «?» : Arrêt.)</td></tr>
</table>

Tableau 12 – Fonctionnement de SP5 pour le problème P_{10}.

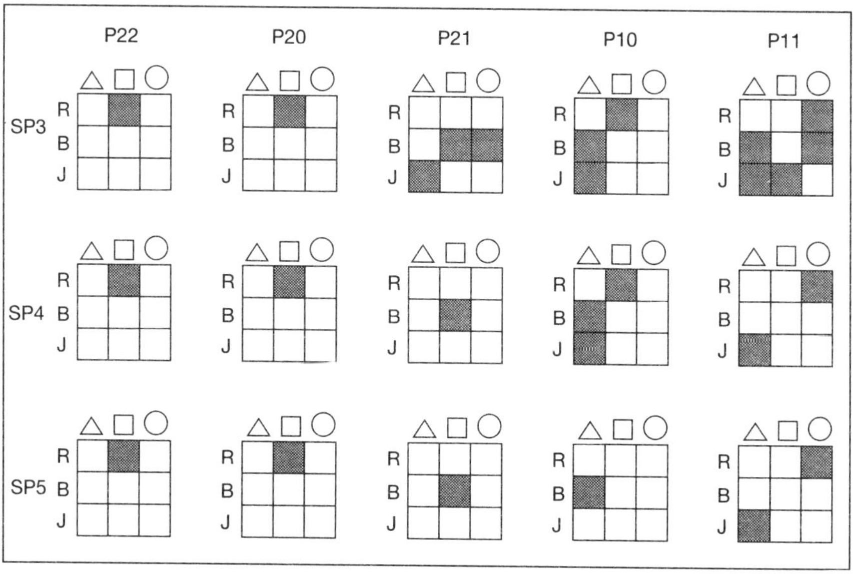

Figure 20 – Les ensembles d'objets acceptés comme réponses correctes par SP3, SP4 et SP5.

acceptées comme solution par un des systèmes. Un protocole est considéré comme compatible avec le fonctionnement d'un système donné s'il satisfait aux critères suivants :

1. chaque réponse du sujet à un problème donné se trouve parmi les objets que le système considère comme acceptables pour ce problème ;
2. si le protocole est compatible avec plusieurs systèmes, on lui attribue le système le plus évolué. Par exemple, si un protocole est compatible à la fois avec SP3 et SP4, alors on lui attribue SP4.

La modélisation présentée ci-dessus a permis d'analyser finement les problèmes en termes de connaissances nécessaires pour les résoudre, et d'analyser les protocoles individuels en termes de connaissances effectivement mises en jeu par un individu dans chacune des situations de problèmes. On a ainsi caractérisé chaque sujet, non plus en termes de «pourcentage de réussite» sur une série de dix problèmes, mais en termes de niveau de développement cognitif. De plus, le caractère de modularité du système de production a permis de définir clairement ce qu'on entend par «les connaissances qu'un enfant d'un niveau de développement donné possède en plus par rapport à celles d'un enfant d'un niveau antérieur».

Une autre caractéristique du formalisme du système de production est intéressante à signaler : les règles de production étant indépendantes entre elles et leur activation dépendant uniquement de l'état de MT, le formalisme du système de production est très utile pour modéliser des processus d'adaptation : soit des processus de résolution dans des situations de problème où les interactions avec l'environnement externe sont complexes, soit des processus d'apprentissage. Par exemple, Nguyen-Xuan et Grumbach (1985) ont modélisé l'apprentissage chez les enfants d'un jeu à deux adversaires où une même action du sujet ne provoque pas toujours la même réaction de l'adversaire.

2.5. Modèles de résolution de problème

Le formalisme des règles de production présenté dans la section précédente est une première façon de modéliser la résolution de problème : il rend bien compte des aspects stratégiques du processus de résolution de problème, à savoir la construction de sous-buts spécifiques au problème et l'utilisation d'heuristiques générales. Des modèles de règles de production ont été proposés pour le problème de la tour de Hanoï par Anzaï et Simon (1979), Klahr et Robinson (1981), Karat (1982) ; pour le problème des missionnaires et des cannibales par Schmalhofer et Polson (1986) ; pour le problème de la course à 20 par Nguyen-Xuan et Grumbach (1985). On trouvera une description de ces modèles dans Richard (1990).

Il est difficile, dans le cadre d'un modèle de règles de production, de rendre compte des situations d'impasse et d'expliquer le comportement des sujets dans cette situation. Nous avons vu (Les activités mentales finalisées, section 3) qu'une situation peut se révéler insoluble du fait d'une interprétation inappropriée de l'énoncé ou de l'utilisation d'une heuristique inadéquate pour le problème. Les notions de fixation et d'impasse caractérisent ces phénomènes typiques de la résolution de problème et correspondent à ce qu'on appelle familièrement les blocages. Une situation d'impasse peut être conçue comme résultant du fait qu'étant donné les règles qui sont utilisées, aucune action n'est possible. Comme il faut faire quelque chose (parce qu'on sait que le problème doit avoir une solution), et que pour cela il faut violer une règle, il est nécessaire d'avoir un mécanisme qui permette de supprimer une règle. Un mécanisme de règles de production n'est pas approprié pour cela, parce que dans un système de productions le jeu de règles reste constant. Aussi allons-nous utiliser un autre cadre conceptuel, fourni par la notion de contrainte, proposé par Richard, Poitrenaud et Tijus (1993) et décrit dans Poitrenaud et Richard (1988) et Richard (1990).

2.5.1. *La notion de contrainte*

Une contrainte est une restriction sur l'ensemble des actions possibles dans chaque état de la situation : elle est exprimée sous la forme d'un tableau portant en tête de colonne les différents états du problème qui peuvent se rencontrer, c'est-à-dire l'espace de la tâche, et en tête de ligne les différentes actions possibles. Chaque case du tableau contient un «0» si dans l'état désigné en tête de colonne l'action désignée en tête de la ligne est permise par la contrainte en question ; la case contient un «1», si l'action est interdite.

On trouvera ci-dessous le tableau représentant la contrainte de la consigne du problème des missionnaires et des cannibales : il ne doit pas y avoir plus de cannibales que de missionnaires sur une rive. Cette contrainte est divisée en deux : contraintes *C*1 – «ne pas avoir plus de *C* que de *M* sur la rive où on embarque» – et *C*2 – «ne pas avoir plus de *C* que de *M* sur la rive où on débarque». En effet, les données montrent que les sujets respectent une partie de la consigne sans respecter l'autre : pour rendre compte de cela, on exprime par deux contraintes le contenu de la consigne. Les cases contenant un «1» indiquent les actions interdites par chaque contrainte. Ainsi, dans l'état 331(3*M*, 3*C* et le bateau à gauche), on ne peut pas transporter un *M*, ni non plus deux *M*, car il y aurait plus de *C* que de *M* sur la rive où on embarque. Ce tableau exprime en extension le contenu de la règle exprimé en compréhension par l'énoncé «ne pas avoir plus de *C* que de *M* sur la rive où on embarque» : il spécifie ce qui dans chaque cas est permis et interdit par la règle. Ce tableau est facile à traiter informatiquement : c'est ce qui permet, comme on le verra, de simuler le comportement d'un sujet obéissant à des contraintes.

*C*1	331	321	311	221	31	111	21	320	310	220	300	110	20	10	0
M	1	0	0	1	0	0	0	0	0	0	0	1	0	0	1
C	0	0	0	0	0	0	0	0	0	0	0	0	0	0	0
MM	1	1	0	0	0	0	0	0	0	0	0	0	0	1	1
CC	0	0	0	0	0	0	0	0	0	0	0	0	0	0	0
MC	0	0	0	0	0	0	0	0	0	0	0	0	0	0	0
*C*2	331	321	311	221	31	111	21	320	310	220	300	110	20	10	0
M	0	0	1	0	0	0	0	0	0	0	0	0	1	0	0
C	0	0	0	1	0	1	0	0	0	1	0	1	0	0	0
MM	0	0	0	0	0	0	0	0	0	0	0	0	0	0	0
CC	0	0	0	1	0	1	0	1	0	1	0	1	0	0	0
MC	0	1	1	0	0	0	0	0	0	0	0	0	1	1	0

Tableau 13 – Tableau représentant la contrainte *C*1 :
«ne pas avoir plus de *C* que de *M* sur la rive où on embarque», et la contrainte *C*2 :
«ne pas avoir plus de *C* que de *M* sur la rive où on débarque». Les nombres en tête de colonne décrivent les états de l'espace-problème : le premier chiffre indique le nombre de *M* sur la rive de départ, le second le nombre de *C* sur la rive de départ et le troisième la position de la barque et donc le type de passage (1 : rive de départ → rive d'arrivée ; 0 : rive d'arrivée → rive de départ).

Une règle de production peut se réécrire sous la forme d'une contrainte : une règle est en effet une restriction sur l'ensemble des actions possibles. La notion de contrainte est ainsi plus générale que celle de règle : on peut exprimer sous la forme de contraintes à la fois des interprétations de la consigne, des heuristiques et également des buts. Un but en effet peut être vu comme une restriction sur les actions possibles : si on a un but donné, on ne s'autorise que les actions qui sont compatibles avec ce but. Ce que permet d'exprimer la notion de contrainte, c'est l'idée que les règles sont hiérarchisées et que certaines sont plus importantes que d'autres. De la sorte on dispose d'un mécanisme simple pour décider que faire quand toutes les règles ne peuvent pas être respectées : ne pas tenir compte de la contrainte la plus basse dans la hiérarchie. Dans ce cas, il y a un compromis entre les contraintes et le conflit entre contraintes, qui définit une impasse, se résout par le relâchement de la contrainte la plus faible.

2.5.2. *La représentation du problème*

La notion de contrainte permet de formaliser la notion de représentation du problème : la représentation que le sujet a à un moment donné est décrite comme une liste de contraintes. Cela est rendu possible par le fait que les différentes composantes de la résolution de problème peuvent être exprimées sous la forme de contraintes. On distingue les contraintes de la consigne, celles qui sont liées aux buts, celles provenant d'heuristiques, et celles provenant de la mémorisation d'événements survenus au cours de la résolution.

a. *Les types de contraintes*

Contraintes de la consigne

Comme on vient de le voir, la compréhension de la consigne, correcte ou non, peut être exprimée sous forme de contraintes : ce qu'on a le droit de faire s'exprime sous la forme d'un tableau indiquant pour chaque état les actions licites et non licites.

Contraintes liées à des buts

Les buts peuvent être exprimés comme des contraintes. Il y a certaines actions qui réalisent le but : il y en a en général une, mais il peut y en avoir plusieurs (si le but est d'enlever le disque qui est au-dessus et si ce disque est le petit, il y a deux façons de l'enlever en le mettant sur l'un des deux autres emplacements). Les actions compatibles avec le but sont notées permises (0), les autres sont notées interdites (1).

Les buts peuvent être produits par des règles générales ou provenir de procédures importées d'autres tâches. Les règles générales sont du type : si un but doit être réalisé sur un objet fait de parties, le réaliser sur chacune des parties. Une procédure donne pour une tâche un ou plusieurs modes de réalisation : elle décompose le but de la tâche en sous-buts, qui sont soit immédiatement exécutables soit doivent eux-mêmes être décomposés en sous-buts. Par cette décomposition, la procédure définit quelles sont les actions qui permettent de la réaliser. On peut donc exprimer les contraintes liées à une procédure en marquant comme permises (0) les actions compatibles avec celle-ci et comme interdites (1) les autres actions.

Contraintes liées à des heuristiques

Prenons l'exemple d'une heuristique simple, comme «ne pas revenir en arrière». Cette contrainte peut être représentée par un tableau du même type, mais cette fois le tableau change à chaque essai : c'est une contrainte dynamique. Il faut donc calculer le tableau à chaque essai en fonction de l'action qui a été faite ; ce tableau est d'ailleurs très simple : il comporte une action interdite, celle qui concerne le même mouvement en sens inverse ; toutes les autres sont permises.

Certaines de ces heuristiques dépendent de buts. Par exemple, si le but est de déplacer un disque d'un emplacement à un autre, ne pas le mettre ailleurs. Cette heuristique interdit, par exemple, de mettre le grand disque au milieu lorsqu'il est libre, s'il faut faire la tour à droite. Elle est efficace, car elle empêche d'explorer toute une zone de l'espace-problème où le grand disque est au milieu. Cette heuristique peut s'exprimer à partir des états : elle interdit le déplacement du grand disque au milieu pour tous les états où le grand disque est à gauche (état de départ) ; lorsque le grand disque est à droite, elle interdit le déplacement du disque moyen au milieu s'il est à gauche et à gauche s'il est au milieu.

Contraintes liés à des événements survenus au cours du problème et mémorisés

Une heuristique de base consiste à ne pas refaire une action qu'on se souvient avoir fait dans le même état. Cette heuristique interdit les actions déjà faites dans un état et mémorisées : ces actions sont notées 1, les autres 0. Le tableau lié à cette heuristique est dynamique, en ce sens qu'il évolue dans le temps : au début il ne contient que des 0 et par la suite, chaque fois qu'une action est mémorisée, un «1» est introduit dans la case correspondant à cette action et à l'état dans lequel elle a été faite.

b. *La représentation du problème vue comme une liste ordonnée de contraintes*

À un moment donné un sujet a un certain nombre de contraintes de chaque type. Ces contraintes constituent une liste et elles sont supposées ordonnées : certaines sont plus importantes, elles sont en haut de la liste ; les autres le sont moins, elles sont en bas de la liste. Cela revient à dire que, quelle que soit leur origine, toutes ces contraintes se comportent de la même façon vis-à-vis de l'action à sélectionner et des arbitrages éventuels à faire entre elles. La seule chose qui les distingue du point de vue de la décision à prendre, c'est leur ordre, et non leur origine.

La raison de cet ordre est que dans certains cas il peut n'y avoir aucune action permise : elles sont toutes interdites par les contraintes. Ces cas constituent ce que l'on appelle les impasses. Cette façon d'exprimer la représentation du problème sous la forme d'une liste ordonnée de contraintes permet de formaliser la notion d'impasse : une impasse est une situation dans laquelle il n'y a aucune action permise par les contraintes.

Comment peut-on sortir d'une impasse ? Si la représentation est une liste ordonnée de contraintes, un mécanisme assez naturel est de faire un compromis entre les contraintes, en laissant tomber, au moins provisoirement, la contrainte la moins importante, c'est-à-dire la dernière de la liste.

2.5.3. *Le mécanisme de décision d'action*

Le mécanisme de décision opère sur la liste ordonnée des contraintes. Le choix d'une action comporte trois étapes : si une action est acceptable (elle est conforme aux règles du problème et au but momentané) à la première étape, le processus est terminé ; sinon, on passe à la deuxième étape et, si le choix aboutit à cette étape, le processus est terminé ; sinon, il se poursuit à la troisième étape.

a. *Le processus de décision*

Première étape

On examine s'il y a une action qui permette de réaliser le but et qui soit conforme à toutes les contraintes de la liste. Si c'est le cas, cette action est sélectionnée et exécutée. Si cette action est effectivement conforme aux règles, elle fait changer l'état du problème et on passe à un nouvel essai.

Deuxième étape

On se trouve à cette étape si l'action qui réalise le but n'est pas compatible avec l'une ou l'autre des contraintes ou si elle est compatible avec toutes les contraintes du sujet, mais n'est pas permise en fait par la consigne : c'est le cas si dans la représentation du problème il n'y a pas toutes les règles de la consigne. Dans la deuxième étape l'action est choisie seulement en fonction des contraintes et ne tient plus compte du but. S'il y a plusieurs actions compatibles avec les contraintes, une action est sélectionnée au hasard parmi celles-ci ; s'il y en a une seule, celle-ci est sélectionnée.

Troisième étape

On se trouve dans cette étape s'il n'y a pas d'action compatible avec les contraintes : c'est ce qui définit une impasse. En ce cas on supprime provisoirement la dernière contrainte de la liste et on examine s'il y a une ou plusieurs actions compatibles avec les contraintes restantes, en procédant comme à la première et à la deuxième étape. Il se peut qu'en supprimant une contrainte on ne trouve toujours pas d'action compatible : en ce cas on supprime une nouvelle contrainte. On continue la suppression jusqu'à ce qu'on trouve au moins une action compatible. Une fois la réponse donnée, la liste primitive de contraintes est rétablie : ces contraintes sont provisoirement négligées pour pouvoir trouver une action à faire, mais elle ne sont pas abandonnées.

b. *Implantation informatique du modèle*

Du point de vue informatique, la recherche des actions compatibles avec les contraintes se fait de la façon suivante. Chaque contrainte, on l'a vu, est exprimée par un tableau indiquant pour chaque action dans quels états elle est permise (0) et dans quels états elle est interdite (1). On fait la somme des tableaux correspondant à la liste des contraintes qui constituent la représentation du problème pour le sujet : on ajoute les nombres de chaque case pour tous les tableaux.

Dans le tableau général des contraintes qu'on obtient par sommation, certaines cases ont un 0 : cela indique que l'action indiquée en tête de ligne est autorisée par l'ensemble des contraintes, quand on est dans l'état inscrit en tête de colonne. Si une case porte un 1, cela signifie que l'action est interdite par une contrainte dans l'état correspondant. Si une case contient un 2, cela signifie que l'action est interdite par deux contraintes. Pour savoir quelles sont les actions compatibles avec les contraintes, il suffit de rechercher pour la colonne qui correspond à l'état actuel quelles sont les cases qui ont un 0 : les actions compatibles sont celles qui sont indiquées en tête de ligne.

Pour simuler la première phase du processus de décision, on fait le tableau qui est la somme de toutes les contraintes qui constituent la représentation du sujet, y compris la contrainte qui définit les buts, et on recherche, de la façon indiquée ci-dessus, les actions compatibles avec les contraintes. Pour simuler la deuxième phase, on procède de la même façon mais en supprimant du tableau qui est la somme des contraintes la contrainte qui correspond aux buts. La simulation de la troisième phase se fait de la même façon que celle de la seconde. Du point de vue informatique en effet, supprimer une contrainte de la liste revient à retrancher le tableau qui lui correspond du tableau général qui est la somme des tableaux de toutes les contraintes. Les cases qui ont un 1 dans le tableau général et qui ont aussi un 1 dans le tableau de la contrainte ont un 0 dans le nouveau tableau provenant de la soustraction : ce sont les actions qui étaient interdites seulement par la contrainte supprimée et qui deviennent alors autorisées par la nouvelle liste.

2.5.4. *Simulation d'un protocole à partir du modèle*

Pour simuler un protocole, il faut avoir la liste des contraintes. Il existe des méthodes pour trouver cette liste, mais elles dépassent le cadre de ce cours. Nous supposerons donc qu'a été réalisée l'étape d'identification des contraintes nécessaires pour rendre compte du protocole du sujet. On trouvera dans Richard (1990) un exemple d'application à l'analyse d'un protocole de résolution du problème de la Tour de Hanoï. Nous donnerons ici un exemple de simulation d'un protocole du problème des missionnaires et des cannibales

Le sujet dont nous analysons le protocole a résolu le problème présenté sur micro-ordinateur. Le problème 1 est divisé en deux épisodes, car la représentation du problème pour le sujet, c'est-à-dire la liste des contraintes, a changé une fois : entre le sixième et le septième coup. Sept contraintes restent les mêmes du premier au second épisode :

- *mémorisation action impasse* : cette contrainte consiste à mémoriser l'action faite pour sortir d'une impasse et à ne pas refaire cette action si plus tard on se retrouve dans le même état ;
- *2 de gauche à droite* : faire toujours passer 2 personnages de gauche à droite ;
- *pas de retour arrière* : ne pas revenir en arrière ;
- *1 de droite à gauche* : faire passer un seul personnage de droite à gauche ;
- *ne pas aller en 300* : ne pas aller dans l'état 300, c'est-à-dire ne pas avoir les 3 cannibales seuls à droite ;
- *ne pas refaire une action qu'on a déjà faite dans le même état pour tenter de sortir de cet état.* Cette contrainte s'applique quand, du fait d'un mouvement interdit, on reste dans le même état : elle interdit de refaire une action déjà tentée dans cet état ;
- *C1 : ne pas avoir plus de C que de M sur la rive où on embarque.*

Le changement qui intervient entre le sixième et le septième coup consiste en l'introduction de la seconde partie de la consigne : *C2, ne pas avoir plus de cannibales que de missionnaires sur la rive où on débarque.* Cela signifie que cette seconde partie de la consigne est respectée à partir du septième coup seulement. La décomposition de la règle de la consigne en deux contraintes est rendue nécessaire par le fait que ce sujet, comme de nombreux autres, respecte beaucoup plus tôt la contrainte *C*1 que la contrainte *C*2. C'est l'analyse des protocoles individuels qui oblige à faire cette distinction, qu'on ne songerait pas à faire à partir de l'analyse sémantique de la consigne. Cela s'explique par la différence de difficulté dans la mise en œuvre des deux contraintes. Si on viole la contrainte *C*1, on voit sur l'écran qu'il reste plus de *C* que de *M* sur la rive. En revanche, pour remarquer qu'on viole la contrainte *C*2 il faut anticiper quel sera le nombre de *M* et de *C* sur l'autre rive une fois le transport fait.

On voit sur les tableaux 14 et 15 qu'il y a une autre contrainte, appelée *contraintes matérielles*. Cette contrainte indique simplement les actions qui sont matériellement exclues : par exemple, s'il y a un seul *C* sur la rive où est le bateau, on ne peut en transporter deux. Il y a cinq actions théoriquement possibles, indiquées dans les cinq colonnes de chaque essai, mais toutes ne sont pas matériellement possibles dans chaque état.

Le tableau 14 donne les résultats de la simulation du premier épisode, qui comporte 6 essais, et le tableau 15 donne ceux du second (10 essais). Ces tableaux se lisent ainsi : pour chaque essai on a un tableau croisé indiquant

SIMULATION					ÉPISODE 1																				
	essai 1 : 331					essai 2 : 220					essai 3 : 321					essai 4 : 321					essai 5 : 321				
	M	*C*	*M* *M*	*C* *C*	*M* *C*	*M*	*C*	*M* *M*	*C* *C*	*M* *C*	*M*	*C*	*M* *M*	*C* *C*	*M* *C*	*M*	*C*	*M* *M*	*C* *C*	*M* *C*	*M*	*C*	*M* *M*	*C* *C*	*M* *C*
contraintes matérielles	0	0	0	0	0	0	0	1	1	0	0	0	0	0	0	0	0	0	0	0	0	0	0	0	0
mémorisation action impasse	0	0	0	0	0	0	0	0	0	0	0	0	0	0	0	0	0	0	0	0	0	0	1	0	0
2 de gauche à droite	1	1	0	0	0	0	0	0	0	0	1	1	0	0	0	1	1	0	0	0	1	1	0	0	0
pas de retour arrière	0	0	0	0	0	0	0	0	0	1	1	0	0	0	0	1	0	0	0	0	1	0	0	0	0
1 de droite à gauche	0	0	0	0	0	0	0	0	0	1	0	0	0	0	0	0	0	0	0	0	0	0	0	0	0
ne pas aller en 300	0	0	0	0	0	0	0	0	0	0	0	0	0	1	0	0	0	0	1	0	0	0	0	1	0
ne pas refaire même action	0	0	0	0	0	0	0	0	0	0	0	0	0	0	0	0	0	0	0	1	0	0	1	0	1
*C*1 *C* ≤ *M* rive embarquement	1	0	1	0	0	0	0	0	0	0	0	0	1	0	0	0	0	1	0	0	0	0	1	0	0
	1•331 *MC* (*CC*,*MC*,)					2•220 *M* (*M*,*C*,)					1•321 *MC* (*MC*,)					4•321 *MM* [*C*1,] (*MM*,)					5•321 *MC* [*C*1,] [*N ref*] (*MC*,)				

	essai 6 : 321				
	M	*C*	*M* *M*	*C* *C*	*M* *C*
contraintes matérielles	0	0	0	0	0
mémorisation action impasse	0	0	1	0	1
2 de gauche à droite	1	1	0	0	0
pas de retour arrière	1	0	0	0	0
1 de droite à gauche	0	0	0	0	0
ne pas aller en 300	0	0	0	1	0
ne pas refaire même action	0	0	1	0	1
*C*1 *C* ≤ *M* rive embarquement	0	0	1	0	0
	6•321 CC• [*C*1,] [*Nref*] [N300, 1*DG*] (*CC*)				

Tableau 14 – Simulation de l'épisode 1.

SIMULATION ÉPISODE 2																									
	essai 7 : 300					essai 8 : 311					essai 9 : 110					essai 10 : 110					essai 11 : 110				
	M	*C*	*M* *M*	*C* *C*	*M* *C*	*M*	*C*	*M* *M*	*C* *C*	*M* *C*	*M*	*C*	*M* *M*	*C* *C*	*M* *C*	*M*	*C*	*M* *M*	*C* *C*	*M* *C*	*M*	*C*	*M* *M*	*C* *C*	*M* *C*
contraintes matérielles	1	0	1	0	1	0	0	0	1	0	0	0	0	0	0	0	0	0	0	0	0	0	0	0	0
mémorisation action impasse	0	0	0	0	0	0	0	0	0	0	0	0	0	0	0	0	1	0	0	0	1	1	0	0	0
2 de gauche à droite	0	0	0	0	0	1	1	0	0	0	0	0	0	0	0	0	0	0	0	0	0	0	0	0	0
pas de retour arrière	0	0	0	1	0	0	1	0	0	0	0	0	1	0	0	0	0	1	0	0	0	0	1	0	0
ne pas refaire même action	0	0	0	0	0	0	0	0	0	0	0	0	0	0	0	0	1	0	0	0	1	1	0	0	0
1 de gauche à droite	0	0	0	1	0	0	0	0	0	0	0	0	1	1	1	0	0	1	1	1	0	0	1	1	1
ne pas aller en 300	0	0	0	0	0	0	1	0	0	0	0	0	0	0	0	0	0	0	0	0	0	0	0	0	0
*C*1 $C \leq M$ rive embarquement	0	0	0	0	0	0	0	0	0	0	1	0	0	0	0	1	0	0	0	0	1	0	0	0	0
C2 : C ≤ M rive embarquement	0	0	0	0	0	1	0	0	0	1	0	1	0	1	0	0	1	0	1	0	0	1	0	1	0
	7•300 *C*• (*C*,)					8•311 *MM*• (*MM*,)					9•110 *C*• [*C*2, *C*1,] (*M*, *C*,)					10•110 *M*• [*C*2, *C*1,] (*M*,)					11•110*MC*• [*C*2, *C*1,][*N*300, 1*GD*, *Nref*,] (*CC*, *MC*,)				
	essai 12 : 221					essai 13 : 20					essai 14 : 31					essai 15 : 10					essai 16 : 21				
	M	*C*	*M* *M*	*C* *C*	*M* *C*	*M*	*C*	*M* *M*	*C* *C*	*M* *C*	*M*	*C*	*M* *M*	*C* *C*	*M* *C*	*M*	*C*	*M* *M*	*C* *C*	*M* *C*	*M*	*C*	*M* *M*	*C* *C*	*M* *C*
contraintes matérielles	0	0	0	0	0	0	0	0	1	0	1	0	1	0	1	0	0	0	0	0	1	0	1	0	1
mémorisation action impasse	0	0	0	0	0	0	0	0	0	0	0	0	0	0	0	0	0	0	0	0	0	0	0	0	0
2 de gauche à droite	1	1	0	0	0	0	0	0	0	0	0	1	0	0	0	0	0	0	0	0	0	1	0	0	0
pas de retour arrière	0	0	0	0	1	0	0	1	0	0	0	1	0	0	0	0	0	0	1	0	0	1	0	0	0
1 de droite à gauche	0	0	0	0	0	0	0	0	0	0	0	0	0	0	0	0	0	0	0	0	0	0	0	0	0
ne pas aller en 300	0	0	0	0	0	0	0	1	0	1	0	0	0	0	0	0	0	1	1	1	0	0	0	0	0
ne pas refaire même action	0	0	0	0	0	0	0	0	0	0	0	0	0	0	0	0	0	0	0	0	0	0	0	0	0
*C*1 $C \leq M$ rive embarquement	1	0	0	0	0	0	0	0	0	0	0	0	0	0	0	0	0	1	0	0	0	0	0	0	0
	0	1	0	1	0	1	0	0	1	0	0	0	0	0	0	0	0	0	0	1	0	0	0	0	0
	12•221 *MM* (*MM*,)					13•20 *C*• (*C*,)					14•31 *C*• (*CC*,)					15•10 *C*• (*M*, *C*,)					16•21 *CC*• (*CC*,)				

Tableau 15 – Simulation de l'épisode 2.

pour chaque contrainte retenue quelles actions sont permises et quelles actions sont interdites ; par exemple, à l'essai 1 (état 331 : 3*M*, 3*C* et le bateau à gauche) la contrainte *2 de gauche à droite* interdit *M* (faire passer 1*M*) et *C* (faire passer 1*C*) et autorise les trois autres actions : faire passer 2*M* ou 2*C* ou 1*M* et 1*C*. En bas on lit pour chaque essai en première ligne l'état du problème et l'action effectuée par le sujet (par exemple, pour l'essai 1 : 1•331 *MC*, le sujet a fait passer 1*M* et 1*C*). À la dernière ligne on lit le résultat de la simulation : les actions autorisées par la simulation, c'est-à-dire par la liste de contraintes, sont indiquées entre parenthèses. Par exemple, pour l'essai 1 on lit : (*CC*, *MC*). Cela signifie que la liste des contraintes autorise ces deux actions : on voit en effet que la colonne correspondant à chacune de ces deux actions ne contient que des zéros. Pour certains essais il y a trois lignes et la seconde contient entre crochets une ou plusieurs contraintes : ces essais sont des impasses et les contraintes entre crochets sont celles qui ont été (provisoirement) supprimées pour pouvoir faire une action. Par exemple, à l'essai 4 on lit [*C*1] et en dessous (MM) : cela signifie qu'aucune action n'étant permise dans l'état 321 il a fallu faire sauter la dernière contrainte de la liste (*C*1) pour pouvoir trouver *MM* comme action possible. À l'essai 5 on voit qu'il a fallu faire sauter deux contraintes [*C*1,] et [*N* ref] pour pouvoir faire l'action *MC*. Les contraintes sont présentées avec leur ordre d'importance. Celles qui sont groupées (non séparées par une ligne blanche) sont au même niveau : c'est le cas de *1 de droite à gauche* et *ne pas aller en 300*. Si elles doivent être supprimées, elles le sont toutes à la fois (voir essais 6, 9 et 11).

Pour ce sujet il n'y a pas de contrainte de but, ce qui veut dire qu'il ne se donne pas de but intermédiaire. En conséquence le processus de décision n'a que deux étapes : rechercher l'action (ou les actions) compatible avec les contraintes et, s'il n'y en a pas, supprimer la dernière contrainte de la liste ; au cas où on n'aurait toujours pas d'action possible, supprimer l'avant-dernière, ce qui se produit à l'essai 5. À l'essai 6, même en supprimant la dernière et l'avant-dernière, on ne peut encore rien faire et il faut supprimer de plus le groupe des deux contraintes qui précèdent. Quand on passe à l'état suivant, on met la simulation dans le même état que le sujet : par exemple, à l'essai 2, c'est l'état 220.

On voit que dans l'épisode 1 le sujet est en impasse à l'état 321, à cause de la contrainte *N*300, qui empêche de faire l'action correcte, faire passer 2 *C*. La première action tentée est *MC*, mais cette action étant interdite (par *C*2), il faut faire sauter la dernière contrainte *C*1, ce qui autorise *MM*, mais ceci étant aussi interdit (par *C*1), il faut faire sauter l'avant-dernière, *ne pas refaire la même action*, ce qui permet *MC*. Les actions *MM* et *MC* ayant été mémorisées comme faites en impasse, aucune action n'est possible à l'essai 6, même après avoir fait sauter les deux dernières contraintes : le groupe de contraintes qui précèdent est alors supprimé, dont fait partie *N*300, ce qui permet l'action correcte *CC*.

Dans l'épisode 2, l'état 110 constitue une impasse à cause de la contrainte de ne ramener qu'un personnage de gauche à droite, ce qui interdit l'action correcte *MC*. Les violations de la consigne sont expliquées dans la simulation par le fait que le sujet doit faire sauter les deux dernières contraintes de la liste *C*1 et *C*2. Les actions *C* et *M* sont mémorisées comme ayant été faites en impasse : de la sorte elles ne peuvent plus être refaites et il faut faire sauter le groupe de contraintes précédent, dont fait partie *1 de gauche à droite*, pour pouvoir faire l'action correcte *MC*.

La simulation rend bien compte du comportement du sujet : toutes les actions de ce dernier sont parmi les actions prédites par la simulation et celle-ci prédit une seule action dans 11 coups sur 16. Elle permet de donner du protocole l'interprétation suivante : le sujet a une représentation inadéquate du problème sur deux points : ne pas mettre tous les cannibales seuls du même côté et toujours ramener un seul personnage de gauche à droite. Mais ce sujet arrive néanmoins à résoudre assez rapidement le problème, car il note bien ce qu'il a fait en situation d'impasse : pour ne pas refaire ce qu'il se souvient avoir déjà fait, il viole les contraintes inadéquates, ce qui lui permet d'avancer vers la solution.

On voit donc qu'on peut simuler d'assez près le comportement d'un sujet, même lorsque celui-ci est en situation de blocage. Cela révèle une fonction essentielle des modèles : permettre un analyse des protocoles. Analyser un protocole consiste alors à trouver une liste de contraintes permettant de simuler au plus près ce qu'a fait le sujet. Cette question, comme on l'a dit, déborde le cadre de ce cours. Le fait de pouvoir la poser ainsi montre comment l'interprétation d'un protocole peut se ramener à une question bien définie.

3. MODÈLES NEUROPHYSIOLOGIQUES ET MODÈLES PSYCHOLOGIQUES : ARTICULATION ENTRE LES NIVEAUX D'EXPLICATION

Un nombre important d'ouvrages récents évoque la dualité du cerveau et du mental (*brain* and *mind* en anglais), illustrant ainsi la permanence de l'interrogation sur les rapports entre un monde biologique et un monde psychologique. La question philosophique fondamentale est de savoir si ces deux mondes sont ontologiquement séparés, sont d'essence différente, ou bien si le second peut se réduire au premier. Ce débat, tout à fait contemporain, résulte d'une longue controverse entre les partisans d'une distinction radicale (dualisme) de l'âme et du corps et ceux pour qui l'âme et le corps sont deux aspects d'une même réalité, même plurielle, se ramenant à un principe unique (monisme). Ce chapitre n'a pas l'ambition d'apporter une réponse définitive à cette interrogation. Il vise néanmoins à proposer une réflexion sur les relations qui peuvent exister entre une explication biologique et une explication psychologique.

Pour éviter qu'une telle réflexion ne soit d'un trop grand niveau de généralité, voire de gratuité, nous la centrerons sur les problèmes de l'explication de la perception. Ce domaine est sans doute privilégié. La majorité d'entre nous conçoit aisément que l'on ne puisse guère parler de l'élaboration des connaissances perceptives sans prendre en compte les caractéristiques biologiques de l'organisme que nous étudions. Pourtant, la tentation d'un discours autonome, «purement» psychologique, continue d'exister. Nous évoquerons ici quelques arguments qui tendent a réfuter ce parti-pris en illustrant le rôle des contraintes biologiques sur les capacités perceptives des individus d'une espèce considérée.

3.1. **Métaphore informatique**

La comparaison avec l'étude des ordinateurs et de l'informatique permet une première approche de la question des relations entre les explications biologiques et psychologiques. Selon cette métaphore, l'étude du matériel serait comparable à l'approche du biologiste, tandis que l'étude du logiciel serait comparable à l'approche du psychologue. Sans prétendre qu'une telle comparaison a la force d'un argument décisif, elle nous semble clarifier un peu le problème et fait apparaître les excès auxquels ne manquent pas de conduire une position trop sectaire dans un sens ou dans l'autre. Supposons donc que, sans connaissances préalables sur l'utilité et les modes d'action de ces machines, nous voulions comprendre le fonctionnement d'un ordinateur. Deux manières de faire s'offrent à nous.

La première manière de faire consiste à ouvrir la «boîte noire» de l'ordinateur pour déterminer de quoi il est fait et «comment cela marche». Anatomiquement, nous y observons d'abord la présence d'éléments séparés : alimentation, cartes, circuits imprimés, connecteurs. Nous pouvons alors faire des hypothèses sur la fonction de chaque composant : condensateur, mémoire, processeur, etc. Pour mieux comprendre comment cela fonctionne, nous allons ensuite étudier «physiologiquement» la machine. Munis d'instruments de mesure comme un voltmètre, un ohmmètre, un oscilloscope, nous étudions «fonctionnellement» la circuiterie de notre machine. Nous repérons, par exemple, des séquences d'opérations, de transformations de patterns de bits. Cependant, la question reste entière pour nous de la signification de ces patterns, signification qui ne peut apparaître que par la mise en relation de ces opérations avec les actions d'un opérateur et avec les résultats de ses actions, sur l'écran par exemple.

La seconde manière de faire consiste à tenter de comprendre le fonctionnement de la machine en la faisant fonctionner, en utilisant des programmes. Rappelons-nous que l'objectif fixé n'est pas seulement d'utiliser la machine, mais de comprendre *comment* elle réalise ses performances. Nous pouvons donc réaliser des actions par l'intermédiaire du clavier et en observer les effets sur l'écran. Autrement dit, nous appliquons une démarche expérimentale d'étude des relations entre des entrées (des stimuli) et des sorties (des réponses). Il est possible de tenir un discours sur la logique de fonctionnement de logiciels sans paraître se préoccuper de la manière dont une machine donnée réalisera concrètement les opérations définies formellement. Ceci en raison du fait que tous les ordinateurs fonctionnent avec la même logique. L'utilisation de la machine au seul niveau de ses langages évolués a ses limites, qu'il n'est possible de bien comprendre qu'en prenant en compte des connaissances sur le matériel. Pour peu que nous soyons confrontés a un logiciel «intelligent», nous risquons d'attribuer cette intelligence à la machine elle-même !

Les connaissances portant sur le matériel et celles portant sur le logiciel peuvent paraître pratiquement indépendantes l'une de l'autre et deux discours séparés peuvent être tenus qui, dans de nombreux cas, sont suffisants pour le propos d'une compréhension... limitée. Mais il est clair qu'une véritable compréhension de l'informatique suppose aussi bien la connaissance du matériel que celle du logiciel et la mise en rapport de ces deux ordres de connaissances. La présente métaphore comporte cependant de fortes approximations. Comme nous le verrons plus loin, l'ordinateur est une machine «universelle» qui, comme telle, impose peu de contraintes aux opérations qu'elle est capable de réaliser. Il n'en est pas de même pour l'organisme. De plus, cette métaphore repose sur des prémisses fortes, qui lient consubstantiellement chaque approche à une, et une seule, classe de méthodes d'étude. Transposée à notre problème, cette conception affirmerait que l'approche neurobiologique est restreinte à l'utilisation de méthodes physiologiques, à l'exclusion des méthodes comportementales, tandis que l'approche psychologique est, elle, exclusivement tributaire de méthodes comportementales. Enfin, notre métaphore exclut que des concepts communs soient utilisés par les uns et les autres. Or nous allons voir qu'il est tout autant impossible au biologiste de rendre compte du fonctionnement d'un système sensoriel sans avoir recours à des concepts, voire à des techniques, psychologiques qu'il est impossible au psychologue de tenir un discours raisonnable sur la perception sans au moins l'ancrer dans les connaissances biologiques actuelles.

3.2. Approches phénoménologiques de la perception

Nous faisons tous, à chaque instant, l'expérience de la perception qui nous maintient en contact constant avec notre environnement et grâce à laquelle nous pouvons agir et réagir de manière adaptée, mais aussi au moyen de laquelle nous pouvons acquérir des connaissances sur cet environnement. À partir de cette expérience individuelle, chacun s'est forgé des conceptions de la manière dont nous fonctionnons. Chacun peut tenir un discours «raisonnable» et argumente sur la perception, et sur toutes les activités mentales humaines, puisqu'il en est à la fois l'acteur et le patient. Il n'y a donc pas, à première vue, de séparation radicale entre les savoirs psychologiques des non-experts (chacun d'entre nous) et ceux des experts. Cette conviction est renforcée par le fait que les experts, lorsqu'ils exposent leurs vues, font très souvent appel à notre expérience quotidienne à titre d'exemple, voire d'argumentation.

Il s'est développé dans le domaine de la perception des discours proprement psychologiques. Nous allons en examiner deux exemples, tous deux fondés sur une approche phénoménologique, c'est-à-dire sur une argumentation faisant principalement appel à notre propre expérience vécue (et consciente).

3.2.1. *L'approche gestaltiste*

Koffka (1935) a affirmé que la question fondamentale pour le psychologue était de comprendre pourquoi les choses nous apparaissent telles qu'elles nous apparaissent («*Why things look as they do ?*»). Tous les membres de l'école gestaltiste (von Brentano, Wertheimer, Koffka, Köhler), se fondant sur une analyse de leurs propres expériences* perceptives, ont souligné le caractère globalisant de la perception. Ces auteurs ont vertement critiqué l'approche analytique des behavioristes, l'étude de relations S-R, alors courant dominant de la psychologie expérimentale. Plutôt que d'isoler chacune des variables physiques et d'étudier expérimentalement, et donc quantitativement, leur effet, ils ont fondé leur approche sur des descriptions phénoménologiques (voir Köhler, 1964) de cette expérience* perceptive. Le terme d'expérience* est pris ici au sens d'*expérience vécue* et non dans celui d'*expérimentation* (la langue française ne dispose pas de la distinction, fort utile pour notre propos, que fait l'anglais entre les termes *experience* et *experiment*).

Pour les gestaltistes, la perception ne résulte pas de l'association d'éléments séparés comme les sensations. Elle est d'emblée une totalité organisée, structurée, dans laquelle on peut ultérieurement retrouver des unités élémentaires mais «à titre d'éléments constitués et non pas constituants» (Piaget, 1967, p. 343). Une mélodie est «immédiatement» reconnue, même transposée dans une autre tonalité. C'est une forme d'ensemble considérée comme une primitive. Par l'analyse, on peut certes identifier des éléments (les notes) dans cette totalité, mais c'est la structure de l'ensemble qui forme la mélodie et non la juxtaposition des notes.

Deux grands principes, ou lois, régissent la perception : la *loi de la bonne forme* et la *ségrégation Figure/Fond.* Le caractère d'une bonne forme résulte d'un certain nombre de propriétés structurales qui contribuent au groupement (perceptif) des éléments en un tout : la proximité, la similarité, la continuité, la symétrie, etc. La ségrégation de la Figure sur un Fond résulte de la loi précédente. Elle est «immédiate». À ce point, on pourrait conclure que les choses nous apparaissent telles qu'elles nous apparaissent en raison de leur structure physique et donc en raison d'un isomorphisme entre la structure du monde physique et celle du monde perceptif. On se trouverait alors en présence d'une explication purement psychologique.

Les gestaltistes, en particulier Köhler, n'ont pas manqué de se poser la question de la relation entre la perception et l'organisme. Comme le rappelle Piaget (1967), Köhler était physicien de formation. Il a donc invoqué des modèles physiques, des modèles d'équilibre de champs, pour expliquer tant les structures perceptives que le fonctionnement correspondant du système nerveux. Pour Köhler, il y aurait isomorphisme entre l'organisation d'une *Gestalt* perceptive (et donc consciente) et l'organisation de l'activité nerveuse.

Ainsi, par le truchement de l'hypothèse d'isomorphisme, les gestaltistes ne rencontrent aucun problème théorique pour rendre compte des relations entre une explication psychologique et une explication physiologique. Les essais de validation des conceptions physiologiques de Köhler n'ont cependant pas confirmé ses vues.

3.2.2. *Gibson et la perception directe*

L'approche de Gibson comporte des similarités avec celle des gestaltistes, mais aussi de notables différences. Pour Gibson, la perception est une prise de contact avec l'environnement qui ne requiert aucun processus d'organisation puisque, et dès son premier ouvrage de 1950, toute l'information nécessaire, y compris l'organisation, est dans la stimulation. Le monde perceptif serait alors essentiellement le reflet (Gibson a parlé de résonance) de ce monde physique. Ici l'information n'est pas à traiter, elle est donnée. Pour Gibson, la perception est directe, sa fonction est d'appréhender de l'information organisée.

Selon cet auteur, toute l'information spécifiant, par exemple, la forme des objets existe au niveau des invariants de la distribution lumineuse. Il n'est ni nécessaire, ni possible de décomposer les processus de perception en opérations élémentaires plus primitives. C'est au physiologiste qu'il appartient de montrer comment le système nerveux extrait ces invariants. La tâche du psychologue consiste seulement à découvrir les invariants de la stimulation qui fondent la perception. Selon cette conception, il existe seulement deux niveaux d'explication des phénomènes perceptifs : le niveau de l'explication écologique (psychologique) et le niveau physiologique. Et aucune proposition n'est faite pour rendre compte de leurs relations.

Reconnaissons que la position extrême de Gibson a le mérite de reposer la question fondamentale de la nature des stimuli perceptifs et donc de leur description (Voir ce chapitre, § 1. analyse du signal). Cependant, cette même position amène à ignorer les limites de cette utilisation de l'information, voire la flexibilité de cette utilisation. Ainsi, les études portant sur les constances (de taille, de grandeur, de clarté, de couleur, etc.) ont toujours fait apparaître l'extrême dépendance des résultats obtenus des consignes données aux sujets. La constance parfaite n'est qu'un cas idéal, pas une réalité perceptive !

Sans développer ce point, on peut constater que dans les deux cas l'organisme est, essentiellement, mis «hors circuit», en ce sens qu'il n'impose aucune contrainte. L'approche gestaltiste et l'approche gibsonienne partent de l'expérience perceptive, qu'elles conçoivent comme essentiellement déterminée par la structure du monde physique. Dans son ouvrage de 1977, Gibson a aussi intégré les aspects fonctionnels des stimuli en proposant le concept d'*affordance* qui désigne une combinaison des propriétés qui ont une valeur, une signification pour le sujet percevant. De cette manière, la perception n'est plus un simple reflet du monde, mais elle est rapportée à nos actions. Ces deux approches ont néanmoins en commun de supposer que l'information perceptive est organisée au niveau du stimulus et donc, implicitement, d'écarter toute interrogation sur les limitations que la physiologie du système peut entraîner ; autrement dit, elles considèrent que la prise en compte du fonctionnement biologique ne peut rien nous apprendre sur le pourquoi et le comment de la perception.

3.3. Approches biologiques de la perception

Certes, un biologiste ne peut pas dire grand-chose de la perception sans faire référence à son étude psychophysique et plus généralement sans recourir à des études comportementales, et sans utiliser des concepts psychologiques et cognitifs. Les recherches du neurobiologiste le conduisent en effet inéluctablement à s'interroger sur les liens qui peuvent exister entre des structures physiologiques et les fonctions que peuvent remplir ces structures, et donc à faire des inférences d'ordre psychologique.

Historiquement (voir Cours de psychologie, cours I, 2e partie chap. 5), les premières études expérimentales de la perception ont été le fait de physiciens et très rapidement de physiologistes. Un auteur comme Helmholtz par exemple est revendiqué dans ce domaine aussi bien par les physiologistes que par les psychologues de la perception. L'essentiel des recherches d'Helmholtz a été réalisé avec des méthodes de psychologie expérimentale : les méthodes proprement physiologiques, et en particulier l'électrophysiologie, étaient encore balbutiantes au moment où il mena ses travaux. Mieux encore, aussi bien dans le domaine de la vision que dans celui de l'audition, les concepts explicatifs utilisés par Helmholtz sont aussi bien d'ordre physiologique (influx nerveux) que d'ordre psychologique (les inférences inconscientes).

Il y a plusieurs manières d'envisager les approches neurobiologiques de la perception. La première consiste à s'interroger sur les contraintes, les limitations que la biologie d'un système donné impose à son fonctionnement mental. La seconde, directement liée à la précédente, consiste à s'appuyer sur les connaissances neurobiologiques pour élaborer une conception mécaniste des processus de la perception.

3.3.1. *Limitations biologiques du fonctionnement mental*

Les exemples sont innombrables des limitations biologiques du fonctionnement mental. On peut considérer toutes sortes de dysfonctionnements chez les humains, qu'ils résultent de modifications hormonales (*cf.* Vincent, 1986), de lésions ou simplement du vieillissement. L'étude de ces dysfonctionnements permet d'éclairer de nombreux aspects du fonctionnement normal. De la même manière, des comparaisons inter-espèces vont se révéler fort utiles, ne serait-ce que pour relativiser nos «croyances» dans la supériorité absolue des humains sur toutes les autres espèces.

a. *Approches comparatives*

La comparaison d'espèces différentes permet de constater comment les caractéristiques des organismes imposent des limitations au fonctionnement psychologique. Pour bien comprendre les fondements neurobiologiques de la perception, il faut étudier les différentes solutions que l'évolution a pu susciter. Nous donnerons ici quelques exemples concernant la vision, et en particulier la vision des couleurs. La fenêtre du visible, c'est-à-dire l'étendue des radiations électromagnétiques susceptibles d'évoquer des sensations visuelles, varie selon les espèces. De 400 à 700 nm pour les primates, elle est de 310 à 590 nm pour les insectes et de 350 à 720 nm pour les oiseaux. Ceci signifie qu'insectes et oiseaux «voient» certains aspects de leur environnement qui nous sont invisibles, dans l'ultraviolet pour les insectes, dans l'infrarouge pour les oiseaux.

Les différences inter-espèces ne se limitent pas à cette question de l'étendue des radiations visibles. La vision humaine des couleurs repose sur l'existence de trois types de cônes (voir le chapitre sur les Bases physiologiques). On dit qu'il s'agit d'un système trichromatique. L'étude des discriminations chromatiques en fonction de la longueur d'onde fournit une bonne indication des propriétés du codage chromatique initial au niveau des récepteurs.

Les humains et les primates ont des perceptions de la couleur très voisines… et un système réceptoral et neuronal très semblable. Leur discrimination présente deux optima vers 580 nm et 470 nm. D'autres espèces possèdent aussi une vision colorée, quoiqu'elle puisse être très différente de la nôtre. Ainsi, les écureuils, les lapins, certains poissons et certains singes et sans doute les chats et les chiens, sont dichromates. Ils ne disposent que de deux types de cônes. D'autres espèces disposent au contraire d'un plus grand nombre de mécanismes réceptoraux de codage de la couleur : les poissons rouges et les tortues sont tétrachromates (4 mécanismes), d'autres encore pourraient être pentachromates (5 mécanismes), comme les pigeons et les canards.

Chez les animaux trichromates, la position des maxima de discrimination peut varier d'une espèce à l'autre, ce qui signifie que les maxima d'absorption des trois types de cônes ne sont pas identiques. Ainsi, chez l'abeille, ils sont déplacés vers les longueurs d'ondes plus faibles (ultraviolet), soit à 400 et 490 nm. Cette variété inter-espèces nous enseigne ainsi que l'expérience colorée des primates (la nôtre) n'a rien d'universelle et, partant, ne saurait être considérée comme le reflet de la «réalité». La couleur n'est pas une propriété du monde que refléterait notre perception, mais le résultat d'un fonctionnement biologique (et psychologique) spécifique. Nous pouvons assez difficilement concevoir et imaginer comment apparaît l'environnement coloré à un chat ou à un pigeon.

Les contraintes neurobiologiques ne se limitent pas aux récepteurs. Les deux yeux des humains et des primates sont en position frontale et leur rétine comporte une fovéa unique. Le système visuel de beaucoup d'oiseaux présente une «logique» différente. Au lieu de disposer d'une rétine centrée sur une fovéa unique et deux yeux en position frontale, les oiseaux (hormis les prédateurs) disposent d'yeux en position latérale et leur rétine comporte de fait deux fovéas, de sorte que leur champ visuel frontal et leur champ latéral sont structuralement dissociés. Bien entendu, cette dissociation structurale entraîne une dissociation fonctionnelle. Leur vision frontale est dévolue aux activités de picorage et implique une vision binoculaire. Leur vision latérale est monoculaire. Elle semble plus spécifiquement orientée vers des espaces plus lointains : repérage des prédateurs par exemple. Ces deux grandes classes de fonctions sont beaucoup plus intriquées chez les espèces dotées d'une vision frontale. Leurs expériences visuelles en sont radicalement modifiées. On pourrait multiplier les exemples, qui tous conduiraient à la conclusion que les informations sensorielles disponibles à un organisme d'une espèce donnée sont totalement contraintes par les caractéristiques biologiques de l'espèce. Ce qui entraîne que la nature et la forme des activités mentales «alimentées» par ces informations doivent en être très dépendantes.

b. *La neuropsychologie comme approche comparative*

La neuropsychologie cognitive se fonde sur l'utilisation des spécificités des déficits des patients cérébrolésés pour révéler la dissociation de «modules» de fonctionnement (cette notion sera explicitée plus bas). La recherche des modularités fonctionnelles et structurales permet de préciser encore plus les modèles du fonctionnement cognitif. Nous savons, depuis Broca, qu'il existe des relations étroites entre la localisation d'une lésion et le patron de dysfonctionnement qui en résulte. C'est ainsi que l'essentiel de la fonction du langage est, chez la majorité des humains, de la responsabilité de l'hémisphère gauche. Mais les dissociations entraînées par une lésion sont beaucoup plus spécifiques et encouragent à forger des conceptions componentielles, voire modularistes, des architectures fonctionnelles. Caramazza et ses collègues (Séron, 1989) rapportent ainsi le cas d'un patient dont le trouble consiste en une difficulté à dénommer les objets appartenant à deux catégories sémantiquement voisines : les fruits et les légumes. Mis en face d'images, il réussit parfaitement à catégoriser des véhicules, des jouets, des animaux, etc. Il ne parvient cependant que très difficilement à énumérer des fruits ou des légumes. Par contre, il n'a pas de difficulté à apparier le nom et l'image de fruits ou de légumes. En extrapolant ces résultats, on arrive à l'hypothèse, d'une part, que les représentations des objets sont construites dans des catégories séparées (fonctionnellement et structuralement), et d'autre part, que le contenu d'un de ces registres peut être maintenu (l'appariement nom-dessin le prouve), mais que ce sont certaines procédures d'accès à la catégorie qui sont perturbées : ce patient peut accéder à la représentation par une entrée lexicale, mais pas par une entrée sémantique.

L'approche neuropsychologique présente des difficultés particulières. On peut admettre qu'il n'existe pas deux patients présentant exactement le même patron de dysfonctionnements. La diversité des étiologies en est la cause principale. Les recherches confrontant des performances de groupes de patients, pour nécessaires qu'elles soient, sont souvent décevantes. D'une part, les effectifs de ces groupes sont, heureusement, limités, et d'autre part l'hétérogénéité intragroupe est importante. Les études de cas sont, bien sûr, la solution. Mais cette solution n'est scientifiquement féconde que si l'exploration fonctionnelle est basée sur des modèles adéquats du fonctionnement.

3.3.2. *Structure et fonctionnement neurobiologique des systèmes sensoriels*

Pour chaque neurone visuel, on définit expérimentalement une zone de la rétine et de l'espace correspondant : son champ récepteur. Les neurones visuels répondent à des classes de stimulation limitées. On parle alors de leur sélectivité (voir chapitre Bases physiologiques) à des dimensions de la stimulation telles que l'orientation, la fréquence spatiale, la couleur, la direction du mouvement, etc. Ces constats expérimentaux n'ont pas manqué d'inspirer des interprétations fonctionnelles. Les premières démonstrations de la sélectivité des neurones visuels ont été faites chez la grenouille ; les propriétés des stimuli maximisant la réponse de nombreuses cellules ganglionnaires étaient : un objet sombre de petite taille en mouvement dans certaines limites de vitesse ; or il se trouve que l'une des proies favorites de la grenouille est la mouche, dont les caractéristiques correspondent bien aux propriétés évoquées ; ces neurones ont alors été dénommés «détecteurs de mouches». Chez les mammifères (chat et singe), on n'a retrouvé ce type de sélectivité ni au niveau des cellules ganglionnaires, ni au niveau des neurones de l'aire 17. Par contre, on a mis en évidence des sélectivités aux propriétés plus abstraites, mentionnées plus haut. À ce niveau, le système visuel semblait se livrer à une analyse de traits ou de caractéristiques primitives de la stimulation. Tout naturellement, ces résultats confortaient les vues de ceux, neurobiologistes ou psychologues, qui privilégient une conception analytique du fonctionnement, par opposition a ceux qui prônent une approche globaliste (les gestaltistes par exemple).

La dénomination de «détecteurs» (d'orientation par exemple) donnée à ces neurones se maintint donc, tandis que se développait une conception très hiérarchique du fonctionnement visuel. L'idée, défendue par exemple par Barlow (1972), était d'une part que, biologiquement, le système visuel réalise des analyses de la stimulation à plusieurs niveaux successifs de traitement et, d'autre part, que la spécificité neuronale devait être, de niveau en niveau, de plus en plus proche des objets eux-mêmes. Ainsi, à des niveaux d'intégration relativement élevés, il existerait des neurones «identificateurs». On parla alors, mi par plaisanterie, mi sérieusement, de neurones «détecteurs de grand-mère» ou de neurones «détecteurs de Volkswagen jaune». De fait, on découvrit, par exemple dans l'aire temporale du singe, des neurones qui répondaient maximalement lorsque un visage, ou certains traits d'un visage, étaient présentés dans leur champ récepteur.

Cette conception n'explicitait guère comment les neurones «pontificaux» ou identificateurs avaient acquis leurs propriétés, car personne ne se risquait à proposer qu'elles fussent totalement innées. De plus, la variété de nos perceptions entraînait à supposer un nombre phénoménal de ces neurones. Bref, cette conception, malgré de nombreux aménagements, était insatisfaisante car elle ne faisait pas de place a une conception devenue capitale : celle d'activités de traitement, d'opérations mentales exercées sur des informations primitives.

Elle illustre l'un des excès dc la généralisation inductive : on observe un organisme d'un niveau de développement phylogénétique limité, comme la grenouille ; pour cet organisme, un modèle de fonctionnement «précâblé» paraît raisonnable ; puis, on tente de généraliser le modèle ainsi élaboré à des organismes plus complexes sans trop s'interroger sur les propriétés nouvelles qui vont résulter de cet accroissement de complexité.

Le modèle de Barlow ne paraît pas vraisemblable pour rendre compte des niveaux d'identification. D'autres hypothèses sont possibles, qui impliquent des traitements distribués pour les opérations cognitives complexes, traitements qui sont compatibles à la fois avec la nécessité de combiner de multiples informations et avec la relative modularité des structures principalement responsables de l'élaboration de ces informations. Chaque espèce présente des solutions biologiques particulières dans la régulation de ses relations avec son environnement, mais des lignes de continuité se dessinent d'une espèce à l'autre, qu'une conception évolutionniste darwinienne permet de repérer et de comprendre.

La conception qui vient d'être exposée n'est pas la seule possible. Les faits ont la vie dure. D'une conception trop rigidement mécaniste en termes de détecteurs, on est passé, pour ce qui concerne les niveaux précoces, à une conception en termes de filtres, remplaçant ainsi une conception trop étroitement finalisée par une conception qui semble mieux respecter la fonctionnalité interne des opérations réalisées.

Ainsi la prééminence accordée à l'information globale par les gestaltistes ne reflète-t-elle nullement l'ordre des traitements. La taille limitée des champs récepteurs entraîne au contraire l'hypothèse que les premiers traitements sont spatialement limités, localisés. La structure globale ne peut qu'être reconstruite ultérieurement. Le caractère «immédiat» de la perception, c'est-à-dire de nos impressions, ne reflète en rien la manière dont l'organisme réalise ces traitements.

3.4. La problématique du traitement de l'information

La psychologie a connu une véritable révolution épistémologique en adoptant la problématique du traitement de l'information, véritable fondement de la psychologie cognitive. Dans ce cadre, l'individu ou l'organisme est un «Système de traitement de l'information». Cette notion est beaucoup plus qu'un simple avatar de la métaphore informatique. Elle est issue des travaux de Turing (1936), qui concevait que toute démonstration d'une théorie mathématique (un théorème par exemple) devait pouvoir être effectuée par une machine «universelle». L'ordinateur est une telle machine dont la structure, on dit aussi l'architecture, se compose de récepteurs (le clavier par exemple), d'un processeur qui effectue des opérations en utilisant des mémoires où il stocke de manière temporaire ou permanente des informations, et d'effecteurs (le moniteur par exemple) (*cf.* Bonnet, Hoc et Tiberghien, 1986). Examinons maintenant les apports de cette conception en psychologie, et plus particulièrement dans le cadre de la perception.

3.4.1. *La perception comme système de traitement d'information*

La perception n'est pas un simple reflet du monde. Le fonctionnement perceptif ne résulte pas du seul déclenchement automatique de processeurs spécialisés (les neurones). L'analogie (prudente) avec les modes de fonctionnement des ordinateurs a suggéré une autre manière de considérer le fonctionnement de l'organisme, en particulier dans son fonctionnement perceptif. Chaque système biologique a ses contraintes propres, il ne peut pas être conçu comme une machine «universelle». Il faut donc faire des hypothèses sur l'architecture fonctionnelle qui permet d'expliquer les relations observées. Des schémas nombreux de cette architecture fonctionnelle sont alors proposés. Chacun est en général destiné à rendre compte de l'activité dans des tâches limitées. Néanmoins, il apparaît bien vite que certaines «boîtes» sont toujours présentes : des registres sensoriels, des mémoires (à court et à long terme), etc.

a. *Schémas fonctionnels de traitement d'information*

À première vue, la pratique du chercheur contemporain en psychologie de la perception ne paraît pas très différente de celle des behavioristes. Ce chercheur étudie expérimentalement des relations entre des stimuli et des réponses. La différence apparaît dans l'hypothèse fondamentale qu'entre stimuli (S) et réponses (R) on postule l'existence de processus de traitement réalisant des opérations de transformation de ces informations. Ces processus doivent être décrits selon une méthodologie hypothético-déductive qui conduit à proposer des règles de leur organisation, de leur architecture.

Concernant la perception, les premiers «modèles» élaborés par les psychologues étaient fortement inspirés par l'architecture des ordinateurs (de l'époque). Ces architectures étaient, et sont encore souvent, représentés par un schéma de boîtes. Par nature, une conception de la perception en terme de STI se centre sur le déroulement temporel des processus. Cet aspect entraîne un renversement de perspective radical par rapport à celles des gestaltistes et de Gibson. Chaque boîte, ou case, du schéma illustre une fonction particulière :

registre sensoriel, mémoire à court terme, etc. Les flèches et la disposition spatiale, soit l'alignement, soit le parallélisme, représentent les propriétés architecturales du système. Il peut en effet s'agir d'un système dont le fonctionnement est strictement sériel, dans lequel une opération de niveau *n* ne peut commencer avant que l'opération de niveau *n* – 1 ne soit terminée ; il peut aussi s'agir d'un système comprenant une part plus ou moins importante de parallélisme, dans lequel des opérations différentes peuvent être réalisées simultanément. Méthodologiquement, les mesures de temps de réaction prennent une importance majeure pour l'étude de ces propriétés architecturales.

b. *L'automatique et l'étude des systèmes sensoriels*

L'étude, tant neurophysiologique que psychophysique, des systèmes sensoriels a été profondément renouvelée par l'adoption de cette problématique. En particulier, elle a conduit à utiliser les modèles de l'automatique (*cf.* Bonnet, Hoc et Tiberghien, 1986) pour mieux spécifier la nature des traitements réalisés. Ainsi, la notion de filtre s'est progressivement substituée à la notion de détecteur.

3.4.2. *Les apports de l'intelligence artificielle*

En réalité, un troisième larron s'est immiscé dans les débats entre psychologues et neurobiologistes. On l'appelle généralement l'intelligence artificielle (IA). Quelles que soient les proclamations de chacun, force est de constater que les emprunts conceptuels réciproques vont grandissant. Chaque discipline conserve ses «puristes» qui visent à préserver l'autonomie de ses conceptualisations et de ses explications, voire à phagocyter l'une ou l'autre !

La science informatique s'est donné comme objectif de comprendre la cognition, les activités «intelligentes». Concrètement, on peut distinguer deux aspects de cette compréhension. Selon le premier, la tâche de l'IA est de concevoir des «systèmes intelligents» capables de réaliser avec sûreté des tâches complexes à la place des humains. Selon le second, il s'agit de simuler des fonctionnements et donc de pouvoir mettre à l'épreuve tant les aspects structurels que les aspects fonctionnels des explications proposées.

Un groupe de chercheurs du Massachusset Institute of Technology (MIT) a poussé fort loin cette seconde approche et Marr (1982) a explicité la logique sous-jacente à cette démarche en distinguant trois étapes ou niveaux majeurs qu'il faut expliciter pour comprendre un système de traitement de l'information. Le premier niveau, *computationnel*, est celui d'une description abstraite du problème à résoudre et des opérations à mettre en œuvre. Ceci comprend la définition de l'information disponible (voir ce chapitre, § 1.1 Analyse du signal) et la correspondance entre diverses sortes d'information. Le niveau *algorithmique* décrit les opérations de transformation d'une information d'un type en un autre, il spécifie les représentations de l'entrée et de la sortie et leurs correspondances. C'est dans ce cadre que se réalise l'identification des règles qui organisent la succession des activités de traitement sous-tendant ces opérations. À ce niveau, on prend en compte les moyens fonctionnels à mettre en œuvre pour atteindre les buts définis au niveau précédent. Enfin, le troisième niveau concerne les hypothèses portant sur l'incorporation de ces opérations et de ces règles dans la structure matérielle du système, ce que l'on appelle parfois l'*implémentation* ; c'est le niveau du «matériel», de la structure, qui décrit la réalisation physique du niveau algorithmique.

Par rapport à la question qui nous préoccupe ici, il faut concevoir que la structure matérielle du système étudié va entraîner des contraintes dans l'élaboration du modèle computationnel, mais pas nécessairement dans le choix des algorithmes. Ainsi, pour reprendre un exemple de Marr, il existe de nombreuses manières de réaliser une opération que mathématiquement on désigne comme le calcul d'une dérivée. Bien des systèmes physiques réalisent cette opération ou son analogue. Il n'est donc pas étonnant que l'on puisse dire qu'un neurone «calcule» ceci ou cela. Ce n'est pas lui prêter un savoir quelconque.

Un système biologique doté de neurones à champs récepteurs circulaires à zones concentriques et antagonistes va fonctionner comme un analyseur de fréquences spatiales (voir ce chapitre, § 1.1 Analyse du signal). Il ne calcule pas à proprement parler la transformée de Fourier de la distribution spatiale des luminances de l'image rétinienne, mais les opérations qu'il réalise, par ses sélectivités à la fréquence spatiale, sont l'analogue de ce calcul. Il faut bien comprendre qu'un algorithme est une représentation mathématique (numérique) d'un ensemble d'opérations. Il n'y a jamais une seule manière possible de réaliser les opérations impliquées par un algorithme.

L'approche informatique a largement, et avec succès, utilisé la notion d'architectures fonctionnelles. Il s'agit de l'ensemble des éléments de la structure (ici informatique) d'un système qui sont nécessaires et suffisants pour la réalisation d'une opération. La psychologie fait large usage de cette notion. La question qui se pose alors est souvent de savoir s'il y a isomorphisme entre une architecture proposée dans un modèle de psychologie cognitive et des architectures neurobiologiques connues ou au moins compatibles. L'architecture fonctionnelle est en fait souvent un schéma de boîtes («boxologie») désignant des fonctions différentes. Il faut en ce cas se garder d'identifier une structure nerveuse à chacune des fonctions. En effet, les unes peuvent être modulaires, et dans ce cas l'identité structure-fonction a un sens, les autres ne le sont pas, ou le sont moins, et dans ce cas l'identité structure-fonction n'a plus de sens.

3.4.3. *La question de la modularité*

La notion de modules de traitement est intervenue à plusieurs reprises au cours des paragraphes précédents. Un module est une unité fonctionnelle isolable, une partie juxtaposée ou combinée à d'autres dans un ensemble. Ce terme est attaché aux conceptions exposées par Fodor (1983), que l'on adopte ses thèses, qu'on les nuance, ou qu'on les rejette. Fodor distingue dans les activités cognitives des niveaux de traitements périphériques ou précoces, qui présentent cette propriété de modularité, et des niveaux plus centraux, ceux des processus de haut niveau, non modulaires.

a. *La modularité neurobiologique*

D'un point de vue neurobiologique, la notion de modularité peut être prise à différents niveaux. En effet, les recherches neurophysiologiques et neuroanatomiques ont par exemple montré que pour la vision les informations de forme (orientation et fréquences spatiales), de mouvement et de couleur étaient d'une part véhiculées par des voies différentes et, d'autre part, traitées par différentes sous-structures au niveau de V1 (aire 17). Les neurones sélectifs de ces trois dimensions ne sont pas disposés au hasard, mais anatomiquement regroupés en «colonnes», de sorte que, pour une région donnée de la rétine, toutes les sélectivités d'orientation, de direction, de mouvement et de couleur soient représentées.

On connaît à présent au moins une vingtaine de régions du cortex présentant une représentation topologique (ou carte) de la rétine. Spatialement, les neurones n'y sont pas disposés au hasard, mais présentent des correspondances spatiales entre les régions rétiniennes stimulées et la position des neurones corticaux activés. Chacune de ces régions semble spécialisée pour un type de traitement de l'information visuelle. Ainsi, dans les aires dites associatives, alors que les traitements deviennent plus complexes que la simple extraction de caractéristiques locales, les spécialisations fonctionnelles continuent a être liées à des structures différentes. Dans l'aire inféro-temporale, l'aire V4 est spécialisée dans le traitement de la couleur, tandis que la zone médiotemporale de l'aire pariétale serait spécialisée dans le traitement du mouvement.

Des observations neuropsychologiques semblent confirmer l'attribution d'une prédominance du traitement de l'identité des objets dans les aires temporales et du traitement des relations spatiales dans les aires pariétales.

Il est évident que les méthodes psychophysiques et plus généralement comportementales ne permettent pas, à elles seules, de trancher sur les questions relatives à la modularité de certains traitements. Il faut recourir pour étudier et valider ces conceptions : soit à des méthodes d'électrophysiologie unitaire chez l'animal ; soit à des méthodes dites d'imagerie médicale, y incluant les potentiels évoqués et la magnéto-encéphalographie chez l'humain ; ou bien encore, à titre comparatif, à l'étude de patients cérébrolésés.

b. *La modularité fonctionnelle*

De très nombreuses observations neuropsychologiques, accompagnées souvent d'expérimentations systématiques, confirment ces conceptions modularistes qu'elles permettent d'affiner. Il existe bien des relations étroites entre la structure cérébrale lésée et les fonctions mentales affectées. Cependant, les différents modules fonctionnels que l'on est amené à distinguer sont interconnectés, de sorte qu'une atteinte lésionnelle peut affecter soit le module de traitement proprement dit, soit la connexion de ce module avec un autre.

Ces recherches permettent d'éclaircir quelques aspects des traitements perceptifs. Lorsqu'un patient souffrant d'une lésion cérébrale déclare ne rien voir du tout dans une moitié de son champ visuel (hémianopsie), cela signifie-t-il nécessairement que son système visuel ne traite aucune information en provenance de ce champ ? Lorsqu'un autre patient (agnosique) déclare ne pas pouvoir identifier, c'est-à-dire dénommer, des objets usuels, cela signifie-t-il qu'il n'a plus la capacité de former des représentations de ces objets, et même qu'il ne possède plus ces représentations ?

À première vue, le patient dont une importante partie d'un hémisphère occipital est lésé paraît bien aveugle dans la moitié controlatérale de son champ visuel. Cette cécité paraît inéluctable. Lorsque la lésion n'affecte qu'un seul hémisphère, le déficit visuel affecte l'hémichamp visuel controlatéral ; une lésion de l'hémisphère droit rend aveugle aux stimuli présentés à gauche du point de fixation. Ce déficit s'appelle une *hémianopsie*.

Des considérations anatomiques et des études sur l'animal ont suggéré que, au moins chez certains sujets, il y aurait des *traitements latents* (en anglais *covert*) de l'information visuelle présentée dans le champ aveugle, traitements dont le résultat est non-conscient pour le sujet. En effet, anatomiquement, la voie génoculostriée conduisant les fibres de la rétine au cortex via les corps genouillés n'est pas la seule. Il existe au moins une autre voie, appelée rétino-mésencéphalique, qui conduit les fibres de la rétine aux colliculus. Elle permet des traitements sous-corticaux de l'information visuelle. Or ces traitements sous-corticaux ne sont jamais conscients ; ils n'en sont pas moins indispensables. L'hypothèse selon laquelle, en l'absence de l'aire 17, des discriminations visuelles sont encore possibles a été démontrée chez l'animal (cochon d'Inde ou singe).

Pour démontrer l'existence de capacités visuelles dans le champ aveugle chez les humains, on a dû utiliser des tâches de choix forcé, c'est-à-dire des tâches dans lesquelles, à chaque essai, le sujet doit décider entre des éventualités de réponse, même s'il a, consciemment, l'impression de répondre totalement au hasard. On présente, par exemple, un stimulus lumineux à différentes excentricités rétiniennes, et le sujet doit pointer son doigt dans la direction du stimulus. Comme le sujet n'a pas conscience de la présence du stimulus, on lui demande, à un signal auditif, de pointer son doigt «au hasard». On constate alors que les pointages ne se font pas au hasard, mais que, dans une proportion élevée de cas (très supérieure au hasard), le sujet pointe la direction dans laquelle le stimulus a été présenté.

D'autres lésions entraînent une impossibilité de reconnaître (consciemment) les visages (*prosopagnosie*). Les patients sont incapables de reconnaître visuellement les personnes de leur entourage. Mis en présence de photographies de visage, les sujets ne peuvent décider s'il s'agit de visages familiers ou de visages non familiers. Cependant, si l'on enregistre leur réponse électrodermale (variation de potentiel de la peau dépendant du système autonome), on peut constater, au moins chez certains, une déviation plus importante de cette réponse électrique lors de la présentation de visages familiers par rapport à ce qu'elle est pour des visages non familiers.

Les réponses manifestes d'identification perceptive des objets ne sont pas des indicateurs suffisants de l'atteinte perceptive entraînée par une lésion. Un nombre croissant d'études montre que les atteintes peuvent se produire à des niveaux de traitement très divers et confirme qu'il existe bien des traitements d'information en amont de l'identification. Ces niveaux de traitement n'étant pas conscients ils ne peuvent être mis en évidence que par des tâches indirectes.

Citons encore l'exemple de cas d'agnosie des couleurs qui peuvent prendre des formes variées. Certains patients peuvent d'une part conserver un traitement perceptif intact des couleurs et d'autre part avoir préservé une connaissance verbale (dénomination) des couleurs, mais avoir perdu la possibilité de mettre en relation ces deux formes de connaissances. M.-F. Beauvois cite l'exemple d'un patient qui peut correctement pointer une plage blanche lorsqu'on lui indique d'imaginer la couleur de la neige, mais non lorsqu'on lui demande de pointer une plage blanche. Il peut aussi dire quel est le nom de la jeune fille associée aux sept nains (Blanche-Neige) ; il est cependant incapable de dire verbalement quelle est la couleur de la neige, comme d'indiquer la plage (blanche) qui caractériserait le nom de la jeune fille aux sept nains.

3.4.4. *Les représentations*

Nous avons jusqu'ici beaucoup insisté sur les traitements précoces de l'information sensorielle. C'est évidemment à ce niveau que les liens entre les approches neurobiologique et psychophysique sont les plus étroits. Mais la perception ne s'arrête pas au codage des dimensions sensorielles. Dans la perspective que nous avons présentée ci-dessus, ce codage reste très local et pour tout dire très parcellisé.

Il est admis que l'identification des objets s'opère par la mise en relation d'une représentation actuelle élaborée à partir de la structuration perceptive des données entrantes et à partir de l'appel à des représentations stockées en mémoire. L'existence de ces représentations a déjà été évoquée plusieurs fois dans les paragraphes précédents. Il convient de résumer ici l'idée que l'on peut se faire de leur architecture à la lumière des quelques faits qui ont été présentés.

La notion de représentation peut être entendue dans une acception plus ou moins large. Pour la clarté de l'exposé, nous l'entendrons, dans ce chapitre consacré principalement à la perception, au sens de représentation cognitive, c'est-à-dire comme des ensembles organisés de «connaissances» portant sur des référents-objets.

Les informations sensorielles engendrées par la présentation visuelle d'un objet sont en règle générale insuffisantes pour permettre l'identification de cet objet. Nous avons, de plus, vu que les divers traitements étaient réalisés dans des modules spatialement distribués dans le cortex. En raison des variations de la taille moyenne des champs récepteurs des neurones de ces différentes régions activées, le niveau de ces traitements est plus ou moins local. Le système visuel doit donc organiser ces informations en une représentation structurale imagée que l'on peut concevoir comme une vue instantanée de l'objet, ce que l'on appelle parfois le *percept*.

Cette structuration peut se faire de deux manières complémentaires, et probablement interactives. La première est ascendante et dépendante des seules données sensorielles ; c'est dans ce cadre que l'on verra s'opérer des groupements d'éléments et s'élaborer une ségrégation figure/fond ; pour une très large part, on conçoit que ces opérations fonctionnent de manière automatique. La seconde pourrait être, partiellement au moins, descendante et mettre en jeu des représentations préalables de l'objet. En tout état de cause, l'information contenue dans le percept n'est interprétable par l'organisme que si celui-ci dispose de représentations préalables évocables par le percept. De quelle nature sont ces représentations ?

Concernant l'identification des objets présentés visuellement, de nombreux résultats expérimentaux, obtenus tant chez les sujets normaux que chez les sujets cérébrolésés, ont amené à postuler l'existence d'au moins trois ordres séparés de représentations : des représentations structurales, des représentations sémantiques et des représentations lexicales ou phonologiques (*cf.* Bonnet, 1989).

Les *représentations structurales* concernent la forme, l'apparence des objet, indépendamment de leur signification, de leurs usages, de leurs fonctions et de leur nom. On conçoit alors que la représentation structurale d'un objet donné soit stockée sous la forme d'un prototype structural. À ce niveau, peuvent être réalisées des catégorisations des «objets» portant sur leurs caractéristiques structurales.

Les *représentations sémantiques* de l'objet concernent les connaissances que l'on peut avoir sur leurs fonctions : à quoi «ça» sert ? qu'est-ce que «ça» fait ? etc. Ces représentations peuvent être évoquées par différentes voies. Ainsi, un contexte situationnel va permettre, sur une base sémantique, de faire des hypothèses sur des identités possibles d'un objet difficile à identifier. Chaque hypothèse peut évoquer une représentation structurale qui prendra éventuellement la forme d'une image mentale. Il est alors possible de comparer la compatibilité de cette information représentationnelle avec l'information actuelle sur la forme de l'objet et de parvenir ainsi à une identification.

Les *représentations lexicales ou phonologiques* concernent le nom des objets. Elles sont liées aux précédentes sans se confondre avec elles. Quelles formes ont ces représentations ? Pendant longtemps, il a été admis qu'elles avaient une forme symbolique soit analogique (images mentales par exemple) soit propositionnelle. Le développement des modèles connexionnistes a fait entrevoir d'autres possibilités.

Ce que nous avons évoqué à partir de données neuropsychologiques indique que la distinction que nous venons de mentionner est encore très grossière et qu'il existe des sous-systèmes de représentations, qu'il n'est pas opportun d'étudier ici.

3.5. Conclusions

Les activités cognitives (la pensée ?) paraissent à beaucoup totalement irréductibles à une conception biologique. Pour d'autres, elles sont réductibles à des activités biologiques. Ainsi, Changeux (1983, p. 186) écrit : «L'objet mental est identifié à l'état physique créé par l'entrée en activité (électrique et chimique), corrélée et transitoire, d'une large population ou "assemblée" de neurones distribués au niveau de plusieurs aires corticales définies».

Nous avons, dans ce chapitre, souligné tout l'intérêt qu'il y avait à articuler les connaissances neurobiologiques et les connaissances psychologiques en nous fondant essentiellement sur des exemples tirés de l'étude de la perception. Avons-nous pour autant prôné la réduction des secondes aux premières ? Cette question du réductionnisme est de celles qui peuvent donner lieu à des débats sans fin, à des polémiques stériles si les enjeux n'en sont pas précisés.

Toute discipline qui se développe dans un champ clos est vite condamnée à la stérilité. Nous avons mentionné que l'étude de la perception concernait au moins trois ordres de disciplines. Chaque spécialiste de chaque discipline jette un regard différent sur les questions soulevées. Et de même que l'apparence d'un objet change selon l'angle sous lequel on le regarde, de même les explications issues de ces trois disciplines présentent éventuellement de notables différences. Si nous cherchons a retrouver la «nature profonde» de l'objet considéré, il nous faut confronter les apports de chacune en postulant leur complémentarité. L'intelligence artificielle, si elle se restreint à son champ de compétence (l'informatique), ne peut rien nous dire des mécanismes perceptifs. La neurobiologie, si elle se restreint à son domaine de compétence (les activités nerveuses et biochimiques), ne peut rien nous dire de l'expérience perceptive et donc des aspects fonctionnels complexes. La psychologie, si elle se restreint à son domaine de compétence (les activités mentales), ne peut rien nous dire de la manière dont l'organisme traite les informations et élabore ses représentations. Nous avons vu quelques exemples d'emprunts conceptuels réciproques entre ces disciplines, emprunts qui constituent une première forme de coopération. Aucune de ces trois disciplines ne peut dans ce domaine de la perception prétendre sérieusement opérer une coupure ontologique avec les autres.

Ce disant, nous ne nions pas pour autant les apports de ceux qui ont tenté de développer une approche purement psychologique. Une telle tentative peut être provisoirement féconde et répond généralement à une nécessité historique. Dans chaque cas, il nous faut évaluer les coûts et les gains de chaque choix théorique. La théorie gestaltiste était bien une réaction contre les excès réductionnistes d'une approche associationniste ; ainsi, l'importance de la structure globale a pu être réintroduite. Et, de ce côté, les gains sont énormes : l'importance des concepts de groupement, de similarité n'est plus niée. Mais la réhabilitation de cette conception globaliste s'est faite aux dépens d'une réflexion sur les moyens mis en œuvre par l'organisme pour engendrer ses perceptions.

La problématique du traitement de l'information, telle que nous l'avons présentée, conduit à une conception dans laquelle les apports de trois disciplines sont étroitement coordonnés. Chacune est nécessaire aux deux autres, et aucune ne se réduit à une autre au point de s'y dissoudre.

Notre argumentation vaudrait-elle pour d'autres champs de la psychologie cognitive ? Nous le croyons, même si la nécessité d'une telle conception paraît dans certains champs beaucoup moins évidente, et si elle n'est pas (encore ?) ressentie par les acteurs de ce champ. Opposer le biologique au mental ou, ce qui revient au même, déclarer que la neurobiologie n'a rien à nous apprendre sur telle ou telle activité cognitive nous paraît ressortir d'un dualisme dogmatique. L'autonomie d'un discours a-biologique peut être localement et temporairement nécessaire. Elle n'entraîne pas que la matière de ce discours soit de nature non biologique. Nous partageons le jugement de Vincent (1986) sur le dualisme cartésien quand il prône une démarche visant à «contrarier l'idée tenace selon laquelle l'instinct aveugle est l'apanage des animaux, en opposition avec l'intelligence consciente et humaine fondée sur le raisonnement et le discours» (p. 12). Considérer la continuité des modes de fonctionnement entre les espèces ne conduit pas nécessairement à nier la spécificité de telle ou telle forme d'activité mentale, mais au contraire à mieux cerner les contours de cette spécificité et à en rechercher les fondements.

Le monisme nous paraît ainsi être le présupposé nécessaire dans la construction d'un savoir scientifiquement fondé. Ce disant, nous n'affirmons pas qu'il n'est de savoir que scientifique, c'est-à-dire qu'élaboré selon les règles de la preuve scientifique.

LECTURES CONSEILLÉES

BONNET C. (1986). *Manuel pratique de psychophysique*. Paris, A. Colin.

BONNET C. (1989). *La perception visuelle des formes*. *In* C. Bonnet, R. Ghiglione et J.-F. Richard (éds.), *Traité de psychologie cognitive, vol I : perception, action, langage*. Paris, Dunod.

BONNET C., BOTTE M.-C., MOLNAR F. (1986). De l'automatique à l'intelligence artificielle en perception. *In* C. Bonnet, J.-M. Hoc et G. Tiberghien (éds.), *Psychologie, intelligence artificielle et automatique*. Bruxelles, Mardaga.

BOTTE M.-C. (1989). *L'audition*. *In* C. Bonnet, R. Ghiglione et J.-F. Richard (éds.), *Traité de psychologie cognitive, vol I : perception, action, langage*. Paris, Dunod.

DAWES, COOMBS (1976). *Psychologie mathématique*. Paris, PUF.

LE NY J.-F. (1979). *La sémantique psychologique*. Paris, PUF.

NGUYEN-XUAN A. (Cauzinille E., Frey L., Mathieu J., Rousseau J.) (1983). *Fonctionnement cognitif et classification multiple*. Monographies françaises de psychologie. Paris, CNRS

OMBREDANE A., FAVERGE J.-M. (1955). *L'analyse du travail*. Paris, PUF.

RICHARD J.-F. (1990). *Les activités mentales*. Paris, A. Colin.

SERON X. (éd.) (1989). *Psychologie et cerveau*. Paris, PUF.

SPERANDIO J.-C. (1980). *Psychologie en ergonomie*. Paris, PUF.

*Chapitre 4**

INFÉRENCE STATISTIQUE

J.-F. RICHARD
M.-P. LECOUTRE

* La rédaction de ce chapitre a été enrichie des remarques et suggestions de H. Rouanet.

SOMMAIRE

INTRODUCTION

0.1. Statistique descriptive et inférence statistique

L'inférence statistique est le prolongement de la statistique descriptive. Cette dernière fournit une conclusion descriptive, c'est-à-dire une conclusion qui porte seulement sur les observations dont on dispose. En d'autres termes, le domaine sur lequel porte la conclusion est le même que celui des observations : on ne conclut pas au-delà de ce qu'on a observé.

Dans l'inférence statistique, la conclusion vise un ensemble plus large que celui qui a servi à l'observation. L'inférence statistique est en effet une forme d'induction : elle vise à généraliser la conclusion à un ensemble plus large que celui des observations. Les notions d'échantillon et de population sont fondamentales pour comprendre la visée inductive. L'idée de base est que l'on considère les données observées comme un échantillon parmi l'ensemble des échantillons possibles que l'on pourrait extraire d'une population. Alors que la conclusion descriptive porte sur l'échantillon, la conclusion inductive porte sur la population dont est supposé extrait l'échantillon. C'est en ce sens que la conclusion inductive prolonge la conclusion descriptive : la conclusion inductive est une généralisation.

Par exemple, dans le tome 2 (cours 3, chapitre 6, section 8.3.2) nous avons cité une enquête, menée auprès de soixante personnes d'une entreprise appartenant à trois catégories professionnelles, sur la représentation qu'ont ces personnes de la fréquence des causes d'accident du travail. Pour l'analyse que nous avons faite de deux questions, la conclusion descriptive est que pour les personnes interrogées un geste maladroit de la part du travailleur est une cause moins fréquente qu'un manque d'organisation dans le travail. L'inférence statistique vise à déterminer si on peut généraliser cette conclusion à l'ensemble des personnes de l'entreprise.

Parmi les questions traitées en statistique, certaines ont une visée purement descriptive. Ce sont :
- faire une distribution,
- résumer une distribution,
- situer un individu dans une distribution.

Pour d'autres questions, le problème de la généralisation se pose : elles relèvent à la fois d'une analyse descriptive et d'une analyse inférentielle. Ce sont :
- comparer un groupe d'observations à une distribution connue,
- comparer deux groupes d'observations,
- étudier la liaison entre deux variables.

Nous avons examiné dans le tome 2 ce qui, dans ces questions, relève de la description statistique. Nous examinerons maintenant ce qui relève de l'inférence statistique.

0.2. L'approche de l'inférence statistique qui sera présentée

L'approche que nous suivrons est celle qui est développée dans l'ouvrage de Rouanet, Bernard, Le Roux (1990). Nous renverrons fréquemment à cet ouvrage qui pose les fondements d'une nouvelle approche de l'inférence statistique. Alors que l'approche traditionnelle, celle que l'on trouve dans la plupart des ouvrages existants, est une approche probabiliste de l'inférence statistique, l'approche développée par Rouanet, Bernard et Le Roux (1990) est une approche combinatoire, qui est plus simple conceptuellement et, dans bien des cas, plus appropriée méthodologiquement. Dans cette approche, le point de vue probabiliste apparaît comme une extension du point de vue combinatoire, lequel est le point de vue fondamental.

L'inférence statistique est une forme de raisonnement hypothético-déductif. Le point de vue combinatoire consiste :

1. à se demander quel est l'ensemble des protocoles possibles si est vraie l'hypothèse qu'on veut tester : par exemple l'hypothèse qu'un groupe est tiré d'une population de caractéristiques connues ou que deux groupes sont tirés de la même population ;
2. à situer le protocole observé parmi l'ensemble des protocoles possibles, en calculant la proportion de protocoles possibles qui sont plus extrêmes que le protocole observé ;
3. à catégoriser le protocole observé comme typique ou atypique de la catégorie de protocoles définis par l'hypothèse testée.

Dans cette approche, il n'est pas question, au moins au départ, de probabilité, mais de proportion d'échantillons possédant une certaine propriété, par exemple avoir une moyenne ou une fréquence supérieure à une valeur donnée.

C'est là une notion beaucoup moins sophistiquée, qui rend beaucoup plus transparentes les techniques mises en œuvre pour situer le protocole observé parmi l'ensemble des protocoles possibles. L'inférence combinatoire a donc un intérêt pédagogique incontestable ; c'est donc par elle que nous commencerons. L'inférence probabiliste sera présentée comme un prolongement de l'inférence combinatoire ; l'inférence probabiliste fait intervenir en effet une hypothèse supplémentaire par rapport à l'inférence combinatoire : l'hypothèse de tirage au hasard de l'échantillon dans une population. Cette hypothèse supplémentaire n'est nullement nécessaire pour fonder le raisonnement hypothético-déductif qui caractérise l'inférence statistique ; elle n'est pas nécessaire non plus pour justifier les calculs qui interviennent dans le test statistique. Comme nous le verrons plus loin, le point de vue probabiliste intervient en effet seulement dans l'interprétation que l'on peut faire du résultat du test. Il convient donc de séparer clairement ce qui dans l'inférence statistique relève de la structure des données, à savoir l'aspect combinatoire, qui est suffisant pour fonder les techniques de calcul, et ce qui relève de la probabilité, qui n'intervient pas dans les calculs mais seulement dans l'interprétation du résultat des calculs.

Techniquement, l'approche de l'inférence combinatoire peut être située dans le cadre des méthodes combinatoires d'analyse des données, méthodes qui se développent beaucoup actuellement, à la faveur des possibilités de traitement informatique qui les rendent opérationnelles. Par ailleurs, conceptuellement, comme le signalent Rouanet, Bernard, Le Roux (1990), cette approche rejoint le point de vue de grands auteurs, comme M. Allais (prix Nobel d'économie), qui pensent que le langage probabiliste est impropre tant qu'il n'est pas question d'évaluer l'incertitude et que les théorèmes profonds du «calcul des probabilités» ne sont en fait que des théorèmes d'analyse combinatoire (voir M. Allais, 1983).

Ces raisons suffisent à expliquer que nous ayons choisi de suivre le point de vue combinatoire pour introduire l'inférence statistique. Nous prévenons le lecteur que, s'il se réfère à d'autres ouvrages que celui de Rouanet, Bernard, Le Roux (1990), il cherchera en vain des éclaircissements complémentaires, car le point de vue combinatoire y est totalement absent et le seul point de vue qui est présenté pour fonder l'inférence statistique est le point de vue probabiliste.

Il y a une raison supplémentaire de dissocier le point de vue combinatoire du point de vue probabiliste, c'est que le point de vue combinatoire est suffisant pour répondre à un certain nombre de questions très fréquentes chez les chercheurs et pour lesquelles le point de vue probabiliste est inapproprié et conduit ses utilisateurs à des interprétations abusives des résultats de l'inférence probabiliste. Nous verrons en effet à quelles questions permet de répondre l'inférence combinatoire et à quelles autres questions permet de répondre l'inférence probabiliste. La distinction des deux points de vue permet de clarifier grandement les problèmes.

0.3. Plan du chapitre

Nous traiterons d'abord des principes de l'inférence statistique, en développant la problématique et les méthodes de calcul de l'inférence combinatoire. Nous prendrons, pour nous faire comprendre, des exemples simples du point de vue du nombre d'observations, pour que les méthodes combinatoires puissent être mises en œuvre à la main. L'objectif de ce chapitre est donc d'abord de faire comprendre les principes et les méthodes de l'inférence statistique. Mais il existe des programmes qui permettent de mettre en œuvre les méthodes qui sont exposées pour traiter des données nombreuses correspondant aux cas habituels.

Le chapitre suivant traite de la méthodologie de l'inférence statistique. On expose dans le détail les différences entre l'inférence combinatoire et l'inférence fréquentiste ; on indique pour quelles questions chaque forme d'inférence est pertinente ; on décrit les étapes de la démarche et montre comment formuler la conclusion.

Les trois chapitres suivants concernent la mise en œuvre de l'inférence statistique pour les trois questions mentionnées précédemment et déjà traitées dans le tome 2 du point de vue descriptif :

- comparaison d'un groupe d'observations avec une population ou une distribution connue (typicalité),
- comparaison de deux groupes d'observations (homogénéité),
- étude de la liaison entre deux variables.

Pour chacune de ces questions, nous présentons des méthodes de calcul approchées qui permettent une approximation satisfaisante des méthodes exactes que sont les méthodes combinatoires. L'avantage des méthodes approchées est qu'elles sont faciles à mettre en œuvre et qu'elles ne requièrent pas l'usage d'un ordinateur : une simple calculette suffit, car il existe des tables qui donnent les valeurs des distributions approchées utilisées pour les tests. Pour chacune de ces questions, nous présenterons le point de vue combinatoire et le point de vue fréquentiste. Ces trois dernières sections permettent de faire le lien avec la présentation traditionnelle des méthodes d'inférence statistique.

1. LES PRINCIPES DE L'INFÉRENCE STATISTIQUE

1.1. Un exemple

Pour expliquer les principes de l'inférence statistique, nous partirons d'un exemple et nous poserons à partir de celui-ci les différentes questions auxquelles permet de répondre l'inférence statistique.

Les sujets ont à résoudre une suite de problèmes. Dans chaque problème, ils doivent exécuter mentalement une suite d'additions ; pour le dernier calcul du problème, ils doivent utiliser certains des résultats de calculs précédents et donc rechercher en mémoire les résultats de ces calculs. Il y a toujours quatre nombres d'un chiffre à additionner, les uns étant présents sur l'écran, les autres étant à récupérer en mémoire, ceci en proportion variable : selon les cas il peut y avoir 2, 3 ou 4 chiffres à récupérer en mémoire. On note l'exactitude de la dernière addition (+ si le résultat est correct, – s'il est incorrect) et le temps, mesuré en demi-secondes, mis pour exécuter la dernière addition. Dans les données présentées, chaque sujet a résolu deux fois chacun des trois problèmes, comportant respectivement la récupération de deux, trois ou quatre chiffres en mémoire pour effectuer le dernier calcul. Il y a deux groupes de sujets : des adultes étudiants et des élèves de cours moyen. On étudie comment varie l'efficacité de la récupération en mémoire en fonction du nombre de chiffres à récupérer, ainsi que la variation du temps de récupération.

Le protocole des données est présenté page suivante. Dans la première colonne on a le numéro de l'observation, dans la seconde le numéro du sujet, dans la troisième colonne le nombre de chiffres à récupérer en mémoire et dans la quatrième colonne le rang de l'essai. Dans les deux dernières colonnes figurent les variables dépendantes : l'exactitude de la réponse et le temps mis pour faire le dernier calcul.

À partir de ces données, on peut se poser trois types de questions :

- des questions qui concernent la comparaison d'un groupe d'observations avec une population ou une distribution de référence ;
- des questions qui concernent la comparaison entre deux groupes d'observations ;
- des questions qui concernent la liaison entre deux séries d'observations.

Pour chaque type de question, on peut avoir affaire soit à une variable dépendante numérique soit à une variable dépendante nominale ou plus généralement à une variable catégorisée : une variable catégorisée peut être obtenue par regroupement des valeurs d'une variable numérique (par exemple les valeurs supérieures à une valeur donnée et les valeurs inférieures ou égales à cette valeur) ou d'une variable ordinale.

PROTOCOLE							SUITE DU PROTOCOLE						
I	sujet	groupe	nombre de chiffres	essai	exactitude	temps	I	sujet	groupe	nombre de chiffres	essai	exactitude	temps
1	1	A	2	1	+	14	62		A	2	2	+	19
2		A	2	2	+	14	63		A	3	1	–	4
3		A	3	1	+	16	64		A	3	2	+	10
4		A	3	2	+	32	65		A	4	1	+	3
5		A	4	1	–	36	66		A	4	2	+	20
6		A	4	2	+	66	67	12	A	2	1	+	19
7	2	A	2	1	+	14	68		A	2	2	+	15
8		A	2	2	+	11	69		A	3	1	+	23
9		A	3	1	+	13	70		A	3	2	+	17
10		A	3	2	+	31	71		A	4	1	–	24
11		A	4	1	+	15	72		A	4	2	+	19
12		A	4	2	+	32	73	1	E	2	1	+	26
13	3	A	2	1	+	21	74		E	2	2	–	62
14		A	2	2	–	34	75		E	3	1	+	128
15		A	3	1	+	26	76		E	3	2	+	76
16		A	3	2	+	10	77		E	4	1	+	86
17		A	4	1	–	38	78		E	4	2	+	200
18		A	4	2	–	19	79	2	E	2	1	+	60
19	4	A	2	1	+	22	80		E	2	2	+	97
20		A	2	2	+	10	81		E	3	1	+	75
21		A	3	1	+	14	82		E	3	2	+	105
22		A	3	2	+	8	83		E	4	1	+	111
23		A	4	1	–	37	84		E	4	2	–	100
24		A	4	2	–	15	85	3	E	2	1	–	140
25	5	A	2	1	+	17	86		E	2	2	–	35
26		A	2	2	+	12	87		E	3	1	+	62
27		A	3	1	+	16	88		E	3	2	+	23
28		A	3	2	+	13	89		E	4	1	+	59
29		A	4	1	+	25	90		E	4	2	+	32
30		A	4	2	+	16	91	4	E	2	1	+	59
31	6	A	2	1	+	85	92		E	2	2	+	29
32		A	2	2	+	28	93		E	3	1	+	70
33		A	3	1	+	33	94		E	3	2	+	85
34		A	3	2	+	38	95		E	4	1	+	137
35		A	4	1	–	57	96		E	4	2	+	171
36		A	4	2	+	61	97	5	E	2	1	+	48
37	7	A	2	1	+	22	98		E	2	2	+	70
38		A	2	2	+	22	99		E	3	1	+	100
39		A	3	1	+	14	100		E	3	2	+	66
40		A	3	2	+	10	101		E	4	1	–	20
41		A	4	1	+	18	102		E	4	2	–	255
42		A	4	2	+	13	103	6	E	2	1	+	92
43	8	A	2	1	+	48	104		E	2	2	+	34
44		A	2	2	+	33	105		E	3	1	+	22
45		A	3	1	+	43	106		E	3	2	+	49
46		A	3	2	+	21	107		E	4	1	+	68
47		A	4	1	+	82	108		E	4	2	+	38
48		A	4	2	+	22	109	7	E	2	1	+	65
49	9	A	2	1	+	66	110		E	2	2	+	43
50		A	2	2	+	33	111		E	3	1	+	59
51		A	3	1	–	39	112		E	3	2	+	28
52		A	3	2	+	16	113		E	4	1	–	33
53		A	4	1	+	48	114		E	4	2	+	37
54		A	4	2	–	25	115	8	E	2	1	+	72
55	10	A	2	1	+	26	116		E	2	2	+	100
56		A	2	2	+	28	117		E	3	1	+	111
57		A	3	1	+	29	118		E	3	2	+	56
58		A	3	2	+	19	119		E	4	1	+	132
59		A	4	1	+	35	120		E	4	2	+	13
60		A	4	2	+	37	121	9	E	2	1	+	29
61	11	A	2	1	+	10	122		E	2	2	+	32

PROTOCOLE							SUITE DU PROTOCOLE						
I	sujet	groupe	nombre de chiffres	essai	exactitude	temps	I	sujet	groupe	nombre de chiffres	essai	exactitude	temps
123		E	3	1	+	136	134		E	2	2	–	21
124		E	3	2	+	67	135		E	3	1	+	60
125		E	4	1	–	196	136		E	3	2	+	74
126		E	4	2	+	49	137		E	4	1	+	97
127	10	E	2	1	+	72	138		E	4	2	+	15
128		E	2	2	+	91	139	12	E	2	1	+	47
129		E	3	1	+	40	140		E	2	2	+	38
130		E	3	2	+	21	141		E	3	1	+	53
131		E	4	1	+	51	142		E	3	2	+	70
132		E	4	2	+	114	143		E	4	1	+	87
133	11	E	2	1	+	72	144		E	4	2	+	56

A : adultes E : enfants

1.1.1. *Comparaison d'un groupe d'observations avec une population ou une distribution de référence*

Dans le cas d'une variable numérique, une question de ce type est :

> Est-ce que la distribution des temps de calcul pour un groupe donné dans une condition donnée suit une distribution de forme connue ?

Dans le cas d'une variable nominale et plus généralement d'une variable catégorisée, un exemple de question de ce type est :

> Est-ce que la proportion d'erreurs de calcul dans une condition donnée peut être considérée comme provenant d'une distribution dont la proportion est connue ?

1.1.2. *Comparaison de deux groupes d'observations*

Dans la comparaison de deux groupes d'observations, il faut considérer la nature du plan.

a. *Groupes appariés*

Les groupes d'observations peuvent être appariés. Ce plan est appelé S X T dans le tome 2 (chapitre 6 section 2.1.5) : nous adopterons l'écriture équivalente S $*$ T, proposée par Rouanet, Bernard, Le Roux (1990, V-3-a). Dans le cas d'une variable numérique une question de ce type est :

> Est-ce que le fait d'avoir quatre chiffres à récupérer en mémoire entraîne un temps de calcul plus long que le fait d'en avoir à récupérer deux seulement ?

Dans le cas d'une variable nominale et plus généralement d'une variable catégorisée, la question correspondante est :

> Est-ce que le fait d'avoir quatre chiffres à récupérer en mémoire entraîne plus d'erreurs que le fait d'en avoir à récupérer deux seulement ?

b. *Groupes indépendants*

Les groupes d'observations sont indépendants. Le plan est de la forme S < G >

Dans le cas d'une variable numérique une question de ce type est :

> Est-ce que les enfants mettent plus de temps que les adultes pour faire le calcul dans le cas de quatre chiffres à récupérer en mémoire ?

Dans le cas d'une variable nominale et plus généralement d'une variable catégorisée, la question correspondante est :

> Est-ce que les enfants font plus d'erreurs que les adultes dans le cas de quatre chiffres à récupérer en mémoire ?

1.1.3. *Étude de la liaison entre deux séries d'observations*

Dans le cas d'une variable numérique cela correspond à une question du type :

> Est-ce qu'il y a une liaison entre le temps mis pour faire le calcul dans le cas de deux chiffres à récupérer en mémoire et le temps mis dans le cas de quatre chiffres ?

et dans le cas d'une variable nominale et plus généralement d'une variable catégorisée :

> Est-ce qu'il y a une liaison entre le nombre d'erreurs commises dans le cas de deux chiffres à récupérer en mémoire et dans le cas de quatre chiffres ?

1.2. Comparaison d'un groupe d'observations avec un ensemble de référence

Ce cas correspond à la situation où l'on dispose d'un ensemble de référence et d'un échantillon de données et où l'on se propose de comparer cet échantillon à cet ensemble de référence. Ce dernier peut être soit une population soit une distribution (voir Rouanet, Bernard, Le Roux (1990) IV-6-a). Une population est un ensemble d'éléments de taille finie, comme la population des étudiants d'une Université. Supposons que l'on donne des énoncés sur des événements historiques auxquels il faut répondre par OUI ou NON et que l'on considère la distribution des réponses dans le cas où le sujet ne sait pas. Comme dans ce cas il est obligé de répondre, il est raisonnable de supposer qu'il répondra au hasard et qu'il a autant de chances de choisir OUI que NON. C'est comme s'il tirait dans un ensemble où il y a autant de OUI que de NON : dans ce cas le nombre d'éléments n'est pas déterminé, il est potentiellement infini. On dit alors qu'on échantillonne dans une distribution. L'échantillonnage dans une distribution peut être matérialisé par un tirage avec remise dans une population finie ; l'échantillonnage dans une population correspond à un tirage sans remise. On distinguera le cas où la mesure est une variable numérique et celui où c'est une variable nominale et plus généralement une variable catégorisée.

1.2.1. *Cas d'une variable numérique*

Nous allons prendre comme exemple le cas suivant, emprunté à la situation *calcul mental*. On considère la répartition des temps de calcul, pour une population d'adultes, au premier essai dans le cas de quatre chiffres à récupérer en mémoire. On admettra qu'elle suit une courbe qui n'est pas tout à fait symétrique et qui est plus étalée du côté des temps longs, comme le sont les courbes habituelles de temps de réaction. Pour simplifier les calculs, nous prendrons une population de neuf éléments qui a la distribution suivante, laquelle ressemble à la distribution des temps des adultes dans le protocole :

Temps de calcul :	2	18	35	52	68	84
	1/9	2/9	3/9	1/9	1/9	1/9

Cette population a pour moyenne 38,56 (347/9) et pour variance 592,47 et donc pour écart-type 24,34. En effet :

$$(2^2 + 18^2 + 18^2 + 35^2 + \ldots\ldots\ldots + 84^2 - 347^2/9)/9 = 592{,}47$$

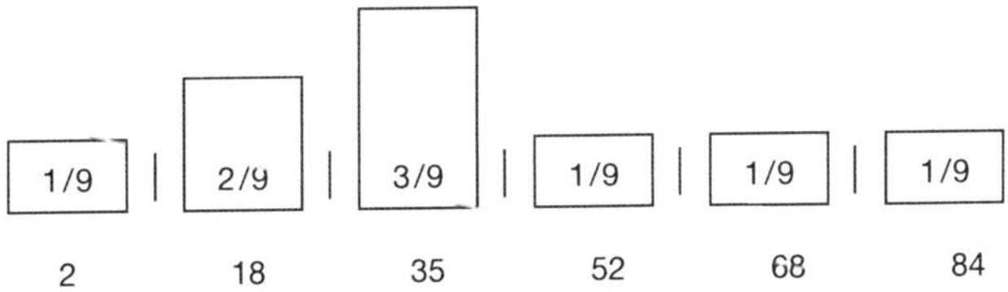

Nous allons considérer que l'on tire un échantillon de trois éléments de cette population.

La démarche consiste à considérer tous les échantillons possibles de trois éléments que l'on peut obtenir à partir d'une population dont les éléments sont :

2 18 18 35 35 35 52 68 84

Nous allons considérer tous les échantillons possibles de trois éléments que l'on peut obtenir à partir de cette population. Nous allons donc faire la combinatoire de tous les groupes de trois éléments que l'on peut obtenir à partir de ces neuf éléments. Cette combinatoire est présentée dans le tableau suivant. Le premier échantillon comporte les temps 2, 18, 18. Le total est 38 et la moyenne 12,7 : ces informations figurent aux colonnes Σ et M. Le deuxième échantillon comporte les temps 2, 18, 35, dont le total est 55 et la moyenne 18,3. Et ainsi de suite... on garde les deux premiers éléments constants et on fait varier le dernier. Ensuite, on change le second élément et on fait varier de toutes les façons possibles le troisième et on continue jusqu'à ce que le second élément ait varié de toutes les façons possibles. On fait varier ensuite le premier élément : pour chaque changement, on fait varier le second de toutes les façons possibles et, pour chaque changement du second élément, on fait varier le troisième de toutes les façons possibles. On obtient ainsi le tableau de la page suivante.

Il y a au total 84 échantillons possibles. Ce nombre est donné par la formule suivante :

appelons N le nombre d'éléments de la population,
n le nombre d'éléments de l'échantillon ;

$$\binom{N}{n} = \frac{N!}{n!\,(N-n)\,!}, \text{ où}$$

$\binom{N}{n}$ se lit : nombre de façons possibles de tirer n éléments dans un ensemble de N éléments, et

$N!$ se lit : factorielle N. $N! = N \times N - 1 \times N - 2 \times N - 3 .... \times 1$. Donc

$$\binom{N}{n} = \frac{N!}{n!\,(N-n)\,!} = \frac{9 \times 8 \times 7 \times 6 \times 5 \times 4 \times 3 \times 2 \times 1}{3 \times 2 \times 1 \times 6 \times 5 \times 4 \times 3 \times 2 \times 1} = \frac{9 \times 8 \times 7}{3 \times 2 \times 1} = 84$$

Le groupe d'observations (protocole) provenant des sujets 1, 3 et 7 du groupe des enfants (pour quatre chiffres à récupérer en mémoire au premier essai) comporte les temps 86, 59 et 33 demi-secondes, soit un total de 178 et une moyenne de 59,3 demi-secondes. On va situer ce groupe d'observations parmi l'ensemble des échantillons de trois éléments qu'on peut obtenir à partir de la population de neuf éléments. Pour chacun de ces échantillons on a calculé le total des temps ainsi que la moyenne. Dans la dernière colonne on a ordonné ces moyennes. On voit que le groupe d'observations des temps des trois enfants a une moyenne qui est dépassée par celles de quatre échantillons, ceux des lignes 81, 82, 83 (qui ont 62,3 pour moyenne) et 84 (qui a 68). La proportion des échantillons dont la moyenne est au moins égale à la moyenne observée est donc 4/84, soit .048. Nous verrons plus loin que cette proportion est trop élevée pour qu'on puisse conclure que ce groupe d'observations est atypique d'une population telle que celle que nous avons considérée (voir Rouanet, Bernard, Le Roux (1990) IV-4-b).

Nous avons considéré jusque-là une population de neuf éléments. On peut considérer des populations de taille de plus en plus élevée correspondant à la même distribution et, pour chacune de ces populations, faire la distribution des

I	Éléments de l'échantillon									Σ	M	M ordo
	2	18	18	35	35	35	52	68	84			
1	2	18	18							38	12,7	12,7
2	2	18		35						55	18,3	18,3
3	2	18			35					55	18,3	18,3
4	2	18				35				55	18,3	18,3
5	2	18					52			72	24,0	18,3
6	2	18						68		88	29,3	18,3
7	2	18							84	104	34,7	18,3
8	2		18	35						55	18,3	23,7
9	2		18		35					55	18,3	23,7
10	2		18			35				55	18,3	23,7
11	2		18				52			72	24,0	24,0
12	2		18					68		88	29,3	24,0
13	2		18						84	104	34,7	24,0
14	2			35	35					72	24,0	24,0
15	2			35		35				72	24,0	24,0
16	2			35			52			89	29,7	29,3
17	2			35				68		105	35,0	29,3
18	2			35					84	121	40,3	29,3
19	2				35	35				72	24,0	29,3
20	2				35		52			89	29,7	29,3
21	2				35			68		105	35,0	29,3
22	2				35				84	121	40,3	29,3
23	2					35	52			89	29,7	29,3
24	2					35		68		105	35,0	29,3
25	2					35			84	121	40,3	29,7
26	2						52	68		122	40,7	29,7
27	2						52		84	138	46,0	29,7
28	2							68	84	154	51,3	34,7
29		18	18	35						71	23,7	34,7
30		18	18		35					71	23,7	34,7
31		18	18			35				71	23,7	35,0
32		18	18				52			88	29,3	35,0
33		18	18					68		104	34,7	35,0
34		18	18						84	120	40,0	35,0
35		18		35	35					88	29,3	35,0
36		18		35		35				88	29,3	35,0
37		18		35			52			105	35,0	35,0
38		18		35				68		121	40,3	35,0
39		18		35					84	137	45,7	35,0
40		18			35	35				88	29,3	35,0
41		18			35		52			105	35,0	40,0
42		18			35			68		121	40,3	40,3

I		Éléments de l'échantillon								Σ	M	M ordo
	2	18	18	35	35	35	52	68	84			
43		18			35				84	137	45,7	40,3
44		18				35	52			105	35,0	40,3
45		18				35		68		121	40,3	40,3
46		18				35			84	137	45,7	40,3
47		18					52	68		138	46,0	40,3
48		18					52		84	154	51,3	40,3
49		18						68	84	170	56,7	40,3
50			18	35	35					88	29,3	40,3
51			18	35		35				88	29,3	40,7
52			18	35			52			105	35,à	40,7
53			18	35				68		121	40,3	40,7
54			18	35					84	137	45,7	40,7
55			18		35	35				88	29,3	45,7
56			18		35		52			105	35,0	45,7
57			18		35			68		121	40,3	45,7
58			18		35				84	137	45,7	45,7
59			18			35	52			105	35,0	45,7
60			18			35		68		121	40,3	45,7
61			18			35			84	137	45,7	46,0
62			18				52	68		138	46,0	46,0
63			18				52		84	154	51,3	46,0
64			18					68	84	170	56,7	46,0
65				35	35	35				105	35,0	46,0
66				35	35		52			122	40,7	46,0
67				35	35			68		138	46,0	51,3
68				35	35				84	154	51,3	51,3
69				35		35	52			122	40,7	51,3
70				35		35		68		138	46,0	51,3
71				35		35			84	154	51,3	51,3
72				35			52	68		155	51,7	51,3
73				35			52		84	171	57,0	51,7
74				35				68	84	187	62,3	51,7
75					35	35	52			122	40,7	51,7
76					35	35		68		138	46,0	56,7
77					35	35			84	154	51,3	56,7
78					35		52	68		155	51,7	57,0
79					35		52		84	171	57,0	57,0
80					35			68	84	187	62,3	57,0
81						35	52	68		155	51,7	62,3
82						35	52		84	171	57,0	62,3
83						35		68	84	187	62,3	62,3
84							52	68	84	204	68,0	68,0

moyennes des échantillons de trois éléments que l'on peut obtenir à partir d'elles. Ces distributions convergent vers une distribution limite qui correspond à une population de taille infinie. Un échantillonnage par rapport à une population infinie est, comme nous l'avons indiqué, un échantillonnage par rapport à une distribution (Rouanet, Bernard, Le Roux (1990) IV-2-d et IV bis - 5).

Lorsque la distribution de référence est une distribution de moyenne et de variance connues, on peut déterminer directement la distribution des moyennes des échantillons de taille donnée que l'on peut extraire de cette distribution. En effet, appelons μ_0 la moyenne de la distribution de référence et σ_0^2 sa variance. On démontre que la distribution des moyennes des échantillons de taille n a pour moyenne μ_0 et pour variance σ_0^2/n (Rouanet *et al.* IV-5-b et 5-c). Cela vaut quelle que soit la forme de la distribution initiale. De plus, et c'est une propriété importante que nous allons utiliser par la suite, la distribution d'échantillonnage se rapproche d'une distribution normale, et cela d'autant plus rapidement que la distribution de référence est proche d'une distribution normale (pourvu que la fraction d'échantillonnage reste inférieure à 1/2) (Rouanet et al. IV-7-a). Si la distribution d'échantillonnage peut être assimilée à une distribution normale de moyenne μ_0 et de variance σ_0^2/n, on peut situer la moyenne observée m_{obs} dans cette distribution en procédant ainsi :

1. calculer la note réduite z_{obs} correspondant à cette moyenne : c'est la différence entre la moyenne observée et la moyenne de la distribution de référence, divisée par l'écart-type de la distribution de référence, soit

$$z_{obs} = \frac{m_{obs} - \mu_0}{\sigma_0 / \sqrt{n}}$$

2. situer z_{obs} dans cette distribution, c'est-à-dire rechercher la proportion de cas dans la distribution pour lesquels la valeur de z est soit supérieure ou égale à z_{obs} (si z_{obs} est positif), soit inférieure ou égale à z_{obs} (si z_{obs} est négatif). Nous appellerons cette proportion p_{obs} ;

- si la valeur de z_{obs} est négative, chercher dans la table de la distribution normale réduite cumulée à gauche (en annexe) la proportion de cas pour lesquels la valeur z est inférieure ou égale à z_{obs} ;
- si la valeur de z_{obs} est positive, chercher dans la table de la distribution normale réduite cumulée à droite (en annexe) la proportion de cas pour lesquels la valeur z est supérieure ou égale à z_{obs} ;

3. formuler une conclusion par rapport à un seuil-repère. On prend en général (test standard) .025 ou .005 comme seuil-repère quand on considère la proportion de cas plus extrêmes d'un seul côté, soit du côté des valeurs supérieures soit du côté des valeurs inférieures. On appelle ce seuil-repère un seuil unilatéral (par opposition à seuil bilatéral, notion qu'on verra plus tard). La conclusion peut être formulée par rapport à une grille de seuils-repères (Rouanet *et al.* IV-4-c) :

- si p_{obs} est inférieur ou égal à .005 unilatéral ($p_{obs} \leq .005$), on dit que le protocole est atypique de la population de référence au seuil de .005 unilatéral (en spécifiant de quel côté) ;
- si p_{obs} est supérieur à .005 mais inférieur à .025 unilatéral ($p_{obs} \geq .005$ et $p_{obs} \leq .025$), on dit que le protocole est atypique de la population de référence au seuil de .025 unilatéral (en spécifiant de quel côté) ;
- si p_{obs} est supérieur à .025 ($p_{obs} \geq .025$), on dit qu'on ne peut pas conclure que le protocole est atypique par rapport à la population au seuil de .05 bilatéral.

Dire que l'échantillon est atypique par rapport à la population doit être compris dans le sens : on ne peut pas l'assimiler à cette catégorie. On le considère en effet comme trop extrême par rapport à la catégorie. À l'inverse, dire qu'on ne peut pas conclure que le protocole est atypique, c'est dire qu'au vu des données dont on dispose, on peut l'assimiler à la même catégorie que la population ; cela signifie qu'il fait partie des 95 % des échantillons qui ne sont pas extrêmes, ceux qui restent quand on a enlevé les 5 % qui sont extrêmes (2,5 % d'un côté et 2,5 % de l'autre), ce qui explique que dans ce cas on utilise le seuil bilatéral.

Nous allons donc déterminer les caractéristiques de la distribution-limite des moyennes des échantillons de taille 3 que nous aurions obtenue en les tirant de populations de taille de plus en plus grande. La moyenne de cette distribution est 38,56, comme la distribution de référence. Sa variance est 592,47/3, soit 197,49, et son écart-type est donc $24{,}34/\sqrt{3}$, soit 14,05. Nous pouvons maintenant calculer z_{obs} :

$$z_{obs} = (59{,}33 - 38{,}56)/14{,}05 = 20{,}77/14{,}05 = 1{,}48$$

La valeur de z_{obs} étant positive, on va donc considérer la distribution cumulée à droite, qui donne la proportion de cas dépassant une valeur donnée. On lit directement cette proportion dans la table de la distribution cumulée à droite (voir annexe) : la proportion de cas pour lesquels z est égal ou supérieur à 1,48 est .069. Si l'on ne dispose pas de la table de la distribution cumulée à droite, on la déduit à partir de la table de la distribution cumulée à gauche : la proportion de cas pour lesquels z est inférieur ou égal à – 1,48 est .931, donc la proportion de cas pour lesquels z est supérieur ou égal à 1,48 est .069. La proportion .069 est supérieure au seuil unilatéral de .025 ; on ne peut donc pas conclure que l'échantillon des trois données considérées est atypique de la distribution considérée. Nous aboutissons à la même conclusion que précédemment mais cette fois en procédant à un échantillonnage à partir de la distribution et non plus à partir d'une population qui suit cette distribution.

Comme nous l'avons dit précédemment, quand on extrait des échantillons de même taille de populations de taille de plus en plus grande, qui ont toutes une même distribution, la distribution des moyennes des échantillons tend vers une distribution limite normale, à condition, comme nous l'avons dit aussi, que la taille de l'échantillon soit moins de la moitié de la taille de la population :

ceci correspond à l'échantillonnage dans une distribution ou, comme on dira encore, à un échantillonnage dans une population de taille infinie, ce qui est une appellation métaphorique (Rouanet *et al.* IV-2-6).

1.2.2. *Cas d'une variable nominale ou catégorisée*

Conservant l'exemple de l'expérience de calcul mental, nous allons considérer la variable nombre d'erreurs de calcul. Nous prendrons comme distribution de référence une distribution dans laquelle le pourcentage d'erreurs est 1/3 : c'est le pourcentage observé pour les adultes au deuxième essai des problèmes où il fallait récupérer quatre informations en mémoire. Nous reprendrons comme données (protocole) le nombre d'erreurs commises par les sujets enfants 1, 3 et 7 : on a «+ + –», soit une erreur.

Nous allons considérer une population de neuf éléments dans laquelle la proportion des erreurs est 1/3. Dans cette population il y a donc trois éléments qui ont «–» et six qui ont «+». Convenons, pour la facilité des calculs, que ce sont les trois premiers éléments qui ont «–» et les six derniers qui ont «+».

Le premier échantillon que l'on peut tirer de cette population est composé des éléments 1, 2 et 3, soit trois «–», de sorte que le nombre de «–» est 3 et la proportion des «–» est 1,0. Le second échantillon est constitué des éléments 1, 2 et 4, soit «– – +» : on a donc deux «–» et une proportion de «–» de 0,67. Et ainsi de suite. On a au total 84 échantillons possibles, comme précédemment. Ces échantillons ainsi que la proportion correspondante de «–» pour chacun sont donnés dans le tableau de la page suivante.

Il y a 65 échantillons sur 84 (soit .77) pour lesquels le pourcentage d'erreurs est inférieur ou égal à 0,33 et 64 (soit .76) pour lesquels il est supérieur ou égal à 0,33. Ces pourcentages sont élevés : le groupe d'observations des trois enfants n'est donc pas atypique d'une population de neuf éléments dans laquelle le pourcentage d'erreurs est 1/3, ni du côté des valeurs élevées ni du côté des valeurs faibles. Cela pouvait être facilement anticipé puisque le pourcentage d'erreurs du groupe d'observations se trouve être également 1/3.

Si l'on avait pris les sujets 2, 3 et 5, on aurait eu «– + –», soit 2/3 d'erreurs. Il y a 19 échantillons sur 84 qui ont une proportion au moins égale à 2/3 d'erreurs, soit 23 %. On ne peut donc pas non plus déclarer ce groupe d'observations atypique d'une population de neuf éléments.

Supposons que l'on ait une population de N éléments dont A éléments sont d'une catégorie et $N - A$ éléments de l'autre catégorie. Considérons tous les échantillons de n éléments que l'on peut tirer de cette population. La proportion p_k de ces échantillons qui contiennent k éléments de la première catégorie (et donc $n - k$ de la seconde) est donnée par la formule suivante :

$$p_k = \frac{\binom{A}{k}\binom{N-A}{n-k}}{\binom{N}{n}}$$

	Éléments de l'échantillon									Σ	M	M ordo
	–	–	–	+	+	+	+	+	+		p	
1	–	–	–							3	1	0
2	–	–		+						2	0,67	0
3	–	–			+					2	0,67	0
4	–	–				+				2	0,67	0
5	–	–					+			2	0,67	0
6	–	–						+		2	0,67	0
7	–	–							+	2	0,67	0
8	–		–	+						2	0,67	0
9	–		–		+					2	0,67	0
10	–		–			+				2	0,67	0
11	–		–				+			2	0,67	0
12	–		–					+		2	0,67	0
13	–		–						+	2	0,67	0
14	–			+	+					1	0,33	0
15	–			+		+				1	0,33	0
16	–			+			+			1	0,33	0
17	–			+				+		1	0,33	0
18	–			+					+	1	0,33	0
19	–				+	+				1	0,33	0
20	–				+		+			1	0,33	0
21	–				+			+		1	0,33	0,33
22	–				+				+	1	0,33	0,33
23	–					+	+			1	0,33	0,33
24	–					+		+		1	0,33	0,33
25	–					+			+	1	0,33	0,33
26	–						+	+		1	0,33	0,33
27	–						+		+	1	0,33	0,33
28	–							+	+	1	0,33	0,33
29		–	–	+						2	0,67	0,33
30		–	–		+					2	0,67	0,33
31		–	–			+				2	0,67	0,33
32		–	–				+			2	0,67	0,33
33		–	–					+		2	0,67	0,33
34		–	–						+	2	0,67	0,33
35		–		+	+					1	0,33	0,33
36		–		+		+				1	0,33	0,33
37		–		+			+			1	0,33	0,33
38		–		+				+		1	0,33	0,33
39		–		+					+	1	0,33	0,33
40		–			+	+				1	0,33	0,33
41		–			+		+			1	0,33	0,33
42		–			+			+		1	0,33	0,33

	Éléments de l'échantillon									Σ	M	M ordo
	–	–	–	+	+	+	+	+	+			ordo
43		–			+				+	1	0,33	0,33
44		–				+	+			1	0,33	0,33
45		–				+		+		1	0,33	0,33
46		–				+			+	1	0,33	0,33
47		–					+	+		1	0,33	0,33
48		–					+		+	1	0,33	0,33
49		–						+	+	1	0,33	0,33
50			–	+	+					1	0,33	0,33
51			–	+		+				1	0,33	0,33
52			–	+			+			1	0,33	0,33
53			–	+				+		1	0,33	0,33
54			–	+					+	1	0,33	0,33
55			–		+	+				1	0,33	0,33
56			–		+		+			1	0,33	0,33
57			–		+			+		1	0,33	0,33
58			–		+				+	1	0,33	0,33
59			–			+	+			1	0,33	0,33
60			–			+		+		1	0,33	0,33
61			–			+			+	1	0,33	0,33
62			–				+	+		1	0,33	0,33
63			–				+		+	1	0,33	0,33
64			–					+	+	1	0,33	0,33
65				+	+	+				0	0	0,33
66				+	+		+			0	0	0,67
67				+	+			+		0	0	0,67
68				+	+				+	0	0	0,67
69				+		+	+			0	0	0,67
70				+		+		+		0	0	0,67
71				+		+			+	0	0	0,67
72				+			+	+		0	0	0,67
73				+			+		+	0	0	0,67
74				+				+	+	0	0	0,67
75					+	+	+			0	0	0,67
76					+	+		+		0	0	0,67
77					+	+			+	0	0	0,67
78					+		+	+		0	0	0,67
79					+		+		+	0	0	0,67
80					+			+	+	0	0	0,67
81						+	+	+		0	0	0,67
82						+	+		+	0	0	0,67
83						+		+	+	0	0	0,67
84							+	+	+	0	0	1

avec

$$\binom{A}{k} = \frac{A!}{k!\,(A-k)\,!} \qquad \binom{N-A}{n-k} = \frac{(N-A)\,!}{(n-k)\,!\,(N-A-(n-k))\,!} \qquad \binom{N}{n} = \frac{N\,!}{n\,!\,(N-n)!}$$

La distribution de ces proportions pour $k = 0, 1, 2 \ldots n$ est ce que l'on appelle une distribution hypergéométrique. Dans notre exemple $N = 9$, $A = 3$, $n = 3$, k est le nombre d'erreurs, soit le nombre de «–». La proportion de cas où $k = 1$, c'est-à-dire où l'on a une erreur, est :

$$p_{k=1} = \frac{\dfrac{3 \times 2 \times 1}{1 \times 2 \times 1} \times \dfrac{6 \times 5 \times 4 \times 3 \times 2 \times 1}{2 \times 1 \times 4 \times 3 \times 2 \times 1}}{\dfrac{9 \times 8 \times 7 \times 6 \times 5 \times 4 \times 3 \times 2 \times 1}{3 \times 2 \times 1 \times 6 \times 5 \times 4 \times 3 \times 2 \times 1}}$$

$$p_{k=1} = 3 \times 3 \times 5/(3 \times 4 \times 7) = 45/84 = .537 = .54$$

Dans le tableau ci-dessus, nous avons bien trouvé 45 combinaisons sur 84 qui ont une valeur «–», soit la proportion 45/84 = .537. La distribution hypergéométrique peut se représenter dans un tableau de type suivant :

	–	+	Total
échantillon	1	2	3
reste après échantillonnage	2	4	6
population	3	6	9

	–	+	Total
échantillon	k	$n-k$	n
reste après échantillonnage	$A-k$	$N-A-(n-k)$	$N-n$
population	A	$N-A$	N

Le tableau de droite est la forme générale d'un tableau de distribution hypergéométrique, celui de gauche contient les données de notre exemple. Quand on définit les paramètres de la distribution hypergéométrique en vue du calcul, il faut veiller à ce que A soit bien le total de la colonne où est k et à ce que n soit bien le total de la ligne où est k. N est bien entendu le total général.

Une formule équivalente, qui est plus simple pour le calcul, est la suivante :

$$p_k = \frac{A\,!\,(N-A)\,!\,n\,!\,(N-n)\,!}{k\,!\,(n-k)\,!\,(A-k)\,!\,(N-A-(n-k))\,!\,\mathrm{N}\,!}$$

Nous allons calculer de la même façon quelle est la proportion de cas où il n'y a aucune erreur, où il y a 2 erreurs, et où il y a 3 erreurs sur un échantillon de trois éléments tiré de cette population. Ces valeurs sont données dans le tableau ci-dessous pour les deux modes de calcul, les paramètres étant $N = 9$, $A = 3$, $n = 3$ et $k = 0, 1, 2$ ou 3 :

k	$n-k$	$A-k$	$N-A$ $-(n-k)$	$\binom{A}{k}$	$\binom{N-A}{n-k}$	$\binom{N}{n}$	p_k
0	3	3	3	1	20	84	0.238
1	2	2	4	3	15	84	0.536
2	1	1	5	3	6	84	0.214
3	0	0	6	1	1	84	0.012

k	$n-k$	$A-k$	$N-A$ $-(n-k)$	$N!$	$A!$	$(N-A)!$	$n!$	$(N-n)!$	$k!$	$(n-k)!$	$(A-k)!$	$(N-A$ $-(n-k))!$	p_k
0	3	3	3	362880	6	720	6	720	1	6	6	6	0.238
1	2	2	4	362880	6	720	6	720	1	2	2	24	0.536
2	1	1	5	362880	6	720	6	720	2	1	1	120	0.214
3	0	0	6	362880	6	720	6	720	6	1	1	720	0.012

Les quatre premières colonnes donnent le contenu des quatre cases du tableau : une fois la valeur de k fixée, les valeurs de $n - k$, de $A - k$ et de $N - A - (n - k)$ sont déterminées par différence avec les quantités qui constituent les marges du tableau et qui sont constantes : A, $N - A$, n et $N - n$.

La distribution hypergéométrique pour $N = 9$, $A = 3$ et $n = 3$ est donc :

k	p_k
0	0.238
1	0.536
2	0.214
3	0.012

Cela correspond à 20 (soit 0.238×84) combinaisons pour $k = 0$, 45 pour $k = 1$, 18 pour $k = 2$ et une pour $k = 3$. On peut vérifier que ce sont bien ces nombres que nous avons obtenus quand nous avons dressé le tableau des combinaisons possibles. On peut situer le protocole observé dans cette distribution en calculant la proportion d'échantillons dont la fréquence d'erreurs est supérieure ou égale à la fréquence observée et la proportion d'échantillons dont la fréquence d'erreurs est inférieure ou égale à la fréquence observée. La proportion d'échantillons dont la fréquence d'erreurs est supérieure ou égale à 1/3 (valeur observée) est .762 (0.536 + 0.214 + 0.012) et la proportion d'échantillons dont la fréquence d'erreurs est inférieure ou égale à 1/3 est .774 (0.536 + 0.238). On ne peut donc déclarer l'échantillon observé atypique ni du côté des valeurs élevées ni du côté des valeurs faibles. Ce sont les proportions trouvées et c'est la conclusion formulée en faisant la combinatoire des échantillons de trois éléments susceptibles d'être extraits de la population de neuf éléments.

L'exemple que nous venons de prendre est peu réaliste : il est en effet peu intéressant dans la pratique de comparer des échantillons de taille aussi faible à des populations aussi petites. Nous l'avons choisi pour illustrer la mise en œuvre d'une inférence combinatoire. Nous allons maintenant prendre un exemple qui porte sur la même question mais avec des données plus réalistes. Supposons que l'on dispose d'une population de 150 adultes qui ont passé l'épreuve dans les mêmes conditions et pour laquelle la fréquence d'erreurs dans le calcul de l'opération où il faut récupérer quatre informations en mémoire est 1/3. On se demande si l'échantillon des douze enfants de l'expérience est ou non atypique de cette population en ce qui concerne la fréquence d'erreurs. C'est le type de question que l'on se pose lorsqu'on dispose d'un étalonnage construit avec une population donnée et qu'on se demande si l'on peut utiliser cet étalonnage pour un groupe donné de sujets. La fréquence d'erreurs pour l'échantillon est 2/12, soit 1/6.

Il est évidemment hors de propos de tenter de faire la combinatoire de tous les échantillons de douze éléments que l'on peut tirer d'une population de 150 éléments, mais on peut calculer, à partir de la distribution hypergéométrique, la proportion d'échantillons qui ont 0, 1, 2, 3... 12 erreurs. Comme la proportion d'erreurs dans l'échantillon est inférieure à celle des erreurs dans la population, on se demande s'il est atypique du côté des valeurs inférieures. Il faut donc calculer la proportion des échantillons pour lesquels le nombre d'erreurs est 2,1 ou 0.

Nous utiliserons la formule de la distribution hypergéométrique en prenant comme paramètres $N = 150$, $A = 50$, $n = 12$ et nous calculerons p_k pour $k = 0$, $k = 1$ et $k = 2$. Ces proportions figurent dans le tableau ci-dessous :

k	$n - k$	$A - k$	$N - A - (n - k)$	p_k
0	12	50	88	0.006
1	11	49	89	0.041
2	10	48	90	0.122

On voit que la proportion d'échantillons de douze éléments qui ont deux erreurs ou moins est .169. Cette proportion est supérieure à .025, le seuil habituel de typicalité, quand on considère seulement soit les valeurs élevées, soit les valeurs faibles (seuil unilatéral) : on ne conclura donc pas que cet échantillon est atypique d'une population de 150 éléments dont un tiers sont des erreurs et deux tiers des bonnes réponses.

Supposons maintenant que nous nous posions la question : est-ce que l'échantillon des données des douze enfants (pour lequel la fréquence d'erreurs observée est 1/6) est ou non atypique d'une *distribution* dont la fréquence des erreurs est 1/3 (et donc la fréquence des réponses correctes 2/3) ?

Nous parlons de distribution et non plus de population : nous avons affaire alors à un échantillonnage dans une population de taille infinie. Si l'on prend des populations de plus en plus grandes, la distribution calculée à partir de la distribution hypergéométrique tend vers une distribution limite, que l'on appelle la distribution binomiale.

La distribution binomiale est définie de la façon suivante. Supposons une population de taille infinie dans laquelle il y a deux catégories d'éléments, par exemple des «+» et des «–», comme dans notre situation, la proportion de chaque catégorie étant connue, par exemple 1/3 pour les «–» et 2/3 pour les «+». La distribution binomiale donne la proportion d'échantillons de taille n (dans notre exemple n = 12) contenant k (soit 0, 1, 2, 3... n) éléments d'une catégorie (celle des «–», par exemple).

> Appelons p_k cette proportion, P la proportion d'éléments de la catégorie considérée dans la population, Q la proportion complémentaire(soit $1 - P$) et
>
> - $\binom{n}{k}$ le nombre d'échantillons de n éléments ayant k éléments de la catégorie considérée et $n - k$ éléments de l'autre catégorie.

La formule qui donne la proportion p_k est la suivante :

$$p_k \binom{n}{k} P^K Q^{n-k}$$

Pour le cas qui nous occupe la proportion d'échantillons pour lesquels $k = 0$, c'est-à-dire pour lesquels il n'y a pas de «–» est :

$$p_0 = \binom{12}{0} 1/3^0 \times 2/3^{12}$$

- $\binom{12}{0}$ vaut 1, car il y a un seul échantillon qui n'ait aucun «–» : c'est l'échantillon qui n'a que des «+» ;
- $1/3^0$ vaut 1 car tout nombre à la puissance 0 vaut 1 ;
- $2/3^{12}$ vaut 0,0077, comme on peut le vérifier avec une calculette.

Donc p_0, soit la proportion d'échantillons n'ayant aucun «–», a pour valeur 0.0077.

De la même façon la proportion d'échantillons pour laquelle $k = 1$ est :

$$p_1 = \binom{12}{1} 1/3^1 \times 2/3^{11}$$

- $\binom{12}{1}$ vaut 12, car il y a 12 échantillons qui ont un «–» : celui qui a un «–» comme premier élément, celui qui a un «–» comme second élément, etc.
- $1/3^1$ vaut 1/3, car tout nombre à la puissance 1 est le nombre lui-même ;
- $2/3^{11}$ vaut 0.01156.

Donc $1/3^1 \times 2/3^{11} = 0.00385$, qui est la proportion d'échantillons pour lesquels le premier élément (ou le second, ou le troisième) est un « – », et $p_{k=1}$ qui est la proportion d'échantillons pour lesquels un élément, n'importe lequel, est un «–», est donc $12 \times 0.00385 = 0.0462$.

On peut calculer de la même façon la proportion d'échantillons pour lesquels le nombre de «–» est 2. Les résultats sont résumés dans le tableau ci-dessous :

k	$\binom{n}{k}$	P^k	Q^{n-k}	$P^k Q^{n-k}$	p_k
0	1	1	0.0077	0.00770	0.0077
1	12	0.3333	0.0116	0.00385	0.0462
2	66	0.1111	0.0173	0.00192	0.1271

La proportion d'échantillons qui ont deux erreurs ou moins est donc : 0,0077 + 0,0462 + 0,1271, soit .181. On remarque que cette proportion n'est pas très éloignée de celle qu'on a trouvée avec la distribution hypergéométrique pour une population de 150 éléments. La conclusion est la même : on ne peut déclarer l'échantillon des données des douze enfants atypique d'une distribution dans laquelle la proportion d'erreurs est 1/3.

On peut se demander de la même façon si notre échantillon est atypique d'une population dans laquelle la proportion d'erreurs est .10. Dans ce cas nous calculons :

$$p_0 = \binom{12}{0} .10^0 \times .90^{12}$$

$$p_1 = \binom{12}{1} .10^1 \times .90^{11}$$

$$p_2 = \binom{12}{2} .10^2 \times .90^{10}$$

k	$\binom{n}{k}$	P^k	Q^{n-k}	$P^k Q^{n-k}$	p_k
0	1	1	0.2824	0.28243	0.2824
1	12	0.1	0.3138	0.031381	0.3766
2	66	0.01	0.3487	0.003487	0.2301
3	220	0.001	0.3874	0.000387	0.0852
4	495	0.0001	0.4305	0.000043	0.0213
5	792	0.00001	0.4782	0.000005	0.0038
6	924	0.000001	0.5314	0	0.0005
7	792	0	0.5905	0	0
8	495	0	0.6561	0	0
9	220	0	0.7290	0	0
10	66	0	0.8100	0	0
11	12	0	0.9	0	0
12	1	0	1	0	0

Les résultats des calculs sont donnés ci-dessus. Si l'on considère le cas où l'on a deux erreurs ou moins, la proportion est .89 ; on ne peut donc pas dire que l'échantillon est atypique d'une distribution où il y a 10 % d'erreurs. Cela va de soi : puisque la proportion des erreurs dans l'échantillon est supérieure à 10 %, l'échantillon ne peut pas, bien évidemment, être atypique du côté des valeurs faibles. La proportion d'échantillons pour lesquels le nombre d'erreurs est au moins égal à 2 est .342. On ne peut pas dire non plus que l'échantillon est atypique du côté des valeurs élevées du nombre d'erreurs.

1.3. Comparaison de deux groupes d'observations

Dans ce cas, nous avons affaire à deux groupes d'observations. Il faut alors prendre en compte les relations qu'il peut y avoir entre les observations de chaque groupe. Il peut exister une relation permettant de faire un appariement entre les observations du premier groupe et celles du second. C'est le cas lorsqu'on a, pour le même sujet, une observation dans le premier groupe et une dans le second : on dit que ce sont des groupes appariés. Dans le langage des plans cela correspond à un plan $S * T$ (voir tome 2). Par exemple, les observations constituées par les temps de l'ensemble des sujets, adultes et enfants, dans le cas où quatre informations sont à récupérer en mémoire au premier essai et les observations constituées par les temps de ces mêmes sujets dans le cas de deux informations à récupérer au premier essai forment deux groupes appariés.

Il peut aussi ne pas exister de relation entre les observations du premier groupe et celles du second : on dit que l'on a affaire à des groupes indépendants. Dans le langage des plans, cela correspond à un plan $S < G >$.

Par exemple, les observations constituées, d'une part, par les temps mis par les adultes pour faire le calcul dans le cas de quatre chiffres à récupérer en mémoire et au premier essai et, d'autre part, par les temps mis par les enfants pour faire le même calcul (quatre chiffres à récupérer en mémoire) dans les mêmes conditions (premier essai) forment deux groupes indépendants.

1.3.1. *Plan $S * T$: groupes appariés*

a. *Cas d'une variable numérique*

Pour traiter ce cas, nous considérerons la question suivante : est-ce que le fait d'avoir quatre chiffres à récupérer en mémoire entraîne un temps de calcul plus long que le fait d'en avoir à récupérer deux seulement ? Pour montrer le détail de la procédure, nous prendrons seulement le temps des cinq premiers sujets adultes à l'essai 1. Ces temps, exprimés en demi-secondes, sont les suivants :

	$S\,1$	$S\,2$	$S\,3$	$S\,4$	$S\,5$
2 chiffres	14	14	21	22	17
4 chiffres	36	15	38	37	25

Ce protocole est constitué par une suite de couples, chaque couple correspondant à un sujet : le premier terme du couple est le temps de calcul pour deux chiffres à récupérer en mémoire et le second le temps pour quatre chiffres. À ce protocole nous pouvons associer celui des différences individuelles, en faisant pour chaque sujet la différence entre le temps mis pour faire le calcul pour quatre chiffres à récupérer en mémoire et le temps mis pour faire le calcul avec deux chiffres, et nous résumerons ce protocole en calculant la moyenne des différences individuelles, la différence étant faite en retranchant le temps de calcul dans le cas de deux chiffres à récupérer en mémoire du temps de calcul pour quatre chiffres.

	S 1	*S* 2	*S* 3	*S* 4	*S* 5
$t_{4ch} - t_{2ch}$	22	1	17	15	8

La somme des différences est 63 et la moyenne 12,6.

La question que nous nous posons est celle de l'homogénéité des groupes (voir Rouanet *et al.* V-3b). Intuitivement, on peut dire que deux groupes d'observations sont homogènes si on peut mélanger les observations du premier groupe à celles du second. Nous allons chercher à situer le protocole observé, en prenant la moyenne des différences individuelles, parmi l'ensemble des protocoles que l'on pourrait obtenir si les groupes sont homogènes, c'est-à-dire en mélangeant les groupes. Cet ensemble de protocoles potentiels est appelé l'*espace des protocoles.*

Il faut définir cet espace des protocoles pour pouvoir situer le protocole observé. Partant de l'idée que deux groupes d'observations appariées sont homogènes si on peut permuter les observations d'un ou plusieurs couples sans que cela fasse de différences sensibles sur la moyenne des différences, on définira cet espace des protocoles comme étant l'ensemble des protocoles que l'on peut obtenir en permutant les éléments des couples de toutes les façons possibles. Comme nous avons 5 couples, il y a 2^5 permutations possibles, soit 32 permutations. En effet, pour chaque couple, on peut prendre soit l'ordre original, celui des données, soit l'ordre inverse, obtenu en permutant l'observation relative à deux chiffres et celle relative à quatre chiffres. En combinant les possibilités pour chaque couple, on a $2 \times 2 \times 2 \times 2 \times 2 = 32$ permutations possibles.

L'ensemble de ces permutations est présenté dans le tableau suivant. La première permutation correspond au protocole observé. On a d'abord l'ordre retenu pour chaque couple dans la permutation (colonnes 1 à 5 : O indiquant l'ordre original et I l'ordre inversé), le protocole des couples correspondant à la permutation (colonnes 6 à 10), le protocole des différences individuelles correspondant à la permutation et enfin la somme et la moyenne des différences correspondant à la permutation. Dans l'avant-dernière colonne ces différences ont été réordonnées, de la plus faible à la plus forte, et la dernière colonne indique le rang de la différence dans l'ensemble des 32 permutations.

Ordre dans le couple O : ordre original I : ordre inversé					Temps correspondant à chaque permutation					Protocole des différences individuelles correspondant à la permutation					$\sum d$	*Md*
1	2	3	4	5	*S* 1	*S* 2	*S* 3	*S* 4	*S* 5	*S* 1	*S* 2	*S* 3	*S* 4	*S* 5		
O	O	O	O	O	14-36	14-15	21-38	22-37	17-25	22	1	17	15	8	63	12,6
O	O	O	O	I	14-36	14-15	21-38	22-37	25-17	22	1	17	15	– 8	47	9,4
O	O	O	I	O	14-36	14-15	21-38	37-22	17-25	22	1	17	– 15	8	33	6,6
O	O	O	I	I	14-36	14-15	21-38	37-22	25-17	22	1	17	– 15	– 8	17	3,4
O	O	I	O	O	14-36	14-15	38-21	22-37	17-25	22	1	– 17	15	8	29	5,8
O	O	I	O	I	14-36	14-15	38-21	22-37	25-17	22	1	– 17	15	– 8	13	2,6
O	O	I	I	O	14-36	14-15	38-21	37-22	17-25	22	1	– 17	– 15	8	– 1	– 0,2
O	O	I	I	I	14-36	14-15	38-21	37-22	25-17	22	1	– 17	– 15	– 8	– 17	– 3,4
O	I	O	O	O	14-36	15-14	21-38	22-37	17-25	22	– 1	17	15	8	61	12,2
O	I	O	O	I	14-36	15-14	21-38	22-37	25-17	22	– 1	17	15	– 8	45	9,0
O	I	O	I	O	14-36	15-14	21-38	37-22	17-25	22	– 1	17	– 15	8	31	6,2
O	I	O	I	I	14-36	15-14	21-38	37-22	25-17	22	– 1	17	– 15	– 8	15	3,0
O	I	I	O	O	14-36	15-14	38-21	22-37	17-25	22	– 1	– 17	15	8	27	5,4
O	I	I	O	I	14-36	15-14	38-21	22-37	25-17	22	– 1	– 17	15	– 8	11	2,2
O	I	I	I	O	14-36	15-14	38-21	37-22	17-25	22	– 1	– 17	– 15	8	– 3	– 0,6
O	I	I	I	I	14-36	15-14	38-21	37-22	25-17	22	– 1	– 17	– 15	– 8	– 19	– 3,8
I	O	O	O	O	36-14	14-15	21-38	22-37	17-25	– 22	1	17	15	8	19	3,8
I	O	O	O	I	36-14	14-15	21-38	22-37	25-17	– 22	1	17	15	– 8	3	0,6
I	O	O	I	O	36-14	14-15	21-38	37-22	17-25	– 22	1	17	– 15	8	– 11	– 2,2
I	O	O	I	I	36-14	14-15	21-38	37-22	25-17	– 22	1	17	– 15	– 8	– 27	– 5,4
I	O	I	O	O	36-14	14-15	38-21	22-37	17-25	– 22	1	– 17	15	8	– 15	– 3,0
I	O	I	O	I	36-14	14-15	38-21	22-37	25-17	– 22	1	– 17	15	– 8	– 31	– 6,2
I	O	I	I	O	36-14	14-15	38-21	37-22	17-25	– 22	1	– 17	– 15	8	– 45	– 9,0
I	O	I	I	I	36-14	14-15	38-21	37-22	25-17	– 22	1	– 17	– 15	– 8	– 61	– 12,2
I	I	O	O	O	36-14	15-14	21-38	22-37	17-25	– 22	– 1	17	15	8	17	3,4
I	I	O	O	I	36-14	15-14	21-38	22-37	25-17	– 22	– 1	17	15	– 8	1	0,2
I	I	O	I	O	36-14	15-14	21-38	37-22	17-25	– 22	– 1	17	– 15	8	– 13	– 2,6
I	I	O	I	I	36-14	15-14	21-38	37-22	25-17	– 22	– 1	17	– 15	– 8	– 29	– 5,8
I	I	I	O	O	36-14	15-14	38-21	22-37	17-25	– 22	– 1	– 17	15	8	– 17	– 3,4
I	I	I	O	I	36-14	15-14	38-21	22-37	25-17	– 22	– 1	– 17	15	– 8	– 33	– 6,6
I	I	I	I	O	36-14	15-14	38-21	37-22	17-25	– 22	– 1	– 17	– 15	8	– 47	– 9,4
I	I	I	I	I	36-14	15-14	38-21	37-22	25-17	– 22	– 1	– 17	– 15	– 8	– 63	– 12,6

Md	rang
– 12,6	1
– 12,2	2
– 9,4	3
– 9,0	4
– 6,6	5
– 6,2	6
– 5,8	7
– 5,4	8
– 3,8	9
– 3,4	10
– 3,4	11
– 3,0	12
– 2,6	13
– 2,2	14
– 0,6	15
– 0,2	16
0,2	17
0,6	18
2,2	19
2,6	20
3,0	21
3,4	22
3,4	23
3,8	24
5,4	25
5,8	26
6,2	27
6,6	28
9,0	29
9,4	30
12,2	31
12,6	32

Ce tableau permet de situer directement le protocole observé parmi l'ensemble des protocoles que l'on peut obtenir. On voit qu'il y a un seul protocole sur 32 dont la moyenne des différences soit aussi élevée que celle du protocole observé, soit une proportion de 1/32 = .03. On notera p_{obs} = .03. Si l'on prend le seuil habituel de .025 comme critère unilatéral, on ne peut pas dire que les groupes sont hétérogènes. La démarche est calquée sur le test de typicalité, mais dans les conclusions on remplace «typique» par «homogène» et «atypique» par «hétérogène».

Dans un test d'homogénéité basé sur le principe de permutation, le protocole observé correspond nécessairement à l'une des permutations possibles. Les deux cas les plus extrêmes sont donc : 1. celui où la moyenne des différences est la plus élevée ; 2. celui où la moyenne des différences est la plus faible. Dans le cas que nous considérons, le protocole observé est donc le plus extrême du côté des valeurs élevées, et pourtant nous ne pouvons le déclarer atypique si nous choisissons le seuil habituel. Cela tient à ce que le nombre d'observations est trop petit.

Supposons que l'on ait six couples d'observations et que le protocole observé soit encore celui dont la moyenne des différences est la plus élevée. Dans ce cas p_{obs} serait égal à 1/64, soit .015. On pourrait alors affirmer que les deux groupes sont hétérogènes du côté des valeurs élevées au seuil .015. En fait, si l'on ajoutait le sujet n° 6 du groupe des adultes, on ne pourrait faire cette conclusion, car le temps de calcul observé pour deux chiffres se trouve être supérieur à celui observé pour quatre chiffres. Pour calculer p_{obs}, la proportion de protocoles possibles ayant une différence au moins aussi élevée que le protocole observé, il faudrait faire les 64 permutations en utilisant la même méthode. Des programmes permettent de le faire, comme le logiciel INFER (Rouanet *et al.*,1990, voir lectures conseillées).

Se demander si les deux groupes sont hétérogènes revient à se demander si la différence observée des moyennes des deux groupes (soit 12,6) est atypique d'une distribution de moyenne 0. En effet, comme on peut le voir dans le tableau ci-dessus, la distribution des différences individuelles de tous les protocoles possibles dans le cas où les deux groupes sont homogènes est centrée sur 0 et a donc une moyenne nulle. Nous sommes donc ramenés à la comparaison d'un groupe d'observations à une population de référence. Nous avons vu en 1.2.1 comment opérer dans le cas où la distribution de référence est une distribution dont la moyenne et la variance sont connues. Nous ne pouvons utiliser la même méthode ici car nous ne connaissons pas la variance de la distribution de référence. Nous verrons dans la section 2 une méthode permettant le calcul approché de la proportion des échantillons s'écartant au moins autant que le protocole observé de la moyenne de la population de référence.

b. *Cas d'une variable nominale ou d'une variable catégorisée*

Pour traiter ce cas nous considérerons la question suivante : est-ce que pour les adultes le fait d'avoir quatre chiffres à récupérer en mémoire entraîne plus d'erreurs que le fait d'en avoir à en récupérer deux seulement (plan S * T) ? Pour rester dans des limites raisonnables de longueur des calculs, nous prendrons comme précédemment les données des cinq premiers sujets adultes à l'essai 1. Le protocole est le suivant :

	$S\,1$	$S\,2$	$S\,3$	$S\,4$	$S\,5$
2 chiffres	+	+	+	+	+
4 chiffres	–	+	–	–	+

Comme pour la variable temps de calcul, nous définissons l'espace des protocoles possibles dans le cas où les deux groupes d'observations sont homogènes. Les 32 permutations possibles sont représentées dans le tableau page suivante.

Les cinq premières colonnes indiquent le type de permutation effectuée, les cinq suivantes indiquent la nature de la réponse pour chaque couple en fonction de la permutation correspondante : la première valeur est la réponse dans le cas de deux chiffres et la seconde la réponse dans le cas de quatre chiffres. Les colonnes 11 à 15 indiquent pour chaque couple la différence entre la performance pour deux chiffres et la performance pour quatre chiffres en donnant la valeur 1 pour «+» et la valeur 0 pour «–». Ainsi : «+/–» donne 1, car 1 – 0 = 1 ; «+/+» donne 0, car 1 – 1 = 0 ; «–/+» donne –1, car 0 – 1 = –1. La colonne suivante, notée $\sum d$, est le total des cinq valeurs : c'est la différence entre la somme des «+» pour deux chiffres et la somme des «+» pour quatre chiffres.

La différence entre la somme des «+» pour deux chiffres et la somme des «+» pour quatre chiffres est 3 pour le protocole observé. On lit sur le tableau que le nombre de protocoles pour lesquels la différence est au moins aussi grande est 4 : la proportion p_{obs} est donc 4/32, soit .125. On ne peut donc dire, au seuil .05 que les groupes sont hétérogènes du côté des valeurs élevées pour le nombre de réponses correctes.

Comme dans le cas d'une variable numérique, se demander si deux groupes d'observations appariées sont homogènes revient à se demander si la différence entre le nombre de réponses correctes pour les deux conditions est atypique d'une distribution dans laquelle on a autant de cas en faveur du groupe 1 que de cas en faveur du groupe 2. En effet, les valeurs figurant dans les colonnes 11 à 15 peuvent être ré-interprétées de la façon suivante :

- 1 signifie que la différence est en faveur du groupe 1 (deux chiffres) ;
- – 1 signifie que la différence est en faveur du groupe 2 (quatre chiffres) ;
- 0 signifie qu'il n'y a pas de différence entre les deux groupes.

La somme des différences de performance entre le groupe 1 et le groupe 2 (qui est 3 pour le protocole observé) est donc aussi le nombre de fois où la différence est en faveur du groupe 1. Nous avons vu en 1.2.2 comment comparer un groupe d'observations binaires (c'est-à-dire ayant deux valeurs possibles) à une distribution de référence dont la proportion d'événements de chaque type

Ordre dans le couple O : ordre original I : ordre inversé					Réponse correspondant à chaque permutation					Protocole des différences individuelles correspondant à la permutation					$\sum d$
1	2	3	4	5	*S* 1	*S* 2	*S* 3	*S* 4	*S* 5	*S* 1	*S* 2	*S* 3	*S* 4	*S* 5	
O	O	O	O	O	+/−	+/+	+/−	+/−	+/+	1	0	1	1	0	3
O	O	O	O	I	+/−	+/+	+/−	+/−	+/+	1	0	1	1	0	3
O	O	O	I	O	+/−	+/+	+/−	−/+	+/+	1	0	1	−1	0	1
O	O	O	I	I	+/−	+/+	+/−	−/+	+/+	1	0	1	−1	0	1
O	O	I	O	O	+/−	+/+	−/+	+/−	+/+	1	0	−1	1	0	1
O	O	I	O	I	+/−	+/+	−/+	+/−	+/+	1	0	−1	1	0	1
O	O	I	I	O	+/−	+/+	−/+	−/+	+/+	1	0	−1	−1	0	−1
O	O	I	I	I	+/−	+/+	−/+	−/+	+/+	1	0	−1	−1	0	−1
O	I	O	O	O	+/−	+/+	+/−	+/−	+/+	1	0	1	1	0	3
O	I	O	O	I	+/−	+/+	+/−	+/−	+/+	1	0	1	1	0	3
O	I	O	I	O	+/−	+/+	+/−	−/+	+/+	1	0	1	−1	0	1
O	I	O	I	I	+/−	+/+	+/−	−/+	+/+	1	0	1	−1	0	1
O	I	I	O	O	+/−	+/+	−/+	+/−	+/+	1	0	−1	1	0	1
O	I	I	O	I	+/−	+/+	−/+	+/−	+/+	1	0	−1	1	0	1
O	I	I	I	O	+/−	+/+	−/+	−/+	+/+	1	0	−1	−1	0	−1
O	I	I	I	I	+/−	+/+	−/+	−/+	+/+	1	0	−1	−1	0	−1
I	O	O	O	O	−/+	+/+	+/−	+/−	+/+	−1	0	1	1	0	1
I	O	O	O	I	−/+	+/+	+/−	+/−	+/+	−1	0	1	1	0	1
I	O	O	I	O	−/+	+/+	+/−	−/+	+/+	−1	0	1	−1	0	−1
I	O	O	I	I	−/+	+/+	+/−	−/+	+/+	−1	0	1	−1	0	−1
I	O	I	O	O	−/+	+/+	−/+	+/−	+/+	−1	0	−1	1	0	−1
I	O	I	O	I	−/+	+/+	−/+	+/−	+/+	−1	0	−1	1	0	−1
I	O	I	I	O	−/+	+/+	−/+	−/+	+/+	−1	0	−1	−1	0	−3
I	O	I	I	I	−/+	+/+	−/+	−/+	+/+	−1	0	−1	−1	0	−3
I	I	O	O	O	−/+	+/+	+/−	+/−	+/+	−1	0	1	1	0	1
I	I	O	O	I	−/+	+/+	+/−	+/−	+/+	−1	0	1	1	0	1
I	I	O	I	O	−/+	+/+	+/−	−/+	+/+	−1	0	1	−1	0	−1
I	I	O	I	I	−/+	+/+	+/−	−/+	+/+	−1	0	1	−1	0	−1
I	I	I	O	O	−/+	+/+	−/+	+/−	+/+	−1	0	−1	1	0	−1
I	I	I	O	I	−/+	+/+	−/+	+/−	+/+	−1	0	−1	1	0	−1
I	I	I	I	O	−/+	+/+	−/+	−/+	+/+	−1	0	−1	−1	0	−3
I	I	I	I	I	−/+	+/+	−/+	−/+	+/+	−1	0	−1	−1	0	−3

$\sum d$	rang
−3	1
−3	2
−3	3
−3	4
−1	5
−1	6
−1	7
−1	8
−1	9
−1	10
−1	11
−1	12
−1	13
−1	14
−1	15
−1	16
1	17
1	18
1	19
1	20
1	21
1	22
1	23
1	24
1	25
1	26
1	27
1	28
3	29
3	30
3	31
3	32

est connue. Cette proportion est 1/2 dans le cas qui nous occupe. Dans le cas présent nous avons trois valeurs possibles (1, – 1 et 0), de sorte que le test binomial n'est pas directement applicable. On peut néanmoins négliger les cas où le score est 0, puisque dans ce cas il n'y a pas de différence entre les groupes, de sorte que ces cas sont neutres et ne peuvent témoigner en faveur de la supériorité d'un groupe. Cela élimine deux couples ; il en reste donc trois. Nous allons donc considérer que l'on tire des échantillons de trois éléments dans une distribution de fréquence 1/2. Comme nous l'avons vu en 1.2.2, la distribution du nombre d'événements d'une catégorie dans ce cas est la distribution binomiale donnée par la formule suivante :

$$p_k = \binom{3}{k} 0{,}5^k \times 0{,}5^{n-k}$$

k	$\binom{n}{k}$	P^k	Q^{n-k}	$P^k Q^{n-k}$	p_k
0	1	1	0,125	0,125	0,125
1	3	0,5	0,25	0,125	0,375
2	3	0,25	0,5	0,125	0,375
3	1	0,125	1	0,125	0,125

Nous lisons sur ce tableau que la proportion des échantillons pour laquelle on a trois événements de la même catégorie sur les trois est 0.125. C'est la proportion que nous avons trouvée quand nous avons fait la combinatoire de tous les protocoles possibles dans le cas où les deux groupes sont homogènes. Le test que nous venons de faire s'appelle le *test du signe*. Il est utilisable non seulement dans le cas d'une variable nominale mais aussi dans le cas d'une variable numérique : il suffit de recoder en 1 les différences positives, en – 1 les différences négatives et en 0 les différences nulles (ce qui donne une variable catégorisée). Dans l'analyse des temps de calcul nous avons vu que pour les cinq sujets le temps de calcul pour le groupe 2 (quatre chiffres) était supérieur à celui du groupe 1 (deux chiffres). La proportion d'échantillons de cinq éléments pour lesquels les cinq événements sont d'une même catégorie est .031, comme le montre le calcul ci-dessous.

k	$\binom{n}{k}$	P^k	Q^{n-k}	$P^k Q^{n-k}$	p_k
5	1	0,031	1	0,031	0,031

Cela se trouve être exactement la proportion que nous avons trouvée précédemment. En général, le test du signe est moins sensible que le test combinatoire : dans certains cas le test combinatoire permet une conclusion d'hétérogénéité, alors que le test du signe ne la permet pas. Cela se comprend, car on perd de l'information en recodant une différence en différence positive, négative ou nulle. Mais dans tous les cas où le test du signe permet une conclusion d'hétérogénéité, le test combinatoire la permettra aussi. Le test du signe est donc intéressant à utiliser pour une variable numérique, car il est facile à mettre en œuvre et permet de conclure dans le cas où p_{obs} est inférieur au seuil choisi.

1.3.2. *Plan S < G > : groupes indépendants*

Dans un tel plan, les sujets sont répartis dans les groupes et l'on ne peut donc avoir deux observations provenant du même sujet et dont l'une serait dans un groupe et l'autre dans l'autre.

a. *Cas d'une variable numérique*

Pour traiter ce cas nous considérerons la question suivante : est-ce que les enfants mettent plus de temps que les adultes pour faire le calcul dans le cas de quatre chiffres à récupérer en mémoire ? Pour limiter la taille des données, nous ne prendrons que les temps de calcul du premier essai des quatre premiers sujets du groupe des adultes et les cinq premiers sujets du groupe des enfants. Nous avons donc le protocole suivant :

Adultes				*Enfants*				
1	2	3	4	5	6	7	8	9
S1	S2	S3	S4	S1	S2	S3	S4	S5
36	15	38	37	86	111	59	137	20

Intuitivement, si les deux groupes sont homogènes, les différences entre deux observations appartenant à deux groupes différents ne doivent pas être en moyenne plus importantes que les différences entre deux observations appartenant au même groupe. On va donc situer le protocole observé parmi l'ensemble des protocoles que l'on peut constituer en mettant de toutes les façons possibles quatre observations dans un groupe et cinq dans l'autre.

Chercher quelles sont toutes les façons possibles de répartir neuf observations en deux groupes : l'un de quatre, l'autre de cinq, est équivalent au problème de chercher tous les échantillons possibles de 4 éléments que l'on peut extraire d'une population de neuf éléments. En effet chaque fois que l'on prend un échantillon de quatre éléments, il reste cinq éléments dans la population : on peut donc interpréter l'échantillon tiré comme le groupe 1 et les éléments restants comme étant le groupe 2. Comme nous l'avons vu en 1.2.1, le nombre d'échantillons différents qu'il est possible d'extraire d'une population de neuf éléments est donné par la formule

$$\binom{9}{4} = \frac{9\,!}{4\,! \times 5\,!}, \text{ soit} : 362\,880/(24 \times 120) = 126$$

Type de partition		Différ.
1 2 3 4	5 6 7 8 9	51,10
1 2 3 6	4 5 7 8 9	17,80
1 2 3 8	4 5 6 7 9	6,10
1 2 4 5	3 6 7 8 9	29,50
1 2 4 7	3 5 6 8 9	41,65
1 2 4 9	3 5 6 7 8	59,20
1 2 5 7	3 4 6 8 9	19,60
1 2 5 9	3 4 6 7 8	37,15
1 2 6 8	3 4 5 7 9	– 26,75
1 2 7 8	3 4 5 6 9	– 3,35
1 2 8 9	3 4 5 6 7	14,20
1 3 4 6	2 5 7 8 9	7,90
1 3 4 8	2 5 6 7 9	– 3,80
1 3 5 6	2 4 7 8 9	– 14,15
1 3 5 8	2 4 6 7 9	– 25,85
1 3 6 7	2 4 5 8 9	– 2,00
1 3 6 9	2 4 5 7 8	15,55
1 3 7 9	2 4 5 6 8	38,95
1 4 5 6	2 3 7 8 9	– 13,70
1 4 5 8	2 3 6 7 9	– 25,40
1 4 6 7	2 3 5 8 9	– 1,55
1 4 6 9	2 3 5 7 8	16,00
1 4 7 9	2 3 5 6 8	39,40
1 5 6 7	2 3 4 8 9	– 23,60
1 5 6 9	2 3 4 7 8	– 6,05
1 5 7 9	2 3 4 6 8	17,35
1 6 7 8	2 3 4 5 9	– 46,55
1 6 8 9	2 3 4 5 7	– 29,00
2 3 4 5	1 6 7 8 9	28,60
2 3 4 7	1 5 6 8 9	40,75
2 3 4 9	1 5 6 7 8	58,30
2 3 5 7	1 4 6 8 9	18,70
2 3 5 9	1 4 6 7 8	36,25
2 3 6 8	1 4 5 7 9	– 27,65
2 3 7 8	1 4 5 6 9	– 4,25
2 3 8 9	1 4 5 6 7	13,30
2 4 5 7	1 3 6 8 9	19,15
2 4 5 9	1 3 6 7 8	36,70
2 4 6 8	1 3 5 7 9	– 27,20
2 4 7 8	1 3 5 6 9	– 3,80
2 4 8 9	1 3 5 6 7	13,75
2 5 6 8	1 3 4 7 9	– 49,25
2 5 7 8	1 3 4 6 9	– 25,85
2 5 8 9	1 3 4 6 7	– 8,30
2 6 7 9	1 3 4 5 8	15,55
2 7 8 9	1 3 4 5 6	3,85
3 4 5 7	1 2 6 8 9	8,80
3 4 5 9	1 2 6 7 8	26,35
3 4 6 8	1 2 5 7 9	– 37,55
3 4 7 8	1 2 5 6 9	– 14,15
3 4 8 9	1 2 5 6 7	3,40
3 5 6 8	1 2 4 7 9	– 59,60
3 5 7 8	1 2 4 6 9	– 36,20
3 5 8 9	1 2 4 6 7	– 18,65
3 6 7 9	1 2 4 5 8	5,20
3 7 8 9	1 2 4 5 6	– 6,50
4 5 6 8	1 2 3 7 9	– 59,15
4 5 7 8	1 2 3 6 9	– 35,75
4 5 8 9	1 2 3 6 7	– 18,20
4 6 7 9	1 2 3 5 8	5,65
4 7 8 9	1 2 3 5 6	– 6,05
5 6 7 9	1 2 3 4 8	– 16,40
5 7 8 9	1 2 3 4 6	– 28,10

Type de partition (suite)		Différ.
1 2 3 5	4 6 7 8 9	29,05
1 2 3 7	4 5 6 8 9	41,20
1 2 3 9	4 5 6 7 8	58,75
1 2 4 6	3 5 7 8 9	18,25
1 2 4 8	3 5 6 7 9	6,55
1 2 5 6	3 4 7 8 9	– 3,80
1 2 5 8	3 4 6 7 9	– 15,50
1 2 6 7	3 4 5 8 9	8,35
1 2 6 9	3 4 5 7 8	25,90
1 2 7 9	3 4 5 6 8	49,30
1 3 4 5	2 6 7 8 9	19,15
1 3 4 7	2 5 6 8 9	31,3
1 3 4 9	2 5 6 7 8	48,85
1 3 5 7	2 4 6 8 9	9,25
1 3 5 9	2 4 6 7 8	26,80
1 3 6 8	2 4 5 7 9	– 37,10
1 3 7 8	2 4 5 6 9	– 13,70
1 3 8 9	2 4 5 6 7	3,85
1 4 5 7	2 3 6 8 9	9,70
1 4 5 9	2 3 6 7 8	27,25
1 4 6 8	2 3 5 7 9	– 36,65
1 4 7 8	2 3 5 6 9	– 13,25
1 4 8 9	2 3 5 6 7	4,30
1 5 6 8	2 3 4 7 9	– 58,70
1 5 7 8	2 3 4 6 9	– 35,30
1 5 8 9	2 3 4 6 7	– 17,75
1 6 7 9	2 3 4 5 8	6,10
1 7 8 9	2 3 4 5 6	– 5,60
2 3 4 6	1 5 7 8 9	17,35
2 3 4 8	1 5 6 7 9	5,65
2 3 5 6	1 4 7 8 9	– 4,70
2 3 5 8	1 4 6 7 9	– 16,40
2 3 6 7	1 4 5 8 9	– 0,45
2 3 6 9	1 4 5 7 8	25,00
2 3 7 9	1 4 5 6 8	48,40
2 4 5 6	1 3 7 8 9	– 4,25
2 4 5 8	1 3 6 7 9	– 15,95
2 4 6 7	1 3 5 8 9	7,90
2 4 6 9	1 3 5 7 8	25,45
2 4 7 9	1 3 5 6 8	48,85
2 5 6 7	1 3 4 8 9	– 14,15
2 5 6 9	1 3 4 7 8	3,40
2 5 7 9	1 3 4 6 8	26,80
2 6 7 8	1 3 4 5 9	– 37,10
2 6 8 9	1 3 4 5 7	– 19,55
3 4 5 6	1 2 7 8 9	– 14,60
3 4 5 8	1 2 6 7 9	– 26,30
3 4 6 7	1 2 5 8 9	– 2,45
3 4 6 9	1 2 5 7 8	15,10
3 4 7 9	1 2 5 6 8	38,50
3 5 6 7	1 2 4 8 9	– 24,50
3 5 6 9	1 2 4 7 8	– 6,95
3 5 7 9	1 2 4 6 8	16,45
3 6 7 8	1 2 4 5 9	– 47,45
3 6 8 9	1 2 4 5 7	– 29,90
4 5 6 7	1 2 3 8 9	2,70
4 5 6 9	1 2 3 7 8	– 6,50
4 5 7 9	1 2 3 6 8	16,90
4 6 7 8	1 2 3 5 9	– 47,00
4 6 8 9	1 2 3 5 7	– 29,45
5 6 7 8	1 2 3 4 9	– 69,05
5 6 8 9	1 2 3 4 7	– 51,50
6 7 8 9	1 2 3 4 5	– 39,35

Différences réordonnées			
– 69,05	1	2,70	64
– 59,60	2	3,40	65
– 59,15	3	3,40	66
– 58,70	4	3,85	67
– 51,50	5	3,85	68
– 49,25	6	4,30	69
– 47,45	7	5,20	70
– 47,00	8	5,65	71
– 46,55	9	5,65	72
– 39,35	10	6,10	73
– 37,55	11	6,10	74
– 37,10	12	6,55	75
– 37,10	13	7,90	76
– 36,65	14	7,90	77
– 36,20	15	8,35	78
– 35,75	16	8,80	79
– 35,30	17	9,25	80
– 29,90	18	9,70	81
– 29,45	19	13,30	82
– 29,0à	20	13,75	83
– 28,10	21	14,20	84
– 27,65	22	15,10	85
– 27,20	23	15,55	86
– 26,75	24	15,55	87
– 26,30	25	16,00	88
– 25,85	26	16,45	89
– 25,85	27	16,90	90
– 25,40	28	17,35	91
– 24,50	29	17,35	92
– 23,60	30	17,80	93
– 19,55	31	18,25	94
– 18,65	32	18,70	95
– 18,20	33	19,15	96
– 17,75	34	19,15	97
– 16,40	35	19,60	98
– 16,40	36	25,00	99
– 15,95	37	25,45	100
– 15,50	38	25,90	101
– 14,60	39	26,35	102
– 14,15	40	26,80	103
– 14,15	41	26,80	104
– 14,15	42	27,25	105
– 13,70	43	28,60	106
– 13,70	44	29,05	107
– 13,25	45	29,50	108
– 8,30	46	31,30	109
– 6,95	47	36,25	110
– 6,50	48	36,70	111
– 6,50	49	37,15	112
– 6,05	50	38,50	113
– 6,05	51	38,95	114
– 5,60	52	39,40	115
– 4,70	53	40,75	116
– 4,25	54	41,20	117
– 4,25	55	41,65	118
– 3,80	56	48,40	119
– 3,80	57	48,85	120
– 3,80	58	48,85	121
– 3,35	59	49,30	122
– 2,45	60	51,10	123
– 2,00	61	58,30	124
– 1,55	62	58,75	125
– 0,45	63	59,20	126

Comme le soulignent Rouanet *et al.* (1990, V2-b et Vbis-3.2), le test d'homogénéité est formellement équivalent au test de typicalité consistant à comparer un échantillon à une population : on prend dans ce cas comme «population» l'ensemble constitué par la réunion des deux groupes. Le tableau ci-dessus donne les 126 partitions possibles des neuf observations en deux groupes, l'un de quatre l'autre de cinq. Pour chaque partition est indiquée la différence des moyennes entre les groupes, dans le sens (moyenne du groupe 2 – moyenne du groupe 1) . La première partition (1 2 3 4/5 6 7 8 9) correspond au protocole observé. La moyenne du groupe 1 est (36 + 15 + 38 + 37)/4 = 126/4 = 31,5 ; la moyenne du groupe 2 est (86 + 111 + 59 + 137 + 20)/5 = 413/5 = 82,6. La moyenne des différences est donc : 82,6 – 31,5 = 51,1. De la même façon, pour la deuxième partition (première ligne, quatrième et cinquième colonnes :1 2 3 5/4 6 7 8 9), les valeurs sont 36, 15, 38, 86 pour le groupe 1 et 37,111, 59, 137, 20 pour le groupe 2 ; les moyennes sont respectivement 43,75 et 72,8 : la différence est donc 29,05.

On voit dans le tableau des partitions possibles, page précédente, qu'il y a 4 différences sur 126 qui sont au moins aussi grandes que la différence observée (51,10) : ce sont 59,20 ; 58,75 ; 58,30 et 51,10. La proportion p_{obs} est donc égale à 4/126, soit .032. Au seuil conventionnel unilatéral de .025, on ne peut donc conclure à l'hétérogénéité des deux groupes, malgré la différence importante des moyennes (51,1).Cela tient au fait que les données sont peu nombreuses.

b. *Cas d'une variable nominale ou d'une variable catégorisée*

Nous considérerons pour traiter ce cas la question suivante : est-ce qu'il y a une différence dans le nombre d'erreurs faites par les enfants et les adultes dans le cas de quatre chiffres à récupérer en mémoire à l'essai 1 (plan $S<G>$) ? Nous considérons toujours les données de quatre sujets adultes et de cinq sujets enfants. Ces données sont les suivantes :

Adultes				*Enfants*				
1	2	3	4	5	6	7	8	9
S1	S2	S3	S4	S1	S2	S3	S4	S5
–	+	–	–	+	+	+	+	–

Nous pouvons opérer comme précédemment : faire les 126 partitions possibles et calculer la fréquence d'erreurs pour chaque partition. Nous pouvons également utiliser la remarque que nous avons faite dans le cas d'une variable numérique, à savoir que chercher quelles sont toutes les façons possibles de partitionner neuf observations en deux groupes : l'un de quatre, l'autre de cinq, est le même problème que chercher tous les échantillons possibles de 4 éléments que l'on peut extraire d'une population de neuf éléments. Or nous savons (voir 1.2.2) que la distribution du nombre d'erreurs pour ces échan-

chances d'être obtenu par échantillonnage à partir de la distribution considérée signifie en effet que la distribution d'échantillonnage donne les probabilités d'obtenir un échantillon de telle ou telle moyenne, si l'on fait l'hypothèse que l'échantillon est extrait de la population considérée.

Pour pouvoir tirer une telle conclusion, il faut faire deux suppositions :

1. le protocole observé est considéré comme un des protocoles possibles que l'on peut obtenir à partir de la distribution considérée ;
2. chaque protocole possible a la même probabilité d'être échantillonné, ou, autrement dit, le protocole observé est considéré comme un échantillon au hasard de l'ensemble des protocoles possibles.

Dans ce cas, on fait la supposition que le protocole observé est un échantillon au hasard de l'ensemble des protocoles possibles et on se demande comment se situe le protocole observé dans la distribution obtenue, à partir de cette supposition, pour une certaine statistique, la moyenne ou la fréquence. Cette distribution est bien une distribution de probabilités, puisque la proportion des échantillons qui ont, par exemple, une moyenne au moins égale à telle valeur, peut être interprétée comme la probabilité d'obtenir, par échantillonnage au hasard, un échantillon dont la moyenne soit au moins aussi élevée que la moyenne du protocole observé. En faisant la supposition d'échantillonnage au hasard, on se place dans un cadre probabiliste, qu'on appelle le cadre fréquentiste. L'inférence fréquentiste est une forme d'inférence probabiliste, ce n'est pas la seule : il en existe d'autres, comme l'inférence bayésienne (voir Rouanet *et al.* VIII), qui dépassent le cadre de ce cours.

2.1.2. *L'interprétation du résultat du test «significatif» ou «non significatif» dans le cas de l'inférence fréquentiste et de l'inférence combinatoire*

Dans les deux cas, la conclusion est faite en référence à un seuil-repère (voir 2.3). Nous avons considéré jusque-là le seuil unilatéral, pour lequel on prend les valeurs-repères .025, .005 (ou encore .0005). Il porte sur un des extrêmes de la distribution et désigne soit la proportion des échantillons dont la moyenne (ou la fréquence) est supérieure ou égale à une valeur donnée (seuil unilatéral supérieur) soit la proportion des échantillons dont la moyenne (ou la fréquence) est inférieure ou égale à une valeur donnée (seuil unilatéral inférieur).

Le seuil bilatéral concerne les échantillons extrêmes à la fois du côté des valeurs élevées et du côté des valeurs faibles. Lorsque la distribution d'échantillonnage est symétrique, ce qui est le cas pour la distribution hypergéométrique, la distribution binomiale, lorsque les échantillons sont de taille élevée) et la distribution normale (le seuil-repère bilatéral est le double du seuil unilatéral (c'est la somme du seuil unilatéral supérieur et du seuil unilatéral inférieur). Les valeurs repères sont donc .05, .01 et .001. On dit par exemple que le résultat est significatif au seuil unilatéral .025 ou que le résultat est non significatif au seuil bilatéral .05. L'interprétation à donner de ce résultat du test «significatif» ou «non significatif» n'est pas la même selon qu'on est dans le cadre de l'inférence combinatoire ou dans celui de l'inférence fréquentiste.

Dans le cadre de l'inférence combinatoire, la conclusion s'exprime en termes d'atypicalité ou d'hétérogénéité, suivant que l'on compare un groupe d'observations à une population (ou à une distribution), ou que l'on compare deux groupes d'observations. Dire qu'un protocole est atypique par rapport à une population, c'est simplement dire qu'il est extrême, du côté des valeurs élevées ou des valeurs faibles, par rapport aux échantillons de même taille que l'on peut extraire de cette population. Cela n'entraîne qu'il ait une probabilité faible d'être extrait de cette population que si on fait la supposition supplémentaire que chaque échantillon a la même probabilité d'être observé.

Dans le cadre fréquentiste, la conclusion s'exprime en termes de rejet ou de non-rejet de l'hypothèse nulle. Le seuil de signification est la valeur de probabilité choisie comme critère de rejet de l'hypothèse nulle. Si p_{obs} est égale ou inférieure à la valeur choisie comme seuil, on rejette l'hypothèse nulle. Si elle est supérieure, on ne rejette pas l'hypothèse nulle, ou encore on conclut que les données sont compatibles avec l'hypothèse nulle, en ce sens qu'elles ne permettent pas de la rejeter.

Dans le cadre de l'inférence fréquentiste, la distribution d'échantillonnage, qui donne la répartition des protocoles possibles pour une certaine statistique, est interprétée comme une distribution de probabilités, grâce à la supposition que chacun des échantillons possibles a la même probabilité d'être tiré. Cette différence a pour conséquence que les résultats du test de signification doivent être interprétés différemment.

Les deux résultats possibles du test, «résultat significatif» et «résultat non significatif», ne sont pas symétriques dans le cas de l'inférence fréquentiste. Conclure à un résultat significatif, c'est se prononcer sur quelque chose : on rejette l'hypothèse d'absence de différence, etc. Donner une conclusion en termes de résultat non significatif, c'est s'abstenir de se prononcer, car c'est dire : les données ne me permettent pas de conclure à l'existence d'une différence. Dire en particulier que l'on ne peut conclure à l'existence d'une différence ne signifie nullement que l'on puisse conclure à l'absence de différence (voir Rouanet *et al.* IV-4-b). Il y a en effet deux conclusions possibles :

- les données permettent de rejeter l'hypothèse nulle d'absence de différence, ce qui équivaut à dire que les données permettent d'affirmer l'existence d'une différence ;
- les données ne permettent pas d'affirmer l'existence d'une différence.

Mais cette dernière conclusion recouvre deux cas : soit il n'y a effectivement pas de différence, soit il y a une différence mais les données ne permettent pas de la distinguer (comme lorsque je regarde au loin sans jumelles, je ne perçois pas des différences qui existent) et l'on n'a pas les moyens de calculer la probabilité pour qu'on soit dans un cas et la probabilité pour qu'on soit dans l'autre. On peut simplement dire qu'un résultat non significatif est plus informatif si l'on a beaucoup d'observations que si l'on en a peu. Ne pas pouvoir mettre en évidence une différence est peu informatif, si l'on a peu de données (c'est comme si l'on faisait une mesure avec un instrument peu sensible) ; c'est plus informatif si l'on en a beaucoup, car dans ce cas la capacité de détecter des différences est plus grande.

Dans le cas d'un résultat significatif, il se peut aussi que dans la réalité il n'y ait pas de différence. Mais on peut alors calculer la probabilité que, dans le cas où l'hypothèse nulle d'absence de différence est vraie, la différence observée soit au moins aussi grande que la différence correspondant à la valeur du seuil. Cette probabilité est la valeur du seuil : en affirmant l'existence d'une différence au seuil .05, on a cinq chances sur cent de se tromper si l'hypothèse nulle est vraie ; en affirmant l'existence d'une différence au seuil .01, on a une chance sur cent de se tromper si l'hypothèse nulle est vraie. En ce sens, on peut dire qu'on conclut avec plus de sécurité, *lorsqu'on affirme l'existence d'une différence*, si le seuil observé est .01 que s'il est .05.

Dans le cadre de l'inférence combinatoire, l'obtention d'un résultat significatif a le sens suivant : on ne peut pas mettre le protocole observé dans la même classe que la population de référence (cas de comparaison d'un groupe d'observations à une population) ou on ne peut pas mettre les deux groupes dans la même catégorie (comparaison de deux groupes d'observations). Un résultat non significatif veut dire que l'on peut assimiler le protocole à la population ou assimiler les deux groupes. Ne pas conclure que le protocole est atypique revient à accepter de le considérer comme typique : considérer que le protocole est typique de la population, ce n'est pas dire en effet qu'il n'y a pas de différence entre eux : assimiler à une même catégorie n'implique pas qu'il n'y ait pas de différences à l'intérieur de la catégorie. De la même façon, ne pas conclure à l'hétérogénéité de deux groupes revient à conclure à l'homogénéité au sens de «on peut les mettre dans la même classe» : cela ne signifie pas qu'il n'y ait pas de différences, mais que, s'il y a des différences, on considère qu'elles sont de l'ordre des différences «normales» à l'intérieur d'une classe.

La différence essentielle entre l'inférence combinatoire et l'inférence fréquentiste, du point de vue de la conclusion que l'on tire, est que dans le premier cas il s'agit d'un jugement de catégorisation et que dans le second il s'agit d'un test de l'hypothèse nulle d'absence de différence. Un jugement de catégorisation est dichotomique : on met ou on ne met pas dans la même classe ; ne pas exclure de la classe revient à accepter de mettre dans la même classe. Dans un test d'hypothèse d'absence de différence, en revanche, le fait de ne pas conclure à l'existence d'une différence laisse ouvertes deux possibilités : ou il n'y a pas de différence ou il y a une différence mais elle n'a pu être détectée. C'est la raison pour laquelle la conclusion de non-rejet de l'hypothèse nulle n'équivaut pas à l'affirmation de l'absence de différence.

Une conclusion de typicalité ou d'atypicalité a strictement le même sens que dans le cas d'un jugement de catégorisation. On distingue dans les études sur la catégorisation les exemplaires typiques d'une classe et les exemplaires atypiques : le moineau est typique de la classe des oiseaux, la poule ne l'est pas (tome 1, chapitre 6, 2.2). Les limites entre le typique et l'atypique ne sont pas tranchées : on dit que des individus ou des groupes sont plus ou moins typiques d'une classe en ce sens qu'ils sont plus ou moins éloignés des individus les plus centraux (les plus représentatifs) de la classe. Un Français qui mesure un mètre quatre-vingts est moins typique de la classe des Français qu'un Français qui mesure un mètre soixante-dix : on ne dira pas pour autant qu'il est atypique.

En revanche, si l'on rencontre un groupe de personnes dont la taille moyenne est un mètre quatre-vingts, on aura tendance à considérer le groupe comme atypique de la population française. Comme le soulignent Rouanet, Bernard et Lecoutre (1986), l'inférence combinatoire étend à un échantillon la notion de typicalité appliquée à un individu, que l'on utilise couramment quand on situe un individu dans un étalonnage. Situer un individu dans une population à l'aide d'un étalonnage n'est pas autre chose en effet qu'estimer son degré de typicalité : il est plus ou moins extrême du côté des valeurs élevées ou des valeurs faibles et son degré de typicalité/extrémalité s'exprime de la même façon en termes de proportions d'individus plus extrêmes, d'un côté, de l'autre ou des deux. L'inférence combinatoire permet de calculer le degré de typicalité/extrémalité non plus d'un individu mais d'un échantillon par rapport à une population. Il s'agit fondamentalement d'un jugement de catégorisation.

Un test d'hypothèse est une activité d'une tout autre nature. C'est un raisonnement hypothético-déductif qui consiste :

1. à faire une supposition qui est admise comme telle (la supposition que tous les échantillons possibles ont la même probabilité d'être échantillonnés),
2. à formuler une hypothèse qui est soumise au test (ce que l'on appelle l'hypothèse nulle),
3. à déduire ce à quoi on peut s'attendre étant donné cette hypothèse et
4. à formuler une conclusion de non-compatibilité ou de compatibilité des données avec l'hypothèse, suivant que la probabilité est faible ou non d'obtenir un échantillon au moins aussi extrême que les données dans le cas où l'hypothèse nulle est vraie.

Tandis que le jugement de catégorisation est une opération naturelle, que l'on fait tous les jours, le test d'hypothèse est une opération sophistiquée, très complexe du point de vue cognitif et qu'on ne maîtrise bien qu'à la suite d'un apprentissage. De fait on rencontre de très nombreuses erreurs dans les conclusions qui sont tirées couramment dans le cas de l'inférence fréquentiste : elles proviennent à peu près toutes de l'assimilation abusive, mais ô combien naturelle, du test d'hypothèse à la catégorisation.

Une de ces erreurs consiste à conclure que la différence est importante, lorsque le seuil observé est très petit (comme .001). Le fait que l'on puisse conclure qu'un seuil soit très petit (on dit encore que le résultat est «très significatif») ne permet pas d'inférer que la différence soit importante. La valeur de p_{obs} dépend en effet non seulement de l'ampleur de la différence mais aussi du nombre d'observations : on peut avoir un résultat très significatif avec une différence peu importante, si l'on dispose d'un très grand nombre d'observations. Le fait que le résultat soit très significatif exprime seulement le fait que l'on peut conclure à l'existence d'une différence avec une grande sécurité. Tout en étant petite, la différence peut être décelable, si l'on dispose d'un instrument qui a un pouvoir de résolution très fin, ce qui est le cas quand on a beaucoup d'observations. De la même façon, si l'on a fait deux comparaisons et que l'une donne un résultat significatif au seuil de .05 et l'autre au seuil de .01 ou .001, on a tendance à conclure que la seconde différence est plus importante que la première. On a encore plus tendance à le faire lorsque l'une des différences est significative et que l'autre ne l'est pas. Cette conclusion n'est pas justifiée, car le test de comparaison des moyennes n'est pas adéquat en ce cas. Il s'agit en effet non pas de comparer des moyennes mais de comparer des différences de moyennes. Il y a une comparaison qui permet ce type de conclusion, c'est ce qu'on appelle la comparaison d'interaction, qui dépasse le cadre de ce cours et sera traitée dans le cours de licence. En revanche, si l'on se place dans le cadre de l'inférence combinatoire, il est tout à fait justifié de conclure qu'un échantillon est plus atypique qu'un autre si le résultat du test est significatif à un seuil plus bas.

Deux erreurs guettent l'utilisateur de l'inférence fréquentiste, issues l'une et l'autre de l'assimilation du test d'hypothèse à un jugement de catégorisation : à partir d'un résultat non significatif, conclure à l'absence de différence ; à partir d'un résultat très significatif, conclure à une différence importante. L'inférence fréquentiste ne permet pas de tirer de telles conclusions. Il existe, en revanche, un autre type d'inférence, qui est également une inférence probabiliste, l'inférence bayésienne (Rouanet *et al.* 1990, VIII), qui permet de répondre à ces questions. Elle permet d'examiner si une différence très significative peut être déclarée notable et si une différence non significative peut être déclarée négligeable. Ce type d'inférence sera traité dans le cours de licence.

2.1.3. *Les distributions d'échantillonnage*

Les distributions d'échantillonnage sont les mêmes, que l'on se place dans le cadre de l'inférence combinatoire ou dans celui de l'inférence fréquentiste. En effet, quand on passe de l'inférence combinatoire à l'inférence fréquentiste, la seule chose qui change est qu'on fait l'hypothèse supplémentaire que les échantillons sont tirés au hasard. Supposons que parmi les N échantillons possibles, il y en ait un certain nombre r dont la moyenne soit comprise entre telle et telle valeur. Sous l'hypothèse de tirage au hasard, la probabilité de tirer un échantillon dont la moyenne soit comprise entre ces valeurs est r/N : chaque échantillon ayant la même probabilité d'être tiré, soit $1/N$, la probabilité de tirer l'un ou l'autre de ces n échantillons est r/N. Or r/N est la proportion d'échantillons dont la moyenne est comprise entre ces valeurs. La distribution d'échantillonnage est donc la même dans les deux cas. La seule chose qui change est l'interprétation que l'on donne des fréquences de la distribution : quand on passe de l'inférence combinatoire à l'inférence fréquentiste, la proportion d'échantillons ayant une propriété donnée (par exemple une moyenne au moins égale à une valeur donnée) est interprétée comme la probabilité de tirer un échantillon qui a cette propriété (Rouanet *et al.*, 1990, VII-1-b).

En conséquence, l'inférence fréquentiste ne requiert pas d'autre calcul que l'inférence combinatoire. Il suffit de changer l'interprétation de la distribution d'échantillonnage et, bien évidemment, l'interprétation du résultat du test. Comme on l'a vu plus haut, le résultat du test est toujours «résultat significatif» ou «résultat non significatif», mais l'interprétation qui doit être donnée à ce terme diffère. Dans l'inférence fréquentiste on teste une hypothèse d'absence de différence, alors que dans l'inférence combinatoire on se contente de se prononcer sur l'appartenance à une catégorie.

2.1.4. Quand choisir l'inférence combinatoire et quand choisir l'inférence fréquentiste ?

L'inférence fréquentiste fait une hypothèse supplémentaire par rapport à l'inférence combinatoire, à savoir que le protocole observé est considéré comme un échantillon au hasard de l'ensemble des protocoles possibles. Pour justifier cette supposition, il faut :

- soit qu'il y ait dans la procédure expérimentale une opération de choix au hasard qui justifie l'adoption de cette supposition dans l'analyse des données ;
- soit que l'objectif de l'expérience soit véritablement de tester une hypothèse.

En ce qui concerne le premier point il y a deux procédures expérimentales qui font intervenir le hasard :

1. le sondage, qui consiste à choisir au hasard un certain nombre d'éléments de cette population, ce que l'on appelle un échantillon ;
2. l'aléatorisation, qui consiste à répartir au hasard les sujets entre deux conditions expérimentales que l'on veut comparer.

Dans le premier cas, on cherche à estimer une caractéristique de la population, par exemple la fréquence de réponses positives à une question ou la performance à un test. La statistique calculée sur l'échantillon est une estimation de la valeur de cette caractéristique (fréquence ou moyenne) au niveau de la population : on cherche à évaluer la précision de cette estimation, c'est-à-dire à savoir de combien elle peut s'écarter de la valeur vraie de la statistique dans la population. Le calcul qui répond à cette question est le calcul de l'intervalle de confiance, qui ne sera pas traité ici. On répondra à cette question en se demandant quel est l'écart maximum auquel on peut s'attendre, à un seuil donné, dans le cas où l'échantillon est tiré de la population. On voit bien qu'à la supposition d'échantillonnage au hasard, qui est faite pour le calcul de l'intervalle de confiance, correspond une opération expérimentale de tirage au hasard, constituée par le fait que les sujets sont choisis par sondage à l'intérieur de la population.

Dans le second cas, on cherche à tester une hypothèse : celle qu'il n'y a pas de différence entre les conditions expérimentales. Pour cela on choisit un ensemble de sujets que l'on répartit au hasard entre les conditions expérimentales : c'est cette répartition au hasard qui constitue ce que l'on appelle l'aléatorisation. Cette opération a pour but de satisfaire à la condition que toutes choses soient égales par ailleurs. Il faut en effet, c'est le principe de la méthode expérimentale, qu'il n'y ait pas d'autre facteur qui varie entre les deux conditions que l'on veut comparer. Sinon, on ne saurait pas à quoi attribuer la constatation d'un effet : au facteur qui constitue la différence entre les deux conditions ou à un facteur non contrôlé. L'aléatorisation remplit cette condition. Il est vrai en effet que les sujets étudiés peuvent varier par beaucoup de caractéristiques : le niveau de compétence, le niveau d'attention, le niveau de motivation, l'intérêt pour la tâche, etc., mais si l'on répartit au hasard les sujets entre les conditions, l'effet de ces différents facteurs, souvent mal connu et en tout cas impossible à contrôler, se trouve neutralisé entre les deux conditions, pourvu que le nombre de sujets dans chaque groupe soit suffisant.

Pour tester l'hypothèse de l'absence d'effet lié à la condition, on va en réalité faire l'hypothèse que les deux groupes sont tirés au hasard de la même population ou de deux populations qui ont même moyenne. C'est cette hypothèse que l'on va évaluer en situant la différence observée sur la distribution d'échantillonnage et en calculant la probabilité que, si l'hypothèse nulle (c'est-à-dire l'hypothèse d'absence de différence) est vraie, on obtienne, en tirant au hasard des échantillons de même taille, une différence au moins aussi grande que la différence observée (probabilité que l'on appelle p_{obs}). Le raisonnement qui est sous-jacent à cette façon de faire est que, si les sujets ont été répartis au hasard entre les groupes et si le facteur qui distingue les groupes n'a pas d'effet, alors, tout se passe comme si les deux groupes étaient des échantillons au hasard de la population. On voit que la procédure de répartition au hasard entre les groupes joue un rôle fondamental dans ce raisonnement : c'est elle qui justifie la procédure de test utilisée.

Si l'on n'est ni dans l'un ni dans l'autre de ces cas, il est peu justifié de faire la supposition d'échantillonnage au hasard dans la population, et donc d'utiliser l'inférence fréquentiste : il est plus raisonnable alors de se situer dans le cadre de l'inférence combinatoire. Nous allons donner quelques exemples de recherches dans lesquels le cadre fréquentiste est approprié et d'autres exemples où le cadre combinatoire est plus justifié.

Considérons d'abord le cas de comparaison d'un groupe d'observations avec une population ou avec une distribution. Supposons que l'on fasse une étude sur la perception et que l'on se propose de déterminer à partir de quelle durée de présentation du stimulus (deux lignes de longueur différente, par exemple) le sujet commence à discriminer celui-ci. On va opérationnaliser cette idée en considérant que le sujet commence à percevoir à partir du moment où il ne répond plus au hasard, et on utilise, en conséquence, une épreuve de choix forcé, dans laquelle le sujet doit nécessairement indiquer quel stimulus a été perçu, même s'il n'en est pas sûr du tout. On va tester l'hypothèse que les réponses du sujet (codées comme correctes ou incorrectes) sont extraites au hasard d'une distribution où les bonnes réponses et les erreurs ont chacune une probabilité de 1/2. Si l'on a pris les précautions nécessaires pour qu'il n'y ait pas d'autre facteur qui puisse expliquer un taux de réponse correcte supérieur à 50 % sans qu'il y ait perception du stimulus (en particulier si l'on a pris la précaution de présenter les stimulus de façon équiprobable, de façon à ce que le sujet ne puisse pas s'attendre à un stimulus plus qu'à l'autre), on pourra utiliser l'inférence fréquentiste et tester l'hypothèse nulle que la fréquence des réponses correctes est égale à 50 %. C'est à partir du temps de présentation pour lequel on sera amené à rejeter l'hypothèse nulle, au seuil choisi, que l'on pourra considérer que le sujet commence à percevoir.

Supposons, en revanche, que l'on dispose de l'étalonnage d'un test fait avec une population de culture occidentale et que l'on ait examiné avec ce test un groupe de migrants. On se demande s'il est judicieux d'utiliser cet étalonnage pour juger de la performance de ces sujets. Pour répondre à cette question, on la transformera en la question suivante : est-ce que le groupe des migrants est atypique par rapport à la population qui a servi à faire l'étalonnage ? On cherchera à situer le protocole des performances observées pour les migrants parmi l'ensemble des protocoles possibles de même taille que l'on peut extraire de la population de culture occidentale utilisée pour faire l'étalonnage. Autrement dit, on utilisera l'inférence combinatoire. En effet, d'une part, le groupe des migrants n'est pas tiré au hasard de la population des sujets occidentaux ; d'autre part, il n'y a pas de procédure de tirage au hasard et on ne teste pas d'hypothèse, parce qu'on n'a pas mis en œuvre un dispositif expérimental permettant de faire que toutes choses soient égales par ailleurs. L'inférence combinatoire est suffisante pour répondre à la question : si on conclut au caractère atypique du protocole observé en le considérant comme extrait de l'ensemble des protocoles possibles, on n'utilisera pas cet étalonnage ; sinon, et jusqu'à preuve du contraire, on l'utilisera.

Considérons maintenant le cas de la comparaison de deux groupes d'observations. Supposons que l'on se demande s'il faut plus de temps pour faire un calcul dans lequel il faut récupérer quatre chiffres en mémoire que pour faire un calcul dans lequel il faut récupérer deux chiffres en mémoire. Le calcul comporte bien évidemment le même nombre d'opérations dans les deux cas (il y a autant de chiffres à traiter, mais les uns sont présents et les autres sont à rechercher en mémoire). Pour maintenir constante la compétence en calcul, on s'arrange pour que chaque sujet ait à faire les deux types de calcul, mais en faisant varier d'un sujet à l'autre l'ordre dans lequel sont faits ces calculs, de manière à ce qu'un effet éventuel de l'apprentissage ou de l'accoutumance à la tâche soit éliminé. On peut donc estimer qu'entre les deux groupes d'observations seul varie le nombre de chiffres à rechercher en mémoire pour le calcul et donc considérer que, si l'on ne peut rejeter l'hypothèse d'absence de différence entre les deux conditions expérimentales, la différence observée entre les moyennes des temps de calcul pour deux et quatre chiffres est compatible avec l'hypothèse que le protocole des différences individuelles est un échantillon au hasard d'une distribution de moyenne nulle. On est clairement dans le cadre de l'inférence fréquentiste : on teste l'hypothèse nulle qu'il n'y a pas de différence entre le temps de calcul pour deux et pour quatre chiffres à récupérer en mémoire.

Considérons maintenant les performances au test de compréhension verbale, appelé BV16, de deux groupes d'étudiants, un groupe de bacheliers et un groupe de non-bacheliers (protocole donné dans le chapitre Méthodes statistiques du tome 2, cours 3, chapitre 6, § 5.2.3 et sq). On se demande si la performance à ce test diffère ou non d'un groupe à l'autre. On considérera que cette question revient à se demander si les deux groupes sont homogènes ou non, ce qui est une question qui relève de l'inférence combinatoire. Que signifierait en effet le fait de dire qu'on teste une hypothèse expérimentale ? Cette hypothèse serait : est-ce que le fait d'être bachelier ou non modifie la performance au test ? On voit bien qu'on ne peut pas répondre à cette question, car il faudrait être assuré que les deux groupes diffèrent seulement par le fait d'être bachelier ou non, ce qui n'est évidemment pas le cas, car les deux groupes diffèrent vraisemblablement par de nombreux autres facteurs (notamment l'âge, l'origine sociale, etc.) qui ne sont pas égalisés entre les groupes. L'aléatorisation a pour objectif cette égalisation, mais elle est évidemment impossible dans ce cas. On ne se propose pas véritablement de tester l'effet du fait d'être bachelier ou non, on compare les deux groupes avec toutes leurs caractéristiques, le fait d'être bachelier ou non, et toutes les autres par lesquelles ils peuvent différer.

D'une façon générale, quand on compare des groupes sur la base de facteurs qui sont des caractéristiques individuelles, comme l'âge, le sexe, la profession, le niveau d'études, etc., il est raisonnable de considérer que l'on fait un test d'homogénéité des groupes et que l'on ne teste pas une hypothèse sur l'effet d'un facteur. La façon dont on traite ces facteurs est toute différente de celle dont on traite des facteurs expérimentaux : ceux-ci sont des caractéristiques externes aux sujets (nature des stimulus, temps de présentation, conditions d'apprentissage, etc.) et permettent une répartition au hasard des sujets entre les modalités des facteurs.

2.2. Le choix de la distribution d'échantillonnage : distributions exactes et distributions approchées

Nous avons vu dans la section 1 comment l'on pouvait construire, par une analyse combinatoire, les distributions d'échantillonnage qui donnent la proportion d'échantillons qui ont une moyenne (ou une fréquence) comprise entre telle ou telle valeur. Nous avons vu également qu'il existe des distributions qui permettent de trouver de façon exacte ces proportions, sans faire toute la combinatoire des possibles. Ce sont notamment la distribution hypergéométrique et la distribution binomiale dans le cas des variables nominales : pour ces distributions on dispose de formules qui permettent de calculer ces proportions pour les différentes valeurs de fréquence. Nous appelons ces distributions des distributions exactes, en ce sens qu'elles fournissent exactement les mêmes proportions que l'analyse combinatoire.

Il existe aussi des distributions que nous appelons approchées et que nous allons considérer maintenant. Elles donnent des valeurs qui ne sont pas tout à fait celles fournies par l'analyse combinatoire mais qui en sont proches. Elles fournissent des valeurs approchées sous certaines conditions que nous préciserons : pour pouvoir utiliser ces distributions à la place des distributions exactes, il faut donc se trouver dans ces conditions. Ces conditions portent en général sur l'effectif de l'échantillon.

L'intérêt des distributions approchées est qu'il existe des tables qui donnent les proportions permettant de faire le test, de sorte qu'il n'est pas nécessaire de les calculer, comme c'est le cas pour les distributions exactes. C'est donc une solution plus simple, puisqu'il suffit de lire une table. Toutefois, les calculettes et les tableurs actuels permettent de calculer assez facilement ces distributions exactes, de sorte qu'il est préférable, toutes les fois où on le peut, de calculer les distributions exactes. En effet, les tables ne donnent souvent qu'une information minimale, pour des raisons de place. Par ailleurs, s'il est facile de lire une table, il n'est pas toujours facile de comprendre ce que veut dire ce qu'on lit : l'expérience montre qu'il y a énormément d'erreurs chez les débutants. Avoir calculé des distributions exactes permet de comprendre comment sont construites les tables et permet donc de les interpréter correctement. C'est pourquoi il est recommandé de faire les calculs permettant d'avoir les distributions exactes pour les questions qui sont traitées dans ce cours.

2.3. La formulation de la conclusion

2.3.1. *Seuil unilatéral et seuil bilatéral*

Quand on situe un protocole sur une distribution par rapport à sa moyenne (ou sa fréquence), on peut considérer la différence algébrique entre sa moyenne et la moyenne de la population. La différence est positive si la moyenne du protocole est supérieure à la moyenne de la population de référence et dans ce cas on se demande si le protocole est extrême du côté des valeurs élevées : on se demande quelle est la proportion d'échantillons pour lesquels la différence à la moyenne de la population est supérieure ou égale à la différence observée pour le protocole (échantillons plus extrêmes à droite). La différence est négative si la moyenne du protocole est inférieure à la moyenne de la population et dans ce cas on se demande si le protocole est extrême du côté des valeurs faibles : on cherche la proportion d'échantillons pour lesquels la différence par rapport à la moyenne de la population est inférieure ou égale à la différence observée pour le protocole (échantillons plus extrêmes à gauche).

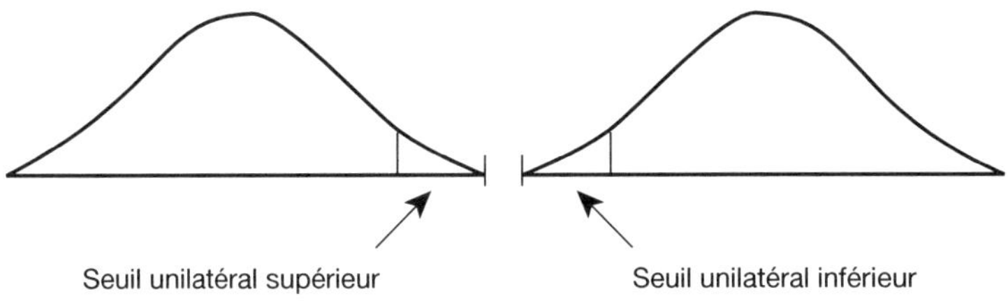

On parle de seuil observé unilatéral supérieur dans le premier cas et de seuil observé unilatéral inférieur dans le second cas (Rouanet *et al.*, 1990, III-3-b).

On peut aussi considérer la différence entre la moyenne observée m_{obs} et la moyenne de la distribution d'échantillonnage m et chercher quelle est la proportion d'échantillons dont la moyenne s'écarte au moins autant, dans un sens ou dans l'autre, de la moyenne de la distribution que ne s'en écarte la moyenne observée. On obtient alors le seuil observé bilatéral, noté $p_{obs\ bil}$. Dans le cas où la distribution d'échantillonnage est symétrique, le seuil observé bilatéral se définit de la façon suivante : si m_{obs} est supérieur à m, c'est la proportion d'échantillons dont la moyenne est supérieure à m_{obs} plus la proportion d'échantillons dont la moyenne est inférieure à $m - (m_{obs} - m)$; lorsque m_{obs} est inférieur à m, c'est la proportion d'échantillons dont la moyenne est inférieure à m_{obs} plus la proportion d'échantillons dont la moyenne est supérieure à $m + (m - m_{obs})$:

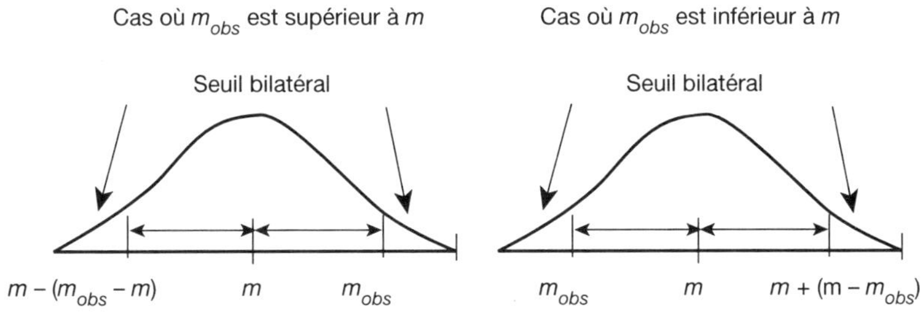

Dans le cas où la distribution d'échantillonnage n'est pas symétrique, le seuil observé bilatéral est le double du seuil observé unilatéral supérieur, si m_{obs} est supérieur à m ; c'est le double du seuil observé unilatéral inférieur, si m_{obs} est inférieur à m.

Nous conviendrons que p_{obs} désigne le seuil observé, unilatéral ou bilatéral, quand il n'est pas nécessaire de préciser ou quand le contexte permet de déterminer s'il s'agit du seuil unilatéral ou bilatéral.

Le seuil unilatéral supérieur répond à la question : est-ce que la différence est plus grande que 0 ? L'hypothèse alternative de l'hypothèse nulle, celle en faveur de laquelle on conclut en cas de rejet de l'hypothèse nulle, est donc que la différence est positive. Ou bien encore, c'est le cas du test unilatéral inférieur, la question est : est-ce que la différence est plus petite que 0 ? On a donc ici aussi une hypothèse orientée.

Dans la situation de test d'une hypothèse, le seuil bilatéral répond à la question : est-ce qu'il y a une différence, que ce soit dans un sens ou dans l'autre, positive ou négative ? L'hypothèse nulle étant qu'il n'y a pas de différence, l'hypothèse alternative est qu'il y a une différence, qu'elle soit positive ou négative.

2.3.2. *La démarche de test d'une hypothèse*

En suivant Rouanet *et al.* (1990, VII-6 et VIIbis 13 et 14), on peut présenter ainsi la démarche de test d'une hypothèse. Les hypothèses de recherche sont de la forme suivante : si l'on prend, dans l'expérience «calcul mental», l'exemple de la comparaison entre le groupe de cinq enfants et celui de quatre adultes pour le calcul qui exige de récupérer quatre chiffres en mémoire, on a :

- hypothèse A : les enfants mettent plus de temps que les adultes ;
- hypothèse B : les enfants mettent moins de temps que les adultes ;
- hypothèse C : il n'y a pas de différence entre les enfants et les adultes.

Pour le chercheur ces hypothèses peuvent être des prédictions : elles se déduisent de considérations théoriques et sont le moyen de tester une théorie. Elles peuvent être simplement des éventualités possibles en réponse à une question initiale qui serait : est-ce qu'il y a une différence entre le temps mis par les enfants et celui mis par les adultes pour faire le calcul ? C'est le cas de ce que l'on appelle une expérience «pour voir», c'est-à-dire une expérience dans laquelle on a une question mais pas de prédictions. Que l'on soit dans l'un ou l'autre cas, la démarche de test est la même.

La première étape est de considérer les données : on a observé dans notre exemple que le temps moyen du groupe d'enfants est de 51,10 demi-secondes supérieur à celui du groupe d'adultes. La conclusion descriptive est que les enfants de l'échantillon ont mis plus de temps que les adultes de l'échantillon : elle va dans le sens de l'hypothèse A. Elle va dans le sens opposé à l'hypothèse B et ne va pas non plus dans le sens de l'hypothèse C, car la différence est assez importante.

La deuxième étape est d'essayer de prolonger par l'analyse inductive la conclusion descriptive. Pour cela on choisit une grille de seuils-repères et on situe p_{obs} à l'intérieur de cette grille (voir Rouanet *et al.*,1990, III-4). Les conclusions sont alors résumées ci-après :

Valeur de p_{obs}	Résultat du test
p_{obs} *unilatéral* $\leq .005$	significatif au seuil unilatéral .005
p_{obs} *unilatéral* $> .005$ et p_{obs} *unilatéral* $\leq .025$	significatif au seuil unilatéral .025
p_{obs} *unilatéral* $> .025$	non significatif au seuil bilatéral .05

Dans les deux premiers cas on rejette l'hypothèse nulle (soit l'hypothèse C), mais aussi l'hypothèse B, et on conclut en faveur de l'hypothèse A. Dans le troisième cas (c'est celui dans lequel nous nous trouvons quand nous comparons le groupe des quatre enfants et celui des cinq adultes, puisque le seuil observé unilatéral supérieur est .032) on ne peut pas rejeter l'hypothèse nulle. On conclura donc que descriptivement la différence est en faveur de l'hypothèse A et en défaveur des hypothèses B et C ; mais cette conclusion descriptive ne peut pas être prolongée inductivement. On remarque que l'on conclut à un résultat significatif à un seuil observé unilatéral et que l'on conclut à un résultat non significatif au seuil bilatéral. Cela se comprend, car un résultat significatif est extrême : il est extrême soit du côté des valeurs positives soit du côté des valeurs négatives. Un résultat non significatif, en revanche, est un résultat non extrême, et il est logique de considérer le seuil bilatéral, car il n'est extrême ni d'un côté ni de l'autre.

Rappelons que dans le cadre de l'inférence fréquentiste il ne faut pas interpréter un résultat significatif comme la preuve d'une différence importante et qu'il ne faut pas interpréter un résultat non significatif comme la preuve d'un absence de différence (voir Rouanet *et al.*, 1990, VII 6). On peut en revanche, en utilisant d'autres méthodes d'inférence, que l'on appelle les méthodes bayésiennes (voir Rouanet *et al.*, 1990, VIII), essayer de prolonger une conclusion de résultat significatif en une conclusion d'écart notable et essayer de prolonger une conclusion de résultat non significatif en une conclusion d'écart négligeable. Ces méthodes ne sont pas traitées dans ce cours.

2.3.3. La mise en œuvre pratique de la démarche dans le cas où l'on calcule p_{obs} et dans le cas de l'utilisation d'une table

Rappelons l'ensemble de la démarche du test statistique dans le cas de l'utilisation d'une distribution exacte, en prenant l'exemple d'une variable nominale (tableau page suivante). Nous verrons ensuite que, dans l'utilisation d'une table, ce que l'on fait correspond seulement aux dernières phases de la démarche. Comme on n'a pas à faire l'ensemble de la démarche, cette dernière est souvent mal comprise.

Les tables des distributions approchées sont construites à partir des distributions cumulées du type de celles que l'on obtient à la fin de la deuxième phase,

Distribution exacte	Exemple
– Phase 1 : calculer les proportions correspondant aux différentes valeurs possibles de la variable dépendante (ou aux différentes classes).	Distribution hypergéométrique $N = 150$, $A = 15$, $n = 12$ (voir section 2.2.2) k p_k 0/12 0.282 1/12 0.377 2/12 0.230 3/12 0.085 4/12 0.021 5/12 0.001 6/12 0 7/12 0 etc.
– Phase 2 : faire la courbe cumulée des proportions, c'est-à-dire calculer les proportions d'échantillons dont la fréquence est au moins égale à telle ou telle valeur (limites de classes). Si f_{obs} est supérieur à la fréquence de référence, faire la courbe cumulée à droite, en partant des valeurs les plus élevées. Si f_{obs} est inférieur à la fréquence de référence, faire la courbe cumulée à gauche, en partant des valeurs les plus faibles.	La fréquence observée est 1/6 et la fréquence de référence .10, donc on fait la courbe cumulée à droite k proportion cumulée 0/12 0.996 (aux erreurs d'arrondi près) 1/12 0.714 2/12 0.337 3/12 0.107 4/12 0.022 5/12 0 6/12 0 7/12 0
– Phase 3 : situer la fréquence observée dans la distribution cumulée, c'est-à-dire calculer le seuil observé unilatéral (supérieur ou inférieur) ou bilatéral.	La fréquence observée est 2/12. On calcule le seuil observé supérieur. Le seuil observé unilatéral est 0.337 : il y a une proportion 0.337 d'échantillons dont la fréquence est supérieure ou égale à 2/12, soit en gros un tiers.
– Phase 4 : situer le seuil observé par rapport aux seuils-repères : rechercher les seuils-repères qui encadrent le seuil observé.	Le seuil observé est largement supérieur à tous les seuils-repères habituels : .025, .005.
– Phase 5 : conclure en fonction du résultat de la phase précédente.	Le protocole observé ne peut être considéré comme atypique de la population.

mais ces distributions cumulées ne sont pas fournies. Ce qui est fourni, c'est l'information suivante : pour différents seuils-repères suivant que le test est unilatéral ou bilatéral, on donne la valeur de la statistique de test. Certaines tables donnent des seuils unilatéraux, d'autres des seuils bilatéraux, d'autres encore à la fois des seuils unilatéraux et des seuils bilatéraux. (Par exemple la valeur de t, si l'on utilise la table du t de Student.) Les étapes de la démarche sont les suivantes :

Distribution approchée	Exemple (voir 3.1.2)
1. calculer la valeur de la statistique de test (par exemple t_{obs}) pour le protocole observé ;	$t_{obs} = 4{,}09$
2• si l'on a une table comportant beaucoup de seuils-repères, rechercher dans la table les valeurs de la statistique de test qui encadrent la valeur calculée pour le protocole et lire les seuils-repères correspondants. Si la table donne seulement les seuils-repères bilatéraux α, diviser par 2 pour avoir les seuils unilatéraux correspondants $\alpha/2$; • sinon, rechercher les valeurs de la statistique de test correspondant aux seuils-repères unilatéraux $\alpha/2 = .025$ et $\alpha/2 = .005$ et aux seuils bilatéraux $\alpha = .05$ et $\alpha = .01$. si $t_{obs} > t_{\nu}$, pour $\alpha/2 = .005$, alors p_{obs} unilatéral < .005 si $t_{obs} > t_{\nu}$, pour $\alpha/2 = .025$, alors p_{obs} unilatéral < .025 si $t_{obs} < t_{\nu}$, pour $\alpha/2 = .025$, alors p_{obs} bilatéral > .05 Dans cette recherche il faut tenir compte des conditions spécifiques de l'expérience (taille de l'échantillon, nombre de cases du tableau).	$n = 8 \quad \nu = n - 1 = 7$ table de t_{ν} à la ligne 7 seuil unilatéral .005 .001 bilatéral .01 .002 $t_{\nu=7}$ 3,50 4,79 4,09 est compris entre 4,79 et 3,50, donc p_{obs} unilatéral est compris entre .005 et .001
3. formuler une conclusion en fonction du résultat de la phase précédente.	p_{obs} étant inférieur à .005, le résultat du test est significatif au seuil unilatéral .005.

3. COMPARAISON D'UN GROUPE D'OBSERVATIONS À UNE POPULATION OU À UNE DISTRIBUTION

Nous considérerons d'abord le cas d'une variable numérique et ensuite celui d'une variable nominale.

3.1. Variable numérique

Nous avons à distinguer le cas d'échantillonnage dans une population et d'échantillonnage dans une distribution. En revanche, il n'est pas nécessaire de distinguer le modèle d'échantillonnage que l'on choisit comme cadre d'inférence : ensemble des protocoles possibles (modèle combinatoire) ou échantillonnage au hasard parmi l'ensemble des protocoles possibles (modèle fréquentiste). Comme nous l'avons dit précédemment, les distributions d'échantillonnage sont les mêmes dans les deux cas. Ce qui change, c'est seulement l'interprétation que l'on donne de ces distributions.

3.1.1. *Modèle d'échantillonnage et distributions d'échantillonnage*

a. *Échantillonnage dans une population*

Population parente – échantillon

Soit les N = 9 observations numériques suivantes, dont l'ensemble constitue ce que l'on appellera la *population parente* :

31 31 34 34 37 37 37 40 43

La moyenne de ces observations est appelée *moyenne parente* et est notée μ ; ici $\mu = 36$.

La variance de ces observations est appelée *variance parente* et est notée σ^2 ; ici $\sigma^2 = 14$; d'où : l'écart-type parent σ est égal à 3,74.

Toute partie (ou sous-ensemble) de la population parente est appelée un *échantillon* de cette population.

On s'intéresse à toutes les parties de $n = 3$ éléments de la population, autrement dit à tous les échantillons de taille $n = 3$; il y en a

$$\binom{N}{n} = \binom{9}{3} = \frac{9\,!}{3\,!\;6\,!} = 84$$

Il y a donc en tout 84 échantillons de taille $n = 3$ possibles. L'ensemble de ces échantillons constitue l'*espace des échantillons.*

b. *Statistique moyenne et distribution d'échantillonnage*

On s'intéresse aux moyennes des échantillons : à chacun des 84 échantillons on associe sa moyenne m. Chacune de ces moyennes m peut être considérée comme une des valeurs possibles d'une variable qui est la Moyenne des échantillons : c'est une statistique que l'on notera *statistique M*. La distribution d'échantillonnage est la distribution de cette statistique.

Alors que la moyenne m d'un échantillon est une valeur numérique, la statistique M est une *variable* définie sur l'espace des échantillons : à chacun des 84 échantillons correspond une valeur m.

Si on prend successivement toutes les valeurs m obtenues, et si on compte le nombre d'échantillons qui ont pour moyenne chacune de ces différentes valeurs, on obtient la distribution d'effectifs associée à la variable M : cette distribution est appelée *distribution d'échantillonnage* de la statistique Moyenne.

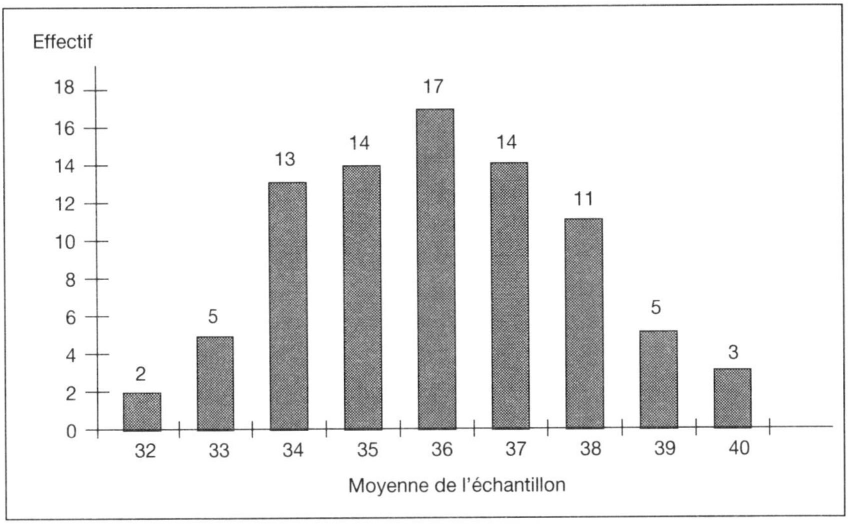

c. *Propriétés de la distribution d'échantillonnage de la moyenne*

Si on calcule la moyenne et la variance de la distribution d'échantillonnage, que l'on notera respectivement *Moy M* et *Var M*, on obtient :

$Moy\ M = 36$
et $Var\ M = 3.5$

On a les propriétés suivantes :

1. $Moy\ M = \mu$: la moyenne de la distribution d'échantillonnage de la statistique *M* est égale à la moyenne parente μ ;

2. $Var\ M = \frac{\sigma^2}{n} \times \frac{N-n}{N-1}$

Lorsque le rapport n/N (fraction d'échantillonnage) est petit, $\frac{N-n}{N-1}$ est proche de 1 ; on a donc la formule approchée suivante :

$$Var\ M \approx \sigma^2/n,$$

ce qui se lit : la variance de *M* est approximativement égale à σ^2/n

D'où la seconde propriété : lorsque n/N est petit, la variance de la distribution d'échantillonnage de la statistique *M* est à peu près égale à la variance parente σ^2 divisée par la taille *n* de l'échantillon.

3. plus *n* est grand (n/N restant petit), plus la *forme* de la distribution d'échantillonnage de *M* est proche d'une distribution normale ; d'où la troisième propriété que l'on écrira :

$$M \sim N(\mu, \sigma^2/n)$$

ce qui se lit : «*M* est approximativement distribuée selon une distribution normale, de moyenne μ et de variance σ^2/n».

Si l'on considère la variable réduite

$$Z = \frac{(M - \mu)}{\sigma/\sqrt{n}} \text{ (voir plus bas)}$$

la troisième propriété peut s'énoncer : la distribution de Z tend vers une distribution normale réduite.

b. *Échantillonnage dans une distribution*

Comme on l'a vu dans la section 1.2.1, lorsque N devient de plus en plus grand, le rapport n/N restant petit, la distribution d'échantillonnage tend vers une distribution-limite. Cette distribution-limite correspond à une population de taille infinie (voir Rouanet, Bernard, Le Roux 1990, IV-6-a et IVbis n° 5). C'est également la distribution obtenue quand on échantillonne à partir d'une distribution parente.

Échantillonnage dans une distribution normale de moyenne et de variance connues : la variable écart-réduit Z

Un exemple classique d'échantillonnage dans une distribution est celui d'échantillonnage dans une distribution parente *normale*, de moyenne μ et de variance σ^2 données. Dans ce cas, pour des échantillons de taille n issus de cette distribution parente normale de moyenne μ et de variance σ^2, soit $N(\mu, \sigma^2)$, on a, comme dans le cas d'échantillonnage à partir d'une population, la propriété : la distribution de M, la moyenne des échantillons, est une distribution normale dont la moyenne est μ et dont la variance est σ^2/n.

$$M \sim N(\mu, \sigma^2/n)$$

On peut considérer l'écart-réduit z associé à chaque valeur m. Les écarts-réduits z peuvent être considérés comme les valeurs d'une variable Z. On obtient ainsi la variable écart-réduit associée à M :

$$z = \frac{(m - \mu)}{\sigma/\sqrt{n}} \qquad Z = \frac{(M - \mu)}{\sigma/\sqrt{n}}$$

On a la propriété : la distribution de Z est une distribution normale réduite de moyenne 0 et d'écart-type 1

$$Z \sim N(0, 1)$$

Cette propriété sera utilisée pour répondre à des questions du type suivant : quelle est la proportion d'échantillons dont la moyenne est supérieure à la moyenne observée m_{obs} : $P(M > m_{obs}) = ?$, proportion que nous appelons le seuil observé, lorsque m_{obs} est supérieur à m. Pour répondre à ces questions on utilisera la table de la loi normale réduite.

Illustration

On considère des échantillons de taille $n = 50$ issus d'une distribution parente normale de moyenne $\mu = 25$ et de variance $\sigma^2 = 6{,}84^2$.

La distribution des moyennes de ces échantillons est une distribution normale de moyenne 25 et de variance $\sigma^2 = 6.84^2/50$

$$M \sim N\,(25,\ 6{,}84^2/50)$$

On se demande quelle est la proportion des échantillons dont la moyenne est supérieure à 26,5 : $P\,(M > 26{,}5) = ?$

Pour répondre à cette question, on considère la variable réduite Z associée à M :

$$Z = \frac{(\mathrm{M} - 25)}{6{,}84/\sqrt{50}}$$

La distribution de Z est une distribution normale réduite, c'est-à-dire une distribution normale qui a une moyenne nulle et un écart-type de 1

$$Z \sim N\,(0{,}1)$$

La valeur z qui correspond à 26,5 est :

$$z = \frac{(m - \mu)}{\sigma/\sqrt{n}} \qquad z_{obs} = \frac{(26{,}5 - 25)}{6{,}84/\sqrt{50}} = \frac{1{,}5}{0{,}967} = 1{,}55$$

Se demander quelle est la proportion des échantillons dont la moyenne est supérieure à 26.5 : $P(M > 26.5) = ?$ revient à se demander : quelle est dans une distribution normale réduite la proportion de valeurs z de la variable Z supérieures à 1,55 ?

$$P\,(M > 26.5) = P\,(Z > 1{,}55)$$

En consultant la table cumulée à droite de la loi normale réduite, on trouve que cette proportion est .06. Donc 6 % des échantillons ont une moyenne supérieure à 26.5.

Comme nous l'avons vu dans la section 1.2.1, la distribution d'échantillonnage se rapproche d'une distribution normale, et cela d'autant plus rapidement que la distribution de référence est proche d'une distribution normale. Donc, même si la distribution de référence n'est pas normale, on peut utiliser la distribution normale comme distribution approchée de la distribution d'échantillonnage, si l'on se trouve dans les conditions où l'approximation est satisfaisante : il suffit de connaître la moyenne et la variance de la distribution parente.

Échantillonnage dans une distribution de moyenne connue et de variance σ^2 *inconnue : la variable* ***t*** *de Student*

On envisage d'abord le cas d'une distribution parente normale de variance σ^2 inconnue. On considère dans ce cas, non plus la statistique Z (qui fait intervenir σ^2 que l'on ne connaît pas), mais la statistique T, dite *Rapport de Student*, qui fait intervenir la variable S, écart-type corrigé calculé sur l'échantillon. On a :

$$T = \frac{M - \mu}{S/\sqrt{n}}$$

On voit que la variable T est aussi un écart-réduit. On utilise en fait S, l'écart-type corrigé, comme estimation de l'écart-type de la distribution de référence σ qui est inconnu. La distribution de T n'est pas une distribution normale. Si la distribution de référence est normale, la distribution de T est une distribution dite de $\boldsymbol{t}$ de Student avec $\nu = n - 1$ degrés de liberté.

$$T \sim \boldsymbol{t}_\nu \text{ avec } \nu = n - 1$$

Si la distribution de référence n'est pas normale mais ne s'écarte pas trop d'une distribution normale, on peut utiliser la distribution de $\boldsymbol{t}$ de Student comme une distribution approchée de la distribution d'échantillonnage.

Lorsque n devient grand, la distribution $\boldsymbol{t}$ de Student se rapproche d'une distribution normale réduite. On peut voir, en comparant la table de $\boldsymbol{t}$ de Student pour $n > 60$ et la table de la distribution normale réduite, que les valeurs sont très proches. C'est la raison pour laquelle, dans la table de $\boldsymbol{t}$ de Student, pour les valeurs de n supérieures à 60, on trouve les mêmes valeurs que pour Z.

3.1.2. *Mise en œuvre de la comparaison d'un groupe d'observations à une distribution de référence dans le cas d'une variable numérique : inférence sur une moyenne*

On distinguera le cas où la moyenne et la variance de la distribution de référence sont connues et le cas où seule la moyenne est connue.

a. *La moyenne μ_0 et la variance σ_0^2 de la distribution de référence sont connues : test Z*

Les données sont constituées d'un groupe d'observations numériques de taille n. On dispose par ailleurs d'une distribution numérique dont la moyenne μ_0 et la variance σ^2_0 sont connues, que l'on prendra comme distribution de référence.

Le problème est de *comparer* le groupe d'observations à la distribution de référence du point de vue de telle ou telle statistique.

Dans le cadre de l'inférence combinatoire, pour comparer le groupe d'observations (les données) à la distribution de référence, on va le situer par rapport à tous les échantillons de même taille n qui peuvent être obtenus à partir de la distribution de référence.

On appelle *test de signification* la procédure qui met en œuvre ce type de comparaison. La statistique du point de vue de laquelle on procède à la comparaison est appelée *statistique de test.*

Prenons l'exemple suivant : on a un groupe de n = 50 observations numériques constitué de notes à un test spatial passé par cinquante enfants dits «surdoués» ; la moyenne de ces 50 observations est égale à 27.5 :

$$m_{obs} = 27.5.$$

Comme distribution de référence, on prend la distribution normale ajustée à la distribution des notes obtenues à ce test par plus de cinq mille enfants dits «normaux» ; la moyenne de cette distribution normale $\mu_0 = 25$, et la variance $\sigma_0^2 = 6.84^2$.

On fera un test de signification pour comparer le groupe d'observations à la distribution de référence en prenant la statistique *M* comme statistique de test, puisqu'il s'agit de faire une comparaison selon la moyenne. Le test consiste à situer la moyenne du groupe m_{obs} par rapport aux moyennes des échantillons de même taille qu'on peut tirer de la distribution de référence.

On sait que la statistique moyenne *M* est distribuée selon une distribution normale, de moyenne μ et de variance σ^2/n, ce qui donne ici :

$$M \sim N\,(25,\ 0.972^2)$$

$$\text{car } 6{,}84^2/50 = 0{,}94 \text{ et } 0{,}94 = 0{,}97^2$$

On a donc ici $m_{obs} > \mu_0$: du point de vue de la moyenne, le groupe d'observations se situe à droite, du côté des valeurs élevées ; peut-on considérer qu'il est *extrême* par rapport aux échantillons auxquels on le compare ?

Pour apprécier le caractère plus ou moins extrême du groupe d'observations, on calcule la proportion des échantillons plus extrêmes que lui (du point de vue de la moyenne). On va chercher la proportion des échantillons plus extrêmes à droite que le groupe, à savoir : $P(M > m_{obs})$, ce qui se lit : «proportion des échantillons dont la moyenne est supérieure à la moyenne observée, m_{obs}», soit $P(M > 27{,}5)$. Nous avons appelé cette proportion p_{obs}.

Pour calculer la proportion *P*, on va passer par la variable écart-réduit associée à *M*. On a :

$$Z = \frac{(M - \mu_0)}{\sigma_0/\sqrt{n}}$$

Z est une distribution normale réduite $Z \sim N\,(0,\ 1)$.

Pour le groupe d'observations, la variable *Z* prend la valeur notée z_{obs} qui est :

$$z_{obs} = \frac{(27{,}5 - 25)}{6{,}84/\sqrt{50}} = +\,2{,}58$$

Nous nous demandons donc quelle est la proportion des échantillons dont la moyenne est supérieure à 27,5. Comme nous l'avons vu précédemment, se demander quelle est la proportion des échantillons dont la moyenne est supérieure à 27.5 : $P(M > 27.5) = ?$ revient à se demander : quelle est dans une distribution normale réduite la proportion de valeurs *z* supérieures à 2,58 ?

$$P\,(M > 27.5) = P\,(Z > 2{,}58)$$

On utilise la table de la fonction cumulée à droite de la distribution normale réduite, et on lit ici $P(Z > 2.58) = .005$, soit «la proportion des valeurs de *Z* supérieures à 2.58 est égale à .005, soit 0,5 %». Cela signifie que 0,5 % des échantillons sont plus extrêmes du côté des valeurs supérieures que le groupe d'observations du point de vue de la moyenne. La valeur .005 est le seuil unilatéral observé supérieur : $p_{obs} = .005$.

On va utiliser une grille de seuils-repères. En général (voir Rouanet, Bernard, Le Roux 1990, III-4), on prend la grille avec les deux seuils-repères $\alpha/2$=.025 et .005. Nous avons vu que les trois conclusions possibles sont les suivantes :

Valeur de p_{obs}	Résultat du test
p_{obs} *unilatéral* ≤ .005	significatif au seuil unilatéral .005
p_{obs} *unilatéral* > .005 et p_{obs} *unilatéral* ≤ .025	significatif au seuil unilatéral .025
p_{obs} *unilatéral* > .025	non significatif au seuil bilatéral .05

Dans l'exemple, on trouve (aux arrondis près) p_{obs} = .005 ; on dira que le résultat est juste significatif au seuil unilatéral .005. Dans le cadre de l'inférence combinatoire, on conclut que l'échantillon est atypique de la population du côté des valeurs élevées : on ne peut pas le mettre dans la même catégorie que la population.

Dans le cadre de l'inférence fréquentiste, on suppose (au sens d'assumption) que le groupe d'observations est un *échantillon au hasard* d'une certaine distribution normale (de moyenne μ inconnue) ; cette distribution est la distribution parente et sa moyenne μ est la moyenne parente. On s'interroge sur μ.

On teste l'hypothèse (au sens d'*hypothesis*) que $\mu = \mu_o$, c'est-à-dire que la moyenne de la distribution parente est μ_o, la moyenne de la distribution de référence. On appelle cette hypothèse *hypothèse nulle* ; soit ici : $H_o : \mu = 25$.

On fait le raisonnement suivant. Sous l'hypothèse nulle H_o, le groupe est un échantillon au hasard issu d'une distribution normale $N(\mu_o, \sigma_o^2)$. Comme on l'a dit précédemment, la distribution d'échantillonnage est la même que pour l'inférence combinatoire. On calcule de la même façon $P(M > m_{obs})$. L'interprétation probabiliste est la suivante. Lorsqu'on tire au hasard un échantillon de la distribution $N(\mu_o, \sigma_o^2)$, la probabilité pour que l'échantillon ait une moyenne supérieure à m_{obs} est cette valeur P. Ainsi, la proportion $P(M > m_{obs})$, que nous avons appelée p_{obs}, peut s'interpréter comme la probabilité de tirer un échantillon dont la moyenne est supérieure à m_{obs}.

On compare le seuil observé unilatéral aux seuils-repères .025 et .005, comme dans le cas de l'inférence combinatoire. Un résultat significatif s'interprète ainsi : on rejette l'hypothèse nulle, les données sont en faveur de l'hypothèse alternative qui correspond à la conclusion descriptive. Dans notre exemple, p_{obs} = .005 : le résultat est significatif. On rejette l'hypothèse d'absence de différence entre le groupe des enfants «surdoués» et la population des enfants «normaux» et l'on conclut en faveur de l'hypothèse que les «surdoués» ont une meilleure performance au test spatial que les enfants «normaux». Cela revient à dire que l'échantillon des «surdoués» appartient à une population dont la moyenne μ est supérieure à μ_o.

Un résultat non significatif s'interprète ainsi : les données sont compatibles avec l'hypothèse nulle ou encore les données ne permettent pas de rejeter l'hypothèse nulle. On comprend qu'on exprime un résultat significatif avec un seuil unilatéral et qu'on exprime un résultat non significatif au seuil bilatéral. En effet, quand on rejette l'hypothèse nulle, on prolonge une conclusion descriptive : celle d'un effet, lequel est soit positif soit négatif ; on est donc amené à se poser la question : si l'hypothèse nulle est vraie, quelle est la probabilité d'obtenir, par échantillonnage au hasard, une moyenne supérieure à m_{obs} si l'effet est positif ($m_{obs} > \mu_o$) ? Dire que l'on rejette l'hypothèse nulle en se référant à un seuil bilatéral voudrait dire que l'on conclut en faveur de l'existence d'une différence. On trouve souvent des conclusions de cette forme, mais il est insuffisant de s'exprimer ainsi : quand on conclut en faveur de l'existence d'une différence, il s'agit bien d'une différence dont on connaît le sens. En revanche, quand on conclut au non-rejet de l'hypothèse nulle, cela veut dire que les données ne permettent pas d'affirmer l'existence d'une différence, ni dans un sens ni dans l'autre. On déclare que la différence observée est dans la zone de compatibilité avec l'hypothèse nulle : la zone de compatibilité correspond à $1 - \alpha$, la zone d'incompatibilité à α.

Illustration

On considère les données d'un test, le PM 38. On dispose d'un groupe d'observations (les données relatives à vingt-cinq étudiants) et d'une distribution de référence (étalonnage à partir d'une population correspondant à un groupe d'ingénieurs). On se demande si l'on peut utiliser l'étalonnage du groupe des ingénieurs pour évaluer les performances des étudiants ; pour cela on *compare* le groupe des étudiants à la distribution des ingénieurs en faisant un test de typicalité.

1. La moyenne et la variance de la distribution de référence sont ici :

$$\mu_o = 37.11$$
$$\sigma_o^2 = 4,42^2$$

2. On calcule la moyenne du groupe d'observations considéré ; on trouve ici :

$$m_{obs} = 36.56$$

3. Pour comparer le groupe d'observations à la distribution de référence, on utilise la statistique de test Z, et on calcule :

$$z_{obs} = \frac{(36,56 - 37,11)}{4,44/\sqrt{25}} = -0,62$$

4. On cherche la proportion de cas où Z est inférieur à $-0,62$: dans la table de la fonction cumulée à gauche de la distribution normale réduite on lit pour cette valeur .268. Donc le seuil observé unilatéral inférieur est .268.

Comme précédemment, on utilise la grille des seuils-repères .025 et .005. Le seuil observé unilatéral est supérieur à .025. On conclut donc que le résultat est non significatif au seuil bilatéral de .05. Autrement dit, le protocole observé se trouve dans les 95 % des échantillons que l'on considère comme typiques.

Dans le cadre de l'inférence combinatoire, on conclura donc : au seuil α = .05, le groupe d'observations ne peut pas être considéré comme atypique, ou encore le groupe ne diffère pas significativement de la distribution de référence ; autrement dit, au seuil α = .05, on peut utiliser l'étalonnage du groupe des ingénieurs pour évaluer les performances des étudiants. Comme on l'a dit dans la section 2, il n'est guère raisonnable dans ce cas de se situer dans le cadre de l'inférence fréquentiste : la question que l'on se pose concerne un jugement de catégorisation et non un test d'hypothèse.

b. *La moyenne de la distribution de référence est seule connue : test T*

On dispose ici seulement d'une valeur de référence μ_0 ; contrairement au cas précédent on ne connaît pas la variance σ_0^2. Le test Z devient alors inutilisable.

On utilisera dans ce cas la statistique T, qui ne fait pas intervenir σ_0 mais S ; on a :

$$T = \frac{(m_{obs} - \mu_0)}{S/\sqrt{n}}$$

S est l'écart-type corrigé, obtenu en divisant la somme des carrés des écarts à la moyenne par $n - 1$. La statistique T suit une distribution de $\boldsymbol{t}$ de Student à $\nu = n - 1$ degrés de liberté, ce qui s'écrit :

$$T \sim \boldsymbol{t}_\nu \text{ avec } \nu = n - 1$$

La lettre grecque nu (qui ressemble à un V minuscule latin) exprime ce que l'on appelle le nombre de degrés de liberté. On peut se faire une idée intuitive de cette notion de la façon suivante. Si l'on a deux observations dont on connaît la moyenne, dès que la valeur de l'une est connue, l'autre est déduite immédiatement : on calcule la somme à partir de la moyenne et l'on déduit par différence la valeur de l'autre observation. Dans ce cas on a un degré de liberté. Si l'on a trois observations dont on connaît la moyenne, on a deux degrés de liberté, car il faut connaître la valeur de deux observations pour déduire la valeur de la troisième.

Pour faire le test T, on calcule t_{obs} de la même façon que z_{obs}.

$$t_{obs} = \frac{(m_{obs} - \mu_0)}{S/\sqrt{n}}$$

La démarche est ensuite calquée sur celle qui vient d'être vue avec le test Z ; on va situer le groupe d'observations du point de vue de T par rapport aux échantillons de même taille issus de la distribution de référence, ce qui revient à situer la valeur calculée t_{obs} par rapport à la distribution $\boldsymbol{t}_\nu$. Pour cela on utilise la table de $\boldsymbol{t}_\nu$ de Student en se situant à la ligne $\nu = n - 1$.

Illustration

On étudie l'illusion de Muller-Lyer. Cette illusion consiste en ce que le segment dont les pennures sont à l'extérieur paraît plus grand que celui dont les pennures sont à l'intérieur. Pour étudier cette illusion on peut faire ajuster le second segment pour qu'il paraisse de même longueur que le premier. On a fait huit observations sur un sujet et l'on a mesuré chaque fois la différence en plus ou en moins entre la longueur du segment ajusté et la longueur du segment de gauche. On a trouvé une moyenne de 2,6 mm et un écart-type corrigé de 1,8.

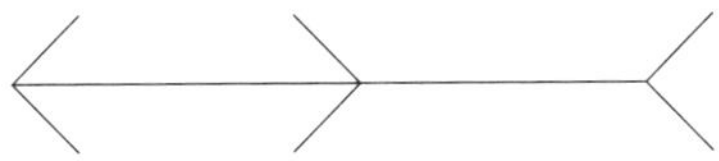

La moyenne de la distribution de référence est 0 : on teste en effet l'hypothèse nulle d'absence de différence. On a :

$$t_{obs} = \frac{2{,}6}{1{,}8/\sqrt{8}} = 4{,}09$$

On consulte la table de $\boldsymbol{t}_\nu$ de Student à la ligne 7, car il y a 8 observations, et on situe la valeur obtenue 4,09 par rapport aux valeurs de cette ligne : 4,09 est inférieur à 4,79 mais supérieur à 3,50. On dira donc que le résultat du test est significatif au seuil unilatéral .005 (la valeur lue en tête de la colonne correspondant à 3,50 pour seuil unilatéral). Il ne l'est pas au seuil .001. Si le test est significatif au seuil .005, il l'est *a fortiori* au seuil .01, au seuil .025, etc. Quand on dit qu'un résultat est significatif à un seuil unilatéral donné, cela veut dire qu'il est significatif pour tous les seuils supérieurs et qu'il est non significatif pour les seuils inférieurs.

3.2. Variable nominale ou variable catégorisée

Comme dans le cas d'une variable numérique, les distributions d'échantillonnage sont les mêmes quel que soit le modèle d'échantillonnage dans lequel on se place pour faire l'inférence : modèle d'échantillonnage combinatoire ou modèle d'échantillonnage au hasard.

Nous distinguons toujours l'échantillonnage dans une population et l'échantillonnage dans une distribution.

3.2.1. *Modèles d'échantillonnage et distributions d'échantillonnage*

a. *Échantillonnage dans une population*

Nous avons vu dans la section 1 que dans ce cas la distribution exacte est la distribution hypergéométrique, qui donne la proportion d'échantillons pour chaque valeur de la fréquence. Si l'on appelle F la distribution d'échantillonnage de la fréquence pour des échantillons de taille n et φ la fréquence de la population de taille N (ou fréquence de référence), la distribution hypergéométrique a pour moyenne φ

$$Moy\ F = \varphi$$

et pour variance :

$$Var\ F = \frac{\varphi(1-\varphi)}{n} \times \frac{N-n}{N-1}$$

Ainsi, dans l'exemple traité dans la section 1 où $N = 150$, $n = 12$, $\varphi = 50/150$, soit $\varphi = 1/3$

$$Var\ F = \frac{1/3\,(1-1/3)}{12} \times \frac{150-12}{150-1} = \frac{2}{108} \times \frac{138}{149}$$

$$Var\ F = 0.0185 \times 0.926 = 0.017$$

Au lieu de prendre comme statistique de test la fréquence, on peut prendre l'écart-réduit et considérer la variable réduite associée Z. Chaque valeur de Z, soit z, est définie comme dans le cas de la distribution normale

$$z = \frac{f-\varphi}{Ety\ F}$$

Ety F étant l'écart-type de F, soit la racine carrée de la variance. Dans notre exemple, $Ety\ F = 0.13$. Si l'on prend l'ensemble des valeurs z, on a la variable Z, de même que si l'on prend l'ensemble des valeurs f, on a la variable F

$$Z = \frac{F-\varphi}{Ety\ F}$$

En d'autres termes, au lieu de faire la distribution d'échantillonnage sur la fréquence, ce qui revient à considérer la variable F, on peut la faire sur l'écart-réduit, ce qui revient à considérer la variable Z. On montre que l'on a une bonne approximation de la distribution Z ainsi définie par une variable normale réduite de même moyenne et de même variance, sous deux conditions :

1. il faut faire ce que l'on appelle la correction de continuité, c'est-à-dire calculer la valeur de la statistique de test z_{obs} de la façon suivante :

$$|z_{obs}| = \frac{|f_{obs}-\varphi| - 0{,}5\,/n}{Ety\ F}$$

$|f_{obs} - \varphi|$ signifie que l'écart est calculé en valeur absolue. La valeur obtenue pour z_{obs} est donc aussi en valeur absolue : il faut donc ensuite réintroduire le signe pour rechercher dans la table cumulée à gauche ou à droite.

La correction s'explique par le fait que l'ensemble des valeurs k) de la distribution hypergéométrique est une variable entière alors que la variable Z de la distribution normale réduite est une variable continue. Cela revient à prendre la limite de classe plutôt que la valeur centrale de la classe

2. si φ est inférieur à $1 - \varphi$, le produit de n par φ doit être supérieur à 5 : $n\varphi >$

5 ; si φ est supérieur à $1 - \varphi$, le produit de n par $1 - \varphi$ doit être supérieur à 5 : $n(1 - \varphi) > 5$.

Dans notre exemple, $n = 12$, $\varphi = 1/3$ et $n\varphi = 4$. L'approximation ne serait donc pas bonne et il faut dans ce cas utiliser la distribution hypergéométrique. À partir d'un effectif de 16 pour une fréquence de référence de 1/3, l'approximation serait satisfaisante. D'une façon générale, pour les petits échantillons il faut utiliser la distribution exacte, pour les grands échantillons on peut utiliser la distribution normale réduite.

Exemple :

Reprenons l'exemple du chapitre 1, section 2.2 où la fréquence de la distribution de référence est 1/3 et la fréquence observée 1/6. Nous supposerons que l'échantillon comporte 16 éléments et non pas 15, pour que l'approximation par une distribution normale soit satisfaisante.

$$Var\,F = \frac{1/3\,(1 - 1/3)}{16} \times \frac{150 - 16}{150 - 1} = \frac{2}{144} \times \frac{134}{149}$$

$Var\,F = 0{,}1249$

$Ety\,F$ est la racine carrée de F donc $Ety\,F = 0{,}11$

Donc :

$$|z_{obs}| = \frac{|\,1/6 - 1/3\,| - 0{,}5/16}{0{,}11} = \frac{0{,}166 - 0{,}031}{0{,}11} = 1{,}23$$

On a donc $z_{obs} = -1{,}23$, puisque la fréquence observée est inférieure à la fréquence de référence. En consultant la table de la fonction cumulée à gauche de la distribution normale, on trouve qu'à cette valeur de z correspond la proportion 0.111 : c'est le seuil observé inférieur. Ce seuil observé est supérieur à .025, donc le résultat est non significatif au seuil bilatéral .05.

b. *Échantillonnage dans une distribution*

La distribution exacte est la distribution binomiale. Deux approximations sont possibles : soit par une distribution normale, soit par la distribution de χ^2 à un degré de liberté.

Approximation par une distribution normale

Comme dans le cas de la distribution hypergéométrique, il s'agit d'une distribution normale réduite de même moyenne et de même variance. On procède de la même façon que pour la distribution hypergéométrique, mais on prend la variance d'une distribution binomiale, qui est :

$$Var\,F = \frac{\varphi\,(1 - \varphi)}{n}$$

Si l'on compare un échantillon de 12 éléments à une distribution dont la fréquence de référence est 1/3, on a

$$Var\,F = \frac{1/3\,(1 - 1/3)}{12} = \frac{2}{108} = 0{,}0185$$

$$\text{et } Ety\ F = 0.136$$

La condition pour que la distribution normale soit une bonne approximation de la distribution binomiale est la suivante : il faut que : $n\varphi > 5$ et $n\,(1 - \varphi) > 5$, ce qui dans le cas où $\varphi = 1/2$ donne $n > 10$, et dans le cas où $\varphi = 1/3$ donne $n > 15$.

Approximation par la distribution du χ^2 à un degré de liberté

Pour comparer une fréquence observée à une fréquence de référence on peut aussi utiliser la distribution du χ^2 à un degré de liberté comme approximation de la distribution binomiale. Par définition, on appelle distribution du χ^2 à un degré de liberté, qu'on note $\chi^2_{[1]}$, la distribution du carré d'une variable normale réduite. On peut obtenir une table de $\chi^2_{[1]}$ à partir d'une table de Z. Cela revient à calculer la probabilité que Z^2 soit supérieur à une valeur donnée. Par exemple, calculons la probabilité que Z^2 soit supérieur à $1{,}96^2$: c'est la probabilité que Z soit inférieur à $-1{,}96$ plus la probabilité que Z soit supérieur à 1,96. En effet $-1{,}96$ a le même carré que 1,96, soit 3,84. Notamment on lit dans la table de la loi normale réduite que la probabilité que Z soit inférieur à $-1{,}96$ est .025 et que la probabilité que Z soit supérieur à 1,96 est aussi .025 (puisque la distribution est symétrique). La probabilité que Z^2 soit supérieur à 3,84 est donc .05 ; la probabilité que $\chi^2_{[1]}$ soit supérieur à 3,84 est donc égale aussi à .05 : dans la table de $\chi^2_{[1]}$ en face de 3,84 on a .05. En procédant ainsi, pour toutes les valeurs de z, on obtient la table de $\chi^2_{[1]}$.

On a indiqué dans le tome 2 (cours 3, chapitre 6, § 7.1) la façon de calculer le χ^2_{obs} :

$$\chi^2_{obs} = \frac{(\text{effectif observé} - \text{effectif théorique})^2}{\text{effectif théorique}}$$

Dans le cas de la comparaison d'une fréquence observée à une fréquence théorique, les effectifs théoriques sont $n\varphi$ et $n(1 - \varphi)$.

Les conditions pour que l'approximation de la distribution binomiale par la distribution de χ^2 à un degré de liberté soit satisfaisante sont :

1. que tous les effectifs théoriques soient supérieurs à 5 ;
2. que l'on fasse la correction pour la continuité, comme dans le cas de la distribution normale. Le calcul de ce que l'on appelle le χ^2 corrigé, qu'on note χ^2_{corr}, se fait de la façon suivante :

$$\chi^2_{corr} = \sum \frac{(|\,\text{effectif observé} - \text{effectif théorique}\,| - 0.5)^2}{\text{effectif théorique}}$$

La correction revient à enlever 0.5 à la différence qu'on calcule en valeur absolue, c'est-à-dire sans tenir compte du signe. C'est la même correction que celle appliquée dans le cas de la distribution normale. Nous avions en effet retranché la quantité 0.5/n du fait que l'on opérait sur les fréquences et non, comme ici, sur les effectifs

Exemple

Reprenons le cas où la fréquence de la distribution de référence est 1/3. Nous considérerons un échantillon de taille 30 et une fréquence observée d'erreurs de 1/6. Le calcul est le suivant :

Effectifs observés		
Réponses correctes	erreurs	total
25	5	30

Effectifs théoriques		
Réponses correctes	erreurs	total
20	10	30

$$\chi^2 corr = \frac{(|25-20|-0{,}5)^2}{20} + \frac{(|5-10|-0{,}5)^2}{10} = 3{,}04$$

Si on se réfère à la table de χ^2 à un degré de liberté, on lit que les valeurs qui encadrent 3,03 sont 3,84 et 2,71 : 3,84 est la borne supérieure et correspond à la probabilité .05 ; 2,71 est la borne inférieure et correspond à la probabilité .10. Cela signifie que dans la distribution de χ^2 à un degré de liberté il y a 5 % de valeurs qui sont supérieures à 3,84 et 10 % de valeurs qui sont supérieures à 2,71. Ces probabilités correspondent à un seuil bilatéral ($\chi^2 > 3{,}84$ équivaut à $Z > 1{,}96$ ou $Z < -1{,}96$).

3.2.2. *Mise en œuvre de la comparaison d'un groupe d'observations à une distribution de référence dans le cas d'une variable nominale : inférence sur une fréquence*

Il convient d'abord de se demander si l'on doit utiliser le modèle d'échantillonnage dans une population ou le modèle d'échantillonnage dans une distribution. On est dans le cas d'échantillonnage dans une population si l'on se réfère explicitement à une population de référence de taille finie. C'est le cas, par exemple, si l'on a les données concernant l'opinion d'une catégorie de la population concernant une question comme : «Êtes-vous pour ou contre l'augmentation des taxes sur l'alcool ?», et si l'on a d'autre part les données d'un échantillon d'une autre catégorie de population sur la même question et que l'on veuille comparer la fréquence des réponses POUR dans cet échantillon et dans l'ensemble des personnes interrogées de la première catégorie de population.

On est dans le cas d'échantillonnage dans une distribution, lorsqu'on peut considérer que l'on échantillonne dans une population de taille infinie. C'est le cas par exemple si l'on a des questions auxquelles on doit répondre par OUI ou par NON et qu'on se demande si la fréquence des réponses OUI diffère significativement de ce que l'on obtiendrait dans le cas où on tirerait au hasard dans une urne où il y a autant de OUI que de NON.

Si le modèle d'échantillonnage est l'échantillonnage dans une population, il faut utiliser la distribution hypergéométrique pour calculer la distribution d'échantillonnage. Dans le cas où l'on a affaire à l'échantillonnage dans une distribution, la distribution d'échantillonnage exacte est fournie par la distribution binomiale. On peut aussi dans ce cas utiliser des distributions approchées, comme la distribution normale ou la distribution du χ^2 à un degré de liberté. Il faut dans ce cas vérifier que les conditions pour que l'approximation soit satisfaisante sont bien remplies.

Illustration

On se demande si dans l'expérience *calcul mental* la fréquence observée des erreurs chez les adultes dans le cas de quatre chiffres à récupérer en mémoire est compatible avec une fréquence de référence de .10. On a 12 observations, dont 5 erreurs. La fréquence observée est donc 5/12 soit .42. Dans ce cas, le modèle d'échantillonnage est l'échantillonnage dans une distribution : la distribution d'échantillonnage exacte est donc la distribution binomiale. Pour pouvoir utiliser la distribution normale comme distribution approchée de la distribution binomiale, il faut que $n\varphi \geq 5$ et $n(1 - \varphi) \geq 5$. Ce n'est pas le cas ici puisque $12 \times 0{,}10 = 1{,}2$. Pour pouvoir utiliser la distribution du χ^2 à un degré de liberté comme distribution approchée de la distribution binomiale, il faut que tous les effectifs théoriques soient supérieurs à 5. Ce n'est pas le cas ici puisque l'effectif attendu des erreurs est $0.10 \times 12 = 1{,}2$. On doit donc utiliser la distribution binomiale.

Cette distribution a été déjà calculée dans la section 1.2. Si l'on se rapporte au tableau qui a été présenté page 484, on lit que la probabilité d'obtenir 5 erreurs ou plus est égale à 0.0038 + 0.0005, soit .0043. Si l'on prend la grille des seuils repères unilatéraux .025 et .005, on constate que .0043 est inférieur à .005. Le résultat est donc significatif au seuil unilatéral de .005. Si l'on se place dans le cadre de l'inférence combinatoire, on conclut que le protocole est atypique, du côté des valeurs élevées, d'une distribution d'erreurs de fréquence .10 au seuil unilatéral de .005. Si l'on se place dans le cadre de l'inférence fréquentiste, ce qui peut être justifié ici, on rejette l'hypothèse que la fréquence des erreurs dans le protocole est égale à .10 et l'on conclut que cette fréquence est supérieure à .10 au seuil unilatéral de .005.

Considérons maintenant la fréquence des erreurs commises par les adultes pour tous les calculs effectués : on a 72 observations dont 11 erreurs. La fréquence observée est donc 11/72, soit .15. On se pose la même question : est-ce que cette fréquence est compatible avec une fréquence de référence de .10 ?

On peut utiliser l'approximation de χ^2 à un degré de liberté car $n\varphi = 0.10 \times 72 = 7{,}2$ et $n(1 - \varphi) = 0{,}90 \times 72 = 64{,}8$. Faisons le tableau des effectifs théoriques et des effectifs observés. On a :

Effectifs observés		
+	–	total
61	11	72

Effectifs théoriques		
+	–	total
64,8	7,2	72

Pour que l'approximation soit bonne, il faut faire la correction pour la continuité. On calcule donc le χ^2 corrigé :

$$\chi^2_{corr} = \frac{(|61 - 64{,}8| - 0{,}5)^2}{64{,}8} + \frac{(|11 - 7{,}2| - 0{,}5)^2}{7{,}2}$$

$$\chi^2_{corr} = 10{,}89/64{,}8 + 10{,}89/7{,}2 = 0{,}168 + 1{,}513 = 1{,}68$$

Pour situer cette valeur parmi des seuils-repères, on se réfère à la table de χ^2 à la ligne 1, puisqu'il s'agit d'un χ^2 à un degré de liberté. On trouve que 1,68 est compris entre 2,71 (qui correspond au seuil .10) et 1,64 (qui correspond au seuil .20). Cela signifie que le seuil observé unilatéral est compris entre .05 et .10 ($p_{obs} > .05$ et $p_{obs} < .10$). La valeur de p_{obs} est donc nettement supérieure à .025. On conclura donc que le résultat est non significatif au seuil bilatéral de .10 : c'est en effet le seuil le plus élevé pour lequel le résultat est non significatif.

4. COMPARAISON DE DEUX GROUPES D'OBSERVATIONS

Dans le cas de comparaison d'un groupe d'observations à une population, le groupe d'observations et la population ne sont pas sur le même plan : la population sert de référence pour l'échantillon. Dans le cas de la comparaison de deux groupes d'observations, les deux groupes sont sur le même plan : la comparaison est symétrique. Comme nous l'avons fait jusque-là, nous devons distinguer le cas où la variable dépendante est une variable numérique et celui où c'est une variable nominale ou catégorisée.

4.1. Variable numérique

Nous sommes dans le cas où on a deux groupes d'observations numériques de tailles n' et n'' ; on distinguera :

- la structure des groupes appariés : $S{*}T_2$, 2 signifiant qu'il y a deux groupes ;
- la structure des groupes indépendants : $S{<}G_2{>}$, 2 signifiant également qu'il y a deux groupes.

Si l'on se réfère aux données de l'expérience «calcul mental», les deux questions suivantes concernent la structure de groupe appariés :

1. est-ce que, sur l'ensemble des sujets *pour l'essai 1*, le fait d'avoir quatre chiffres à récupérer en mémoire entraîne un temps de calcul plus long que le fait d'en avoir à récupérer seulement deux ?
2. est-ce que, sur l'ensemble des sujets *pour l'essai 2*, le fait d'avoir quatre chiffres à récupérer en mémoire entraîne un temps de calcul plus long que le fait d'en avoir à récupérer seulement deux ?

En ce qui concerne la structure des groupes indépendants $S<G_2>$, les deux questions suivantes font appel à des données qui présentent cette structure de plan :

1. est-ce que les enfants mettent plus de temps que les adultes pour faire le calcul dans le cas de *deux* chiffres à récupérer en mémoire à l'essai 1 ?
2. est-ce que les enfants mettent plus de temps que les adultes pour faire le calcul dans le cas de *quatre* chiffres à récupérer en mémoire à l'essai 1 ?

4.1.1. *La structure de groupes appariés $S * T$*

a. *Le modèle d'échantillonnage*

Lorsqu'il s'agit de comparer deux groupes d'observations numériques appariés, le *protocole pertinent* que l'on va considérer pour l'analyse est le protocole dérivé des effets individuels. Lorsqu'on a construit ce *protocole dérivé des effets individuels*, on se trouve alors ramené à *un* groupe d'observations et donc à un problème d'inférence sur *une* moyenne (la moyenne du protocole des effets individuels) : c'est un cas particulier de la comparaison d'un groupe d'observations à une distribution de référence, que l'on a traité dans le chapitre précédent. On compare en effet le protocole dérivé des effets individuels à une distribution dont la moyenne est 0.

Les procédures qui seront utilisées sont donc celles qui ont été présentées au chapitre précédent. En pratique, on pourra ainsi utiliser les statistiques Z ou T (selon que la variance σ^2 de la distribution de référence est donnée ou non) et suivre exactement la même démarche que précédemment.

b. *Mise en œuvre dans le cas de deux groupes appariés avec une variable numérique*

On reprend l'exemple «calcul mental» en considérant les données des adultes. On est bien dans le cas d'une structure de deux groupes appariés $S*T_2$, puisque ce sont les mêmes sujets qui ont effectué les deux calculs. La première question que nous considérons est la suivante : est-ce que, sur l'ensemble des sujets pour l'essai 1, le fait d'avoir quatre chiffres à récupérer en mémoire entraîne un temps de calcul plus long que le fait d'en avoir à récupérer deux seulement ?

1. On construit tout d'abord le protocole dérivé des effets individuels qui constitue le protocole dérivé pertinent sur lequel portera l'analyse. On calcule donc pour chacun des 12 sujets un effet individuel : si on appelle t_4 le temps mis pour quatre chiffres à l'essai 1 et t_2 le temps mis pour deux chiffres à l'essai 1, cet effet est la différence $t_4 - t_2$. Ainsi pour le sujet 1 on a : $t_4 - t_2 = 36 - 14 = +22$. Ces effets sont présentés dans le tableau ci-dessous :

Sujet	t_4	t_2	$t_4 - t_2$	carré
s_1	36	14	22	484
s_2	15	14	1	1
s_3	38	21	17	289
s_4	37	22	15	225
s_5	25	17	8	64
s_6	57	85	– 28	784
s_7	18	22	– 4	16
s_8	82	48	34	1156
s_9	48	66	– 18	324
s_{10}	35	26	9	81
s_{11}	3	10	– 7	49
s_{12}	24	19	5	25
		Total	54	3498

2. On calcule la moyenne d des effets individuels.

Ici la somme des différences est + 54 et la moyenne $d = +4{,}50$.

La conclusion descriptive est donc que le temps de calcul est plus long dans le cas de quatre chiffres à récupérer en mémoire.

3. Comme on est dans le cas où σ^2 n'est pas donnée, on utilise la statistique de test T qui fait intervenir s, l'écart-type corrigé du protocole des effets individuels.

On a ici $s^2 = (22^2 + 1^2 + 17^2 + \ldots\ldots - 7^2 + 5^2 - 54^2/12)/11$

$s^2 = (3498 - 2243)/11 = 3255/11 = 295{,}91$

$s = 17{,}20$

4. Pour comparer la différence moyenne observée d à unc valeur δ_0 de référence, on utilise la statistique T ; dans notre cas $\delta_0 = 0$,

$$t_{obs} = \frac{(d - \delta_0)}{s/\sqrt{n}} \qquad t_{obs} = \frac{4{,}50}{17{,}20/\sqrt{12}} = +0{,}91$$

5. On calcule le seuil observé unilatéral qui correspond à cette valeur de **t** ou plutôt, comme on ne peut pas calculer la valeur exacte de p_{obs}, on va chercher en utilisant la table de **t** de Student les seuils-repères qui encadrent p_{obs}. Comme $n = 12$, le nombre de degrés de liberté est 11. Il faut donc consulter la ligne 11 de la table. On trouve que les valeurs qui encadrent 0,91 sont 1,36 (qui correspond au seuil unilatéral .10 et au seuil bilatéral .20) et 0,88 (qui correspond au seuil unilatéral .20 et au seuil bilatéral .40).

Seuil unilatéral	.20	.10
Seuil bilatéral	. 40	.20
Table de **t** ligne 11	0,88	1,36
Valeur de t_{obs}	0,91	

6. p_{obs} unilatéral étant compris entre .10 et .20, on conclut donc que le résultat est non significatif au seuil bilatéral .20, valeur du seuil bilatéral correspondant à 1,36.

Pour interpréter ce résultat, il faut savoir si l'on se place dans le cadre de l'inférence combinatoire ou dans celui de l'inférence fréquentiste. Du point de vue de l'inférence combinatoire, la question que l'on se pose ici peut être formulée en ces termes : peut-on dire que, pour une certaine variable, les deux groupes considérés sont *hétérogènes* ou non ? On teste l'homogénéité des groupes, c'est-à-dire qu'on se demande si l'on peut les mélanger ou non. Un résultat significatif à un seuil unilatéral $\alpha/2$ s'interprète comme : les groupes sont hétérogènes au seuil unilatéral $\alpha/2$. Un résultat non significatif s'interprète : au vu des données, les groupes sont homogènes au seuil bilatéral α.

Dans le cadre de l'inférence fréquentiste, on teste l'hypothèse nulle d'absence de différence dans la population parente. L'hypothèse testée est que le protocole des effets individuels est tiré d'une population de moyenne 0, autrement dit, $H_0 : \delta_0 = 0$. Un résultat significatif à un seuil unilatéral $\alpha/2$ s'interprète comme : au seuil unilatéral $\alpha/2$ on rejette l'hypothèse d'absence de différence et on accepte l'hypothèse alternative correspondant à la conclusion descriptive au seuil unilatéral $\alpha/2$. Un résultat non significatif s'interprète : les données ne permettent pas de rejeter l'hypothèse d'absence de différence au seuil bilatéral α ; ou encore : les données sont compatibles avec l'hypothèse d'absence de différence au seuil bilatéral α.

Dans le cas qui nous occupe, on peut se placer dans l'un ou l'autre des deux cadres d'inférence selon l'objectif de la comparaison. Si l'on fait la comparaison pour savoir si on peut regrouper dans les analyses ultérieures les temps de l'essai 1 et de l'essai 2, il est logique de se mettre dans le cadre de l'inférence combinatoire. On peut aussi faire la comparaison en vue de déterminer s'il y a un effet d'apprentissage de l'essai 1 à l'essai 2. On teste alors une hypothèse qui porte sur l'effet du facteur ordre. Ceci est légitime si l'on a fait en sorte dans le plan expérimental que toutes choses soient égales par ailleurs : en l'occurrence, ce sont des calculs de même type (mais pas le même calcul, pour éviter des effets de mémorisation) qui sont comparés chaque fois et de plus le sujet est le même, de sorte que les facteurs individuels sont neutralisés. Une éventuelle différence peut donc être imputée à l'effet d'ordre.

Nous allons maintenant nous demander si, pour les données des enfants, le fait d'avoir quatre chiffres à récupérer en mémoire entraîne un temps de calcul plus long que le fait d'en avoir à récupérer seulement deux.

1. On construit le protocole des effets individuels.

Sujet	t_4	t_2	$t_4 - t_2$	carré
s_{13}	86	26	60	3 600
s_{14}	111	60	51	2 601
s_{15}	59	140	– 81	6 561
s_{16}	137	59	78	6 084
s_{17}	20	48	– 28	784
s_{18}	68	92	– 24	576
s_{19}	33	65	– 32	1 024
s_{20}	132	72	60	3 600
s_{21}	196	29	167	27 889
s_{22}	51	72	– 21	441
s_{23}	97	72	25	625
s_{24}	87	47	40	1 600
		Total	295	55 385

2. On calcule la moyenne d des effets individuels.

$$\text{Ici } d = +\,24{,}58$$

3. On est dans le cas où σ^2 n'est pas donnée ; on utilise la statistique de test T qui fait intervenir s, l'écart-type corrigé du protocole des effets individuels.

$$s^2 = (55\,385 - 295^2/12)/11 = 4\,375{,}72$$

4. Pour comparer la différence moyenne observée d à une valeur δ_0 de référence, on utilise la statistique T ; soit avec $\delta_0 = 0$

$$t_{obs} = \frac{24{,}58}{66{,}15/\sqrt{12}} = +\,1{,}29$$

5. On cherche dans la table de **t** de Student les seuils-repères qui encadrent t_{obs}. On consulte la ligne 11 de la table, puisqu'on a 12 observations. On trouve

que les valeurs qui encadrent 1,29 sont 1,36 (qui correspond au seuil unilatéral .10 et au seuil bilatéral .20) et 0,88 (qui correspond au seuil unilatéral .20 et au seuil bilatéral .40).

Seuil unilatéral	.20	.10
Seuil bilatéral	.40	.20
Table de **t** ligne 11	0,88	1,36
Valeur de t_{obs}	1,29	

6. p_{obs} unilatéral étant compris entre .10 et .20, on conclut donc que le résultat est non significatif au seuil bilatéral .20, valeur du seuil bilatéral correspondant à 1,36.

4.1.2. *La structure de groupes indépendants S < G >*

Si l'on se réfère aux données de l'expérience «calcul mental», la structure de groupes indépendants correspond à des questions du type suivant : est-ce que les enfants mettent plus de temps que les adultes pour faire le calcul dans le cas de deux chiffres (ou de quatre chiffres) à récupérer en mémoire ?

Il s'agit donc de comparer des groupes d'observations pour lesquels il n'existe pas de facteur qui permettent de les apparier. Pour deux observations n'appartenant pas au même groupe il n'y a aucune caractéristique commune (notamment elles n'appartiennent pas au même sujet) dans leur description. Cela traduit le fait que les groupes constituent une partition des sujets.

a. *Le modèle d'échantillonnage*

Le modèle d'échantillonnage consiste à considérer que ces deux groupes sont assimilables à deux échantillons (de taille n' et n'') issus d'une même distribution parente. On a donc ici *une* distribution de référence.

On va situer ces deux groupes parmi tous les couples d'échantillons (de taille n' et n'') qu'on peut tirer d'une même distribution, du point de vue de la statistique différence des moyennes. La distribution d'échantillonnage est donc la distribution des différences de moyennes de tous les couples d'échantillons (de taille n' et n'') qu'on peut tirer d'une même distribution. Nous considérons pour l'instant le cas général où l'hypothèse nulle est l'absence de différence : la moyenne de la distribution d'échantillonnage est donc 0. Nous avons décrit dans la section 1 la procédure combinatoire pour calculer la distribution d'échantillonnage exacte. Nous allons maintenant indiquer quelles sont les distributions approchées que l'on peut utiliser. Il faut, comme pour la comparaison d'un groupe d'observations à une distribution de référence, distinguer le cas où la variance de la distribution dans laquelle est faite l'échantillonnage, qu'on appelle la distribution parente est connue, et le cas où cette variance est inconnue. Si la variance est connue, on utilise la distribution normale réduite comme distribution approchée ; si elle ne l'est pas, on utilise la distribution de **t** de Student.

Cas où est connue la variance de la distribution parente

Les propriétés d'échantillonnage sont les suivantes.

On a une distribution parente de moyenne μ et de variance σ^2 ; on s'intéresse aux couples d'échantillons, respectivement de taille n' et n'', que l'on peut tirer de cette distribution. Comme on l'a vu dans la section 3, la distribution de la statistique M', celle des moyennes des échantillons de taille n', et celle de la statistique M'', celle des moyennes des échantillons de taille n'', convergent vers une distribution normale dans les mêmes conditions que celle que nous avons indiquées dans la section 3. Donc

$$M' \sim N(\mu, \sigma^2/\sqrt{n'}) \text{ et } M'' \sim N(\mu, \sigma^2/\sqrt{n''})$$

Nous nous intéressons à la distribution d'échantillonnage de la statistique D, qui est la différence des moyennes des couples d'échantillons : pour chaque couple on fait la différence entre les deux moyennes m' et m'' et c'est l'ensemble de ces différences qui constitue la statistique D. La moyenne de la statistique D est 0, comme nous l'avons dit, et sa variance est $\sigma^2(1/n' + 1/n'')$. Cette distribution converge vers une distribution normale. On a donc :

$$D \sim N(0, \sigma^2(1/n' + 1/n''))$$

ce qui se lit : «D est distribuée selon une distribution normale, de moyenne 0 et de variance $\sigma^2(1/n' + 1/n'')$».

Si la distribution parente est une distribution normale, la distribution d'échantillonnage exacte de D est une distribution normale de moyenne 0 et de variance $\sigma^2(1/n' + 1/n'')$: il n'y a donc pas de conditions d'approximation.

Pour calculer p_{obs}, on utilise la statistique écart-réduit Z, comme dans le cas de comparaison d'un groupe d'observations à une distribution de référence. On calcule z_{obs} :

$$z_{obs} = \frac{m' - m''}{\sigma_0\sqrt{\frac{1}{n'} + \frac{1}{n''}}}$$

avec :
m' : moyenne du groupe 1 ; m'' : moyenne du groupe 2 ;
σ_0 : écart-type de la distribution parente ;
n' : effectif du groupe 1 ; n'' : effectif du groupe 2.

Une fois obtenue la valeur de z_{obs}, on cherche dans la table de la fonction cumulée de la distribution normale réduite la proportion correspondant à z_{obs} : la proportion trouvée est p_{obs}. Si z_{obs} est positif, on cherche dans la table de la fonction cumulée à droite la proportion de valeurs de Z supérieures à z_{obs}. Si z_{obs} est négatif, on cherche dans la table de la fonction cumulée à gauche la proportion de valeurs de Z inférieures à z_{obs}.

Cas où la variance de la distribution parente n'est pas connue

Dans ce cas on estime la variance de la population de référence en l'estimant à partir des variances des deux échantillons. La distribution d'échantillonnage est alors une distribution de **t** de Student à $n' + n'' - 2$ degrés de liberté. On utilise donc la statistique T et on calcule :

$$t_{obs} = \frac{m' - m''}{s\sqrt{\frac{1}{n'} + \frac{1}{n''}}}$$

$$s^2 = \frac{\Sigma(\mathrm{x} - m')^2 + \Sigma(y - m'')^2}{n' + n'' - 2}$$

s^2 est en fait la somme des variances corrigées des deux échantillons, pondérée par leur nombre de degrés de liberté $(n - 1)$:

$$s^2 = \frac{\mathrm{s}'^2(\mathrm{n}' - 1) + \mathrm{s}''^2(\mathrm{n}'' - 1)}{n' + n'' - 2}$$

s^2 est la variance corrigée intragroupe : c'est une mesure de la distance moyenne entre chaque observation et la moyenne du groupe ; s est l'écart-type corrigé intragroupe. Une fois obtenue la valeur de t_{obs}, on consulte la table de **t** de Student à $n' + n'' - 2$ degrés de liberté pour avoir les seuils-repères qui encadrent p_{obs}. On conclut à un résultat significatif si p_{obs} est inférieur au seuil-repère .025 et à un résultat non significatif dans le cas contraire.

Dans le cadre de l'inférence combinatoire, la question que l'on se pose ici est : peut-on considérer que les deux groupes sont homogènes, autrement dit, peut-on les assimiler l'un à l'autre et les mélanger ? Ou bien sont-ils hétérogènes et faut-il les mettre dans deux catégories distinctes ? Un résultat significatif s'interprète donc : les groupes sont hétérogènes, on ne peut les assimiler l'un à l'autre. Un résultat non significatif s'interprète : on ne peut conclure que les groupes sont hétérogènes, on peut donc les mélanger, ce qui revient à les considérer comme homogènes.

Dans le cadre de l'inférence fréquentiste, on teste l'hypothèse nulle que la distribution de D, la différence des moyennes, est nulle : $H_0 : \mu_D = 0$.

À partir de la statistique de test Z ou T, on conclut que le résultat du test est significatif ou non significatif. Si le résultat est significatif, on rejette l'hypothèse nulle d'égalité des deux moyennes des distributions parentes et on déclare les données en faveur de l'hypothèse qui correspond à la conclusion descriptive, c'est-à-dire : la moyenne du groupe 1 est supérieure à celle du groupe 2 (ou l'inverse). Cela ne signifie nullement que la différence est importante, même si le seuil est très faible ; cela veut dire simplement qu'une différence existe dans ce sens. Si le résultat est non significatif, on ne rejette pas l'hypothèse nulle : cela ne veut pas dire qu'il n'y a pas de différence.

Dans le cadre de l'inférence fréquentiste, on peut aussi se poser la question suivante : peut-on considérer que la différence observée entre les deux moyennes *m*' et *m*" diffère significativement d'une valeur de référence δ_0 autre que 0 ?

On a dans ce cas *deux* distributions de référence. Intuitivement, on se demande si les deux groupes d'observations sont assimilables à deux échantillons de taille *n*' et *n*" issus l'un d'une des deux distributions de référence, l'autre de l'autre.

Les deux distributions de référence sont des distributions de même variance.

Les propriétés d'échantillonnage sont les suivantes : on s'intéresse aux couples d'échantillons (de taille *n*' et *n*") dont l'un est issu de la première distribution, l'autre de la seconde :

La distribution d'échantillonnage de la différence des moyennes *D* tend vers une distribution normale, et cela d'autant plus vite que les distributions de référence sont plus proches d'une distribution normale. Si ces dernières sont des distributions normales, la distribution d'échantillonnage est une distribution normale sans autre condition :

$$D \approx N\,(\mu' - \mu'', \sigma^2 \,/\, (1/n' + 1/n'')),$$

ce qui se lit : «*D* est approximativement distribué comme une distribution normale de moyenne $\mu' - \mu''$ et de variance $\sigma^2 \,/\, (1/n' + 1/n'')$».

La procédure de test est la même que dans le cas où l'on a une même distribution parente. On utilise la statistique *Z* ou la statistique *T*, suivant que l'on connaît ou non la variance des distributions parentes.

b. *Mise en œuvre de la comparaison de deux groupes indépendants dans le cas d'une variable numérique*

On traitera une première question : est-ce que les enfants mettent plus de temps que les adultes pour faire le calcul dans le cas de *deux* chiffres à récupérer en mémoire à l'essai 1 ?

On est dans le cas d'une structure de deux groupes indépendants (le groupe d'observations des enfants et celui des adultes). On se demandera si ces deux groupes peuvent être considérés comme homogènes ou non, ce qui revient à se placer dans le cadre de l'inférence combinatoire. Pour répondre à cette question, on fera un test d'homogénéité. Se placer dans le cadre de l'inférence fréquentiste consisterait à tester l'hypothèse d'un effet de l'âge. Comme on l'a dit dans la section 2, on ne peut pas vraiment tester l'effet de l'âge, car trop d'autres caractéristiques sont confondues avec l'âge pour que l'on puisse raisonnablement se prononcer sur l'effet de l'âge en tant que tel. Il est donc plus raisonnable de se limiter à l'inférence combinatoire, c'est-à-dire de se demander s'il y a une différence entre les enfants et les adultes, ce qui ne revient pas à tester l'effet de l'âge : cela supposerait que l'on maintient toutes choses égales par ailleurs.

1. On calcule les deux moyennes m' (temps moyen des enfants) et m'' (temps moyen des adultes) ; on trouve ici :

$$m' = 65.17$$
$$m'' = 30.33$$

2. On est dans le cas où on ne connaît pas la variance de la distribution parente ; on utilise la statistique de test T qui fait intervenir s, l'écart-type corrigé intragroupe.

   On a ici $n' = n'' = 12$,
   $s'^2 = 551.88$ et $s''^2 = 908.33$, d'où
   $s^2 = (11 \times 551.88 + 11 \times 908.33)/22 = 730.11$
   soit $s = 27.02$

3. On utilise la statistique T et on calcule :

$$t_{obs} = \frac{34,84}{27,02\sqrt{\frac{1}{12}+\frac{1}{12}}} = 3,16$$

4. On consulte la table de **t** de Student à 22 degrés de liberté ($n' + n'' - 2$) et l'on cherche les valeurs de **t** qui encadrent 3,16 : on trouve 3,51 (auquel correspond le seuil unilatéral .001 et le seuil bilatéral .002) et 2,82 (auquel correspond le seuil unilatéral .005 et le seuil bilatéral .01). Le résultat est donc significatif au seuil unilatéral .005.

Seuil unilatéral	.005	.001
Seuil bilatéral	.01	.002
Table de **t** ligne 22	2,82	3,51
Valeur de t_{obs}	3,16	

5. p_{obs} unilatéral étant compris entre .001 et .005, on conclut que les groupes sont hétérogènes au seuil unilatéral .005 : les enfants mettent plus de temps que les adultes pour faire le calcul dans le cas où deux chiffres doivent être récupérés en mémoire.

On considérera maintenant une deuxième question : est-ce que les enfants mettent plus de temps que les adultes pour faire le calcul dans le cas de *quatre* chiffres à récupérer en mémoire à l'essai 1 ?

La démarche est exactement la même que pour la première question traitée.

1. On calcule m' (temps moyen des enfants) et m'' (temps moyen des adultes) ; on trouve ici :

$$m' = 89.75$$
$$m'' = 34.83$$

2. On est toujours dans le cas où on ne connaît pas la variance de la distribution parente ; on utilise la statistique de test T qui fait intervenir s, l'écart-type corrigé intragroupe.

   On a ici $s = 37.93$

3. On utilise la statistique T et on calcule :

$$t_{obs} = \frac{54{,}92}{37{,}93\sqrt{\frac{1}{12}+\frac{1}{12}}} = 3{,}55$$

4. On consulte la table de **t** de Student à 22 degrés de liberté ($n' + n'' - 2$) et l'on cherche les valeurs de **t** qui encadrent 3,55 : on trouve seulement la borne inférieure 3,51 (auquel correspond le seuil unilatéral .001 et le seuil bilatéral .002), la table ne donnant pas la borne supérieure. On dira donc que le résultat est significatif au seuil unilatéral .001.

5. On conclut que les groupes sont hétérogènes au seuil unilatéral .001 : les enfants mettent plus de temps que les adultes pour faire le calcul dans le cas où quatre chiffres doivent être récupérés en mémoire.

Il y a une indication empirique que la différence entre les enfants et les adultes est plus importante dans le cas de quatre chiffres à récupérer en mémoire que dans le cas de deux chiffres. Le test que nous venons de faire ne permet pas de répondre à cette question : en particulier, le fait que le résultat du test soit significatif à un seuil plus bas dans le cas de quatre chiffres ne permet pas d'affirmer cela. Comme on l'a vu déjà, ce fait permet seulement d'affirmer l'existence de la différence avec plus de sécurité dans le cas de quatre chiffres à rappeler.

4.2. Variable nominale ou catégorisée

Comme dans le cas d'une variable numérique, il faut distinguer le cas de groupes appariés (plan $S * T$) et le cas de groupes indépendants ($S\langle G \rangle$).

4.2.1. *La structure de groupes appariés $S * T$*

Dans le cas de l'expérience *calcul mental* la structure de groupes appariés correspond à une question du type : est-ce que sur l'ensemble des sujets (enfants et adultes) le fait d'avoir quatre chiffres à récupérer en mémoire pour faire le calcul entraîne plus d'erreurs que le fait d'avoir à en récupérer deux seulement ?

a. *Le modèle d'échantillonnage*

Nous avons vu dans la section 1.3.1 que comparer la fréquence des erreurs (ou des réponses correctes) dans deux groupes revient à comparer le nombre de fois où la différence est en faveur du groupe 1 et le nombre de fois où elle est en faveur du groupe 2, en négligeant les couples d'observations où il n'y a pas de différence (ceux où il y a deux réponses correctes ou deux erreurs). Cela revient à comparer un groupe d'observations binaires (qui ont l'une de deux valeurs possibles : différence en faveur du groupe 1 ou différence en faveur du groupe 2) à une distribution de référence dont la fréquence φ est 1/2. La distribution d'échantillonnage exacte est une distribution binomiale. Nous avons traité la question pour le cas des adultes dans la section 1.3.1, en prenant les données de l'essai 1, en utilisant la distribution binomiale.

b. *La mise en œuvre de la comparaison de deux groupes appariés dans le cas d'une variable nominale*

Nous allons maintenant étudier deux tests qui utilisent une distribution approchée. Le premier est le test du signe, qui utilise la distribution de χ^2 comme distribution approchée d'échantillonnage, et le test dit χ^2 de Mc Nemar.

Le test du signe

Nous considérons toujours la même question : «Est-ce que le fait d'avoir quatre chiffres à récupérer en mémoire pour faire le calcul entraîne plus d'erreurs que le fait d'avoir à en récupérer deux seulement ?», mais nous prenons les données de l'ensemble des sujets pour le premier essai et pour le second essai. Cela donne 48 couples d'observations. On remplit, à partir du protocole (voir section 2.1), le tableau suivant :

2 chiffres + 4 chiffres − En faveur de 2 chiffres	2 chiffres − 4 chiffres + En faveur de 4 chiffres	2 chiffres − ou + 4 chiffres − + égalité	Total
11	5	32	48

Nous enlevons de ce tableau les cas d'égalité pour obtenir les effectifs observés pour le test du signe et nous allons calculer les effectifs théoriques en vue du test de χ^2. Dans l'hypothèse où il n'y a pas de différence entre deux chiffres et quatre chiffres, on s'attend à ce qu'il y ait autant de cas en faveur de deux chiffres que de cas en faveur de quatre chiffres.

Effectifs observés		
En faveur de 2 chiffres	En faveur de 4 chiffres	Total
11	5	16

Effectifs théoriques		
En faveur de 2 chiffres	En faveur de 4 chiffres	Total
8	8	16

Comme tous les effectifs théoriques sont supérieurs à 5, on peut calculer le χ^2_{corr} et utiliser la distribution de χ^2 à un degré de liberté :

$$\chi^2_{corr} = \frac{(|11-8|-0,5)^2}{8} + \frac{(|5-8|-0,5)^2}{8}$$

$$\chi^2_{corr} = 2,5^2/8 + 2,5^2/8 = 1,56$$

Si on se réfère à la table de χ^2 à un degré de liberté, on lit que les valeurs qui encadrent 1,56 sont 1,64 et 1,07 : 1,64 est la borne supérieure et correspond à la proportion .20 ; 1,07 est la borne inférieure et correspond à la proportion .30. On dira que la différence n'est pas significative au seuil bilatéral .20. Dans le cadre de l'inférence combinatoire, on conclura que les observations relatives à quatre chiffres à récupérer en mémoire et les observations relatives à deux chiffres sont homogènes du point de vue des erreurs. Dans le cadre de l'inférence fréquentiste, on conclura que l'on ne peut rejeter l'hypothèse d'absence de différence entre les deux types de calcul du point de vue du nombre d'erreurs. Pour cette question il est plus justifié de conclure dans le cadre de l'inférence fréquentiste.

Le test χ^2 de Mc Nemar

Ce test est l'équivalent du test du signe que nous venons de voir. On présente en général les données pour le calcul de la statistique de test sous la forme d'un tableau à quatre cases. Dans notre exemple il se présente ainsi :

	Dans le cas de 2 chiffres –		Dans le cas de 4 chiffres +	
+	A	11	B	32
–	C	0	D	5

Si on désigne les cases par les lettre *A B C* et *D*, *A* et *D* étant les cases où il y a une différence dans un sens ou dans l'autre, la statistique de test est la suivante :

$$\chi^2_{corr} = \frac{(|A+D|-1)^2}{A+D}$$

Cette formule est équivalente à la formule suivante, qui correspond au calcul que nous venons de faire pour le test du signe, $(A + D)/2$ étant l'effectif théorique :

$$\chi^2_{corr} = \frac{(|A-(A+D)/2|-0,5)^2}{(A+D)/2} + \frac{(|D-(A+D)/2|-0,5)^2}{(A+D)/2}$$

Nous pouvons le vérifier à partir de notre exemple. La formule classique de Mc Nemar donne, en remplaçant *A* par 11 et *D* par 5 :

$$\chi^2_{corr} = \frac{(|11-8|-0,5)^2}{8} + \frac{(|5-8|-0,5)^2}{8} = 1,56$$

C'est la valeur que nous avons trouvée en faisant le test du signe. L'utilisation de la formule de Mc Nemar peut créer une confusion avec le cas de la comparaison de deux groupes indépendants, où, comme on le verra, le calcul se présente aussi sous la forme d'un tableau à double entrée. La formule de Mc Nemar simplifie le calcul mais masque le fait que le χ^2 de Mc Nemar est un cas particulier du test du signe et que l'on compare une distribution observée à une distribution théorique.

4.2.2. *La structure de groupes indépendants S < G >*

La structure de groupes indépendants correspond, dans le cas de notre exemple, à une question du type : est-ce qu'il y a une différence dans le nombre d'erreurs faites par les enfants et les adultes à l'essai 1 dans le cas où le calcul implique la récupération de quatre chiffres en mémoire ?

a. *Le modèle d'échantillonnage*

Le cas de deux groupes d'observations et de deux catégories de réponses

Appelons n' l'effectif du groupe 1, n'' l'effectif du groupe 2 et N l'effectif total, soit $N = n' + n''$. Comme nous l'avons vu dans la section 1.3, on construit l'espace des protocoles possibles en considérant toutes les partitions de N qui donnent n' observations d'un côté et n'' observations de l'autre. Nous avons vu également que chercher toutes les partitions possibles de N en deux groupes de n' et n'' revient à extraire tous les échantillons possibles de n' éléments d'une population de N éléments : les n' éléments correspondent au premier groupe et ce qui reste de la population (ce qui n'a pas été extrait) correspond au second groupe, car $n'' = N - n'$. La distribution d'échantillonnage est la distribution des fréquences des échantillons possibles : cette distribution est la distribution hypergéométrique. Cela revient à prendre comme population la réunion des deux groupes d'observations. Nous allons maintenant considérer un autre cas : celui où on a soit plus de deux groupes soit plus de deux catégories de réponses, soit encore à la fois plus de deux catégories de réponses et plus de deux groupes.

Le cas de plus de deux catégories de réponses ou de plus de deux groupes d'observations

Nous avons considéré jusque-là le cas de la comparaison de deux groupes dans le cas où la variable observée n'a que deux valeurs, par exemple réponse correcte-erreur ou OUI-NON. Dans les cas où la variable sur laquelle est faite la distribution a plus de deux valeurs (et où il y a donc plus de deux groupes d'observations), la distribution exacte est une distribution multinomiale, qui ne sera pas considérée ici. Cette distribution est approchée par une distribution de χ^2 à plusieurs degrés de liberté. Le nombre de degrés de liberté est le nombre de catégories (ou colonnes) moins une, multiplié par le nombre de groupes (ou lignes) moins un : si k est le nombre de catégories, et r le nombre de groupes, le nombre de degrés de liberté est $(k-1)(r-1)$. Ainsi dans un tableau de 3 lignes et 4 colonnes on a $2 \times 3 = 6$ degrés de liberté. Pour avoir les valeurs des seuils-repères on consulte la table de χ^2 à la ligne correspondant au nombre de degrés de liberté. Les conditions pour que la distribution de χ^2 constitue une approximation satisfaisante de la distribution d'échantillonnage sont qu'il n'y ait pas plus de 20 % de cases du tableau pour lesquelles l'effectif théorique est inférieur à 5. Il n'est pas indispensable de faire la correction pour la continuité.

b. *La mise en œuvre de la comparaison de deux groupes indépendants dans le cas d'une variable nominale*

Le cas de deux groupes d'observations

La distribution exacte est la distribution hypergéométrique : c'est la même distribution que dans le cas de la comparaison d'un groupe d'observations à une population de référence, mais il faut interpréter différemment les paramètres, pour ne pas faire d'erreur dans la façon de remplir le tableau. Comme on le voit dans le tableau ci-dessous, on remplace «échantillon» par groupe 1 et «reste après échantillonnage» par groupe 2 et de même on remplace n par n' et $N-n$ par n''. Les autres paramètres ont la même signification : k est l'effectif de la première catégorie (ici –) dans le groupe 1, $n'-k$ l'effectif de la seconde catégorie dans le groupe 1 ; A est l'effectif de la première catégorie dans l'ensemble des deux groupes, $N-A$ l'effectif de la seconde catégorie dans l'ensemble des deux groupes. En conséquence $A-k$ est l'effectif de la première catégorie dans le groupe 2, $N-A-(n'-k)$ l'effectif de la seconde catégorie dans le groupe 2.

	–	+	
échantillon	k	$n-k$	n
reste après échantillonnage	$A-k$	$N-A-(n-k)$	$N-n$
population	A	$N-A$	N

Comparaison d'un groupe d'observations à une population.

	–	+	
Groupe 1	k	$n'-k$	n'
Groupe 2	$A-k$	$N-A-(n'-k)$	n''
	A	$N-A$	N

Comparaison de deux groupes d'observations.

Nous allons remplir le tableau dans le cas de notre exemple, la comparaison des enfants et des adultes pour le nombre d'erreurs de calcul à l'essai 1 dans le cas de quatre chiffres à récupérer en mémoire.

	–	+	
Groupe 1	k	$n'-k$	n'
Groupe 2	$A-k$	$N-A-(n'-k)$	n''
population	A	$N-A$	N

	–	+	
Adultes	5	7	12
Enfants	3	9	12
	8	16	24

La distribution de χ^2 donne une bonne approximation de la distribution hypergéométrique dans les conditions indiquées dans la section 3, à savoir : que tous les effectifs théoriques soient au moins égaux à 5 et que l'on calcule un χ^2 corrigé. Le calcul des effectifs théoriques se fait de la façon suivante. L'hypothèse nulle est que la fréquence de chaque catégorie est la même dans les deux groupes : la fréquence théorique des erreurs est donc égale à A/N, soit dans notre exemple 8/24, et celle des bonnes réponses est égale à $(N - A)/N$, soit 16/24. L'effectif théorique des erreurs dans le groupe des adultes est donc $n' \times A/N$, soit $12 \times 8/24$, et celui des bonnes réponses $n' \times (N - A)/N$, soit $12 \times 16/24$. Autrement dit, pour avoir l'effectif théorique d'une case, on multiplie le total de la ligne par le total de la colonne et on divise par le total général. On obtient ainsi le tableau des effectifs théoriques :

Effectifs observés	–	+	
Adultes	5	7	12
Enfants	3	9	12
Total	8	16	24

Effectifs théoriques	–	+	
Adultes	4	8	12
Enfants	4	8	12
Total	8	16	24

Comme on le voit, il y a deux effectifs théoriques inférieurs à 5 : la distribution de χ^2 ne serait donc pas une très bonne approximation et il vaut mieux utiliser la distribution hypergéométrique. Il faut calculer la proportion d'échantillons dont la fréquence correspond au protocole observé ou aux cas plus extrêmes. Les cas plus extrêmes sont les échantillons pour lesquels le nombre des erreurs pour le groupe 1 est supérieur à 5 et où par conséquent le nombre d'erreurs pour le groupe 2 est inférieur à 3. On peut donc :

1. calculer la proportion d'échantillons pour lesquels le nombre d'erreurs pour le groupe 2 (enfants) est égal ou inférieur à 3 : cette proportion est d'après le tableau ci-dessous .3334 (soit 0.0007 + 0.0129 + 0.0829 + 0.2369)
2. ou calculer la proportion d'échantillons pour lesquels le nombre d'erreurs pour le groupe 1 (adultes) est au moins égal à 5 : cette proportion est le complément de la proportion d'échantillons pour lesquels le nombre d'erreurs du groupe 2 est inférieur ou égal à 4, c'est-à-dire 1 – 0.6666, soit .3334.

En fait, il est plus simple de choisir d'appeler k la case pour laquelle l'effectif est le plus faible, ici la case «–» pour le groupe 2 (enfants). Les paramètres de la distribution hypergéométrique sont alors : $N = 24$, $A = 8$, $n = 12$ et $k = 0$, 1, 2 ou 3. D'après ce qui a été dit dans la section 1.2.2 pour la dénomination des paramètres, A est le total de la colonne où est k et n le total de la ligne où est k. Le résultat des calculs est donné page suivante.

Comme le seuil observé unilatéral 0.3334 est très largement supérieur à .025, on conclura que le résultat est non significatif au seuil bilatéral .67 et a fortiori au seuil .05.

k	$n - k$	$A - k$	$N - A - (n - k)$	p_k	p_k cumulé
0	12	8	4	0.0007	0.0007
1	11	7	5	0.0129	0.0136
2	10	6	6	0.0829	0.0965
3	9	5	6	0.2369	0.3334

Dans le cadre de l'inférence combinatoire, on conclura que les deux groupes d'enfants et d'adultes sont homogènes du point de vue du nombre d'erreurs. Comme on l'a dit déjà, étant donné la façon dont sont constitués les groupes d'observations (il n'y a pas de répartition aléatoire des sujets entre les groupes), se placer dans le cadre de l'inférence fréquentiste n'a guère de sens.

Nous allons maintenant examiner les réponses à la question V de l'enquête sur la psychologie (Cours de psychologie, tome 2 cours 3, chapitre 6, annexe) «Croyez-vous à la valeur scientifique de la psychologie ?» Les catégories dans lesquelles ont été codées les réponses sont :

- 1 pas d'opinion ou absence de réponse,
- 2 non,
- 3 oui et non,
- 4 plutôt oui mais avec des réserves,
- 5 oui franc.

Nous regrouperons les catégories 1, 2, 3 et 4, que nous opposerons à la catégorie 5. Cette dernière catégorie de réponses marque un accord sans réserve sur la valeur scientifique de la psychologie, les autres un accord réservé ou un désaccord. On se propose de comparer l'avis des hommes et des femmes concernant la valeur scientifique de la psychologie. Le tableau des fréquences observées est présenté ci-dessous. On voit que le nombre de cas où l'accord est sans réserve est très légèrement supérieur chez les hommes. Nous allons examiner si l'on peut prolonger inductivement cette conclusion.

	Effectifs observés		
	Accord réservé ou désaccord	Accord sans réserve	
Hommes	12	28	40
Femmes	15	25	40
Total	27	53	80

	Effectifs théoriques		
	Accord réservé ou désaccord	Accord sans réserve	
Hommes	13,5	26,5	40
Femmes	13,5	26,5	40
Total	27	53	80

Calculons les effectifs théoriques : $40 \times 27/80 = 13{,}5$; $53 \times 40/80 = 26{,}5$. Nous sommes dans les conditions où la distribution de χ^2 est une bonne approximation de la distribution hypergéométrique.

$$\chi^2_{corr} = \frac{(|12-13{,}5|-0{,}5)^2}{13{,}5} + \frac{(|15-13{,}5|-0{,}5)^2}{13{,}5} + \frac{(|28-26{,}5|-0{,}5)^2}{26{,}5} + \frac{(|25-26{,}5|-0{,}5)^2}{26{,}5}$$
$$= 2/13{,}5 + 2/26{,}5 = 0{,}22$$

On cherche dans la table de la distribution de χ^2 à la ligne 1 les valeurs qui encadrent 0,22 : ce sont 0,46 (valeur à laquelle correspond la proportion 0.50) et 0,15 (valeur à laquelle correspond la proportion 0.70). On conclut donc que le résultat est non significatif au seuil bilatéral 0.50. Dans le cadre de l'inférence combinatoire, on considérera les deux groupes d'hommes et de femmes comme homogènes du point de vue de l'avis qu'ils ont sur la valeur scientifique de la psychologie.

Le cas de plus de deux catégories de réponses ou de plus de deux groupes d'observations

Nous prendrons les données de la question IV de l'enquête sur la représentation que se fait le public de la psychologie et des psychologues. Voici les catégories dans lesquelles ont été recodées les réponses.

Question IV

Qu'attendez-vous du psychologue ?

1- pas de réponse ou sans opinion
2- une aide pour l'orientation
3- une meilleure connaissance de soi
4- une aide pour résoudre des problèmes personnels
5- une guérison
6- un conseil

Pour que les effectifs théoriques ne soient pas trop petits nous regroupons d'une part les catégories 2 et 6, qui concernent une demande de conseil ou d'aide pour l'orientation, et d'autre part les catégories 4 et 5, qui concernent une demande d'intervention les catégories 1 et 3 restant distinctes. Pour les mêmes raisons, nous constituerons seulement deux groupes d'observations en regroupant les catégories professionnelles 1 et 4 (professions libérales et cadre supérieurs) et les catégories professionnelles 2 et 3 (employés et ouvriers). Le tableau des effectifs observés est le suivant

	Effectifs observés				
	Pas de réponse	Conseil ou aide pour l'orientation	Meilleure connaissance de soi	Demande d'intervention	Total
Professions libérales et cadres supérieurs	6	13	1	20	40
Ouvriers et employés	4	9	5	22	40
Total	10	22	6	42	80

On remarque que, dans l'échantillon, les psychologues sont consultés relativement plus souvent pour des besoins d'orientation ou de conseil de l'avis des catégories sociales élevées que de l'avis des employés et ouvriers. Ils sont consultés plus souvent pour une meilleure connaissance de soi de l'avis des employés et ouvriers que de celui des cadres et professions libérales. Il n'y a pas de différence en ce qui concerne la demande d'intervention. Examinons si l'on peut prolonger cette conclusion au niveau inductif, c'est-à-dire si on peut la généraliser au niveau de la population relative aux catégories sociales concernées. Nous allons pour cela calculer la statistique χ^2.

Calculons les effectifs théoriques :

	Effectifs théoriques				
	Pas de réponse	Conseil ou aide pour l'orientation	Meilleure connaissance de soi	Demande d'intervention	Total
Professions libérales et cadres supérieurs	5	11	3	21	40
Ouvriers et employés	5	11	3	21	40
Total	10	22	6	42	80

Deux seulement des effectifs théoriques sur 8 sont inférieurs à 5. Dans ces conditions nous pouvons utiliser la distribution du χ^2 à 3 degrés de liberté. Les calculs sont les suivants :

Groupe	Professions libérales et cadres				Employés et ouvriers			
Réponse	1	2 ou 6	3	4 ou 5	1	2 ou 6	3	4 ou 5
Effectif obs	6	13	1	20	4	9	5	22
Effectif théo	5	11	3	21	5	11	3	21
Différence	1	2	2	1	1	2	2	1
$(\text{Différence})^2$	1	4	4	1	1	4	4	1
$(\text{Diffé})^2/\text{eff théo}$	0,2	0,364	1,333	0,048	0,2	0,364	1,333	0,048

$\chi^2 = 3{,}89$.

Si l'on consulte la table de χ^2 pour 3 degrés de liberté, on voit que 3,93 se situe entre la valeur 3,66, correspondant à la proportion .30, et la valeur 4,64, correspondant à la proportion .20. Comme ces valeurs sont bien supérieures à .05, on dira que le résultat est non significatif au seuil bilatéral .20. On conclura donc à l'homogénéité des catégories sociales relativement à la représentation qu'elles ont de ce que l'on attend du psychologue.

5. LIAISON ENTRE DEUX GROUPES D'OBSERVATIONS APPARIÉS

5.1. Le cas de variables numériques

On considère deux groupes d'observations numériques appariées (structure $S * T_2$) et on se demande s'il y a une *liaison linéaire* entre ces deux groupes.

On reprendra les données de l'expérience «calcul mental» pour le groupe des adultes, et on répondra à la question suivante : est-ce que, sur l'ensemble des sujets pour l'essai 1, il y a *liaison linéaire* entre le temps mis pour récupérer deux chiffres en mémoire et le temps mis pour récupérer quatre chiffres en mémoire ?

On se placera d'abord dans le cadre de l'inférence combinatoire. Le raisonnement est analogue à celui développé dans le cas de l'inférence sur une moyenne.

On considère une distribution de référence dont on a calculé le coefficient de corrélation linéaire de Bravais-Pearson r (voir tome 2, cours 3, chapitre 6, § 9.2.1). On va situer le coefficient de corrélation observé r par rapport aux coefficients de corrélation des échantillons de même taille issus de la distribution de référence. Mais, dans le cas général, on ne peut pas avoir une bonne approximation de la distribution d'échantillonnage par une distribution usuelle.

On se limitera donc ici au cas particulier d'une distribution de référence dans laquelle le coefficient de corrélation r est égal à 0. Dans ce cas on pourra prendre comme statistique de test la statistique (cf. Rouanet *et al.*, 1990 V-5-C)

$$T = \frac{r\sqrt{n-2}}{\sqrt{1-r^2}}$$

Cette statistique est approximativement distribuée selon une distribution de Student à $n = n - 2$ degrés de liberté :

$$T \approx t_\nu \text{ avec } \nu = n - 2$$

Illustration à partir des données de l'expérience «calcul mental»

On se demande si pour le groupe des adultes et pour l'essai 1, il y a liaison linéaire entre le temps mis pour récupérer deux chiffres en mémoire et le temps mis pour récupérer quatre chiffres en mémoire.

1. À partir du tableau des données présentées dans la section 1.1, on calcule le coefficient de corrélation observé r (voir tome 2, *ibid.*).

   On a ici $r = +\,0.283$

2. On utilise la statistique T et on calcule :

$$T = \frac{r\sqrt{n-2}}{\sqrt{1-r^2}}$$

On trouve $t = +\,0{,}93$

3. On consulte la table de **t** de Student à la ligne 10 et on cherche les valeurs qui encadrent 0,93. On trouve 1,37 (qui correspond au seuil unilatéral .10 et au seuil bilatéral .20) et 0,88 (qui correspond au seuil unilatéral .20 et au seuil bilatéral .40). Donc p_{obs} unilatéral est compris entre .10 et .20. On conclura donc que le résultat est non significatif au seuil bilatéral .20. On ne peut donc pas affirmer qu'il y a liaison linéaire entre le temps mis pour récupérer deux chiffres en mémoire et le temps mis pour récupérer quatre chiffres en mémoire dans le cas des adultes.

Dans le cadre de l'inférence fréquentiste, on teste l'hypothèse nulle que le coefficient de corrélation linéaire ρ_o dans la population parente est 0, c'est-à-dire $H_o : \rho_o = 0$. On utilise la même statistique que pour l'inférence combinatoire, à savoir T. On calcule t_{obs}, qui a également la même valeur, et on procède de la même façon, en utilisant la table de **t** de Student, pour chercher entre quelles valeurs est situé t_{obs} : si la valeur trouvée pour **t** est supérieure à la valeur lue dans la table au seuil unilatéral .025 on déclare le résultat significatif au seuil unilatéral .025 ; si la valeur trouvée pour **t** est inférieure à la valeur lue dans la table au seuil unilatéral .025 on déclare le résultat non significatif au seuil bilatéral .05. Si la valeur trouvée pour t_{obs} est encore inférieure à la valeur lue dans la table à un seuil bilatéral supérieur, .10 ou .20, on peut déclarer le résultat non significatif à ce seuil. Dans notre exemple le résultat est non significatif au seuil bilatéral .20. Un résultat significatif s'interprète comme : on rejette l'hypothèse de corrélation nulle au seuil unilatéral $\alpha/2$, donc on affirme l'existence d'une corrélation, positive ou négative, à ce seuil unilatéral. Un résultat non significatif s'interprète : on ne rejette pas l'hypothèse de corrélation nulle au seuil bilatéral α.

5.2. Le cas de variables nominales

Ce cas correspond à une question du type : est-ce qu'il y a une liaison entre le fait de faire une erreur pour un calcul donné à l'essai 1 et le fait d'en faire une à l'essai 2 ?

Nous avons vu dans le tome 1 que pour calculer la liaison entre deux variables nominales on utilise le coefficient de contingence Φ^2. Nous avons vu également que cette statistique était liée à la statistique χ^2 par la relation suivante :

$$\Phi^2 = \chi^2/n$$

On peut calculer ϕ^2 à partir de χ^2 et calculer le seuil observé p_{obs} à partir de χ^2, en utilisant la table de χ^2 à un degré de liberté. Nous allons illustrer la démarche en calculant la liaison entre le fait de commettre une erreur à l'essai 1 et le fait de commettre une erreur à l'essai 2 dans le calcul. Le tableau des effectifs observés et celui des effectifs théoriques sont les suivants :

	Effectifs observés		
	Erreur essai 2	Réponse correcte essai 2	Total
Erreur essai 1	3	5	8
Réponse correcte essai 1	2	14	16
Total	5	19	24

	Effectifs théoriques		
	Erreur essai 2	Réponse correcte essai 2	Total
Erreur essai 1	1,67	6,33	8
Réponse correcte essai 1	3,33	12,66	16
Total	5	19	24

La distribution de χ^2 ne sera pas une bonne approximation de la distribution hypergéométrique, car deux effectifs théoriques sont inférieurs à 5. Nous allons donc utiliser la distribution hypergéométrique. On peut choisir pour k la valeur de n'importe quelle case, mais il est commode de choisir la case dont la valeur est la plus faible et dont l'effectif est plus faible que l'effectif attendu : c'est ici la case «erreur à l'essai 1 – réponse correcte à l'essai 2», qui a pour effectif 2. On cherche la probabilité que k soit égal à 0 ou 1 ou 2 : les valeurs qui en découlent pour les autres cases du tableau sont indiquées dans les colonnes 2 à 4. Les paramètres de la distribution hypergéométrique sont $N = 24$, $A = 5$, $n = 16$ et $k = 0{,}1$ ou 2. Attention : A est le total de la colonne où il y a k et n le total de la ligne où il y a k. Le résultat du calcul est donné ci-dessous :

k	$n - k$	$A - k$	$N - A - (n - k)$	p_k	p_k cumulé
0	16	5	3	0.0013	0.0013
1	15	4	4	0.0264	0.0277
2	14	3	5	0.1581	0.1858

Le seuil observé unilatéral (0.186) est largement supérieur à .025. Le résultat est non significatif au seuil bilatéral .37 ; on ne peut donc pas affirmer l'existence d'une liaison entre le nombre d'erreurs à l'essai 1 et à l'essai 2 pour le calcul qui requiert de récupérer quatre chiffres en mémoire.

Nous allons maintenant considérer l'enquête sur la représentation de la psychologie (tome 2, *loc. cit.*) et étudier la liaison entre les réponses à la question V : «Croyez-vous en la valeur scientifique de la psychologie ?», et celles à la question VI : «Quels sont, selon vous, les résultats apportés par les tests ?» Les catégories de réponses pour ces deux questions sont :

Question V

Croyez-vous en la valeur scientifique de la psychologie ?

1- pas d'opinion ou absence de réponse
2- non
3- oui et non
4- plutôt oui mais avec des réserves
5- oui franc

Question VI

Quels sont, selon vous, les résultats apportés par les tests ?

1- résultats positifs
2- résultats plutôt positifs mais avec des réserves
3- aucune valeur
4- pas d'opinion
5- absence de réponse

Nous regrouperons dans la question V les réponses 1 à 4 pour avoir seulement deux catégories «réponse positive sans réserve – réponse positive avec réserve ou réponse négative». De la même façon nous opposerons dans la question 6 la réponse 1 (réponse positive sans réserve) aux autres réponses. Les effectifs observés sont présentés dans le tableau ci-dessous.

	Effectifs observés		
	Réponse positive question VI	Réponse réservée ou négative question VI	Total
Réponse positive question V	27	26	53
Réponse réservée ou négative question V	7	20	27
Total	34	46	80

	Effectifs théoriques		
	Réponse positive question VI	Réponse réservée ou négative question VI	Total
Réponse positive question V	22,5	30,5	53
Réponse réservée ou négative question V	11,5	15,5	27
Total	34	46	80

Nous allons calculer χ^2 et Φ^2. Nous calculons χ^2 avec la formule habituelle (sans faire la correction de continuité), car pour l'instant nous calculons χ^2 en vue de trouver la valeur de Φ^2 : nous sommes donc au plan descriptif).

$$\chi^2 = (27 - 22,5)^2/22,5 + (26 - 30,5)^2/30,5 + (7 - 11,5)^2/11,5 + (20 - 15,5)^2/15,5$$

$$\chi^2 = 20,25/22,5 + 20,25/30,5 + 20,25/11,5 + 20,25/15,5 = 4,63$$

D'où $\Phi^2 = 4,63/80 = 0,06$

Il y a une indication de liaison positive faible entre les réponses aux deux questions : les sujets interrogés qui ont donné une réponse positive à la question V ont tendance aussi à donner une réponse positive à la question VI, et inversement les sujets qui ont donné une réponse négative à la question V ont tendance aussi à donner une réponse négative à la question VI : les effectifs observés correspondant à ces deux cases sont plus élevés que les effectifs attendus. Examinons maintenant si on peut prolonger inductivement cette conclusion. La distribution de χ^2 à un degré de liberté fournit une approximation satisfaisante de la distribution hypergéométrique, pourvu que nous fassions la correction de continuité : en effet tous les effectifs théoriques sont supérieurs à 5. Nous allons donc maintenant calculer χ^2 en faisant cette correction :

$$\chi^2_{corr} = (|27 - 22{,}5| - 0{,}5)^2/22{,}5 + (|26 - 30{,}5| - 0{,}5)^2/30{,}5 + (|7 - 11{,}5| - 0{,}5)^2/11{,}5 + (|20 - 15{,}5| - 0{,}5)^2/15{,}5$$

$$\chi^2_{corr} = 16/22{,}5 + 16/30{,}5 + 16/11{,}5 + 16/15{,}5 = 3{,}66$$

Si l'on consulte la table de χ^2 à un degré de liberté, on constate que les valeurs qui encadrent 3,66 sont 3,84 (qui correspond à la proportion .05) et 2,71 (qui correspond à la proportion .10). Ces proportions correspondent à un seuil bilatéral. Le seuil observé unilatéral est donc compris entre .025 et .05 : comme il est supérieur à .025, on conclura que la liaison est non significative au seuil bilatéral .05. Ainsi, les données ne permettent pas de généraliser la conclusion descriptive de liaison positive : on ne peut affirmer que la liaison constatée sur l'échantillon soit vraie au niveau de la population dont les personnes interrogées sont considérées comme un échantillon, disons la population française au moment de l'enquête.

Une remarque importante s'impose. Il y a équivalence entre les trois tests suivants (voir Rouanet *et al.* 1990, VI-5-b) :

- le test de typicalité utilisé pour comparer un groupe à une population de référence (voir 1.2.2) ;
- le test d'homogénéité utilisé pour comparer deux groupes indépendants (1.3.2.b et 4.2.2) ;.
- le test d'indépendance (5.2) utilisé pour tester la liaison entre deux groupes d'observations appariées

Dans les trois cas la distribution d'échantillonnage exacte est la distribution hypergéométrique et la distribution de χ^2 à un degré de liberté peut être utilisée comme approximation de cette dernière. Ces trois tests correspondent à trois questions qui sont méthodologiquement différentes mais qui se réfèrent à un modèle d'échantillonnage équivalent (voir chapitre 1, § 3.2.2). Il convient de bien prendre conscience qu'il s'agit formellement du même test mais que les protocoles des données utilisées ainsi que les questions posées sont très différents dans les trois cas :

- dans le cas du test de typicalité utilisé pour comparer un groupe à une population de référence, on a un seul groupe d'observations ;
- dans le cas du test d'homogénéité on a deux groupes d'observations *indépendantes* ;
- dans le cas du test d'indépendance, *n* a deux groupes d'observations *appariées.*

Une confusion se rencontre souvent entre ce dernier cas et le cas de la comparaison entre deux groupes d'observations appariées, surtout lorsqu'on utilise dans ce cas un test de χ^2, le test de Mc Nemar qui se présente aussi sous la forme d'un tableau à quatre cases (voir chapitre 4, § 2.1.2). La confusion vient de ce que, dans les deux cas, on a affaire à des échantillons appariés, mais la question n'est pas la même.

Dans le cas du test de Mc Nemar on a en fait un seul groupe d'observations, le protocole des différences individuelles, et on le compare à une distribution de fréquence 1/2. La distribution d'échantillonnage est dans ce cas une distribution binomiale et l'on utilise en fait la distribution de χ^2 à un degré de liberté comme approximation de la distribution binomiale. La statistique de test ne se calcule pas de la même façon dans le cas de la comparaison de deux groupes d'observations appariées et dans le cas du test de la liaison entre deux groupes d'observations appariées et il ne faut pas prendre le test de Mc Nemar pour un test d'indépendance.

L'application du test de Mc Nemar au protocole des données des questions V et VI de l'enquête sur la représentation de la psychologie répondrait à la question suivante : est-ce qu'il y a plus de réponses positives à la question «Croyez-vous en la valeur scientifique de la psychologie ?» qu'à la question «Quels sont, selon vous, les résultats apportés par les tests ?» Ce n'est évidemment pas la même chose que de se demander s'il y a une liaison entre les réponses aux deux questions.

LECTURES CONSEILLÉES

ALLAIS M. (1983). *Fréquence, probabilité, hasard.* Journal de la Société statistique de Paris.

LECOUTRE M.-P. et LECOUTRE B. (1979). *Enseignement programmé sur l'utilisation d'une table de la distribution normale.* Paris, SEDES-CDU.

ROUANET H., BERNARD J.-M. et LE ROUX B. (1990). *Analyse inductive des données.* Paris, Dunod.

ROUANET H., BERNARD J.-M. et LECOUTRE B. (1986). Non probabilistic statistical inference : a set theoretic approach. *The American Statistician*, 40, 1, 60-65.

ROUANET H. et LE ROUX B. (1995). *Exercices et solutions. Statistiques en sciences humaines.* Paris, Dunod.

Note : On peut se procurer le logiciel INFER auprès des auteurs : Groupe mathématiques et psychologie, 12 rue Cujas 75005 Paris.

TABLES STATISTIQUES

Table de la fonction cumulée à gauche de la distribution normale réduite

u	p (Z < *u*)	*u*	p (Z < *u*)	*u*	p (Z < *u*)	*u*	p (Z < *u*)	*u*	p (Z < *u*)	*u*	p(Z < *u*)
– 3,50	0,000	– 1,18	0,119	– 0,53	0,298	0,03	0,512	0,59	0,722	1,30	0,903
– 3,40	0,000	– 1,16	0,123	– 0,52	0,302	0,04	0,516	0,60	0,726	1,32	0,907
– 3,30	0,000	– 1,14	0,127	– 0,51	0,305	0,05	0,520	0,61	0,729	1,34	0,910
– 3,20	0,001	– 1,12	0,131	– 0,50	0,309	0,06	0,524	0,62	0,732	1,36	0,913
– 3,10	0,001	– 1,10	0,136	– 0,49	0,312	0,07	0,528	0,63	0,736	1,38	0,916
– 3,20	0,001	– 1,08	0,140	– 0,48	0,316	0,08	0,532	0,64	0,739	1,40	0,919
– 2,90	0,002	– 1,06	0,145	– 0,47	0,319	0,09	0,536	0,65	0,742	1,42	0,922
– 2,80	0,003	– 1,04	0,149	– 0,46	0,323	0,10	0,540	0,66	0,745	1,44	0,925
– 2,70	0,003	– 1,02	0,154	– 0,45	0,326	0,11	0,544	0,67	0,749	1,46	0,928
– 2,60	0,005	– 1,00	0,159	– 0,44	0,330	0,12	0,548	0,68	0,752	1,48	0,931
– 2,50	0,006	– 0,99	0,161	– 0,43	0,334	0,13	0,552	0,69	0,755	1,50	0,933
– 2,40	0,008	– 0,98	0,164	– 0,42	0,337	0,14	0,556	0,70	0,758	1,52	0,936
– 2,30	0,011	– 0,97	0,166	– 0,41	0,341	0,15	0,560	0,71	0,761	1,54	0,938
– 2,20	0,014	– 0,96	0,169	– 0,40	0,345	0,16	0,564	0,72	0,764	1,56	0,941
– 2,10	0,018	– 0,95	0,171	– 0,39	0,348	0,17	0,567	0,73	0,767	1,58	0,943
– 2,00	0,023	– 0,94	0,174	– 0,38	0,352	0,18	0,571	0,74	0,770	1,60	0,945
– 1,98	0,024	– 0,93	0,176	– 0,37	0,356	0,19	0,575	0,75	0,773	1,62	0,947
– 1,96	0,025	– 0,92	0,179	– 0,36	0,359	0,20	0,579	0,76	0,776	1,64	0,949
– 1,94	0,026	– 0,91	0,181	– 0,35	0,363	0,21	0,583	0,77	0,779	1,66	0,952
– 1,92	0,027	– 0,90	0,184	– 0,34	0,367	0,22	0,587	0,78	0,782	1,68	0,954
– 1,90	0,029	– 0,89	0,187	– 0,33	0,371	0,23	0,591	0,79	0,785	1,70	0,955
– 1,88	0,030	– 0,88	0,189	– 0,32	0,374	0,24	0,595	0,80	0,788	1,72	0,957
– 1,86	0,031	– 0,87	0,192	– 0,31	0,378	0,25	0,599	0,81	0,791	1,74	0,959
– 1,84	0,033	– 0,86	0,195	– 0,30	0,382	0,26	0,603	0,82	0,794	1,76	0,961
– 1,82	0,034	– 0,85	0,198	– 0,29	0,386	0,27	0,606	0,83	0,797	1,78	0,962
– 1,80	0,036	– 0,84	0,200	– 0,28	0,390	0,28	0,610	0,84	0,800	1,80	0,964
– 1,78	0,038	– 0,83	0,203	– 0,27	0,394	0,29	0,614	0,85	0,802	1,82	0,966
– 1,76	0,039	– 0,82	0,206	– 0,26	0,397	0,30	0,618	0,86	0,805	1,84	0,967
– 1,74	0,041	– 0,81	0,209	– 0,25	0,401	0,31	0,622	0,87	0,808	1,86	0,969
– 1,72	0,043	– 0,80	0,212	– 0,24	0,405	0,32	0,626	0,88	0,811	1,88	0,970
– 1,70	0,045	– 0,79	0,215	– 0,23	0,409	0,33	0,629	0,89	0,813	1,90	0,971
– 1,68	0,046	– 0,78	0,218	– 0,22	0,413	0,34	0,633	0,90	0,816	1,92	0,973
– 1,66	0,048	– 0,77	0,221	– 0,21	0,417	0,35	0,637	0,91	0,819	1,94	0,974
– 1,64	0,051	– 0,76	0,224	– 0,20	0,421	0,36	0,641	0,92	0,821	1,96	0,975
– 1,62	0,053	– 0,75	0,227	– 0,19	0,425	0,37	0,644	0,93	0,824	1,98	0,976
– 1,60	0,055	– 0,74	0,23	– 0,18	0,429	0,38	0,648	0,94	0,826	2,00	0,978
– 1,58	0,057	– 0,73	0,233	– 0,17	0,433	0,39	0,652	0,95	0,829	2,10	0,983
– 1,56	0,059	– 0,72	0,236	– 0,16	0,436	0,40	0,655	0,96	0,831	2,20	0,986
– 1,54	0,062	– 0,71	0,239	– 0,15	0,440	0,41	0,659	0,97	0,834	2,30	0,990
– 1,52	0,064	– 0,70	0,242	– 0,14	0,444	0,42	0,663	0,98	0,836	2,40	0,992
– 1,50	0,067	– 0,69	0,245	– 0,13	0,448	0,43	0,666	0,99	0,839	2,50	0,994
– 1,48	0,069	– 0,68	0,248	– 0,12	0,452	0,44	0,670	1,00	0,841	2,60	0,995
– 1,46	0,072	– 0,67	0,251	– 0,11	0,456	0,45	0,674	1,02	0,846	2,70	0,997
– 1,44	0,075	– 0,66	0,255	– 0,10	0,460	0,46	0,677	1,04	0,851	2,80	0,998
– 1,42	0,078	– 0,65	0,258	– 0,09	0,464	0,47	0,681	1,06	0,855	2,90	0,998
– 1,40	0,081	– 0,64	0,261	– 0,08	0,468	0,48	0,684	1,08	0,860	3,00	0,999
– 1,38	0,084	– 0,63	0,264	– 0,07	0,472	0,49	0,688	1,10	0,864	3,10	0,999
– 1,36	0,087	– 0,62	0,268	– 0,06	0,476	0,50	0,691	1,12	0,869	3,20	0,999
– 1,34	0,090	– 0,61	0,271	– 0,05	0,480	0,51	0,695	1,14	0,873	3,30	1,000
– 1,32	0,093	– 0,60	0,274	– 0,04	0,484	0,52	0,698	1,16	0,877	3,40	1,000
– 1,30	0,097	– 0,59	0,278	– 0,03	0,488	0,53	0,702	1,18	0,881		
– 1,28	0,100	– 0,58	0,281	– 0,02	0,492	0,54	0,705	1,20	0,885		
– 1,26	0,104	– 0,57	0,284	– 0,01	0,496	0,55	0,709	1,22	0,889		
– 1,24	0,107	– 0,56	0,288	0,00	0,500	0,56	0,712	1,24	0,893		
– 1,22	0,111	– 0,55	0,291	0,01	0,504	0,57	0,716	1,26	0,896		
– 1,20	0,115	– 0,54	0,295	0,02	0,508	0,58	0,719	1,28	0,900		

Table de la fonction cumulée à droite de la distribution normale réduite

u	p (Z > *u*)	*u*	p (Z > *u*)	*u*	p (Z > *u*)	*u*	p (Z > *u*)	*u*	p (Z > *u*)	*u*	p(Z > *u*)
– 3,50	1,000	– 1,18	0,881	– 0,53	0,702	0,03	0,488	0,59	0,278	1,30	0,097
– 3,4à	1,000	– 1,16	0,877	– 0,52	0,698	0,04	0,484	0,60	0,274	1,32	0,093
– 3,30	1,000	– 1,14	0,873	– 0,51	0,695	0,05	0,480	0,61	0,271	1,34	0,090
– 3,20	0,999	– 1,12	0,869	– 0,50	0,691	0,06	0,476	0,62	0,268	1,36	0,087
– 3,10	0,999	– 1,10	0,864	– 0,49	0,688	0,07	0,472	0,63	0,264	1,38	0,084
– 3,20	0,999	– 1,08	0,860	– 0,48	0,684	0,08	0,468	0,64	0,261	1,40	0,081
– 2,90	0,998	– 1,06	0,855	– 0,47	0,681	0,09	0,464	0,65	0,258	1,42	0,078
– 2,80	0,997	– 1,04	0,851	– 0,46	0,677	0,10	0,460	0,66	0,255	1,44	0,075
– 2,70	0,997	– 1,02	0,846	– 0,45	0,674	0,11	0,456	0,67	0,251	1,46	0,072
– 2,60	0,995	– 1,00	0,841	– 0,44	0,670	0,12	0,452	0,68	0,248	1,48	0,069
– 2,50	0,994	– 0,99	0,839	– 0,43	0,666	0,13	0,448	0,69	0,245	1,50	0,067
– 2,40	0,992	– 0,98	0,836	– 0,42	0,663	0,14	0,444	0,70	0,242	1,52	0,064
– 2,30	0,989	– 0,97	0,834	– 0,41	0,659	0,15	0,440	0,71	0,239	1,54	0,062
– 2,20	0,986	– 0,96	0,831	– 0,40	0,655	0,16	0,436	0,72	0,236	1,56	0,059
– 2,10	0,982	– 0,95	0,829	– 0,39	0,652	0,17	0,433	0,73	0,233	1,58	0,057
– 2,00	0,977	– 0,94	0,826	– 0,38	0,648	0,18	0,429	0,74	0,230	1,60	0,055
– 1,98	0,976	– 0,93	0,824	– 0,37	0,644	0,19	0,425	0,75	0,227	1,62	0,053
– 1,96	0,975	– 0,92	0,821	– 0,36	0,641	0,20	0,421	0,76	0,224	1,64	0,051
– 1,94	0,974	– 0,91	0,819	– 0,35	0,637	0,21	0,417	0,77	0,221	1,66	0,048
– 1,92	0,973	– 0,90	0,816	– 0,34	0,633	0,22	0,413	0,78	0,218	1,68	0,046
– 1,90	0,971	– 0,89	0,813	– 0,33	0,629	0,23	0,409	0,79	0,215	1,70	0,045
– 1,88	0,970	– 0,88	0,811	– 0,32	0,626	0,24	0,405	0,80	0,212	1,72	0,043
– 1,86	0,969	– 0,87	0,808	– 0,31	0,622	0,25	0,401	0,81	0,209	1,74	0,041
– 1,84	0,967	– 0,86	0,805	– 0,30	0,618	0,26	0,397	0,82	0,206	1,76	0,039
– 1,82	0,966	– 0,85	0,802	– 0,29	0,614	0,27	0,394	0,83	0,203	1,78	0,038
– 1,80	0,964	– 0,84	0,800	– 0,28	0,610	0,28	0,390	0,84	0,200	1,80	0,036
– 1,78	0,962	– 0,83	0,797	– 0,27	0,606	0,29	0,386	0,85	0,198	1,82	0,034
– 1,76	0,961	– 0,82	0,794	– 0,26	0,603	0,30	0,382	0,86	0,195	1,84	0,033
– 1,74	0,959	– 0,81	0,791	– 0,25	0,599	0,31	0,378	0,87	0,192	1,86	0,031
– 1,72	0,957	– 0,80	0,788	– 0,24	0,595	0,32	0,374	0,88	0,189	1,88	0,030
– 1,70	0,955	– 0,79	0,785	– 0,23	0,591	0,33	0,371	0,89	0,187	1,90	0,029
– 1,68	0,954	– 0,78	0,782	– 0,22	0,587	0,34	0,367	0,90	0,184	1,92	0,027
– 1,66	0,952	– 0,77	0,779	– 0,21	0,583	0,35	0,363	0,91	0,181	1,94	0,026
– 1,64	0,949	– 0,76	0,776	– 0,20	0,579	0,36	0,359	0,92	0,179	1,96	0,025
– 1,62	0,947	– 0,75	0,773	– 0,19	0,575	0,37	0,356	0,93	0,176	1,98	0,024
– 1,60	0,945	– 0,74	0,770	– 0,18	0,571	0,38	0,352	0,94	0,174	2,00	0,022
– 1,58	0,943	– 0,73	0,767	– 0,17	0,567	0,39	0,348	0,95	0,171	2,10	0,017
– 1,56	0,941	– 0,72	0,764	– 0,16	0,564	0,40	0,345	0,96	0,169	2,20	0,014
– 1,54	0,938	– 0,71	0,761	– 0,15	0,560	0,41	0,341	0,97	0,166	2,30	0,010
– 1,52	0,936	– 0,70	0,758	– 0,14	0,556	0,42	0,337	0,98	0,164	2,40	0,008
– 1,50	0,933	– 0,69	0,755	– 0,13	0,552	0,43	0,334	0,99	0,161	2,50	0,006
– 1,48	0,931	– 0,68	0,752	– 0,12	0,548	0,44	0,330	1,00	0,159	2,60	0,005
– 1,46	0,928	– 0,67	0,749	– 0,11	0,544	0,45	0,326	1,02	0,154	2,70	0,003
– 1,44	0,925	– 0,66	0,745	– 0,10	0,540	0,46	0,323	1,04	0,149	2,80	0,002
– 1,42	0,922	– 0,65	0,742	– 0,09	0,536	0,47	0,319	1,06	0,145	2,90	0,002
– 1,40	0,919	– 0,64	0,739	– 0,08	0,532	0,48	0,316	1,08	0,140	3,00	0,001
– 1,38	0,916	– 0,63	0,736	– 0,07	0,528	0,49	0,312	1,10	0,136	3,10	0,001
– 1,36	0,913	– 0,62	0,732	– 0,06	0,524	0,50	0,309	1,12	0,131	3,20	0,001
– 1,34	0,910	– 0,61	0,729	– 0,05	0,520	0,51	0,305	1,14	0,127	3,30	0,000
– 1,32	0,907	– 0,60	0,726	– 0,04	0,516	0,52	0,302	1,16	0,123	3,40	0,000
– 1,30	0,903	– 0,59	0,722	– 0,03	0,512	0,53	0,298	1,18	0,119		
– 1,28	0,900	– 0,58	0,719	– 0,02	0,508	0,54	0,295	1,20	0,115		
– 1,26	0,896	– 0,57	0,716	– 0,01	0,504	0,55	0,291	1,22	0,111		
– 1,24	0,893	– 0,56	0,712	0,00	0,500	0,56	0,288	1,24	0,107		
– 1,22	0,889	– 0,55	0,709	0,01	0,496	0,57	0,284	1,26	0,104		
– 1,20	0,885	– 0,54	0,705	0,02	0,492	0,58	0,281	1,28	0,100		

Table de la fonction cumulée bilatérale de la distribution normale réduite

u	p (Z > |*u*|)	*u*	p (Z > |*u*|)	*u*	p (Z > |*u*|)	*u*	p (Z > |*u*|)	*u*	p (Z > |*u*|)	*u*	p (Z > |*u*|)
0,00	1,000	0,56	0,575	1,12	0,263	1,68	0,093	2,24	0,025	2,80	0,005
0,01	0,992	0,57	0,569	1,13	0,258	1,69	0,091	2,25	0,024	2,81	0,005
0,02	0,984	0,58	0,562	1,14	0,254	1,70	0,089	2,26	0,024	2,82	0,005
0,03	0,976	0,59	0,555	1,15	0,250	1,71	0,087	2,27	0,023	2,83	0,005
0,04	0,968	0,60	0,549	1,16	0,246	1,72	0,085	2,28	0,023	2,84	0,005
0,05	0,960	0,61	0,542	1,17	0,242	1,73	0,084	2,29	0,022	2,85	0,004
0,06	0,952	0,62	0,535	1,18	0,238	1,74	0,082	2,30	0,021	2,86	0,004
0,07	0,944	0,63	0,529	1,19	0,234	1,75	0,080	2,31	0,021	2,87	0,004
0,08	0,936	0,64	0,522	1,20	0,230	1,76	0,078	2,32	0,020	2,88	0,004
0,09	0,928	0,65	0,516	1,21	0,226	1,77	0,077	2,33	0,020	2,89	0,004
0,10	0,920	0,66	0,509	1,22	0,222	1,78	0,075	2,34	0,019	2,90	0,004
0,11	0,912	0,67	0,503	1,23	0,219	1,79	0,073	2,35	0,019	2,91	0,004
0,12	0,904	0,68	0,497	1,24	0,215	1,80	0,072	2,36	0,018	2,92	0,004
0,13	0,897	0,69	0,490	1,25	0,211	1,81	0,070	2,37	0,018	2,93	0,003
0,14	0,889	0,70	0,484	1,26	0,208	1,82	0,069	2,38	0,017	2,94	0,003
0,15	0,881	0,71	0,478	1,27	0,204	1,83	0,067	2,39	0,017	2,95	0,003
0,16	0,873	0,72	0,472	1,28	0,201	1,84	0,066	2,40	0,016	2,96	0,003
0,17	0,865	0,73	0,465	1,29	0,197	1,85	0,064	2,41	0,016	2,97	0,003
0,18	0,857	0,74	0,459	1,30	0,194	1,86	0,063	2,42	0,016	2,98	0,003
0,19	0,849	0,75	0,453	1,31	0,190	1,87	0,061	2,43	0,015	2,99	0,003
0,20	0,841	0,76	0,447	1,32	0,187	1,88	0,060	2,44	0,015	3,00	0,003
0,21	0,834	0,77	0,441	1,33	0,184	1,89	0,059	2,45	0,014	3,02	0,003
0,22	0,826	0,78	0,435	1,34	0,180	1,90	0,057	2,46	0,014	3,04	0,002
0,23	0,818	0,79	0,430	1,35	0,177	1,91	0,056	2,47	0,014	3,06	0,002
0,24	0,810	0,80	0,424	1,36	0,174	1,92	0,055	2,48	0,013	3,08	0,002
0,25	0,803	0,81	0,418	1,37	0,171	1,93	0,054	2,49	0,013	3,10	0,002
0,26	0,795	0,82	0,412	1,38	0,168	1,94	0,052	2,50	0,012	3,12	0,002
0,27	0,787	0,83	0,407	1,39	0,165	1,95	0,051	2,51	0,012	3,14	0,002
0,28	0,779	0,84	0,401	1,40	0,162	1,96	0,050	2,52	0,012	3,16	0,002
0,29	0,772	0,85	0,395	1,41	0,159	1,97	0,049	2,53	0,011	3,18	0,001
0,30	0,764	0,86	0,390	1,42	0,156	1,98	0,048	2,54	0,011	3,20	0,001
0,31	0,757	0,87	0,384	1,43	0,153	1,99	0,047	2,55	0,011	3,22	0,001
0,32	0,749	0,88	0,379	1,44	0,150	2,00	0,046	2,56	0,010	3,24	0,001
0,33	0,741	0,89	0,373	1,45	0,147	2,01	0,044	2,57	0,010	3,26	0,001
0,34	0,734	0,90	0,368	1,46	0,144	2,02	0,043	2,58	0,010	3,28	0,001
0,35	0,726	0,91	0,363	1,47	0,142	2,03	0,042	2,59	0,010	3,30	0,000
0,36	0,719	0,92	0,358	1,48	0,139	2,04	0,041	2,60	0,009		
0,37	0,711	0,93	0,352	1,49	0,136	2,05	0,040	2,61	0,009		
0,38	0,704	0,94	0,347	1,50	0,134	2,06	0,039	2,62	0,009		
0,39	0,697	0,95	0,342	1,51	0,131	2,07	0,038	2,63	0,009		
0,40	0,689	0,96	0,337	1,52	0,129	2,08	0,038	2,64	0,008		
0,41	0,682	0,97	0,332	1,53	0,126	2,09	0,037	2,65	0,008		
0,42	0,674	0,98	0,327	1,54	0,124	2,10	0,036	2,66	0,008		
0,43	0,667	0,99	0,322	1,55	0,121	2,11	0,035	2,67	0,008		
0,44	0,660	1,00	0,317	1,56	0,119	2,12	0,034	2,68	0,007		
0,45	0,653	1,01	0,313	1,57	0,116	2,13	0,033	2,69	0,007		
0,46	0,646	1,02	0,308	1,58	0,114	2,14	0,032	2,70	0,007		
0,47	0,638	1,03	0,303	1,59	0,112	2,15	0,032	2,71	0,007		
0,48	0,631	1,04	0,298	1,60	0,110	2,16	0,031	2,72	0,007		
0,49	0,624	1,05	0,294	1,61	0,107	2,17	0,030	2,73	0,006		
0,50	0,617	1,06	0,289	1,62	0,105	2,18	0,029	2,74	0,006		
0,51	0,610	1,07	0,285	1,63	0,103	2,19	0,029	2,75	0,006		
0,52	0,603	1,08	0,280	1,64	0,101	2,20	0,028	2,76	0,006		
0,53	0,596	1,09	0,276	1,65	0,099	2,21	0,027	2,77	0,006		
0,54	0,589	1,10	0,271	1,66	0,097	2,22	0,026	2,78	0,005		
0,55	0,582	1,11	0,267	1,67	0,095	2,23	0,026	2,79	0,005		

Table de la distribution de t de Student.

La table donne pour un nombre de degrés de liberté donné la valeur de **t** qui est dépassée

dans la porportion de cas indiquée à la ligne 1 pour le seuil unilatéral : soit p (T > **t**), soit p (T < − **t**), et dans la porportion de cas indiquée à la ligne 2 pour le seuil bilatéral :

p (T > **t** ou T < − **t**) = p (T > |**t**|)

unilatéral bilatéral	.30 .60	.20 .40	.10 .20	.05 .10	.025 .05	.01 .02	.005 .01	.001 .002
degrés 1	.73	1.38	3.08	6.31	12.71	31.82	63.66	318.31
de 2	.62	1.06	1.89	2.92	4.30	6.96	9.92	22.33
liberté 3	.58	.98	1.64	2.35	3.18	4.54	5.84	10.21
4	.57	.94	1.53	2.13	2.78	3.75	4.60	7.17
5	.56	.92	1.48	2.01	2.57	3.36	4.03	5.89
6	.55	.91	1.44	1.94	2.45	3.14	3.71	5.21
7	.55	.90	1.42	1.90	2.36	3.00	3.50	4.79
8	.55	.89	1.40	1.86	2.31	2.90	3.36	4.50
9	.54	.88	1.38	1.83	2.26	2.82	3.25	4.30
10	.54	.88	1.37	1.81	2.23	2.76	3.17	4.14
11	.54	.88	1.36	1.80	2.20	2.72	3.11	4.03
12	.54	.87	1.36	1.78	2.18	2.68	3.06	3.93
13	.54	.87	1.35	1.77	2.16	2.65	3.01	3.85
14	.54	.87	1.34	1.76	2.14	2.62	2.98	3.79
15	.54	.87	1.34	1.75	2.13	2.60	2.95	3.73
16	.54	.86	1.34	1.75	2;12	2.58	2.92	3.69
17	.53	.86	1.33	1.74	2.11	2.57	2.90	3.65
18	.53	.86	1.33	1.73	2.10	2.55	2.88	3.61
19	.53	.86	1.33	1.73	2.09	2.54	2.86	3.58
20	.53	.86	1.32	1.72	2.09	2.53	2.84	3.55
21	.53	.86	1.32	1.72	2.08	2.52	2.83	3.53
22	.53	.86	1.32	1.72	2.07	2.51	2.82	3.51
23	.53	.86	1.32	1.71	2.07	2.50	2.81	3.49
24	.53	.86	1.32	1.71	2.06	2.49	2.80	3.47
25	.53	.86	1.32	1.71	2.06	2.48	2.79	3.45
26	.53	.86	1.32	1.71	2.06	2.48	2.78	3.44
27	.53	.86	1.31	1.70	2.05	2.47	2.77	3.42
28	.53	.86	1.31	1.70	2.05	2.47	2.76	3.41
29	.53	.85	1.31	1.70	2.04	2.46	2.76	3.40
30	.53	.85	1.31	1.70	2.04	2.46	2.75	3.39
40	.53	.85	1.30	1.68	2.02	2.42	2.70	3.31
50	.53	.85	1.30	1.67	2.01	2.40	2.68	3.27
60	.53	.85	1.30	1.67	2.00	2.39	2.66	3.23
80	.53	.85	1.29	1.66	1.99	2.37	2.64	3.20
100	.53	.84	1.29	1.66	1.9!	2.36	2.63	3.16
200	.52	.84	1.29	1.65	1.97	2.34	2.60	3.13
300	.52	.84	1.28	1.65	1.96	2.33	2.59	3.11
> 300	.52	.84	1.28	1.64	1.96	2.33	2.58	3.09

Table de χ^2

La table donne pour un nombre de degrés de liberté donné la valeur de χ^2 qui est dépassée dans la proportion de cas indiquée à la ligne 1 (seuil bilatéral)

degrés de liberté	.90	.80	.70	.50	.30	.20	.10	.05	.025	.01	.001
1	.02	.06	.15	.46	1.07	1.64	2.71	3.84	5.02	6.64	10.83
2	.21	.45	.71	1.39	2.41	3.22	4.60	5.99	7.38	9.21	13.82
3	.58	1.00	1.42	2.37	3.66	4.64	6.25	7.82	9.35	11.34	16.27
4	1.06	1.65	2.20	3.36	4.88	5.99	7.78	9.49	11.14	13.28	18.46
5	1.61	2.34	3.00	4.35	6.06	7.29	9.24	11.07	12.83	15.09	20.52
6	2.20	3.07	3.83	5.35	7.23	8.56	10.64	12.59	14.44	16.81	22.46
7	2.83	3.82	4.67	6.35	8.38	9.80	12.02	14.07	16.01	18.48	24.32
8	3.49	4.59	5.53	7.34	9.52	11.03	13.36	15.51	17.53	20.09	26.12
9	4.17	5.38	6.39	8.34	10.66	12.24	14.68	16.92	19.02	21.67	27.88
10	4.86	6.18	7.27	9.34	11.78	13.44	15.99	18.31	20.48	23.21	29.59
11	5.58	6.99	8.15	10.34	12.90	14.63	17.28	19.68	21.92	24.72	31.26
12	6.30	7.81	9.03	11.34	14.01	15.81	18.55	21.03	23.34	26.22	32.91
13	7.04	8.63	9.93	12.34	15.12	16.98	19.81	22.36	24.74	27.69	34.53
14	7.79	9.47	10.82	13.34	16.22	18.15	21.06	23.68	26.12	29.14	36.12
15	8.55	10.31	11.72	14.34	17.32	19.31	22.31	25.00	27.49	30.58	37.70
16	9.31	11.15	12.62	15.34	18.42	20.46	23.53	26.30	28.85	32.00	39.29
17	10.08	12.00	13.53	16.34	19.51	21.62	24.77	27.59	30.19	33.41	40.75
18	10.86	12.86	14.44	17.34	20.60	22.76	25.99	28.87	31.52	34.80	42.31
19	11.65	13.72	15.35	18.34	21.69	23.90	27.20	30.14	32.85	36.19	43.82
20	12.44	14.58	16.27	19.34	22.78	25.04	28.41	31.41	34.17	37.57	45.32
21	13.24	15.44	17.18	20.34	23.86	26.17	29.62	32.67	35.48	38.93	46.80
22	14.04	16.31	18.10	21.34	24.94	27.30	30.81	33.92	36.78	40.29	48.27
23	14.85	17.19	19.02	22.34	26.02	28.43	32.01	35.17	38.08	41.64	49.73
24	15.66	18.06	19.94	23.34	27.10	29.55	33.20	36.42	39.36	42.98	51.18
25	16.47	18.94	20.87	24.34	28.17	30.68	34.38	37.65	40.64	44.31	52.62
26	17.29	19.82	21.79	25.34	29.25	31.80	35.56	38.88	41,92	45.64	54.05
27	18.11	20.70	22.72	26.34	30.32	32.91	36.74	40.11	43.19	46.96	55.48
28	18.94	21.59	23.65	27.34	31.39	34.03	37.92	41.34	44.46	48.28	56.89
29	19.77	22.48	24.58	28.34	32.46	35.14	39.09	42.56	45.72	49.59	58.30
30	20.60	23.36	25.51	29.34	33.53	36.25	40.26	43.77	46.98	50.89	59.70

Bibliographie

ALLPORT F.H. (1935). Attitudes. *In* Muchison C., (Éd.), *Handbook of social psychology*, Worcester, Mass., Clark, University Press.

ANADON M. (1989). Conceptions et pratiques de l'analyse de contenu : le point de vue de la sociologie du langage. *In* Painchaud G., Anadon M., (Éds.), Actes du colloque de L'ARQ «*Conceptions de l'analyse de contenu*» (tenu à l'Université de Moncton le 11 mai 1988) : vol. 1., 11-29.

ANZAI Y., SIMON H. A. (1979). The theory of learning by doing. *Psychological Review*, *86*, 124-140.

AUSTIN J.L. (1962). *How to do things with words*, Oxford, Clarendon Press. (Trad. fr. (1970), *Quand dire c'est faire*, Paris, Seuil.

BACHMANN C., LINDERFELD J., SIMONIN J. (1981). *Langage et communications sociales*, Paris, Hatier.

BALDWIN A.L. (1942). Personal structure analysis, *Journal of Abnormal Social Psychology*, 37.

BARDIN L. (1991). *L'analyse de contenu*. Paris, PUF, collection Le Psychologue.(1re édition, 1977).

BARLOW H.B. (1972) Single units and sensation : A neuron doctrine for perceptual psychology. *Perception*, *1*, 371-394.

BARTHES R. (1966). Introduction à l'analyse structurale des récits. *Communications*, *8*.

BARTHES R. (1970). *L'analyse structurale du récit*. Paris, Le Seuil.

BARTHES R., KAISER W., BOOTH W.C., HAMON P. (1977). *Poétique du récit*. Paris, Le Seuil.

BARTLETT F. (1964) *Remembering*. Cambridge, CUP 5e édition.

BASTIEN C. (1987). *Schèmes et stratégies dans l'activité cognitive de l'enfant*. Paris, PUF.

BENVENISTE E. (1966-1974). *Problèmes de linguistique générale*. Paris, Gallimard. Tome I (1966) ; Tome II (1974).

BERELSON B. (1952). *Content analysis in communication research*. Glencoe, III, Free Press.

BERTAUX D., (1973). *Histoire de vie, ou récits de pratiques ? Méthodologie de l'approche biographique en sociologie*. Convention Cordes n° 23, Rapport final, TII.

BLACK J.B., BOWER G.H. (1980) La compréhension de récits considérée comme une activité de résolution de problème. Pœtics special issue, *Story comprehension*, Van Dijk (éd) vol 9 223-250.

BLANCHET A., (1985). *L'entretien dans les sciences sociales*. Paris, Dunod.

BLANCHET A., (1991). *Dire et faire dire, l'entretien*. Paris, A. Colin.

BLANCHET A., GOTMAN A., (1992). *L'enquête et ses méthodes : l'entretien*. Nathan Université.

BLOOMFIELD L., (1933). *Language*. New-York, Hold, Rinehart et Winston. (Trad. fr. (1970), *Langage*, Paris, Payot).

BOAS F., (1911). *Introduction to the handbook of american indian language* (réimprimé en 1965), Washington D.C., Georgetown, University Press).

BONNAFOUS S., (1981). Le vocabulaire spécifique des motions Mitterrand, Rocard et Cérès au congrès de Metz (1979), *Mots*, *3*, 79-94.

BONNET C. (1986) *Manuel pratique de psychophysique*. Paris, Armand Colin.

BONNET C. (1989) La perception visuelle des formes. *In* C. Bonnet, R. Ghiglione et J.-F. Richard (Éds.)

Traité de psychologie cognitive, vol. I, Perception, Action, Langage. Paris, Dunod.

BONNET C. (1989). La perception visuelle des formes. *In* C. Bonnet, R. Ghiglione et J.-F. Richard (éds.), *Traité de psychologie cognitive, vol I, Perception, action, langage. Op. cit.*

BONNET C. (1990). Psychophysical approaches, contextual effects and response bias. *In* J.-P. Caverni, J.-M. Fabre et M. Gonzales (Éds.) *Cognitive Biases.* Amsterdam, Elsevier.

BONNET C. (1993). Les méthodes psychophysiques. *In* R. Ghiglione et J.-F. Richard (Eds.) *Cours de psychologie, II Bases, méthodes, épistémologie.* Paris, Dunod, CNED.

BONNET C., BONNET M.-C., MOLNAR F. (1986). De l'automatique à l'intelligence artificielle en perception. *In* C. Bonnet, J.-M. Hoc et G. Tiberghien (Eds.) *Psychologie, intelligence artificielle et automatique.* Bruxelles, Mardaga.

BONNET C., HOC J.-M., TIBERGHIEN G. (Éds.) (1986). *Psychologie, intelligence artificielle et automatique.* Bruxelles, Mardaga.

BOTTE M.-C. (1989). L'audition. *In* C. Bonnet, R. Ghiglione et J.-F. Richard (Éds.), *Traité de psychologie cognitive, vol I, Perception, action, langage.* Paris, Dunod.

BOURDON B., (1892). *L'expression des émotions et des tendances dans le langage.* Paris, Éditions Alcan.

BRASSAC C. (1993). «Analyse de conversations et théorie des actes de langage» *in Cahiers de linguistique française* 13, Genève.

BRELSON P., LAZARSFELD P.F. (1948). *The analysis of communications content.* Chicago et New York, Preliminary Draft.

BRIGHT W., (Éd.). (1966). *Sociolinguistics.* Mouton, La Haye.

BROMBERG M. (1981). L'enjeu, *Champs éducatifs*, 2, 29-46.

BROMBERG M., GHIGLIONE R., (1988). Contraintes de situation, stratégies discursives et influence sociale, *Verbum*, X, *I*, fascicule 2, 85-102.

BRONCKART J.-P. (1977). *Théories du langage. Une introduction critique.* Bruxelles, Pierre Mardaga.

CAMPBELL F., MAFFEI L. (1984). Contraste et fréquence spatiale. *In* C. Bonnet (Éd.) *La perception visuelle.* Paris, Bibliothèque pour la science.

CARD S.K., MORAN T.P., NEWELL A. (1983). *The Psychology of Human-Computer Interaction.* Hillsdale, N.J., Erlbaum

CARON J. (1983). *Les régulations du discours.* Paris, PUF.

CARON J. (1989). *Précis de psycholinguistique.* Paris, PUF.

CARTWRIGHT (1953). Traduction française, *in* Festinger L., et Katz D., (1953). *Les méthodes de recherche dans les sciences sociales.* Paris, PUF.

CASARI G., (1991). *L'espace co-interlocutoire : modèles argumentatifs et stratégies discursives en situation authentique.* Thèse de doctorat, Université Paris-VIII.

CERF M., POITRENAUD S., RICHARD J.-F., SEBILLOTE M., TIJUS C.-A. (1991). Decisions and lack of precision in crop management : the role of processing both objects and procedures through semantic networks. *In Uncertainty in Knowledge Bases.* Bouchon-Meunier, Yager et Zadeh (Éds). Springer-Verlag. 548-559.

CHABROL C., (1973). *Sémiotique narrative et textuelle.* Paris, Larousse.

CHANGEUX J.-P. (1983) *L'homme neuronal.* Paris, Odile-Jacob.

CHOMSKY N., (1957). *Syntactic structures.* La Haye, Mouton. (trad. fr. (1969), *Structures syntaxiques*, Paris, Seuil).

COSNIER J., GELAS N., KERBRAT-ORECCHIONI C. (éds.), (1988). *Échanges sur la conversation.* Paris, Éditions du CNRS.

D'UNRUG M.-C., (1974). *L'analyse de contenu*. Encyclopédie universitaire, Éd. Universitaires.

DAVAL R., (1963). *Traité de psychologie sociale*. Paris, PUF.

DE VALOIS R.L., DE VALOIS K.K. (1988). *Spatial Vision*. New-York, Oxford University Press.

DELL G.S., MCKOON G., RATCLIFF R. (1983). The activation of antecedent information during the processing of anaphoric inference in reading. *Journal of Verbal Learning and Verbal Behavior*, *22*, 121-132.

DENHIÈRE G. (1984). *Il était une fois ... : Compréhension et souvenir de récits*. Lille, Presses universitaires de Lille.

DENHIÈRE G., BAUDET S. (1991) *Lecture, compréhension de textes et sciences cognitives*. Paris, PUF.

DORNA A., BROMBERG M., (1985). Communication persuasive et logiques persuasives : deux expériences en situation de laboratoire. *Psychologie française*, *1*, 41-50.

DOUGLAS S.A., MORAN T.P. (1983). Learning to text edit : semantics by analogy. *Proceedings of the CHI'83* Conference on Human Factors in Computing Systems, 207-216. New York, ACM.

DUBOIS *et al.* (1973). *Dictionnaire de linguistique*. Paris, Larousse.

DUBOIS J. (1969). Énoncé et énonciation. *Langages*, 100-110.

DUBOULAY B., O'SHEA T., MONK J. (1981). The black box inside the glass box : presenting computing concepts to novices. *International Journal of Man-Machine Studies*, *14*, 237-249.

DUCROT O. (1972). *Dire et ne pas dire*. Paris, Hermann.

DUCROT O. (1984). *Le dire et le dit*. Paris, Minuit.

ERICSSON K.A., SIMON H.A. (1980). Verbal reports as data. *Psychological Review*, *87*, 215-251.

FAYOL M. (1985). *Le récit et sa construction*. Neuchâtel, Delachaux & Niestlé.

FESTINGER L., KATZ D., (1953). *Les méthodes de recherche dans les sciences sociales*. Paris, PUF.

FILLMORE C.J. (1968). The case for case. *In* Back Harms (Éds.), *Universals in linguistic theory*, New-York, Holt, Rinehaart, Winston.

FILLMORE C.J. (1971). *Some problems for case grammar*. Mimeo, Ohio State, University.

FLETCHER R., BLOOM C.P. (1988) Causal reasoning in the comprehension of simple narrative texts. *Journal of Memory and Language*, *27*, 235-244.

FONTANIER P. (1968). *Les figures du discours*. Paris, Flammarion.

FRANÇOIS J. (1988). Prédication d'état, d'événement et d'action : esquisse d'une métaclassification du sémantisme verbal. *Ronéo*, Université de Paris-VIII.

FUCHS C., LE GOFFIC P. (1975). *Initiation aux problèmes des linguistiques contemporaines*. Paris, Hachette.

GADET F. (1982). L'analyse de discours et «l'interprétation» (à propos de therapeutic discourse). *DRLAV*, 27, 107-133.

GESCHEIDER G.A. (1988) Psychophysical scaling. *Annual Review of Psychology*, *39*, 169-200.

GHIGLIONE R., (Ed.) (1986). *L'homme communiquant*. Paris, Armand Colin.

GHIGLIONE R., BEAUVOIS J.-L., CHABROL C., TROGNON A. (1980). *Manuel d'analyse de contenu*. Paris, Armand Colin, Coll. U.

GHIGLIONE R., BLANCHET A. (1991). *Analyse de contenu et contenus d'analyse*. Paris, Dunod.

GHIGLIONE R., BROMBERG M. (1992). *Interactions, attitudes, représentations, communication*, *in* Ghiglione R., Richard J.-F., Chapitre 2, 191-227.

GHIGLIONE R., BROMBERG M., FRIEMEL E., KEKENBOSCH C., VERSTIGGEL J.-C. (1990). Prédications d'état, de déclaration et d'action : essai de classification en vue d'une application en analyse de contenu. *Langages*, *100*, 81-100.

GHIGLIONE R., KEKENBOSCH C. (1990). *Analyse de la réception de messages médiatisés.* Rapport ASP.

GHIGLIONE R., LANDRE A., BROMBERG M., DORNA A. (1990). «Écoute voir» ou le discours politique médiatisé. *Psychologie française*, *35*, 2, 123-142.

GHIGLIONE R., MATALON B. (1978). *Les enquêtes sociologiques.* Paris, Armand Colin (réédition en 1991).

GHIGLIONE R., MATALON B., BACRI N. (1985). *Les dires analysés.* Paris, Presses universitaires de Vincennes.

GHIGLIONE R., RICHARD J.-F. (Eds.) (1992). *Cours de psychologie 1 : Origines et bases.* Paris, Dunod.

GIEBER W. (1955). Do newspapers overplay negative news ?, *Journalism Quaterly*, vol. 32.

GOFFMAN E. (1973). *La mise en scène de la vie quotidienne.* Paris, Minuit.

GOFFMAN E. (1959). *The presentation of self in everyday life.* Doubleday, New-York. (Trad. fr. 1973, *La présentation de soi dans la vie quotidienne*, Paris, Minuit).

GRAWITZ M. (1972). *Mythes des sciences sociales.* Paris, Dalloz.

GREIMAS A.-J. (1966). *Sémantique structurale.* Paris, Larousse.

GREIMAS A.-J. (1970). *Du sens. Essais de sémiotique.* Paris, Éditions du Seuil.

GREMY J.-P., (1987). Les expériences françaises sur la formulation des questions d'enquête, Résultats d'un premier inventaire. *Revue française de sociologie*, *28*, 4, 567-599.

GRICE H.P. (1975). «Logic and Conversation» *in* P. Cole et J.L. Morgan (eds.) *Syntax and Semantics, vol. III, Speech Acts*, N.Y. Academic Press. (Traduction française, 1979, «Logique et Conversation». *Communications* 30, Éd. du Seuil.)

GROSSBERG S. (1986). *The adaptative brain II : vision, speech, language, and motor control.* North Holland, Elsevier .

GUESPIN L. (1971). Problématique des travaux sur le discours politique, *Langages*, *23*, 3-24.

GUMPERZ J.J., HYMES D. (1972). *Directions in sociolinguistics : the ethnography of communication.* Holt, Rinehart and Winston, New-York.

HALLIDAY M.A.K., HASAN R. (1976) *Cohesion in English.* London. Longman.

HARRIS S.Z. (1951). *Method in structural linguistics.* Chicago, University of Chicago Press.

HARRIS S.Z. (1952). Discourse analysis, *Language*, *28*, 1-30. (Trad. fr. (1969), *Langages*, 13)

HENRY P., MOSCOVICI S. (1968). Problèmes de l'analyse de contenu, *Langages*, *11*, 36-60.

HOC J.-M. (1987). *Psychologie cognitive de la planification.* Grenoble, Presses universitaires de Grenoble.

HOLSTI O.R. (1969). A computer content anlysis program for analysing attitudes : the measurement of qualities and pereformances. *In* Gerbner G., Holsti O.R., Krippendoeff K., Ogilvie D.M., (Eds.), *The analysis of communication contents.* Developments in scientific theories and computer techniques, New-York, Wiley.

HOLSTI O.R. (1969). *Content analysis for the Social Sciences and Humanities.* Addison Wesley Publishing Company.

HYMES D. (1964). *Language in culture and society, a reader in linguistics and anthropology.* Harper and Row, New-York.

JAKOBI J.M. (1993). Le recueil de l'information. *In* Ghiglione R., Richard J.-F. (Eds) (1993). *Cours de psychologie*, Chapitre 3, 335-378.

JAKOBSON R. (1963). *Essais de linguistique générale*. Paris, Minuit (rééd. coll. Points-Seuil).

KAPLAN A. (1943). Content analysis and the theory of signs. *Philos. sci.*, *10*, 230-247.

KARAT J. (1982). A model of problem solving with incomplete constraint knowledge. *Cognitive Psychology*, *14*, 538-559.

KEKENBOSCH C. (1989) Structure relationnelle d'un texte et rétention. *Questions de logopédie*. *21*, II, 81-92.

KERBRAT-ORECCHIONI C. (1986). *L'implicite*. Paris, Armand Colin.

KERBRAT-ORECCHIONNI C. (1990). *Les interactions verbales, tome 1*. Paris, Armand Colin.

KIERAS D.E., POLSON P. (1985). An approach to the formal analysis of user complexity. *International Journal of Man-Machine Studies*, *22*, 365-394

KINTSCH W. (1974). *The representation of meaning in memory*. Hillsdale, N.J, Erlbaum.

KINTSCH W., VAN DIJK T.A. (1985). Toward a model of text comprehension and production. *Psychological Review*, 363-394.

KLAHR D., ROBINSON M. (1981). Formal assessment of problem-solving and planning processes in preschool children. *Cognitive Psychology*, *13*, 113-148.

KOHLER W. (1964). *Psychologie de la forme*. Paris, Gallimard.

KRACAUER S. (1952-53). The Challenge of Qualitative Content Analysis. *Public Opinion Quaterly*, *16* (repr. in D'Unrug M.C. (1974)).

KRACAUER S. (1962). The challenge of qualitative content analysis. *Public opinion Quaterly*, *16*, 631-642.

KRANZDOFF M. (1988). *About Mactivation : its User's Manual*. University of Colorado. Boulder, Colorado.

LABOV W. (1978). *Le parler ordinaire : la langue dans les ghettos noirs des États-Unis*. Paris, Minuit.

LAFON P. (1981). Analyse lexicométrique et recherche des cooccurrences. *Mots*, *3*, 95-148.

LALANDE A. (1985). *Vocabulaire technique et critique de la philosophie*. Paris, PUF.

LASSARE D. (1978). L'analyse de contenu. *Psychologie française*, *23*, 3-4, 167-185.

LASSWELL H., LEITES N. (1949). *Language of politics*. New York, Stewart.

LASSWELL H.D. (1927). *Propaganda technique in the world war*. New York, Knopf.

LAZARSFELD P. (1958). Évidence and inference in social research. *Daedalus*, *87*, 4, 99-109.

LE NY J.-F. (1979). *La sémantique psychologique*. PUF.

LE NY J.-F. (1987). Sémantique psychologique. *In Problèmes de psycholinguistique*. Bruxelles, Mardaga.

LE NY J.-F., DENHIÈRE G. (1985). *L'acquisition des structures de compréhension de récits*. Paris, Le Courrier du CNRS.

LEBART L., SALEM A. (1988). *Analyse statistique des données textuelles*. Paris, Dunod.

LECOUTRE B. (1978). *Réanalyse des données de Leplat, Chesnais et Giulian*. Document de l'URA CNRS Étude des acquisitions chez l'homme, Université Paris-VIII.

LÉGER J.-M., FLORAND M.-F. (1985). L'analyse de contenu : deux méthodes, deux résultats ? *In* Blanchet A. (1985), 237-273.

LEPLAT J., CHESNAIS M., GIULIAN E. (1971). Étude d'un modèle stochastique pour une tâche d'inspection. *Le travail humain*, *34*, 2, 265-276.

LEPLAT J., HOC J.-M. (1983). Tâche et activité dans l'analyse psychologique des situations. *Cahiers de psychologie cognitive*, *3*, 49-63.

LEVINSON S. (1985). *Pragmatics*. Cambridge University Press. (surtout Chapitres II, III et IV)

LÉVY A. (1974). L'interprétation des discours, *in Connexion* (numéro spécial : Sujet(s) et objet(s) de l'analyse de contenu), 11, 1, 43-63.

LINDZEY G., ARONSON E. (1969). *The Handbook of Social Psychology*. Addison-Wesley Publishing Company.

LINK S.W. (1992). *The wave theory of difference and similarity*. New York, Academic Press.

LUCE R.D. (1986). *Response times*. New-York, Oxford University Press.

LUNDQUIST L. (1989). Argumentative Text Structure. A procedural model. *In* Charolles M. (Éd.), *The resolution of discourse*, Hambourg, Helmut Buske.

LYONS J. (1970). *Linguistique générale*. Paris, Larousse.

MACKIE J.L. (1974) *The cement of universe : a study of causation*. Oxford, Clarendon Press.

MAHL G.F. (1959). Exploring emotional states by content analysis. *In* Sola-Pool I. (de) (1959). *Trends in Content Analysis*. Urbana, Univ. Illinois Press.

MAINGUENEAU D. (1987). *Nouvelles tendances en analyse du discours*. Paris, Hachette.

MALDIDIER D. (1971). Le discours politique de la guerre d'Algérie : approche synchronique et diachronique. *Langages*, *23*, 57-86.

MALDIDIER D. (1991). *L'inquiétude du discours. Textes de Michel Pêcheux choisis et présentés par Denise Maldidier*. Édition des Cendres.

MARR D. (1982) *Vision*. Freeman, San Francisco.

MARTIN R. (1976). *Inférence, antonymie et paraphrase*. Bibliothèque française et romane, Strasbourg, Klinsksieck.

MARTINET A. (1960). *Éléments de linguistique générale*. Paris, Armand Colin (édition 1991).

MATALON B. (1992). Interrogations sur l'interrogation. *Revue internationale de psychologie sociale*, *5*, 2, 99-113.

MAX J. (1981). *Méthodes et techniques de traitement du signal*. Paris, Masson.

MAYER R.E. (1975). Different problem-solving competencies established in learning computer programming with and without meaningful models. *Journal of Educational Psychology*, *67*, 725-734.

MILLER G.A. (1956). *Langage et communication*. Paris, PUF.

MILLER G.A., JOHNSON-LAIRD P.N. (1976). *Language and Perception*. Cambridge, Harvard University Press.

MOESCHLER J. (1985). *Argumentation et Conversation. Éléments pour une analyse pragmatique du discours*. Paris, Hatier-Credif.

NEWELL A., SIMON H.A. (1972). *Human Problem Solving*. Englewood-Clifs, N.J., Prentice-Hall.

NGUYEN-XUAN A., CAUZINILLE E., FREY L., MATHIEU J., ROUSSEAU J. La classification multiple chez les enfants de 4 à 7 ans. Paris. *Monographie française de Psychologie*, n° 60.

NGUYEN-XUAN A., GRUMBACH A. A model of learning by solving problems with elementary reasoning abilities. *In* G. d'Ydewalle (ed), *Cognition, Information Processing, and Motivation*. Amsterdam, North-Holland, 1985.

NORMAN D. A. (1984). *Four Stages of User Activities*. Institute for Cognitive Science, C-015. University of California, San Diego

OMBREDANE A., FAVERGÉ J.-M. (1955). *L'analyse du travail*. Paris, Presses universitaires de France, 1955.

OSGOOD C.E. (1959). The representational model and relevant research methods. *In* Sola-Pool I. (de) (Éd.).

PAYNE S.J., GREEN T.R.G. (1986). Task action grammars : a model of the mental representation of task languages. *Human Computer Interaction 2*, 93-133

PÊCHEUX M. (1969). *Analyse automatique du discours*. Paris, Dunod.

PÊCHEUX M., LÉON J., BONNAFOUS S., MARANDIN J.-M. (1982). Présentation de l'analyse automatique du discours (AAD-69). *Mots*, *4*, 95-121.

PÊCHEUX M., FUCHS C. (1975). Mises au point et perspectives à propos de l'Analyse automatique du discours. *Langages*, *37*, 7-80.

PIAGET J. (1967). *Biologie et connaissance*. Paris, Gallimard.

PIAGET J. (1968). *Le structuralisme*. Paris, P.U.F.

PIATTELLI-PALMARINI (1979). *Théories du langage, théories de l'apprentissage*. Paris, Seuil.

POIRIER J., CLAPIER-VALLADON S., RAYBAUT P. (1983). *Les récits de vie, théorie et pratique*. Paris, PUF.

POITRENAUD S., RICHARD J.-F., TIJUS C.-A. (1990). An object-oriented semantic description of procedures for evaluation of interfaces. *5th European Conference on Cognitive Ergonomics* ECCE. Urbino, septembre 1990.

POTTIER B. (sous la direction de), (1973). *Le langage*, CEPL, Paris.

PROPP V. (1928) (trad. fr. 1970). *Morphologie du conte*. Le Seuil.

PROVOST-CHAUVEAU G. (1971). Problèmes théoriques et méthodologiques en analyse de discours. *Langue française*, *9*, 6-21.

QUERES L. (1986). Comprendre l'ethnométhodologie, une méthodologie de l'analyse du monde social tel qu'il est continuellement en train de se faire, pratiques de formation. *Analyses*, *11-12*, 23-37.

RAYMOND H. (1968). Analyse de contenu et entretien non directif : application au symbolisme de l'habitat. *Revue française de sociologie*, *9*, 167-179.

RECANATI F. (1979). *La transparence et l'énonciation*. Paris, Seuil.

REISNER P. (1984). Formal grammar as a tool for analyzing ease of use : Some fundamental concepts. *Human Factors in Computer Systems*, Thomas J., Schneider M. (eds.) Norwood, N.H., Ablex

REVAULT D'ALLONES C., *et al.* (1989). *La démarche clinique en sciences humaines*. Paris, Dunod.

RICHARD J.-F. (1980). *L'attention*. Paris, PUF.

RICHARD J.-F. (1983). Logique du fonctionnement et logique de l'utilisation. *Rapport INRIA* n° 202.

RICHARD J.-F. (1990). *Les activités mentales*. Paris, Armand-Colin.

RICHARD J.-F., POITRENAUD S. (1988). Problématique de l'analyse des protocoles individuels d'observations comportementales. *In* J.-P. Caverni, C. Bastien, P. Mendelsohn, et G. Tiberghien (Eds.). *Psychologie cognitive : concepts et méthodes* (p. 405-426). Grenoble, Presses universitaires de Grenoble.

RICHARD J.-F., POITRENAUD S., TIJUS C. (sous presse). Problem-solving restructuration : Elimination of implicit constraints. *Cognitive Science*.

RICHARD J.-F., POITRENAUD S., Tijus C. (1990). *Modèle de description des procédures pour la représentation des connaissances des utilisateurs*. Applica 90. Lille.

RICHAUDEAU F. (1973). Le langage de deux journalistes efficaces : Giroud et Ferniot. *Communication et langage, 10.*

ROCHE J. (1971). *Le style des candidats à la présidence de la République*. Privat.

ROULET E. (1981). Échanges, interventions et actes de langage dans la structure de la conversation, *in Études de Linguistique Appliquée* n° 44.

ROULET E. *et al* (1985). *L'articulation du discours en français contemporain*. Berne, Peter Lang.

RUMELHART D.E., MCCLELLAND J.L. (1986). Parallel Distributed Processing : Explorations in the Microstructure of Cognition. *Volume 1 : Foundations ; Volume 2 : Psychological and Biological Models* (1986). MA, Cambridge MIT press.

SACKS H., SCHEGLOFF E., JEFFERSON G. (1974). A simpliest systematics for the organisation of turn-taking in conversation. *Language*, *50*, 4, 696-735.

SALES-WUILLEMIN E. (1991). *L'implicite : co-construction dans l'interaction*. Thèse de doctorat, Université Paris-VIII.

SAPIR E. (1921). *Language*. New-York, Harcourt, Brace World. (Trad. fr. (1953), *Le langage*, Paris, Payot.)

SCAPIN D. (1988). Vers des outils formels de description des tâches de bureau orientés conception d'interfaces, *Rapport de recherche INRIA* n° 893.

SEARLE J.R. (1969). *Speech Acts*. Cambridge, University Press. (Traduction française (1972) *Les actes de langage*. Paris, Hermann.)

SEARLE J.R. (1979). *Expression and Meaning*, Cambridge, University Press. (Trad. française (1982), *Sens et expression*. Paris, Minuit.)

SEARLE J.R. (1983) *Intentionality*. Cambridge, University Press.

SÉBILLOTTE S. (1991). Décrire des tâches selon les objectifs des opérateurs. De l'interview à la formalisation. *Rapport technique INRIA* n° 125.

SERON X. (éd.) (1989). *Psychologie et cerveau*. Paris, PUF.

SHANNON C.E., WEAVER W. (1949). *The mathematical theory of communication*, Urbana. (Trad. fr. (1975), *Théorie mathématique de la communication*, Éd. Les classiques des sciences humaines.)

SHIFFRIN R.M., DUMAIS S. (1981). The development of automatism. *In Cognitive skills and their acquisition*. John R. Anderson eds. Lawrence Erlbaum Associates, Publishers, Hillsdale, New Jersey, 111-140.

SLATKA D. (1971). Esquisse d'une théorie lexico-sémantique : pour une analyse d'un texte politique (cahiers de doléances). *Langages*, *23*, 87-134.

SOLA-POOL I. (de), (1959). *Trends in Content Analysis*. Urbana, Univ. Illinois Press.

SPERANDIO J.-C. (1980). *Psychologie en ergonomie*. Paris, PUF.

SPERBER D., WILSON D. (1989). *La pertinence. Communication et cognition*. Paris, Minuit.

SPERBER D., WILSON D. (1990). «Forme linguistique et pertinence». *Cahiers de linguistique française* 11, Genève.

TAUBER M. (1988). On mental models and the user interface in human-computer interaction. *In Working with Computers : Theory versus Outcome*. Van Der Veer, G.C., Green T.R.G., Hoc J.M., Murray D.M. (Eds). Londres, Academic Press.

THOMAS W.J., ZNANIECKI F. (1918). *The polish peasant in Europe and America*, Monograph in an immigrant group, Boston, Richand, Baldger, Vol I et III (1919), Vol IV et V (1920).

THORNDAKE P.W. (1977) Cognitive Structures in comprehension and memory of narrative discourse. *Cognitive Psychology*, *9*, 77-110.

TODOROV T. (1970). «Problèmes de l'énonciation». *Langages*, *17*.

TODOROV T. (1981). *Mikhaïl Bakhtine, le principe dialogique*. Paris, Seuil.

TRABASSO T. SPERRY L.L. (1985) Causal relatedness and importance of story events. *Journal of Memory and Language*, *24*, 595-611.

TRABASSO T., VAN DEN BRŒK P.W. (1985) Causal thinking and the representation of narrative events. *Journal of Memory and Language*. *24*, 612-630.

TROGNON A., BRASSAC C. (1993). L'enchaînement conversationnel. *Cahiers de linguistique française* 13, Genève.

TROGNON A. (1974). Une pratique itérative. Sur la situation théorique de l'analyse de contenu, *Connexion* (n° spécial *Sujet(s) et objet(s) de l'analyse de contenu*.) Paris, Épi, 11, 19-34.

VAN DIJK T.A, (1980). *Macrostructures, an interdisciplinary study of global structures in discourse, interaction, and cognition*. Hillsdale, New-York, Erlbaum.

VAN DIJK T.A., KINTSCH W. (1983). *Strategies of discourse comprehension*. N.Y, Academic Press.

VINCENT J.-D. (1986). *Biologie des passions*. Paris, Odile-Jacob.

WHORF B.L. (1956) trad. fr. 1951). *Linguistique et anthropologie, les origines de la sémiologie*, Paris, Denoël Gauthier.

WILSON D., SPERBER D. (1979). Remarques sur l'interprétation des énoncés selon Paul Grice. *Communications* 30. Éd. du Seuil.

INDEX THÉMATIQUE

M

N

O

P

INDEX DES NOMS

L'index des noms couvre les deux tomes de la deuxième année du DEUG. Les références du tome 3 figurent en romain, celles du tome 4 sont mentionnées en grisé.

C

Imprimé en France. - JOUVE, 18, rue Saint-Denis, 75001 PARIS
N° 219642J. - Dépôt légal : Août 1994